Die Autobiographie, die Salvador Dali als Siebenunddreißigjähriger, während in Europa der Zweite Weltkrieg tobte, unter dem Enthüllungen versprechenden Titel *The Secret Life of Salvador Dali* in New York veröffentlichte, liegt hier erstmals in deutscher Sprache vor.

Das Buch hat als Lebensbericht eines Malers im 20. Jahrhundert nicht seinesgleichen. Es ist ein zentrales Werk der Kunst unserer Zeit, ein historisches und ästhetisches Dokument ersten Ranges, überquellend von Witz und Intelligenz.

In der Intensität der Selbsterforschung und dem dichterischen Vermögen, Erinnerung darzustellen, haben Kritiker es Marcel Prousts *Suche nach der verlorenen Zeit* an die Seite gestellt.

Picasso verglich die Phantasie seines Landsmannes mit einem ständig auf Hochtouren laufenden Außenbordmotor. Dalis Stärke liegt darin, daß es ihm, wie in seiner Malerei, so in seinen Schriften, gelingt, den phantastischsten, irrationalsten und abenteuerlichsten Gedankengängen die strengste und diszipliniert este Form zu geben. Ein Leerlauf ist hier ausgeschlossen. Seine Sprache gewinnt dadurch eine Bildmächtigkeit, die in gewisser Weise die seiner Gemälde übertrifft.

Wie in einem Film laufen die entscheidenden Stationen und Ereignisse im Leben des Salvador Dali – vom Dasein im Mutterleib bis zur Entdeckung Amerikas, von der Landschaft Kataloniens bis zur Pariser »Gesellschaft« zur Hoch-Zeit des Surrealismus – mit höchster visueller Deutlichkeit vor dem Auge des Lesers ab.

Salvador Dali

DAS GEHEIME LEBEN DES SALVADOR DALI

*Übersetzung und Nachwort
von Ralf Schiebler*

Schirmer/Mosel

Die deutsche Übersetzung von Ralf Schiebler folgt der Originalausgabe, die 1942 bei Dial Press in New York in amerikanischer Sprache erschien, übertragen von Haakon M. Chevalier nach Salvador Dalis handschriftlichen, französischsprachigen Manuskripten.

Das vorliegende Werk ist von Salvador Dali reich und verschiedenartig illustriert worden. Es enthält zum einen sechzehn Photoseiten mit insgesamt 89 Photographien zu Leben und Werk. Sie wurden in Auswahl und Anordnung aus der Erstausgabe von 1942 übernommen. Zum anderen hat der Künstler das Buch mit 130 eigens angefertigten oder aus vorhandenem Material ausgewählten Zeichnungen bebildert; sie datieren aus den Jahren 1920 bis 1942. In der Originalausgabe als Strichätzungen und teilweise zu Vignetten verkleinert wiedergegeben, galten diese Zeichnungen lange als verschollen. Vor wenigen Jahren entdeckte man sie in den Unterlagen der Dial Press wieder. Sie sind hier erstmals im Zusammenhang mit dem Text in ihrem jetzigen Zustand und zum größten Teil im Originalformat reproduziert.

Abbildung auf dem vorderen Umschlag:
»Ich und meine Mutter«, Zeichnung von Salvador Dali, 1936.
Abbildung auf dem hinteren Umschlag:
»›Mein geheimes Leben‹, mir ins Gesicht geschnitten« – Salvador Dali 1942 unter Verwendung einer Photographie von Ph. Halsman.

CIP-Kurztitelaufnahme der Deutschen Bibliothek:
Dali, Salvador
Das geheime Leben des Salvador Dali / Salvador Dali. Übers. u. Nachw. von Ralf Schiebler. –
München: Schirmer – Mosel, 1984.
  Einheitssacht.: The secret life of Salvador
  Dali ‹dt.›
  ISBN 3-88814-137-0

Deutschsprachige Erstausgabe des Werkes »The Secret Life of Salvador Dali« mit freundlicher Genehmigung von Dasa Ediciones S. A., Figueras
(C) der Originalausgabe 1981 by Dasa Ediciones S. A., Figueras
(C) der deutschen Übersetzung 1984 by Schirmer/Mosel München
(C) des Nachwortes 1984 by Ralf Schiebler
Alle Rechte, auch die des auszugsweisen Nachdrucks und der photomechanischen Wiedergabe, vorbehalten.
Satz: FotoSatz Pfeifer, München
Druck und Bindung: Sellier Druck GmbH, Freising

Dritter Teil

Für Gala-Gradiva –
Die Vorwärtsschreitende

GALA

Prolog Im Alter von sechs Jahren wollte ich Koch werden. Mit sieben wollte ich Napoleon sein. Und mein Ehrgeiz ist seither stetig gewachsen.

Stendhal zitiert irgendwo die Äußerung einer italienischen Prinzessin, die an einem heißen Abend mit größtem Behagen Eis aß. »Zu schade, daß das keine Sünde ist«, rief sie. Als ich sechs war, war es für mich Sünde, Speise jeder Art in der Küche zu essen. In diesen Teil des Hauses zu gehen, war eines der wenigen Dinge, die meine Eltern mir kategorisch verboten hatten. Stundenlang stand ich mit wäßrigem Mund herum, bis ich die Gelegenheit erblickte, in den Ort des Entzückens vorzuschleichen; und während die Mädchen zusahen und vor Vergnügen schrien, schnappte ich mir ein Stück rohes Fleisch oder einen gegrillten Champignon, woran ich fast erstickte, was aber für mich den berauschenden Geschmack des Wunderbaren hatte, den nur Furcht und Schuld zu gewähren vermögen.

Außer daß mir die Küche verboten war, durfte ich alles tun, was ich wollte. Ich näßte das Bett, bis ich acht war, einfach weil es Spaß machte. Ich war der absolute Herrscher des Hauses. Nichts war gut genug für mich. Meine Eltern liebten mich abgöttisch. Am Dreikönigstag bekam ich neben unzähligen anderen Geschenken eine strahlend schöne Königstracht – eine mit großen Topasen besetzte Goldkrone und einen Hermelinumhang; von da an lebte ich fast ununterbrochen in dieser Verkleidung. Wenn die geschäftigen Mädchen mich aus der Küche verjagt hatten, wie oft stand ich dann

11

wie angewurzelt im dunklen Flur – angetan mit meinen königlichen Gewändern, mein Zepter in der einen, einen ledernen Matratzenschläger in der anderen Hand –, vor Wut zitternd und von einem überwältigenden Verlangen besessen, den Mädchen eine Tracht Prügel zu verabreichen. Dies geschah in der quälenden Stunde vor der halluzinogenen Sommermittagshitze. Hinter der halboffenen Küchentür hörte ich das Getrippel dieser tierischen Frauen mit den roten Händen; ich erhaschte flüchtige Blicke von ihren schweren Hinterteilen und wilden Haarmähnen; und aus der Hitze und dem Durcheinander, das der Mischung schwitzender Frauen, versprengter Weintrauben, siedenden Öls, abgezogenen Hasenachselhöhlenfells, mayonnaisebespritzter Scheren, von Nieren und dem Trillern von Kanarienvögeln entstieg, – aus dieser ganzen Mischung wehte mir der unwägbare und vorzeichenhafte Duft des bevorstehenden Mittagessens entgegen, vermengt mit einer Art beißenden Pferdegestanks. Der Eierschnee, den ein durch den Wirbel aus Rauch und Fliegen fallender Sonnenstrahl traf, glänzte genau so wie der Schaum vor den Mäulern schnaubender Pferde, die sich im Staub wälzen und die man blutig peitscht, damit sie aufstehen. Wie gesagt, ich war ein verwöhntes Kind.

Mein Bruder starb mit sieben Jahren an einer Gehirnhautentzündung, drei Jahre vor meiner Geburt. Sein Tod stürzte meine Eltern in tiefe Verzweiflung; sie fanden Trost nur dadurch, daß ich zur Welt kam. Mein Bruder und ich ähnelten einander wie ein Ei dem anderen, aber wir dachten verschieden. Wie ich besaß er die unverkennbare Gesichtsmorphologie eines Genies.* Er zeigte Symptome beängstigender Frühreife, doch sein Blick war verschleiert von der Melancholie, die für unüberwindliche Intelligenz kennzeichnend ist. Ich dagegen war viel weniger intelligent, dafür reflektierte ich alles. Ich sollte der Prototyp *par excellence* des phänomenal zurückgebliebenen »Polymorph-Perversen« werden, der sich alle Erinnerungen an die erogenen Paradiese des Säuglings fast ganz bewahrt hat: Mit grenzenloser, egoistischer Gier griff ich nach der Lust, und beim geringsten Anlaß wurde ich gefährlich. Eines Abends kratzte ich meinem Kindermädchen mit einer Sicherheitsnadel brutal in die Wange, obwohl ich sie liebte, – bloß weil der Laden, zu dem sie mich mitnahm, um Zuckerzwiebeln zu kaufen, um die ich gebettelt hatte, schon geschlossen war. Mit anderen Worten, ich war lebensfähig. Mein Bruder war wahrscheinlich eine erste Ausgabe meiner selbst, nur zu sehr im Absoluten konzipiert.

Wir wissen heute, daß Form immer das Produkt eines inquisitorischen Prozesses der Materie ist – die spezifische Reaktion von Materie, die dem schrecklichen Zwang des Raumes unterworfen wird, der sie von allen Seiten würgt, preßt und ausquetscht und die Beulen hervortreibt, die sich aus ihrem Leben bis exakt zu den Grenzen der strengen Konturen ihrer Reak-

---

* Seit 1929 habe ich ein sehr klares Bewußtsein meines Genies, und ich bekenne, daß diese immer tiefer in meinen Geist eingewurzelte Überzeugung in mir nie sogenannte erhabene Regungen ausgelöst hat; dennoch muß ich zugeben, daß sie mir gelegentlich ein äußerst vergnügliches Gefühl gewährt.

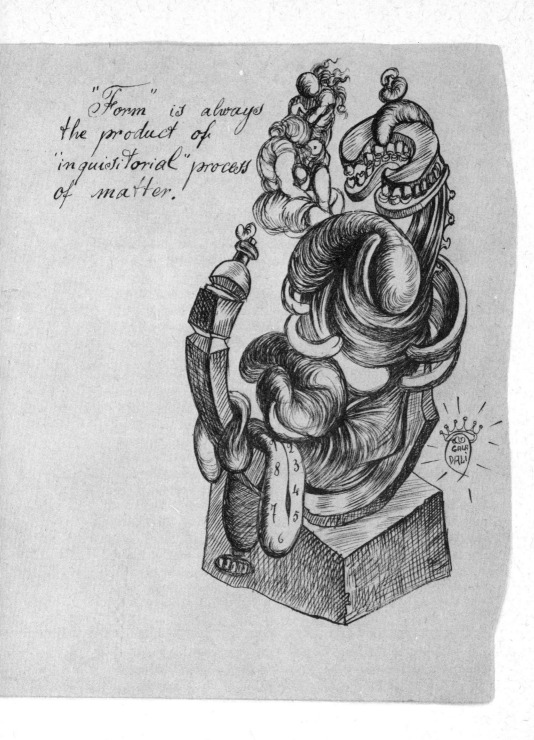

"Form" is always the product of "inquisitorial" process of matter.

13   *»Form« ist immer das Produkt eines »inquisitorischen« Prozesses der Materie.*

tionseigenart entladen. Wie oft verlöscht Materie, die einen zu absoluten Impuls aufweist; während ein anderes Stück Materie, das nur zu tun versucht, was es kann, und besser der Lust angepaßt ist, sich angesichts des tyrannischen Druckes des Raumes durch individuelles Schrumpfen zu gestalten, eine eigenständige Lebensform zu erfinden vermag.

Was ist leichter, launischer und für alle Erscheinungsformen offener als das verzweigte Blühen von Achaten! Doch sie sind das Ergebnis der grausamsten Nötigung durch einen kolloiden Umraum, der, eingekerkert in der unbarmherzigsten aller inquisitorischen Strukturen, allen Foltern der Verdichtung und moralischen Erstickung ausgeliefert ist, so daß ihre höchst feinen, luftigen und ornamentalen Verästelungen, wie es scheint, nur die Spuren ihres hoffnungslosen Fluchtversuches vor dem Todeskampf, die letzten Züge eines Materiekrümels darstellen, der nicht aufgibt, bevor er nicht die äußersten Wucherungen des mineralischen Traums erreicht hat. Daher haben wir im Falle des Achats nicht eine in ein Mineral verwandelte Pflanze vor uns, auch nicht eine in einem Mineral gefangene und aufgeschluckte Pflanze. Wir haben im Gegenteil tatsächlich die geisterhafte Erscheinung der Pflanze, ihre verzweigte und tödliche Halluzination: Ende und Form des inquisitorischen und mitleidlosen Zwanges der mineralischen Welt.

Ebenso bei der Rose! Jede Blume wächst in einem Gefängnis! Vom ästhetischen Standpunkt betrachtet, ist Freiheit Formlosigkeit. Wir wissen infolge kürzlicher Entdeckungen der Morphologie (Ehre sei Goethe, daß er dieses Wort von so unermeßlicher Tragweite erfand, ein Wort, das Leonardo gefallen hätte!), daß g e n a u die heterogenen und anarchistischen Tendenzen, welche die größte Vielfalt von Widersprüchen aufweisen, sehr oft zur triumphalen Herrschaft der strengsten Formhierarchien führen.

Gerade wie Männer mit einseitigem, einsinnigem Geist vom Feuer der Heiligen Inquisition verbrannt wurden, so fanden vielgestaltige, anarchistische Geister – eben deshalb – im Lichte dieser Flammen die Blüte ihrer individuellsten spirituellen Morphologie. Wie ich schon sagte, besaß mein Bruder eine jener unüberwindlichen Intelligenzen mit einer einzigen Richtung und fixen Reflexionen, die der Form entkleidet oder beraubt werden. Während ich der langsame, anarchistische Polymorph-Perverse war. Mit äußerster Beweglichkeit reflektierte ich alle Bewußtseinsgegenstände als seien sie Süßigkeiten, und alle Süßigkeiten, als seien sie materialisierte Bewußtseinsgegenstände. Alles modifizierte mich, nichts änderte mich; ich war weich, feige und elastisch; der kolloide Umraum meines Geistes sollte in der einzigartigen inquisitorischen Strenge des spanischen Denkens die endgültige Form der blutigen, jesuitischen und verzweigten Achate meines merkwürdigen Genies finden. Meine Eltern tauften mich auf denselben Namen wie meinen Bruder – Salvador: Ich war, wie mein Name andeutet, für nichts Geringeres bestimmt, als die Malerei aus der Leere der modernen Kunst zu erretten, und dies in der abscheulichen Epoche automatischer und

14

zweitklassiger Katastrophen, in der wir das Unglück und die Ehre haben zu leben. Wenn ich in die Vergangenheit blicke, erscheinen mir Wesen wie Raffael als wahre Götter; ich bin vielleicht heute der einzige, der weiß, warum es fortan unmöglich sein wird, sich dem Glanz der raffaelesken Gestalten auch nur entfernt noch einmal anzunähern. Ja, mein eigenes Werk erscheint mir als ein großes Mißgeschick, denn ich hätte schon gern in einem Zeitalter gelebt, wo nichts gerettet werden mußte! Aber wenn ich meine Augen auf die Gegenwart richte, würde ich um nichts in der Welt mit irgend jemandem meiner Zeitgenossen tauschen, obwohl ich spezialisierte Intelligenzen, die der meinen weit überlegen sind – ja ich werde es hundertmal wiederholen –, nicht unterschätze. Aber der stets scharfsichtige Leser wird bereits unschwer erkannt haben, daß Bescheidenheit nicht meine Spezialität ist.

Ein einziges Wesen hat eine Lebenshöhe erreicht, dessen Bild den heiteren Vollkommenheiten der Renaissance vergleichbar ist, und dieses Lebewesen ist zufällig ausgerechnet Gala, meine Frau, die ich wunderbarerweise wählte. Sie besteht aus jenen vergänglichen Haltungen, aus jenen Neunte-Symphonie-Gesichtszügen, welche, die architektonischen Umrisse einer vollkommenen Seele widerspiegelnd, an der Küstenlinie des Fleisches, an der Hautoberfläche in der Gischt der Hierarchien ihres Lebens kristallisiert werden und die sich, geordnet und geläutert von den zartesten Brisen des Gefühls, härten, sich organisieren und Architektur aus Fleisch und Knochen werden. Und deshalb kann ich behaupten, daß Gala im Sitzen vollkommen dem Tempietto di Bramante bei der Kirche San Pietro in Montorio in Rom ähnelt, daß ihre Pose dieselbe Anmut hat; denn, wie Stendhal im Vatikan, kann auch ich die schlanken Säulen ihres Stolzes, die sanften und widerständigen Geländer ihrer Kindheit und die göttliche Treppe ihres Lächelns genau messen. Und wenn ich sie während der vielen Stunden, die ich kauernd vor meiner Staffelei verbringe, aus dem Augenwinkel beobachte, sage ich mir, daß sie so gut gemalt ist wie ein Raffael oder ein Vermeer. Die Geschöpfe um uns herum sehen aus, als seien sie nicht einmal fertig, und so schlecht gemalt! Oder vielmehr, sie sehen so aus wie jene schmutzigen Karikaturen, die Männer, die vor Hunger Magenkrämpfe leiden, hastig auf Café-Terrassen kritzeln.

Tabernacle.

Ich sagte, daß ich im Alter von sieben Jahren schon Napoleon sein wollte, und ich muß das erklären. Im zweiten Stock unseres Hauses wohnte eine argentinische Familie namens Matas, deren eine Tochter, Ursulita, eine berühmte Schönheit war. In der katalanischen Mund-zu-Mund-Mythologie der Jahrhundertwende munkelte man, Eugenio d'Ors habe sie als den Archetypus der katalanischen Frau in seinem Buch *La Ben Plantada* (Die Verwurzelte) ausgewählt.

Kurz nachdem ich sieben geworden war, begann die allgewaltige soziallibidinöse Anziehungskraft des zweiten Stockes auf mich zu wirken. In den schwülen Dämmerstunden des Frühsommers unterbrach ich manchmal abrupt meine köstliche Lust, herrlich durstig und klopfenden Herzens am Wasserhahn auf der Terrasse zu trinken, wenn das fast unhörbare Knarren der Balkontür im zweiten Stock mich hoffen ließ, sie werde vielleicht aufgehen. Im zweiten Stock wurde ich angehimmelt wie bei uns. Jeden Tag gegen sechs Uhr saß dort um einen gewaltigen Tisch in einem Wohnzimmer mit einem ausgestopften Storch ein Kreis faszinierender Wesen mit dem Haar und dem argentinischen Akzent von Engeln und trank *maté**, der in einem Silbernapf von Mund zu Mund gereicht wurde. Diese Oralpromiskuität verwirrte mich besonders und erzeugte in mir Strudel moralischen Unbehagens, in denen bereits die blauen Blitze der Diamanten der Eifersucht aufzuckten. Ich schlürfte dann meinerseits die laue Flüssigkeit, die für mich süßer als Honig war, als der Honig, der, wie man weiß, süßer ist als selbst das Blut – denn meine Mutter, mein Blut, war immer zur Stelle. Meine Bezugswelt war von der sicheren Siegesstraße der erogenen Zone meines geliebten Mundes geprägt. Ich wollte Napoleons Flüssigkeit schlürfen! Denn Napoleon war auch in dem Wohnzimmer im zweiten Stock; ein Bild von ihm befand sich inmitten prächtiger Farbdrucke, die die eine Seite eines Blechfasses schmückten; dieses Fäßchen war bemalt, daß es wie Holz aussah, und enthielt die sinnliche Substanz des *maté*. Dies Objekt stand kostbar auf einem Zierdeckchen exakt in der Mitte des Tisches. Napoleons Bild auf dem *maté*-Faß bedeutete mir alles; jahrelang entsprachen seine olympisch-stolze Haltung, der weiße und eßbare Streifen auf seinem glatten Bauch, das fiebrige rosa Fleisch der kaiserlichen Wangen, das unanständige, melodische und kategorische Schwarz des geisterhaften Umrisses seines Hutes exakt dem idealen Vorbild, das ich mir, dem König, gewählt hatte.

Damals sang man oft das erregende Lied:

> *Napoleón en el final*
> *De un ramillette colosal.*

Das kleine Bildnis Napoleons war eindrucksvoll in den Kern der noch nicht existierenden Konturen meines Geistes vorgedrungen, wie der Dotter eines in einer Pfanne gebratenen Eis (ohne die Pfanne, und doch schon in ihrem Zentrum).

So stellte ich im Lauf eines Jahres wütend Hierarchien auf; nach dem Wunsch, Koch zu werden, hatte ich aus meinem unpersönlichen, dunklen Königskostüm die Person Napoleons entsteigen lassen. Die heimlichen Nahrungswonnen hatten die architektonische Form eines kleinen Tabernakels angenommen – des Fasses mit dem *maté*. Die von den sich überlagernden Anblicken der unten in der Küche lebenden Halb-Frau-halb-Pferd-Kreaturen erregten wimmelnden erotischen Gefühle waren denen des

---

* Ein argentinischer Tee.

Wohnzimmers vom zweiten Stock gewichen, welche das heitere Bild einer wahren Herrin, Ursulita Matas, Urbild der Schönheit um 1900, hervorgerufen hatte.

Ich werde später noch einige Denkmaschinen, die ich erfand, erklären und genau beschreiben. Eine davon basiert auf der Idee des wunderbaren »eßbaren Napoleon«, worin ich jene beiden wesentlichen Phantome meiner frühen Kindheit – nutritiv-orales Delirium und blendenden geistigen Imperialismus – materiell verwirklichte. Es wird dann sonnenklar werden, warum fünfzig an einen Schaukelstuhl gehängte kleine Kelchgläser voll lauer Milch meiner Auffassung nach exakt dasselbe sind wie die feisten Oberschenkel Napoleons. Da dies sich für jedermann bewahrheiten könnte und da es alle möglichen Vorteile bringt, die Welt so betrachten zu können, werde ich diese und viele andere – noch seltsamere und ebenso exakte – Rätsel im Verlauf dieses sensationellen Buches erklären. Eines wenigstens steht fest: Alles, absolut alles, was ich hier sagen werde, ist gänzlich und ausschließlich meine Schuld.

1. Kapitel *Selbstporträt in Anekdoten*

Ich weiß, was ich esse
Ich weiß nicht, was ich tue

Glücklicherweise bin ich nicht eines jener Geschöpfe, die, wenn sie lächeln, zwischen ihren Zähnen (wenn auch noch so geringe) Überreste schrecklichen und entwürdigenden Spinats bloßlegen. Nicht weil ich meine Zähne besser putze als andere; sondern aufgrund der – bestimmteren – Tatsache, daß ich keinen Spinat esse. Es ist nun einmal so, daß ich dem Spinat, wie allem, was mehr oder weniger mit Essen zu tun hat, wesentliche moralische und ästhetische Werte beimesse. Und natürlich steht stets der Wächter des Ekels bereit, umsichtig und voll strenger Sorge, voll feierlicher Achtsamkeit auf die genaue Wahl meiner Speisen.

21

Ich mag nur Dinge mit wohl umgrenzten Formen essen, die der Verstand greifen kann. Ich verabscheue Spinat wegen seines völlig amorphen Charakters, so sehr, daß ich fest überzeugt bin und nicht einen Moment lang zögere zu behaupten, das einzig Gute, Edle und Eßbare an diesem gemeinen Nahrungsmittel sei der Sand.

Das gerade Gegenteil des Spinats ist der Panzer. Deshalb esse ich Panzer so gern, insbesondere die kleineren Varietäten, nämlich alle Schalentiere. Kraft ihres Panzers, den ihr Ektoskelett tatsächlich darstellt, sind sie eine materielle Verwirklichung der höchst originellen und intelligenten Idee, seine Knochen außen zu tragen statt innen, wie man es gewöhnlich tut.

Das Krustentier ist damit in der Lage, mit den Waffen seiner Anatomie das weiche und nahrhafte Delirium seines Inneren zu schützen, das gegen jede Entweihung abgeschirmt ist, eingeschlossen wie in einem dichten und erhabenen Gefäß, welches nur durch die höchste Form imperialer Eroberung, die des Gaumens, im edlen Krieg der Enthülsung verwundet werden kann. Wie herrlich, den winzigen Schädel eines Vögleins zu zermalmen. * Wie kann man Hirn anders essen! Kleine Vögel sind kleinen Schalentieren sehr ähnlich. Sie tragen ihren Panzer sozusagen bündig mit ihrer Haut. Jedenfalls malte Paolo Uccello Panzer, die wie kleine Ortolane aussehen, und er tat es so anmutig und mysteriös, wie es des wahren Vögleins, das er war und das ihm seinen Namen gab, würdig ist.

Ich habe oft gesagt, daß die philosophischsten Organe des Menschen seine Kiefer sind. In der Tat, was ist philosophischer als der Augenblick, da Sie langsam das Mark eines Knochens einschlürfen, der in der Endzerstörungsumklammerung Ihrer Backenzähne zermahlen wird und Sie zu der Annahme berechtigt, Sie seien der unumstrittene Herr der Lage? – Denn im äußersten Moment des Zum-Mark-aller-Dinge-Vorstoßens entdecken Sie den reinen Geschmack der Wahrheit, der nackten und zarten Wahrheit, die aus der Höhle des Knochens emportritt, den Sie fest zwischen Ihren Zähnen halten.

Hat man einmal das Hindernis überwunden, kraft dessen jede Speise, die etwas auf sich hält, »ihre Form hält«, kann nichts als zu glitschig, gelatinös, zittrig, unbestimmt oder unehrenhaft gelten, als daß man es begehrte, handele es sich um die sublime Viskosität eines Fischauges, das schleimige Kleinhirn eines Vogels, das spermatozoide Mark eines Knochens oder die weiche und sumpfige Opulenz einer Auster.** Man wird mich zweifellos fragen: Mögen Sie in diesem Fall also Camembert? Hält er seine Form? Ich will antworten, daß ich Camembert liebe, eben weil er, wenn er reif ist und

---

* Der Vogel weckt im Menschen stets die Schar der kannibalischen Engel seiner Grausamkeit. Della Porta gibt in seiner *Magia naturalis* das Rezept, wie man einen Puter zubereitet, ohne ihn zu töten, um so die äußerste Verfeinerung zu erzielen: ihn gebraten und lebend essen zu können.

** Ich habe mich stets geweigert, das formlose Gemansche von aus ihren Schalen gelösten und in einer Suppenschüssel servierten Austern zu essen, auch wenn es die frischesten und besten der Welt waren.

zu laufen beginnt, exakt die Gestalt meiner berühmten weichen Uhren annimmt und weil seine ursprüngliche Form, obschon ehrenvoll, da künstlicher Natur, nicht seiner vollen Verantwortung unterliegt. Ich möchte noch hinzufügen, daß, gelänge es, Camembert in der Gestalt von Spinat herzustellen, ich ihn sehr wahrscheinlich auch nicht mögen würde.

Doch vergessen Sie nicht: Eine Waldschnepfe mit dem rechten Hautgout, mit Cognac abgeflammt, im eigenen Exkrement serviert mit dem ganzen Ritual der besten Restaurants von Paris, wird für mich in dieser gewichtigen Sphäre des Essens immer das delikateste Symbol einer echten Zivilisation darstellen. Und wie bewundernswert ist eine Waldschnepfe anzusehen, wenn sie nackt in der Schüssel liegt! Ihr schlanker Körperbau erreicht, möchte man sagen, die Proportionen raffaelesker Perfektion.

So weiß ich genau und wild, was ich essen will! Desto mehr bin ich erstaunt, um mich herum ständig Lebewesen zu bemerken, die, mit dem barbarischen Mangel an Überzeugung, der die Erfüllung einer strikten Notwendigkeit begleitet, a l l e s essen.

Aber während ich immer genau und mit Vorbedacht wußte, was meine Sinne mir geben sollten, gilt dasselbe nicht von meinen Gefühlen – die leicht sind und leicht platzen wie Seifenblasen. Denn im großen und ganzen habe ich den hysterischen und überstürzten Weg meines Verhaltens nie vorhersehen können, noch weniger das Endergebnis meiner Taten, deren erster überraschter Zuschauer oft ich selbst bin und die auf ihrem Höhepunkt immer das schwere, kategorische und verhängnisvolle Gewicht von Bleikugeln annehmen. Es ist, als ob jedesmal eine dieser tausend schillernden Blasen meiner Gefühle vom Weg ihres ephemeren Lebens abkommt und wie durch ein Wunder den Erdboden erreicht – die Realität erreicht; in diesem Augenblick wird sie in eine bedeutende Tat verwandelt, verändert sich plötzlich von etwas Durchsichtig-Ätherischem zu etwas Opak-Metallischem, das die Bedrohungskraft einer Bombe hat. Nichts kann dies besser erhellen als Geschichten wie die folgenden, die für dieses Kapitel ohne chronologische Ordnung aus dem Anekdoten-Strom meines Lebens ausgewählt wurden. Wenn sie streng authentisch sind und schonungslos erzählt werden, wie es hier der Fall ist, verbürgen solche Anekdoten mit ihren Farben und Konturen die unmißverständliche Ähnlichkeit, die für jeden aufrichtigen Versuch des Selbstporträtierens wesentlich ist. Ich weiß, sie wären vielen ewig verschlossene Geheimnisse geblieben. Meine fixe Idee in diesem Buch ist es, so viele dieser Geheimnisse als möglich zu töten, und zwar eigenhändig!

I

Ich war fünf Jahre alt, es war Frühling in Cambrils, einem Dorf bei Barcelona. Ich ging auf dem Lande mit einem Jungen spazieren, der kleiner war als ich, sehr blondes lockiges Haar hatte und den ich erst seit kurzer Zeit kannte. Ich ging zu Fuß, er fuhr auf einem Dreirad. Mit meiner Hand auf seinem Rücken schob ich ihn an.

Wir kamen zu einer im Bau befindlichen Brücke, die noch ohne Geländer war. Plötzlich, wie die meisten meiner Ideen kommen, sah ich mich um, um mich zu überzeugen, daß niemand uns beobachtete, und stieß das Kind rasch von der Brücke. Es landete vier Meter tiefer auf Felsen. Ich lief nach Hause, um die Nachricht zu melden.

Während des ganzen Nachmittags brachte man blutbefleckte Schalen aus dem Zimmer herunter, wo das Kind, schwer am Kopf verwundet, dann für eine Woche im Bett liegen mußte. Das dauernde Kommen und Gehen und der allgemeine Aufruhr, in den das Haus geraten war, versetzten mich in eine herrliche halluzinatorische Stimmung. In dem kleinen Salon saß ich Kirschen essend auf einem Schaukelstuhl, der mit einer über Arm-, Rückenlehnen und Sitzpolster gelegten Spitzendecke geschmückt war. Die Spitze war mit prallen Plüsch-Kirschen verziert. Der Salon ging auf die Vorhalle, so daß ich alles, was geschah, beobachten konnte, und es war fast vollständig dunkel, denn man hatte die Fensterläden gegen die drückende Hitze geschlossen. Die Sonne, die auf sie niederbrannte, ließ Astknoten im Holz rot erglühen wie von hinten beleuchtete Ohren. Ich erinnere mich nicht, auch nur das leiseste Schuldgefühl wegen dieses Vorfalls verspürt zu haben. Als ich an jenem Abend wie üblich meinen einsamen Spaziergang machte, so entsinne ich mich, genoß ich die Schönheit jedes einzelnen Grashalms.

II

Ich war sechs Jahre alt. Unser Gesellschaftszimmer war voller Leute. Sie sprachen über einen berühmten Kometen, der an diesem Abend bei klarem Himmel zu sehen sein sollte. Jemand hatte gesagt, es sei möglich, daß sein Schweif die Erde berühre, was den Weltuntergang bedeute. In den meisten Gesichtern stand Ironie, trotzdem wurde ich von wachsender Unruhe und Furcht erfaßt. Plötzlich erschien einer der Kanzleiangestellten meines Vaters in der Tür des Salons und verkündete, der Komet könne von der Terrasse aus gesehen werden. Alle liefen die Treppe hinauf, außer mir; wie gelähmt vor Angst blieb ich auf dem Fußboden sitzen. Nachdem ich etwas Mut gefaßt hatte, stand ich auch auf und rannte wie verrückt zur Terrasse. Als ich die Diele durchquerte, erblickte ich meine kleine dreijährige Schwester, die versonnen durch eine Tür krabbelte. Ich hielt an, zögerte eine Sekunde, gab ihr einen fürchterlichen Tritt gegen den Kopf, als sei er ein Ball, und lief weiter, getragen von einer durch diese wüste Tat bewirkten »deliriösen Freude«. Aber mein Vater, der hinter mir gestanden und alles mitangesehen hatte, erwischte mich und brachte mich hinunter in sein Büro, wo ich zur Strafe bis zum Abendessen bleiben mußte.

Daß ich den Kometen nicht sehen durfte, blieb meinem Gedächtnis als eine der unerträglichsten Frustrationen meines Lebens eingebrannt. Ich schrie so sehr vor Wut, daß ich völlig die Stimme verlor. Nachdem ich bemerkt hatte, wie das meine Eltern erschreckte, lernte ich, die Taktik beim geringsten Anlaß anzuwenden. Ein anderes Mal, als ich an einer Fischgräte würgte, erhob sich mein Vater, der dergleichen nicht ausstehen konnte, und verließ, die Hände an den Kopf gepreßt, das Eßzimmer. Danach simulierte ich bei verschiedenen Gelegenheiten die stoßweisen und hysterischen Krämpfe, die ein solches Würgen begleiten, nur um die Reaktion meines Vaters zu beobachten und seine angstvolle, ungeteilte Aufmerksamkeit auf meine Person zu lenken.

Etwa um dieselbe Zeit kam eines Nachmittags der Arzt ins Haus, um die Ohrläppchen meiner Schwester zu durchstechen. Ich empfand eine rasende Zärtlichkeit für sie, was sich seit dem Vorfall mit dem Fußtritt nur verstärkt hatte. Dieses Ohrstechen erschien mir als ein Akt empörender Grausamkeit, den ich um jeden Preis zu verhindern beschloß.

Ich wartete, bis der Arzt sich gesetzt, seine Brille zurechtgerückt hatte und bereit war, die Operation durchzuführen. Dann stürmte ich, meinen ledernen Matratzenschläger schwingend, ins Zimmer und fuhr dem Arzt direkt über das Gesicht, wobei seine Brille zerbrach. Er war ein recht alter Mann und schrie vor Schmerz auf. Als mein Vater herbeigelaufen kam, sank er ihm an die Schulter.

»Ich hätte nie gedacht, daß er so etwas tun würde, wo ich ihn doch so mochte!« rief er schluchzend in einer fein modulierten Nachtigallenstimme. Seitdem liebte ich es, krank zu sein, und wenn es nur um des Vergnügens willen war, das kleine Gesicht des alten Mannes zu sehen, den ich zu Tränen gerührt hatte.

III

Zurück nach Cambrils und in mein fünftes Lebensjahr. Ich ging mit drei sehr schönen erwachsenen Frauen spazieren. Besonders eine von ihnen schien mir von wunderbarer Schönheit. Sie hielt mich an der Hand, und um ihren großen Hut war ein weißer Schleier gewunden, der über ihr Gesicht fiel, was sie äußerst anziehend machte. Wir gelangten an einen einsamen Ort, woraufhin sie zu kichern und untereinander zweideutig zu tuscheln begannen. Ich wurde unruhig und eifersüchtig, bis sie dann verlangten, ich solle irgendwohin laufen und dort für mich spielen. Ich verließ sie schließlich, aber nur, um einen günstigen Punkt zu finden, von dem aus ich sie beobachten konnte. Plötzlich sah ich, wie sie merkwürdige Stellungen einnahmen.

Die Schönste stand in der Mitte und wurde von den beiden anderen, die aufgehört hatten zu reden, aus ein oder zwei Metern Entfernung neugierig betrachtet. Mit einem seltsam stolzen Blick, leicht gesenkten Kopfes, die Beine sehr starr und gespreizt, zog sie mit den Händen an den Hüften sanft und unmerklich ihren Rock hoch, und ihre Unbeweglichkeit schien die Erwartung eines unmittelbar bevorstehenden Ereignisses auszudrücken. Eine halbe Minute lang herrschte quälende Stille, bis ich plötzlich das Geräusch eines den Boden treffenden starken Strahls hörte und sich sofort eine schäumende Lache zwischen ihren Füßen bildete. Die Flüssigkeit wurde teilweise von der ausgedörrten Erde aufgesogen, der Rest verbreitete sich in Form winziger Schlangen, die sich so schnell vermehrten, daß die weißen Schuhe der Frau trotz ihrer Versuche, die Füße weiter auseinander zu setzen, ihnen nicht entkamen. Ein gräulicher Nässefleck verbreitete sich auf beiden Schuhen, deren weiße Wichse wie Löschpapier wirkte.

Mit ihrem Tun beschäftigt, bemerkte die »Frau mit dem Schleier« nicht meine gebannte Aufmerksamkeit. Aber als sie ihren Kopf hob und gewahr wurde, daß sie mir direkt ins Gesicht blickte, warf sie mir ein spöttisches Lächeln zu und einen Blick unvergeßlicher Süße, der durch die Reinheit ihres Schleiers hindurch unendlich beunruhigend schien. Fast gleichzeitig sah sie zu ihren beiden Freundinnen mit einem Ausdruck herüber, der zu sagen schien: »Ich kann es nicht anhalten, es ist zu spät.« Hinter mir brachen die beiden Freundinnen in Lachen aus, dann war wieder Stille. Diesmal verstand ich sofort, und mein Herz pochte. Fast im selben Moment trafen zwei neue Strahlen hart auf den Boden; ich wandte den Kopf nicht ab; meine Augen waren weit geöffnet und auf jene hinter dem Schleier geheftet. Eine tödliche Scham quoll mir mit Ebbe und Flut meines rasenden Blutes zu Gesicht, während am Himmel die letzte Purpurröte der untergehenden Sonne im Dämmerlicht zerfloß und auf der kalkigen Erde diese drei lang anhaltenden, harten und kostbaren Strahlen wie drei Trommeln unter Kaskaden aufwallender wilder Topaze widerhallten.

Die Nacht brach herein, als wir uns auf den Heimweg machten; ich weigerte mich, einer der drei jungen Frauen meine Hand zu geben. Ich folgte ihnen in kurzer Entfernung, mein Herz war zwischen Lust und Groll zerrissen. In der geschlossenen Faust hielt ich ein Glühwürmchen, das ich am Straßenrand aufgelesen hatte; von Zeit zu Zeit öffnete ich vorsichtig die Hand, um es glühen zu sehen. Ich hielt meine Hand so sorgsam zusammengepreßt, daß der Schweiß hinabtropfte, und ich schob das Würmchen oft von einer in die andere Hand, um es vor Durchnässung zu bewahren. Mehrmals im Verlauf dieser Transaktionen entglitt es mir, und ich mußte es in dem weißen Staub suchen, über den das schwache Licht des Mondes einen bläulichen Schimmer warf. Einmal, als ich mich bückte, fiel ein Schweißtropfen von meiner Hand und machte ein Loch in den Staub. Der Anblick dieses Loches ließ mich erschauern. Ich fühlte, wie ich eine Gänsehaut bekam. Ich hob meinen Glühwurm auf und lief, von plötzlicher Furcht gepackt, zu den drei jungen Frauen, die mich weit hinter sich gelassen hatten. Sie warteten auf mich, und die mit dem Schleier streckte mir vergeblich ihre Hand hin. Ich wollte sie nicht nehmen. Ich ging sehr nahe neben ihr, doch ohne ihr die Hand zu geben.

Als wir fast das Haus erreicht hatten, kam mein zwanzigjähriger Vetter uns entgegen. Er hatte ein kleines Gewehr um seine Schulter gehängt, seine andere Hand hielt einen Gegenstand hoch, den wir sehen sollten. Beim Näherkommen erkannten wir, daß es eine kleine Fledermaus war, die er soeben in den Flügel geschossen hatte und nun an den Ohren baumeln ließ. Zu Hause legte er sie in eine Blechbüchse und schenkte sie mir, als er sah, daß ich danach fieberte. Ich lief zurück zum Waschhaus, meinem Lieblingsplatz. Dort hielt ich mir in einem Glas ein paar Marienkäfer mit metallisch-grünen Leuchtpunkten auf einem Bett aus Minzeblättern. Ich tat mein Glühwürmchen in das Glas, welches ich in die Büchse stellte, wo die Fledermaus nahezu reglos ausharrte. In Träumereien versunken, verbrachte ich dort die Stunde vor dem Abendessen. Ich erinnere mich, daß ich laut mit meiner Fledermaus sprach, die ich plötzlich mehr als alles auf der Welt liebte und immer und immer wieder auf ihren behaarten Kopf küßte.

Am nächsten Morgen erwartete mich ein gräßlicher Anblick. Als ich zur Hinterseite des Waschhauses kam, fand ich das Glas umgestürzt, die Marienkäfer fort und die Fledermaus, obwohl noch halb am Leben, von wahnsinnigen Ameisen übersät. In ihrem gequälten Gesichtchen standen winzige Zähne, gleich denen einer alten Frau. In diesem Moment erblickte ich die junge Frau mit dem Schleier. Sie ging in einer Entfernung von höchstens drei Metern an mir vorüber. Sie hielt inne, um die Gartenpforte zu öffnen. Ohne eine Sekunde zu überlegen, hob ich einen Stein auf und schleuderte ihn mit aller Kraft auf sie, von tödlichem Haß erfüllt, als sei sie am Zustand meiner Fledermaus schuld. Der Brocken verfehlte sein Ziel, aber auf das Geräusch hin drehte die junge Frau sich um und sah mich mit mütterlicher Neugier an. Ich stand zitternd da, überwältigt von einem undefinierbaren Gefühl, in welchem Scham rasch die Oberhand gewann.

Plötzlich tat ich etwas Unbegreifliches, das die junge Frau vor Entsetzen gellend aufschreien ließ. Mit einer blitzschnellen Bewegung griff ich die von Ameisen wimmelnde Fledermaus und hob sie, getrieben von einem unüberwindlichen Gefühl des Mitleids, an meinen Mund. Aber anstatt sie zu küssen, wie ich es wohl vorhatte, biß ich sie so heftig, daß sie mir fast durchtrennt schien. Schaudernd vor Widerwillen warf ich die Fledermaus in das Waschhaus und floh. Das wie Opal schillernde Wasser im Waschhaus war mit schwarzen, überreifen Feigen von dem großen Feigenbaum bestreut, in dessen Schatten es lag. Als ich vorsichtig zurückkehrte, stiegen mir Tränen in die Augen. Ich konnte den dunklen kleinen Körper der Fledermaus nicht mehr erkennen, er war zwischen den anderen schwarzen Flecken der schwimmenden Feigen verloren. Nie wieder verspürte ich den Wunsch, mich dem Waschhaus auch nur zu nähern. Und jedesmal, wenn ein paar schwarze Flecken an die (meinem Gedächtnis sehr deutlich gegenwärtige) besondere räumliche Anordnung der Feigen in dem Zuber, wo meine Fledermaus ertrank, erinnern, fühle ich heute noch, wie mir ein eiskalter Schauer den Rücken herunterläuft.

IV

Ich war sechzehn. Es war an der Maristen-Klosterschule in Figueras. Aus unseren Klassenzimmern gelangten wir über eine fast senkrechte Steintreppe auf den Schulhof. Eines Abends kam ich – völlig grundlos – auf die Idee, mich die Treppe von oben hinabzustürzen. Ich war schon ganz entschlossen, als Angst mich im letzten Moment zurückhielt. Doch die Idee

28

verfolgte mich, und heimlich hegte ich den Plan, es am folgenden Tag zu tun. Tatsächlich konnte ich mich am nächsten Tag nicht mehr bremsen; und in dem Moment, da ich mit all meinen Klassenkameraden herunterging, machte ich einen phantastischen Satz ins Leere, landete auf den Stufen und kegelte bis nach unten. Ich wurde gewaltig durchgeschüttelt und am ganzen Körper gequetscht, aber eine heftige und unerklärliche Freude machte den Schmerz ganz nebensächlich. Die Wirkung auf die anderen Jungen und die Aufseher, die mir zu Hilfe gelaufen kamen, war enorm. Nasse Taschentücher wurden mir auf den Kopf gelegt.

Ich war damals sehr schüchtern, die geringste Beachtung ließ mich bis über die Ohren erröten; ich versteckte mich immer und blieb für mich. Daß die Leute so um mich zusammenströmten, erregte in mir ein seltsames Gefühl. Vier Tage später führte ich dieselbe Szene erneut auf, aber diesmal warf ich mich während der großen Pause, als der Schulhof am belebtesten war, von oben hinab. Ich wartete sogar, bis der Bruder Superior ebenfalls draußen war. Die Wirkung meines Sturzes war noch größer als beim ersten Mal: Bevor ich mich hinabstürzte, stieß ich einen gellenden Schrei aus, damit jeder hersähe. Meine Freude war unbeschreiblich und der durch den Fall verursachte Schmerz unbedeutend. Das war ein ausdrücklicher Ansporn fortzufahren, und von Zeit zu Zeit wiederholte ich den Sturz. Jedesmal, wenn ich im Begriff war, die Stufen hinabzugehen, herrschte große Spannung. Wird er fallen, oder wird er nicht? Was für ein Vergnügen, ruhig und normal hinabzugehen und zu wissen, daß hundert Augenpaare mich gierig verschlangen …

Immer wird mir ein regnerischer Oktoberabend in Erinnerung bleiben. Ich war im Begriff, mich die Treppe hinabzubegeben. Aus dem Hof stieg ein kräftiger Geruch feuchter Erde, vermischt mit dem Duft von Rosen; der von der untergehenden Sonne in Brand gesetzte Himmel war von sublimen Wolken übersät, die zerzauste sprungbereite Leoparden, Napoleons und Karavellen bildeten; mein Gesicht war nach oben gerichtet und von den tausend Lichtern der Apotheose erhellt. Stufe für Stufe ging ich gemessenen Schritts so bewegend langsam in blinder Ekstase die Treppe hinab, daß plötzlich große Stille über den brüllenden Wirbelwind des Spielplatzes kam. In diesem Moment hätte ich nicht mit einem Gott getauscht.

V

1926. Ich studierte an der Kunsthochschule in Madrid. Das Verlangen, dauernd, systematisch und um jeden Preis genau das Gegenteil dessen zu tun, was jedermann sonst tat, trieb mich zu Extravaganzen, die in Kunstkreisen bald berüchtigt wurden. In der Malklasse hatten wir die Aufgabe, eine gotische Statue der Heiligen Jungfrau direkt nach dem Modell zu malen. Bevor er fortging, hatte der Professor wiederholt betont, daß wir exakt das malen sollten, was wir »sähen«.

29

In einem verzückten Mystifikationstaumel ging ich sofort an die Arbeit und malte hinterhältigerweise in allen Einzelheiten eine Waage, die ich aus einem Katalog kopierte. Diesmal glaubten sie wirklich, ich sei verrückt. Am Ende der Woche kam der Professor, um Korrektur abzuhalten und sich zum Fortschritt unserer Arbeit zu äußern. Mit eisigem Schweigen blieb er vor dem Bild meiner Waage stehen, während alle Studenten sich um uns sammelten.

»Vielleicht sehen Sie ja auch eine Jungfrau«, wagte ich mit schüchterner Stimme, die nicht ohne Festigkeit war, zu sagen. »Aber ich sehe eine Waage.«[*]

VI

Immer noch an der Kunsthochschule.

Wir hatten die Aufgabe, für einen Wettbewerb der Malklasse ein originales Ölbild anzufertigen. Ich wettete, daß ich den Preis gewinnen würde, ohne mit dem Pinsel die Leinwand zu berühren. Tatsächlich führte ich das Gemälde aus, indem ich aus einem Meter Entfernung Farbspritzer aufschleuderte. Es gelang mir, ein pointillistisches Bild herzustellen, das in Zeichnung und Farbe so akkurat war, daß mir der Preis zuerkannt wurde.

VII

Im nächsten Jahr stand die Prüfung in Kunstgeschichte an.

Ich war bestrebt, so brillant wie möglich zu sein. Ich war ganz wunderbar vorbereitet. Ich bestieg das Podium, auf dem die drei Mitglieder des Prüfungsausschusses saßen, und das Thema meines mündlichen Vortrags wurde ausgelost. Ich hatte unglaubliches Glück: Es war genau das Thema, das ich am liebsten behandelt hätte. Doch plötzlich überkam mich ein unüberwindliches Gefühl von Trägheit; fast ohne zu zögern stand ich zur Verblüffung meiner Prüfer und der Leute, die den Saal füllten, auf und erklärte wörtlich: »Es tut mir sehr leid, aber ich bin unendlich viel intelligenter als diese drei Professoren, und deshalb lasse ich mich von ihnen nicht prüfen. Ich beherrsche das Thema viel zu gut.«

Die Folge war, daß man mich vor den Disziplinarrat brachte und von der Schule verwies.

Das war das Ende meiner akademischen Karriere.

[*] Erst da ich diese Anekdote niederschreibe, fällt mir die offenkundige, wenn auch möglicherweise bloß assoziative Verbindung zwischen Jungfrau und Waage in den Tierkreiszeichen auf. Wie ich sie jetzt in Erinnerung habe, stand die Heilige Jungfrau außerdem auf einer »Himmelskugel«. Jene scheinbare Mystifikation war daher nichts mehr und nichts weniger als eine Vorwegnahme, als die erste Verwirklichung der zukünftigen Dalíschen Philosophie der Malerei; das heißt, die plötzliche Materialisation des eingegebenen Bildes; die allgewaltige fetischistische Körperlichkeit virtueller Phantome, welche also mit allen Merkmalen des Realismus ausgestattet werden, die greifbaren Gegenständen eigen sind.

VIII

1933. Es war Sommer in Cadaqués. Ich umwarb Gala, und wir aßen an der Küste mit Freunden in einer Weinlaube, über der das betäubende Summen von Bienen schwebte, zu Mittag. Ich war auf dem Gipfel meines Glücks, obwohl ich am heranreifenden Gewicht einer neugeborenen Liebe trug, die meine Kehle wie ein wahrhafter massiv-goldener, von tausend kostbaren Steinen der Pein funkelnder Krake drückte. Ich hatte soeben vier abgekochte Hummer gegessen und einen Schluck Wein getrunken – einen jener Weine aus der Gegend, die nicht anspruchsvoll sind, aber aus eigenem Recht eines der köstlichsten Geheimnisse des Mittelmeers verkörpern, haben sie doch das einzigartige Bouquet, in welchem man zusammen mit sehr, sehr viel Unwirklichkeit fast den sentimentalen, prickelnden Geschmack von Tränen entdecken kann.

Es war sehr spät, als wir das Essen beendeten, die Sonne stand schon niedrig am Horizont. Ich war barfuß, und eines der Mädchen in unserer Gruppe, das seit einiger Zeit eine Verehrerin meiner Person war, bemerkte ständig schrill, wie schön meine Füße doch seien. Dies stimmte so sehr, daß ich ihre Beteuerungen stupide fand. Sie saß auf dem Boden, den Kopf leicht an meine Knie gelehnt. Plötzlich legte sie ihre Hand auf einen meiner Füße und wagte mit zitternden Fingern ein nahezu unmerkliches Streicheln. Ich sprang auf, mein Sinn war von einem seltsamen Gefühl der Eifersucht gegen mich selbst verdüstert, als ob ich mit einem Male Gala geworden wäre. Ich stieß meine Verehrerin fort, schlug sie nieder und trampelte aus Leibeskräften auf ihr herum, bis man sie blutend von mir wegzerren mußte.

IX

Ich scheine zu trotziger Exzentrizität verurteilt, ob ich will oder nicht.

1937. Eines Tages erhielt ich in Paris den Telephonanruf eines brillanten jungen Psychiaters. Er hatte gerade in der Zeitschrift *Le Minotaure* einen Aufsatz von mir über den »inneren Mechanismus der paranoischen Aktivität« gelesen. Er gratulierte mir und brachte sein Erstaunen über die Präzision meiner wissenschaftlichen Kenntnis dieses im allgemeinen überhaupt nicht richtig gewürdigten Fachgebietes zum Ausdruck. Er wollte mich treffen, um über das ganze Problem zu sprechen. Wir verabredeten uns für den späten Nachmittag in meinem Atelier in der Rue Gauguet. Ich verbrachte den ganzen Nachmittag in einem Zustande äußerster Unruhe angesichts der bevorstehenden Unterredung, und ich versuchte, den Gang unseres Gespräches im voraus zu planen. Sogar von meinen engsten Freunden in der Surrealistengruppe wurden meine Ideen so oft als paradoxe Grillen – mit Anflügen von Genialität natürlich – betrachtet, daß es mir schmeichelte, am Ende in streng wissenschaftlichen Kreisen ernsthaft beachtet zu werden. Daher lag mir daran, daß alles bei unserem ersten Ideenaustausch vollkommen normal und seriös verliefe. Während ich auf die Ankunft des jungen Psychiaters wartete, arbeitete ich weiter auswendig am Porträt der Vicomtesse de Noailles, mit dem ich damals gerade beschäftigt war. Dieses Gemälde wurde direkt auf Kupfer ausgeführt. Das hochglanzpolierte Metall reflektierte wie ein Spiegel, was es mir schwer machte, meine Zeichnung klar zu erkennen. Ich beobachtete, wie schon früher, daß ich an den Stellen, wo die Spiegelungen am hellsten waren, besser sehen konnte, was ich tat. Sogleich klebte ich mir ein Stück weißes Papier, einen Zentimeter im Quadrat, auf die Nasenspitze. Seine Spiegelung machte die Zeichnung der Partien, an denen ich arbeitete, vollkommen deutlich.

Punkt sechs Uhr – zur verabredeten Zeit – klingelte es. Ich legte schnell meine Kupferplatte zur Seite, Jacques Lacan trat ein, und unverzüglich begannen wir eine intensive Fachdiskussion. Wir waren überrascht, zu entdecken, daß unsere Ansichten gleichermaßen und aus denselben Gründen den damals fast einmütig anerkannten konstitutionalistischen Theorien entgegengesetzt waren. Wir unterhielten uns zwei Stunden in einem dauernden dialektischen Tumult. Wir gingen mit dem Versprechen auseinander, in ständigem Kontakt zu bleiben und uns regelmäßig zu treffen. Nachdem er gegangen war, wanderte ich mein Atelier auf und ab und versuchte, den Gang unseres Gespräches zu rekonstruieren und die Punkte, in denen unsere seltenen Meinungsverschiedenheiten wirklich bedeutsam sein mochten, objektiver abzuwägen. Aber mehr und mehr machte mir die ziemlich beunruhigende Art und Weise Kopfzerbrechen, in welcher der junge Psychiater von Zeit zu Zeit prüfend mein Gesicht angeblickt hatte. Es war fast so, als hätte dann ein merkwürdiges, seltsames Lächeln um seine Lippen gespielt.

Hatte er gespannt die konvulsivischen Auswirkungen der meine Seele aufwühlenden Ideen auf meine Gesichtsmorphologie studiert?

Ich fand des Rätsels Lösung, als ich bald darauf meine Hände waschen ging (dies ist, nebenbei bemerkt, der Moment, in dem man gewöhnlich jedes Problem in der größten Schärfe sieht). Aber diesmal gab mir der Blick in den Spiegel die Antwort. Ich hatte vergessen, das weiße Papierquadrat von der Nase zu nehmen! Zwei Stunden lang hatte ich Fragen der transzendentalsten Natur in dem präzisesten, objektivsten und gesetztesten Tonfall diskutiert, ohne von der peinlichen Verzierung meiner Nase zu wissen. Welcher Zyniker hätte diese Rolle von Anfang bis Ende bewußt spielen können?

X

1927. Ich wohnte im Haus meiner Eltern in Figueras. Ich war inspiriert, arbeitete in meinem Atelier an einem großen kubistischen Gemälde und hatte den Gürtel meines Morgenrockes verloren, der mich deshalb dauernd in meinen Bewegungen behinderte. Ich tastete nach dem nächsten erreichbaren Gegenstand, hob eine auf dem Boden liegende Elektroschnur auf und schlang sie ungeduldig um die Taille. Am Ende der Schnur hing jedoch eine kleine Lampe. Ich wollte keine Zeit verschwenden durch näheres Hinsehen, und da die Lampe nicht sehr schwer war, benutzte ich sie als Schnalle, um die Enden meines improvisierten Gürtels zu verknüpfen.

Ich war wieder tief in meine Arbeit versunken, als meine Schwester kam und verkündete, es seien einige wichtige Leute im Wohnzimmer, die mich treffen wollten. Ich besaß damals einen beträchtlichen Ruf in Katalonien, weniger wegen meiner Gemälde als wegen verschiedener Katastrophen, die ich unabsichtlich heraufbeschworen hatte. Ich riß mich verärgert von meiner Arbeit los und ging ins Wohnzimmer. Sofort nahm ich den mißbilligenden Blick meiner Eltern auf den farbbespritzten Morgenrock wahr, aber noch bemerkte niemand die Lampe, die hinter mir, direkt gegen mein Gesäß baumelte. Nach höflicher Vorstellung setzte ich mich, zerquetschte die Lampe am Stuhl, und die Birne explodierte wie eine Bombe. Ein nicht voraussagbarer, zuverlässiger und objektiver Zufall scheint systematisch mein Leben ausgewählt zu haben, um aus normalerweise belanglosen Vorfällen gewaltige, phänomenale und denkwürdige zu machen.

XI

1928 hielt ich einen Vortrag über moderne Kunst in meiner Heimatstadt Figueras, wobei der Bürgermeister den Vorsitz führte und eine Anzahl lokaler Persönlichkeiten anwesend waren. Die Zuhörerschaft war ungewöhnlich zahlreich. Ich hatte meine Rede beendet, der man offenbar mit höflicher Verwirrung gefolgt war, und das Publikum gab nicht zu erkennen, daß es die Endgültigkeit meines letzten Absatzes begriffen hätte. In plötzlicher hysterischer Wut schrie ich aus voller Lunge: »Meine Damen und Herren, die Vorlesung ist BEENDET!«

In diesem Moment sank mir der Bürgermeister, der sehr populär war und den wirklich die ganze Stadt liebte, tot zu Füßen. Die Erregung war unbeschreiblich, und das Ereignis schlug hohe Wellen. Die Witzblätter behaupteten, die in meinem Vortrag gebrachten Ungeheuerlichkeiten hätten ihn getötet. Tatsächlich war es einfach ein plötzlicher Todesfall – Angina pectoris, glaube ich –, der zufällig genau am Ende meiner Rede eintrat.

XII

1937 sollte ich in Barcelona einen Vortrag mit dem Thema: »Das surrealistische und phänomenale Mysterium des Nachttisches« halten. Genau an dem Tag, auf den der Vortrag angesetzt war, brach eine anarchistische Revolte los. Ein Teil des Publikums, das gekommen war, mich zu hören, wurde dessenungeachtet in dem Gebäude gefangengehalten, denn bei Schießereien wurden immer schnell die Metallrolläden der Ausgänge zur Straße

heruntergelassen. Stoßweise konnte man die Bomben der F. A. I.* explodieren hören.

XIII

Als ich auf meiner ersten Italienreise in Turin ankam, war der Himmel von
einem spektakulären Schaufliegen schwarz. Durch die Straßen marschier-
ten Fackelzüge: Gerade war Abessinien der Krieg erklärt worden.

XIV

Noch ein Vortrag in Barcelona. Das Theater, in dem ich sprechen sollte, geriet am Morgen in Brand. Das Feuer war schnell gelöscht, aber es reichte
hin, meinem abendlichen Vortrag die Helligkeit des Unmittelbaren zu verleihen.

XV

Bei einem weiteren Vortrag, ebenfalls in Barcelona, erlitt ein Arzt mit
einem weißen Bart einen ziemlich wilden Anfall und versuchte mich um-
zubringen. Mehrere Personen mußten ihn überwältigen und aus dem Saal
schleppen.

XVI

Während der Vorführung des surrealistischen Filmes *L'âge d'or* 1931 in
Paris, bei dem ich mit Buñuel zusammengearbeitet hatte, warfen die *Camelots du Roi* (Royalisten) Tintenflaschen an die Leinwand, schossen in die
Luft, griffen das Publikum mit Knüppeln an und zertrümmerten die Ausstellung surrealistischer Gemälde im Foyer des Theaters. Da dies eines der
bedeutendsten Ereignisse des damaligen Paris war, werde ich an gegebener
Stelle in diesem Buch ausführlich darüber berichten.

XVII

Im Alter von sechs Jahren – um noch einmal in die Kindheit zurückzukehren – war ich mit meinen Eltern unterwegs nach Barcelona. Auf halbem
Wege gab es im Bahnhof von El Empalme einen langen Halt. Wir stiegen
aus. Mein Vater sagte zu mir: »Dort drüben gibt es Brötchen – wir wollen
einmal sehen, ob du so clever bist, eines zu kaufen. Lauf, aber bring keines
mit einem Omelett darin. Ich will nur das Brötchen.«

Ich ging los und kehrte mit einem Brötchen zurück. Mein Vater er-
bleichte, als er es sah.

* Iberischer Anarchistenbund

»Aber da war ein Omelett drin!« rief er höchst erbittert aus.

»Ja, aber du sagtest mir doch, du wolltest nur das Brötchen. So warf ich das Omelett weg.«

»Wohin hast du es geworfen?«

»Auf den Boden.«

XVIII

1936 in Paris in unserer Wohnung Rue Becquerel Nummer 7, nahe Sacré-Cœur. Gala sollte am nächsten Morgen operiert werden und mußte die Nacht zu vorbereitender Behandlung im Krankenhaus verbringen. Die Operation galt als schwerwiegend. Trotzdem schien Gala, unerschöpflich an Mut und Lebenskraft, sich überhaupt keine Sorgen zu machen, und wir verbrachten den ganzen Nachmittag damit, zwei surrealistische Objekte zu konstruieren. Sie war glücklich wie ein Kind: Mit anmutigen, an Carpaccios Figuren erinnernden Bewegungsbögen montierte sie eine verblüffende Sammlung von Gegenständen, die sie den kleinen Katastrophen bestimmter mechanischer Einwirkungen aussetzte. Später bemerkte ich, daß dieses Objekt voller unbewußter Anspielungen auf die bevorstehende Operation war. Sein in hohem Maße biologischer Charakter lag auf der Hand: Membranen, im Begriff von der rhythmischen Bewegung metallener Fühler, die fein wie Chirurgenbesteck waren, zerrissen zu werden, ein Becken, das mit Mehl gefüllt war, welches als Stoßdämpfer für zwei Brüste diente, die so plaziert waren, daß sie dagegen prallen konnten … Aus den Brustwarzen sprossen Hahnenfedern, welche, indem sie über das Mehl strichen, den Einschlag der Brüste milderten, die so kaum die Oberfläche streiften und bloß einen unendlich weichen, fast unmerklichen Abdruck ihrer Konturen auf dem makellosen Mehl hinterließen.

Ich setzte unterdessen ein »Ding« zusammen, das ich die »hypnagogische Uhr« nannte. Diese Uhr bestand aus einem riesigen, auf einen luxuriösen Sockel gelegten Baguette-Brot. Auf dem Rücken des Laibes befestigte ich in einer Reihe ein Dutzend mit »Pelican«-Tinte gefüllter Tintenfläschchen, und in jedem davon stand ein andersfarbiger Federhalter. Ich war hellauf begeistert über die Wirkung, die das hervorbrachte. Bei Einbruch der Nacht hatte Gala ihr Objekt vollständig beendet, und wir beschlossen, es zu André Breton zu bringen, um es ihm zu zeigen, bevor wir ins Krankenhaus fuhren. (Die Anfertigung derartiger Objekte war eine Epidemie geworden und damals in Surrealisten-Kreisen auf ihrem Höhepunkt.) Eilig trugen wir Galas Objekt in ein Taxi, aber kaum waren wir unterwegs, als ein abrupter Halt das Objekt, das wir vorsichtig auf dem Schoß balanciert hatten, auseinanderfallen ließ und die Stücke über Fußboden und Sitz des Taxis verstreut wurden. Was das schlimmste war: Die Schüssel mit zwei Pfund Mehl war umgekippt. Wir waren von Kopf bis Fuß eingestäubt. Wir versuchten, etwas von dem verschütteten Mehl aufzusammeln, aber es war schon schmutzig geworden. Von Zeit zu Zeit drehte sich der Taxifahrer zu uns in unserer Aufregung mit einem Ausdruck tiefen und bestürzten Mitleids im Gesicht um. Wir hielten an einem Lebensmittelgeschäft, um zwei Pfund frisches Mehl zu kaufen.

All diese Ereignisse ließen uns fast das Krankenhaus vergessen, wo wir sehr spät ankamen. Unser Auftreten in dem Hof, der in ein malvenfarbiges Mai-Dämmerlicht getaucht war, muß seltsam und beunruhigend geschienen haben, nach dem Eindruck zu urteilen, den wir auf die Schwestern machten, die uns entgegenkamen. Wir klopften uns dauernd ab, wobei wir Mehlwolken aufwirbelten, besonders ich, da ich es sogar im Haar hatte. Was sollte man mit einem Ehemann anfangen, der aus einem vollkommen normalen Taxi stieg, seine Frau wegen einer schweren Operation einlieferte und dessen Kleider von Mehl durchsetzt waren und der anscheinend alles für einen Spaß hielt? Für jene Schwestern der Klinik an der Rue Michel-Ange, die Zeugen unseres bizarren Auftritts waren, ist dies wahrscheinlich noch immer ein unergründetes Rätsel, das wohl nur die zufällige Lektüre dieser Zeilen würde aufklären können.

Ich ließ Gala im Krankenhaus zurück und eilte nach Haus. Von Zeit zu Zeit, immer seltener, fuhr ich geistesabwesend fort, das widerspenstig an meinen Kleider. haftende Mehl abzuklopfen. Mit ausgezeichnetem Appetit aß ich ein paar Austern und eine gebratene Taube zu Abend. Nach drei Tassen Kaffee wandte ich mich wieder der Arbeit an dem Objekt zu, das ich nachmittags begonnen hatte. Tatsächlich hatte ich die ganze Zeit, als ich fort gewesen war, daran gedacht, und die Unterbrechung dadurch, daß ich Gala zum Krankenhaus brachte, hatte nur die Vorfreude gesteigert und das Vergnügen verstärkt. Ich wunderte mich ein wenig über meine fast völlige Gleichgültigkeit gegenüber der Operation meiner Frau, die am darauffolgenden Morgen um zehn Uhr stattfinden sollte. Aber ich sah mich, selbst mit ein wenig Anstrengung, außerstande, mich dazu zu bringen, auch nur die geringste Gefühlsregung oder Besorgnis zu verspüren. Diese völlige Gleichgültigkeit dem Wesen gegenüber, das ich innig zu lieben glaubte, stellte für meinen Verstand ein sehr interessantes philosophisches und moralisches Problem dar, dem sofort meine Aufmerksamkeit zu widmen ich jedoch keine Möglichkeit sah.

Ich fühlte mich wirklich inspiriert, inspiriert wie ein Musiker: Neue Ideen funkelten in der Tiefe meiner Imagination. Dem Brotlaib fügte ich sechzig jeweils auf kleine Papierquadrate aquarellierte Bilder von Tintenflaschen mit ihren Federhaltern hinzu, welche ich an sechzig Fäden unter den Laib hängte. Eine warme Brise wehte von der Straße herein und versetzte all diese Bilder in schwingende Bewegung. Ich betrachtete die absurde und fürchterlich reale Erscheinung meines Objektes mit echter Ekstase. Noch ganz ausgefüllt von der Bedeutung des gerade konstruierten Objektes, ging ich schließlich gegen zwei Uhr morgens ins Bett. Mit der Unschuld eines Engels sank ich sofort in tiefen, friedlichen Schlummer. Wie ein Dämon wachte ich um fünf Uhr auf. Die größte Angst, die ich je gespürt hatte, fesselte mich ans Bett.

Mit quälend langsamen Bewegungen, die mir zweitausend Jahre zu dauern schienen, warf ich die Decken zurück, die mich erstickten. Jener kalte Schweiß der Reue bedeckte mich, der wie der Tau ist, der sich auf den Landschaften der menschlichen Seele seit der ersten Morgenröte der Moralität gebildet hat. Tag durchstach die Nacht, das schrille und rasende Singen jäh erwachter Vögel pickte sozusagen direkt in die Pupillen meiner dem Unglück sich öffnenden Augen, betäubte meine Ohren und zog mein Herz mit der straffen, wachsenden Haut aller vom Frühlingssaft aufspringenden Knospen zusammen.

Gala, Galuschka, Galuschkineta! Heiße Tränen quollen mir eine nach der anderen in die Augen, zunächst unbeholfen, unter Krämpfen und Entbindungswehen. Alsbald aber strömten sie – mit der Zuverlässigkeit und dem Ungestüm einer dahinjagenden Kavalkade – vor Gram um die Geliebte, wie ich sie im Profil auf dem einherfegenden perlenübersäten Triumphwagen der Hoffnungslosigkeit sitzen sah. Jedesmal wenn der Strom meiner Tränen zu versiegen drohte, tauchte vor mir sofort eine Augenblicksvision von Gala auf – Gala an einen Olivenbaum in Cadaqués gelehnt, mir zuwinkend; Gala im Spätsommer, sich bückend, um zwischen den Felsen von Kap Creus ein Stück Glimmer aufzuheben; Gala, so weit hinausschwimmend, daß ich von ihrem kleinen Gesicht nur noch das Lächeln erkennen kann – und diese flüchtigen Bilder reichten, durch ihren schmerzlichen Druck einen neuen Tränenstrahl hervorzurufen, als ob der harte Mechanismus des Gefühls die Muskelwände meiner Augenhöhlen zusammendrückte und bis zum letzten Tropfen jede dieser leuchtenden Visionen meiner Liebe herauszwängte und -preßte, die die saure und grüne Zitrone des Gedächtnisses enthielt.

Wie ein Besessener rannte ich in das Krankenhaus und klammerte mich mit solcher tierischen Angst an den Kittel des Chirurgen, daß er mich mit außergewöhnlicher Umsicht behandelte, als sei ich selber ein Patient. Eine Woche lang war ich zur völligen Überraschung meiner engen Freunde unter den Surrealisten fast ständig in Tränen aufgelöst und weinte bei allem und jedem. Es kam der Sonntag, da Gala endgültig außer Gefahr war und die Todesstunde im Festkleid respektvoll auf den Zehenspitzen zurückwich. Galuschka lächelte, und zuletzt hielt ich ihre Hand an meine Wange gedrückt. Und zärtlich dachte ich: »Nach alledem könnte ich dich umbringen!«

XIX

Meine drei Reisen nach Wien waren exakt wie drei Wassertropfen, denen die Reflexe fehlten, die sie zum Glitzern bringen. Auf jeder dieser Reisen tat ich exakt dasselbe: Morgens besichtigte ich den Vermeer in der Samm-

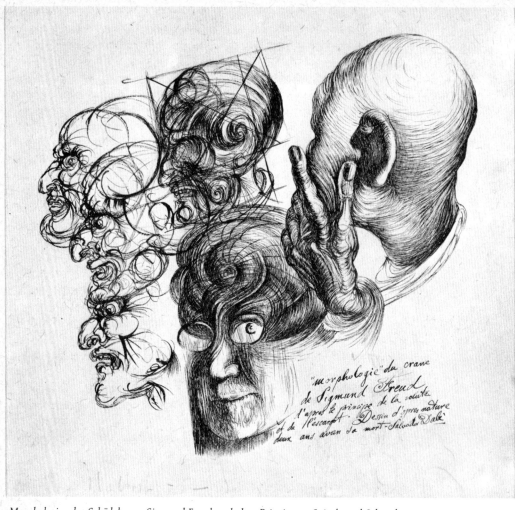

»Morphologie« des Schädels von Sigmund Freud nach dem Prinzip von Spirale und Schnecke.
Zeichnung nach der Natur zwei Jahre vor seinem Tod

lung Czernin, und nachmittags besuchte ich Freud n i c h t , da ich ausnahmslos hörte, er sei gesundheitshalber auf dem Lande.

Mit sanfter Melancholie entsinne ich mich, wie ich jene Nachmittage damit verbrachte, wahllos durch die Straßen von Österreichs alter Hauptstadt zu wandern. Die Schokoladentorte, die ich eilig in den kurzen Zwischenräumen aß, wenn ich von einem Antiquitätenhändler zum nächsten ging, hatte einen leicht bitteren Geschmack, der von den Antiquitäten, die ich sah, herrührte und von der Farce des nie stattfindenden Treffens akzentuiert wurde. Abends führte ich lange und erschöpfende imaginäre Gespräche mit Freud; einmal kam er sogar mit mir auf mein Zimmer im Hotel Sacher und blieb, an die Vorhänge geklammert, die ganze Nacht da.

Mehrere Jahre nach meinem letzten fruchtlosen Versuch, Freud zu treffen, machte ich eine gastronomische Exkursion in die Gegend von Sens in Frankreich. Wir begannen das Abendessen mit Schnecken, einem meiner Lieblingsgerichte. Die Unterhaltung kam auf Edgar Allan Poe – ein großartiges Thema beim Genuß von Schnecken – und drehte sich insbesondere um ein vor kurzem von der Prinzessin von Griechenland, Marie Bonaparte, veröffentlichtes Buch, eine psychoanalytische Studie Poes. Plötzlich sah ich eine Photographie von Professor Freud auf der ersten Seite einer Zeitung, die jemand neben mir las. Ich ließ mir unverzüglich auch eine bringen und las, daß Freud, im Exil, soeben in Paris angekommen sei. Wir hatten uns vom Eindruck der Nachricht noch nicht erholt, als ich einen lauten Schrei ausstieß. In diesem Augenblick hatte ich das morphologische Geheimnis Freuds entdeckt! Freuds Schädel ist eine Schnecke! Sein Gehirn hat die Form einer Spirale – mit einer Nadel herauszuziehen! Diese Entdeckung beeinflußte nachdrücklich das Porträt, das ich später, als er mir, ein Jahr vor seinem Tod, Modell saß, von ihm zeichnete.

Raffaels Schädel ist exakt das Gegenteil von Freuds; er ist achteckig wie eine Gemme, und sein Hirn gleicht Adern im Stein. Leonardos Schädel gleicht jenen Nüssen, die man knackt: das heißt, er sieht eher nach einem eigentlichen Gehirn aus.

Ich sollte Freud dann schließlich in London treffen. Der Schriftsteller Stefan Zweig und der Dichter Edward James begleiteten mich. Während ich den Hof des Hauses, in dem der greise Professor wohnte, durchquerte, erblickte ich ein gegen die Mauer gelehntes Fahrrad, und auf dem Sattel lag, an einer Schnur befestigt, eine rote Gummi-Wärmflasche, die offenbar mit Wasser gefüllt war, und auf dem Rücken der Wärmflasche spazierte eine Schnecke! Dies Ensemble im Hof von Freuds Haus schien seltsam und unerklärlich.

Entgegen meiner Hoffnung sprachen wir wenig, aber wir verschlangen einander mit den Augen. Freud wußte nichts über mich, außer daß er meine Malerei kannte, die er bewunderte, doch plötzlich überkam mich die Laune, zu versuchen, in seinen Augen als eine Art Dandy des »Weltintellektualismus« zu erscheinen. Ich erfuhr später, daß der Eindruck, den ich machte, genau der gegenteilige war.

Bevor ich ging, wollte ich ihm eine Zeitschrift geben, die einen Artikel enthielt, den ich über Paranoia geschrieben hatte. Ich schlug deshalb die Zeitschrift an der Seite meines Textes auf und bat ihn, ihn zu lesen, wenn er Zeit habe. Freud starrte mich weiter an, ohne der Zeitschrift die geringste Aufmerksamkeit zu schenken. Ich versuchte, ihn zu interessieren, und erklärte, dies sei keine surrealistische Zerstreuung, sondern wirklich ein Aufsatz mit wissenschaftlichem Anspruch, und ich wiederholte den Titel, gleichzeitig mit dem Finger auf ihn zeigend. Angesichts seiner unerschütterlichen Gleichgültigkeit wurde meine Stimme unwillkürlich schärfer und drängender. Dann, mich weiter mit einer Festigkeit, in der sein ganzes We-

sen sich zu verdichten schien, anstarrend, rief Freud, Stefan Zweig zugewandt, aus: »Nie sah ich jemanden, der so durch und durch Spanier war.
Welch ein Fanatiker!«

2. Kapitel   *Intrauterine Erinnerungen*

Ich vermute, daß meine Leser sich überhaupt nicht oder doch nur sehr undeutlich an die höchst wichtige Zeit ihres Daseins erinnern können, die vor ihrer Geburt lag und im Leib ihrer Mutter sich abspielte. Aber ich – ja, ich erinnere mich an diese Zeit, als sei es gestern. Aus diesem Grund schlage ich vor, das Buch über mein geheimes Leben mit dem wirklichen, authentischen Anfang zu beginnen, nämlich mit den so seltenen und zugleich flüssigen Erinnerungen, die ich mir von diesem intrauterinen Leben bewahrt habe und die zweifellos die ersten ihrer Art auf der Welt sein werden, die seit Beginn der Literaturgeschichte das Licht des Tages erblicken und systematisch beschrieben werden.*

Ich bin überzeugt, dadurch das Erscheinen ähnlicher Erinnerungen zu provozieren, welche sich schüchtern im Gedächtnis meiner Leser ausbreiten werden, oder daß dort zumindest sehr viele Gefühle, Unmengen un-

---

* Während der Übersetzung meines Buches machte Herr Chevalier mich auf ein weiteres Kapitel »intrauteriner« Erinnerungen aufmerksam, die sein Freund, Herr Wladimir Pozner, in Casanovas Memoiren entdeckt hat.

aussprechlicher und undefinierbarer Eindrücke, Bilder, Stimmungen und Verfassungen aufzufinden sind, die sich nach und nach in schwache Umrisse von Erinnerungen an ihr pränatales Leben eingliedern werden. Das ziemlich sensationelle Buch von Dr. Otto Rank mit dem Titel »Das Trauma der Geburt« wird diesbezüglich bestimmt den auf sich selbst wirklich neugierigen Leser aufklären, der diese Frage eher wissenschaftlich angehen will. Was mich betrifft, so muß ich feststellen, daß meine persönlichen, so klaren und genauen Erinnerungen an die intrauterine Periode in jedem Punkt die These von Dr. Otto Rank nur bestätigen, insbesondere die ganz allgemeinen Aspekte dieser These, insofern sie jene intrauterine Zeit mit dem Paradies in Verbindung bringt, mit ihm gleichsetzt, und die Geburt – das Trauma der Geburt – mit dem im menschlichen Leben so entscheidenden Mythos vom »Verlorenen Paradies«.

In der Tat, wenn Sie mich fragen, wie es »darin« war, antworte ich sofort: »Es war göttlich, es war das Paradies.« Aber wie sah dieses Paradies aus? Keine Angst, es werden Ihnen keine Einzelheiten vorenthalten. Doch erlauben Sie mir, mit einer kurzen Allgemeinbeschreibung zu beginnen: Das intrauterine Paradies hatte die Farben der Hölle, das heißt Rot, Orange, Gelb und Bläulich, die Farbe von Flammen, von Feuer; vor allem war es warm, unbeweglich, weich, symmetrisch, doppelt und klebrig. Schon damals lag für mich alle Lust, alle Verzauberung in den Augen, und die herrlichste, die auffälligste Vorstellung war die von zwei in einer Pfanne gebratenen Eiern ohne die Pfanne; wahrscheinlich ist darauf jene Verwirrung, jene Erregung zurückzuführen, die ich seitdem für den Rest meines Lebens in Gegenwart dieses fortwährend halluzinatorischen Bildes verspüre. Die freischwebenden Spiegeleier, die ich vor meiner Geburt sah, waren großartig, phosphoreszierend und sehr ausgeprägt in all den Windungen ihrer blaß-bläulichen Weißtöne. Diese beiden Eier pflegten sich mir zu nähern, zurückzuweichen, sich nach links, nach rechts, nach oben, nach unten zu bewegen; sie nahmen die schillernde Leuchtkraft von Perlmuttglanz an, um schließlich kleiner zu werden und zu verschwinden. Die Tatsache, daß ich heute immer noch imstande bin, ein ähnliches, wenn auch viel schwächeres und all der damaligen Pracht und Magie beraubtes Bild nach Belieben wiederzuerzeugen, indem ich meine Pupillen einem starken Druck der Finger aussetze, läßt mich das blitzende Bild der Eier als Phosphen* interpretieren, das aus ähnlichem Druck resultiert: dem meiner in der charakteristischen fetalen Haltung vor den Augenhöhlen geschlossenen Fäuste.

Unter Kindern ist es ein bekanntes Spiel, auf die Augen zu drücken, um Farbkreise zu sehen, »*die manchmal Engel genannt werden*«. Das Kind versucht damit visuelle Erinnerungen seiner embryonalen Periode nachzubilden; es drückt seine bereits nostalgischen Augen, bis sie schmerzen, um ihnen die ersehnten Lichteffekte und Farben zu entlocken, um annähernd

---

* Phosphen: Lichtwahrnehmung, die entsteht, wenn man bei geschlossenem Lid auf das Auge drückt.

die himmlische Aureole der spektralen Engel wiederzusehen, die es in seinem verlorenen Paradiese wahrnahm.

Es scheint sich immer mehr zu bewahrheiten, daß die gesamte menschliche Phantasiewelt dazu tendiert, jenen anfänglichen paradiesischen Zustand durch möglichst ähnliche Situationen und Darstellungen symbolisch wiederherzustellen und insbesondere das schreckliche »Geburtstrauma« zu überwinden, durch das wir aus dem Paradies vertrieben werden, wenn wir aus einer perfekt schützenden, geschlossenen Umwelt abrupt in all die schweren Gefahren der entsetzlich wirklichen neuen Welt übergehen und dabei den Begleiterscheinungen der Erstickung, Quetschung, der Blendung durch das plötzliche Außenlicht und der brutalen Härte der Realität ausgeliefert sind, einer irdischen Realität, die im Gedächtnis unter dem Zeichen von Qual, Benommenheit und Unwillen eingebrannt bleiben wird.

Man sollte glauben, daß der Todeswunsch oft durch den steten imperialistischen Drang zu erklären ist, dorthin zurückzukehren, von wo wir kamen, und daß Selbstmord im allgemeinen diejenigen begehen, die das Geburtstrauma nicht überwinden konnten, Leute, die selbst in brillanter Gesellschaftsmitte beim Glanz sämtlicher Salon-Kandelaber sich plötzlich zur Rückkehr in das Totenhaus entschließen. Genauso drückt der Mann, der auf dem Schlachtfeld mit dem Schrei »Mutter!« auf den Lippen von einer Kugel fällt, den wilden Wunsch aus, in umgekehrter Richtung wiedergeboren zu werden und an den Ort zurückzukehren, aus dem er hervorging. Nichts kann dies alles besser illustrieren als die Begräbnisriten einiger Stämme, die ihre Toten in Hockstellung und in genau der Haltung eines Fötus zusammengebunden bestatten.

Aber auch ohne ein Bedürfnis nach solcher letzten Erfahrung der Todesstunde gewinnt der Mensch regelmäßig im Schlaf etwas von diesem künstlichen Tod zurück, ein Stück des paradiesischen Zustandes, den er in den kleinsten Einzelheiten wiederzuerlangen sucht. In dieser Beziehung sind die Körperhaltungen Schlafender höchst aufschlußreich: In meinem eigenen Fall weist meine Haltung vor dem Schlaf nicht nur das charakteristische Zusammenrollen auf, sondern bildet auch eine ausgesprochene Pantomime, die aus kleinen Gesten zusammengesetzt ist, Muskelzuckungen und Stellungswechseln, die das heimliche Ballett eines beinahe liturgischen Zeremoniells darstellen, das die Überführung von Körper und Seele in jenes zeitweilige Nirwana des Schlafes einleitet, durch welches wir Zugang zu kostbaren Fragmenten unseres verlorenen Paradieses erhalten. Vor dem Schlafen rolle ich mich in die embryonale Stellung, die Daumen so fest von den anderen Fingern zusammengepreßt, daß sie schmerzen, habe ein tyrannisches Bedürfnis, meinen Rücken an der symbolischen Plazenta der Bettlaken zu spüren, die ich, durch aufeinanderfolgende Anstrengungen immer perfekter, der hinteren Partie meines Körpers anzuschmiegen versuche, ungeachtet der Temperatur; selbst während der größten Hitze muß ich so bedeckt sein, wie dünn meine Hülle auch sei. Außerdem muß 44 meine endgültige Schlafstellung von peinlicher Genauigkeit sein. Es ist zum Beispiel nötig, daß mein kleiner Zeh mehr links oder rechts liegt, meine Oberlippe kaum spürbar auf das Kissen gedrückt ist, damit Morpheus, der Gott des Schlafes, das Recht bekommt, mich zu sich zu rufen, mich ganz in Besitz zu nehmen; wenn er mich besiegt, verschwindet mein Körper zusehends und sammelt sich sozusagen ganz in meinem Kopf, dringt in ihn ein und füllt ihn mit seinem ganzen Gewicht aus.

Diese Darstellung von mir entspricht ungefähr der Erinnerung an meine intrauterine Person, die ich definieren würde als ein unbestimmtes Gewicht um zwei rundliche Formen – sehr wahrscheinlich meine Augen. Oft habe ich das Ungeheuer des Schlafs mir vorgestellt und dargestellt als riesigen, sehr schweren Kopf mit einer fadenartigen Körperandeutung, der auf wunderbare Weise durch diverse Realitätskrücken im Gleichgewicht gehalten wird, denen zu verdanken ist, daß wir im Schlaf gewissermaßen über der Erde schweben. Oft geben diese Stützen nach, und wir »fallen«. Bestimmt haben die meisten meiner Leser schon einmal das heftige Gefühl erlebt, gerade im Moment des Einschlafens plötzlich in einen leeren Raum zu fallen und ruckartig aufzuwachen, wobei das Herz durch lähmende Furcht aufgewühlt wird. Sie können sicher sein, daß es sich hierbei um einen Fall brutaler, primitiver Rückerinnerung an die Geburt handelt, die so das dumpfe Gefühl exakt des Augenblicks wiederherstellt, in dem man ausgetrieben wird und nach draußen fällt. Die Vorschlaf-Phase stellt das pränatale Gedächtnis wieder her, das durch die Abwesenheit von Bewegung gekennzeichnet ist, und bereitet die Entfaltung jener traumatischen Erinnerung an einen Fall ins Leere vor. Dieses Fallen im Vorschlaf-Stadium tritt immer dann ein, wenn der einzelne sich aufgrund von Übermüdung oder eines plötzlich auftretenden Bedürfnisses nach Flucht von des Tages Mühen auf den köstlichen und lang ersehnten, erfrischenden Schlaf einstellt.

Wir kennen – Freud sei Dank – die symbolische, die wohlbestimmte erotische Bedeutung von allem, was mit Luftfahrt und besonders ihrer Entstehung zusammenhängt.* Nichts ist tatsächlich klarer als die paradiesische Bedeutung der Träume vom Fliegen**, die in der unbewußten Mythologie unserer Epoche nur die verrückte und knabenhafte Illusion der »Eroberung des Himmels« verschleiern, der »Eroberung des Paradieses«, wie sie im Heilscharakter unentwickelter Ideologien verkörpert ist (wo das Flugzeug die Rolle einer neuen Gottheit spielt). Und genau so, wie wir eben in der einzelnen Vortraum-Phase den furchtbaren Fall untersuchten, der uns ruckartig aufweckt – als brutale Rekonstruktion des genauen Augenblicks

---

* Die diesbezüglichen Forschungen Leonardo da Vincis (die in der Erfindung von Flugmaschinen kulminierten) sind vom psychologischen Standpunkt her äußerst lehrreich.

** Wegen des Widerspruchs dieses Phänomens zur Schwerkraft ein Symbol der Erektion: Der Vogel ist ein sehr weit verbreitetes Synonym für den Penis, der geflügelte Phallus der Antike – Pegasus, Jakobs Leiter, die Engel, Amor und Psyche etc.

der Geburt –, so finden wir in der Vortraum-Phase der Gegenwart jene Fallschirmsprünge, die bestimmt – ich bin mir da ganz sicher – nichts anderes sind als der vom Ersten Weltkrieg verursachte kräftige Regen neugeborener Kinder, nichts anderes als der Fall all derer, die, unfähig, das entsetzliche Trauma ihrer ersten Geburt zu überwinden, verzweifelt versuchen, sich in die Leere zu stürzen mit dem kindlichen Wunsch, um jeden Preis wiedergeboren zu werden »und diesmal anders«, dabei die ganze Zeit mit der Nabelschnur verbunden, die sie an der Seidenplazenta ihres mütterlichen Fallschirms hinabschweben läßt. Der Trick, mit dem der Fallschirm funktioniert, ist derselbe wie beim Beuteltier; tatsächlich dient der Beutel des Känguruhs als Stoßdämpfer für den brüsken Übergang, in dem man bei der Geburt so grausam aus dem Paradies verstoßen wird.

Die von Salvador Dali vor kurzem erfundenen Beuteltier-Zentauren besitzen auch diese Bedeutung der Geburtsfallschirme – »Schirmgeburten« –, denn dank der »Löcher«*, die die Zentaurinnen in der Mitte ihrer Bäuche haben, können ihre Söhne nach Wunsch in ihre geliebte Mutter, ihr geliebtes Paradies, hineinkriechen oder sie wieder verlassen, so daß sie allmählich an die Umweltbedingungen gewöhnt werden, während sie sich auf höchst fortschrittliche Art mit der unbewußten, doch ihrer Seele eingeschriebenen Erinnerung an jenes wunderbare pränatale verlorene Paradies trösten, das nur der Tod ihnen teilweise wiedergeben kann.

Eine äußere Gefahr** hat den Vorteil, Phantasmen und Bilder unserer intrauterinen Erinnerungen auszulösen und zu steigern. Ich erinnere mich, wie wir als Kinder beim Ausbruch eines Gewitters im Sommer alle zusammen wie wahnsinnig losrannten und uns unter den Tischen versteckten, die mit Tischtüchern bedeckt waren, oder wir bauten hastig aus Stühlen und Decken Hütten zusammen, um unsere Spiele zu schützen und zu verstecken. Welchen Spaß es dann machte, draußen den Donner und den Regen zu hören! Was für herrliche Erinnerungen an unsere Spiele! Da drinnen zusammengerollt, aßen wir besonders gern Süßigkeiten, tranken warmes Zuckerwasser und bildeten uns ein, daß unser Leben nun in einer anderen Welt verlief. Dieses Gewitter-Spiel hatte ich »Grottenbauspiel« genannt oder »Pater-Patufet-Spielen«, und der Grund für diese Bezeichnung ist: Seit jeher war Pater Patufet der beliebteste Kinderheld in Katalonien;

---

* Eine Besucherin meiner letzten Ausstellung fragte mich: »Wozu diese Löcher in den Bäuchen Ihrer Zentauren?« Worauf ich antwortete: »Das ist genau dasselbe wie ein Fallschirm, nur weniger gefährlich.« Dies wurde lauthals als Mystifizierung beurteilt, was auch zu erwarten war, ich bin aber überzeugt, daß der Leser, der die obigen Zeilen aufmerksam gelesen hat, meine Antwort anders beurteilen wird und schnell begreift, daß sie nicht so überspannt war, wie sie schien.

** Der jetzige Krieg hat mir zu diesem Thema einige treffende Beispiele geliefert: Während der Fliegeralarme in Paris zeichnete ich die zusammengerollten fetalen Körperhaltungen, welche die Leute in den Bunkern einnahmen. Die äußere Gefahr wurde dort noch durch die intrauterinen Assoziationen vergrößert, welche von der Dunkelheit, der Ausdehnung etc. der Keller ausgehen. Oft gingen die Leute überglücklich schlafen, und ständig verriet sich eine heimliche Illusion in einem Lächeln, welches auf eine logisch keineswegs gerechtfertigte Genugtuung schließen ließ, wenn man nicht das Vorhandensein geheimer Wirkungen anerkannte, wie sie für unbewußte Darstellungen charakteristisch sind.

46

er war so klein, daß er eines Tages auf dem Land verlorenging. Ein Ochse hatte ihn verschluckt, um ihn zu schützen. Seine Eltern suchten ihn überall und riefen: »Patufet, Patufet, wo bist du?« Und sie hörten Patufets Stimme antworten: »Ich bin im Bauch des Ochsen, wo es nicht schneit und nicht regnet!«

In diesen, in der elektrischen Spannung gewittriger Tage ersonnenen künstlichen Ochsenbauch-Grotten brachte meine Patufet-Vorstellung die meisten Bilder hervor, die auf eindeutige Art mit meinen pränatalen Erinnerungen übereinstimmen. Diese Erinnerungsbilder, die einen so entscheidenden Einfluß auf mein späteres Leben ausübten, entstanden immer als Folge eines kuriosen Spiels, das so aussah: Ich ließ mich auf alle viere nieder und zwar so, daß meine Knie und Hände sich berührten; dann ließ ich meinen Kopf mit seinem Eigengewicht nach unten hängen und wie ein Pendel kreisen, damit alles Blut in ihn strömte. Diese Übung machte ich so lange, bis sich ein lustvolles Schwindelgefühl einstellte; ohne daß ich dann meine Augen schließen mußte, sah ich aus der stockfinsteren (über alles in wirklicher Finsternis Sichtbare hinaus schwarzen) Dunkelheit phosphoreszierende Kreise auftauchen, in denen sich die berühmten Spiegeleier (ohne Pfanne) bildeten, die auf diesen Seiten schon beschrieben wurden. Diese Feuereier vermischten sich schließlich mit einer sehr weichen, amorphen weißen Paste; sie schien in alle Richtungen gezogen zu werden, ihre extreme Dehnbarkeit, die sich allen Formen anpaßte, schien mit meiner wachsenden Begierde zu wachsen, sie zermahlen, gefaltet, zusammengelegt, zusammengerollt und in die unterschiedlichsten Richtungen gedrückt zu sehen. Dies kam mir als der Gipfel des Entzückens vor, und ich hätte gerne a l l e s   i m m e r   s o   g e h a b t !

Technische Gegenstände sollten später für mich die größten Feinde werden, und was Uhren angeht, so mußten sie weich sein oder gar nicht sein!

3. Kapitel   Geburt von Salvador Dali

Am dreizehnten Tag des Monats Mai 1904 erschien in der Stadt Figueras um elf Uhr Don Salvador Dali y Cusi, gebürtig aus Cadaqués, Provinz Gerona, 41 Jahre alt, verheiratet, Notar, am Ort wohnend, Calle de Monturiol 20, vor Señor Miguel Comas Quintana, dem belesenen Richter dieser Stadt, und seinem Sekretär, D. Francisco Sala y Sabria, um die Geburt eines Kindes in das amtliche Register eintragen zu lassen, und erklärte diesbezüglich dem vorerwähnten Richter:

DASS besagtes Kind in seinem Haus um fünfzehn Minuten vor neun Uhr am elften Tag des gegenwärtigen Monats Mai geboren wurde und daß es die Namen Salvador Felipe y Jacinto erhält; daß es der eheliche Sohn von ihm und seiner Frau sei, Doña Felipa Dome Domenech, dreißig Jahre alt, geboren in Barcelona und wohnhaft beim Antragsteller. Die Großeltern väterlicherseits sind: Don Galo Dali Vinas, geboren in Cadaqués, verstorben, und Doña Teresa Cusi Marco, geboren in Rosas; die Großeltern mütterlicherseits: Doña Maria Ferres Sadurne und Don Anselmo Domenech Serra, geboren in Barcelona.

Die Zeugen waren: Don José Mercader, geboren in La Bisbal, Provinz Gerona, von Beruf Gerber, am Ort wohnend, Calzada de Los Monjes 20, und Don Emilio Baig, geboren hierselbst, Musiker, wohnhaft Calles de Perelada 5, beide volljährig.

Laßt alle Glocken läuten! Laßt den schuftenden unbekannten Bauern für einen Moment seinen krummen, ankylotischen Rücken aufrichten, der wie der Stamm eines von der Tramontana verbogenen Olivenbaumes auf den Boden gebeugt ist, und laßt seine von tiefen und erdgefüllten Runzeln durchfurchte Wange einen nachdenklichen Augenblick lang in nobler Haltung in der schwieligen Hand ruhen.

Seht! Salvador Dali ist soeben geboren worden! Es weht kein Wind, und der Maihimmel ist wolkenlos. Still liegt das Mittelmeer, und auf seinem Rücken, der so glatt wie der eines Fisches ist, kann man bei sorgfältigem Zählen die silbrigen Schuppen von höchstens sieben oder acht Sonnenstrahlen glänzen sehen. Umso besser! Salvador Dali hätte nicht mehr verlangt!

An Morgen wie diesem müssen die Griechen und die Phönizier in den Buchten von Rosas und Ampurias gelandet sein, um das Bett der Zivilisation zu richten und die sauberen, weißen und theatralischen Laken meiner Geburt vorzubereiten, mitten auf dieser Ebene des Ampurdán, der konkretesten und objektivsten Landschaft der Welt.

Laßt auch den Fischer vom Kap Creus seine Riemen unter die Beine legen, daß sie ruhen, und laßt ihn, während sie abtropfen, den bitteren Zigarrenstumpen weit ins Meer spucken, an dem er schon hundertmal herumgekaut, und mit dem Ärmel die Honigträne aus dem Augenwinkel wischen, die sich dort seit mehreren Minuten gebildet hat, und laßt ihn dann in meine Richtung blicken!

Auch Du, Narciso Monturiol, berühmter Sohn von Figueras, Erfinder und Erbauer des ersten Unterseebootes, erhebe Deine grauen verschleierten Augen zu mir. Sieh mich an!

Du siehst nichts? Und Ihr alle, seht Ihr auch nichts?

Nur ...

In einem Haus in der Calle de Monturiol wird ein neugeborenes Baby aufmerksam und mit grenzenloser Liebe von seinen Eltern beobachtet und verursacht eine leichte, ungewohnte Unruhe im Haus.

Oh Ihr Unglücklichen! Behaltet gut, was ich Euch jetzt sage: Am Tag meines Todes wird es nicht so sein!

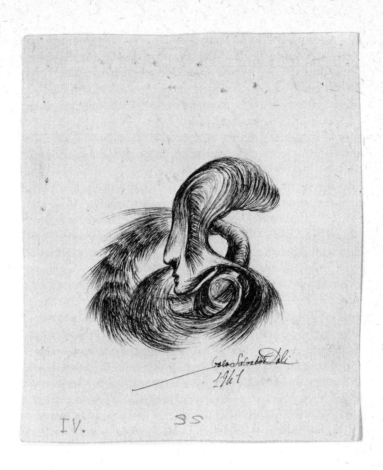

IV.

4. Kapitel   *Falsche Kindheitserinnerungen*

Als ich sieben Jahre als war, beschloß mein Vater, mich zur Schule zu bringen. Er mußte Gewalt anwenden; unter großer Anstrengung zerrte er mich an der Hand, während ich auf dem ganzen Weg schrie und einen solchen Aufruhr machte, daß sämtliche Geschäftsleute, deren Läden in den Straßen lagen, durch die wir zogen, herauskamen, um uns zu beobachten. Bis dahin hatten mich meine Eltern zwei Dinge erfolgreich gelehrt: das Alphabet und meinen Namen zu schreiben. Am Ende des ersten Schuljahres entdeckten sie bestürzt, daß ich beides völlig vergessen hatte.

Das war keineswegs meine Schuld. Mein Lehrer hatte sehr viel zu diesem Ergebnis beigetragen – oder vielmehr hatte er gar nichts getan, denn er kam nur zur Schule, um beinahe ununterbrochen zu schlafen. Dieser Lehrer hieß Señor Traite, was auf katalanisch soviel bedeutet wie »Omelett«, und er war wahrhaftig in jeder Beziehung ein phantastischer Typ. Er trug einen weißen Bart, der in zwei symmetrische Zöpfe aufgeteilt war, die so lang waren, daß sie beim Sitzen bis unter seine Knie reichten. Die elfenbeinerne Tönung seines Bartes war von gelblichen, ins Braune changierenden Stellen befleckt, die der Patina glichen, die sich auf den Fingerkuppen und Nägeln starker Raucher bildet und auch auf den Tasten gewisser Klaviere – die natürlich nie im Leben geraucht haben.

Was Señor Traite angeht, so rauchte er auch nicht. Es hätte ihn beim Schlafen gestört. Dafür schnupfte er aber Tabak. Bei jedem kurzen Aufwachen nahm er eine Prise kriminell riechenden Schnupftabaks, die ihn zu lauthalsem Niesen brachte, wobei er ein riesiges Taschentuch, das er selten wechselte, mit ockerfarbenen Flecken bespritzte. Señor Traite hatte ein sehr schönes Gesicht vom Tolstoi-Typ, mit etwas Leonardo-Transplantat; seine sehr hellen blauen Augen waren bestimmt mit Träumen und ziemlich vielen Gedichten angefüllt; er kleidete sich nachlässig, roch übel, und von Zeit zu Zeit trug er einen Zylinder, was in dieser Gegend ganz und gar ungewöhnlich war. Aber bei seinem eindrucksvollen Äußeren konnte er sich alles erlauben: Er lebte in einer legendären Aura von Intelligenz, die ihn unangreifbar machte. Gelegentlich unternahm er einen Sonntagsausflug und kehrte mit einem Karren voller Kirchenskulptur zurück, gotischer Fenster und anderer Bauteile, die er aus den Kirchen auf dem Land stahl oder die er fast umsonst kaufte. Einmal hatte er ein romanisches Kapitell entdeckt, das es ihm besonders angetan hatte und das im Glockenturm eingelassen war. Señor Traite gelang es, sich nachts Eingang zu verschaffen und es aus der Wand zu brechen. Er grub und grub so fleißig, daß ein Teil des Turmes einstürzte, und mit einem Getöse, das man sich leicht vorstellen kann, fielen zwei große Glocken durch das Dach eines Nachbarhauses und hinterließen ein klaffendes Loch. Als die hochgeschreckten Dorfbewohner endlich merkten, was vorgefallen war, galoppierte Señor Traite mit seiner Karre schon auf und davon, wenngleich er von ein paar unfreundlichen Felsbrocken doch nicht ganz verschont blieb. Der Vorfall erregte zwar die Einwohner von Figueras, steigerte aber eher seinen Ruhm, denn er wurde nun so etwas wie ein Märtyrer aus Liebe zur Kunst. Jedenfalls steht fest, daß Señor Traite sich in der Nähe nach und nach eine ausgefallene Villa aufbaute, in der er die gesamte heterogene archäologische Sammlung seiner sonntäglichen Beutezüge zusammentrug, die inzwischen zu einer endemischen Form gnadenloser Verwüstung der Kunstschätze des Landes ausgeartet waren.

Weshalb hatten meine Eltern eine Schule mit einem so spektakulären Lehrer wie Señor Traite ausgewählt? Mein Vater, der ein Freidenker war und aus dem sentimentalen Barcelona stammte, dem Barcelona der »Clavé-Chöre«*, der Anarchisten und des Ferrer-Prozesses**, schickte mich aus

---

* José Anselmo Clavé, ein katalanischer Musiker, gründete Gesangsvereine in Barcelona, die sich zu bedeutenden Musikschulen entwickelten.
** Ein berühmter Prozeß gegen Anarchisten.

"false memory" of a cloud of smoke resembling a human face perceived during a walk in the country with my father.

Prinzip nicht auf eine christliche oder eine Maristen-Schule, wie sie für Leute unseres Standes angemessen gewesen wäre, da mein Vater Notar und einer der angesehensten Männer der Stadt war. Trotzdem konnte nichts ihn davon abbringen, mich auf die staatliche Schule zu schicken – Señor Traites Schule. Man hielt diese Einstellung für eine reine Verschrobenheit, die nur zum Teil durch Señor Traites mythisches Prestige gerechtfertigt war, denn von seinen pädagogischen Talenten hatte keiner der Bekannten meiner Eltern die geringste Ahnung, da sie ihre Kinder alle anderswo auf die Schule geschickt hatten.

Ich verbrachte deshalb mein erstes Schuljahr zusammen mit den ärmsten Kindern der Stadt, was sehr wichtig war, glaube ich, für die Entwicklung meines natürlichen Hanges zum Größenwahn. Tatsächlich gewöhnte ich mir immer mehr an, mich, das reiche Kind, für etwas Kostbares, Delikates und ganz anderes als die zerlumpten Kinder um mich herum zu halten. Ich war der einzige, der heiße Milch und Kakao in einer herrlichen Thermosflasche mitbrachte, die in ein Tuch eingewickelt war, auf das meine Initialen gestickt waren. Nur ich hatte bei der kleinsten Schramme eine makellose Bandage, nur ich trug einen Matrosenanzug, auf dessen Ärmel dicke goldene Abzeichen und auf dessen Mütze Sterne gestickt waren, nur ich hatte Haar, das tausendmal gekämmt wurde und so gut nach Parfüm roch, daß es den anderen Kindern zu schaffen machte und sie der Reihe nach ausgiebig an meinem privilegierten Kopf schnuppern wollten. Außerdem war ich der einzige, der auf Hochglanz polierte Schuhe mit Silberknöpfen trug. Um diese rauften sich meine Klassenkameraden jedesmal, wenn einer ab-

53

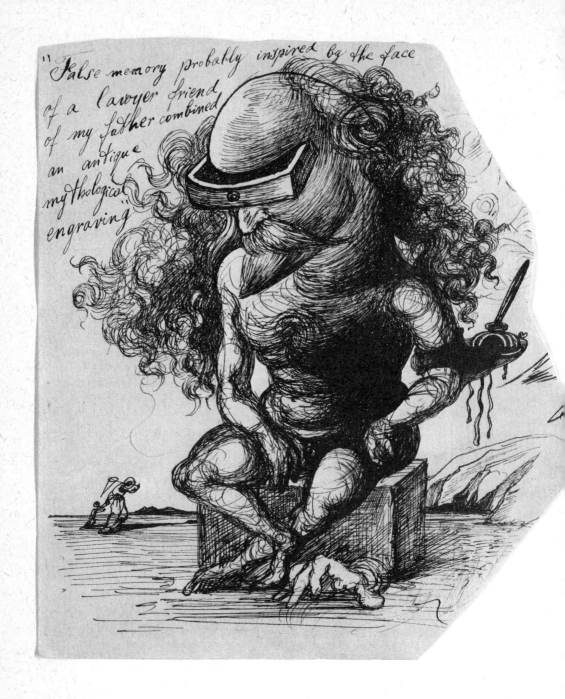

»Eine wahrscheinlich von dem Gesicht eines Anwaltskollegen meines Vaters in Verbindung mit
einem alten Kupferstich mythologischen Inhalts eingegebene falsche Erinnerung«

gerissen war, sie selbst gingen auch im Winter barfuß oder halbbeschuht in den klaffenden Überresten verdreckter, unzusammengehöriger und schlecht sitzender *espadrilles*. Weiter, und insbesondere, war ich der einzige, der nie spielte, der nie mit jemandem redete. Auch deshalb hielten mich meine Schulkameraden für einen solchen Außenseiter, daß sie nur ängstlich zu mir kamen, um aus der Nähe ein Spitzentaschentuch zu bewundern, das aus meiner Tasche hervorquoll, oder meinen schlanken, biegsamen neuen Bambusstock, der mit einem silbernen Hundekopf als Griff verziert war.

Was habe ich also während eines ganzen Jahres in dieser unseligen staatlichen Schule gemacht? Die anderen Kinder tobten um meine einsame Schweigsamkeit herum, wie von einem dauernden Wirbelwahn besessen. Dieses Spektakel erschien mir vollkommen unverständlich. Sie schrieen, spielten, prügelten sich, weinten, lachten, hasteten umher mit all der obskuren Lebensgier, Stücke lebenden Fleisches mit Zähnen und Klauen herauszureißen, wobei sie den üblichen angestammten Schwachsinn zur Schau stellten, der in jedem gesunden biologischen Exemplar schlummert und der den normalen Nährstoff für die praktische und tierische Entwicklung des »Realitätsprinzips« bildet. Wie weit war ich dagegen entfernt von dieser Entwicklung eines »praktischen Realitätsprinzips« – eigentlich am anderen Pol! Ich steuerte eher in die entgegengesetzte Richtung: Jeden Tag wußte ich weniger gut Bescheid, wie man etwas zu tun hatte! Ich bewunderte den Erfindungsreichtum all der kleinen Wesen, die vom Dämon aller Tücken besessen waren und ihre lädierten Federkästen mit Hilfe kleiner Nägel reparieren konnten! Und die komplizierten Gebilde, die sie beim Papierfalten anfertigen konnten! Wie geschickt und schnell sie die noch so verknoteten Bänder ihrer *espadrilles* aufschnürten, während ich es fertig brachte, einen ganzen Nachmittag eingeschlossen in einem Zimmer zu bleiben, weil ich nicht wußte, wie man den Türgriff drehen mußte, um herauszukommen; ich verlief mich immer, sobald ich in irgendein Haus kam, sogar, wenn ich es sehr gut kannte; ich konnte mir nicht einmal selbst das Seemannshemd ausziehen, das man über den Kopf ziehen mußte, da mich einige Versuche in dieser Übung davon überzeugt hatten, wie leicht es wäre, dabei zu ersticken. »Praktisches Handeln« war mein Feind, und die Objekte der äußeren Welt wurden zu Wesen, die täglich furchterregender waren.

Auch Señor Traite webte oben auf seinem hölzernen Podest an seiner Schlafkette mit einem Bewußtsein, das sich immer mehr dem von Gemüse annäherte, und wenn er mitunter im Traum so sanft zu schwanken schien wie vom Wind gebeugtes Schilf, so wurde er zu anderer Zeit schwer wie ein Baumstamm. Seine kurzen Wachmomente benutzte er dazu, sich eine Prise Schnupftabak zu verabreichen und diejenigen Schüler zu bestrafen, indem er ihre Ohren so lang zog, bis sie bluteten, die über den normalen Tumult hinaus es fertiggebracht hatten, ihn entweder durch eine gut gezielte Ladung Spucke oder durch ein auf Büchern zum Rösten von Kastanien entzündetes Feuer mit unangenehmem Ruck vorzeitig zu wecken.

Ich frage noch einmal: Was tat ich während eines ganzen Jahres in dieser unseligen Schule? Nur eines, das aber mit verzweifeltem Eifer: Ich fabrizierte »falsche Erinnerungen«. Der Unterschied zwischen falschen und wahren Erinnerungen ist derselbe wie bei Juwelen: Es sind immer die falschen, die am echtesten, am brillantesten wirken. Zu der Zeit war mir bereits eine Szene im Gedächtnis, die aufgrund ihrer Unwahrscheinlichkeit als meine erste falsche Erinnerung gelten muß. Ich betrachtete ein nacktes Kind, das gewaschen wurde; an sein Geschlecht erinnere ich mich nicht, aber ich sah auf einer seiner Popobacken einen furchtbaren, wimmelnden Ameisenschwarm, der in einem Loch von der Größe einer Orange angesiedelt zu sein schien. Mitten in der Waschung wurde das Kind umgedreht, mit dem Bauch nach oben, und ich dachte, daß die Ameisen nun zerquetscht würden und das Loch ihm weh tue. Das Kind wurde noch einmal in die ursprüngliche Lage zurückgebracht. Meine Neugier, die Ameisen wiederzusehen, war ungeheuer groß, aber ich war verblüfft, daß sie nicht mehr da waren, ebensowenig wie Spuren eines Loches. Diese falsche Erinnerung ist äußerst deutlich, obwohl ich sie zeitlich nicht einordnen kann.

Andererseits bin ich ganz sicher, daß ich im Alter zwischen sieben und acht in Señor Traites Schule war, das Alphabet und das Buchstabieren meines Namens vergaß, daß der wachsende, allgewaltige Einfluß von Träumerei und Mythos sich so kontinuierlich und zwingend mit dem Leben vermischte, daß ich später oft nicht mehr erkennen konnte, wo die Realität beginnt und die Fiktion aufhört.

Mein Gedächtnis hat das Ganze in eine solch homogene, unzerstörbare Masse zusammengeschweißt, daß nur eine kritisch-objektive Untersuchung gewisser Ereignisse, die zu absurd oder offensichtlich unmöglich sind, mich dazu nötigt, sie als authentische falsche Erinnerungen zu betrachten. Wenn zum Beispiel eine meiner Erinnerungen sich auf Ereignisse in Rußland bezieht, dann bin ich schließlich doch gezwungen, sie als falsch zu klassifizieren, da ich in meinem ganzen Leben nie in diesem Land war. Und tatsächlich gehen einige meiner falschen Erinnerungen auf Rußland zurück.

Es war Señor Traite, der mich mit den ersten Bildern aus Rußland vertraut machte, und das geschah so:

Nachdem der sogenannte Studientag vorüber war, nahm mich Señor Traite manchmal in seine Privatwohnung mit. Dies ist bis heute für mich der geheimnisvollste aller Plätze geblieben, die sich noch in meinem Gedächtnis drängen. So muß das Zimmer ausgesehen haben, in dem Faust arbeitete. Auf den Regalen eines riesigen, vereinzelt leeren Bücherschranks wechselten sich große, verstaubte Bände mit den verschiedenartigsten Objekten ab. Einige davon waren durch Tücher bedeckt oder halb verborgen, entblößten manchmal einen Teil ihrer rätselhaften Vielfalt, was oft genug ausreichte, um die stets bereite arabische Kavallerie* meiner »phantastischen Interpretationen« in Galopp zu versetzen, die sich in wilder Ungeduld zurückhielten und nur darauf warteten, daß die silbernen Sporen meiner Mythomanie in ihre blauen und blutigen Flanken stießen, um in ungezügeltem Lauf loszustürmen.

Señor Traite nahm mich dann gewöhnlich auf seine Knie** und streichelte unbeholfen die feine, leuchtende Haut meines Kinns und ergriff es mit dem Zeigefinger und dem großen Daumen seiner Hand, die die stumpfe Haut, den Geruch, die Farbe, die Temperatur und die Rauheit einer verschrumpelten, von der Sonne erwärmten und schon leicht verfaulten Kartoffel besaß.

Señor Traite fing immer damit an, daß er sagte: »Und jetzt zeige ich dir etwas, was du noch nie gesehen hast.« Dann verschwand er jedesmal in ein dunkles Zimmer und kehrte alsbald mit einem riesigen Rosenkranz zurück, den er kaum auf seinen Schultern tragen konnte, da er an seinem ganzen gebeugten Körper hinabhing und zwei Meter hinter ihm herschleifte, was einen höllischen Lärm verursachte und eine Wolke von Staub aufwirbelte.

»Meine Frau (Gott habe sie selig!) bat mich, ihr einen Rosenkranz von meiner Reise nach Jerusalem mitzubringen. Ich kaufte ihr diesen hier, es ist der größte Rosenkranz der Welt, außerdem ist er aus echtem Olivenholz vom Ölberg geschnitzt.«

Während er dies sagte, lächelte Señor Traite verstohlen.

Ein anderes Mal zog Señor Traite aus einem großen, mit granatrotem Samt ausgeschlagenen Mahagonikasten eine kleine Statue von Mephistopheles heraus, die von wunderbarem Rot war und so glänzte wie ein aus dem Wasser gezogener Fisch, und entzündete eine raffinierte Vorrichtung in Gestalt eines Dreizacks, den der Teufel mit seinem beweglichen Arm hin und her schwang, worauf vielfarbige Feuergarben an die Decke stiegen, während sich Señor Traite in der fast völligen Dunkelheit durch den Bart strich und mit väterlicher Genugtuung die Zeichen meines Erstaunens verfolgte.

Außerdem hing in Señor Traites Zimmer noch ein präparierter Frosch an einem Faden, den er schalkhaft »La meva pubilla« (mein Mündel) nannte und manchmal auch »meine Tänzerin«. Er sagte gerne:

»Ich muß sie nur anschauen, um zu wissen, wie das Wetter wird.«

Jeden Tag fand ich diesen Frosch steif in einer anderen Stellung angeordnet. Er verursachte bei mir ein unbestimmbares Gefühl von Übelkeit, das dennoch nicht eine unwiderstehliche Anziehungskraft verhinderte, da es mir fast unmöglich war, meine Augen von dem häßlichen kleinen Ding ab-

Méphistophélès.

---

* Meine arabischen Vorfahren, die man bis in die Zeit von Cervantes zurückverfolgen kann, sind in meinem Stammbaum fast definitiv nachgewiesen worden.

** Zur selben Zeit saß in Rußland, in der »Hellen Lichtung«, dem Landsitz Tolstois, ein anderes Kind, Galuschka, meine Frau, auf dem Schoß einer anderen Kartoffel, eines weiteren Vertreters jener Spezies erdverbundener, rauher und verträumter alter Männer – des Grafen Leo Tolstoi.

zuwenden. Neben dem riesigen Rosenkranz, dem Feuerwerks-Mephisto und dem getrockneten Frosch gab es eine große Anzahl von Gegenständen, die wahrscheinlich medizinische Utensilien waren und deren unbekannter Verwendungszweck mich aufgrund ihrer anzüglichen, zweideutigen Form beunruhigte. Aber über das Ganze herrschte der unwiderstehliche Glanz eines großen quadratischen Kastens, des Mittelpunktes all meiner Ekstasen. Er stellte eine Art optischen Theaters dar, das mir während meiner Kindheit das größte Ausmaß an Illusionen verschaffte. Ich konnte niemals genau bestimmen oder rekonstruieren, was es eigentlich war. So wie ich mich entsinne, sah man alles wie am Grunde eines sehr klaren stereoskopischen Wassers, das sich allmählich und gleichmäßig in den schillerndsten Tönungen verfärbte. Die Bilder selbst waren mit von hinten beleuchteten Löchern eingefaßt und übersät und gingen auf unerklärliche Weise, die man nur mit den Metamorphosen sogenannter »hypnagogischer« Bilder vergleichen konnte, die uns im Zustand des Halbschlafs erscheinen, ineinander über. In diesem wundervollen Theater des Señor Traite sah ich die Bilder, die mich für den Rest meines Lebens am tiefsten aufwühlen sollten; besonders das Bild eines kleinen russischen Mädchens, das ich auf der Stelle anbetete, ätzte sich mit der Schärfe von Salpetersäure in alle Zellen meines kindlichen Körpers und meiner Kinderseele ein, und zwar vollständig, von der hellen Oberfläche der kristallinen Linsen meiner Pupillen und meiner Libido bis zum zartesten Wispern der »verpuppten Liebkosung«, die hinter der seidenen Schutzhülle der rosafarbenen, straffen Haut meiner empfindlichen Fingerspitzen schlief. Das russische Mädchen erschien mir in weißen Pelzen tief in einem Schlitten verborgen, der von Wölfen mit lumineszierenden Augen verfolgt wurde. Dieses Mädchen sah mich starr an, und ihre ehrfurchtgebietende stolze Miene bedrückte mein Herz: Ihre kleinen Nasenlöcher waren so lebhaft bewegt wie ihr Blick, was ihr das wilde Aus-

Troika.

sehen eines kleinen Waldtieres verlieh. Diese außerordentliche Munterkeit bildete einen bewegenden Kontrast zu der grenzenlosen heiteren Süße, die das ovale Gesicht und eine Verbindung von Merkmalen vermittelten, welche so wunderbar harmonisch waren wie bei einer Madonna von Raffael. War es Gala? Ich bin sicher, daß sie es war.

Daneben sah ich in Señor Traites Theater eine ganze Folge russischer Ansichten, und ich verharrte immer verwundert vor der Fata Morgana jener strahlenden Kuppeln und hermelinweißen Landschaften, in denen meine Augen sozusagen unter jeder Schneeflocke das Prasseln aller kostbaren Feuer des Orients »hörten«. Die Visionen von jenem fernen, weißen Land kamen meinem pathologischen Verlangen nach dem »absolut Außergewöhnlichen« sehr entgegen und wurden immer mehr zur gewichtigen Wirklichkeit, zum Nachteil der Straßen von Figueras, die nun mit jedem Tag etwas mehr von ihrer alltäglichen Körperlichkeit verloren.

Überdies hatte sich, wie bei jeder Gelegenheit in meinem Leben, wenn ich mich nach etwas mit leidenschaftlicher Ausdauer sehnte, eine dunkelunbestimmte, aber starke Erwartung, die in meinem Bewußtsein schwebte, erfüllt: Es schneite. Es war das erste Mal, daß ich dieses Phänomen wahrnahm. Als ich erwachte, tauchte Figueras und das ganze Land verhüllt von diesem idealen Leichentuch, unter dem die Alltagsrealität ja tatsächlich begraben war, vor mir auf, und das schien allein auf den einzigartigen autokratischen Zauber meiner Willenskraft zurückzugehen. Ich war überhaupt nicht überrascht, so nachdrücklich hatte ich diesen Wandel erwartet und mir vorgestellt. Aber von dem Moment an bemächtigte sich meiner eine ruhige Ekstase, und ich erlebte die folgenden bewegenden und außerordentlichen Ereignisse in einer Art Wachtraum, der fast ununterbrochen andauerte.

Ungefähr zur Morgenmitte hörte es auf zu schneien. Ich verließ das beschlagene Fenster, gegen das ich die ganze Zeit hartnäckig mein Gesicht gedrückt hatte, um mit meiner Mutter und meiner Schwester spazieren zu gehen. Jeder knirschende Schritt im Schnee schien mir wie ein Wunder, obwohl ich mich etwas über den Verkehr ärgerte, der wie sonst weiterlief und die weißen Straßen bereits befleckt hatte – billigte ich doch niemandem außer mir das Recht zu, ihn zu berühren.

Als wir uns den Außenbezirken der Stadt näherten, wurde das Weiß absolut; wir gingen durch einen Wald und erreichten bald eine Lichtung. Bewegungslos stand ich vor dieser Schneeweite. Aber hauptsächlich war ich wegen eines kleinen runden braunen Gegenstands stehengeblieben, der genau in der Mitte jener Fläche lag. Es war ein kleiner Samenballen, der von einer Platane dorthin gefallen war. Die äußere Hülle dieses Ballens war teilweise aufgebrochen, und von meinem Standort aus konnte ich deutlich etwas von dem gelben Flaum erkennen, der innen liegt. Plötzlich brach die Sonne durch die Wolken und erleuchtete alles mit höchster Kraft. Meine Augen blieben auf den Samenballen fixiert, der nun einen blauen Schlagschatten auf den Schnee warf. Sein gelber Flaum vor allem schien Feuer gefangen zu haben und fast »lebendig« geworden zu sein. Die plötzliche Blendung verschmolz mit einer großen Rührung und trieb mir Tränen in die Augen. Ich ging hin und hob unendlich sanft den kleinen zerplatzten Ball auf. Ich küßte ihn an der Bruchstelle mit einer Zärtlichkeit, wie man sie etwas Lebendem schuldet, das leidet und das man sehr schätzt. Ich wickelte ihn in mein Taschentuch und sagte zu meiner Schwester:

Platane.

59

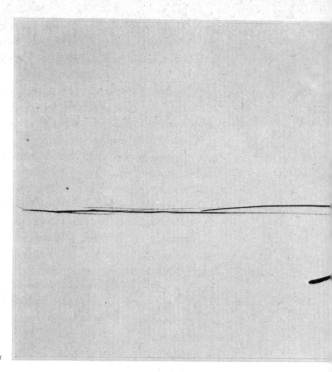

»Ich und meine Mutter«

»Ich habe einen Zwergaffen gefunden, aber ich zeig ihn dir nicht!«

Ich konnte spüren, wie er sich in meinem Taschentuch bewegte! Ein Gefühl, das stärker war als alle anderen, lenkte mich zu einem einzigen Punkt: dem »entdeckten Brunnen«. Ich mußte mit der unnachgiebigen Präzision meines tyrannischen Starrsinns darauf bestehen, unseren Spaziergang in die Richtung dieses Punktes zu treiben. Als wir ihn beinahe erreicht hatten (der entdeckte Brunnen lag seitlich des Weges, man mußte mehrere Stufen hinuntergehen und dann nach rechts laufen), sagte meine Mutter, die einige Bekannte traf, zu mir:

»Geh und spiel für eine Weile. Geh bis zum Brunnen, aber paß auf, daß du dir nicht weh tust. Ich warte hier auf dich.«

Die Bekannten machten für meine Mutter auf einer steinernen Bank Platz, die noch vor kurzem mit Schnee bedeckt gewesen und noch ganz feucht war. Ich blickte mit wütender Verachtung diese Bekannten an, die es wagten, d a s meiner Mutter anzubieten, für die ich mir nur den bestausgesuchten Komfort vorstellen konnte, und es bereitete mir große Genugtuung, daß meine Mutter sich nicht setzte, sondern unter dem Vorwand stehen blieb, sie könne mich so besser beobachten. Ich stieg die Treppen hinunter und ging nach rechts: Da war sie! – das kleine russische Mädchen, das ich in Señor Traites magischem Theater gesehen hatte. Ich nenne sie Galuschka, das ist die Verkleinerungsform des Namens meiner Frau, und

60

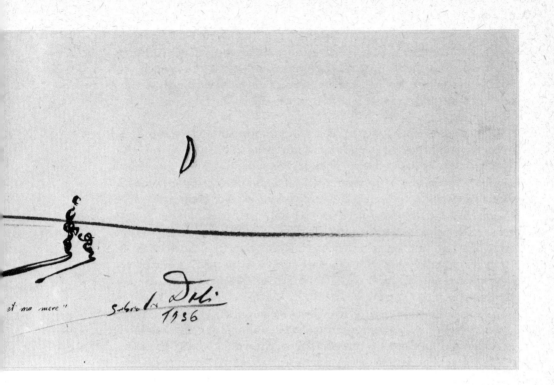

et ma mère " Gala et Dali 1936

zwar deshalb, weil ich fest daran glaube, daß dasselbe weibliche Bild im Laufe meines gesamten Liebeslebens stets wiederkehrte, so daß dieses Bild, das mich sozusagen nie verlassen hat, bereits meine falschen und wahren Erinnerungen nährte. Da saß Galuschka, mir zugewandt, auf einer steinernen Bank, in derselben Haltung wie in der Schlittenszene, und sie schien mich schon eine ganze Weile betrachtet zu haben. In dem Augenblick, als ich sie sah, zuckte ich instinktiv zurück; mein Herz war in solchem Aufruhr, daß ich glaubte, es werde mir aus dem Mund springen. Auch der kleine Samenballen in meiner Hand begann zu pulsieren, mich in dem Glauben bestärkend, daß er lebte.

Meine Mutter, die mich zurückkommen sah und meine Verwirrung bemerkte, rief:

»Was ist denn da am Brunnen?« Und ihren Bekannten erklärte sie:

»Seht mal, wie launisch er ist. Den ganzen Tag hat er nichts weiter getan als zu betteln, daß wir an den Brunnen gehen, und jetzt, wo wir hier sind, will er nicht mehr hin.«

Ich sagte, ich hätte mein Taschentuch vergessen, und als ich merkte, daß meine Mutter das Taschentuch sah, das ich in der Hand hielt, fügte ich hinzu:

»Das brauche ich, um meinen Affen einzuwickeln. Ich brauche aber noch eins zum Naseputzen.«

61

Meine Mutter putzte mir die Nase mit ihrem Taschentuch, und ich ging wieder weg. Diesmal versuchte ich, aus der entgegengesetzten Richtung zum Brunnen zu gelangen, um Galuschka von hinten sehen zu können, ohne selbst gesehen zu werden. Dazu mußte ich über einen dichten, stachligen Busch klettern, was meine Mutter, wie üblich, mit der Bemerkung kommentierte:

»Er muß immer das Gegenteil von dem tun, was alle anderen tun – die Treppe hinunterzugehen war zu einfach für ihn!«

Ich krabbelte auf allen vieren über die Büsche und sah dort tatsächlich Galuschka von hinten. Damit war ihre Realität für mich bestätigt, denn ich war schon fast sicher gewesen, sie werde bei meiner Rückkehr nicht mehr da sein. Die feste Haltung ihres Rückens paralysierte mich aufs neue, diesmal zog ich mich jedoch nicht zurück – ich kniete im Schnee nieder, sowohl um zu beteuern, daß ich zum Bleiben entschlossen war, als auch um mich hinter dem Stamm eines alten Olivenbaums zu verstecken; meine Bewegung fiel mit der eines sich vornüberbeugenden Mannes zusammen, der am Brunnen einen Krug mit Wasser füllte. Als das einlaufende Wasser in dem Krug widerhallte, hatte ich einen erstaunlichen Eindruck*: Mir schien, ich lebte in einer »unbegrenzten« Zeit, während der jegliches präzise Denken oder Fühlen mich verließ. Ich erstarrte wie die biblische Salzsäule. Aber obwohl mein Verstand wie abwesend war, sah und hörte ich dennoch mit einer seitdem nie wieder erlebten Schärfe. Galuschkas Silhouette vor dem verschneiten Hintergrund besaß Konturen von so eigenartiger, wilder Genauigkeit wie ein Schlüsselloch. Selbst die leiseste Silbe der Unterhaltung zwischen meiner Mutter und ihren Bekannten konnte ich hören, trotz der Entfernung, die uns trennte.

Genau in dem Augenblick, da der Krug anfing überzulaufen, war meine merkwürdige Verzauberung sofort beendet. Die bis dahin wie aufgehobene Zeit übernahm ihre gewohnten Rechte und Pflichten wieder. Als sei ich von aller Furchtsamkeit befreit, stand ich wieder auf. Meine Knie waren durch die lange Berührung mit dem Schnee völlig betäubt; und ich fühlte eine neuartige Empfindung wie von »Leichtigkeit«, ohne zu wissen, ob sie vom Verliebtsein oder von den betäubten Knien herrührte. Eine präzise Vorstellung bestürmte mich: Ich würde aufstehen und Galuschka mit all meiner Kraft auf den Hinterkopf küssen. Aber anstatt diesen Wunsch zu verwirklichen, zog ich schnell ein Taschenmesser aus der Hose, um statt des Küssens eine andere Idee zu verwirklichen – eine Idee, mit der ich schon während des Gehens geliebäugelt hatte: Ich würde mit dem Taschenmesser den Samenball vollständig schälen, so daß er nur noch Flaum wäre, und ihn dann Galuschka zum Geschenk machen.

* Picasso berichtete mir einmal von einem ähnlichen Erlebnis, das ihn sehr beeindruckt hatte. Er ging in seinem Schloß in der Nähe von Paris zum Brunnen und füllte einen Krug mit Wasser; der Mond stand hell am Himmel. Während sich der Krug füllte, hatte er den Eindruck, »mehrere Jahre zu leben«, ohne daß er sich später genau daran hätte erinnern können.

Aber kaum wollte ich damit beginnen, da war das angebetete Mädchen schon aufgesprungen und nun selbst zum Brunnen gelaufen, um eine kleine Kanne zu füllen. Ich stürzte zur Bank hinüber, um mein Geschenk so, wie es war, auf einer auf der Sitzfläche liegenden Zeitung zu deponieren. In diesem Moment aber überkam mich wieder eine tödliche Scham, und ich versteckte meinen Ball unter der Zeitung. Die Möglichkeit und plötzlich auch die immer stärkere Hoffnung, das kleine Mädchen werde zurückkommen und sich vielleicht auf die Zeitung setzen, die jetzt meinen Ball verbarg, wurden für mich so aufregend, daß ein leichtes, nicht enden wollendes Zittern mich befiel. Meine Mutter kam herunter, um mich zu holen. Sie hatte bereits eine ganze Weile nach mir gerufen, ohne daß ich sie gehört hätte. Sie fürchtete, ich hätte mich erkältet, und wickelte mir einen großen Schal um Hals und Brust. Sie war entsetzt. Wenn ich sprechen wollte, klapperten meine Zähne; zuerst folgte ich ihr an der Hand, benommen, resigniert, obwohl das Bedauern, diesen Platz gerade jetzt zu verlassen, mir Magenkrämpfe verursachte.

Damit hat die Geschichte meines kleinen Balls aber gerade erst begonnen. Hören Sie sich also geduldig die Schilderung der erstaunlichen und dramatischen Umstände an, die die erneute Begegnung mit dem Fetisch meiner Delirien begleiteten. Es lohnt sich.

Der Schnee verschwand und mit ihm der Zauber der Verwandlung von Stadt und Landschaft an diesen drei außergewöhnlichen Tagen, die ich nicht zur Schule ging und in denen ich die Abenteuer, die bereits so leidenschaftlich und genau beschrieben wurden, in einer Art Wachtraum durchlebte.

Die Rückkehr in die einschläfernde Monotonie von Señor Traites Schule erschien mir nach diesen wechselvollen Ereignissen als angenehme Erholung, doch zugleich verwundete mich die Rückkehr in die Realität durch das Aufkommen einer, wie ich fühlte, nur schwer heilbaren und durch den Verlust meines Zwergaffen, des geliebten kleinen Balls, besonders bitteren Traurigkeit.

Das weite Deckengewölbe, das die vier schmutzigen Wände des Klassenzimmers überspannte, war von großen braunen Feuchtigkeitsflecken entstellt, deren unregelmäßige Konturen für mich eine Zeitlang den einzigen Trost bildeten. Im Verlauf meiner endlosen, anstrengenden Träumereien folgten meine Augen unermüdlich den vagen Umrißlinien der schimmligen Silhouetten, und aus dem Chaos, das so formlos wie Wolken war, sah ich nach und nach greifbare Bilder aufsteigen, die allmählich eine zunehmend deutliche, detaillierte und realistische Individualität entwickelten.

Nach einer gewissen Anstrengung gelang es mir tagtäglich mehr, die Bilder wiederzufinden, die ich am Tag zuvor gesehen hatte, und dann perfektionierte ich meine Halluzinationsarbeit weiter; wenn eines der entdeckten Bilder durch Gewöhnung zu bekannt wurde, verlor es für mich bald an gefühlsmäßigem Interesse und verwandelte sich im Nu in ›etwas

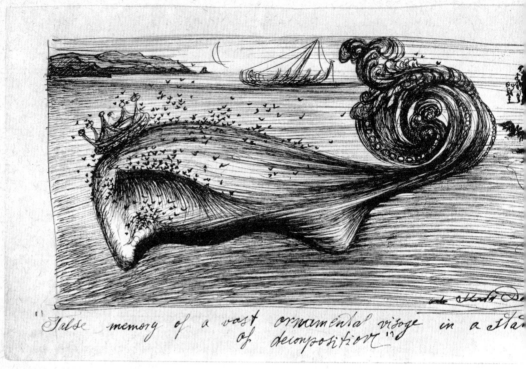

»Falsche Erinnerung an ein riesiges ornamentales Gesicht im Zustand der Verwesung«

anderes‹, so daß derselbe Formvorwand nacheinander durch die verschiedensten und widersprüchlichsten Figurationen interpretiert werden konnte, und zwar unbegrenzt oft.

Das Erstaunliche an diesem Phänomen (das der Schlußstein meiner zukünftigen Ästhetik werden sollte) war, daß, hatte ich eines dieser Bilder erst einmal gesehen, ich es später auf bloßen Befehl meines Willens hin wiedersehen konnte, und zwar nicht nur in der ursprünglichen Form, sondern fast immer so verändert und bereichert, daß eine sofortige und automatische Verbesserung resultierte.

Der Schlitten, in dem Galuschka saß, wurde zum Panorama einer zwiebelturmstarrenden russischen Stadt, die sich in das bärtige, schläfrige Gesicht von Señor Traite verwandelte, das wiederum in eine wilde Schlacht zwischen grimmig ausgehungerten Wölfen mitten auf einer Urwaldlichtung überging und so weiter: Die Flecken wurden zu Kavalkaden immer neuer Erscheinungen, die einen anschaulichen Hintergrund für die ausgedehnten und träumerischen Pfade meiner heftigen Vorstellungskraft abgaben, welche sich mit dem Höchstmaß lichter Materialisation auf die Wandungen warf, ganz als sei mein Kopf wirklich ein Filmprojektor, durch den ich alle Vorgänge meines Innenlebens zugleich mit eigenen Augen von außen sah, erstaunt und wie aufgesogen von jenem aus einer undichten Dachrinne gespeisten großen halluzinatorischen Fleck meines geschmolzenen Märchenschneeballs auf dem baufälligen Gewölbe, das Señor Traites und meine Träume in seinen schimmeligen dicken Wandschalen barg.

Eines Abends, als ich noch tiefer als sonst in die Betrachtung der feuchten Stellen versunken war, fühlte ich, wie sich zwei Hände sanft auf meine Schultern legten. Ich sprang auf, verschluckte mich an meinem Speichel und mußte krampfhaft husten. Mir war dieser Husten willkommen, denn er entschuldigte meine Erregung und machte sie weniger auffällig. Ich war nämlich hochrot angelaufen, als ich in dem Kind, das mich berührte, Buchaques erkannt hatte.

Er war erheblich größer als ich und hatte den Spitznamen Buchaques aufgrund seiner extravaganten Kleidung, die sich durch übertrieben und ungewöhnlich zahlreiche Taschen auszeichnete – Taschen heißen auf katalanisch *buchaques*. Ich hatte schon lange bemerkt, daß Buchaques der hübscheste von allen Jungen war, und immer nur gewagt, ihn verstohlen anzuschauen; doch jedesmal, wenn sich unsere Blicke zufällig trafen, spürte ich, wie mir das Blut in den Adern gerann. Zweifellos war ich in ihn verliebt, denn anders war die Gefühlsverwirrung, in die seine Gegenwart mich versetzte, nicht zu rechtfertigen, noch weniger der besondere Platz, den sein Bild seit einiger Zeit im Fluß meiner Träumereien einahm, wo es bald mit Galuschka vermengt und bald als ihre Antithese auftauchte.

Wegen meiner Benommenheit registrierte ich nicht, was Buchaques zu mir sagte, in meinen Ohren lag das entzückende Summen, dessen Zweck es ist, alle Umweltgeräusche auszuschalten, damit man seinen beschleunigten Herzschlag desto deutlicher hört.

Fest steht, daß Buchaques sofort mein einziger Freund wurde und wir uns jedesmal lange auf den Mund küßten, wenn wir uns trennten.

Er war der einzige, dem ich das Geheimnis des Zwergaffen verraten mochte. Er glaubte es, oder er tat jedenfalls so, und interessierte sich für meine Geschichte; und wir gingen mehrmals bei Einbruch der Nacht zum entdeckten Brunnen, um noch einmal meinen Zwergaffen zu »jagen«, meinen geliebten kleinen Ball, der in meiner Vorstellung nun bis ins Detail mit den Merkmalen eines kleinen Lebewesens ausgestattet war.

Buchaques war blond (ich nahm eins von seinen Haaren mit nach Hause und bewahrte es zwischen den Seiten eines Buches auf, wo es mir wie ein Faden aus echtem Gold erschien), seine Augen waren blau, sehr hell, und sein rosafarbenes, lächelndes Fleisch stand in starkem Gegensatz zu meiner olivgrünen Gedankenblässe, die von dem dunklen Vogel der Meningitis überschattet schien, der schon meinen Bruder getötet hatte.

Buchaques kam mir so schön vor wie ein kleines Mädchen, doch seine übermäßig dicken Knie verursachten mir Unbehagen, ebenso sein Po, der viel zu fest in unerträglich enge Hosen gezwängt war. Doch trotz meiner Verlegenheit drängte eine unbezähmbare Neugier mich, diese engen Hosen zu betrachten, jedesmal wenn eine heftige Bewegung sie aufplatzen zu lassen drohte.

Eines Nachts erzählte ich Buchaques alles über meine Empfindungen für Galuschka. Seine Reaktion war frei von jeder Eifersucht, seine Haltung ihr gegenüber sehr ähnlich derjenigen, die er gegenüber meinem kleinen Ball eingenommen hatte; wie ich selbst, wollte er sowohl ihn als auch Galuschka verehren.

Wir sprachen ununterbrochen über diese beiden Geschöpfe des Wahns, während wir uns umarmten und streichelten, aber den Kuß hoben wir uns immer für den Schluß auf, den Augenblick, da wir auseinandergingen.

Auf diesen köstlichen Moment warteten wir dann mit steigender Erregung, die wir bis aufs Äußerste durch das stillschweigende Einverständnis unseres anhaltenden Geplappers zu steigern suchten. Buchaques wurde für mich alles: Ich fing an, ihm meine liebsten und teuersten Spielzeuge zu schenken, welche aus meinem Haus verschwanden und nach und nach den Bestand der Geschenke vermehrten, die Buchaques mit wachsender Gier ansammelte. Als mein Spielzeug auf diese Weise erschöpft war, begann ich in einem wahren Raubzug alle möglichen anderen Gegenstände zu entwenden, schüchtern zuerst die Pfeifen meines Vaters und eine an einem moirierten Seidenband hängende Silbermedaille, die er auf einem Esperanto-Kongreß gewonnen hatte; am nächsten Tag nahm ich einen Kanarienvogel aus Porzellan mit, der einen der Wohnzimmerschränke geziert hatte. Buchaques gewöhnte sich sehr schnell an meine großzügigen Gaben und fing an, sie zu verlangen. Das führte dazu, daß ich ihm eines Tages eine große Suppenschüssel aus Porzellan brachte, die mir wunderbar poetisch vorkam – sie war geschmückt mit dem Bild zweier blaugrauer Schwalben in vollem Fluge.

Die Mutter von Buchaques muß zu dem Schluß gekommen sein, daß mein Geschenk das Maß überschritten hatte, das noch unbemerkt bleiben konnte, und brachte es zu meiner Mutter zurück, die hiermit den Grund für das bis dahin unerklärliche Verschwinden so vieler Gegenstände erfuhr, das unser Haus auf so beunruhigende Weise immer schneller leergefegt hatte. Ich war todunglücklich und verärgert, daß ich nichts mehr verschenken durfte, weinte bittere Tränen und schrie:

»Ich liebe Buchaques! Ich liebe Buchaques!«

Meine Mutter, die immer von engelhafter Zärtlichkeit war, tröstete mich, so gut sie konnte, kaufte mir dann ein prächtiges Album, in das wir Hunderte von Abziehbildern einklebten, um es, sobald es voll war, meinem Freund und Geliebten Buchaques zu schenken.

Später zeichnete meine Mutter mit Farbstiften verblüffende Bilder von phantastischen Tieren auf einen langen Papierstreifen. Dann faltete sie den Streifen sorgfältig nach jedem Bild, so daß man alles zu einem kleinen Buch

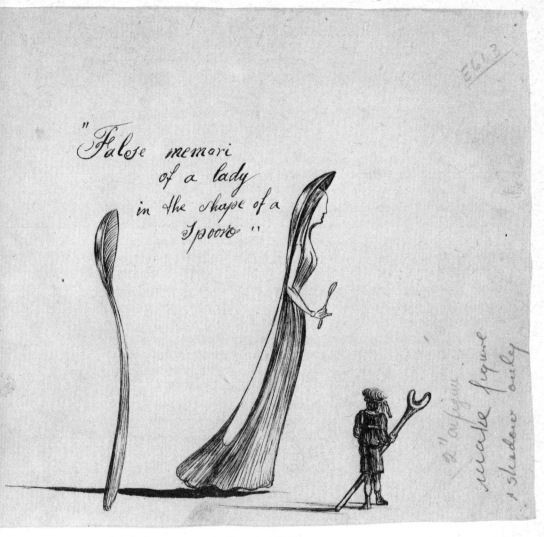

»Falsche Erinnerung an eine Dame in Löffelform«

zusammenlegen und wie ein Akkordeon auseinanderziehen konnte. Das war noch ein Geschenk für Buchaques!

Aber die längerwerdenden Abstände zwischen meinen Geschenken sowie ihr abnehmender Wert verstimmten Buchaques, und er fing wieder an, mit den anderen Kindern zu spielen, während er mir zwischen seinen turbulenten Spielen nur kurze Augenblicke widmete. Ich spürte, daß ich die Lieblichkeit meines früheren träumerischen Vertrauten für immer verlor, da er in jeder neuen Schulpause wie besessen war von der Raserei der lautesten und gewalttätigsten Spiele; die keimende Kraft seiner strotzenden Gesundheit schien nicht länger in den Grenzen jenes Fleisches gehalten werden zu können, das so weich war, doch bei der kleinsten Aufregung unangenehm blutunterlaufen anschwoll. Der kleinste Vorwand genügte ihm, zu mir zu kommen und mich umzuschubsen oder brutal am Ärmel zu ziehen, um mich dazu zu bringen, mit ihm zu rennen. Eines Abends tat ich so, als hätte ich meinen kleinen Ball, meinen Zwergaffen, wiedergefunden!

Ich dachte, daß ich vielleicht mit diesem Trick sein Interesse zurückgewinnen könnte. Und tatsächlich bestand er darauf, daß ich ihm unbedingt meinen Affen zeigen müsse, und begleitete mich bis zum Eingang meines Hauses, wo wir uns hinter der großen Tür im Treppenhaus versteckten, wo es bereits dunkel war. Mit größter Sorgfalt und zitternden Händen wickelte ich einen Platanenball aus, den ich wahllos auf der Straße aufgelesen und in einem Taschentuch versteckt gehalten hatte.

Buchaques riß mit einer einzigen brutalen Geste den Ball und das Taschentuch an sich. Er war so viel stärker als ich, daß ich ihm nie hätte Widerstand leisten können. Dann hielt er mir mit einer widerwärtigen, verächtlichen Geste den Ball hin und ging so nach draußen auf die Straße. Daraufhin warf er den Ball so hoch in die Luft wie er konnte. Ich machte nicht einmal den Versuch, hinzugehen und ihn aufzuheben, da ich sehr gut wußte, daß es nicht mein »richtiger« Ball war. Seit dieser Zeit jedoch wurde Buchaques mein Feind. Er ging davon und spuckte mehrmals in meiner Richtung in die Luft. Mit Schmerzen schluckte ich meinen Speichel hinunter und rannte in mein Zimmer, um zu weinen. Ich würde es ihm noch zeigen!

Ich war davon überzeugt, in Rußland zu sein, doch es gab keinen Schnee. Die Abwesenheit dieses Phänomens, das bis dahin typisch für alle meine Visionen dieses Landes gewesen war, wunderte mich nicht. Es muß spät an einem heißen Sommernachmittag gewesen sein, denn man besprengte die zentrale Allee eines großen Parks, wo eine modisch gekleidete Menschenmenge, deren weiblicher Anteil überwog, auf beiden Seiten Aufstellung nahm und sich dann langsam und umständlich in dem komplizierten Labyrinth von Stühlen niederließ, um die angekündigte Militärparade zu sehen.

Tausendfarbige Türme und Kuppeln* (wie die aus Señor Traites Theater) tauchten aus der großen, dunklen Masse der Bäume auf, funkelten mit all ihren Zähnen und ihrer glänzenden Buntheit in den schrägeren Strahlen einer langsam untergehenden Sonne.

Auf einem Podium, das fast ganz aus Mauerwerk zu bestehen schien, begann eine Militärkapelle pedantisch ihre Instrumente zu stimmen; die Blechinstrumente warfen gelegentlich scharfe Blitze, die einen so blendeten wie die Monstranz bei ländlichen Messen.

Schon hörte man das mal durchdringende, mal gedämpfte Anschlagen

---

* Die vielfarbigen Kuppeln, die in meinen falschen Erinnerungen dank Señor Traites Theater (falls nicht auch das letztere eine falsche Erinnerung ist) mit Rußland oder zumindest meinen Luftbildern dieses Landes zusammenhängen, sind höchstwahrscheinlich auf Gaudis Park Güell in Barcelona zurückzuführen, einen Ort, der größtenteils aus einer mit äußerst vielfarbigen und märchenhaften Kacheln verkleideten Architektur besteht. Ich muß dort ein Fest unter freiem Himmel besucht haben. Es ist auch möglich, daß eine Militärfeier in der Festung von Figueras in meiner Vorstellung mit der phantastischen Szenerie des Güell-Parkes verschmolz.

jener ersten disparaten Noten, die so perfide aufreizend wirken und die Erwartung des unmittelbar bevorstehenden Konzertbeginns schüren.

Wird diese begierige Vorfreude unbegrenzt strapaziert, gewinnt das Bittersüß eines jeden neuen Zerreißklangs den Zweck, in furchtbar delikater Wiederholungsfolter alle Herzen in wachsender Spannung am Rande des großen Kristalls des Nachmittagsschweigens stillzustellen, welcher sich zu bilden beginnt, wenn die Unruhe die ganze Menge erfaßt.

Wenn Sie in diesem Augenblick der Duft von Linden in Wellen überweht und die Qualen noch erhöht, dann werden Sie erkennen, daß das leichte Schwindelgefühl sich zu einer richtiggehenden Übelkeit ausweitet und Ihre Augäpfel weiß hervortreten.

In meinem Fall und dem Alter, als all dies geschah, erreichte die gespannte Erwartungshaltung gewöhnlich das Stadium der Ohnmacht und löste sich stets in einem plötzlichen Harndrang auf, der dann seinen Höhepunkt erreichte, wenn zu guter Letzt doch noch der erste Paso Doble erklang und das glühende Abendlicht in blutige Streifen zerfetzte. Eine nicht zurückzuhaltende Träne brannte mir dann im Augenwinkel, die dasselbe, so Ununterdrückbare und Heiße zu sein schien wie das, was ich eben da meine Hosen nässen spürte. Diese Empfindung überwältigte mich an jenem Tag gerade in dem Moment, als der Militärtusch martialisch erschallte, und verdoppelte sich, als ich plötzlich Galuschka entdeckte. Sie hatte sich gerade auf einen Stuhl gestellt, um das Eintreffen der Parade zu verfolgen, genau vor mir in zehn Metern Entfernung auf der anderen Seite der Allee.

Ich war sicher, daß auch sie mich in der Menge entdeckt hatte. Von einer unüberwindlichen Scham ergriffen, versteckte ich mich sofort hinter dem korpulenten Rücken einer großen Krankenschwester, die in beeindruckender Fülle auf dem Boden ausgebreitet saß und deren Körperumfang mir vor Galuschkas unerträglichem Blick Schutz bot.

Durch den Schock der unvorhergesehenen Begegnung war ich völlig verblüfft, die lyrische Wirkung der Musik steigerte den Zustand bis zum Paroxysmus. Alles um mich herum schien zu schmelzen und zu vergehen, und ich mußte meinen kleinen Kopf gegen den gefühllosen breiten Rücken der Krankenschwester, einen Schutzwall meines Verlangens, lehnen.

Ich schloß die Augen. Als ich sie wieder öffnete, waren sie auf den bloßen Arm einer neben mir sitzenden Dame gerichtet, die äußerst gewissenhaft eine Tasse Schokolade an ihre Lippen führte. Das eigenartige Gefühl von Abwesenheit und Leere, das mich immer mehr zu umgeben schien, bildete einen lebhaften Kontrast zu der Schärfe, mit der ich die winzigsten Einzelheiten der Haut auf dem Handgelenk dieser Dame wahrnahm. Es war, als übten meine zu brennstarken Linsen gewordenen Augen ihre Vergrößerungskraft an einem begrenzten, aber deliriös-konkreten Sichtfeld; und all das zum Nachteil der übrigen Welt, die nach und nach vollkommen verlöschte, gewissermaßen mit der allumfassenden Musik verschmolz.

Dieses Phänomen der Übersichtigkeit ist im Laufe meines Lebens unter verschiedenen Umständen erneut aufgetreten, jedesmal aber als Folge einer durch eine übermächtige, ganz überraschende Gefühlsregung verursachten Benommenheit. In einem Geschäft in der Rue de Seine in Paris stieß ich 1936 unter Hunderten von Aufnahmen auf ein Photo, das mich paralysierte: Es zeigte eine Frau, die eine Tasse an ihre Lippen führte; ich erkannte sie auf der Stelle, denn sie entsprach genau meinem Erinnerungsbild. Der Eindruck des *déjà vu* war so durchschlagend, daß ich mehrere Tage vom Zauber dieses Bildes verfolgt wurde, überzeugt, daß es exakt dasselbe war, das ich mit so großer, eigenartiger Präzision als Kind gesehen hatte und welches auch heute noch mit photographischer Genauigkeit aus den blitzbilddurchzuckten trüben Nebeln meiner entlegensten falschen Erinnerungen hervorsticht.

Ich drückte mich immer enger an den grenzenlos zarten, unbewußt schützenden Rücken der Krankenschwester, deren rhythmisches Atmen vom Meer zu kommen schien und mich an die verlassenen Strände von Cadaqués denken ließ ...

Meine Wange preßte sich gegen ihre weiße, über die warme Flut ihres nahrhaften Fleisches gezwängte Uniform und füllte sich mit jenen tausend Ameisen, die eine lange Träumerei hervorlockt. Ich wollte, ich wünschte nur eines, daß es nämlich so schnell wie möglich Abend würde!

In der Dämmerung und wachsenden Dunkelheit würde ich mich nicht länger schämen. Dann könnte ich Galuschka in die Augen sehen, und sie würde nicht erkennen, daß ich errötete.

Jedesmal, wenn ich einen verstohlenen Blick auf Galuschka warf, um mich entzückt von ihrer fortdauernden Anwesenheit zu überzeugen, begegnete ich ihren eindringlichen, nach mir spähenden Augen. Sofort versteckte ich mich; aber bei jedem neuen Blickkontakt kam es mir immer mehr so vor, als dränge ihr Blick mit seiner wunderbaren Ausdruckskraft tatsächlich durch den Rücken der Krankenschwester hindurch, welcher stets mehr von seiner Körperlichkeit verlor, so als würde eine Fensteröffnung ausgehöhlt, aus ihrem Fleisch herausgeschnitten, die mich zusehends im Freien ließ und allmählich und unbarmherzig der verschlingenden Kraft dieses bewunderten, doch zu Tode peinigenden Blickes auslieferte. Diese Empfindung schwoll an und erreichte den Grad einer halluzinatorischen Vorspiegelung. Ich sah wirklich ein richtiges Fenster die Krankenschwester durchbrechen. Doch durch dieses wahnsinnig machende, schrecklich materielle und reale Loch sah ich nicht mehr die Menschenmenge, die dort hätte sein müssen und in deren Mitte Galuschka hätte auf einem Stuhl stehen und mich anblicken müssen. Ganz im Gegenteil, durch dieses im Rücken der Krankenschwester sich auftuende Fenster erkannte ich nur einen weiten, vollkommen verlassenen Strand, der von dem verbrecherisch melancholischen Licht einer untergehenden Sonne erhellt wurde.

Plötzlich kehrte ich von einem furchtbaren Anblick aufgeschreckt, zur 70

Wirklichkeit zurück: Vor mir befand sich nicht mehr die Krankenschwester, sondern statt ihrer ein Pferd aus der Parade, das gerade ausrutschte
und zu Boden ging. Ich hatte kaum Zeit, zurückzuspringen und mich gegen
eine Mauer zu drücken, um nicht zertrampelt zu werden. Jede neue Zuk-
kung des Pferdes jagte mir Angst ein, ich könnte von einem seiner wilden
Hufe erschlagen werden. Eine der Metallstangen, mit denen das Tier an
den Wagen geschirrt war, hatte sich in seine Flanke gebohrt, und ein dicker
Blutstrahl spritzte nun in alle Richtungen wie ein Wasserstrahl, der vom
Wind zerteilt wird.

Zwei kleine Soldaten warfen sich auf den hingestreckten Körper, der eine
versuchte, den Kopf des Tieres festzuhalten, während der andere sorgfältig
ein kleines Messer zwischen den Brauen plazierte und dann mit einem
schnellen kräftigen Stoß beider Hände die Klinge fest hineintrieb.

Das Pferd bäumte sich zum letzten Mal auf und blieb dann reglos liegen,
ein steifes Bein wies schwankend zum Himmel, wo die Sterne zu scheinen
begannen.

Jenseits der Allee winkte mir Galuschka energisch zu; ganz deutlich erkannte ich einen kleinen braunen Gegenstand, den sie mir in der geballten
Hand hinhielt; dieses neuerliche Wunder konnte ich nicht fassen, und doch
war es wahr; sie zeigte mir mein Platanenbällchen! Meinen geliebten Ball,
den ich beim »entdeckten Brunnen« verloren hatte!* Von Verwirrung
überwältigt, senkte ich die Augen. Mein weißer Matrosenanzug war schon
vom tiefer werdenden Dämmerlicht blau und ganz übersät mit winzigen,
fast unsichtbaren Blutflecken von dem toten Pferd zu meinen Füßen.

Ich kratzte die Flecken mit dem Fingernagel ab. Das Blut war schon trok-
ken. Warme, schwere Luft verstärkte meinen Durst. Die Erregung, die die
brutale und außergewöhnliche Gewalttätigkeit der vorhergehenden Szene
in mir ausgelöst hatte, und die neuartige Situation der Entblößung, der
Blicke von Galuschka, die mir außerdem noch zuwinkte, all das stürzte
mich in eine so unerträgliche Verlegenheit, daß ich mich plötzlich entschloß, meine Lage durch eine heroische und völlig unverständliche Tat zu
lösen: Ich beugte mich zu dem großen Pferdegesicht hinab und küßte es innig auf die Zähne seines im Todeskampf halb geöffneten Maules. Dann
kletterte ich flink über den Kadaver und überquerte die Allee, die mich von
Galuschka trennte. Ich rannte direkt auf sie zu, doch als ich nur noch einen
Meter von ihr entfernt war, befiel mich erneut eine Schüchternheitskrise,
die noch unüberwindlicher als die vorangegangene war und mich von meinem Ziel ablenkte.

Ich spurtete in die Menge und wartete mit einer immer verrückteren Un-

---

* Zu der Zeit, da ich den *deliriösen Fetisch* des Platanenballs wählte, projizierte Galuschka in Moskau ihre ganze Leidenschaft auch auf einen – jedoch andersgearteten – Fetisch; es war ein Schächtelchen mit Wachsstreichhölzern,
auf dessen Rückseite man ein Hochglanz-Farbbild des Doms von Florenz sehen konnte, wohin Galuschka einmal
mit ihrem Vater eine kurze Reise unternommen hatte.
Jedesmal, wenn sie sich in ihrem hyperästhetischen Verlangen, nach Italien zurückzukehren, trösten wollte, entzündete sie eines der kostbaren Streichhölzer.

geduld auf totale Dunkelheit, die einen neuen Plan der Annäherung, den
ich gerade ausgeheckt hatte, begünstigen sollte.

Aber diesmal kam Galuschka selbst zu mir. Wieder versuchte ich wegzulaufen, doch sie war zu nah.

Todesqualen leidend, denn ich konnte nichts mehr tun, um meine
Schüchternheit zu verbergen, versteckte ich dennoch mein Gesicht in der
Matrosenmütze, da ich mir dachte, daß ich dann an dem starken Veilchen-
geruch ersticken würde, mit dem sie durchtränkt war. Eine Aufwallung
von Gereiztheit und Empörung schoß mir in den Kopf. Ich spürte, wie Galuschka leise meine Kleidung berührte. Dann trat ich sie mit aller Gewalt,
ohne hinzusehen. Sie stieß einen kläglichen Laut aus und hielt sich mit bei-

72

den Händen ein Knie. Ich sah sie weghumpeln und sich am Parkende zwischen der letzten Stuhlreihe und einer efeuberankten Mauer wieder setzen. Bald saßen wir uns von Angesicht zu Angesicht gegenüber, unsere kalten, glatten Knie drückten einander so heftig, daß sie weh taten; wir atmeten so schnell, daß wir kein Wort hervorbrachten.

Von der Stelle, wo wir saßen, führte eine ziemlich steile Rampe zu einem höhergelegenen Weg. Kinder gingen hier mit ihren Rollern hinauf, um dann in wilder Jagd auf den quietschenden Höllenmaschinen herunterzurasen. Das drohende Gerassel ihrer regelmäßigen Abfahrten ließ uns immer enger zusammenrücken. Aber wie elend fühlte ich mich, als ich zwischen diesen tobenden Jungen das rote, verschwitzte Gesicht von Buchaques entdeckte! Er ist häßlich, dachte ich bei mir, und blickte ihn mit tödlichem Haß an. Und Buchaques schien mich genauso zu hassen; er raste mit seinem Roller auf mich zu und schleuderte mit voller Wucht gegen meinen Stuhl, wobei er ekelhafte kurze Schreie ausstieß und dreckig lachte. Galuschka und ich versuchten, uns zwischen der Mauer und dem Stamm einer großen Platane zu verbarrikadieren. Sie konnte sich so vor den brutalen Angriffen schützen. Ich jedoch war nur halb geschützt und weiter den feindseligen Attacken Buchaques' ausgesetzt, der nach jedem Aufstieg den Abhang wieder mit irrwitzigem Tempo heruntergerast kam, allein in der Absicht, mich ganz systematisch und immer härter zu rammen. Jedesmal wenn Buchaques verschwand, atmeten Galuschka und ich auf; wir tauchten dann sofort wieder in die unendlich süße Melancholie unserer Blicke ein, vereinigt in einer unerklärlichen Gemeinschaft, in der die unterschiedlichsten Stimmungen geboren wurden und an der Schwelle unserer Seelen in eine ununterbrochene Abfolge göttlicher Ekstasen zusammenschmolzen. Jede neue Unterbrechung unserer Romanze durch den auf seinem Roller klappernd heranstürmenden Buchaques verstärkte nur die Reinheit und Leidenschaft unserer ekstatischen Andächtigkeit und verdoppelte die köstliche Marter der damit verbundenen Gefahr.

Wie geistesabwesend begann Galuschka mit einer sehr zierlichen Kette zu spielen, die sie um den Hals trug, aber bald schien sie mir mit leidenschaftlich und boshaft koketten Gesten bedeuten zu wollen, daß irgend etwas Wertvolles am Ende dieser Kette befestigt sein müsse.

In der Tat wanderte unter ihrer Bluse ein Gegenstand erratbarer Größe langsam der zarten weißen Haut oberhalb des tiefliegenden Ausschnittes entgegen, auf den meine Augen in der Hoffnung geheftet blieben, das auftauchen zu sehen, was, wie ich annahm, mir versprochen wurde. Aber er kam nicht hervor, denn Galuschka, die vorsätzlich so tat, als sei ihr Spiel unbeabsichtigt, ließ die Kette wieder los, die mit der Behendigkeit einer Schlange weit nach unten in die Bluse zurückglitt. Dann begann Galuschka ihr Spiel aufs Neue, diesmal zog sie die Kette mit den Zähnen hoch, indem sie ihren Kopf langsam hob, so daß der Gegenstand am Ende der Kette zwischen ihren Brüsten nach oben stieg und jeden Augenblick aus der Bluse

73

heraustreten mußte. Im entscheidenden Moment sagte sie zu mir, mit der Kette zwischen ihren Zähnen: »Schließe die Augen!« Ich gehorchte, schon ahnend, was ich danach erblicken würde. Und tatsächlich hing dort neben einer Handvoll kleiner Medaillen der geliebte Ball meiner Delirien! Mein Zwergaffe! Aber Galuschka ließ ihn in einer instinktiven Reaktion auf meine Greifbewegung zurück in die Bluse rutschen. Dann befahl sie mir noch einmal und mit größerem Nachdruck, die Augen zu schließen. Wieder gehorchte ich, schloß meine Augen so fest, daß sie schmerzten, zitterte dabei wie Espenlaub, während Galuschka eine meiner Hände nahm, sie mit festem Griff an sich zog und trotz meines betäubten Widerstandes ganz an ihrer Brust hinunterschob. Ich merkte, wie ein Blusenknopf abriß, und meine Hand, wie gelähmt durch das von der plötzlichen Wärme eines unendlich weichen Fleisches erregte Schwindelgefühl, begann langsame, schwere und unbeholfene Bewegungen zu vollführen, als sei sie ein schlaftrunkener Salamander.

Schließlich ergriff ich die Handvoll brennend heißer Medaillen, zwischen denen ich in seiner unverkennbaren Rauheit meinen ersehnten Ball spüren konnte.

Ich hatte kaum Zeit gehabt, das Wunder dieses Besitzes durch meinen Tastsinn ganz auf mich wirken zu lassen, als wieder das wetzende Geräusch von Buchaques' blitzschneller Fahrt mich zwang, fest die Augen zu schließen, diesmal wutverzerrten Gesichts.

Ein bestialischer Schlag warf mich vom Stuhl, und so fand ich mich neben Galuschka auf dem Boden wieder, die dort auf allen vieren kroch. Im Fallen hatte ich die Kette abgerissen, was auf ihrem Hals einen Einschnitt hinterließ, dessen weiße Kerben ich allmählich verschwinden sehen konnte.

Ich tat so, als suchte ich die Medaillen und den Ball unter dem Stuhl, aber ein inquisitorischer Blick von Galuschka machte mir klar, daß sie mein Täuschungsmanöver durchschaut hatte, deshalb händigte ich ihr meinen Schatz aus, den ich bis dahin in den Falten meines Matrosenkragens versteckt fest in der Hand gehalten hatte.

Galuschka entfernte sich von mir, setzte sich neben eine Platane auf den Boden und spiegelte vor, den Ball mit Gesten, in denen Boshaftigkeit und reinste mütterliche Zuneigung sich mischten, zu liebkosen.

Desorientiert und erschöpft von so vielen Geschehnissen, stützte ich den Ellenbogen auf die Lehne eines Stuhls, auf dem eine Menge Kleidungsstücke und Kleinigkeiten lagen, die zwei neben mir sitzenden sehr schönen Frauen gehörten, die laut lachten und sich mit einem Soldaten unterhielten, der offensichtlich einer von ihnen den Hof machte. Auf demselben Stuhl lag auch, mehrmals gefaltet, der hellrote Umhängemantel des Soldaten, worunter sein Schwert ein Stück herausragte, einen glänzenden Griff zur Schau stellend, welcher unwillkürlich und mit Nachdruck meine Aufmerksamkeit erregte.

Ein gräßlicher Rachegedanke stieg augenblicklich in mir auf und fesselte mich dermaßen, daß ich sofort spürte, nichts in der Welt werde die Durchführung meiner schauderhaften Tat verhindern können; mit der für unwiderrufliche Entscheidungen typischen Gelassenheit, ohne das leiseste Anzeichen von Erregung, wendete ich meinen Kopf ruhig zum oberen Ende der Rampe, wo soeben Buchaques, mühsam seinen Roller hinter sich herschleppend, eintraf.

Im selben Moment schob ich meine Hand zum Griff des Schwertes und versuchte es unbemerkt aus der Scheide zu ziehen. Das Schwert gehorchte meiner Bewegung und glitt leicht aus der Scheide; mit verstohlenem Blick sah ich ein Stück der scharfen Klinge glitzern. Es würde gelingen! Buchaques würde furchtbar bestraft werden!

Um Erfolg zu haben, müßte ich mit minimalem Gestenaufwand und einer so aberwitzigen Verstellung vorgehen, wie nur mein Rachedurst, verbunden mit dem kontrollierten Aufruhr der Eifersucht, sie ermöglichen konnte. Um diese schreckliche Bestrafung mit äußerster Exaktheit auszuführen, müßte ich das Schwert völlig unbemerkt aus der Scheide herausziehen und danach die nackte Klinge unter den Kleidungsstücken verstecken. Diese Vorarbeit müßte unbeobachtet verrichtet werden, insbesondere dürfte Galuschka nichts bemerken, die über meinen Plan entsetzt gewesen wäre; sie war die letzte, der ich auch nur die mindeste Absicht bezüglich meines grausamen Entschlusses mitgeteilt hätte, und dies war umso schwieriger, als sie ihre Augen keine Sekunde von mir abwandte.

Aber selbst wenn es mir gelänge, die bloße Klinge bereitzuhalten, so müßte ich immer noch einen günstigen Moment abwarten, um kurz vor Buchaques' Heranrasen das Schwert derart zwischen zwei Stühlen durchzuschieben, daß er schreckliche, unheilbare Verletzungen davontrüge. Es war schon Nacht, so daß Buchaques bei seiner zunehmenden Abfahrtsgeschwindigkeit mein kriminelles Hindernis in der Dunkelheit nicht erkennen würde. Selbst wenn er im letzten Moment ein kurzes Aufblitzen des schimmernden Schwertes im Finstern wahrnehmen sollte, könnte er nicht mehr anhalten. Es wäre zu spät!

Aber mir war klar, daß ich für eine systematische Durchführung des Plans zuerst Galuschkas Aufmerksamkeit ablenken müßte, die ja viel zu konzentriert auf mich starrte und meine kleinste Bewegung wahrnahm. Deshalb ließ ich mich wieder fallen, kroch auf allen vieren, als sei ich entschlossen, um jeden Preis meinen Ball zu bekommen.

Überrascht von meiner Entschlossenheit, schob Galuschka hastig einen Stuhl zwischen uns. Dies Hindernis belebte meine wahren Wünsche neu. Ich schob Kopf und Rumpf zwischen die Querstangen des Stuhls, offenbar um hindurchzuschlüpfen, doch unverzüglich sah ich mich in diesem Schutzskelett gefangen, das plötzlich zu einer richtigen schmerzhaften Falle geworden war.

Dessenungeachtet erschien mir die Idylle in der gesteigerten Dunkelheit unter den Stühlen trotz der wachsenden Unbequemlichkeit des Arrestes immer reizvoller, und ich hätte für den Rest meiner Tage gerne in diesem gefährlichen und verworrenen Labyrinth gelebt, wo mein Verlangen sich so sehr vergrößerte. Mir graute mehr und mehr vor dem Moment, in dem unsere unerfüllte Romanze zu Ende ginge.

Galuschka, sichtbar und unsichtbar, vage im Detail, aber präzise in ihrem Gesamtausdruck und immer beunruhigender, dämonischer leuchtend, wurde infolge des Verlöschens sämtlicher Details fast immateriell, was sie mir so darstellte, als sei jedes Grübchen ihres Lächelns, ihrer Ellenbogen oder ihrer Knie bereits von den unerhört weichen nächtlichen Schatten verzehrt worden, in deren Tiefe ich durch die letzten Töne der verklingenden Musik hindurch den langanhaltenden, einsamen Schrei einer Eule hörte. Während der Pausen zwischen den Musikstücken wurden wir beide unvermittelt schüchterner. Dann lauschten wir auf das träge Geräusch von Schritten, die über den nassen Sand schleppten, was ohrenbetäubender war als die lyrischsten und grellsten Seufzer der Instrumente, die ihrerseits stets neue melancholische Melodien begannen und so das Schamgefühl bei unseren immer kühneren und eindeutigeren exhibitionistischen Versuchen vertrieben. Unter dem Vorwand, mit meinem Ball Versteck zu spielen, knöpfte Galuschka ihre Bluse schließlich ganz auf, und ihr von den sprunghaften Bewegungen zerzaustes Haar verdeckte ihr Gesicht dort, wo ich den glänzenden Speichel in einem entzückenden Mund erahnte, dessen leichter Öffnung ein durch ihre wunderliche Gemütsverfassung von Sekunde zu Sekunde verschnellerter Atem entströmte. Was mich betrifft, so brachten meine Annäherungsversuche mich endlich einige Zentimeter zwischen dem Gestänge nach vorn, als ich den Stuhl in ihre Richtung schleifte. Die Stangen drückten sich schmerzhaft in meine Seiten, die vom nach oben gerutschten Matrosenhemd entblößt waren.

Galuschka streckte mir den geliebten Ball behutsam-zärtlich hin, bis er meine Lippen streifte, zog ihn jedoch plötzlich vorsichtig zurück, als ich einen weiteren schmerzhaften Versuch unternahm, mich ein wenig vorzuwinden und ein brennender Schmerz bis aufs Blut den Hüftknochen traf; schon berührten meine Lippen den Ball fast wieder, da zog Galuschka ihn erneut unmerklich auf eine so grausam-lakonische Weise zurück, daß meine Augen in großen Tränen ertranken. Sie verharrte in diesem Moment in beinahe absoluter Unbeweglichkeit, nur das boshaft grinsende Lächeln verschwand nicht von ihrem Mund, sondern schien sich im Gegenteil dort auf Dauer niederlassen, einen Ehrenplatz im göttlichen Oval ihres angebeteten Gesichtes einnehmen zu wollen.

Doch trotz ihres offensichtlich reglosen Ausdruckes wäre man der Auffassung gewesen, daß dieser sich schnell verflüchtigte, und ohne daß irgendein äußerer Anlaß ihren zynisch-selbstbewußten Blick gestört hätte, sah ich das ausdauernde Triumphlächeln mit einer Geschwindigkeit in sich zusammensinken, die nur mit einem umgekehrten Zeitrafferfilm über das ephemere Aufknospen einer Blume zu vergleichen ist.

So ließ Galuschka den Ball weiter an der Hand baumeln; sie hatte nicht vor, ihn zurückzuziehen, ebensowenig, ihn heranzuführen. Ich wußte es. Ich erkannte in ihrem starren Blick ein sicheres Versprechen, doch dazu mußte ich noch weiter vorrücken.

Ich streckte mich wütend nach vorn, verrückt vor Lust, und vermöge einer äußersten Kraftanstrengung gelang es mir schließlich, in die Medaillen zu beißen, zwischen denen mein Ball hing.

In diesem Moment spürte ich, wie Galuschkas Händchen sich wie die Kralle eines kleinen Vogels zusammenzog, den wertvollen Klumpen umschloß und ihn ungestüm, ja wild gegen meinen gierigen Mund quetschte, in dem ich, mit dem Messergeschmack der Medaillen, sofort jenen anderen scharf metallischen, bitteren, blutigen Geschmack meines verwundeten Zahnfleisches aufsteigen fühlte.

Ein erneuter Stoß, der brutaler und unerwarteter war als die vorangegangenen – denn der Paroxysmus meiner Gefühle hatte mich für Buchaques' Heranrollen taub gemacht –, schleuderte meinen Kopf mit lautem Knall zu Boden; meine Wange wurde auf dem Sand zerschrammt, mein zwischen dem Gestänge gefangener Körper schien auseinanderzubrechen, ich schrie vor Schmerz und hob meinen Kopf wütend zu Buchaques, dessen purpurrotes Gesicht, jetzt fast über mir stehend, von Eifersucht erhitzt war und die geschwollene Häßlichkeit des Hahnenkamms angenommen hatte.

Er wich von mir zurück und war im Begriff, die Rampe noch einmal hochzugehen, als er plötzlich zurückkam und verächtlich in meine Richtung trat, wobei er einen Erdbrocken löste, der mich traf und für einen Augenblick blind machte. Dann rannte er wieder los. Auch Galuschka hatte einen Schlag durch meinen Stuhl abbekommen und war einen Meter von mir fortgeschleudert worden.

Genau in der Mitte ihrer Stirn hatte sie einen Blutfleck. Sie ging ganz im Schmerz dieser Stelle auf, war benommen von der Erschütterung, die unkontrollierte Haltung ihrer halbgeöffneten Beine kannte keine Schamhaftigkeit mehr, und damals entdeckte ich zum ersten Mal, daß sie kein Höschen trug.

Ein Schatten, so zart wie ein Traum, breitete sich oben an ihren Schenkeln aus, die in der absoluten Schwärze unter ihrem weißen Rock verlöschten, und trotz der Dunkelheit, in welcher ihre Anatomie vollständig verschwand, merkte ich, daß sie dort nackt war.

Sie lächelte mir zu, und ich stand auf; diesmal war meine Rache beschlossene Sache.

Ich setzte mich auf den Stuhl, der neben dem stand, auf dem das Schwert zwischen dem Mantel des Soldaten und den anderen Gegenständen verborgen lag, welche den beiden Damen gehörten, mit denen er sich weiterhin unterhielt, einer von ihnen dabei tief in die Augen sehend. Die andere Da-

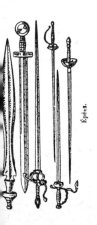

Épées.

me, die so tat, als berühre sie dies nicht, blickte woanders hin und unterbrach die Konversation mit schnellen, zusammenhanglosen Bemerkungen. Ihren Mund umspielte ein unmerkliches Lächeln boshafter Mittäterschaft, das mir sehr beunruhigend erschien; von Zeit zu Zeit und ohne erkennbaren Grund warf sie ihren Kopf zurück, den eine füllige Haarpracht zierte, und lächelte den Soldaten mit entblößten Zähnen an, welcher sie im selben Moment mit einem höflich-dankbaren Blick bedachte, der so kurz wie möglich war.

Ich nutzte die Ablenkung durch dies fesselnde sentimentale Spiel, das die drei miteinander verband, dazu aus, mich, ohne von ihnen gesehen zu werden, in kleinen, gleitenden Bewegungen zu dem Stuhl vorzuarbeiten, wo das Schwert ruhte.

Dies war notwendig, damit ich das Schwert von meiner derzeitigen Position aus erreichte, die ich nicht verändern konnte, ohne Galuschka aus den Augen zu verlieren, die dann durch die Platane verdeckt gewesen wäre. Dieser Baum wiederum verbarg meine listige und unvermutet geschickte Operation, die ich mit der linken Hand ausführte und in der ich langsam und in mehreren Phasen mein Rachewerkzeug freilegte, das für Buchaques' nahe bevorstehendes, entsetzliches Martyrium bestimmt war.

Um mich nicht zu verletzen, band ich mir vorsichtshalber ein Taschentuch um die Hand. Das Schwert versteckte ich hinter meinem Rücken, leicht zitternd – was nicht ausschloß, daß meine Bewegungen sicher waren –, und mit meiner Mütze schützte ich das hinter meiner anderen Körperseite hervortretende Heft vor Galuschkas Blicken.

Nach dem Erfolg dieser ersten Unternehmung, die es mir ermöglichte, das Schwert aus der Scheide zu ziehen, ohne dabei gesehen zu werden, schob ich es vorsichtig unter die Stoffe zurück, nun aber so, daß die Klinge blank war und in die richtige Richtung wies. Alles, was ich noch zu tun hatte, war, sie zum rechten Zeitpunkt so vorzustoßen, daß sie Buchaques' Abfahrt unterbräche.

Noch waren meine Vorbereitungen aber nicht völlig abgeschlossen. Ein schwindlig machendes Fieber der Berechnung und des minutiösesten Zeremoniells packte mein Hirn, als ich den unwiderruflichen Augenblick herannahen spürte. Ich verdoppelte die Intensität meines verliebten Blickes auf Galuschka, um sie an ihrem Platz festzuhalten; nach dem Schlag an die Stirn hockte sie so deprimiert und matt da, daß mein feuriger Blick, verstärkt von der Macht der wollüstig erwarteten Tat, meine Galuschka mit Erfolg in einer Art Paralyse fixierte, als deren immer absoluterer Meister ich mich nach und nach fühlte.

Ohne das Schwert auch nur einen Millimeter zu verrücken, erwartete ich Buchaques' bevorstehende Abfahrt. Obwohl er mit derselben irrsinnigen Geschwindigkeit wie sonst herunterkam, rammte er mich diesmal wider Erwarten nicht, sondern stieg von seinem Roller ab, ging zur Platane hinüber und fragte mich, wobei er nicht wagte, mich anzusehen: »Wo ist

sie?« Ich antwortete nicht. Er wußte es ganz genau. Er verschwand hinter der Platane und stand lange da, stumpfsinnig auf Galuschka starrend.

Ohne ihre Haltung zu verändern, ihre Augen auf meine geheftet, schien sie ihn nicht zu sehen.

Schließlich sagte Buchaques zu Galuschka: »Wenn du mir Dalis Zwergaffen zeigst, werde ich es nicht mehr tun.« Sie schauderte und preßte meinen geliebten Ball zusammen mit den Medaillen an ihren Busen. Dann sagte Buchaques: »Laßt uns spielen!« – »Was spielen wir?« antwortete ich. Er drehte sich zu mir um, und mit einem widerwärtig dankbaren Blick, aus meiner Frage schließend, ich hätte ihm verziehen, sagte er fast freudig, doch mit der überzuckerten Angst des sozialen Aufsteigers: »Laßt uns alle drei Räuber und Gendarm spielen!« Worauf ich antwortete: »Ja, das wollen wir!« Und während ich mit einer Hand die seine drückte, drückte die andere das kalte Heft des Schwertes. »Wer soll anfangen?« fragte Buchaques. »Der größere von uns.« Buchaques akzeptierte diese absurde Bedingung, denn er war deutlich größer als ich. Und plötzlich wurde er ganz schwach, von einer Schwäche, die proportional zu meiner Dominanz wuchs.

Wir maßen unsere Größe an dem Stamm der Platane, ritzten sie mit einem Steinchen in die Rinde.

Also mußte er sich dann entfernen; er würde sehr langsam die Rampe

hinaufgehen, um Galuschka und mir Zeit zum Verstecken zu geben.

Oben angelangt, würde er in vollem Tempo auf seinem Roller herunterfahren, und ich forderte ihn auf, schneller als je zuvor zu sein, so mit unfehlbarer Sicherheit das lebendige, mit Blut überfüllte Fleisch seines Stolzes anstachelnd.

Ich sah Buchaques unbekümmert losziehen, seinen Roller hinter sich, und die verhängnisvolle Rampe hinaufsteigen. Bei jedem neuen verstohlenen Blick, den ich in seine Richtung warf, sah ich den Umfang seiner Pobacken nach und nach kleiner werden, ihre plumpen Bewegungen zeichneten sich an der engen Hose scharf ab. Die Abneigung gegen meinen einstigen Liebling wuchs mit jedem seiner unbeholfenen Schritte, an deren glückseliger, ekelerregender Abfolge ich die allmähliche Wiederherstellung seines guten Gewissens ablesen konnte, nachdem die anbrandenden Wogen der Reue durch meine scheinheilige und perverse Versöhnung gerade geglättet worden waren.

Mir war die Maxime von Philip II. gegenwärtig, der einmal zu seinem Diener sagte: »Zieh mich langsam an, denn ich habe es sehr eilig.«

Ich eilte mit Weile, um letzte Hand an das sorgfältige *finish* des glanzvollen Gemäldes meiner bevorstehenden blutdürstigen Kreation zu legen, auf welche sich ausschließlich und genüßlich die darstellerische Kraft meiner imperialen Phantasie konzentrierte.

Ich versenkte mich in eine peinlich genaue Berechnung, die meine besten Verstellungskünste erforderte, damit Galuschka auch weiterhin glaubte, ich sei von der simulierten Ekstase meiner Betrachtung durchdrungen, während ich in Wirklichkeit allein damit beschäftigt war, kaltblütig Buchaques' Statur nach der Größenmarkierung in der Platanenrinde und unter Berücksichtigung der ungefähren Rollerhöhe zu berechnen, da ich ja nur die exakte Position der Kehlenmitte meines Rivalen herausfinden wollte, um in der Lage zu sein, mein Schwert in einer Weise anzuordnen, welche ein kategorisches, dorisches und unbarmherziges Aufschlitzen seiner Kehle gewährleisten würde.

Ich mußte mich auch der Standfestigkeit der Stühle vergewissern, die der scharf-spitzen Brücke meines Schwertes als Pfeiler dienen sollten. Daher holte ich einige weitere Stühle zur Verstärkung herbei, auf diese Weise die furchtbare Wirksamkeit meiner Falle verdoppelnd.

Ich sagte zu Galuschka: »Buchaques kommt!« Sie kam so schnell zu mir, daß ich keine Zeit hatte, die entscheidende Tat auszuführen. Ich warf einen besorgten Blick zum oberen Ende der Rampe, wo Buchaques soeben eintraf und sich schon auf die Abfahrt vorbereitete.

Tyrannisch drückte ich Galuschka an meine Brust und befahl ihr, nicht hinzusehen. Während ich mir ihren Gehorsam zunutze machte, indem ich das Schwert zwischen die Querleisten zweier Stühle schob, versicherte mich ein letzter Blick meines Vorhabens; fast unsichtbar schimmerte die Waffe mit der ganzen kalten und unmenschlichen Würde der Gerechtigkeit schwach in der Nacht.

Schon konnten wir den Lärm von Buchaques' loskatapultiertem Roller hören. Wir mußten weglaufen! In halsbrecherischer Jagd zog ich Galuschka an der Hand durch das Gedränge; wie blinde Schmetterlinge kämpften wir gegen den Menschenstrom, der in diesem Moment seinen Rhythmus verlangsamte und der Kraft des melancholischen Bedauerns nachgab, das dem Ende eines Festes folgt.

Ein letzter, ohne Überzeugung vorgetragener *Paso doble* war verklungen. Für einen Augenblick machten wir an der Stelle halt, wo ich bei Sonnenuntergang das Pferd hatte sterben sehen. Auf dem Asphalt breitete sich ein riesiger Blutfleck aus, der den Umriß eines großen schwarzen Vogels mit ausgebreiteten Flügeln hatte.

Plötzlich war es kalt, und der Schweiß ließ uns frösteln. Wir waren unbeschreiblich schmutzig und unsere Kleider ganz zerrissen.

In der brennenden Wunde meiner aufgeschrammten Wange konnte ich mein Herz schlagen spüren. Ich berührte meinen mit Beulen bedeckten Kopf, was mir einen süßen, angenehmen Schmerz bereitete. Galuschka war aschfahl; das Blutgerinnsel auf ihrer Stirn schien nun von einer malvenfarbigen Aureole umgeben.

Und Buchaques? Wo war s e i n Blut? Ich schloß die Augen.

5. Kapitel *Wahre Kindheitserinnerungen*

Ich schließe die Augen und richte meine Gedanken auf die am weitesten zurückliegenden Erinnerungen, um zu sehen, welches Bild mir am spontansten in der größten visuellen Lebendigkeit erscheint, um es als das erste, das Eröffnungsbild meiner wahren Erinnerungen heraufzubeschwören. Ich sehe …

Ich sehe zwei Zypressen, zwei große, fast gleich hohe Zypressen. Die linke ist die kleinere, und ihre Spitze neigt sich leicht zur rechten hinüber, die eindrucksvoll gerade ist; diese beiden Zypressen sehe ich durch das Fenster des Klassenzimmers I der Christlichen Schule in Figueras, der Schule, die unmittelbar auf meine, wie man meinte, schädliche pädagogische Erfahrung bei Señor Traite folgte. Das Fenster, das meinem Bild als Rahmen diente, wurde erst nachmittags geöffnet, doch von da an pflegte ich mich vollständig in die Betrachtung der Lichtveränderungen auf den beiden Zypressen zu vertiefen, an denen der leicht gekrümmte Schatten der geradlinigen Architektur unserer Schule langsam nach oben wanderte; zu einem bestimmten Zeitpunkt, direkt vor Sonnenuntergang, leuchtete die Spitze der rechten Zypresse stark dunkelrot, als sei sie in Wein getunkt worden, während die linke, schon ganz im Schatten, mir als tiefschwarz erschien. Dann hörten wir das Angelusläuten, die ganze Klasse stand auf und wiederholte im Chor das Gebet, das der Superior gesenkten Hauptes und mit gefalteten Händen vorsprach.

Die beiden Zypressen draußen, die während des ganzen Nachmittags wie zwei dunkle Flammen am Himmel zu brennen und sich zu verzehren schienen, waren für mich die unfehlbare Uhr, mit deren Hilfe ich mir gewissermaßen des monotonen Rhythmus des Klassengeschehens bewußt wurde; denn wie schon bei Señor Traite, so war ich auch in dieser neuen Klasse vollkommen geistesabwesend, wo ich, weit davon entfernt, die Vorzüge des gesegneten Schlafs meines ersten Lehrers, Señor Traites, nach Herzenslust genießen zu können, nun jeden Augenblick den Widerstand überwinden mußte, den die Fratres der christlichen Schule mit beispiellosem Eifer und unter Zuhilfenahme der grausamsten Tricks vergeblich aufboten, um meine Aufmerksamkeit zu erregen und zu umwerben. Aber sie ließen nur meine Fähigkeit zur Aufhebung der Außenwelt hervortreten: Ich wollte nicht, daß mich jemand berührte, mit mir sprach, das, was in meinem Kopf vorging, »störte«. Ich durchlebte die bei Señor Traite begonnenen Träumereien mit erhöhter Intensität, aber da ich sie nun in Gefahr sah, klammerte ich mich noch dramatischer an sie, meine Fingernägel gruben sich in sie wie in eine Rettungsinsel.

Nach dem Angelus waren die beiden Zypressen in der Dunkelheit fast ausgelöscht. Aber wenn ihre Umrisse schließlich völlig in der Nacht verschwanden, so blieb die unbewegliche Gegenwart ihrer unsichtbaren Individualitäten deutlich lokalisierbar, und ihre räumliche Ausdehnung, die mich wie ein Magnet anzog, zwang meinen kleinen mit Träumen angefüllten Kopf, von Zeit zu Zeit exakt in ihre Richtung zu blicken, obwohl ich sie nicht sehen konnte. Nach dem Angelus und fast zur selben Zeit, als das Fenster von der Nacht schwarz wurde, schaltete man in dem Korridor, der zum Klassenzimmer führte, das Licht ein, und dann konnte ich durch die Glasfüllungen der Tür die Ölgemälde erkennen, die diesen Korridor schmückten und seine Wände ganz bedeckten. Von meinem Platz konnte ich nur zwei genau sehen: Eines zeigte einen Fuchskopf, der aus einer Höhle hervorkam und aus dessen Maul eine tote Gans baumelte; das andere war eine Kopie von Millets *Angelus**. Dieses Gemälde rief in mir eine obskure, eine so bittere Qual hervor, daß die Erinnerung an jene beiden regungslosen Silhouetten mich mehrere Jahre lang mit einem durch ihre ununterbrochene und zweideutige Präsenz verursachten anhaltenden Unbehagen verfolgte. Doch das Unbehagen war nicht »alles«. Trotz dieser Gefühle, der die *Angelus* in mir hervorrief, hatte ich den Eindruck, irgendwie unter ihrem Schutz zu stehen, und ein heimliches und subtiles Vergnügen

* Dieses Gemälde, das auf mich als Kind einen so tiefen Eindruck machte, verschwand auf Jahre hinaus sozusagen ganz aus meiner Vorstellung, das Bild hatte nicht mehr dieselbe Wirkung auf mich. Aber als ich 1929 eine Reproduktion des *Angelus* wiedersah, wurde ich plötzlich heftig von demselben Unbehagen und der ursprünglichen Gefühlsverwirrung befallen. Ich machte mich an die systematische Analyse einer Reihe von ›Phänomenen‹, die um das erwähnte Bild herum aufzutreten begannen, das für mich einen eindeutig obsessiven Charakter bekam; und nach Verwendung dieses Bildes des *Angelus* in den unterschiedlichsten Medien: Objekten, Gemälden, Gedichten usw. schrieb ich schließlich einen paranoischen Interpretationsversuch mit dem Titel *Der tragische Mythos des Angelus von Millet*, ein Buch, das demnächst erscheinen wird und das ich für eines der grundlegensten Dokumente der Dalischen Philosophie halte.

glänzte in der Tiefe meiner Angst wie eine kleine silbrige Messerklinge im Sonnenlicht.

Während jener langen Winterabende, da ich darauf wartete, daß die Klingel das Ende des Schultages ankündigte, wurde meine Vorstellungskraft tatsächlich dauernd von fünf gläubigen, erschreckenden und sublimen Wächtern beaufsichtigt: draußen, zu meiner Linken, den beiden Zypressen; rechts den beiden Silhouetten des »Angelus«; vor mir Gott in Gestalt Jesu Christi – gelb, an ein schwarzes Holzkreuz geschlagen, das auf dem Tisch des Fraters stand. Der Erlöser hatte zwei entsetzliche Wunden, auf jedem Knie eine, die wunderbar nachgeahmt waren mit Hilfe einer sehr glänzenden Glasur, die den Knochen durch das Fleisch hindurch erkennen ließ. Die Füße des Christus waren schmutzig, von ekelhaftem Grau, das vom täglichen Kontakt mit den Kinderfingern herrührte, denn jeder von uns mußte, nachdem er die behaarte Hand des Superiors geküßt hatte und bevor er sich beim Verlassen der Schule bekreuzigte, die durchbohrten Füße des Christus mit seinen tintenschwarzen Fingern berühren.

Die Fratres der Christlichen Schule bemerkten die Versenkung, mit der ich dasaß und hinaussah; ich war das einzige Kind in der Klasse, auf das das Fenster eine solche absolutistische Faszination ausübte. Daher wechselten sie meinen Platz und brachten mich um den Anblick meiner beiden Zypressen; doch ich blickte weiter stur in ihre Richtung, genau ahnend, wo sie sich befanden! Und als hätte meine Willenskraft meine Augen mit der Fähigkeit ausgestattet, direkt durch die Wände zu sehen, war ich schließlich in der Lage, durch Phantasieanstrengung alles nach der Tageszeit zu rekonstruieren, die ich jetzt nach den Vorgängen in der Klasse abschätzen mußte. Ich sagte mir dann: »Jetzt beginnen wir gleich mit dem Katechismus, so daß der Schatten auf der rechten Zypresse das verbrannte Loch erreicht haben muß, aus dem ein vertrockneter Zweig herausragt, von welchem ein weißer Lappen herunterhängt; die Pyrenäen müssen malvenfarben sein, und jetzt muß auch, wie ich es vor ein paar Tagen bemerkte, im weiter entfernt liegenden Dorf Villa Bertran ein Fenster hell aufleuchten!« Und dieser Lichtstrahl blitzte dann plötzlich mit der Kraft eines feurigen Brillanten in die vernichtende Dunkelheit, die in meinem Gehirn infolge der Folter herrschte, daß ich jene geliebte Ebene des Ampurdán nicht sehen durfte, deren einzigartige geologische Beschaffenheit mit ihrer äußersten Energie später die gesamte Ästhetik der Philosophie der Dalischen Landschaft modellieren sollte.

Man erkannte bald, daß die Maßnahme, mich vom Fenster wegzusetzen, nicht so wirkungsvoll gewesen war wie erhofft. Ganz im Gegenteil, meine Unaufmerksamkeit blieb so unbestechlich mit meinem Vergnügen verbunden, daß sie an meinem Fall zu verzweifeln begannen.

Mein Vater verursachte eines Tages beim Essen allgemeine Bestürzung, als er mein Schulzeugnis laut vorlas. Darin erwähnte man meine beispielhafte Disziplin und Liebenswürdigkeit; anerkennend registrierte man, daß

»Alle meine echten Erinnerungen zeugen
vom Bewußtsein des Todes.«
Studienzeichnung verzerrter Schädel

...res inspired by are sealed
the sense of death "

Salvador Dali 1933

ich die Pausen abseits der lärmenden Spiele verbrachte, vertieft in die Betrachtung eines farbigen Bildes (ich wußte welches)* aus einer Schokoladenpackung. Aber zum Schluß hieß es dann, »ich sei von einer so fest eingewurzelten geistigen Trägheit beherrscht, daß es mir fast unmöglich sei, beim Lernen Fortschritte zu erzielen«. Ich erinnere mich, daß meine Mutter an diesem Abend weinte. Die Wahrheit ist, daß ich nach fast einem ganzen Wiederholungsjahr nicht einmal ein Fünftel dessen gelernt hatte, was alle Schulkameraden während dieser Zeit bereits verschlungen hatten. Ich war gezwungen, auf unbestimmte Zeit in derselben Klasse zu bleiben, während die anderen mit unersättlichem Wettkampfeifer nach vorn eilten, um neue Sprossen auf der schlüpfrigen und klebrigen Leiter der Hierarchie zu erklimmen. Meine Isolation wurde ein so systematischer Komplex, daß ich selbst die Dinge nicht zu wissen vorgab, die am Ende unwillkürlich doch noch in meinen Kopf einsickerten. Ich schrieb zum Beispiel immer noch nachlässig, mit tausend Klecksen und Buchstaben von verwirrender Unregelmäßigkeit. Das tat ich absichtlich, denn in Wirklichkeit wußte ich schon, wie man es richtig machte.

Als mir eines Tages ein Notizbuch mit sehr seidigem Papier geschenkt wurde, entdeckte ich plötzlich die Lust am sauberen Schreiben. Klopfenden Herzens und nachdem ich die neue Füllfeder mehrere Minuten lang mit meinem Speichel angefeuchtet hatte, begann ich und vollendete schließlich ein Wunder an Regelmäßigkeit und Eleganz, mit dem ich den Schönschreibepreis gewann, und man rahmte meine Seite und setzte sie unter Glas.

Das Erstaunen, das die plötzliche, wundersame Veränderung meiner Handschrift hervorrief, ermutigte mich, auf dem Pfad von Mystifikation und Simulation fortzuschreiten, meinen ersten Methoden des »Sozialkontakts«. Um mich zu drücken, wenn ich das Gefühl hatte, der Frater werde mich während des Unterrichts unvermeidlich aufrufen, sprang ich auf und schleuderte mein Buch weg, dessen aufmerksamste Lektüre ich eine Stunde lang vorgetäuscht, von dem ich in Wirklichkeit aber keine Zeile gelesen hatte.

Nach dieser Handlung, die auf einer unerschütterlichen Entscheidung zu beruhen schien, stieg ich auf die Bank, dann wieder hinunter, als sei ich in Panik geraten und müsse mich mit ausgestreckten Armen vor einer unsichtbaren Gefahr schützen, dann fiel ich auf mein Pult zurück, den Kopf zwischen die Hände gepreßt, scheinbar von Entsetzen geschüttelt. Diese Pantomime brachte mir die Erlaubnis ein, ganz allein nach draußen gehen und im Garten umherwandeln zu dürfen. Wenn ich ins Klassenzimmer zurückkam, gab man mir einen heißen Kräutertee mit höchst aromatischen, nach Pinienöl riechenden Tropfen. Meine Eltern, die über dieses falsche halluzinatorische Phänomen anscheinend informiert worden waren, müssen den Superioren der Schule verstärkte und ganz besondere Auf-

---

* Ein religiöses Bild, die Darstellung des Martyriums der Makkabäer.

merksamkeit auf meine Person empfohlen haben. So umgab eine immer ungewöhnlichere Atmosphäre meine Schulzeit, und schließlich gaben die Superioren den Versuch ganz auf, mir etwas beizubringen.

Außerdem wurde ich häufig zum Arzt gebracht (zum selben, dessen Brille ich einige Jahre zuvor zertrümmert hatte, als er die Ohrläppchen meiner Schwester durchstechen wollte). Zu der Zeit bekam ich richtige Schwindelanfälle, wenn ich zu schnell die Treppe herauf- oder heruntergelaufen war. Ich hatte auch häufig Nasenbluten und mußte regelmäßig mit Angina das Bett hüten. Das verlief immer gleich: einen Tag Fieber und eine Woche Rekonvaleszenz mit leicht erhöhter Temperatur. Während dieser Zeit verrichtete ich meine natürlichen Bedürfnisse in meinem Zimmer, wonach stets ein purpurfarbenes armenisches Papier weihrauchduftend verbrannt wurde, um den schlechten Geruch zu vertreiben; manchmal war das armenische Papier verbraucht, und dann verbrannte man Zucker, was noch köstlicher war. Wie ich es liebte, Angina zu haben! Ich erwartete ungeduldig den Rückfall – was für Paradiese diese Rekonvaleszenzen waren! Llucia, mein altes Kindermädchen, kam und leistete mir jeden Nachmittag Gesellschaft, und meine Großmutter kam und ließ sich zum Stricken in der Nähe des Zimmerfensters nieder: Meine Mutter schickte auch manchmal ihren Besuch in mein Zimmer, und mit einem Ohr hörte ich Llucias Geschichten zu, während ich mit dem anderen dem gesetzteren Hintergrundgeräusch aus Gemurmel und Unterhaltung der Erwachsenen folgte, das sich so gleichmäßig wie ein gut versorgtes Feuer anhörte. Und wenn das Fieber ein wenig anstieg, vermischte sich all dies zu einer nebligen Wirklichkeit, die mein Herz bloß noch lähmte und den Kopf betäubte, in dem jener weißflügelige Engel im silbernen Gewand, der nach Llucias Lied niemand anderer als der Schlafengel war, von einem müden Glanze zu schimmern begann.

Llucia und meine Großmutter waren zwei der hübschesten alten Frauen, mit dem weißesten Haar und der feinsten und runzeligsten Haut, die ich je gesehen habe. Die erste war von enormer Statur und sah wie ein Papst aus. Die zweite war winzig und glich einer kleinen Spule weißen Garns. Ich liebte das Alter! Welcher Gegensatz zwischen diesen beiden Märchen-Geschöpfen, zwischen jenem pergamentenen Fleisch, auf das die verwischten und vollständigen Manuskripte ihres Lebens geschrieben waren, und jenem rohen, brandneuen und apathisch bewußtlosen Fleisch meiner Schulkameraden, die sich nicht einmal mehr daran erinnerten, daß auch sie schon vor einiger Zeit alt gewesen waren, als sie Embryos waren; alte Leute dagegen wußten aus eigener Anschauung, wie man wieder alt wird, und erinnerten sich außerdem daran, Kinder gewesen zu sein.

Ich wurde, ich war, und ich bleibe die lebende Inkarnation des Anti-Faust. Als Kind verehrte ich die erhabene Würde alter Leute, und ich hätte meinen ganzen Körper dafür hingegeben, wie sie zu werden, sofort alt zu werden! Ich war der Anti-Faust. Erbärmlich war der, welcher nach dem Erringen des größten Wissens im hohen Alter seine Seele verkaufte, um seine Stirn zu glätten und seinen bewußtlosen jugendlichen Körper wiederzuerlangen! Laßt das glühende Eisen meines Lebens das Labyrinth der Furchen mir in die Stirn graben, laßt mein Haar ergrauen und meinen Schritt schwankend werden, unter der Bedingung, daß ich die Klugheit meiner Seele retten kann – laßt meine ungeformte Kinderseele mit dem Alter die rationale und ästhetische Form einer Konstruktion annehmen, laßt mich nur alles lernen, was andere mich nicht lehren können, was nur das Leben tief in meine Haut kerben könnte! Das glatthäutige Tier meiner Kindheit war mir zuwider, und ich hätte es gern mit den Füßen, mit kleinen bläulichen metallischen Hacken zertreten. Denn in meiner Vorstellung waren Wunsch und Wissen ein und dasselbe, und ich wußte bereits, daß nur der Verschleiß und Verfall des Fleisches mir Erleuchtungen der Auferstehung würde einbringen können. In jeder Falte Llucias oder meiner Großmutter las ich diese Kraft intuitiven Wissens, welche durch die schmerzliche Summe erlebter Lust an die Oberfläche gebracht worden war und die schon die Kraft jener Keime verfrühter Alterung war, die den Embryo zerknittert, eine unergründliche Kraft, eine unterirdische, bacchantische Kraft der Minerva, eine Kraft, die die Hunderte von Ranken der Alter-Schößlinge am jungen Weinstock krümmt und die so bald das grelle Lachen auf dem alterslosen und zurückgebliebenen Gesicht des kindlichen Genies verlöschen läßt.

Sicher, ich machte keine Fortschritte auf der dornigen Bergtour der Arithmetik, ich blieb ohne Erfolg beim widerlichen, anstrengenden Multiplikationsrechnen. Andererseits entdeckte ich, Salvador Dalí, mit neun Jahren nicht nur das Phänomen der Mimese*, sondern auch eine allgemeine und vollständige Theorie zu dessen Erklärung!

Jenen Sommer hatte ich in Cadaqués eine Pflanzenart bemerkt, die weit verbreitet längs der Küste wächst. Betrachtet man diese Pflanzen näher, erkennt man kleine, sehr unregelmäßige Blätter, die von so dünnen Stengeln getragen werden, daß der geringste Lufthauch sie in einen Zustand ständigen Zitterns versetzt. Eines Tages fiel mir jedoch auf, daß einige Blätter sich unabhängig von den anderen bewegten, und groß war meine Verblüffung, als ich feststellte, daß sie krochen! Daraufhin isolierte ich dies merkwürdige winzige Blatt-Insekt von den anderen, um es eingehend und ungehindert untersuchen zu können. Von oben war es unmöglich von den anderen Blättern, zwischen denen es lebte, zu unterscheiden, doch wenn man es umdrehte, schien sein Unterleib in nichts von dem anderer Käfer verschieden, bis auf die Beine, die vielleicht ungewöhnlich zart und jedenfalls in ihrer Normalposition unsichtbar waren. Die Entdeckung dieses Insekts machte einen unmäßigen Eindruck auf mich, denn ich glaubte, gerade eines

---

* Mimese: Angleichung bestimmter Lebewesen an die Umwelt, in der sie sich befinden, oder an die besser geschützte Art oder an diejenigen, auf deren Kosten sie leben.

der mysteriösesten und magischsten Geheimnisse der Natur entdeckt zu haben.*

Und es gibt nicht den leisesten Zweifel, daß diese sensationelle Entdeckung der Mimese von da an die Kristallisation der unsichtbaren und paranoiden Bilder beeinflußt hat, die die meisten meiner gegenwärtigen Gemälde mit ihrer halluzinatorischen Präsenz bevölkern. Stolz, hochmütig, ja ekstatisch über meine Entdeckung, verwendete ich sie sofort zum Zweck der Mystifizierung. Ich behauptete nämlich, daß ich vermöge meiner persönlichen Zauberkraft in der Lage sei, das Unbelebte zu beleben. Ich riß ein Blatt aus dieser Pflanzenmasse, tauschte es mit einem Taschenspielertrick gegen mein Wandelndes Blatt aus, legte es auf den Eßzimmertisch und begann dann, darum herum kräftig mit einem runden Stein zu schlagen, den ich als das Objekt bezeichnete, das mit magischer Kraft ausgestattet sei und das Blatt mit Leben erfüllen werde.

Zu Beginn meiner Vorstellung glaubte jeder, das kleine Blatt bewege sich nur aufgrund der Erschütterung, die ich um es herum erzeugte. Doch dann fing ich an, die Stärke meiner Schläge zu verringern, bis ich nur noch so schwach klopfte, daß dies die Bewegungen der kleinen Gespenstheuschrecke nicht mehr erklären konnte, welche bereits deutlich selbständig und differenziert waren.

In diesem Moment hörte ich ganz auf, auf den Tisch zu klopfen, und alle stießen dann Schreie der Bewunderung und Überraschung aus, als sie das Blatt wirklich laufen sahen. Ich wiederholte mein Experiment immer wie-

---

* Das unsichtbare Bild von Voltaire kann in jeder Beziehung mit der Mimese des Wandelnden Blattes verglichen werden, welches durch die Ähnlichkeit und Verwechslung von Figur und Hintergrund unsichtbar wird.

der, vor allem vor Fischern. Jeder war mit besagter Pflanze vertraut, doch niemand hatte je das Phänomen bemerkt, das ich entdeckt hatte, trotz der Tatsache, daß diese Art Blattinsekt in Hülle und Fülle auf der Pflanze zu finden ist.

Als ich viel später, zu Beginn des Ersten Weltkrieges, die ersten getarnten Schiffe den Horizont von Cadaqués kreuzen sah, notierte ich in mein Beobachtungs- und Erinnerungsbüchlein ungefähr folgendes: »Heute habe ich die Erklärung für meinen ›morros de con‹* gefunden (denn so nannte ich mein Wandelndes Blatt), als ich einen melancholischen Konvoi getarnter Schiffe vorüberziehen sah. Wovor schützte sich mein Insekt mit dieser Tarnung, dieser Verkleidung?«

Verkleidung war für mich als Kind eine der größten Leidenschaften. Genau so wie es an dem Tag schneite, als ich so sehr wünschte, daß die Landschaft von Figueras sich in die Rußlands verwandeln sollte, so bekam ich an dem Tag, als ich mich heftig danach sehnte, schnell alt zu werden, (wie zufällig) ein Geschenk von einem meiner Onkel in Barcelona – ein Geschenk, das aus einem Königshermelin, einem goldenen Zepter und einer Krone bestand, an der eine würdevolle, füllige weiße Perücke hing.

An jenem Abend betrachtete ich mich im Spiegel mit meiner Krone, das Cape über die Schultern gelegt, und sonst völlig nackt. Dann drückte ich meine Geschlechtsteile zwischen meinen Schenkeln zurück, um so sehr wie möglich wie ein Mädchen auszusehen. Schon damals verehrte ich dreierlei: Schwäche, Alter und Luxus. Aber über diese drei Darstellungen des »*Ego*« herrschte noch das »kaiserliche Gefühl äußerster Einsamkeit«, das immer stärker wurde und stets von jenem anderen Gefühl, das als sein Rahmen dienen sollte, seinem Ritual gewissermaßen, begleitet war – dem Gefühl des »Höhepunktes«, des »Gipfels«.

Seit einiger Zeit fragte mich meine Mutter: »Schatz, was möchtest du gern? Schatz, was wünscht du dir?« Ich wußte, was ich wollte. Ich wollte eines der beiden Waschzimmer oben auf unserem Dach, die zur Terrasse gingen und, da sie nicht mehr benutzt wurden, bloß noch Lagerräume waren. Und eines Tages bekam ich es und durfte es als Atelier benutzen. Die Hausmädchen gingen hinauf, räumten alle Sachen heraus und steckten sie in einen nahen Hühnerkorb. Und am nächsten Tag konnte ich von der Waschküche Besitz ergreifen, die so klein war, daß das Zementbecken fast den gesamten Raum einnahm, bis auf die Standfläche, die unbedingt für die Wäscherin benötigt wurde. Aber die äußerst begrenzten Abmessungen meines ersten Ateliers entsprachen perfekt den Erinnerungen an die intrauterinen Freuden, die ich bereits beschrieben habe.

Demgemäß richtete ich mich dort folgendermaßen ein: Meinen Stuhl

---

* Dieser Ausdruck hat im Katalanischen eine äußerst pornographische Bedeutung, die man unmöglich übersetzen kann. Er bezeichnet einen Teil der Vulva, Fischer und Bauern benutzen ihn, um eine Person oder Sache zu kennzeichnen, die besonders listig und schlau ist.

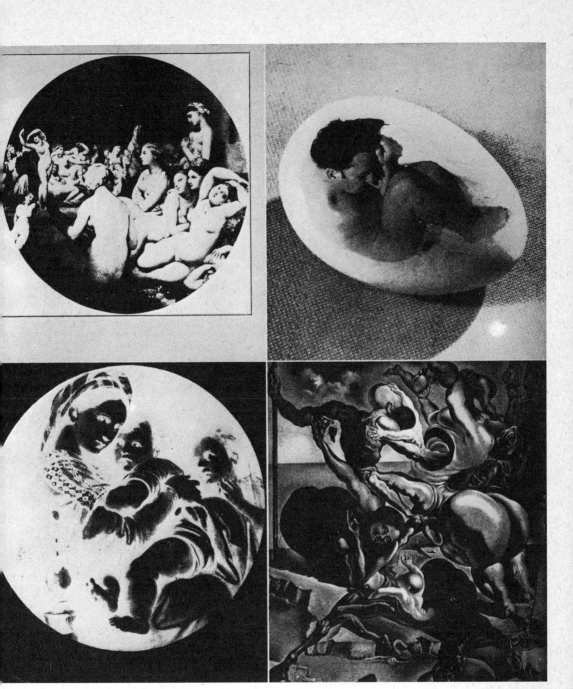

. Intrauterine Erinnerungen

Das Türkische Bad« von Ingres ist eine hervorragende unbewußte Veranschaulichung des intrauterinen Paradieses.

Dali in eiförmiger Schlafhaltung, photographiert von
Ph. Halsman.

Das Jesuskind in der Haltung eines noch nicht ausgeschlüpften
Kükens innerhalb der göttlichen Eiform, die die
Rundungen Raffaels bilden.

Dalis »Familie der Beuteltier-Zentauren«, 1942; die Kinder
können den paradiesischen Mutterleib nach Wunsch
verlassen und wieder betreten.

In Bildern mit gerundeten Formen herrschen meist
intrauterine und paradiesische Bewußtseinsinhalte vor.

II. Der Stammbaum des Kindes

Der Escorial. Die inquisitorische Schönheit seiner Architektur übte einen starken Einfluß auf Dalis kindliche Vorstellungskraft aus.

Dali als Kind, photographiert von Herrn Pitcho Felipa Domenech, die Mutter von Salvador Dali Salvador Dali Cusi, der Vater von Salvador Dal Salvador Dali Domenech als Säugling.

setzte ich in das Zementbecken, und das hochstehende Holzbrett (das die Kleidung der Wäscherin vor dem Wasser schützt) legte ich waagerecht oben darüber, so daß es das Becken halb bedeckte. Das war mein Arbeitstisch! An sehr heißen Tagen zog ich mich manchmal aus. Dann brauchte ich nur den Hahn aufzudrehen, und das Wasser, das das Becken füllte, stieg an meinem Körper bis zur Gürtellinie hoch. Dieses Wasser, das aus einem Reservoir kam, auf das den ganzen Tag die Sonne brannte, war lauwarm. Man fühlte sich wie in Marats Badewanne. Der ganze leere Raum zwischen dem Becken und der Wand war der Ansammlung der verschiedensten Gegenstände überlassen, und die Wände waren mit Bildern bedeckt, die ich auf die Deckel von Hutschachteln aus sehr biegsamem Holz malte, die ich aus dem Modewarengeschäft meiner Tante Catalina stahl. Die beiden Ölgemälde, die ich im Becken sitzend ausführte, waren die folgenden: Eines stellte die Szene »Joseph trifft seine Brüder« dar und war ganz fiktiv; das zweite war zum Teil von einer Illustration in einem kleinen Farbbilderbuch abgemalt, einer Zusammenfassung der *Ilias*, und zeigte die schöne Helena* im Profil, zum Horizont blickend. Der Titel war »Und das schlummernde Herz Helenas war voller Erinnerungen …«. In diesem Bild (über das ich viel träumte) malte ich fast an der Horizontlinie einen unendlich hohen Turm mit einer winzigen Figur auf der Spitze. Das war mit Sicherheit ich! Neben den Gemälden gab es auch Gegenstände, die schon Embryos jener surrealistischen Objekte waren, die ich später, 1929, in Paris erfand. Zu der Zeit machte ich auch eine Kopie der *Venus von Milo* in Ton: An diesem meinem ersten bildhauerischen Versuch hatte ich eine unverkennbare und herrliche erotische Freude.

Robinet.

Ich hatte mir sämtliche Bände von »Art Govens« in meine Wäscherei heraufgeholt; diese kleinen Monographien, die mein Vater mir so frühzeitig geschenkt hatte, hatten eine Wirkung auf mich, die zu den entscheidendsten meines Lebens gehörte. Ich lernte alle diese Bilder der Kunstgeschichte auswendig, die mir seit meiner frühesten Kindheit vertraut waren, da ich ganze Tage damit verbrachte, sie zu betrachten. Vor allem zogen mich die Nackten an, und Ingres' *Goldenes Zeitalter* schien mir das schönste Bild der Welt zu sein, und ich verliebte mich in das nackte Mädchen, das den Brunnen symbolisiert.

Ich könnte endlos weitererzählen, was ich alles in meiner Waschwanne durchlebte, doch eines ist sicher, nämlich, daß die ersten Prisen Salz und Pfeffer meines Humors dort entstanden. Ich fing schon an, mich zu testen und zu beobachten, während ich lustvolles Augenzwinkern mit einem leisen, boshaften Lächeln begleitete, und undeutlich, vage wußte ich, daß ich dabei war, die Rolle eines Genies zu spielen. Oh Salvador Dali! Du weißt es jetzt: Wenn du Genie spielst, wirst du auch eins!

Meine Eltern wurden nicht müde, die stets gleiche Frage zu beantwor-

95 * Helena hieß später meine Frau.

ten, die ihre Freunde während eines Besuchs zu stellen pflegten:

»Und Salvador?«

»Salvador ist aufs Dach gegangen. Er sagt, er hat sich im Waschzimmer sein Malatelier eingerichtet! Er verbringt Stunden und Stunden ganz allein da oben!«

»Da oben!« Das ist der wunderbare Ausdruck! Mein ganzes Leben ist von diesen beiden antagonistischen Vorstellungen bestimmt worden, dem Oben und dem Unten. Seit meiner frühesten Kindheit habe ich mich verzweifelt bemüht, »oben« zu sein. Es ist mir gelungen, und jetzt, wo ich da bin, werde ich dort bleiben, bis ich sterbe.

Ich habe immer größtes moralisches Unbehagen verspürt angesichts der Anonymität der Namen, die auf Friedhöfen in einer nur dort anzutreffenden symmetrischen Perspektive, so weit das Auge reicht, in Stein gemeißelt sind.

Welch aufregender Zauber war es, dem elterlichen Eßzimmer entkommen zu können und in wilder Hast die Treppe zum Dach hinaufzulaufen, oben angekommen die Tür hinter mir abzuschließen und in der Fluchtburg meiner Einsamkeit mich unanfechtbar und geschützt zu fühlen. Hatte ich das Dach erreicht, merkte ich, daß ich wieder einzigartig wurde; das Panorama der Stadt Figueras, die zu meinen Füßen lag, diente mir aufs vorteilhafteste zur Stimulierung des grenzenlosen Stolzes und Ehrgeizes meiner herrscherlichen Imagination. Das Haus meiner Eltern war eines der höchsten der Stadt. Das ganze Panorama bis zur Bucht von Rosas hin schien mir zu gehorchen und von meinem Blick abhängig zu sein. Auch konnte ich aus der Schule der Französischen Schwestern dieselben kleinen Mädchen herauskommen sehen, die mir Scham verursachten, wenn ich sie auf der Straße traf, und die mich jetzt nicht einschüchterten, selbst wenn sie da vor mir standen und mich direkt ansahen.

Es gab Zeiten, da ich mich schmerzlich danach sehnte, auf die Straßen hinauszulaufen und an dem aphrodisischen Durcheinander der nächtlichen Spiele teilzunehmen. Ich konnte die Freudenschreie all der anderen Kinder hören, jener namenlosen, dummen, häßlichen und hübschen, der Jungen und besonders der Mädchen, die von unten zu mir hochstiegen und wie Märtyrer-Pfeile mitten in das heiße Fleisch meiner stolzgeschwellten Brust drangen. Aber nein! Nein! Und noch einmal NEIN! Nicht um alles in der Welt! Ich, Salvador, wußte, daß ich dort bleiben mußte, im feuchten Innern meiner Waschwanne, ich, das einsamste Kind, nur umgeben von der flackernden, verbitterten Schimäre meiner abstoßenden Pesönlichkeit. Außerdem war ich schon so alt! Und um es mir selbst zu beweisen, zog ich mit Gewalt jene Königskrone an ihren weißen Haarfransen auf meinen Kopf herunter, die Stirn mir blutig kränzend, denn ich wollte nicht zugeben, daß mein Kopf wuchs!

»Das Atelier im Waschzimmer«

Nach Einbruch der Dämmerung kam ich aus dem Waschzimmer heraus, und das war mein Lieblingsmoment! Der glatte, geräuschlose Flug der Schwalben war schon durchflochten mit jenem anderen, gegnerischen Flug, dem mißlichen, schwankenden – dem Flug der Fledermäuse; ich wartete weiter auf den lustvollen Moment, da ich meine Krone entfernen würde, die nun so eng wurde, daß ein stechender Schmerz an meinen Schläfen zu dem Kopfweh hinzukam, das von diesem erbarmungslosen dauernden Druck erzeugt wurde. Ich wanderte die Terrasse auf und ab, sagte mir: »Noch ein bißchen länger!« und versuchte, den Gang meines Sinnens mit einem sublimen Gedanken zu verlängern. In solchen schmerzüberreizten Augenblicken trug ich dann mit lauter Stimme Reden vor, die von so bombastischem Schwung und großer Intonation waren, daß ich von einer phantastischen, leidenschaftlichen Zärtlichkeit zu mir selbst durchdrungen wurde.*

Meine Reden folgten ganz automatisch aufeinander, und oft genug entsprachen meine Worte in keiner Weise dem Strom meiner Gedanken. Letzterer schien mir den Gipfel des Sublimen zu erreichen, und ich hatte den Eindruck, in jeder Sekunde auf immer inspiriertere und unfehlbarere Weise das Rätsel, den Ursprung und die Bestimmung einer jeden Sache zu entdecken. Nach und nach gingen die Lichter in der Stadt an, und für jeden neuen Stern wurde eine kleine Flöte geboren. Der monotone, rhythmische Gesang der Grillen und der Frösche machte mich sentimental, indem er die gegenwärtige Dämmerungsqual mit Erinnerungen an vergangene Frühlingszeiten überlagerte. Das plötzliche Erscheinen des Mondes verschärfte meine Ekstase nur noch bis zum Paroxysmus, und der Aufruhr des Größenwahns erreichte dann eine solche Höhe deliriöser Egozentrik, daß ich mich zum Gipfel der unerreichbarsten Sterne emporsteigen fühlte und der Strudel meines Narzißmus das Ausmaß kosmischer Träumerei erreichte; in diesem Moment lief ein ruhiger, intelligenter Tränenstrom über das ebenmäßige Gesicht und beschwichtigte meine Seele. Eine Weile schon hatte ich in meiner liebkosenden Hand etwas Kleines, Feuchtes, Bizarres gespürt. Überrascht sah ich hin: Es war mein Penis.

Grillon.

Endlich nahm ich meine Krone ab und rieb lustvoll an der von ihrer langen Umklammerung verursachten Quetschung, deren Schmerz sich schnell linderte. Völlig erschöpft ging ich ins Eßzimmer hinunter, ich hatte keinen Hunger und sah so krank aus, daß meine Eltern entsetzt waren. Fragend sah meine Mutter mich an. »Warum hast du keinen Hunger? Was möchte mein Liebling denn? Ich kann es nicht ertragen, den kleinen Liebling anzusehen! Er ist nicht gelb, er ist grün!«

Grenouille.

Grün oder nicht, bei jeder Gelegenheit ging ich wieder aufs Dach, und eines Tages stieg ich sogar auf das Dach der kleinen Wäscherei, wo ich zum ersten Mal in meinem Leben ein Schwindelgefühl spürte, als ich merkte, daß nichts zwischen mir und der Leere da unten war. Ich mußte mehrere Minuten flach auf dem Bauch liegen bleiben und meine Augen schließen, um der fast unbezwingbaren Anziehungskraft zu widerstehen, die mich ins Vakuum hinabsaugen wollte.

Seitdem habe ich dieses Experiment nie mehr wiederholt; aber meine langen Sitzungen in der Waschwanne wurden durch dies Schwindelgefühl beflügelt, das ich direkt über meinem Kopf lokalisiert wußte und vor dem mich die Decke der Waschkammer schützte, während es gleichzeitig auf königliche Weise das benommenmachende Bewußtsein der Höhe meines

---

* Später fiel mir auf, daß ich mich bei all meinen Vorlesungen so hinsetzte, daß ein Fuß so unangenehm verdreht war, daß er weh tat und daß dieser Schmerz nach Belieben verstärkt werden konnte. Eines Tages, als zu dieser Zwangsgewohnheit hinzukam, daß ich auch noch schmerzhaft eng geschnürte Schuhe trug, erreichte meine Eloquenz ihren Höhepunkt. Sicher steigert physischer Schmerz in meinem Fall die Beredsamkeit; Zahnschmerzen lösen so bei mir oft einen rhetorischen Ausbruch aus.

Zementthrones verstärkte, welchen ich seit meiner Schwindelerfahrung als noch höher über allen Dingen gelegen erlebte.

Und was bedeutet hoch? Hoch ist genau das Gegenteil von niedrig: damit haben Sie eine schöne Definition des Schwindelgefühls! Was ist das Niedrige? Niedrig ist: Chaos, Masse, Kollektiv, Promiskuität, Kinder, der gemeine Fundus obskurer menschlicher Torheiten, Anarchie; das Niedrige ist die Linke. Zur Rechten, oben, findet man Monarchie, die Kuppel, Hierarchie, Architektur und Engel. Alle Dichter haben nur eines gesucht: Engel. Aber das ihnen angeborene Laster des Negativismus hat ihren Geschmack verwirrt und pervertiert und teuflische Engel aus ihnen gemacht, und wenn es wahr ist, daß die Engel von Rimbaud und Maldoror immer vom Geist des Bösen beseelt sind, liegt das einzig und allein daran, daß Dichter per se nicht der Realität angepaßt sind. Maler andererseits, die mit ihren Beinen viel fester auf dem Boden stehen, brauchen nicht blind herumzutappen und müssen – da sie über ein Inspirationswerkzeug verfügen, das dem der Dichter weit überlegen ist, nämlich das Auge – nicht zur zähen Verwirrung geistigen Zusammenbruchs ihre Zuflucht nehmen, wie sie zwangsläufig Dichter ereilt. Deshalb sind heute und in Zukunft allein Maler in der Lage, Ihnen wahre Engel und wahre Götter zu zeigen, wie einst Raffael dies so realistisch und mit solchem Verstand von der Höhe seines herrlichen Olymps göttlichen Genies herab tat. Was mich betrifft, so war mein Auge desto schärfer, je stärker ich delirierte.

So saß ich also, um das Gesagte zusammenzufassen, zu Beginn meines neunten Lebensjahres, ich, ein solitäres Kind, ein König, in der Wanne, oft mit Nasenbluten, oben auf dem Dach, auf dem Gipfel! Unter mir alles andere, all dies Kanonenfutter, aus einer Biologie, der jede Qual fehlte, all diese Nasenhaare, Mayonnaise, trudelnden Kreisel, Fegefeuerseelen, schwachsinnigen Kinder, die alles lernten, was verlangt wurde, dieser Kochfisch usw. usw. Nie wieder wollte ich hinuntergehen in die Straße des Geistes, um auch nur irgendetwas zu lernen. Schließlich war ich ja seit ewigen Zeiten verrückt, und selbst diese verflixte Rechtschreibung, warum sie noch einmal lernen, wenn ich sie vor mindestens zweitausend Jahren schon vergessen hatte!*

Ich war ausdauernd und bin es immer noch. Meine Einsamkeitsmanie wuchs, pathologisch durchblitzt, meine Ungeduld, auf das Dach zu steigen, wurde so groß, daß ich vor Beendigung des Essens mehrmals hinauslief, weil ich nicht länger sitzenbleiben konnte und mich unter dem Vorwand, ich hätte Bauchschmerzen, in der Toilette einschloß. Mein einziges Ziel dabei war, einige Augenblicke allein zu bleiben, was die Qual erleichterte,

---

* Herrn Dalis Manuskript ist wahrscheinlich, was Handschrift, Rechtschreibung und Syntax angeht, eines der unleserlichsten, phantastischsten Dokumente, die je aus der Feder eines Menschen mit Sprachgefühl geflossen sind. Das Manuskript ist auf gelbem Kanzleipapier in so gut wie unleserlicher Handschrift geschrieben, fast ohne Interpunktion, ohne Absätze, in abenteuerlicher Orthographie, die Schweißperlen auf die Stirn von Lexikographen treiben würde. Gala ist die einzige, die sich in diesem chaotischen Labyrinth nicht verirrt. (Anmerkung von Haakon M. Chevalier)

bis nach dem Essen warten zu müssen, bevor ich wieder nach oben jagen und mich im Waschzimmer einschließen durfte.

In der Schule wurde ich gegenüber allem und jedem aggressiv, was absichtlich oder unabsichtlich meine Einsamkeit in Frage stellte. Die Kinder, die es wagten, sich mir zu nähern – natürlich wurden es immer weniger –, empfing ich mit so haßerfülltem Blick und Verhalten, daß ich von da an während der langen Pausen vor Belästigungen sicher war, ganz für mich in einer unversehrten, ungestörten Welt. Doch dann passierte es, daß die makellose Reinheit dieser Welt mit einem Schlag zerstört wurde, und zwar, wie jeder leicht hätte vorhersehen können, durch die Vermittlung des weiblichen Bildes, das immer gut dazu ist, jede Zerebralkonstruktion zu zerstören, von welcher man bei Einbruch der Nacht die quälende Gegenwart des weichen, lächelnden Schmetterlings des Fleisches hinwegzuhexen versucht, dessentwegen der Mensch den Tod fürchtet und vermöge dessen er schließlich an den katholischen Mythos *par excellence*, die triumphale Auferstehung des eigenen Körpers glauben wird.

Es war ein kleines Mädchen, das ich eines Tages auf dem Heimweg von der Schule von hinten sah, wie es die ganze Straße hinunter vor mir herging. Sie hatte eine so schmale, zarte Taille, daß sie in zwei unabhängige Teile getrennt schien und ihre äußerst gekrümmte Haltung beim Gehen sie zu zerbrechen drohte; sie trug einen sehr engen silbernen Gürtel. Dieses kleine Mädchen wurde von zwei Freundinnen begleitet, einer auf jeder Seite, die ihre Arme um ihre Taille gelegt hatten, sie streichelten und ihr mit dem verführerischsten Lächeln schmeichelten. Die beiden Mädchen blickten sich mehrmals nach hinten um. Ich ging sehr dicht hinter ihnen und konnte die Reste ihres Lächelns auffangen, wie es jedesmal langsam von ihren Gesichtern verschwand. Die mittlere drehte sich nicht um, und ich wußte, obwohl ich sie nur von hinten sah, wie sie so stolz einherging, daß sie anders war als alle übrigen Mädchen der Welt, daß sie eine Königin war.

Dasselbe Gefühl einer nie verlöschenden Liebe, das ich für Galuschka empfunden hatte, wurde wiedergeboren; sie hieß Dullita, denn so nannten ihre beiden glühenden Verehrerinnen sie unentwegt und in allen Tönen der Zärtlichkeit und Leidenschaft. Ich kehrte nach Hause zurück, ohne ihr Gesicht gesehen zu haben und ohne daran gedacht zu haben, es zu betrachten. Sie war es wirklich – Dullita, Dullita! Galuschka »Rediviva«!

Ich ging direkt auf das Dach, meine Ohren schmerzten, fest in die Seemannsmütze eingekerkert, als könnten sie jeden Moment in Brand geraten; ich ließ sie frei, und die kühle Abendluft kam und liebkoste sie wunderbar; ich fühlte aufs neue die ganze unbezwingbare Macht der Liebe Besitz von mir ergreifen, diesmal begann es bei meinen Ohren.

Seit dieser Begegnung hatte ich nur noch einen Wunsch und zwar, daß Dullita käme und mich in meiner Wäscherei träfe, daß Dullita zu mir aufs Dach kommen sollte; und ich wußte, daß dies unausweichlich passieren mußte – aber wie? Und wann? Nichts konnte meine verrückte Ungeduld besänftigen; das Hinunterschlucken der Salzkartoffeln wurde zur Folter. Eines Nachmittags hatte ich so starkes Nasenbluten, daß der Arzt gerufen wurde und ich mehrere Stunden lang flach liegen mußte, an die Decke blickend, unter essiggetränkten Servietten, bei geschlossenen Fensterläden. Zu Anfang der Blutung legte mir das Hausmädchen einen großen, kalten Schlüssel in den Nacken, der sich nun in mein Fleisch eingrub und mir beträchtliche Schmerzen verursachte; aber ich war so erschöpft, daß ich nicht einmal versuchte, den Kopf anzuheben.

Ich sah verkleinerte Bilder hin und her wandern – Karren und Menschen, die sich auf der Straße bewegten –, die auf den Kopf gestellt an die Decke projiziert wurden*, und ich wußte, daß diese Bilder wirklichen Menschen im hellen Sonnenlicht auf der Straße entsprachen. Aber in meinem geschwächten Zustand kamen mir diese verzerrten Figuren, die nur für einen Augenblick scharf zu erkennen waren, alle wie wirkliche Engel vor. Dann dachte ich: Wenn Dullita mit ihren beiden Freundinnen zufällig vorbeiginge, würde ich sie auf meiner Zimmerdecke erkennen. Das war jedoch sehr unwahrscheinlich, denn immer oder fast immer kam sie von der Schule auf einer Straße zurück, die parallel zu unserer verlief; aber selbst der kleinste Hoffnungsschimmer, daß sie vielleicht vorbeigehen könnte, entfachte in mir die widersprüchlichsten Vorstellungen, worin Verdruß, Erwartung, Hoffnung, Stolz und Illusion sich trübe in einer Agonie des Unbehagens mischten. Zwei Gedanken, die stärker als die übrigen waren, kamen dennoch im Chaos meiner Beklemmung ans Licht:
1. Falls sie über die Decke laufen sollte, wäre ich unter ihr.
2. Falls ihr Kopf unten wäre, würde sie in den leeren Raum fallen.

Ich sah sie immer von hinten, mit ihrer dünnen Taille, in die schwarze Leere stürzen, wo sie entzweibrach wie ein weißer Porzellan-Eierbecher. Sie verdiente es, weil sie nicht hatte auf mein Dach kommen wollen, doch im letzten Augenblick wollte ich sie retten. Von schrecklichen Gewissensbissen geplagt, drehte ich mich auf meinem Bett hin und her und spürte den brennenden Schmerz des Folterschlüssels, der sich mit dem ganzen Körpergewicht in die Halswirbel eindrückte, und dann fühlte ich wieder meine Liebe für Dullita, für Galuschka Rediviva, dort, wo ich den Schmerz spürte!

Am nächsten Tag bestimmten meine Eltern, daß ich zur Erholung aufs Land fahren sollte; ich sollte die Familie Pitchot** besuchen, die zwei Stun-

---

* Früher hatte ich dieses Phänomen bereits an kleinen Löchern in den Schlagläden, die mein Zimmer wie eine Kamera funktionieren ließen, beobachtet und selbst erzeugt.

** Diese Familie hat in meinem Leben eine wichtige Rolle gespielt und es stark beeinflußt; vor mir waren schon meine Eltern von der Ausstrahlung der Pitchot-Familie beeinflußt worden. Sie alle waren hochtalentierte Künstler von untrüglichem Geschmack. Ramon Pitchot war Maler, Ricardo Cellist, Luis Geiger, Maria Altistin, die in Opern sang. Pepito war vielleicht der künstlerischste, ohne sich jedoch einer speziellen Sparte zu widmen. Er aber schuf das Haus in Cadaqués, besaß ein Gespür ohnegleichen für Gartengestaltung und für das Leben allgemein. Auch Mercedes war eine hundertprozentige Pitchot und verfügte über einen mystisch-fanatischen Sinn für Innenarchitektur. Sie heiratete den großen spanischen Dichter Eduardo Marquina, der dem pittoresken Realismus dieser katalanischen Familie die herbe und feine Note Kastiliens hinzufügte, welche erforderlich war, damit die Pitchot-Kultur ihren höchsten Reifegrad erreichte.

Moulí de la Torre

den von Figueras entfernt in der Ebene einen Grundbesitz hatte. Das Anwesen hieß »El Mulí de la Torre« (Die Turmmühle). Ich war noch nie dort gewesen, aber der Name kam mir wunderbar vor. Daher stimmte ich zu, dorthin zu fahren, mit stoischer Resignation, worin das Bild des Turmes, eines meiner Lieblingsmythen, eine verführerische Rolle spielte.

Außerdem würde mir die Abreise zum Mulí de la Torre als Mittel dienen, mich an Dullita zu rächen, denn sie kam nicht, wie ich gehofft hatte und auch weiterhin jeden Abend hoffte, auf mein Dach; gleichzeitig würde mir die Reise die Linderung meines Grolls ermöglichen und mich dabei in der Hoffnung bestärken, mit meinem ganzen alten Fanatismus jene geliebte Einsamkeit wiederzuerlangen, die soeben durch die Begegnung mit Dullita auf so irritierende Weise erschüttert und kompromittiert worden war.

Zusammen mit Señor und Señora Pitchot und Julia, ihrer sechzehnjährigen Adoptivtochter, die langes, schwarzes Haar hatte, fuhr ich in einem Wagen los. Señor Pitchot lenkte selbst. Er war einer der bestaussehenden Männer, denen ich je begegnet bin, mit einem ebenholzfarbenen Bart und Schnurrbart und langem, lockigem Haar. Um das Pferd zu ermuntern, wenn es gerade der Trägheit nachgeben wollte, brauchte er bloß ein eigenartiges Geräusch mit der Zunge zu erzeugen, wozu er die Zähne aufeinanderlegte, gleichzeitig seine Lippen öffnete und sie mit einer grimassierenden Kontraktion der Backen so weit wie möglich aufblies.

Die Sonne glitzerte auf seinen vollkommenen weißen Zähnen wie auf versteinerten, speichelfeuchten Gardenien. Das Pferd reagierte auf das Geräusch aus Señor Pitchots Mund, verfiel wieder in einen leichten Galopp und gab dem monotonen Gebimmel der Glöckchen einen neuen Klang.

Wir kamen kurz nach Sonnenuntergang an. Der Mulí de la Torre* beeindruckte mich als magischer Ort, er war »wie geschaffen« für die Fortführung meiner Wachphantasien und -träume**. Ich fühlte mich schlagartig und wunderbarerweise wiedergenesen, und nichts blieb von der angstvollen, melancholischen Mattigkeit der Tage davor. Im Gegenteil, eine fiebernde Freude ergriff unvorhergesehen und wiederholt Besitz von mir. Die dampfende Kartoffel, mit Olivenöl beträufelt und einer Prise Salz bestreut, ließ meinen Mund wäßrig werden, und ein Gefühl ununterbrochener Zufriedenheit sorgte für mein erregendes Wohlbefinden, das all die kleinen Ereignisse, die die allmähliche Anpaßung an den Ort und die Entdeckung desselben mit sich brachten, nur noch mit dem marinierten roten Nelkenpfeffer pointierten, den solche kleinen Überraschungen immer enthalten, wenn der Ort, an dem Sie angekommen sind, Ihnen die Gewißheit gibt, »für Sie« gemacht zu sein und daß umgekehrt, was Sie betrifft, Ihre

---

* Dieses Anwesen war eines der reichsten auf dem Land; es beherbergte eine große Anzahl von Bildern, die Señor R. Pitchot gemalt hat.

** Hier im Mulí de la Torre haben die meisten Träumereien meines späteren Lebens stattgefunden, insbesondere die erotischen, die ich 1932 niederschrieb; eine von ihnen, mit Gala und Dullita als Hauptfiguren, wurde in *Le Surréalisme au Service de la Révolution* veröffentlicht. Aber der sehr spezielle Charakter des Textes verbietet seine Aufnahme in das vorliegende Werk.

Kreisende Formen

Loyalität ihm gegenüber vom ersten entscheidenden Schwellenkontakt an für alle Zukunft keine Grenzen mehr kennen kann.

Als am nächsten Tag die Sonne aufging, betäubte einen die Landschaft mit ihrem Grün und dem Gesang von Insekten. In meinen Schläfen schlug der Mai die »liebkosenden und fluoreszierenden Trommeln« einer hochzeitlichen Herzkammer. Während sie wuchs, verschmolz meine Liebe zu Dullita mit dem rasenden Pantheismus der Landschaft und wurde mit demselben klebrigen und verdauungsfördernden Saft geschwängert, der auch den trägen, gekrümmten Pflanzenstengel zum Sommerhimmel emportreibt und einen durchsichtigen Tropfen auf seiner äußersten Spitze formt, die straff ist im glorreichen Wachstumsschmerz.

Meine Liebe zu Dullita (deren Gesicht ich noch nicht gesehen hatte) verbreitete sich auf alles und wurde ein so allgemeines Gefühl, daß die Vorstellung auch nur der leisesten Möglichkeit, sie könnte wirklich anwesend sein, mich erschreckt und enttäuscht hätte; ich wollte sie anbeten und gleichzeitig einsamer, auf grausame Weise einsamer sein als je zuvor!

Der technische Aspekt der Mühle interessierte mich weniger, aber ihr monotones Geräusch wurde schnell von meiner Phantasie assimiliert, sofort betrachtete ich es als die dauernd gegenwärtige Erinnerung an etwas Nichtgegenwärtiges, die dazu diente, mit ihrem majestätischen Signal den erhabenen Aspekt meiner Einsamkeit zu beschützen. Der Turm andererseits wurde, wie der Leser, der schon mit meinem Geschmack vertraut ist, leicht begreifen wird, der heilige Ort, das Tabernakel, die »Opferstätte« – und tatsächlich beging ich dort oben im Turm das Opfer.

Dies wird in allen Einzelheiten und so gut es mir meine Erregung erlauben wird, genau am Ende dieses Kapitels beschrieben werden. Ich mußte zwei Tage warten, bis ich in der Lage war, »da oben« hinaufzusteigen. Irgend jemand sollte irgendwann den Schlüssel vorbeibringen. Am dritten Tag öffneten sie endlich die Tür, die zur Dachterrasse des Turmes führte, und von da an konnte das stehende, faulig werdende Gewässer meiner Ungeduld stürmisch vorwärtsfließen, so wie Kaskaden von Schwindligkeit auf stagnierende Gefühle folgen, die lang vom Damm der Zensur zurückgehalten wurden, der den melancholischen Lauf des majestätischen Kanals des Lebens lenkt. Die Höhe der Turmzinne, auf der ich mich befand, übertraf alles, was ich mir vorgestellt hatte; ich lehnte mich über den Rand und spuckte; ich sah meinen Speichel kleiner werden und in einem Knäuel dunkler Vegetation verschwinden, aus dem die Reste eines alten Hühnerstalls hervortraten. Weiter weg sah man den langsamen Lauf eines Flüßchens in den Mühlendamm strömen; dahinter begannen die Grenzen jener irdischen Paradiese der Küchengärten, die als Vordergrund fungierten und wie Girlanden einer ganzen Landschaftstheorie aussahen, die von den gestaffelten Hochebenen gekrönt wurde, deren leonardeske Geologie in der Strenge des Aufbaus mit den harten analytischen Silhouetten der bewundernswert gezeichneten Wolken des katalanischen Himmels wetteiferte.

Wäre Dullita da gewesen, hätte ich sie dazu gebracht, sich sehr weit über die Brüstung vorzubeugen, gleichzeitig hätte ich sie festgehalten, damit sie nicht fiele. Das hätte ihr einen furchtbaren Schrecken eingejagt.

Am folgenden Tag legte ich in methodischer Einteilung die Ereignisse der bevorstehenden Zeit fest, denn bei meiner Gier nach allem und jedem, die sich aus meiner neuen, überschäumenden Vitalität ergab, fühlte ich, daß ich ein Mindestmaß an Ordnung benötigte, um meine Begeisterung nicht in gegensätzlichen und gleichzeitigen Wünschen aufzureiben. Denn nun wollte ich auf verrückte Art alles zugleich ausnutzen, überall zur selben Zeit sein. Ich merkte sehr bald, daß die Unordnung, in der ich mich daranmachte, alles zu erleben, in alles zu beißen, alles zu berühren, mich am Ende unfähig machen würde, überhaupt etwas zu schmecken oder zu genießen und daß, je mehr ich in dem Versuch, von der gefräßigen Ökonomie einer einzigen Geste zu profitieren, nach der Lust griff, sie mir desto sicherer entschlüpfen und meinen allzu gierigen Händen entgleiten würde.

Das systematische Prinzip, das den Ruhm Salvador Dalis ausmacht, begann sich also zu dieser Zeit in einem wohlbedachten Programm, das all meine Impulse abwog, zu manifestieren, einem jesuitischen und peinlich genauen Programm, in welchem ich nicht nur die Ereignisse, sondern auch die Gefühle, die ich aus ihnen gewinnen würde, für die gesamte Dauer meines Aufenthalts, der so bedeutsam zu werden versprach, vorausplante. Aber mein systematisches Prinzip bestand ebenso aus dem perversen Vorbedacht dieses Programms wie aus der Strenge und Disziplin, die ich, war der Plan einmal beschlossen, bei seiner strikten und kompromißlos genauen Ausführung walten ließ.

Schon im damaligen Alter lernte ich eine Grundwahrheit, nämlich, daß eine Inquisition nötig ist, um der bacchantischen Vielfalt und Promiskuität meiner Begierden eine »Form« zu geben. Ich erfand diese Inquisition selbst, für den alleinigen Gebrauch der Disziplin meines Geistes. Nachfolgend in groben Zügen das Programm meiner selbstinquisitorischen Tage im Mulí de la Torre.

Das Aufstehen mußte stets ein exhibitionistisches Ritual beinhalten, das von meiner Nacktheit inspiriert wurde. Um es auszuführen, mußte ich immer schon wach sein, bevor Julia morgens in mein Zimmer kam, um das Fenster zu öffnen. Dies Aufwachen, das ich durch bloße Willenskraft bewirkte, war eine Tortur, da meine Tage mit anstrengenden Ereignissen ausgefüllt waren. Jeden Morgen war ich in tiefem Schlaf. Dennoch gelang es mir, mit großer Pünktlichkeit aufzuwachen, das heißt, fünfzehn Minuten vor Julias Eintreten. Die Zwischenzeit benutzte ich dazu, die erotische Erregung zu genießen, die meine Nummer mir verschaffen würde, vor allem dazu, die täglich variierte Pose zu erfinden, die jeden Morgen dem erneuten Verlangen entsprechen mußte, »mich nackt zu zeigen«, und zwar in der Haltung, die mir selbst am beunruhigendsten scheinen und zugleich auf Julia die größte Wirkung haben würde. Ich probte meine Gestik bis zum letzten Augenblick, da ich Julias Schritte näherkommen hörte. Dann mußte ich mich endgültig entscheiden, und dieser letzte Moment der Verwirrung war einer der wollüstigsten meines beginnenden Exhibitionismus. Wenn ich hörte, wie die Tür aufging, verharrte ich in gespannter Unbeweglichkeit und täuschte friedlichen Schlummer vor. Doch jeder, der mich aufmerksam betrachtet hätte, hätte sofort meine Unruhe bemerkt; denn mein Körper war von so heftigem Zittern erfaßt, daß ich meine Zähne fest zusammenbeißen mußte, damit sie nicht klapperten. Julia öffnete dann die beiden Fensterläden, kam an mein Bett und bedeckte meine Blöße mit den Laken, die ich auf den Boden geworfen oder zu meinen Füßen aufgehäuft hatte, wie durch Bewegungen im Schlaf. Danach küßte sie mich auf die Stirn, um mich zu wecken. In jenem Alter hielt ich mich für eine perfekte Schönheit, und das Vergnügen, das ich empfand, wenn man mich betrachtete, war so intensiv, daß ich mich nicht damit abfinden mochte mich anzuziehen, bevor dies Vergnügen nicht noch einmal wiederholt worden war. Dazu mußte ich einen weiteren Vorwand erfinden; fieberhaft ging ich die Liste der diesbezüglichen Projekte durch, die ich am Vorabend vor dem Schlafengehen sorgfältig ausgearbeitet hatte und die die unzähligen Arten meines morgendlichen Exhibitionismus bildeten. »Julia, diese Knöpfe sind abgegangen! Julia, tue etwas Jod hier auf meinen Oberschenkel! Julia! ...«

Danach gab es Frühstück, es wurde auf dem großen Eßzimmertisch nur für mich serviert. Zwei große Scheiben Toast mit Honig, ein Glas sehr heißen Milchkaffees. Die Wände des Eßzimmers waren zur Gänze mit Ölgemälden und farbigen Stichen bedeckt, meist Originalen von Ramon Pitchot, dem damals in Paris lebenden Bruder von Pepito Pitchot.

Diese Frühstücke bedeuteten für mich die Entdeckung des französischen Impressionismus, der Schule, die tatsächlich in meinem Leben den größten Eindruck auf mich gemacht hat, weil ich in ihr zum ersten Mal mit einer antiakademischen und revolutionären ästhetischen Theorie Bekanntschaft machte. Meine Augen reichten nicht aus, all das zu sehen, was ich in jenen dicken, formlosen Farbklecksen, die wie zufällig, höchst launenhaft und unbekümmert auf die Leinwand gespritzt schienen, sehen wollte. Blickte man jedoch aus einer gewissen Entfernung und mit zugekniffenen Augen auf sie, ereignete sich plötzlich jenes unglaubliche Wunder der Vision, wodurch dieses farbige Potpourri sich organisierte, in reine Realität verwandelte. Luft, Entfernungen, momentane Beleuchtung, die ganze Welt der Erscheinungen erstand aus dem Chaos! R. Pitchots früheste Gemälde erinnerten an die stilistischen und ikonographischen Formeln, die für Toulouse-Lautrec typisch sind. Aus diesen Bildern preßte ich das gesamte literarische Destillat der Jahrhundertwende heraus, dessen Erotik mir tief im Schlund wie ein Tropfen Armagnac brannte, an dem man sich verschluckt hat. Besonders erinnere ich mich an eine sich ankleidende Tänzerin des Bal Tabarin. Ihr Gesicht war pervers-naiv, und sie hatte rote Achselhaare.

Aber die Bilder, die mich am meisten erstaunten, waren die neuesten, wo zerfließender Impressionismus auf bestimmten Leinwänden am Ende einfach fast einförmig das pointillistische Schema übernahm. Das systematische Nebeneinander von Orange und Violett erzeugte in mir eine Art Illusion und Entzücken, wie ich sie immer empfunden hatte, wenn ich Gegenstände durch ein Prisma sah, das sie mit Regenbogenfarben umrandete. Im Eßzimmer gab es einen Karaffenverschluß aus Kristall, durch den alles »impressionistisch« wurde. Diesen Stöpsel trug ich oft in der Tasche, um die Gegend durch das Kristall zu betrachten und sie »impressionistisch« zu sehen.

Plötzlich merkte ich dann, daß ich die Frühstückszeit überschritten hatte, und meine Kontemplation endete immer mit einem heftigen »Reueschock«, der dazu führte, daß ich mich an meinem letzten Mundvoll Milchkaffee verschluckte, der mir den Hals hinunterlief und unter dem Hemd die Brust naßmachte. Es bereitete mir einen einzigartigen Genuß zu spüren, wie heißer Kaffee auf meiner Haut trocknete, langsam abkühlte und eine leicht klebrige, angenehme Feuchtigkeit zurückließ. Mir begann diese Feuchtigkeit so gut zu gefallen, daß ich sie schließlich absichtlich hervorrief. Mit einem schnellen Blick vergewisserte ich mich, daß Julia nicht hersah, und dann, kurz bevor sie hinausging, goß ich direkt aus der Tasse eine ausreichende Menge Milchkaffee auf mich, die mich bis zum Bauch hinunter naßmachte. Eines Tages wurde ich auf frischer Tat ertappt. Noch nach Jahren erzählten Señor und Señora Pitchot die Geschichte – eine der tausend bizarren Anekdoten, die sich auf meinen besorgniserregenden Charakter bezogen und die sie mit großem Vergnügen sammelten. Sie begannen immer mit der Frage: »Wissen Sie, was Salvador jetzt schon wieder getan hat?« Jeder spitzte dann die Ohren, darauf gefaßt, etwas über eine jener merkwürdigen Phantasien zu erfahren, die völlig unverständlich waren, aber immer dazu führten, daß jeder lachte, bis ihm die Tränen kamen. Die einzige Ausnahme blieb mein Vater, dessen gequältes Lächeln nur angstvolle Befürchtungen hinsichtlich meiner Zukunft verriet.

Nach dem Honig und dem ins Hemd geschütteten Milchkaffee rannte ich hinüber in einen großen weiß gekalkten Raum, wo auf dem Boden Getreideähren und in Reihen von Säcken abgefüllte Getreidekörner trockneten. Dieser Raum war mein Atelier, was Señor Pitchot selbst entschieden hatte, da dort, wie er sagte, »den ganzen Vormittag Sonne ist«. Ich hatte einen großen Kasten mit Ölfarben auf einem Tisch aufgebaut. Jeden Tag sammelte sich da ein Stapel Zeichnungen an. In kurzer Zeit waren auch die Wände voll von meinen Gemälden, die ich gleich nach Fertigstellung mit Reißnägeln befestigte.

Als ich eines Tages meine Leinwandrolle aufgebraucht hatte, beschloß ich, eine große alte Tür zu benutzen, die ausgehängt war. Ich legte sie waagerecht auf zwei Stühle vor die Wand. Sie war aus sehr schönem altem Holz, und ich wollte nur die Füllung bemalen, so daß die Rahmung als Rahmen für mein Bild diente. Ich begann ein Bild darauf zu malen, das mich schon seit mehreren Tagen verfolgt hatte – ein Stilleben einer riesigen Menge Kirschen. Ich schüttete einen ganzen Korb auf meinem Tisch als Vorlage aus. Die Sonne, die durch das Fenster flutete, traf auf die Kirschen und erhitzte meine Inspiration mit dem ganzen Feuer ihrer quälenden Einförmigkeit. Ich machte mich an die Arbeit und ging folgendermaßen vor: Ich beschloß, das ganze Bild mit nur drei Farben zu malen, die ich direkt aus der Tube heraus auftragen würde. Dazu nahm ich eine Tube Zinnoberrot für die beleuchtete Seite der Kirschen und eine Tube Karminrot für ihre Schatten zwischen die Finger meiner linken Hand. In meiner Rechten hielt ich eine Tube mit Weiß für die hellste Stelle auf jeder Kirsche.

So bewaffnet, begann ich meinen Angriff auf das Bild, den Sturm auf die Kirschen. Jede Kirsche – drei Striche! Tack, tack, tack – hell, dunkel, Glanzlicht, hell, dunkel, Glanzlicht … Fast im Nu paßte ich meinen Arbeitsrhythmus dem Geräusch der Mühle an – tack, tack, tack … tack, tack, tack … tack, tack, tack … Mein Bild entwickelte sich zu einem faszinierenden Geschicklichkeitsspiel, dessen Ziel darin bestand, bei jedem »Tacktacktack«, das heißt, mit jeder neuen Kirsche noch mehr Erfolg zu haben. Mein Fortschritt war sensationell, mit jedem »Tack« fühlte ich mich immer stärker als Meister und Magier in der fast identischen Nachahmung dieser verführerischen Kirschen. Da ich mich schnell an meine wachsende Geschicklichkeit gewöhnte, versuchte ich das Spiel zu komplizieren, indem ich in Gedanken die Zirkusfloskel wiederholte: »Und jetzt etwas noch Schwierigeres.«

So fing ich an, einzelne Kirschen zu malen, statt sie wie bisher aufzutür-   108

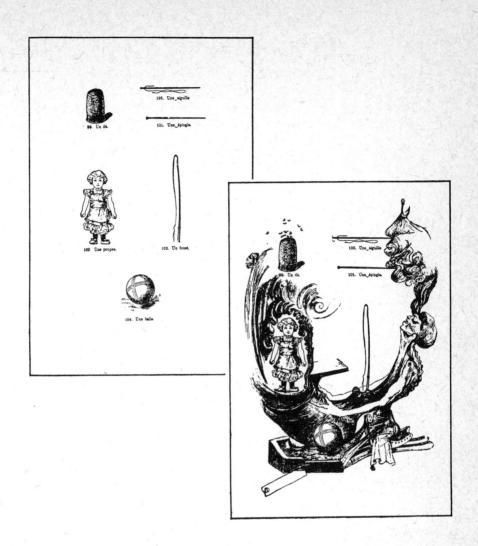

men, ich trennte sie so weit wie möglich voneinander, setzte eine in diese Ecke, eine andere in die entfernteste, entgegengesetzte Ecke. Da die strengen Regeln meines neuen Experiments es jedoch erforderten, daß ich weiter demselben Rhythmus des Mühlengeräusches folgte, war ich gezwungen, mit solcher Geschwindigkeit und so flinken Bewegungen von einem Fleck zum nächsten zu eilen, daß man hätte denken können, statt zu malen würde ich von einem höchst beunruhigenden Zaubertanz fortgerissen, wenn ich so hurtig nach den Kirschen oben sprang und auf die Knie zurücksank zu den unteren: »tack« hier, »tack« da, »tack« hier ... tack, tack, tack, tack, tack, tack. Und ich fuhr fort, die alte Tür, die mir als Leinwand diente, mit den neuen, frischen Feuern meiner gemalten Kirschen aufzuhellen, die

bei jedem monotonen »tack« der Mühle freudig zur Welt kamen – wie durch eine Zauberkunst, deren Meister, Herr und Erfinder »in wahrer Wirklichkeit« allein ich war.

Dieses Bild verblüffte wirklich jeden, der es sah. Señor Pitchot bedauerte außerordentlich, daß es auf einem derartig sperrigen, schweren und schlecht transportablen Gegenstand wie einer Tür gemalt war, die obendrein an einigen Stellen von Wurmlöchern durchsiebt war.

Alle Landarbeiter kamen und starrten mit offenen Mündern bewundernd auf mein monumentales Stilleben, auf dem die Kirschen so plastisch hervortraten, daß man meinte, sie pflücken zu können. Aber man machte mich darauf aufmerksam, daß ich vergessen hatte, die Kirschstengel zu malen. Das stimmte – ich hatte keinen einzigen gemalt. Plötzlich kam mir eine Idee. Ich nahm eine Handvoll Kirschen und begann sie zu essen. Sobald ich eine verschlungen hatte, klebte ich den Stengel an der richtigen Stelle direkt auf mein Bild. Dies Aufkleben von Kirschstengeln erzielte die unerwartete Wirkung eines aufregenden *finish*, das wieder einmal der Zufall durch einen irrwitzig-realistischen Effekt steigern sollte. Ich habe schon gesagt, daß die Tür, auf die ich mein Bild malte, wurmstichig war. Die in das Holz gefressenen Löcher sahen nun so aus, als gehörten sie zu den gemalten Bildern der Kirschen. Die Kirschen, die echten, die ich als Vorlage verwendet hatte, waren auch mit Wurmlöchern durchsetzt! Das brachte mich auf eine Idee, die mir noch heute unglaublich raffiniert vorkommt: Mit grenzenloser Geduld gewappnet, machte ich mich mit Hilfe einer Haarnadel, die ich als Pinzette benutzte, daran, die Würmer sorgfältig aus der Tür herauszuoperieren – das heißt, die Würmer der gemalten Kirschen – und sie in die Löcher der richtigen Kirschen zu setzen und umgekehrt.

Ich hatte bereits vier oder fünf dieser bizarren, verrückten Umwandlungen vorgenommen, als ich durch die Anwesenheit Señor Pitchots überrascht wurde, der schon eine Weile hinter mir gestanden und schweigend beobachtet haben mußte, was ich tat. Die Wirkung der Kirschstengel muß ihm ziemlich erstaunlich vorgekommen sein, doch merkte ich sofort, daß es meine Manipulationen mit den Würmern waren, die ihn so reglos und gebannt machten. Diesmal lachte er nicht wie sonst über meine Geschichten; nach einer, wie es schien, angespannten Überlegung, murmelte er, erinnere ich mich, schließlich zwischen den Zähnen vor sich hin: »Das zeigt Genie« und ging fort.

Ich setzte mich auf einen Haufen Ähren auf den Boden, sehr erhitzt von der Sonne und über Señor Pitchots Worte grübelnd, die sich tief in mein Herz eingegraben hatten. Ich war überzeugt, daß ich wirklich »Außergewöhnliches« zustande bringen könnte, wesentlich Außergewöhnlicheres als d a s . Ich war entschlossen und sicher, es zu erreichen, egal um welchen Preis! Eines Tages würde jeder über meine Kunst erstaunt sein! Auch du, Dullita, Galuschka Rediviva, du noch mehr als alle anderen!

Der Kontakt mit den heißen Ähren war sehr angenehm gewesen; ich wechselte meinen Platz, um einen noch heißeren Haufen zu finden. Ich träumte von Ruhm, und gerne hätte ich meine Königskrone aufgesetzt. Ich hätte sie aber aus meinem Zimmer holen müssen, und hier auf dem Getreide war es so gemütlich! Ich nahm meinen Kristallstöpsel aus der Tasche und sah durch die prismatischen Facetten auf mein Bild, dann auf die Kirschen, dann auf die am Boden verstreuten Ähren. Besonders die Ähren machten in dieser Perspektive einen äußerst schlaffen Eindruck, der in allen Spektralfarben hervortrat. Eine unendliche Trägheit überkam mich, und mit langsamen Bewegungen zog ich meine Hose aus. Ich wollte das heiße Getreide direkt am Körper haben. Langsam schüttete ich einen Sack Körner über mir aus. Die Körner rieselten über meinen Körper und bildeten eine Pyramide, die Bauch und Schenkel bald völlig bedeckte.

Ich hatte den Eindruck, daß Señor Pitchot gerade zu seiner morgendlichen Inspektionstour aufgebrochen war und wie gewöhnlich nicht vor Mittag zurück sein werde. Daher hatte ich reichlich Zeit, all das verschüttete Getreide in den Sack zurückzufüllen. Dieser Gedanke ermutigte mich. Ich leerte noch einen weiteren Sack, um das allmählich wachsende Gewicht der Kornpyramide auf mir zu spüren. Doch hatte ich mich verkalkuliert, was die Dauer von Señor Pitchots Inspektionsgang betraf, denn plötzlich erschien er wieder auf der Türschwelle. Diesmal glaubte ich vor Scham zu sterben, da ich mich in solcher wollüstigen Lage ertappt sah. Sein Gesicht zeigte Bestürzung, ohne ein Wort zu sagen zog er sich zurück und verschwand, diesmal endgültig. Ich sah ihn vor der Mittagszeit nicht wieder.

Inzwischen mußte mindestens eine Stunde vergangen sein, denn längst hatte die Sonne die Stelle verlassen, von der ich mich seit dem Augenblick, da Señor Pitchot so unerwartet zurückgekommen war, nicht gerührt hatte. Ich war steif, alles tat mir weh, da ich so lange Zeit halb liegend in derselben Stellung verbracht hatte. Ich fing an, das verschüttete Getreide einzusammeln und in den Sack zurückzutun. Dieser Vorgang dauerte lange, da ich nur meine Hände gebrauchte. Wegen der ungewöhnlichen Größe der Säcke schien ich nicht voranzukommen; mehrmals war ich in Versuchung, meine Arbeit unvollendet liegenzulassen, aber sofort überkam mich ein starkes Schuldgefühl mitten im Solarplexus, und dann setzte ich mit neuer Energie das Zurückfüllen der Körner in den Sack fort. Zum Schluß wurde die Arbeit immer mühsamer wegen der ständigen Versuchung, alles so liegen zu lassen, wie es war. Ich sagte mir: »Nun reicht es aber«, doch eine unüberwindliche Kraft drängte mich weiterzumachen. Die letzten zehn Handvoll waren eine wirkliche Qual, und das letzte Korn schien fast zu schwer, es hochzuheben. Als die Aufgabe vollständig absolviert war, fühlte ich mich plötzlich beruhigt, aber die Müdigkeit, die meinen Körper erfaßt hatte, war noch größer. Als ich zum Mittagessen gerufen wurde, glaubte ich, nie die Treppe hinaufsteigen zu können.

Als ich in das Eßzimmer trat, begrüßte mich unheilvolles Schweigen. Sofort ging mir auf, daß ich gerade das Thema einer langen Unterhaltung gewesen war. Señor Pitchot sagte zu mir in ernstem Ton:

»Ich habe beschlossen, mit deinem Vater zu reden, damit er dir einen Zeichenlehrer besorgt.«

Als würde mich diese Idee empören, antwortete ich aufgebracht:

»Nein! Ich will keinen Zeichenlehrer, denn ich bin ein ›impressionistischer‹ Maler!«

Ich kannte die Bedeutung des Wortes »impressionistisch« nicht genau, aber meine Antwort schien mir von unanfechtbarer Logik. Señora Pitchot, völlig verblüfft, brach in schallendes Gelächter aus.

»Nun seht euch das Kind an, wie es so überlegen verkündet, es sei ein ›impressionistischer‹ Maler!«

Und dabei gab sie ungeheure, fette Lachsalven von sich. Ich wurde wieder schüchtern und saugte weiter am Mark eines zweiten Hühnerschenkels, wobei ich bemerkte, daß es genau die Farbe von Venezianisch-Rot hatte. Señor Pitchot begann eine Unterhaltung über die Notwendigkeit, am Wochenende die Lindenblüten zu sammeln. Dieses Lindenblütensammeln sollte eine beträchtliche Bedeutung für mich bekommen.

Doch bevor ich auf die fesselnde, grausame und romantische Geschichte komme, die nun folgt, lassen Sie mich zunächst wie versprochen fortfahren, die rigorose Zeiteinteilung meiner kostbaren Tage in jenem unvergeßlichen Mulí de la Torre zu beschreiben. Dies ist auch deswegen nötig, damit jene schwindelerregenden Liebesszenen, die ich vor Ihnen ausbreiten werde, in aller Deutlichkeit vor einem chronologisch geordneten, überschaubaren Hintergrund ablaufen. Hier ist also das neurotische Programm meiner intensiven Frühlingstage.

Ich bitte um Entschuldigung für Wiederholungen bei der zusammenfassenden Darstellung des ersten Programmteils; sie erfolgt, damit der Leser ihn leichter mit den weiteren Ereignisstationen verknüpfen und so den erforderlichen Gesamtüberblick gewinnen kann.

Zehn Uhr morgens – Aufwachen, »variierter Exhibitionismus«, ästhetisches Frühstück vor Ramon Pitchots impressionistischen Gemälden, heißen Milchkaffee über die Brust gießen, ins Atelier. Elf bis halb eins – Bilderfindungen, Wiedererfindung des Impressionismus, Bestätigung und Wiedergeburt meines ästhetischen Größenwahns.

Beim Mittagessen nahm ich all meine angehenden, schrecklichen »sozialen Möglichkeiten« zusammen, um aus den mit Euphemismen durchsetzten Unterhaltungen von Señor und Señora Pitchot und Julia schließen zu können, was alles in der Mühle vor sich ging. Diese Information war insofern wertvoll, als sie mir geplante zukünftige Ereignisse verriet, auf die ich die Freuden meiner Einsamkeit abstellen konnte, während ich gleichzeitig einen opportunistischen Kompromiß zwischen ihnen und den Wundern der Verführung herbeiführte, die die ganzen Aktivitäten im Zusammenhang mit den landwirtschaftlichen Entwicklungen des Ortes für mich darstellten. Diese Ereignisse brachten nicht nur stets die Blüte neuer Mythen mit sich, sondern auch den Auftritt ihrer Hauptfiguren (in deren natürli-

II. Vor dreißig Jahren – und dreißig Jahre danach

Als kleiner Schuljunge stahl ich dem Lehrer einen alten
Hausschuh und benutzte ihn bei meinen einsamen
Spielen als Hut.

932 baute ich ein surrealistisches Objekt aus einem alten
Schuh und einem Glas warmer Milch.

Jahre nach meinem Schuljungenstreich ließ ein durch die
Kuppeln der Basilius-Kathedrale gekröntes Photo von
Gala meine frühen Phantasien vom »Schuh-Hut«
wiederaufleben.

Schließlich kreierte Madame Schiaparelli den berühmten
»Schuh-Hut«. Gala trug ihn als erste; und Mrs. Reginald
Fellowes zeigte sich mit ihm während der Sommersaison
in Venedig.

IV. Das Rätsel der Leere

*»Entwöhnende Möbelnahrung«: meine Amme, aus deren
Rücken ein Nachttisch herausgeschnitten ist.*

*»Porträt meiner Schwester«. Als ich dieses Bild malte, meinte
ich einmal für kurze Zeit ein fürchterliches rechteckiges
Loch mitten in ihrem Rücken zu sehen.*

Photo von Dali im Park Güell in Barcelona.

*Eine Allee im Park Güell. Der Anblick der Freiräume zwische[n]
den künstlichen Bäumen hat mich auf unvergeßliche
Weise gepeinigt.*

Ursulita Matas, die mich zum Besuch des Park Güell mitnahm[.]

*»Der Schlaf«, 1937. Ein Gemälde, in dem ich der von leerem
Raum ausgelösten Angst den dichtesten Ausdruck ver-
leihe.*

Ùérisson

cher Umgebung), welche mir vordem unbekannt waren – das Lindenblütensammeln (in diesem Zusammenhang war nur von Frauen die Rede), das Weizendreschen, das rauhe Burschen von außerhalb ausführten, das Honigsammeln usw.

Der Nachmittag war fast auschließlich meinen Tieren gewidmet, die ich in einem großen Hühnerstall hielt, dessen Maschendraht so fein war, daß ich darin sogar Eidechsen einsperren konnte. Die Tiere in meiner Sammlung waren zwei Igel, ein sehr großer und ein sehr kleiner, mehrere Spielarten von Spinnen, zwei Wiedehopfe, eine Schildkröte, eine kleine Maus, die in den Weizenkasten der Mühle gefallen und nicht mehr herausgekommen war. Diese Maus hatte ich in einer Keksdose aus Blech eingeschlossen, auf der zufällig eine ganze Reihe kleiner Mäuse abgebildet war, von denen jede einen Keks fraß. Für die Spinnen hatte ich ein kompliziertes Gebilde aus Schuhkartons gebaut, damit jede Spinnenart ein eigenes Abteil hatte, was den Ablauf meiner langen meditativen Experimente erleichterte. Es gelang mir, etwa zwanzig Varietäten dieses Insekts zu sammeln, und meine Beobachtungen an ihnen waren sensationell.

Araignée!

Das Monstrum in meinem zoologischen Garten war eine Eidechse mit zwei Schwänzen, von denen der eine sehr lang und normal und der andere kürzer war. Für mich war dieses Phänomen mit dem Mythos der Gabelung verbunden, der mir noch rätselhafter schien, wenn er sich in einem weichen, lebenden Wesen manifestierte – denn schon lange vorher hatte mich die Gabel-Form stark beschäftigt. Jedesmal, wenn ich zufällig Zeuge eines schönen Beispiels einer Gabelung wurde, was meistens durch einen Baumstamm oder einen Ast geschah, stand mein Denken still, als sei es durch eine Abfolge schwer zu vereinbarender Vorstellungen paralysiert, die nie in irgendeiner Form, nicht einmal einer poetisch-vorläufigen, kristallisierten. Was bedeutete das Problem der gegabelten Linie und – insbesondere – des gegabelten Objektes? Es hatte etwas äußerst Praktisches, das ich noch nicht greifen konnte, etwas, von dem ich spürte, es werde für das Leben und gleichzeitig für den Tod nützlich sein, etwas, mit dem man stoßen und auf das man sich stützen kann: eine Waffe und ein Schutz, Umarmung und Liebkosung, enthaltend und zugleich enthalten im Enthaltenden! Wer weiß, wer weiß! Gedankenverloren streichelte ich die Eidechse mit dem Finger in der Mitte, wo sich die beiden Schwänze gabelten, in zwei unterschiedliche Richtungen auseinanderliefen, zwischen sich die Leere lassend, die allein die meiner Vorstellungskraft eigene Verrücktheit eines Tages vielleicht würde ausfüllen können. Ich betrachtete meine Hand mit den gespreizten Fingern, und ihre vier Gabelungen verschwanden in der imaginären unendlichen Verlängerung meiner Finger, die, dem Tode sich entgegenstreckend, niemals wieder aufeinandertreffen würden. Aber wer weiß? Und die Auferstehung des Fleisches?

. Huppe.

Plötzlich merkte ich, daß sich der Nachmittag in der ritualisierten Apotheose eines blutigen Glühens auflöste. Diese philosophischen Meditatio-

Pyxide.

nen zeichneten sich hauptsächlich dadurch aus, daß sie Zeit verschlangen und auf dem Grund ihrer leeren Flasche den rötlichen, dicken, nach Wein riechenden Bodensatz der untergehenden Sonne zurückließen.

Sonnenuntergang – Zeit, zum Küchengarten hinauszulaufen! Die rechte Zeit, die schuldvollen Säfte der irdischen Gärten zu pressen, durch die die Abendbrisen der Erbsünden streichen. Ich biß in alles – Zuckerrüben, Pfirsiche, Zwiebeln, zart wie ein Neumond. Ich fürchtete so sehr, satt zu werden oder meine Versuchungen könnten durch meine ausschweifend-üppige Gefräßigkeit zu schnell an Schärfe verlieren, daß ich die gewünschte Frucht nur einmal mit einem ungeduldigen Knirschen der Zähne anbiß und, nachdem ich ihr exakt den Geschmack des Verlangens entlockt hatte, das Objekt meiner Verführung wegwarf, um desto schneller die übrigen dieser Früchte des Augenblicks zu greifen, deren Geschmack für meinen Gaumen so ephemer wie das flüchtige Flackern der Leuchtkäfer war, das in den tiefsten Schatten der wachsenden Dunkelheit zwischen den Pflanzen schon aufzuscheinen begann. Manchmal nahm ich eine Frucht und begnügte mich damit, sie mit meinen Lippen zu berühren oder sanft an meine glühende Wange zu drücken. Gern fühlte ich auf meiner Haut die klare Ruhe der Temperatur jener anderen, straffen, in Kühle getauchten Haut, besonders der Pflaume, die so schwarz und feucht wie eine Hundenase ist, die die Textur eher einer Pflaume als einer Trüffel aufweist. Ich hatte mir eine mögliche Verlängerung dieser ganzen geschmacklichen und pflanzlichen Promiskuität des Küchengartens bis Dämmerungsmitte zugestanden, doch Ausnahmen vorgesehen. Das soll heißen, ich konnte noch etwas dort draußen verweilen, wenn das Sammeln von Glühwürmchen, womit ich die Genüsse des Küchengartens beschloß, ertragreich zu werden versprach. Ich wollte ein Halsband aus Leuchtkäfern machen*, die auf einen Seidenfaden aufgezogen und im Todeskampf mit ihren phosphoreszierenden Zuckungen auf Julias Hals eine einzigartige Wirkung erzielen würden. Sie wäre darüber jedoch entsetzt. Dann vielleicht Dullita? Ich konnte mir vorstellen, wie sie so geschmückt dastehen würde, von Stolz verzehrt.

Wenn die Dämmerung zunahm, rief mich der Mulí de la Torre bereits mit der ganzen unwiderstehlichen Anziehungskraft seiner schwindligen Höhe, und dann erhob ich meine Augen mit innigem Blick voll Verheißung und Treue zur Spitze des Turmes. Leise sagte ich zu ihm: »Ich komme!« Ein blaßes Rosa lag noch auf ihm, obwohl die Sonne längst untergegangen war. Und über jenen stolzen Mauern zogen stets drei große schwarze Vögel ihre majestätischen Kreise. Mein täglicher Dämmerungsbesuch auf der Terrasse der Turmspitze war ohne Zweifel der begierigst erwartete und der erhabendste Moment meines Aufenthaltes. Nichtsdestoweniger mischte sich, wenn der Zeitpunkt des Aufstiegs nahte, die wachsende Ungeduld in

---

* Das Anfertigen einer derartigen Halskette ist nicht, wie es scheint, eine Dalísche Erfindung, sondern war im Gegenteil ein beliebtes Spiel bei den Bauernkindern der Gegend des Mulí de la Torre.

mir mit einer Art unbestimmter, grenzenlos wollüstiger Furcht. Beim Erreichen der Turmspitze schwelgte mein Blick im ziellosen Schweifen über die Gipfel der Berge, deren gestaffelte Ebenen selbst zu dieser späten Stunde noch mit den goldenen und scharlachroten Linien des letzten Tagesschimmers eingefaßt waren, welcher vermöge der klaren Luft jene frühnächtliche Landschaft präzise und stereoskopisch machte.

Auf der Zinne dieses Turmes konnte ich die grandiosen Träumereien fortsetzen, die ich vorher auf dem Dach meines Elternhauses in Figueras begonnen hatte. Aber jetzt bekamen meine anstrengenden Einbildungen einen deutlicheren »sozialen und moralischen« Gehalt, trotz fortbestehender, fortgesetzt paradoxer Zweideutigkeit. Tatsächlich fielen meine moralischen Vorstellungen ständig von einem Extrem ins andere. Bald sah ich mich als blutigen Tyrannen und versklavte vom Thron herab sämtliche Völker der Gegenwart allein zur Befriedigung meiner luxuriösen, phantastischen und egozentrischen Launen; dann wieder erniedrigte ich mich zur demütigen, entwürdigenden Stellung eines Paria, der, vom unlöschbaren Durst nach kosmischer Erlösung und Gerechtigkeit getrieben, sich sinnlos im romantischsten aller Tode opfert. Vom grausamen Halbgott zum bescheidenen Arbeiter, durch die Stadien des Künstlers bis zum totalen Genie, immer kam ich beim Erlöser an … Salvador, Salvador, Salvador! Ich konnte unermüdlich meinen Namen wiederholen … Ich wußte, daß ein Opfer unabwendbar war, und mit widerwärtiger Feigheit blickte ich mich in der Dunkelheit um. Denn nur in einem war ich mir sicher: Ich würde nicht der Geopferte sein!

In dem großen, gedämpft beleuchteten Eßzimmer bedeutete das Abendessen nach der großartigen nächtlichen Turmspitzenrhetorik eine sanfte Rekonvaleszenz. Der Schlaf saß auf dem leeren Stuhl neben mir; manchmal griff er unter dem Tisch nach meinem Fuß, und dann ließ ich ihn den ganzen Körper emporsteigen, wie Kaffee in einem Zuckerwürfel. Eines Abends hörte ich, nach dem Essen schon fast eingeschlafen, wie Señor Pitchot erneut das Thema Lindenblütensammeln ansprach. Es war endgültig auf den übernächsten Tag angesetzt. Der Tag kam, und hier ist nun die Geschichte, auf die Sie so ungeduldig gewartet haben.

Eine Geschichte voll brennender Sonne und Sturm, eine Geschichte im Gewitter von Liebe und Furcht, eine Geschichte mit Lindenblüten und einer Krücke, in der das Gespenst des Todes mich sozusagen keinen einzigen Augenblick lang verläßt.

Kurz vor Sonnenaufgang, nachdem ich früher als sonst aufgestanden war, ging ich mit Julia und zwei Männern auf den Turmspeicher, um die Leitern zu holen, die man für das Lindenblütensammeln benötigte. Der Speicher war riesig und dunkel und mit den verschiedensten Gegenständen vollgestellt. Vorher war er abgeschlossen gewesen, so daß ich ihn jetzt zum ersten Mal betrat. Sofort entdeckte ich zwei Gegenstände, die in überraschender Individualität aus dem gleichgültigen und anonymen Haufen der übrigen Dinge hervorstachen. Der eine war ein schwerer Kranz* aus goldenem Lorbeer, der sich in der Höhe meines Kopfes befand und von dem zwei riesige verblichene Seidenbänder herabhingen, die mit Inschriften in einer Sprache und mit Buchstaben bestickt waren, die ich nicht kannte. Der zweite Gegenstand, der mir furchtbar persönlich vorkam und alles andere in den Schatten stellte, war eine Krücke! Zum ersten Mal in meinem Leben – glaubte ich zumindest – sah ich eine Krücke. Ihr Anblick war gleichzeitig äußerst widrig und wunderbar beeindruckend.

Sofort nahm ich die Krücke in Besitz, und ich spürte, daß ich mich nie in meinem Leben wieder von ihr würde trennen können, so groß war der fetischistische Fanatismus, der mich augenblicklich überkam, ohne daß ich ihn erklären konnte. Die herrliche Krücke! Schon erschien sie mir als das Objekt höchster Autorität und Würde. Sie ersetzte sofort den alten Matratzenschläger mit den Lederfransen, den ich vor langer Zeit als Zepter eingeführt und den ich eines Tages verloren hatte, als er mir hinter eine Mauer fiel, wo er unerreichbar blieb. Der obere gegabelte Teil der Krücke, der für die Achsel vorgesehen war, war mit einer Art Filz überzogen, welcher äußerst dünn, abgenutzt und braun gefleckt war und in dessen sanfte Biegung ich abwechselnd meine zärtliche Wange und die sinnende Stirn legte. Dann stieg ich siegesbewußt in den Garten hinab, mit der Krücke in der Hand und gewichtig hinkend. Dieser Gegenstand vermittelte mir eine Selbstsicherheit, ja Arroganz, deren ich bis dahin nie fähig gewesen war.

Man hatte gerade die Doppelleitern unter den hohen Linden mitten im Garten aufgestellt. Zu ihren Füßen waren große weiße Laken ausgebreitet, um die Blüten aufzunehmen, die geerntet werden sollten und auf die einige blütenbeladene Zweige bereits zu fallen begannen. Drei Leitern waren aufgestellt, auf jeder stand eine mir unbekannte Frau, von denen zwei sehr

Béquilles.

---

* Ich erfuhr später, daß dieser Kranz ein Geschenk war, das Maria Gay in der Moskauer Oper nach einer ihrer Erfolge in der Rolle der *Carmen* als Anerkennung überreicht worden war, also nicht, wie ich anfangs angenommen hatte, für ein Begräbnis gedacht gewesen war.

"Dullita"

schön waren und sich sehr ähnlich sahen. Eine von ihnen hatte große, außerordentlich schöne und schwellende Brüste, deren geringste Details
unter dem weißen Wollstrickpullover, der sich ihren Rundungen perfekt
anschmiegte, vom Auge auszumachen waren. Das dritte Mädchen war
häßlich. Ihre Zähne hatten die Farbe von Mayonnaise und waren so lang,
daß sie aus dem geschwollenen Zahnfleisch herausquollen und den Eindruck erweckten, sie würde immerzu lachen. Es gab noch eine vierte Person, mit einem Fuß auf der Erde, den Rücken zu einer ihrer Hüften hinge-

bogen. Es war ein kleines zwölfjähriges Mädchen, das da stand, zu seiner Mutter hochsah und winkte, eben der mit den schönen Brüsten. Dieses Mädchen war auch gekommen, um beim Sammeln zu helfen. Ich verliebte mich auf der Stelle in sie, und ich glaube, daß der Anblick von hinten, der mich an Dullita erinnerte, diesem ersten Impuls meines Herzens sehr günstig war. Da ich ja auch nie Dullitas Gesicht gesehen hatte, war es für mich höchst einfach, diese beiden Geschöpfe zu vermischen, genau so, wie ich es schon einmal mit Galuschka aus meinen falschen Erinnerungen und Dullita Rediviva getan hatte! Mit meiner Krücke berührte ich unmerklich den Rücken des Mädchens. Sie drehte sich schnell um, und dann sagte ich mit einer Bestimmtheit und Überzeugungskraft, die an Wut grenzte, zu ihr: »Du wirst Dullita sein!«

Die kondensierten Bilder von Galuschka und Dullita waren einfach durch die Kraft meines Verlangens nach diesem neuen Kind vereinigt und verschmolzen worden, dessen sonnengeschwärztes, aber engelhaft schönes Gesicht ich gerade entdeckt hatte. Dieses Gesicht ersetzte sofort das Dullitas, welches ich nie gesehen hatte, so daß die drei Bilder meines Wahns sich im unzerstörbaren Amalgam eines einzigen und einzigartigen Liebeswesens vermengten. Meine Leidenschaft lud die gesteigerte Wirklichkeit des reinkarnierten Bildes meiner Liebe mit einem neuen, noch unwiderstehlicheren Potential auf. Und meine im Laufe mehrerer Jahre einsamen und begierigen Wartens aufgestaute libidinöse Unruhe kristallisierte nun zu einem durchsichtigen, homogenen und harten, zu einem Tetraeder geschliffenen Edelstein, in dessen Facetten ich unter der Sonne des strahlendsten Tages des Jahres den jungfräulichen Glanz meiner drei unerfüllten Lieben aufblitzen sah.

Außerdem, war ich denn ganz sicher, daß sie nicht vielleicht doch Dullita war? Ich versuchte im verbrannten Gesicht dieses Landmädchens die Spuren der einstigen Blässe Galuschkas zu finden, deren Gesicht von Minute zu Minute, wie es schien, dem ihrigen ähnlicher zu werden begann. Wild schlug ich mit der Krücke auf den Boden und wiederholte mit heiserer Stimme, wobei ich am Anfang vor Erregung würgte: »Du wirst Dullita sein.« Sie wich zurück, erschrocken von der Rohheit meines Gemütszustandes und antwortete nicht. Die Entäußerung meines auf sie gerichteten Triebes muß tatsächlich so tyrannische Absichten verraten haben, daß ich begriff, es werde nun schwierig für mich sein, das Vertrauen des Kindes wiederzugewinnen. Ich ging einen Schritt auf sie zu. Doch sie, beherrscht von einer fast animalischen Furcht, stieg, als suche sie Schutz, zwei Sprossen der Leiter hoch, auf der ihre Mutter saß, und tat dies so leicht und behende, daß ich keine Zeit hatte, sie mit meiner Krückenspitze sanft am Kopf zu berühren, wie ich es vorgehabt hatte, um ihre Angst zu mildern und ihr meine Sanftmut zu beweisen.

Aber meine schöne Dullita hatte völlig recht, mich zu fürchten. Das würde sie später nur allzu gut erkennen, denn alles hatte ja gerade erst angefangen! Ich selbst spürte in jenem Alter bereits den Klauengriff eines vagen Vorgefühls der Gefahr, die in den immer deutlicheren Zügen meines impulsiven Charakters lag. Wie oft hatte ich schon bei einem friedlichen Spaziergang auf dem Lande, wenn das nostalgisch webende Hin und Her meiner Träume mich einlullte, plötzlich den unwiderstehlichen Wunsch verspürt, von einer Mauer oder einem Felsen, die viel zu hoch für mich waren, hinabzuspringen; und da ich wußte, daß nichts diesen Impuls aufhalten konnte, schloß ich die Augen und ließ mich ins Leere fallen.* Oft war ich danach halb betäubt, doch ruhigen Gemüts sagte ich mir: »Für heute ist die Gefahr vorüber«, und dies gab mir dann einen neuen, rasenden Geschmack an den trivialsten Realitäten der Umgebung.

Da ich einsah, daß ich im Augenblick das Vertrauen meiner neuen Dullita nicht zurückgewinnen konnte, beschloß ich zu gehen, aber nicht ohne ihr einen Blick unendlicher Zärtlichkeit zugeworfen zu haben, mit dem ich sagen wollte: »Sei unbesorgt, ich komme wieder.« Dann verschwand ich und wanderte ziellos im Garten umher. Es war gerade die Zeit, zu der ich mich, eingeschlossen in mein Atelier mit den Getreideähren, der Malerei hätte widmen sollen. Aber der Tag hatte so ungewöhnlich begonnen, mit so außerordentlichen Begegnungen, wie der mit der Krücke und mit Dullita, daß ich, vom magischen Wirbel des Lindenblütensammelns schwindlig, mir sagte: »Vielleicht mache ich einmal eine Ausnahme vom vorgefaßten Plan meiner Gewohnheiten«, denn diese herrschten schon damals als höchste Gebieterinnen meines Schicksals, und jede Regelverletzung wurde unverzüglich mit einer Dosis Qual und Schuldgefühl bezahlt, welche so schmerzhaft waren, daß ich, als ich sie bereits an meiner untersten Seelenwurzel nagen spürte, eine Kehrtwendung machte, in mein Atelier zurückging und mich dort einschloß. Mein Unglück wurde da nicht gemildert, denn an diesem Morgen wollte ich woanders sein, und nach der kurzen, aber intensiven Begegnung mit Dullita wäre ich am liebsten in den entlegensten Ecken des Gartens herumspaziert, um ganz ungestört an sie denken und zugleich die imaginären und idyllischen Fundamente meiner bevorstehenden Begegnung errichten zu können.

Aber nein! Meine Selbstinquisition kerkerte mich dort ein! Und als die Zeit verging, ohne daß brillante Ideen meinem Kopf entsprangen, wie es zur Befriedigung meines *Ego* jeden Morgen um diese Stunde geschehen sollte, drückten Schuldgefühle mich immer fester in die Eisendorne einer schrecklichen moralischen Tortur.

Pausenlos wurde ich von verführerischen Vorstellungen meiner Dullita überschwemmt. Aber zugleich grollte ein unsichtbarer Ärger gegen sie am wolkenlosen blauen Himmel wie der ferne Vorbote eines Gewitters. Schon

---

* Ein Bauer, der Zeuge eines dieser vorsätzlichen Stürze wurde, berichtete Señor Pitchot davon. Doch niemand wollte glauben, daß ich aus solcher Höhe springen konnte, ohne umzukommen. Tatsächlich wurde ich im Hochsprung sehr gut. Im Sportunterricht in Figueras wurde ich später fast mühelos Hoch- und Weitsprungmeister. Noch heute bin ich ein recht guter Springer.

zum zweitenmal hatte es Dullita einzig durch ihre kurze Anwesenheit geschafft, die Konstruktion des narzißtischen Tempels meiner heiligen Einsamkeit zu stören, zu vernichten und zugrunde zu richten, an dessen Wiederaufbau ich seit meiner Ankunft im Mulí de la Torre mit so viel Strenge und zerebraler Intensität gearbeitet hatte. Ich merkte, daß mich nur eine kühne List mit einer Lüge, die geeignet wäre, mich selbst zu täuschen, für ein paar Augenblicke aus den vier Wänden meines Ateliers befreien konnte, wo ich mich so unbarmherzig eingeschlossen fühlte. So überzeugte ich mich, daß es dringlich für mich sei, heute und nicht später meine lang geplanten Tierbewegungsstudien zu beginnen. Es gab keinen besseren Weg anzufangen, als hinauszugehen und meine kleine Maus zu holen, die ein ideales Modell abgeben würde. Mit ihr könnte ich ein großes Bild im Stil des Kirschengemäldes in Angriff nehmen. Aber anstatt immer dasselbe statische Element darzustellen, wollte ich es unendlich oft in verschiedenen Bewegungen wiederholen. Da Mäuse Schwänze haben, schien es mir auch, als könnte ich durch einen originellen Einfall eine Collage aus dem Thema machen.

Souris.

Obwohl mich dieses Arbeitsprojekt nicht sonderlich interessierte und ich merkte, daß ich das Bild mit den Kirschen wiederholte, versuchte ich trotzdem, mich durch tausend Argumente davon zu überzeugen, ich müsse unter allen Umständen zum Hühnerstall gehen und meine Dose mit der grauen Maus holen, die mein Modell werden sollte. Ich dachte, ich könnte vielleicht den Zustand der Unruhe und Nervosität ausnützen, in den ich seit meiner Vision Dullitas eingetaucht war, und ihn auf die außerordentlich fiebrigen Bewegungen und Haltungen der Maus abstimmen, so das Beste aus meiner Qual machen, sie auf den Erfolg meines geplanten Kunstwerkes hin dirigieren und dadurch die reine »Anekdote« meines Zustandes der Unruhe in die »Kategorie« einer ästhetischen Erfüllung sublimieren.

Demzufolge rannte ich zum Hühnerstall, um mein kleines Modell, die graue Maus, zu holen. Doch als ich dort ankam, fand ich sie in einem eigentümlichen Zustand. Sie sah aus wie geschwollen; ihr sonst so schlanker und beweglicher Körper war jetzt vollständig rund, so rund wie eine durch ein Wunder grau und behaart gewordene Kirsche. Ihre ungewohnte Unbeweglichkeit erschreckte mich. Sie war am Leben, ich konnte sie atmen sehen, und ich bemerkte, daß ihre Atemzüge einen beschleunigten und ungewöhnlichen Rhythmus hatten. Ich hob sie vorsichtig am Schwanz empor – die Ähnlichkeit mit meiner Kirsche war komplett, so reglos war sie mit ihren angelegten Pfötchen. Mit der gleichen Sorgfalt legte ich sie zurück auf den Boden der Dose, als sie plötzlich einen Satz senkrecht nach oben machte und mich im Gesicht verletzte, das ich mütterlich über sie gebeugt hatte. Dann fiel sie in die gleiche bewegungslose Haltung zurück. Dieser unvorhergesehene Schlag ließ mich so entsetzlich zusammenzucken, daß mein Herz lange brauchte, bis es seinen gewohnten Rhythmus wiedergefunden hatte.

... "Eruption of final ignominy!"

Ein unerträgliches inneres Unbehagen brachte mich dazu, die Dose meiner Maus wieder mit dem Deckel zu verschließen; einen Spalt ließ ich offen, damit sie atmen konnte. Ich hatte noch keine Zeit gehabt, mich von diesen schmerzlichen Eindrücken zu erholen, als ich eine weitere Entdeckung machte, die zu den schrecklichsten dieser Art gehört, die mein Gedächtnis bevölkern.

Der große Igel, den ich schon seit über einer Woche nirgends mehr entdecken konnte, und von dem ich schon annahm, er sei wie durch ein Wunder entlaufen, tauchte plötzlich vor mir in der Ecke des Hühnerstalls hinter einem Haufen von Ziegeln und Nesseln auf: Er war tot. Voller Abneigung näherte ich mich ihm. Die dicke Haut seines stachelbedeckten Rückens wimmelte von einer unaufhörlich hin- und herkriechenden beweglichen Masse sich windender Würmer. In der Nähe des Kopfes war das Gekrabbel so dicht, daß man glauben konnte, ein echter Vulkan der Verwesung werde jeden Moment durch diese Haut bersten, die vom Grauen des Todes und dem bevorstehenden Ausbruch letzter Schmach zerstört war. Ein leichtes Zittern, begleitet von einer außerordentlichen Schwäche, befiel meine Beine, und feine, kühle Schauer stiegen meinen Rücken empor, verbreiteten sich fächerartig über den Nacken, sanken zurück und erfaßten meinen ganzen Körper wie ein Feuerwerk zum Bankett der Apotheose meines Entsetzens. Widerwillig näherte ich mich noch weiter diesem fauligen Ball, der mich noch immer mit empörender Faszination anzog. Ich mußte ihn mir wirklich ganz genau ansehen.

Doch ein unglaublicher Gestank ließ mich zurückweichen. Ich rannte aus dem Hühnerstall, so schnell mich meine Beine tragen wollten; als ich nahe zu den Lindenblüten kam, nahm ich einen tiefen Atemzug ihres Dufts mit der Idee, so meine Lungen zu reinigen; aber sogleich ging ich denselben Weg zurück, um die aufmerksame Beobachtung meines verwesenden Igels fortzusetzen. Während der Zeit, in der ich in seiner Nähe blieb, hörte ich völlig auf zu atmen, und als ich meinen Atem nicht mehr länger anhalten konnte, stürmte ich wieder hinüber zu den Lindenblüten-Pflückerinnen, die unterdessen große, von Bienen summende Haufen angesammelt hatten. Ich zog aus diesen Atempausen darüber hinaus den Gewinn, das dunkle Wasser meines Blicks in den sonnigen Brunnen Dullitas himmlischer Augen zu spülen. Erneut eilte ich zurück zu meiner entsetzlichen stachligen Kugel, und wieder kam ich zurück, um die parfümierte Luft zu atmen, die meine Dullita umgab.

Dieses Gehen und Kommen zwischen Dullita und dem toten Igel wurde so exaltiert und hysterisch, daß ich fühlte, wie ich allmählich die Kontrolle über meine Bewegungen verlor, und wirklich, bei jeder neuen Annäherung an den Igel fand ich mich fast so weit, eine nicht wiedergutzumachende Tat zu begehen, ich wurde ergriffen von einer immer unwiderstehlicheren Sehnsucht, mich auf ihn zu werfen, ihn zu berühren, genau so wie es mir, jedesmal, wenn ich zu den Linden mit bis zur letzten Grenze des Erstickens angehaltenem Atem zurückkehrte, so schien, als sei es mir unmöglich, die entscheidende Regung zu unterdrücken, Dullita mit aller Kraft zu umarmen, das Speichelaroma ihrer Seele und ihres bäuerlichen und scheuen Engelsgesichts aus ihrem wie eine Wunde halbgeöffneten Mund herauszureißen.

Bei einer solchen irrsinnigen Rückkehr zum Igel kam ich so schnell und so nahe an ihn heran, daß ich in allerletzter Sekunde entschied, auf seinen Körper zu springen, nicht länger in der Lage, die Wucht meiner blinden Jagd zu beherrschen. Ich stolperte im letzten Moment mit einer solchen Ungeschicklichkeit, doch so geschickt aus dem Blickwinkel meiner unterbewußten Absichten, daß ich einen Millimeter neben die dunkle und widerliche Masse fiel.

Nach dieser linkischen Tat, die das fiebrige Stimulans meiner Begierde befeuerte und meinen Ekel verdoppelte, hatte ich endlich eine Idee, die mir einstweilen eine tiefe Befriedigung verschaffen sollte: Ich wollte den stinkenden Ball meines Igels mit meiner Krücke berühren. Auf diese Weise konnte ich den fauligen Ball nach Belieben bewegen, ohne ihm zu nahe kommen zu müssen. Ich hatte schon vorher versucht, einige Steine zu werfen, um den mechanischen Effekt ihres Einschlags auf die zerfallende Weichheit des ekelerregenden Körpers zu beobachten. Aber diese Experimente schienen mir trotz der Erregung, die ich aus ihnen gewann, besonders im Moment des Steinwurfs, nicht die erwartete schreckliche Wirkung zu zeitigen, die ich im ganzen gesehen für befriedigend halten konnte.

Folglich ging ich vor, hielt meine Krücke an ihrem unteren Ende und preßte ihr anderes, »gabeliges« Ende gegen die Rundung des schwarzen, vom Tode reifen Igelherzens. Die Gabelung meiner Krücke paßte sich so gut an den steifen und teigigen Ball an, daß man denken mochte, sie seien füreinander gemacht, so sehr, daß es unmöglich war zu sagen, ob es die Krücke war, die den Igel hielt, oder der Igel, der die Krücke hielt.

Ich bewegte diesen Alptraum-Stachel-Haufen mit solch einer erschrekkenden Inbrunst und morbiden Lüsternheit, daß ich einen Moment lang dachte, ich würde ohnmächtig. Besonders als der Igel unter den von meiner Wißbegierde angetriebenen forschenden Stößen der Krücke sich zuletzt auf den Rücken drehte. Zwischen seinen vier steifen Pfoten sah ich eine Masse sich wild gebärdender Würmer, groß wie meine Faust, die in einer scheußlichen Art heraussickerten, nachdem sie die sehr feine und violettfarbene Bauchhaut zerrissen und durchbohrt hatten, die sie bis dahin als ein dichtes, verschlingendes und ungeduldiges Gemenge zusammengehalten hatte. Ich floh, ließ meine Krücke an Ort und Stelle zurück. Diesmal war es mehr als ich aushalten konnte.

Auf der Erde sitzend, beobachtete ich das Fallen der Lindenblüten. Ich stellte fest, daß ich wegen einer kurzen Laune soeben meine Krücke aufgegeben hatte und mich nicht länger auf die Sicherheit verlassen konnte, die sie mir gewährte. Denn so besudelt, wie sie jetzt durch den klebrigen Kontakt mit der Wurmmasse des Igels war, hatte sie sich von einem bevorzugten Fetisch in einen furchterregenden Gegenstand verwandelt, ein Synonym für den Tod.

Doch ich konnte mich nicht mit der Vorstellung abfinden, gänzlich und für immer ohne meine Krücke auszukommen, der gegenüber meine fetischistischen Gefühle im Laufe des Morgens nur gewachsen und immer stärker geworden waren. Schließlich fand ich eine ziemlich befriedigende Lösung, die es mir erlauben würde, meine Krücke nach einigen vorhergehenden Zeremonien wieder zurück in meinen Besitz zu bringen. Ich wollte zurückgehen und, ohne diesmal auf den Igel zu sehen, meine Krücke retten. Ich wollte dann sein beschmutztes Ende in das klare Wasser des Mühlen-Flusses halten, an der Stelle, wo die Strömung am stärksten war und kleine Wirbel aus weißem Schaum formte. Nach längerem Eintauchen wollte ich meine Krücke trocknen lassen, und nachdem ich sie quer auf den großen Haufen sonnenwarmer Lindenblüten gelegt hätte, wollte ich zum Schluß meine Krücke im Zwielicht mit auf die Spitze des Turmes nehmen, so daß die Nacht und die Dämmerung mit dem schweren Tau meiner Reue ihre vollständige Reinigung bewirken würden.

Ich machte mich daran, diesen Plan auszuführen, und schon bald ruhte meine Krücke unter den Blüten, während ich in meiner stillen Seele den schwarzen Ball des Todes weiter rumoren fühlte. Nach einem nicht denkwürdigen Mittagessen kam der Nachmittag. Jetzt folgte mein teilnahmsloser Blick den verschiedenen Episoden des Blütensammelns. Dullita ande-

rerseits schaute ununterbrochen auf mich, genau wie Galuschka. Ihre fixierenden Augen wichen nicht einen Moment von mir, und ich war mir so sicher, sie werde mir jetzt in allem, was mein Wille ihr zu befehlen bereit war, Folge leisten, daß ich mit Entzücken jene Wollust auskosten konnte, die der ganze Luxus der Liebe ist und die darin besteht, daß man seine Aufmerksamkeit und seinen Blick gleichgültig anderswohin richten kann, während man die leidenschaftliche Nähe des einzigen Wesens spürt, dank dessen jede Minute ein Stückchen Paradies wird, das aber Ihre Perversität Sie zwingt zu ignorieren, während Sie es wie einen Hund an der Leine halten; und vor dem Sie nichtsdestoweniger mit der Feigheit und Unterwürfigkeit eines echten Hundes in dem Moment bereitwillig im Staube kröchen, da Sie Gefahr liefen, jenes geliebte Wesen zu verlieren, welches Sie bis dahin angeblich mit dem blasierten Dandyismus behandelten, wie er für morbide Sentimentalität typisch ist.

In dem Wissen, daß meine Dullita fest an das Ende der glänzenden gelben Lederleine meiner Verführung gebannt war, schaute ich anderswohin, ich schaute insbesondere hinauf unter den nackten Arm der Frau mit den schwellenden Brüsten. Ihre Achselhöhle zeigte eine Mulde großer Zartheit; die ungebräunte Haut dieses Teils ihres Körpers war von außerordentlicher Blässe, perlmuttern und prachtvoll und diente als traumhafter Rahmen für den Ausbruch der plötzlichen Schwärze der Haare. Mein Blick war damit beschäftigt, zwischen diesem fremdartigen Nest ebenholz-schwarzer Haare inmitten perlmutternen Fleisches und ihren beiden über-ladenen Brüsten hin- und herzuschweifen, deren göttlichen Umfang ich auf jedem meiner Augenlider lasten fühlte, die halb geschlossen waren in der gemischten Wollust meiner Visionen und meiner Verdauung. Bald spürte ich durch meine benommene Trägheit hindurch das Knospen einer neuen unbesiegbaren Wunschvorstellung und wieder einmal galoppierten die Quecksilberpferdchen der Qual durch mein Herz. Das war es, was Sal-vador jetzt wollte! Ich wollte die Krücke aus ihrem Grab unter den Linden-blüten exhumieren, und mit eben dieser »Gabel«, mit der ich den Igel be-rührt und bewegt hatte, wollte ich jetzt sanft die Brüste der Blütenpflücke-rin berühren, indem ich die parfümierte Gabel der Krücke mit unendlicher Vorsicht und mit einem so leichten Druck wie irgend möglich den sinnli-chen Ballons jener sonnengewärmten Brüste anschmiegte.

Mein ganzes Leben besteht aus Launen dieser Art, und ich bin ständig bereit, die luxuriöseste Reise in die Karibik für eine kleine Pantomime auf-zugeben, die so kindlich und unschuldig ist wie die eben beschriebene. Doch sind die Dinge so einfach, wie sie aussehen? Meine Erfahrung hat mich genau vom Gegenteil überzeugt, und mein Kopf summte von kon-kurrierenden Strategien, durch deren Kraft, Raffinesse und Scheinheilig-keit ich vielleicht dieses erste Gefecht gegen die Realität gewinnen könnte, welches mir mit dem Sieg die heroische Verwirklichung meiner Vorstel-lung bringen würde: jene Brüste mit der Krückengabel zu berühren. Da-nach konnte die Krücke wieder mein königliches Zepter werden!

Die Sonne ging unter, die Pyramide der Blüten wuchs, der Mond träum-te, Dullita lag auf den Blüten. Die Vorstellung, die Brüste mit meiner Krücke zu berühren, bekam schärfere Konturen, wurde ein so starker Wunsch, daß ich lieber gestorben wäre, als ihn mir zu versagen. In jedem Falle wäre es das Beste, rasch loszugehen und meine königliche Verklei-dung anzuziehen; wenn ich so gekleidet war, erhielten meine Pläne immer einen Anstrich neuer und begeisternder Kühnheit. Ich würde in dieser Tracht wiederkommen und mich neben Dullita auf den Haufen Lindenblü-ten legen, und dann könnte ich weiter auf die Brüste der Blütenpflückerin schauen. Wenn Dullita mich so in vollem Königsornat sähe, würde sie glauben, vor Liebe zu sterben.

Ich ging schnell hinauf in mein Zimmer, nahm den Hermelinumhang aus dem Wandschrank und setzte die Krone mit der langen, weißen, weich über die Schultern fallenden Anti-Faust-Perücke auf den Kopf. Niemals in meinem Leben habe ich mich für so schön gehalten wie an diesem Nach-mittag. Eine wächserne Blässe drang durch meine braune Haut und die Rin-ge um meine Augen hatten dieselbe verlockend blau-braune Farbe, die ich gerade hingebungsvoll über eine Stunde lang in den Falten der Achselhöhle der Lindenblütenpflückerin beobachtet hatte, wo sich, jedesmal wenn sie ihren Arm senkte, drei kleine Kniffe bildeten. Ich verließ mein Zimmer in der Absicht, wieder in den Garten hinunterzugehen, beflügelt von der heiteren Ruhe, die sich bei dem Gefühl einstellt, daß man unwiderstehlich schön ist.

Kurz bevor ich die Haupttreppe erreichte, mußte ich eine Art geschlossene Vorhalle durchqueren, die in der ersten Etage lag und von der aus durch ein kleines Fenster, auf welches hell die Sonne fiel, der Garten zu überblicken war. In dieses Fenster waren an Schnüren von der Decke herab drei Melonen zum Reifen gehängt. Ich blieb stehen, um sie zu betrachten, und mit der Schnelligkeit und der blendenden Lichtenergie eines Blitzes hatte ich eine Idee, die meine neue Wunschvorstellung mit den Brüsten der Blütenpflückerin lösen und in eine Möglichkeit verwandeln sollte. Die Vorhalle war in Halbdunkel getaucht, ungeachtet des starken Lichts von dem kleinen Fenster her. Wenn die Blütenpflückerin möglicherweise ihre Leiter nahe bei diesem Fenster aufstellen und bis zu einer bestimmten Höhe hinaufsteigen würde, müßte ich in der Lage sein, ihre Brüste im Rahmen des Fensters zu sehen, als seien sie ganz und gar vom übrigen Körper isoliert, und dann wäre ich imstande, sie mit der ganzen Gier meines Blickes zu betrachten, ohne Scham zu empfinden, daß meine Lust von irgend jemandem entdeckt oder beobachtet würde. Während ich auf die Brüste sähe, würde ich mit der Gabel meiner Krücke einen liebkosenden Druck auf eine der herabhängenden Melonen ausüben und dabei versuchen, eine vollkommene Kenntnis ihres Gewichtes zu gewinnen, indem ich sie leicht anhöbe. Diese Unternehmung mutete mich plötzlich hundertmal verwirrender und begehrenswerter an als die erste Version meiner Vorstellung, die bloß das direkte Berühren der Brüste beinhaltete. Tatsächlich schien mir das Gewicht dieser hängenden Melone jetzt die ganze heranreifende Schwere meines Verlangens in sich aufgenommen zu haben, und die Annahme, daß die Melone wundervoll süß und duftend sein müßte, ging im Geiste auf so paradiesische Weise in die Schwellung der wirklichen Brüste der Blütenpflückerin über, daß es mir schon schien, vermöge meiner Substitutionslist könnte ich sie nun nicht nur zärtlich mit meiner Krückengabel pressen, sondern vor allem auch »essen« und aus ihnen die honigsüße und duftende Flüssigkeit pressen, die sie, wie die Melonen, in sich haben mußten.

Um die Blütenpflückerin dicht an das Fenster zu bringen, so nahe, wie es für die Verwirklichung meines Plans erforderlich war, ging ich in den zweiten Stock und dann auf den Balkon hinaus. Ich vollbrachte das schwierige Kunststück, mein Diabolo-Spiel so fallen zu lassen, daß sich seine Schnur an einer ganz bestimmten Stelle in der Kletterrose an der Vorderseite des Hauses verfing. Daraufhin versuchte ich mit einem Rohrstock die Schnur so weit wie möglich in den dornigen Zweigen zu verwickeln, um das Zurückholen so lang und mühsam wie möglich zu machen. Diese Operation war äußerst erfolgreich, und ich nahm mir auch die notwendige Zeit. Jeder, der mich vom Garten her beobachtete, hätte gedacht, ich versuchte, es loszubekommen.

Als ich den Köder meiner Falle vorbereitet hatte, lief ich in den Garten. Ich ging zur Leiter hinüber, auf der die Blütenpflückerin mit den herrlichen Brüsten saß, und bat sie mit wimmernder Stimme, mein Diabolo zu befreien. Und ich zeigte darauf mit der Spitze meiner Krücke, die ich vorher aus dem Blumenhaufen ausgegraben hatte, wo sie seit Mittag geläutert worden war. Die Blütenpflückerin hörte mit ihrer Arbeit auf und sah in die Richtung, wo mein Diabolo hängengeblieben war. Während sie dies tat, nahm sie eine Haltung an, die die erfreute Erleichterung ausdrückte, die mit einer lang erwarteten Pause einhergeht; sie verteilte das ganze Gewicht ihres Körpers zwischen einem aufgestützten kräftigen Ellenbogen und dem entgegengesetzten Bein so, daß ihre Hüften stark gebogen waren – in einer göttlich wundervollen Pose, die überdies durch die Bewegungen ihres freien Armes noch gesteigert wurde, den sie hob, um ihr zerzaustes Haar zu richten. Gerade da fiel ein Tropfen Schweiß aus ihrer feuchten Achselhöhle und traf mich mitten auf die Stirn, wie einer jener großen warmen Regentropfen, die schwere Sommergewitter einleiten, ein Tropfen Schweiß, der in »Wahrheit und Wirklichkeit« wie das Orakel und der Vorbote des Gewitters in Natur und Seele war, das mir das Schicksal für den nächsten Tag um die gleiche Zeit bereithielt.

Die Bauersfrau mußte nicht ein zweites Mal gebeten werden, denn auf dem Mulí de la Torre war es allgemein bekannt und ausdrückliche Anweisung von Señor Pitchot persönlich, daß meinen kleinsten Einfällen auf der Stelle Folge zu leisten und daß die Ausführung meiner Wünsche für jeden Gesetz sei. Nachdem sie eine kurze Rast genossen hatte, während der sie ihren ganzen Körper wie eine Statue dem Licht hingab, kam sie von der Leiter herunter und schleppte sie mit Dullitas Hilfe unter das Fenster, an den Platz, den ich ausgesucht hatte. Diese Arbeit dauerte ziemlich lange, denn die Leiter war ein ganzes Stück entfernt und mußte in einzelnen Rucken zu dem angegebenen Platz geschafft werden. Als sie dann bei der Mauer stand, war es außerdem notwendig, sie gut abzustützen, bevor man es wagen konnte hinaufzusteigen.

Ich nutzte die Verzögerung, um in mein Zimmer zu laufen und mich bis auf die Haut auszuziehen. Dies war – wie ich mich erinnere – der Moment in meinem Leben, da ich mich beim Blick in den Spiegel am allerschönsten fand. In dem Moment wünschte ich brennend, daß die ganze Welt meine überragende Schönheit bewundern könnte oder daß wenigstens die liebliche Blütenpflückerin und meine neue Dullita es könnten. Aber ich mochte nicht daran denken, plötzlich so aufzutauchen und bedeckte meine Nacktheit mit dem Hemelinumhang. Trotz der Tatsache, daß es von der Sonne tief gebräunt war, zeigte mein Gesicht jetzt eine geisterhafte Blässe, an der das grünliche Licht schuld war, das die Linden im Garten reflektierten. Ich ging in die dunkle Halle hinunter, wo die Melonen hingen, und wie ich sie erreichte, erschien sofort der Körper der Blütenpflückerin hinter dem Rahmen des kleinen Fensters. Ich hatte gut Maß genommen! Der untere Teil des Fensters schnitt ihren Körper gerade da ab, wo die Schenkel begannen, während ihr oberer Teil unterhalb des Kopfes endete. An den Bewegungen ihrer Schultern mit den erhobenen Armen konnte ich die fruchtlosen, hingebungsvollen Bemühungen abschätzen, die sie unternahm, um den verhedderten Faden meines Diabolos loszubekommen, den ich mit so viel Umsicht in den dornig verflochtenen Zweigen der wilden Rose verschlungen hatte, die an der Fassade von Mulí de la Torre emporkletterte.

Der Körper der Frau füllte in der beschriebenen Weise den gesamten Raum des Fensters aus und verdunkelte die matt beleuchtete Vorhalle, in der ich stand, weiter. Die Hitze unter meinem dicken Hermelinumhang war drückend. Klitschnaß ließ ich den Umhang auf den Boden gleiten, und eine milde, kaum mit Kühle durchmischte Wärme strich über meinen Körper und liebkoste seine Nacktheit. Ich dachte: So kann sie mich nicht sehen, und in dem Moment, da sie sich anschickt, die Leiter hinabzusteigen, werde ich es merken und in der Lage sein, mich schnell anzuziehen oder wegzulaufen und mich an der Wand zu verstecken.

Fürs erste konnte ich mich furchtlos der Wunschvorstellung meines Spiels überlassen. Behutsam legte ich die Gabel meiner Krücke von unten an die hängende Melone und drückte sie mit der ganzen gefühlvollen Zärtlichkeit, deren ich fähig war. Eine heftige Rührung schwemmte mir Tränen in die Augen. Die Weichheit der Melone übertraf alle meine Hoffnungen. Sie war so reif, daß die Krücke trotz der Sanftheit meines Druckes mit einem köstlich platschenden Geräusch in sie einsank. Dann wandte ich meinen Blick hinauf, um ihn auf den Busen der Frau zu heften, die sich mühte, die labyrinthischen Schlingen meines Diabolos zu entwirren. Ich konnte ihre Brüste nicht sehr deutlich sehen, aber deren unklare Masse im Gegenlicht vergrößerte nur meine unbefriedigte Libido. Ich verstärkte meine Stöße, indem ich einen besonderen Rhythmus auf meine Krücke übertrug. Bald begann der Saft der Melone auf mich zu tropfen, besprengte mich mit seiner klebrigen Flüssigkeit, zuerst nur in gelegentlichen Tropfen, aber dann immer reichlicher. In diesem Moment hielt ich mein Gesicht unter die Melone, öffnete den Mund und streckte die Zunge heraus, die durstig und trocken vor Hitze und Verlangen war; auf diese Weise fing ich die Spritzer des Saftes auf, der wunderbar süß, aber mit einem prickelnden Akzent Ammoniak durchsetzt war. Diese wenigen Tropfen, die mein Mund schnell vertilgte, machten mich verrückt vor Durst, während mein Blick von der Melone zum Fenster, vom Fenster zur Melone und wieder zurücktaumelte, und so weiter in einer wahren, wachsenden Raserei, welche bald in einer Art Delirium gipfelte, in der das ganze Bewußtsein von meinen Handlungen und Bewegungen zu verlöschen schien. Der Krücke verlieh ich Gebärden zunehmender Roheit, die so berechnet waren, daß sie sich auf dem wirksamsten und tiefstverankerten Weg in das Melonenfleisch grub, um die Höchstmenge an Lebenskraft und Saft aus der Tiefe ihres Inneren hervorplatzen zu lassen. Gegen Ende wurde der Wechsel-

rhythmus meines Blickes verstärkt: Melone, Fenster! Melone, Fenster! Fenster, Melone! ...

Meine Gebärden waren mittlerweile so tief und hysterisch erregt, daß die Melone sich plötzlich losriß und mir auf den Kopf fiel, fast zur selben Zeit, da die schöne Blütenpflückerin, nachdem es ihr schließlich gelungen war, mein Diabolo zu befreien, begann, die Leiter hinabzusteigen. Ich hatte kaum Zeit, mich auf den Boden zu werfen und ihrem Blickwinkel zu entkommen, als ihr Gesicht auftauchte. Ich fiel auf meinen Hermelinumhang, der von der gelben Melonenflüssigkeit durchnäßt zu meinen Füßen lag. Keuchend, erschöpft, versuchend den Atem anzuhalten, wartete ich darauf, daß die Bauersfrau, wenn sie mich nackt entdeckt hätte, wieder ein paar Sprossen heraufstiege, um mich anzuschauen; ohne den Kopf umzudrehen, könnte ich am Schatten ihres Körpers erkennen, ob sie wieder hochkäme, so wie ich ihn kurz davor den Fensterrahmen überlagern gesehen hatte.

Aber dieser verrückt und gespannt erwartete Moment kam nicht. Statt des geschätzten Verfinsterungsschattens drang das schräge orangene Licht der untergehenden Sonne allmählich ein und stieg die ganze dick geweißte Wand empor, auf der nun der Schatten der beiden unbeschädigt hängenden Melonen stand. Aber ich hatte keine Neigung, mit ihnen zu spielen. Meine Verzauberung war vorüber. Dies konnte nicht wiederholt werden. Äußerste Müdigkeit ergriff alle Muskeln und machte jede Bewegung zum Schmerz. Die zwei schwarzen Melonenschatten kamen mir wie unheilvolle Symbole vor und evozierten nicht mehr die beiden nachmittagsbesonnten Brüste der schönen Blütenpflückerin. Stattdessen schienen sie wie zwei zu Bällen zusammengerollte tote Gegenstände, wie zwei verwesende Igel. Es schauderte mich. Ich ging in mein Zimmer hinauf und zog mich langsam wieder an, wobei ich mehrmals eine Pause einlegte, während der ich mich mit geschlossenen Augen auf dem Bett ausstreckte. So überraschte mich die Dunkelheit.

Ich mußte mich beeilen, wenn ich die Turmspitze noch besuchen wollte. Ich ging hinauf, die Krücke in der Hand. Der Himmel war sternenübersät, und so schwer fühlte ich ihn auf meiner Müdigkeit lasten, daß ich nicht den Mut hatte, eine der großartigen Träumereien zu beginnen, die der Ort gewöhnlich in mir entfachte. Genau in der Mitte der Terrasse dieses Turmes gab es einen kleinen Zementwürfel mit einem Loch, welches vermutlich dazu diente, eine Fahne oder einen Wetterhahn zu halten. Der Fuß meiner Krücke war etwas zu dünn, um genau hineinzupassen. Trotzdem pflanzte ich sie dort mit leichter Rechtsneigung auf. Diese Stellung der Krücke war für mich viel befriedigender als eine genau senkrechte, und ich ging fort, sie so zurücklassend. Wenn ich in der Nacht aufwachte, würde ich sofort an meine reglos auf der Turmspitze stehende Krücke denken, und das würde mich mit einer Illusion der Geborgenheit erfüllen. Aber würde ich aufwachen? Nach einem so gefühlsintensiven Tag surrte bereits bleierner Schlaf in meinem Kopf, und ich mochte an nichts mehr denken. Vor allem wollte ich schlafen.

Wie ein Schlafwandler ging ich die Treppe hinunter, stieß in den Kurven mehrmals gegen die Wände und murmelte jedesmal leise mit ganzer Willenskraft:

»Du wirst Dullita sein! Du wirst Dullita sein! Morgen!«

Ich wußte, daß das Lindenblütensammeln noch einen Tag weitergehen sollte. Am nächsten Morgen war Dullita wieder da. Die Sonne ging auf, die Blütenpflückerin pflückte, die Brüste hingen und die Melonen hingen, aber an diesem Morgen war es, als sei die ganze Anziehungskraft, die tags zuvor von den Brüsten auf mich ausgegangen war, dank der Verwirklichung meiner Wunschvorstellung mit der Melone völlig verschwunden. Nicht nur,

132

daß ich nicht einmal Spuren eines Verlangens, das ja schließlich außergewöhnlich lebhaft gewesen war, wiederfinden konnte, sondern es überkam
mich auch echter Abscheu, als ich die Szene im Geiste rekonstruierte. Der
Hermelinumhang, von Melonensaft verschmutzt, dessen prickelnder und
unmäßig süßer Geschmack, ja selbst die Brüste schienen mir nicht mehr so
schön, als ich sie wiedersah, und auf jeden Fall konnte ich ihnen wirklich
kein Fünkchen der sentimentalen Poesie mehr entlocken, mit der ihr bloßer
Anblick mir am vorigen Nachmittag noch Tränen in die Augen getrieben
hatte.

Heute fühlte ich mich ausschließlich von der Schlankheit der Taille Dullitas fasziniert, deren Durchmesser abzunehmen schien, während sich die
Sonne dem Zenit näherte, wobei die zunehmend senkrechten Schatten die
verletzliche Zerbrechlichkeit der Sanduhr betonten, deren Gestalt ihr Körper für mich annahm – dieser schlankeste und stolzeste Körper von allen,
der Körper meiner neuen Dullita, meiner Galuschka Rediviva.

Ich sagte nichts zu ihr, als ich sie am Morgen wiedersah, aber mir selbst
sagte ich: »Heute wird es niemanden außer ihr geben! Ich habe Zeit genug!«

Und ich begann mit meinem Diabolo zu spielen. Ich war außerordentlich
geschickt in diesem Spiel. Mit kapriziösester Gewandtheit ließ ich es in alle
Richtungen segeln und sausen, dann schleuderte ich es hoch in die Luft und
fing es immer auf der zwischen meinen beiden Stöcken gespannten Schnur
auf. Ich merkte, wie Dullita mich bewunderte, und die Leichtigkeit, mit der
ich spielte, erlaubte mir, Haltungen einzunehmen, bei denen ich mir sicher
war, sie müßten in Dullitas Augen von großer Schönheit sein. Ich schleuderte mein Diabolo immer höher, und schließlich entwischte es mir und fiel
auf ein blühendes Gebüsch. Freudig lächelnd lief Dullita, es zu holen, und
sie zögerte ein bißchen, es mir zurückzugeben, bat mich, sie auch spielen zu
lassen. Ich nahm mein Diabolo zurück, ohne ihr zu antworten und fuhr mit
meinem Spiel fort.

Diabolo.

Aber jedesmal, wenn ich es in die Luft warf, fühlte ich mich plötzlich von
der heftigen Furcht gepeinigt, den Fang zu verpassen (was von da an tatsächlich recht häufig geschah), und Dullitas Versuche, mein Diabolo wie-
derzuholen, führten jedesmal zu kleinen Wettrennen zwischen uns und
dann zu feindseligen Bekundungen meinerseits. Dullita gab es immer lächelnd her, aber mit ihrer Bitte, der ich nicht gefolgt war und die mein Stolz
jedesmal noch unannehmbarer machte, hatte sie in mir Keime von Gewissensbissen gelegt, die ich schnell in Erbitterung umwandelte. Statt mein
Spiel zu bewundern, statt dem Wunderwerk meiner Bewegungen, die ausschließlich ihr galten, zuzuschauen, wollte Dullita lieber selbst spielen!
Heftig wirbelte ich mein Diabolo zum Himmel hinauf, der von »unbefleck-
ter Empfängnis«-Bläue war, und die quälende Angst, es zu verpassen, ließ
mich zittern. Doch auch dieses Mal fing ich es siegreich auf. Und kaum hat-
133 te ich es gefangen, warf ich es noch einmal und mit noch größerer Wucht

hinauf, aber diesmal so ungeschickt, daß es weit entfernt landete. Prompt brach Dullita in Lachen aus, was mich bis ins Mark verletzte. Sie lief zu dem Diabolo; ich ließ sie, da ich noch die Stöcke hatte, ohne die sie nicht spielen konnte. Langsam ging ich zu ihr hinüber, unterdrückten Zorn in den Augen. Sie verstand meinen Ausdruck sofort und schien sich diesmal auf einen langen Widerstand vorzubereiten. Ruhigen Schrittes verfolgten wir einander, und sobald ich meinen Gang beschleunigte, beschleunigte sie ihren, gerade genug, um sich immer im gleichen Abstand zu halten; auf diese Weise gingen wir mehrmals um den Garten.

Schließlich legte sie sich auf einen der Haufen aus Lindenblüten, die als schlecht aussortiert worden waren, denn sie waren gelb, angestoßen und von Bienen ausgesaugt. Besänftigt ging ich nah auf Dullita zu, denn ich glaubte, sie werde mir mein Diabolo zurückgeben. Ich nahm einen großen Haufen weißer, frischer Lindenblüten in meine Arme und ließ sie auf Dullita fallen. In diesem Moment drehte sie sich auf den Bauch und versteckte das Diabolo unter ihrem Körper, womit sie mir zeigte, daß sie es unter allen Umständen behalten wollte. So von hinten gesehen, war Dullita außerordentlich schön. Zwischen ihrem wohlgerundeten, zarten Gesäß und dem Rücken sah man den halb unter Blüten begrabenen, sich höhlenden Abgrund ihrer tiefen Taille. Ich kniete über ihr nieder, und während ich ihre königliche Taille mit einer kaum wahrnehmbaren Sanftheit liebkosend mit beiden Händen umfaßte, sagte ich leise zu ihr:

»Gib mir das Diabolo! …«

»Nein!« antwortete sie, schon flehentlich …

»Gib mir das Diabolo! …«

»Nein!« wiederholte sie.

»Gib mir das Diabolo!« Und ich drückte sie fester. »Gib mir das Diabolo! …«

»Nein!«

»Gib mir das Diabolo!«

»Nein!«

Da drückte ich sie mit aller rohen Gewalt, deren ich fähig war. »Gib mir das Diabolo! …«

»Au!«

Ein erster Schluchzer schüttelte schon ihre kleinen Schultern, sie zog mein Diabolo hervor, das sie an ihre Brust gepreßt gehalten hatte und ließ es fallen. Ich hob es auf und ging ein kleines Stück fort. Auch Dullita stand auf und begab sich schutzsuchend unter die Leiter, wo ihre Mutter arbeitete. Die zwei Schrägen dieser Leiter waren durch ein gespanntes Seil verbunden, das sie daran hinderte, auseinanderzurutschen. Mit engelhafter Anmut ging Dullita hinüber, hielt sich an den zwei Schrägen der Leiter fest und lehnte die schmalste Stelle ihrer Taille, die ich gerade so roh gequetscht hatte, gegen das straffe Seil. Ich konnte den Schmerz sich in mein Fleisch brennen fühlen, den der Druck dieses Seils auf Dullitas Rücken wohl ausüben mußte. Sie weinte, ohne das Gesicht zu verziehen, absolut würdevoll; ich konnte sehr gut sehen, daß sie sogar das unterdrückte, damit niemand etwas bemerkte. Aber ich schämte mich und suchte nach einem Weg, Dullitas tränengetränktem Blick zu entfliehen.

Ein hegemonisches Verlangen nach völliger Einsamkeit ergriff mich mächtig, und ich war schon bereit, irgendwohin fortzulaufen, als ein verrückter Plan mein Hirn mit jener tyrannischen Gewalt bestürmte, die schon damals keine Macht der Welt mäßigen konnte. Ich hatte vor, auf die Turmspitze zu gehen und mit dem Diabolo zu spielen, um es dort zur höchsten Höhe hinaufzuwerfen; und wenn es neben den Turm fiele, wäre es verloren! Diese Gefahr ließ mein Herz wild schlagen.

Gerade da hörte ich Julia kommen und mich zum Mittagessen rufen. Ich gab vor, nichts gehört zu haben und rannte mit Volldampf in den Turm hinauf, denn ich mußte unbedingt zumindest einmal das Gefühl dieses Spiels erleben, bevor ich ins Eßzimmer ging.

Sobald ich das Turmdach erreicht hatte, schleuderte ich mein Diabolo aus Leibeskräften in die Luft, und es fiel jenseits der Kante herunter. Aber durch ein Wunder an Geschick und eine Gebärde von großer Geschmeidigkeit lehnte ich mich über die Brüstung, den Körper zur Hälfte über die Kante der senkrecht abfallenden Mauer weg. So war ich in der Lage, mein Diabolo zu fangen. Die Lebensgefahr, der ich mich bei dieser Rettungstat aussetzte, machte mich so schwindlig, daß ich mich auf den Boden setzen mußte, um mich zu erholen. Die ganze Steinplatten-Terrasse des Turms und die in der Mitte aufgepflanzte Krücke selbst schienen sich um mich zu drehen. Unten rief jemand dauernd nach mir. Ich ging ins Eßzimmer hinunter, empfand eine Art Seekrankheit, die mir jede Lust zum Essen nahm. Auch Señor Pitchot hatte schwere Kopfschmerzen und trug eine straffe weiße Binde um den Kopf. Trotz des Schreckens, den ich gerade erlebt hatte, versprach ich mir selbst, nach dem Essen zu meinem Diabolo, das ich auf der Turmterrasse gelassen hatte, zurückzukehren und das Spiel fortzusetzen. Ich versprach mir aber auch, dann vorsichtiger zu sein. Ich wollte sofort nach dem Mittagessen hinauf zum Spielen gehen und am Abend wieder, und ich dachte schon an den Sonnenuntergang. Ich wollte Dullita an diesem Nachmittag meiden und wünschte, der Abend möge schnell kommen.

Sei nicht ungeduldig, Salvador, heute Abend wird sich eines der bewegendsten Vorkommnisse in deinem Leben ereignen, und ein phantastischer Sonnenuntergang wird es verklären – warte, warte!

Als das Mittagessen vorüber war, steuerte Señor Pitchot auf den Balkon zu, zog persönlich die Schlagläden zu und ordnete an, daß dasselbe bei allen übrigen Fenstern und Balkonen des Mulí de la Torre geschehen solle. Er fügte hinzu: »Wir erwarten ein Gewitter.« Erstaunt blickte ich zum Himmel, der so blau und ruhig wie zuvor schien. Aber Señor Pitchot nahm mich mit hinaus auf den Balkon und zeigte mir weit hinten am Horizont

"Beethoven's cranium"

Beethovens Schädel

ein paar winzige, schneeweiße Kumuluswolken, die senkrecht hochzusteigen schienen. Mit dem Finger auf sie weisend, sagte er: »Siehst du diese ›Türme‹? Vor dem Tee noch werden wir Blitz und Donner haben, wenn es nicht sogar hagelt.«

Das Eisengeländer des Balkons umklammernd blieb ich stehen und betrachtete gebannt jene wunderbaren, wachsenden Wolken. Es war, als seien die Feuchtigkeitsflecken am Deckengewölbe in Señor Traites Schule, wo ich die gesamte Prozession meiner ersten Kindheitsphantasien gesehen hatte, welche seitdem durch die Vergessensschichten meines Gedächtnisses verdunkelt worden waren, plötzlich in der Glorie des Fleisches und des fleckenlosen Schaumes jener aufblitzenden Wolkentürme, die an mehreren Stellen des Horizontes aufstiegen, wieder zum Leben erwacht.

Geflügelte Pferde blähten ihre Brustkästen, aus denen alle Busen, alle Melonen und all die wespentaillierten Diabolos meines phantasierenden Verlangens zu erblühen begannen. Alsbald löste sich eine der Wolken, die rasch bis zu dem Punkt angeschwollen war, da sie die Gestalt eines kolossalen Elephanten mit einem Menschengesicht angenommen hatte, in zwei große Teile auf, die ihrerseits schnell, und bevor man noch Zeit hatte, es vorauszuahnen, in die muskelsteifen Körper zweier riesiger bärtiger Ringer übergingen, von denen einer einen mächtigen Hahn auf dem Rücken trug. Diese beiden Kämpfer gerieten nun heftig aneinander, und die kobaltblaue Himmelslücke, die sie in ihrem definitiven Streit noch trennte, wurde rasch kleiner. Der Zusammenprall war von solcher Grausamkeit, daß die Langsamkeit ihrer Gebärden den Clinch nur noch unmenschlicher machte. Ich sah die beiden Körper sich mit ohnmächtiger träger Wucht gleichzeitig gegenseitig durchdringen, was sie augenblicklich zerstörte und sie zu einer einzigen und einzigartigen Zusammenballung verschmolz, in der beide ihre Individualität auslöschten, die jetzt in Formlosigkeit zerstob.

Sofort begann die letztere sich im Strudel eines neuen Bildes zu reorganisieren. Ich erkannte es auf der Stelle! Es war Beethovens Büste, eine riesige Büste Beethovens, die so schnell wuchs, daß sie bald den ganzen Himmel füllte. Beethovens Schädel, melancholisch über die Ebene gebeugt, nahm an Volumen zu, während er zugleich grau wurde, jene schmutzige »Gewitterfarbe« bekam, die Staubablagerungen eigentümlich ist, welche Gipsskulpturen verdunkeln, die lange Zeit vergessen wurden. Bald wurde Beethovens ganzes Gesicht wieder von seiner gewaltigen Stirn aufgesogen, die beschleunigt anwuchs und zu einer inkommensurablen, apotheotischen bleiernen Hirnschale wurde. Ein Blitzstrahl zuckte, spaltete sie, und es war, als habe man für die Dauer einer Sekunde durch die Naht der Stirnlappen seines Schädels das Quecksilber-Gehirn des Himmels selbst gesehen.

Fast gleichzeitig erschütterte eine halbe Minute lang ein Donnerschlag das Mulí de la Torre bis auf die Grundmauern. Die Blätter und die Lindenblüten wurden von einem Wirbel trockenen, erstickenden Windes emporgehoben. Die Schwalben grasten die Erde ab, stießen Schreie des Paroxysmus aus, und ganz plötzlich geißelte nach wenigen Regentropfen, die wie große römische Münzen fielen, ein dichter und erbarmungsloser Wolkenbruch den furchtsamen und gierigen Garten, dem sogleich ein wohlriechender Luftstoß von Moos und feuchten Steinen entstieg, eine Luft, die schon die Wut des ersten brutalen Zusammenpralls zu beschwichtigen schien, des erotischen, lang unterdrückten Ergebnisses der anhaltenden, begierigen, elektrischen und unbefriedigenden platonischen Erwartung des Himmels und der Erde, die zwei lange Monate lang gedauert hatte! Die vorteilhafte Dunkelheit, in die dieser Nachmittag ununterbrochenen Regens getaucht war, blieb eine der Mitschuldigen des Dramas, dessen Hauptfiguren Dullita und ich am Ende dieses langen Tages entfesselter Elementar- und Seelengewalt werden sollten.

Dullita und ich waren plötzlich in stillschweigendem Einverständnis auf den Dachboden gelaufen, wo fast völlige Dunkelheit herrschte, um uns dort hinzulegen und zu spielen. Die sehr niedrige Decke, die Abgelegenheit des Ortes und das Fehlen von Licht waren für die unruhig erwartete Entfaltung unserer gefährlichen Intimität sehr günstig. Die Furcht, die der Platz mir gewöhnlich einflößte (sogar wenn ich bloß vor der Tür stand, und besonders seit ich zwei Tage zuvor den großen Lorbeerkranz von Nini Pitchot entdeckt hatte), diese Furcht war wie fortgeblasen, und in der Gesellschaft Dullitas, die nun endlich ganz allein mit mir war, und bei dem strömenden Regen draußen, der uns von der übrigen Welt isolierte, wurde dieser Speicher, der mir bis dahin traurig vorgekommen war, plötzlich zum reizvollsten Ort der Welt. Selbst der goldene Lorbeer des Kranzes glänzte, trotz jener Aura von Leichenhalle, die für mich weiterhin von ihm ausging, mit einer Art verlockender Koketterie bei jedem neuen Blitz, der uns periodisch durch die schweren, geschlossenen Fensterläden blendete. Meine neue Dullita, meine Galuschka Rediviva, trat in das Innere des Kranzes und legte sich da nieder wie ein Leichnam; sie schloß die Augen. Um unseren Turm folgten einander Donner und Blitz mit wachsendem Getöse, während eine Ahnung in mir anschwoll und mir die Brust bedrückte. Etwas – ich wußte nicht was –, aber etwas Schreckliches war im Begriff zwischen uns zu geschehen.

Ich kniete vor ihr und sah sie unverwandt an. Während ich mich allmählich an das Halbdunkel gewöhnte und so nah an sie kroch, daß ihr Gesicht, auf das von allen Seiten Schwärze drückte, in allen Einzelheiten zu sehen war, rückte ich noch näher und stützte meinen Kopf auf ihren. Dullita öffnete die Augen und sagte: »Laß uns Zungeberühren spielen!«, und dann hob sie den Kopf ein wenig, brachte ihn so noch etwas näher an mich heran und streckte die Zungenspitze aus ihrem köstlich feuchten, halb-geöffneten Mund. Todesangst lähmte mich, und obwohl es mich verlangte, sie zu küssen, zog ich den Kopf zurück und stieß den ihren mit brutaler Handbewegung weg, was zur Folge hatte, daß er scheppernd an den Lorbeerkranz krachte. Ich stand auf, und meine Haltung muß ihr so drohend und ent-

138

schlossen vorgekommen sein, daß ich an ihrem abwesenden Blick merkte, sie werde sich alles und jedes ohne den geringsten Widerstand gefallen lassen. Dieser Stoizismus, bei dem ich außerdem ein quietistisches Prinzip ihrerseits verspürte, bestärkte meinen wachsenden Wunsch, sie zu verletzen. Mit einem Satz war ich hinter ihr. Von den Triebfedern instinktiver Angst hochgeschnellt, richtete Dullita sich auf, unterdrückte aber sofort diese erste Alarmregung, drehte sich nicht zu mir um, sondern blieb bewegungslos und stolz so im Mittelpunkt des Kranzes sitzen.

In diesem Moment leuchtete und durchdrang ein Blitz, der länger und schärfer als die anderen war, die Schlitze der geschlossenen Läden, und für den Zeitraum einer Sekunde sah ich die schlanke Silhouette von Dullitas Rücken schwarz umrissen gegen das plötzlich blendende Licht. Ich warf mich auf Dullitas Körper und drückte ihr wieder mit aller Kraft die Taille, wie ich es morgens auf dem Blütenhaufen getan hatte. Sie leistete meiner Brutalität nur schwachen Widerstand, und auf einmal wurde unser Kampf langsam, denn ich begann plötzlich alles zu berechnen. Dullita deutete die Sanftmut, die ich nun in meine Gebärden legte, als ein Zeichen von Zärtlichkeit und schlang ihrerseits die liebkosenden Arme um meine Taille.

So lagen wir ausgestreckt auf dem Boden, vermengt in einer immer trägeren Umarmung. Ich wußte, daß es mir ein leichtes wäre, ihren geringsten Schrei zu ersticken, wenn ich das kleine Gesicht gegen meine Brust drückte. Aber ihre Stellung entsprach nicht meiner Vorstellung. Was ich wollte, war eben, sie ganz umzudrehen, denn ich wollte sie in der Mulde ihres Rückens verletzen; ich hätte sie zum Beispiel genau dort mit dem Kranz zerschmettern können; die Blätter dieses metallischen Lorbeers wären wie Rasierklingen in ihre glatte Haut gedrungen. Ich hätte dann nach und nach schwereres Werkzeug herbeischaffen können, um sie auf dem Boden festzunageln. Und wenn ich sie endlich aus dieser Tortur befreite, würde ich sie auf den Mund und den gequetschten Rücken küssen, und wir würden zusammen weinen. Deshalb fuhr ich fort, immer sanftere Liebkosungen vorzutäuschen, während ich wieder zu Atem für den nächsten Kampf kam, und spähte begehrlich auf die schwersten Gegenstände, wobei ich eine schnelle Wahl unter ihnen traf, wie sie das Halbdunkel des Dachbodens mit ihren trügerischen Umrissen füllten. Meine Augen wurden zuletzt von einer gewaltigen, altersschwachen Kommode angezogen, die sich über uns auftürmte und leicht nach vorn geneigt war. Aber konnte ich sie überhaupt bewegen? Ich spürte einen starken Schmerz, der mich von hinten an Beinen, Hals und Waden packte. Eine heftige Windbö ließ die Tür des Speichers aufspringen und gab den Blick auf eine andere Tür auf der anderen Seite des Turmtreppenhauses frei, die ebenfalls offen war. Es hörte auf zu regnen, und ein brandneuer Himmel tauchte auf, gelb und fahl wie eine Traumzitrone.

Meine Wunschvorstellung des »Dullita-Zerschmetterns« zerschmolz sofort in diesem Himmel, an dem ich die Schimmer eines deliriösen Sonnenuntergangs flackern spürte.

»Laß uns auf das Turmdach gehen!«

Und schon ging ich die Treppe hoch. Dullita, die wahrscheinlich über die plötzliche Unterbrechung unserer Liebkosungen enttäuscht war, folgte mir nicht sofort. Ich war gezwungen, ihr Zögern als Weigerung auszulegen, und wütend ging ich wieder hinab, um sie zu holen. Sie schien weglaufen zu wollen. Da fühlte ich, von übermächtigem Ärger befallen, wie mir das Blut zu Kopf stieg und das wilde Tier meines Zorns entfesselte. Mit beiden Händen packte ich Dullitas Haare und zerrte sie zu mir. Sie fiel mit den Knien auf die Kante einer Stufe und stieß einen kurzen Klageruf aus; ich zog sie aus Leibeskräften, und es gelang mir, sie drei oder vier Stufen hochzuschleifen. Ich ließ ihr Haar für einen Moment los, um auszuruhen, und wollte sie dann weiterschleppen. Da stand sie mit einer entschlossenen Bewegung auf, rannte die restlichen Stufen hinauf und verschwand auf der Terrasse des Turms.

Ich wurde wieder übernatürlich ruhig und gelassen, schritt die Treppe langsam weiter empor, ließ mir endlos Zeit, wußte ich doch, daß sie mir nicht mehr entkommen konnte! Das lange, beharrliche und fanatische Verlangen, daß Dullita aus Figueras in meine Waschküche auf das Dach käme, war eben von dieser neuen Dullita, Galuschka Rediviva, erfüllt worden, die ich mit eigenen Augen in diesem Moment über die schwindelnde Schwelle zum Gipfel des Mulí de la Torre treten sah! Ich hätte mir gewünscht, daß mein Aufstieg niemals endete, damit ich jeden dieser einzigartigen halluzinatorischen Momente verlängern und auskosten könnte, die ich durchleben würde. Um mein Glück zu vervollkommnen, hätte ich nur noch meine Königskrone auf dem Kopf tragen müssen; eine Sekunde lang dachte ich daran, hinunterzugehen und sie zu holen, aber nichts konnte meinen Aufstieg, wiewohl er bewußt langsam war, mehr abwenden, nicht einmal der Tod.

Ich erreichte die Schwelle der Tür zum Dach! Im Mittelpunkt der Terrasse stand, leicht nach rechts geneigt, meine regennasse Krücke, die jetzt einen langen, unheimlichen Schatten auf die von der Sonne roten Steinplatten warf. Neben der Krücke warf mein aufrechtstehendes Diabolo ebenfalls einen beunruhigenden Schatten, der in der Mitte abgeschnürt war; um die dünne Taille des Diabolos glänzte grausam ein kleiner Metallring. Hoch am Himmel vor mir löste sich die riesige Silhouette einer malvenfarbenen, glitzernd goldgesäumten Wolke auf, die einem großartigen Sturm-Napoleon glich; noch höher war in der Mitte eines zweigeteilten Regenbogens ein großes Stück preußisch-blauen Himmels zu sehen, das dem Zwischenraum entsprach, der mich auf dem Turm von Dullita trennte. Sie weinte nicht mehr, saß auf der Turmbrüstung und wartete auf mich.

Mit erleuchteter Scheinheiligkeit – sie läßt mich in den entscheidenden Momenten meines Lebens nie im Stich – sagte ich zu ihr:

»Ich werde dir mein Diabolo schenken, unter der Bedingung, daß du dich nicht mehr über den Turmrand lehnst, denn du könntest hinunterfallen.«

Sofort kam sie, hob das Diabolo auf, ging dann zurück und lehnte sich noch einmal über die Kante und rief:

»Oh, wie schön das ist!«

Sie wandte mir ihr Gesicht zu und lächelte mich spöttisch an, da sie dachte, ich sei zu guter Letzt zahm geworden, ihre Tränen hätten mich bezwungen. Ich machte eine Geste des Erschreckens und verbarg mein Gesicht, als könne ich es nicht aushalten, sie so am Abgrund zu sehen. Wie ich es vorausgesehen hatte, reizte das ihre Koketterie, sie spreizte die Beine über die Brüstung und ließ sie dann über die Kante hängen. Ich sagte zu ihr:

»Warte, ich werde dir noch ein Geschenk holen!«

Sablier.

Ich nahm meine Krücke und tat so, als ginge ich fort. Aber nach wenigen Stufen kehrte ich auf Zehenspitzen wieder zurück. Meine Erregung erreichte ihren Höhepunkt. Ich sagte mir: »Jetzt liegt es an mir!« Auf allen vieren begann ich geräuschlos zu ihr zu kriechen, die Krücke, die ich an der Spitze hielt, vor mir. Dort saß Dullita, weiterhin mit dem Rücken zu mir, die Beine über der Leere, ihre Handflächen ruhten auf der Brüstung, und war völlig in die Betrachtung der Wolken versunken, die, regenzerrissen, sich zerteilten in phantastische Fragmente des großen, vertikalen Napoleon von vorhin, der nun in ein riesiges, horizontales, blutdürstiges Krokodil überging.

Bald würde es dunkel sein. Mit unendlicher Vorsicht schob ich die Gabel meiner Krücke genau in die Richtung der schmalsten Stelle von Dullitas Taille; ich führte diese Operation mit solcher Aufmerksamkeit durch, daß ich, als ich näherkam, mir heftig auf die Unterlippe biß und ein winziges Blutrinnsal mein Kinn hinunterzufließen begann. Was würde ich tun? Als ob sie die Berührung meiner Krücke schon im voraus gespürt hätte, drehte sich Dullita, überhaupt nicht erschrocken, zu mir um und lehnte ihren Rücken von sich aus gegen die Krücke. In diesem Augenblick war ihr Gesicht das Gesicht des schönsten Engels im Himmel, und dann sah ich, wie der Regenbogen ihres Lächelns über die ganze Entfernung der Krücke zwischen uns eine Brücke zu mir schlug. Ich senkte die Augen und tat so, als steckte ich das Ende meiner Krücke in die Rille zwischen zwei Steinplatten. Die Augen voller Tränen, stand ich abrupt auf, ging auf Dullita zu, riß ihr das Diabolo aus der Hand und schrie mit heiserer, tränenerstickter Stimme:

»Weder für dich noch für mich!«

Und ich schleuderte unser Diabolo ins Leere.

Das Opfer war endlich gebracht!* Und seither ist für mich diese anonyme Krücke das »Symbol des Todes« und das »Symbol der Auferstehung« und wird es bis ans Ende meiner Tage bleiben.

---

* Das Diabolo bekam in meiner Geschichte in jeder Hinsicht die für Opfer charakteristische Surrogat-Funktion und steht stellvertretend für Abrahams Opferlamm. In meinem Falle symbolisiert es ganz prosaisch den Tod Dullitas, der Galuschka Rediviva, und außerdem die Möglichkeit ihrer Auferstehung.

Zweiter Teil

GALA
CELLE QUI
AVANCE

Dali' in an
anarchistic mood, walking
in the country of
Figueras at sundown.

1922

6. Kapitel

Pubertät
Heuschrecke
Verweisung von der Schule
Das Ende des europäischen Krieges

Pubertät bedeutet die Entstehung der Körperhaare. In meinem Fall stellte sich dieses Phänomen ganz plötzlich eines Sommermorgens in der Bucht von Rosas ein. Mit anderen Kindern war ich nackt schwimmen gewesen und ließ mich nun in der Sonne trocknen. Als ich mit dem mir eigenen narzißtischen Behagen meinen Körper betrachtete, sah ich plötzlich, daß einige Haare ungleichmäßig die sehr weiße und zarte Haut meiner Schamgegend zierten. Diese Haare waren sehr vereinzelt und dünn, obwohl sie zur vollen Länge ausgewachsen waren, und sie verliefen in gerader Linie zu meinem Nabel hin. Eines, das viel länger als die übrigen war, war genau am Rand des Nabels gewachsen.

Ich nahm dieses Haar zwischen Daumen und Zeigefinger und versuchte, es herauszupfen. Es sträubte sich schmerzhaft. Ich zog stärker, und als ich schließlich Erfolg hatte, konnte ich über seine Länge nachdenken und nur staunen.

Wie hatte es unbemerkt auf meinem geliebten Körper wachsen können, den ich doch so gut beobachtete, daß es unmöglich schien, er könne mir je etwas verheimlichen?

Ein süßes, unmerkliches Gefühl der Eifersucht begann um jenes Haar herum zu knospen. Ich hielt es gegen den Himmel, nah an die Sonne; es erschien dann wie vergoldet, mit allen Farben umsäumt, so wie zahllose Regenbögen zwischen meinen Wimpern schillerten, wenn ich die Augenlider halb schloß.

Während meine Gedanken anderswohin wanderten, begann ich automatisch ein Spiel mit diesem Haar, indem ich es zu einem kleinen Ring formte. Dieser Ring hatte einen Schwanz, den ich bildete, indem ich die beiden Enden des Haares zu einem einzigen Stiel zwirbelte, an dem ich den Ring hielt. Dann befeuchtete ich den Ring, indem ich ihn vorsichtig in den Mund führte und wieder herausnahm, wodurch der Speichel wie eine durchsichtige Membran an ihm haftete und sich dem leeren Kreis meines Ringes vollkommen anpaßte, der so einem Lorgnon ähnelte, mit meinem Schamhaar als Gestell und dem Speichel als dem Glas. Durch mein derart verwandeltes Haar betrachtete ich entzückt den Strand und die Landschaft in der Ferne. Von Zeit zu Zeit spielte ich ein anderes Spiel. Mit der freigebliebenen Hand faßte ich ein zweites Schamhaar, in der Weise, daß sein Ende als Nadelspitze benutzt werden konnte. Dann senkte ich langsam den Ring mit dem darübergespannten Speichel, bis er die Spitze meines Schamhaares berührte. Das Lorgnon zersprang, verschwand und ein winzig kleiner Tropfen landete klatschend auf meinem Bauch.

145

Ich wiederholte dieses Spiel unendlich oft, doch das Vergnügen, das ich an der Explosion der über meinen Haarring gespannten Speicheltextur fand, nutzte sich nicht ab, ganz im Gegenteil. Denn ohne daß ich es wußte, hatte die Unruhe der beginnenden Pubertät mich dazu geführt, in der Perforation meines durchsichtigen Speichels, in welchem, wie gesagt, das ganze Sommersonnenlicht glänzte, schon dunkel nach dem rätselhaften Bild der Jungfräulichkeit zu forschen.

Meine Jugend war durch eine bewußte Verstärkung all der Mythen, Manien, Schwächen, Talente, Genie- und Charakterzüge gekennzeichnet, die sich bereits in meiner frühen Kindheit abgezeichnet hatten.

Ich wollte mich in keiner Weise verbessern, ich wollte mich nicht verändern; immer mehr beherrschte mich der Wunsch, meine Art zu leben auf jeden Fall durchzusetzen und zu forcieren.

Anstatt mich weiter am stehenden Gewässer meines frühen Narzißmus zu erfreuen, kanalisierte ich es; die wachsende, heftige Bejahung meiner Persönlichkeit wurde bald in einem neuen sozialen Handlungsinhalt sublimiert, welcher bei den heterogenen, gut ausgeprägten Neigungen meines Geistes nur unsozial und anarchistisch sein konnte.

Der Kinderkönig wurde ein Anarchist. Ich war gegen alles, systematisch und aus Prinzip. Als Kind hatte ich alles immer »anders als die anderen« gemacht, aber meist ohne mir dessen bewußt zu sein. Jetzt, da ich endlich die außergewöhnliche und phänomenale Seite meiner Verhaltensmuster verstanden hatte, tat ich es »mit Absicht«. Es brauchte nur jemand »schwarz« zu sagen, und ich entgegnete »weiß!«. Es brauchte sich jemand nur respektvoll zu verbeugen, damit ich spuckte. Mein fortwährendes, tolles Bedürfnis, mich »anders« zu fühlen, ließ mich vor Wut heulen, wenn eine Übereinstimmung mich zufällig in dieselbe Kategorie wie andere bringen sollte. Vor allem und um jeden Preis: Ich – nur ich! Nur ich! Nur ich!

Und in Wahrheit errichtete mein Jünglingsalter im Schatten der unsichtbaren Flagge, auf der diese beiden Worte im Geiste geschrieben standen, Mauern aus Qual und Systeme geistiger Festungen, die mir lange Jahre uneinnehmbar und geeignet schienen, bis ins Alter die geheiligte Sicherheit der blutigen Grenzen meiner Einsamkeit zu schützen.

Vor Mädchen lief ich davon, denn seit der kriminellen Erinnerung an Mulí de la Torre sah ich in ihnen die größte Gefahr für meine den Stürmen der Leidenschaft so hilflos ausgesetzte Seele. Trotzdem faßte ich den Plan, »ununterbrochen verliebt« zu sein; doch war er völlig arglistig und in einem subtilen jesuitischen Geist entworfen, welcher mich befähigte, von vornherein jede materielle Möglichkeit einer wirklichen Begegnung mit den Wesen, die ich zu Heldinnen meiner Liebschaften erkor, auszuschließen.

Ich wählte immer Mädchen, die ich nur einmal in Barcelona oder nahegelegenen Städten gesehen hatte und die ich wahrscheinlich oder ganz sicher nie mehr wiedersehen würde. Die Unwirklichkeit dieser Wesen wuchs

147   *Die Armen, die Armen und immer... die Armen*

mit dem Verblassen meiner Erinnerung und machte es leicht, meine Leidenschaft auf neue Heldinnen zu übertragen.

Eine meiner größten Liebschaften dieser Art entstand während eines traditionellen Picknicks auf dem Lande nahe Figueras. Die kleinen Hügel waren mit Gruppen aus Leuten gesprenkelt, die ihr Mahl unter den Olivenbäumen vorbereiteten. Sofort wählte ich als Objekt meiner Liebe ein junges Mädchen, das auf dem gegenüberliegenden Hügel ein Feuer entzündete. Die Entfernung, die mich von ihr trennte, war so groß, daß ich ihr Gesicht nicht deutlich erkennen konnte; doch wußte ich schon, daß sie ein unvergleichliches und das allerschönste Wesen auf Erden war. Die Liebe brannte mir in der Brust und verzehrte mein Herz in ununterbrochener Qual.

Und jedesmal, wenn ein Fest eine große Menschenmenge zusammenführte, stellte ich mir vor, ich würde aus der wogenden Gesellschaft flüchtige Blicke von ihr erhaschen.

Diese Art Erscheinung, bei der Ungewißheit die führende Rolle spielte, warf frische Zweige auf das Feuer, das das schimärische Geschöpf meiner Leidenschaft auf dem gegenüberliegenden Hang an jenem Tag entzündet hatte, da ich es von fern zum ersten Mal erblickte.

Liebschaften dieser Art, sogar noch unwirklichere und unerfülltere, erlaubten es meinen Gefühlen, selbst inmitten schlimmster Seelengewitter von dem Bild eines Mädchens zum nächsten weiterzufließen und dabei nach und nach meine Idee von Kontinuität und Reinkarnation zu stärken, die zum ersten Mal bei der Begegnung mit meiner ersten Dullita zutage getreten war. Das heißt, ich erreichte stufenweise die Überzeugung, daß ich wirklich immer in dasselbe einzigartige, zwanghafte weibliche Bild verliebt war, das sich bloß selbst vervielfachte und nacheinander verschiedene Aspekte annahm und dabei mehr und mehr von der allmächtigen Autokratie meines königlichen und anarchischen Willens abhing.

Genau so wie es für mich seit Señor Traites Schule leicht gewesen war, in den Wasserflecken an der Decke »alles zu sehen, was ich wollte«, und dies zu wiederholten Malen, und wie ich es später bei den Formen der treibenden Wolken des Sommergewitters auf dem Mulí de la Torre nochmals erleben konnte, ebenso brach gerade zu Beginn meiner Pubertät diese magische Kraft der Verwandlung der Welt über die Grenzen »visueller Bilder« hinaus in die Gefühlsbezirke meines Lebens durch, so daß ich Meister in der wundertätigen Kunst wurde, jederzeit und unter allen Umständen *immer, immer etwas anderes zu sehen*, oder andererseits – was auf dasselbe hinausläuft – in Dingen, die verschieden waren, »immer das gleiche sehen« zu können.

Galuschka, Dullita, zweite Dullita, Galuschka Rediviva, die Feueranzünderin, Galuschkas Dullita Rediviva! So stand im Reich der Gefühle die Liebe unter der Polizeigewalt meiner Einbildungskraft!

Ich sagte zu Beginn dieses Kapitels, daß der forcierte Hyper-Individualismus, den ich als Kind an den Tag gelegt hatte, in meiner Jugend in der Entwicklung stark unsozialer Tendenzen kristallisierte. Diese wurden gleich am Anfang meiner Gymnasialzeit offenkundig, und sie nahmen die Form eines »absoluten Dandytums« an, das dem Geist irrationaler Mystifikation und systematischen Widerspruchs entsprang.

Ich muß zugeben, daß katastrophalste Zufälle den theatralischen Charakter der banalsten meiner Handlungen steigerten und damit in entscheidender Weise zu dem Mythos beitrugen, der meine anfangs so unverständliche Person bereits in jungen Jahren mit den Nebeln göttlichen Ruhms zu umhüllen begann.

Ich sollte die höhere Schule beginnen und wurde deswegen auf eine andere kirchliche Schule geschickt, die der Maristen. Zu der Zeit behauptete ich, sensationelle Entdeckungen auf dem Gebiet der Mathematik gemacht zu haben, die es mir ermöglichen würden, Geld zu verdienen. Meine Methode war einfach. Sie war folgendermaßen: Ich kaufte Fünf-*céntimo*-Münzen mit Zehn-*céntimo*-Münzen – für jede fünf *céntimos*, die man mir bot, gab ich zehn! Alles Geld, das ich von meinen Eltern bekommen konnte, verbrauchte ich sofort auf diese Weise, und hatte ein wahnsinniges Vergnügen an dem Spiel, das jedem unbegreiflich und zwangsläufig verlustbringend war. Als mein Vater mir eines Tages einen *duro* (fünf Peseten) schenkte, raste ich los, um ihn in Zehn-*céntimo*-Stücke zu wechseln, die dann mehrere wunderbare Häufchen ergaben! Sobald ich in der Schule war, verkündete ich triumphierend, ich würde an diesem Tage meinen Markt eröffnen, um zu den üblichen Bedingungen Fünf-*céntimo*-Münzen zu kaufen.

So nahm ich denn in der ersten Pause meinen Platz hinter einem kleinen Tisch ein und baute die Münzen mit großem Vergnügen zu einigen Häufchen auf. Alle Schulkameraden versammelten sich um mich, ungeduldig, den versprochenen Tausch zu realisieren. Zur Bestürzung aller gab ich tatsächlich zehn *céntimos* für jede fünf, die man mir anbot. Als das Geld verbraucht war, tat ich so, als ginge ich meine Konten in einem Geheimbüchlein durch, welches ich endlich mit einigen Sicherheitsnadeln verschloß und geziert zurück in die Hosentasche steckte. Darauf rieb ich mir befriedigt die Hände und rief aus: »Schon wieder Gewinn gemacht!« – stand von meinem Zahltisch auf und stolzierte fort, nicht ohne den umstehenden Kameraden einen verächtlichen Blick zugeworfen zu haben, der unverhohlene Freude ausdrückte und zu besagen schien: »Habe ich euch wieder mal reingelegt! Ihr Idioten!«

Dieses Geldkauf-Spiel begann mich zwanghaft zu fesseln, und von da an lenkte ich meine ganze Aktivität darauf, unter den unterschiedlichsten Vorwänden möglichst viel Geld von meinen Eltern zu bekommen – sei es, um angeblich Bücher oder Farben zu kaufen; oder auch, daß ich ein so ungewöhnlich mustergültiges Betragen an den Tag legte, daß es meine Bitte um eine Geldbelohnung rechtfertigte. Meine finanziellen Bedürfnisse

wuchsen, denn um mein Ansehen zu festigen, mußte ich immer bedeuten-
dere Summen umtauschen: Es war der einzig sichere Weg, das sensationelle Erstaunen zu vergrößern, das bei jeder neuen Umtauschaktion ständig
um sich griff.

Eines Tages kam ich völlig außer Atem in die Schule, konnte kaum meine Freude zurückhalten – ich brachte fünfzehn *pesetas* mit, die ich nach
tausend Torturen und Opfern der Liebenswürdigkeit meinen Eltern gegenüber schließlich zusammenbekommen hatte. Ich war soweit, daß ich fünfzehn *pesetas* auf einmal umtauschen konnte. Ich ging deshalb mit der
größten Feierlichkeit und Bedächtigkeit an das Wechselgeschäft und unterbrach es von Zeit zu Zeit, um in meinem Kontobuch nachzuschlagen. Es
gelang mir, mich mehrere Stunden lang zu vergnügen, der Erfolg übertraf
alle Erwartungen. Von Mund zu Mund wiederholten meine Schulkameraden: »Weißt du, wieviel Geld Dali gerade umgetauscht hat? Fünfzehn *pesetas*!...« – »Nein, wirklich!« Jeder war überrascht, und sie riefen: »Er ist
wirklich verrückt!«

So lange ich zurückdenken kann, habe ich diesen Satz begeistert genossen. Abends nach der Schule pflegte ich ganz allein durch die Stadt zu bummeln; da heckte ich aus, was ich am nächsten Tag tun wollte, um die Mitschüler zu verblüffen. Aber ich nutzte die Spaziergänge auch dazu, meinen
»Aggressionen« freien Lauf zu lassen. Gewöhnlich stieß ich auf geeignete
Opfer, wie sie dieser »Sport« erforderte; ich suchte sie mir unter Kindern,
die kleiner waren als ich. Meine erste Aggression richtete sich gegen einen
dreizehnjährigen Jungen. Ich hatte ihn einige Zeit beobachtet, wie er ein-
fältig ein großes Stück Brot mit Schokolade aß – einen Bissen Brot, einen
Bissen Schokolade. Diese abwechselnden, fast mechanischen Gesten schienen mir einen schwerwiegenden Mangel an Intelligenz zu offenbaren.
Darüber hinaus war er häßlich, und die Schokolade, die er aß, war von
scheußlicher Qualität und erfüllte mich mit ungeheurer Verachtung für
ihren Verbraucher. Hinterhältig näherte ich mich dem Jungen, als sei ich
ganz in die Lektüre eines Buches von Fürst Kropotkin* vertieft, das ich auf
meinen Spaziergängen immer bei mir trug. Mein Opfer sah mich kommen,
hegte aber keinen Verdacht und fuhr fort, sein Brot und seine Schokolade
hinunterzuschlingen, wobei es wieder in eine andere Richtung blickte. Ich
taxierte ihn und überlegte, was ich tun würde, gab mich in aller Ruhe dem
großen Luxus des Vorbedachts hin, während ich ihn ansteuerte. Nachdem
ich aus der Nähe seine schrecklich idiotische, unbeholfene Art zu essen und
besonders sein Schlucken beobachtet hatte, schlug ich ihm mitten ins Gesicht, so daß Brot und Schokolade durch die Luft flogen. Danach jagte ich in
wilder Flucht davon, so schnell mich meine Füße trugen. Der Bursche
brauchte eine lange Zeit, bis er begriffen hatte, was ihm passiert war, und

---

* Ich habe dieses Buch nie gelesen, doch Kropotkins Porträt auf dem Umschlag und der Titel *Wohlstand für alle* kamen mir höchst subversiv vor und sollten mich in den Augen der Leute, die mich durch die Straßen der Stadt gehen
sahen, interessant erscheinen lassen.

als er es dann wußte und versuchte, mir nachzulaufen, war ich schon so weit weg, daß er seine Zornesregung, mir nachzustürzen, sofort aufgab. Ich sah, wie er sich bückte und seine Schokolade wieder aufhob.

Mein ungestrafter Erfolg hatte umgehend zur Folge, daß solche Aggressions-Akte den endemischen Charakter eines richtigen Lasters annahmen, das ich nicht mehr ablegen konnte. Ich hielt nach jeder günstigen Gelegenheit, ähnliche Taten zu begehen, Ausschau und wurde immer rücksichtsloser. Bald merkte ich, daß das sympathische oder unsympathische Wesen meiner Opfer keine besondere Rolle mehr spielte und mein Vergnügen allein der Angst entsprang, die mit der Ausführung und den Risiken des Überfalls selbst verbunden war.

Einmal suchte ich mir einen Violinschüler, den ich sehr flüchtig kannte und für den ich wegen seiner künstlerischen Begabung eher ein Gefühl der Bewunderung hegte, als Opfer aus. Er war sehr groß, viel größer als ich, aber so dünn, so blaß und kränklich, daß ich ihm wegen seines zerbrechlichen Aussehens nicht zutraute, er könnte auf das, was ich vorhatte, mit Gewalt antworten. Ich war ihm einige Minuten lang gefolgt, aber es ergab sich keine günstige Gelegenheit: Er befand sich noch inmitten mehrerer Schülergruppen und unterhielt sich angeregt. Bald verließ er eine dieser Gruppen, legte seine Geige auf den Boden und kniete nieder, um seinen aufgegangenen Schnürsenkel zu binden. Seine Haltung in diesem Moment konnte nicht vorteilhafter sein. Ohne zu zögern ging ich zu ihm und gab ihm einen furchtbaren Tritt in den Hintern. Dann sprang ich auf seine Geige, zertrampelte sie in hundert Stücke und rannte wie ein Hase davon. Doch diesmal erholte sich mein Opfer schnell von dem Angriff, lief mir nach und gab die Jagd nicht auf. Seine Beine waren so lang und er rannte so gut, daß ich sofort merkte, ich war verloren. Als ich sah, daß Widerstand zwecklos sei, überfiel mich eine unüberwindliche Feigheit, ich hielt plötzlich an, fiel auf die Knie und bat ihn zitternd, mir zu vergeben. Ich dachte sofort daran, ihm Geld anzubieten, und mit Tränen in den Augen erbot ich mich, ihm fünfundzwanzig *pesetas* zu geben, wenn er mich nicht berührte, wenn er mich nicht verletzte. Aber es dürstete den Jungen derart nach Rache, daß ich begriff, weder Flehen noch Wehklagen würden ihn aufhalten können. So verbarg ich den Kopf unter den Armen, um mich gegen die Schläge zu schützen, die ich einstecken mußte. Mit einem heftigen Fußtritt gegen die Brust warf er mich um, boxte mich mehrmals, packte ein Büschel meines langen Haars und zog und drehte es gleichzeitg, wobei er einige Strähnen ausriß. Ich stieß durchdringende und hysterische Schmerzensschreie aus und bebte in so theatralischem Schrecken am ganzen Körper, wodurch es so aussah, als sei ich im Begriff, einem Anfall zu erliegen, daß der Violinschüler plötzlich erschreckt aufhörte, mich zu schlagen, und selbst floh.

Eine dichte Schar Schüler hatte sich inzwischen um uns gesammelt; der

Literaturlehrer, der zufällig in der Nähe war, machte seine Autorität geltend um einzugreifen, und während er sich einen Weg durch die Menge bahnte, bat er um eine Erklärung für den Vorfall. Da entstand in meinem Kopf plötzlich eine erstaunliche Lüge, und ich sagte zu ihm in einem Zug:

»Ich habe gerade seine Geige zerstört, um endgültig und unwiderleglich die Überlegenheit der Malerei über die Musik zu beweisen.«

Meine Erklärung wurde mit Raunen und Gelächter aufgenommen. Der Lehrer sagte entrüstet, aber neugierig geworden:

»Und wie hast du das gemacht?«

»Mit meinen Schuhen«, antwortete ich nach kurzer Pause.

Jeder lachte diesmal, der Tumult war groß. Der Lehrer stellte die Ruhe wieder her, kam zu mir herüber, legte mir seine Hand auf die Schulter und sagte tadelnd in fast väterlichem Tone:

»Das beweist überhaupt nichts. Es ergibt keinen Sinn!«

Mit einer fast feierlichen Selbstsicherheit, ihm direkt in die Augen sehend und jede Silbe mit der höchsten Würde, deren ich fähig war, herausarbeitend, antwortete ich:

»Ich weiß sehr wohl, daß es für die meisten meiner Schulkameraden keinen Sinn ergibt und sogar für die meisten meiner Lehrer nicht; auf der anderen Seite kann ich Ihnen versichern, daß meine Schuhe* (und ich zeigte mit dem Finger auf sie) eine ganz andere Ansicht von der Sache haben!«

Drückende Stille senkte sich, nachdem ich meine Worte zu Ende gesprochen hatte. Alle Schulkameraden erwarteten einen Verweis und eine harte Bestrafung für meine verblüffende Unverschämtheit. Doch ganz im Gegenteil wurde der Literaturlehrer plötzlich nachdenklich und machte zu jedermanns Überraschung und Enttäuschung eine ungeduldige und kategorische Handbewegung, die anzeigte, daß er den Vorfall als beendet betrachtete, jedenfalls für den Moment.

Von diesem Tag an begann um meine Person ein Nimbus von »Kühnheit« zu wachsen, den die Ereignisse, die ich im folgenden beschreiben werde, nur festigen und in den Rang einer legendären Kategorie erheben sollten. Keiner meiner Mitschüler hätte es jemals gewagt, einem Lehrer mit der Selbstsicherheit, die ich gezeigt hatte, zu antworten, und alle stimmten darin überein, daß mein nachdrücklicher Tonfall den Lehrer so sprachlos gemacht hätte. Diese plötzliche Energie, die wie ein Blitzstrahl durch den Dunst meiner gewohnten Schüchternheit gefahren war, brachte mir ein gewisses Ansehen, das ein glückliches Gegengewicht zu dem Gemisch aus

---

* Mein ganzes Leben lang haben mich Schuhe beschäftigt; ich verwendete sie in mehreren surrealistischen Objekten und Bildern, so daß ich sie schon quasi vergottete. 1936 ging ich soweit, daß ich Schuhe auf Köpfe setzte; Elsa Schiaparelli schuf einen Hut nach meiner Idee. Daisy Fellowes tauchte in Venedig mit diesem Schuh-Hut auf dem Kopf auf. Tatsächlich scheint mir der Schuh das am meisten mit realistischen Qualitäten besetzte Objekt zu sein, im Gegensatz zu Objekten aus dem Bereich der Musik, welche ich immer als zerstört, zerdrückt, weich darzustellen versucht habe – Cellos aus faulem Fleisch usw. Eins meiner letzten Bilder stellt ein paar Schuhe dar. Zwei lange Monate verwandte ich darauf, sie nach dem Modell zu kopieren, und ich arbeitete mit der gleichen Liebe und der gleichen Objektivität an ihnen, mit denen Raffael eine Madonna malte. Es ist außerordentlich lehrreich zu beobachten, wie ich mit einer improvisierten Lüge, die unter extrem anekdotischen Umständen zustande kam, die Formulierung einer dauerhaften und einheitlichen philosophischen Plattform vorwegnahm, die mit der Zeit nur noch untermauert werden sollte.

Verachtung und Verblüffung bildete, das der Geldwechsel und wiederholte andere Exzentrizitäten schließlich meiner Person gegenüber erzeugt hatten.

Ich begann nun Gegenstand einer höchst interessanten Kontroverse zu werden: Ist er verrückt? Ist er nicht verrückt? Ist er halb-verrückt? Zeigt er die Anfänge einer außerordentlichen, aber abnormen Persönlichkeit? Letztere Meinung wurde von mehreren Lehrern geteilt – denen für Zeichnen, Handschrift und Psychologie. Der Mathematiklehrer andererseits behauptete, meine Intelligenz liege weit unter dem Durchschnitt. In einem Punkt wenigstens nahmen die Zweifel stetig ab: Wann immer etwas Ungewöhnliches oder Unglaubliches geschah, wurde es automatisch mir zugeschrieben; und während ich »einsamer« und »einzigartiger« wurde, wurde ich eben dadurch jeden Tag »sichtbarer« – je geheimnisvoller ich mich machte, desto mehr wurde ich beachtet. Schließlich begann ich meine Einsamkeit zur Schau zu stellen, war stolz darauf, als sei sie meine Geliebte, die ich zynisch vorführte im Glanz all des aggressiven Geschmeides meiner dauernden Huldigung.

Eines Tages verschwand der Schädel eines »präparierten Skeletts«, das in der Klasse für Naturgeschichte gebraucht wurde. Sofort wurde ich verdächtigt, und man durchsuchte mein Pult, das, da es verschlossen war, aufgebrochen wurde. Schon damals erfüllten mich Skelette mit einem entsetzlichen Unbehagen, und nicht um alles in der Welt hätte ich eines angerührt. Wie schlecht sie mich kannten! Der nächste Tag brachte des Rätsels Lösung: Es war nur der Lehrer selbst gewesen, der den Schädel gebraucht und ihn abmontiert hatte, um ihn mit nach Hause zu nehmen.

Nachdem ich der Anstalt einmal mehrere Tage lang wegen meiner üblichen Halsentzündungen ferngeblieben war, kam ich eines Morgens zurück, um wieder am Unterricht teilzunehmen. Als ich eintraf, bemerkte ich eine aufgeregte Gruppe von Schülern, die im Kreis zusammenstanden und alle aus vollem Halse schrien. Plötzlich sah ich eine Flamme aus der Mitte des erregten Haufens emporschießen, gefolgt von einem Wirbel schwarzen Rauchs. Das war geschehen: Damals hatte sich eine starke separatistische Bewegung entwickelt, die mit gewissen gleichzeitigen politischen Ereignissen zu tun hatte, die gerade am Tag zuvor in den Zeitungen gemeldet worden waren, und die Schüler hatten nichts Geringeres getan, als eine spanische Fahne zu verbrennen!

Als ich mich auf die Gruppe zubewegte, um herauszufinden, was vorging, war ich überrascht, alle plötzlich auseinanderstieben zu sehen, und einen Augenblick lang dachte ich, mein hastiges Hinzutreten sei der Grund dafür. Ehe ich mich versah, stand ich allein da – die rauchenden Überreste der verbrannten Fahne zu meinen Füßen; die Ausreißer schauten von ferne mit einem furchtsamen und bewundernden Ausdruck zu mir herüber, der mich irritierte. Doch der Grund für ihre plötzliche Flucht war vollkommen
offensichtlich, er lag einfach in der Ankunft einer Gruppe von Soldaten, die

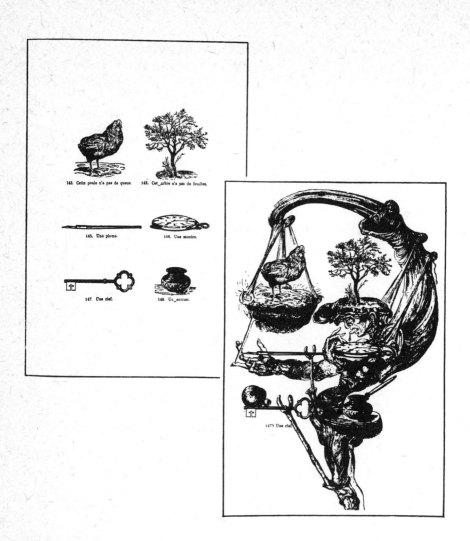

zufällig am Schauplatz des Geschehens vorbeigingen und Zeugen des Zwischenfalls geworden waren und nun auch schon das anti-patriotische Sakrileg zu untersuchen begannen, das gerade begangen worden war. Ich erklärte wiederholt, daß meine Gegenwart hier rein zufällig sei, aber niemand schenkte meinen Unschuldsbeteuerungen die geringste Aufmerksamkeit; im Gegenteil, das Bild, das jeder sich schon von mir gemacht hatte, verlangte, daß ich der Hauptheld dieser Demonstration wurde, an der ich nicht einmal teilgenommen hatte. Sofort machte die Geschichte die Runde, daß in dem Moment, als die Soldaten die Szene betraten, jeder weggelaufen sei außer mir, der ich wie angewurzelt stehengeblieben sei und Beweis und Beispiel revolutionären Stoizismus und bewundernswerter Geistesgegenwart gegeben hätte. Ich mußte vor den Richtern erscheinen, aber glücklicherweise war ich noch nicht alt genug, um für Handlungen politischer Natur verantwortlich gemacht werden zu können; ich wurde freigesprochen, ohne daß es zur Hauptverhandlung kam. Trotzdem machte der Vorfall einen tiefen Eindruck auf die öffentliche Meinung, die begann, von meiner Person Notiz nehmen zu müssen.

Ich hatte mein Haar so lang wachsen lassen wie ein Mädchen, und wenn ich mich im Spiegel betrachtete, ahmte ich oft die Pose und den melancholischen Blick nach, die mich an Raffaels Selbstporträt so faszinierten; ihm wäre ich gern so ähnlich wie möglich gewesen. Ich wartete auch ungeduldig darauf, daß mir der Flaum im Gesicht wüchse, damit ich mich rasieren und lange Koteletten tragen könnte. Sobald wie möglich wollte ich »ungewöhnlich aussehen«, ein Meisterwerk aus meinem Kopf machen; oft lief ich ins Zimmer meiner Mutter – sehr schnell, um nicht ertappt zu werden – und puderte hastig mein Gesicht, wonach ich dann mit einem Stift die Augenpartie übertrieben dunkel färbte. Draußen auf der Straße biß ich mir sehr fest auf die Lippen, um sie so rot wie möglich zu bekommen. Diese Eitelkeiten steigerten sich, als ich die ersten auf mich gerichteten neugierigen Blicke gewahrte, Blicke, mit denen die Leute gegenseitig ihre Aufmerksamkeit auf mich lenkten und die bedeuteten: »Das ist der Sohn von Dalí, dem Notar. Er hat die Fahne verbrannt!«

Die Ideen, die mich zu einem Helden gemacht hatten, waren mir zutiefst zuwider. Zunächst waren sie die der meisten Mitschüler und infolge meines nicht zu unterdrückenden Widerspruchsgeistes allein deshalb schon indiskutabel; außerdem erschien der Mangel an Universalität, der diesem kleinen, elenden Lokalpatriotismus innewohnte, meinen Augen, die es nach dem Sublimen dürstete, unerträglich mittelmäßig. Zu der Zeit fühlte ich mich als »hundertprozentiger Anarchist«, aber es ging da um meine eigene, ganz besondere und unsentimentale Anarchie, eine Anarchie, in welcher ich als der oberste und launenhafte Chaot hätte herrschen können – eine anarchistische Monarchie*, mit mir als dem absoluten König an der Spitze; ich komponierte damals mehrere Hymnen, die man nach beliebten Melodien singen konnte und in denen die weitherzigen Lobpreisungen der anarchischen, Dalischen Monarchie dithyrambisch angestimmt wurden. Alle meine Schulkameraden kannten solche Lieder und versuchten erfolglos, sie zu imitieren; der Gedanke, meine Mitschüler zu beeinflussen, begann mich zu reizen, und allmählich erwachte das »Realitätsprinzip« in mir.

Andererseits war ich in Sachen »einsamer Lust«, wie sie meine Freunde regelmäßig praktizierten, total zurückgeblieben. Ich hörte ihre mit Anspie-

---

* Ich entwickelte die Idee der anarchistischen Monarchie 1922 in Madrid weiter, wobei ich den bissigsten Humor mit einer Reihe asozialer und apolitischer Paradoxa verband, die zumindest den Vorzug hatten, eine schlagende polemische Waffe abzugeben, mit der ich mich amüsieren konnte, indem ich eine Saat des Zweifels ausstreute und die politischen Überzeugungen meiner Freunde erschütterte.

lungen, Euphemismen und versteckten Bedeutungen durchsetzten Gespräche, aber trotz Anstrengung meiner Phantasie war ich außerstande, genau zu verstehen, woraus »es« bestand; eher wäre ich vor Scham gestorben, als daß ich gewagt hätte zu fragen, wie man »es« mache, oder das Thema auch nur indirekt anzuschneiden, denn ich fürchtete, man könnte herausfinden, daß ich nicht alles über »es« wußte und »es« nie gemacht hätte. Eines Tages kam ich zu dem Schluß, daß man »es« allein tun konnte, daß »es« auch gemeinsam getan werden konnte, sogar von mehreren gleichzeitig, damit man sah, wer es am schnellsten konnte. Manchmal sah ich zwei meiner Freunde weggehen, nachdem sie einen Blick gewechselt hatten, der mich mehrere Tage lang verfolgte. Sie verschwanden an einen einsamen Platz, und wenn sie zurückkamen, wirkten sie verklärt – sie waren schöner! Tagelang dachte ich darüber nach, was »es« wohl sein könne, und verlor dann meinen Weg im Labyrinth falscher und nichtiger kindischer Theorien, die allesamt eine grobe Anomalie angesichts meiner schon fortgeschrittenen Pubertät darstellten.

Ich bestand alle Prüfungen des ersten Jahres ohne Auszeichnung, aber ich fiel auch in keiner durch – das hätte meinen Sommer verdorben, denn dann hätte ich mich auf die Wiederholung der Prüfungen im Herbst vorbereiten müssen. Meine Sommer waren heilig und ich erlegte mir einen strengen Zwang auf, um sie vom Makel des Verdrusses freizuhalten.

Ich fieberte dem Ferienbeginn entgegen. Er war immer kurz vor dem Johannistag; und seit frühester Kindheit erinnere ich mich, diesen Tag immer am selben Ort, in einem weißgetünchten Dorf am Ufer des Mittelmeeres, in Cadaqués verbracht zu haben! Das ist der Ort, den ich mein ganzes Leben und mit jedem Tage mehr mit fanatischer Treue geliebt habe. Ohne im geringsten zu übertreiben, kann ich behaupten, daß ich jede Kontur der Felsen und Strände von Cadaqués, jede geologische Anomalie seiner einzigartigen Landschaft und seines Lichtes auswendig kenne. Denn während meiner einsamen Wanderungen waren diese Umrisse der Felsen und diese an der Struktur und ästhetischen Substanz der Landschaft haftenden Lichtblitze die einzigartigen Protagonisten, auf deren mineralische Teilnahmslosigkeit ich Tag für Tag die ganze angesammelte und chronisch unbefriedigte Spannung meines erotischen und emotionalen Lebens projizierte. Ich allein kannte die genaue Reiseroute der Schatten, wenn sie ihre peinigende Bahn um den Busen der Felsen zogen, deren Spitzen von der sanft ansteigenden Flut des aufgehenden Mondes erreicht und überschwemmt wurden, wenn die Zeit kam. Längs meines Weges hinterließ ich immer Zeichen und Rätsel. Eine schwarze, ausgetrocknete Olive, senkrecht auf ein Stück alter Korkrinde gestellt, diente dazu, den Grenzpunkt der untergehenden Sonne zu bezeichnen – ich legte sie auf die äußerste Spitze eines wie ein Adlerschnabel zulaufenden Felsens. Durch Versuche fand ich heraus, daß dieser Steinschnabel die Stelle war, die die letzten Sonnenstrahlen empfing, und ich wußte, daß meine schwarze Olive zu einem bestimmten Moment ganz allein in der mächtigen Flut des purpurnen Lichtes aufragen würde, dann wenn die ganze übrige Landschaft plötzlich in den tiefen Schatten der Berge getaucht schien.

Sobald dieser Lichteffekt eintrat, lief ich zum Trinken an einen Brunnen, von dem aus ich die Olive noch sehen konnte, und ohne sie eine Sekunde aus den Augen zu lassen, schluckte ich langsam das kalte Wasser aus der Quelle hinunter, stillte meinen Durst, den ich bis zu diesem lang erwarteten Moment gemäß einer dunklen privaten Liturgie zurückgehalten hatte, welche es mir ermöglichte, während ich meinen Durst löschte, diese auf den letzten Punkt des Tages balancierte schwarze Olive zu betrachten, die der flammende Sonnenuntergang für kurze Zeit so lebendig wie eine ephemere Dämmerungskirsche machte! Danach holte ich meine Wunderolive, steckte sie mir in die Nase und setzte meinen Weg fort. Während ich so ging und gelegentlich einen kleinen Spurt einlegte, fühlte ich gern, wie mein sich verschnellernder Atem auf den Widerstand der Olive prallte; absichtlich blies ich dann immer fester, wobei ich das andere Nasenloch zuhielt, bis es mir gelang, sie – mit beträchtlicher Wucht – hinauszutreiben. Dann hob ich sie auf, wischte sorgfältig die Schmutz- und Sandkörnchen ab, die sich auf ihrer schwitzenden Oberfläche festgesetzt hatten, und nahm sie sogar in den Mund, um genüßlich ihren schwachen, ranzigen Ölgeschmack zu lutschen. Dann steckte ich sie in mein Nasenloch zurück und begann von neuem die Atemübung, die mit ihrer Austreibung enden sollte. Ich konnte mich nicht entscheiden, was ich lieber mochte, den Geruch des ranzigen Öls oder seinen Geschmack, wenn ich sie auslutschte. *

Meine Sommer waren zur Gänze von meinem Körper, mir selbst und der Landschaft in Anspruch genommen, und die Landschaft mochte ich am liebsten. Ich, der ich dich so gut kenne, Salvador, weiß, daß du die Landschaft von Cadaqués nicht so sehr lieben könntest, wenn sie nicht wirklich die schönste der Welt wäre – denn sie ist die schönste Landschaft der Welt, oder?

Ich kann schon das skeptische, wiewohl freundliche Lächeln der meisten meiner Leser sehen. Nichts kann mich so in Zorn versetzen wie dieses Lächeln! Der Leser denkt: Die Welt ist so groß, es gibt so viele schöne und mannigfaltige Landschaften überall, auf jedem Kontinent, auf jedem Breitengrad. Warum versucht Dali uns durch eine rein willkürliche Aussage zu überzeugen, die er nicht beweisen kann (außer mit der subjektiven Begründung seines eigenen Geschmacks)? Denn dazu würde eine Probe erfordert, die menschenunmöglich ist, zumal für Dali, der, da nicht sehr weitgereist, viele Gegenden des Erdballs nicht kennt, nicht kennenlernen wird und hier weder ein Urteil fällen noch eine Meinung von solch unqualifizierter Endgültigkeit äußern kann.

---

* Dies Spiel mit der Olive beendete ich oft damit, daß ich sie wiederholt in andere Teile meines Körpers steckte oder drückte, unter die Arme usw., nachdem ich sie zuvor mit Speichel befeuchtet hatte.

Wer so argumentiert, tut mir leid, weil er schamlos seine ästhetische und philosophische Kurzsichtigkeit beweist. Nehmen Sie eine Kartoffel in die Hand, untersuchen Sie sie sorgfältig. Sie mag eine faule Stelle haben, und wenn Sie Ihre Nase daran halten, wird sie dort anders riechen. Stellen Sie sich einen Augenblick lang vor, daß diese verdorbene Stelle die Landschaft sei – dann gäbe es auf der Kartoffel, die ich Ihnen so höflich anbot, eine Landschaft, eine einzige und nicht sechsunddreißig. Nun stellen Sie sich andererseits vor, es gäbe auf der fraglichen Kartoffel keine modrigen Stellen – dann ergibt sich, wenn wir weiterhin annehmen, daß die erwähnte Stelle der Landschaft äquivalent ist, daraus der Sachverhalt, daß die Kartoffel jetzt überhaupt keine Landschaft hat. Das kann leicht passieren! Und es ist Planeten wie dem Mond passiert, auf dem es, seien Sie sicher, keine einzige sehenswerte Landschaft gibt – ich kann das behaupten, obwohl ich nie dort gewesen bin und auch der Mond nicht gerade eine Kartoffel ist.

Genau so wie es am mehr oder weniger runden menschlichen Kopf nur eine Nase gibt und nicht Hunderte von Nasen, die in alle Richtungen und auf seiner ganzen Oberfläche wachsen, so ist auf dem Erdball jenes phänomenale Ding, das einige der kultiviertesten und scharfsinnigsten Geister der Welt übereingekommen sind eine »Landschaft« zu nennen, wobei sie ganz genau wußten, was sie mit diesem Wort meinten, so selten, daß unzählige wunderbare und unwägbare Umstände – eine Kombination geologischer und zivilisatorischer Strukturen – zusammenwirken müssen, um sie zu formen. Dieses Ding – und ich wiederhole es noch einmal – dies Ding, das »Landschaft« heißt und das auch ich so nenne, existiert nun einzig an den Küsten des Mittelmeeres und nirgends sonst. Aber das Merkwürdigste von alledem ist, daß die Gegend, wo diese Landschaft am besten, am schönsten, am überragendsten und am intelligentesten wird, exakt die Umgebung von Cadaqués ist, das durch mein großes Glück (ich bin der erste, der es erkennt) genau der Ort ist, wo Salvador Dali seit seiner frühesten Kindheit regelmäßig und der Reihe nach die »ästhetischen Kurse« all seiner Sommer durchlaufen sollte.

Und worin liegen die uranfängliche Schönheit und Vortrefflichkeit dieser wunderbar schönen Landschaft von Cadaqués? In der »Struktur«, nur darin! Jeder Hügel, jede Felskontur hätte von Leonardo selbst gezeichnet sein können! Außer der Struktur gibt es praktisch nichts. Vegetation existiert fast nicht. Nur die äußerst winzigen Olivenbäume, deren ins Gelbe spielendes Silber wie angegrautes, verehrungswürdiges Haar die philosophische Stirn der Hügel krönt, die von ausgetrockneten Rinnen und rudimentären, halb distelverdeckten Pfaden gerunzelt ist. Vor der Entdeckung Amerikas war dies ein Land des Weines. Dann kam das amerikanische Insekt, die Reblaus, und vernichtete ihn, trug durch sein Wüten dazu bei, die Bodenstruktur wieder und noch klarer hervortreten zu lassen, wie sie von den Linien der den Wein terrassierenden Stützmauern akzentuiert und beschattet wird, welche ästhetisch die Funktion geodätischer Linien haben, die die Großartigkeit dieser Küste, die in vielfachen, unregelmäßigen, dem Boden angepaßten Treppen abzufallen scheint, unterstreichen und tektonisch gliedern; sich schlängelnde oder geradlinie Reihen, harte morphologische Widerspiegelungen der großen Erdenseele selbst; Reihen der Zivilisation, die den Rücken der Landschaft überziehen; Reihen, bald heiter, bald wortkarg, bald aufgewühlt in dionysischen Gefühlen auf den verletzten Gipfeln göttlichen Weltschmerzes; raffaeleske oder ritterliche Reihen, die aus den warmen und silbrigen Olympen des Schiefers herabsteigen und am Saum des Wassers im grazilen, klassischen Lied des Steins erblühen, jeder Art Gesteins bis hin zum Granit der letzten stützenden Mauern jener unfruchtbaren und einsamen Erde (längst hat der strotzende Wein sie verlassen), auf deren trockener und elegischer Rauheit auch heute noch die beiden riesenhaften nackten Füße des grandiosen Phantoms ruhen, das schweigend, erhaben, senkrecht und scharfschmeckend die verschiedenen Rassen und alle verschwundenen Reben des Altertums verkörpert.

Wenn man am wenigsten daran denkt, springt die Heuschrecke! Schrecken über Schrecken! Und es war immer so. Im höchsten Moment meiner ekstatischsten Kontemplationen und Vergegenwärtigungen sprang immer die Heuschrecke! Schwerfällig, unbewußt, quälend, reflektierte ihr fürchterlich lähmender Sprung in einem Zusammenschrecken, das mein ganzes Sein bis auf den Grund erschütterte. Heuschrecke – verhaßtes Insekt! Schrecken, Alptraum, Marter und halluzinierender Wahnsinn in Salvador Dalis Leben.

Ich bin siebenunddreißig Jahre alt, und die Furcht, die Heuschrecken mir einflößen, hat seit meiner Jugend nicht abgenommen. Im Gegenteil. Wenn es möglich wäre, würde ich sagen, sie ist vielleicht noch größer geworden. Selbst heute – wenn ich mich am Rand einer Klippe befände und eine große Heuschrecke auf mich spränge und sich an meinem Gesicht festklammerte – würde ich mich lieber hinabstürzen als dieses fürchterliche »Ding« ertragen.

Die Geschichte dieser Angst bleibt für mich eines der größten Rätsel meines Lebens. Als ich sehr klein war, liebte ich wirklich Heuschrecken. Mit meiner Tante und meiner Schwester jagte ich sie mit eifrigem Vergnügen. Ich faltete ihre Flügel auf, die mir abgestufte Farben zu haben schienen wie die rosa-, malvenfarbenen und blaugetönten Dämmerungshimmel, die das Ende der heißen Tage in Cadaqués krönten.

Eines Morgens hatte ich einen sehr schleimigen kleinen Fisch gefangen, der wegen dieser Eigenschaft »Geiferer« genannt wurde. Ich drückte ihn sehr fest in der Hand, um ihn halten zu können, ohne daß er fortglitt, und nur sein Köpfchen schaute aus meiner Hand heraus. Ich hielt es nah vor mein Gesicht, um es richtig betrachten zu können, stieß aber sofort einen schrillen Schrei des Entsetzens aus und warf den Fisch weit fort, während mir Tränen in die Augen schossen. Mein Vater, der in der Nähe auf einem Felsen saß, kam und tröstete mich, versuchte zu verstehen, was mich so aus

der Fassung gebracht hatte. »Ich habe gerade dem ›Geiferer‹ ins Gesicht gesehen«, sagte ich mit schluchzender Stimme, »und es war genau das gleiche
wie bei einer Heuschrecke!« Seit ich diese Verwandtschaft zwischen den
beiden Gesichtern, dem des Fisches und dem der Heuschrecke entdeckt hatte, wurde die letztere mir ein Greuel, und wenn ich plötzlich und unerwartet eine sah, bekam ich mit großer Wahrscheinlichkeit einen so aufsehener-
regenden nervösen Anfall, daß meine Eltern den anderen Kindern strikt
verboten, mit Heuschrecken nach mir zu werfen, wie sie es dauernd versuchten, um sich an meinem Entsetzen zu weiden. Meine Eltern indes sagten oft: »Wie merkwürdig! Früher hat er sie so sehr gemocht!«

Einmal zermatschte meine Cousine absichtlich eine große Heuschrecke
auf meinem Hals. Ich spürte die gleiche unsägliche, glitschige Schleimig-
keit, die ich an dem Fisch wahrgenommen hatte; und obwohl sie ausgedrückt und überall von einer ekelhaften Flüssigkeit klebrig war, bewegte sie
sich halb zerstört noch zwischen meinem Hemdkragen und der Haut, und
ihre gezahnten Beine verhakten sich mit solcher Kraft in meinem Genick,
daß ich spürte, sie würden eher abreißen als ihren Todesgriff lockern.
Einen Moment verharrte ich halb ohnmächtig, dann gelang es meinen Eltern, mich von diesem »schrecklichen, halb-lebendigen Alptraum« zu befreien. Ich verbrachte den Nachmittag damit, mir wie wild den Hals zu   160

scheuern und mit Meerwasser abzuwaschen. Noch heute abend, da ich diese Zeilen schreibe, schießen mir Schauer des Schreckens über den Rükken, während sich mein Mund unwillkürlich zu einer anhaltenden Grimasse des mit bitterstem moralischem Unbehagen vermischten Widerwillens verzieht, so daß mein Gesichtsausdruck (in den Augen eines imaginären Betrachters) so scheußlich und entsetzlich erscheinen muß, wie der der halbzerquetschten Heuschrecke, die ich gerade beschrieben habe und die ich wahrscheinlich nachahme, indem ich mich vermittels der unwiderstehlichen, reflexhaften Mimikry meiner Gesichtsmuskeln mit ihrem Martyrium identifiziere.

Aber als ich nach Figueras zurückkehrte, erwartete mich mein Martyrium. Als dort nämlich meine schrecklich Furcht erst einmal entdeckt war und meine Eltern mich nicht dauernd schützen konnten, wurde ich das Opfer der subtilsten Grausamkeiten meiner Schulkameraden, die an nichts anderes mehr dachten, als Heuschrecken zu fangen, um mich wegrennen zu sehen – und wie ich rannte! – wie ein echter Verrückter, ein von allen Dämonen Besessener. Aber nur selten kam ich um das Opfer herum – die Heuschrecke landete auf mir, halbtot, leichenhaft, gräßlich! Manchmal fand ich eine, wenn ich mein Lesebuch öffnete, zerdrückt, in einem gelben Saft schwimmend, den schweren Pferdekopf vom Körper getrennt, die Beine noch zappelnd, hahaha!

Auch in diesem Zustand war sie noch fähig, auf mich zu springen! Einmal schleuderte ich nach einer solchen Entdeckung mein Buch fort und zertrümmerte dabei eine Glasscheibe in der Tür, mitten im Unterricht, als jeder dem Lehrer zuhörte, der ein geometrisches Problem erläuterte. An dem Tag schickte mich der Lehrer nach Hause, und zwei Tage lang hatte ich Angst, daß meine Eltern über den Vorfall informiert würden.

In Figueras erreichten die Heuschrecken viel größere Formate als in Cadaqués, und diese Spezies erschreckte mich noch viel mehr. Jene abscheulichen Heuschrecken von Figueras, die halb zerquetscht am Rand der Bürgersteige kriechen, eine lange, schmutzige Schnur an den Beinen hinter sich herziehen und dem langsamen, grimmigen Martyrium der Spiele, die die Kinder mit ihnen treiben, ausgeliefert sind – ich sehe sie jetzt! Da liegen sie, da liegen sie, jene Heuschrecken – bewegungslos, gekrümmt vor Schmerz und Furcht, staubbedeckt wie abscheuliche Kroketten der nackten Angst. Da liegen sie, klammern sich an die Bordsteinkante, den Kopf gesenkt, den schweren Pferdekopf, den ausdruckslosen, teilnahmslosen, dummen, ängstlichen Kopf mit dem blinden, starren, schmerzgeschwollenen Blick; da liegen sie, reglos, reglos … Und plötzlich – hahahaha! – springen sie, da das ganze explosive Unterbewußtsein ihres lange beherrschten Wartens freigesetzt wird, als habe die Feder ihrer Leidensfähigkeit ganz plötzlich die Bruchgrenze erreicht und als müßten sie sich irgendwohin, egal wohin, stürzen – auf mich!

In der Schule nahm die Heuschreckenangst schließlich den ganzen Raum meiner Vorstellung ein. Ich sah sie überall, auch wo sie nicht waren: Ein gräuliches Papier, das mir plötzlich unter die Augen kam und für mich wie eine Heuschrecke aussah, ließ mich einen schrillen Schrei ausstoßen, der jeden belustigte; ein einfaches Brot- oder Kaugummikügelchen, das man mir von hinten an den Kopf warf, hatte zur Folge, daß ich mit beiden Füßen aufs Pult sprang und zitternd um mich blickte, von der tödlichen Angst gepeinigt, das furchtbare, stets sprungbereite Insekt zu entdecken.

Cocottes.

Mein nervlicher Zustand wurde so alarmierend, daß ich mich für eine List entschied, um mich zu befreien, nicht von dieser Angst, von der ich wußte, daß sie allmächtig war, aber wenigstens von den Quälereien meiner Mitschüler. Dementsprechend erfand ich die »Gegen-Heuschrecke«. Sie bestand aus einer einfachen *cocotte*, einem in Form eines Hahnes gefalteten Blatt weißen Papiers, und ich gab eines Tages vor, daß dieser Papierhahn mich viel mehr erschrecke als Heuschrecken; und ich bat jeden inständig, mir niemals so einen zu zeigen. Wenn ich nun eine Heuschrecke sah, tat ich mein Äußerstes, um meine Furcht nicht zu zeigen. Aber wenn sie mir eine *cocotte* hinhielten, stieß ich Schreie aus und simulierte einen so wilden Anfall, daß man hätte glauben können, ich würde umgebracht. Diese falsche Phobie hatte einen ungeheuren Erfolg, nicht nur durch ihre Neuheit und die doppelt skandalöse Wirkung, sondern vor allem auch, weil es unendlich viel leichter war, eine kleine *cocotte* aus weißem Papier zu basteln, als draußen eine Heuschrecke zu jagen; darüber hinaus schien die Furcht, die die weiße *cocotte* hervorrief, spektakulärer. Dank dieser List war ich fast von den Heuschrecken erlöst, denen ich um so seltener ausgesetzt wurde, als die weißen *cocottes* sie ersetzten. So war es mir gelungen, einen wirklichen Schrecken gegen seine Simulation zu vertauschen, was mich zugleich erheiterte und tyrannisierte, denn ich mußte meine Rolle ständig perfekt spielen, sonst lief ich Gefahr, wieder von einer neuen Periode wirklicher Heuschrecken überfallen zu werden und folglich auch von echten Schrecken.

Aber der Aufruhr, in den meine hysterische Reaktion bei jedem Auftauchen der weißen *cocottes* die Klasse stürzte, wurde zu einer so spektakulären und ständigen Erscheinung, daß die Lehrer anfingen, sich ernsthaft um meinen Fall zu kümmern; sie entschieden, die Schüler jedesmal streng zu bestrafen, wenn sie mir eine der weißen *cocottes* zeigten, und erklärten ihnen, meine Reaktion sei das Ergebnis einer mir eigenen nervlichen Verfassung, die zu verschlimmern verbrecherisch sei.

Jedoch nicht alle Lehrer interpretierten meine Simulation so großzügig. Eines Tages hatten wir bei unserem Superior Unterricht, der nicht sehr viel über meinen Fall wußte, als ich eine große weiße Papier-*cocotte* in meiner Mütze fand. Ich wußte, daß alle Schüler schon auf meine Reaktion warteten und mußte deshalb einen Schrei ausstoßen, der meinem zu vermutenden unheilbaren Ekel entspräche. Über den Schrei empört, forderte der Lehrer mich auf, ihm die *cocotte* zu bringen, die die Störung verursacht hatte, doch ich erwiderte: »Nicht um alles in der Welt!« Seine Geduld erschöpfte sich, er wurde nachdrücklich und mahnte mich mit Entschiedenheit, ihm Folge zu leisten. Da ging ich zu einem Tisch, auf dem eine riesige Flasche Tinte stand, aus der alle Tintenfässer der Klasse regelmäßig gefüllt wurden, nahm die Flasche mit beiden Händen und ließ sie auf die Papier-*cocotte* fallen. Die Flasche zersprang in tausend Stücke, und die Tintenflut färbte die *cocotte* tiefblau. Vorsichtig hob ich die tintengetränkte, noch tropfende *cocotte* mit Daumen und Zeigefinger auf, warf sie auf das Pult des Lehrers und sagte: »Jetzt kann ich Ihnen Folge leisten. Da sie nicht mehr weiß ist, erschreckt sie mich nicht mehr.«

Die Folge dieser neuen Dali-Vorstellung war, daß ich am nächsten Tag von der Schule verwiesen wurde.

Meine Erinnerungen an den Krieg sind allesamt angenehm, denn Spaniens Neutralität führte mein Land in eine Periode der Euphorie und des raschen wirtschaftlichen Aufschwungs. Katalonien brachte eine saft- und kraftvolle Flora und Fauna von Neureichen hervor, die, wenn sie in Figueras wuchs, »einer ländlichen Gegend des Ampurdán, wo Wahnsinn sich aufs reizendste mit Wirklichkeit paart«, ein ganzes Füllhorn malerischer Typen hervorbrachte, deren Taten in einer lebendigen, lodernden Folklore Blüten trieben und die für die Elite unserer Mitbürger eine Art siedend heißer geistiger Nahrung darstellten, welche als Beilage zur irdischen Alltagskost gereicht wurde – und die war auch schon sehr gut, muß man wirklich sagen. Ich erinnere mich gut, daß während dieses Krieges von 1914 jeder in Figueras sehr mit den Belangen des Kochens beschäftigt war. Es gab eine französische Familie, die sehr eng mit meinen Eltern befreundet war und deren Mitglieder überzeugte Feinschmecker waren; daher barg eine »angegangene«, mit Cognac flambierte Waldschnepfe kein Geheimnis für mich, und ich kannte das ganze Ritual auswendig, wie man einen guten Pernod draußen in der Sonne mit einem eingetauchten Zuckerstück trinkt und dabei den unzähligen komischen Anekdoten über unsere Neureichen lauschte. Diese Anekdoten wurden so berühmt wie die aus Marseille. Aber wenn sie die Grenze passieren, verlieren sie ihren feinen, prickelnden Reiz. Man muß sie an Ort und Stelle genießen.

Jeden Abend war eine große Versammlung von Erwachsenen im hinteren Teil des Ladens der französischen Familie. Die Leute kamen angeblich dorthin, um über den Krieg und die Lage in Europa zu sprechen, aber meistens erzählten sie endlose Anekdoten. Während sie durch die Schaufenster auf die Straße blickten, konnten sie ihre Mitbürger vorbeigehen sehen, und deren Anblick war ein lebhaftes Stimulans, das die Unterhaltung eng an die unmittelbaren Ereignisse in der Stadt band. Ausgelassene Fröhlichkeit schwirrte über dieser vorwiegend männlichen Versammlung wie ein Wirbelwind der Hysterie. Bis auf die Straße konnte man manchmal ihre brüllenden Lachanfälle hören, die sich mit dem erstickenden Husten und den Klageschreien derjenigen vermischten, die alles übertrafen und solche

Krämpfe bekamen, daß man dachte, sie würden vor Lachen sterben, und, während ihnen die Tränen die Wangen hinabliefen, kreischten: Ay, Ay, Ay!...

Damals war das Lied »Ay, Ay, Ay« sehr beliebt, und überall hörte man die Seufzer argentinischer Tangos, die Handlungsreisende aus Barcelona mitgebracht hatten, die Tausendundeinenachtgeschichten über das in der katalonischen Hauptstadt soeben legalisierte Roulett und Bakkarat erzählten. Ein deutscher Maler, Siegfried Burman, der ausschließlich mit Messern malte und dabei gewaltige Farbmassen verschmierte, brachte die ganze Kriegszeit in Cadaqués damit zu, den Damen die Schritte des argentinischen Tangos und das Singen deutscher Lieder zu Gitarrenbegleitung beizubringen. Ein reicher Herr gab eine Blumen-Party und hatte die Idee, vor seinen blumengeschmückten Triumphwagen zwei vollständig mit Konfetti bedeckte Pferde zu spannen. Zu diesem Zweck ließ er die Pferde zuerst mit heißem Leim überziehen, mehrere Männer gleichzeitig schütteten ihn kübelweise über die Tiere. Dann ließ man die Pferde sich auf einem riesigen Haufen Konfetti wälzen, in dem sie völlig untertauchten. In weniger als einer Stunde waren die beiden Pferde tot. Ay, ay, ay – Ay, ay, ay!...

Der Frieden schlug wie eine Bombe ein. Soeben war der Waffenstillstand unterzeichnet worden, und eine große Feier wurde vorbereitet. Der Waffenstillstand wurde in dieser Gegend von Katalonien fast genau so freudig aufgenommen wie in Frankreich, denn das Land war einmütig frankophil. Es hatte eine vergnügliche, glänzende und goldene Erinnerung an den Krieg, und nun war da, direkt nebenan, auch noch der Sieg mit seiner ganzen Verführungskraft: Man machte aus allem das Beste und das total. In den Straßen von Figueras war eine öffentliche Kundgebung geplant, bei der populäre und politische Repräsentanten aller kleinen Städte und Dörfer der Region anwesend sein sollten – und Fahnen, Plakate, Veranstaltungen, *sardanas** und Bälle sollte es geben. Die Schüler bildeten eine Organisation »progressiven« Typs, die man »Grupo Estudiantil« zu nennen beschloß und die ein Programm verabschieden und ein Komitee wählen sollte, dem die Organisation der Mitwirkung der Schüler an den in Vorbereitung befindlichen »Siegesparaden« oblag.

Der Präsident des »Grupo Estudiantil« kam zu mir und bat mich, die Eröffnungsrede zu halten. Ich hatte einen Tag Zeit, mich vorzubereiten.

»Du bist der einzige Schüler, der das kann«, sagte er, »aber sie muß stark sein, aufwühlend – so etwas recht nach deiner Art.« Er schüttelte mir kräftig die Hand.

Ich sagte zu und machte mich unverzüglich daran, meine Rede vorzubereiten, die etwa so begann: »Das große Blutopfer, das auf den Schlachtfeldern gebracht wurde, hat das politische Bewußtsein aller unterdrückten Völker wachgerüttelt! Usw. usw.« Es schmeichelte mir außerordentlich, daß man mich ausgesucht hatte, die Rede zu halten, die ich nun melodra-

* Katalanischer Volkstanz

matisch vor dem Spiegel übte. Doch als die Zeit so verstrich, ergriff mich eine entnervende zerstörerische Ängstlichkeit, die so extrem wurde, daß ich schon dachte, sie werde außer Kontrolle geraten. Immerhin war es meine erste öffentliche Rede, und bei der Legende, die sich schon um mich gebildet hatte, wäre es doch eine Schande gewesen, meine Zuhörer im letzten Augenblick wegen einer dummen kindischen Angst zu enttäuschen! Wenn mein »Schiß« so anhielte, könnte ich Krankheit vorschieben, aber ich mochte mich nicht damit abfinden, meine Rede aufzugeben, die an rhetorischem Glanz und gedanklichem Tiefgang stetig gewann, während meine Ängstlichkeit immer lähmender wurde. Schon hinderte sie mich, das Verfaßte, selbst ohne Zeugen, vorzutragen, verwirrte mein Gedächtnis, brachte alle Worte durcheinander und ließ die Buchstaben meiner Handschrift verschwimmen, als ich mit klopfendem Herzen und geröteten Wangen versuchte, das, was ich geschrieben hatte, zu entziffern, glotzend und starrend, als seien die Buchstaben plötzlich unerklärliche Hieroglyphen geworden! Nein! Ich konnte es nicht! Es ging einfach nicht! Und ich stampfte vor Wut mit dem Fuß auf und verbarg mein von Scham und Groll gegen mich selbst verzehrtes Gesicht in den zerknüllten Papieren, auf denen ich den brillanten Verlauf meiner ersten Rede mit so viel Eloquenz und Selbstvertrauen aufgezeichnet hatte! Nein, nein, nein! Ich würde nicht imstande sein, meine Rede zu halten! Und ich ging hinaus und streifte durch die Außenbezirke der Stadt, um zu versuchen, durch die Betrachtung der mitteilsamen Heiterkeit der Landschaft wieder Mut zu fassen.

Die Rede war auf den kommenden Tag angesetzt. Bevor ich am späten Nachmittag nach Hause zurückkehrte, mischte ich mich unter eine Gruppe von Schülern, die alle ihre Späße über die Rede machten, die ich halten sollte, und das bißchen Mut, das ich während meines einsamen Spazierganges wiedergewonnen hatte, sank unter Null zurück.

Als ich am nächsten Tag aufwachte, schnürte tödliche Angst mein Herz ein. Ich konnte meinen Milchkaffee nicht trinken. Ich nahm die Rede, rollte sie zusammen und sicherte sie mit einem Gummiband, kämmte mein Haar so gut ich konnte und machte mich auf den Weg zum Republikanischen Zentrum, wo die Versammlung stattfinden sollte.

Ich schritt die Straße hinab, als ginge ich zu meiner Hinrichtung. Ich kam absichtlich eine Stunde zu früh, denn ich glaubte, wenn ich mich mit dem Ort und dem nach und nach sich einfindenden Publikum vertraut machte, würde es mir vielleicht gelingen, den brutalen Schock zu mindern, mich plötzlich einem vollen Saal gegenüberzusehen, der, wenn Sie auftauchen, plötzlich nur deshalb verstummt, um wie mit einem Heber die Rede aufzusaugen, die Sie in sich tragen. Aber als ich das Republikanische Zentrum erreichte, erreichte auch meine Mutlosigkeit ihren Gipfel. Die erwachsenen Leute waren entsetzlich einschüchternd, und es waren sogar Mädchen da! Als ich eintrat, errötete ich so heftig, daß mir alles vor den Augen verschwamm und ich mich hinsetzen mußte. Jemand brachte mir sofort ein Glas Wasser. Die Leute strömten in großen Mengen herein, und das Stimmengewirr war ohrenbetäubend. Man hatte ein Podium errichtet und mit republikanischen Fahnen geschmückt, dort sollte ich Platz nehmen. Auf dem Podium gab es drei Stühle. Der mittlere war für mich reserviert; rechts saß der Vorsitzende, links der Sekretär. Wir setzten uns und wurden von vereinzeltem Applaus und einigen spöttischen Lachern empfangen (die meinen Körper wie Brandmale sengten). Ich stützte den Kopf zwischen die Hände, als würde ich meine Rede studieren, die ich soeben mit einer Entschlossenheit entrollt hatte, wie ich sie mir einen Moment vorher noch nicht zugetraut hätte. Der Sekretär stand auf und begann eine lange Erklärung über die Gründe der Versammlung. Er wurde dauernd von den immer zahlreicheren Besuchern unterbrochen, die unsere Veranstaltung als einen Scherz betrachteten.

Unfähig, etwas zu sehen, stierten meine Augen auf die Rede, und die Ohren konnten lediglich ein diffuses Brummen registrieren, aus dem einzig die grausam und viehisch uns entgegenschallenden Sarkasmen schneidend hervorstachen. Der Sekretär beendete seine Einführung wegen des mangelnden Interesses der Zuhörerschaft schnell und erteilte mir das Wort, nicht ohne vorher noch auf mein Heldentum bei der Fahnenverbrennung angespielt zu haben. Eindrucksvolle Stille senkte sich über den Saal, und zum ersten Mal wurde mir bewußt, daß das Publikum nur da war, um mich zu hören. Da empfand ich jene Lust, die ich seitdem immer so hoch gepriesen habe: mich als das Objekt einer »totalen Erwartung« zu fühlen. Langsam erhob ich mich, ohne die geringste Vorstellung davon zu haben, was ich tun sollte. Ich versuchte, mich des Anfangs meiner Rede zu entsinnen. Doch ich konnte es nicht, mein Mund blieb geschlossen. Die Stille um mich wurde noch lastender, bis sie die Form einer erstickenden Umklammerung annahm: Etwas würde geschehen – das wußte ich! Aber was? Ich spürte, wie mir das Blut in den Kopf stieg, hob die Arme herausfordernd und rief so laut ich konnte: »Lang lebe Deutschland! Lang lebe Rußland!« Danach schleuderte ich mit einem heftigen Stoß den Tisch ins Publikum. In wenigen Sekunden war der Saal Schauplatz eines wilden Aufruhrs, aber zu meiner Überraschung beachtete mich niemand mehr. Das Publikum stritt und kämpfte untereinander. In plötzlicher Selbstbeherrschung schlüpfte ich hinaus und lief nach Hause.

»Wie war deine Rede?« fragte mein Vater.

»Sie war gut!« antwortete ich.

Und es stimmte. Ohne daß ich es begriffen hatte, hatte meine Handlung ein Ergebnis großer politischer Originalität und Direktheit gezeigt. Martin Villanova*, einer der Agitatoren der Region, erklärte meine Haltung auf seine Weise.

»Es gibt keine Verbündeten oder Besiegten mehr«, sagte er. »Deutsch-

---

* Martin Villanova ist einer der wenigen »gutgläubigen« Revolutionäre, die ich im Laufe meines Lebens kennengelernt habe. Er war grenzenlos naiv, aber auch grenzenlos großzügig und zu jedem Opfer bereit.

land steckt in der Revolution, und man muß ihm auf derselben Basis begegnen wie den Siegern. Das gilt insbesondere für Rußland, dessen soziale Revolution die einzige Frucht dieses Krieges ist, die eine wirkliche Hoffnung erlaubt.«

Der umstürzende Stoß gegen den Tisch war genau das, was gefehlt hatte, um eine historischen Tatsachen gegenüber begriffsstutzige Öffentlichkeit zu wecken.

Am nächsten Tag nahm ich an der Parade teil, trug eine deutsche Fahne, die mit Beifall begrüßt wurde, und Martin Villanova trug eine mit dem Namen der Sowjets, der UdSSR. Sie waren bestimmt die ersten ihrer Art, die durch eine spanische Straße getragen wurden.

Einige Zeit später beschlossen Martin Villanova und seine Gruppe, eine Straße in Figueras »Präsident-Wilson-Straße« zu taufen. Villanova kam zu mir nach Hause, brachte eine lange, schiffssegelartige Leinwand mit und bat mich, darauf in großen »künstlerischen« Buchstaben die Worte »Die Stadt Figueras ehrt Woodrow Wilson, der die Freiheit der kleinen Nationen schützt« zu malen. Wir stiegen auf das Dach des Hauses und befestigten die Leinwand mit ihren vier Ecken an Ösen, die normalerweise für die Wäscheleinen bestimmt waren. Ich versprach ihm, sofort Töpfe mit Farbe zu kaufen und gleich diesen Nachmittag mit der Arbeit zu beginnen, so daß alles am nächsten Tag zur Enthüllung der Marmortafel, die der Straße den neuen illustren Namen geben sollte, fertig sein werde.

Ein Schuldgefühl zernagte mich, als ich am nächsten Morgen sehr früh aufwachte, denn ich hatte meine Arbeit noch nicht begonnen. Wahrscheinlich würden die Buchstaben gar nicht mehr rechtzeitig trocknen, selbst wenn ich sofort anfinge zu arbeiten. Da hatte ich eine Idee. Statt die Buchstaben mit Farbe zu malen, wollte ich sie ausschneiden, so daß das Motto vom Himmelsblau gebildet würde. Bei dem damals für mich typischen Mangel an praktischem Verstand merkte ich nicht, wie schwierig das sein würde und ging hinunter, um eine Schere zu holen. Die Leinwand war so fest, daß ich sie nicht einmal durchstechen konnte. So holte ich noch ein großes Küchenmesser. Aber nach vielen Bemühungen gelang es mir lediglich, ein formloses Loch herauszusäbeln, was mich vollständig davon abschreckte, diese Methode weiterzuverfolgen. Nach allen möglichen Überlegungen entschied ich mich für eine neue, noch verrücktere und undurchführbarere Technik – ich wollte Löcher in die Leinwand brennen, die annähernd der Form der Buchstaben folgten, sie dann mit der Schere nachschneiden, und ich wollte einige Eimer mit Wasser zur Hand haben, falls die Leinwand über die Ränder der Buchstaben hinaus zu brennen begänne. Doch dies war ein noch kategorischerer Fehlschlag als der Versuch davor: Die Leinwand fing Feuer, und obwohl ich es löschen konnte, blieben von meinen zweistündigen Mühen insgesamt bloß ein schwarzgerändertes Loch und das kleinere zurück, das ich vorher mit dem Messer hineingebohrt hatte.

"Figueras"

"Dalí ris[...]
inventing the [...]

Bei der Erfindung des Gegen-U-Bootes setzt Dali sein Leben aufs Spiel

168

Ich begriff nun, daß es endgültig zu spät für jede weitere Anstrengung war. Entmutigt, todmüde legte ich mich auf die Leinwand, die sich wie eine Hängematte spannte. Das Schaukeln war sehr angenehm, und ich hatte Lust, einzuschlafen. Ich war im Begriff einzunicken, aber plötzlich erinnerte ich mich, daß mein Vater mir gesagt hatte, man könne einen Sonnenstich bekommen, wenn man in der Sonne einschlafe. Ich fühlte meinen Kopf sowohl von der Sonne als auch der Schläfrigkeit benommen, und, um mich aus diesem Zustand herauszubringen, beschloß ich, mich ganz auszuziehen, wonach ich direkt unter das eingebrannte Loch einen Eimer stellte. Soeben hatte ich eine neue Wunschvorstellung erfunden, durch die ich auf die unerwartetste und unschuldigste Weise der Welt einen fast sicheren Tod riskierte! Flach auf dem Bauch auf dem großen, als Hängematte fungierenden Tuch liegend, steckte ich den Kopf so durch das eingebrannte Loch*, daß ich ihn in das kalte Wasser tauchen konnte. Aber um ihn in das Wasser und wieder heraus zu bekommen, reichte es nicht aus, bloß die Schultern zusammenzuziehen, denn das Loch hatte sich geweitet, und eine Schulter war schon halb hindurchgerutscht. Da fand mein Fuß die Lösung und erleichterte so die Ausführung meines Vorhabens ganz ungemein. Denn das zweite Loch, mit dem Küchenmesser gemachte, befand sich zufällig genau in Höhe meines Fußes; ich steckte den Fuß in dies Loch, und jetzt brauchte ich nur das Bein leicht anzuziehen, um meinen Kopf hochzubringen.

Mehrmals tauchte ich den Kopf zufriedenstellend ein und hatte ein lustvolles Vergnügen an der Vorstellung. Aber während einer dieser Prozeduren passierte ein Unfall, der leicht verhängnisvoll hätte werden können. Nachdem ich lange den Atem angehalten hatte und meinen Kopf nun aus dem Wassereimer ziehen wollte, übte ich mit dem Bein den notwendigen Druck aus. Da riß das Loch ein, in dem mein Fuß hing, und statt aus dem Wasser zu kommen, sank mein Kopf bis auf den Grund hinab. Ich befand mich plötzlich in einer kritischen Lage, außerstande, eine Bewegung zu machen oder etwa den Eimer, in dem mein Kopf jetzt völlig verklemmt war und der mich durch sein Gewicht festhielt, umzukippen. Das Sichwinden und Krümmen meines Körpers ließ mich auf der Hängematte nur sinnlos hin- und herschwingen, und so sah ich denn keine andere Möglichkeit, als auf den Tod zu warten.

Es war Martin Villanova, der mich rettete; als ich nicht mit dem Spruch-

---

* In meinen intrauterinen Erinnerungen berichtete ich bereits von den Spielen, die darin bestanden, daß ich mir das Blut in den Kopf steigen ließ, indem ich ihn hängen und schwingen ließ, was am Ende bestimmte phosphenartige Netzhautillusionen hervorrief. Diese neue Vorstellung, welche genau am Ende des Krieges auftrat, muß derselben Gattung intrauteriner Phantasien zugeordnet werden. Nicht nur die Tatsache, daß ich den Kopf unten hatte, sondern auch, daß ich ihn durch ein Loch gleiten ließ, ist ebenso wie alles Folgende in dieser Hinsicht bezeichnend. Die »versagten Akte«, die »mißglückten Löcher«, auf die so viele Mühe und Mittel verwandt wurden, enthüllten klar das durch reale mechanische Hindernisse auf den Plan gerufene Unlustprinzip. Auch weckte die Angst vor der Außenwelt, die die Teilnehmer der Feier verkörperten, die erwartungsvoll meinem Spruchband entgegensahen, das, wie ich wußte, nicht rechtzeitig fertig werden konnte, in mir das Bedürfnis, in der pränatalen Welt des Schlafs meine Zuflucht zu suchen. Aber die Todesangst überfiel mich und führte mir durch den gefälligen Symbolismus des hängenden Fallschirmabbilds meines »Gegen-U-Bootes« das Trauma der Geburt vors unbewußte Auge!

band auftauchte, kam er ganz außer Atem in unser Haus gelaufen, um herauszufinden, was mit mir los war. Und los war schlicht und einfach, daß Salvador Dali dabei war, hoch oben den Erstickungstod zu sterben, hoch oben auf denselben gefährlichen Hausdachhöhen, auf denen er als Kind-König zum ersten Mal das Gefühl des Schwindels erlebt hatte. Es dauerte einige Zeit, bis ich mich erholte, nachdem ich aus dem Eimer befreit worden war. Martin Villanova sah mich verblüfft an.

»Was in aller Welt tust du hier splitternackt mit dem Kopf in dem Eimer – du hättest ertrinken können! Der Bürgermeister ist schon angekommen, und alle Leute sind da, wir haben über eine halbe Stunde gewartet, daß du kommst! Sage mir, was du hier gemacht hast!«

Ich hatte schon immer eine Antwort auf alles, und auch diesmal hatte ich eine. »Ich war dabei, das Gegen-U-Boot zu erfinden«*, sagte ich.

Martin Villanova konnte diese Episode überhaupt nicht vergessen und erzählte sie noch am selben Abend auf der *rambla***. »Was haltet ihr von Dali, ist er nicht großartig! Während wir mit den hohen Tieren warteten, die Musikkapelle und alles bereit war, lag er splitternackt auf dem Dach, den Kopf in einen Eimer Wasser getaucht und erfand das ›Gegen-U-Boot‹. Wenn es das Unglück gewollt hätte und ich nicht rechtzeitig dazugekommen wäre, wäre er jetzt gut und gerne tot! Ist er nicht großartig! Ist Dali nicht großartig!«

Am nächsten Abend tanzte man *sardanas* auf der Präsident-Wilson-Straße, und das Spruchband, das ich ihm zu Ehren endlich mit Erfolg gemalt hatte, schwebte an zwei Balkonen befestigt darüber. Man sah zwei finstere Rißlöcher in der Leinwand, und nur Martin Villanova und ich wußten, daß eines davon Salvador Dalis Hals und das andere seinem Fuß entsprach. Aber Salvador Dali war da und lebte, allerdings! Und wir werden noch viele merkwürdige Dinge über ihn hören. Doch Geduld! Wir müssen methodisch vorgehen.

Lassen Sie uns also Dalis Situation zu Beginn dieser entscheidenden Nachkriegszeit zusammenfassen: Von der Schule geworfen, soll Dali seine Studien zum Bakkalaureat fortsetzen; von Heuschrecken gemartert und gepeinigt, vor Mädchen davonlaufend, stets von der chimärischen Liebe zu Galuschka durchdrungen, hat er »es« noch nicht erlebt; er hat Schamhaare bekommen; er ist Anarchist, Monarchist und Anti-Katalanier; er stand wegen eines angeblichen antipatriotischen Sakrilegs unter Anklage; während einer Pro-Alliierten-Veranstaltung hat er »Lang lebe Deutschland! Lang lebe Rußland!« gerufen und den Tisch ins Publikum gestoßen; schließlich hätte er um ein Haar bei er Erfindung des »Gegen-U-Bootes« den Tod gefunden! Wie großartig er ist! Seht, wie groß Salvador Dali ist!

---

* Narciso Monturiol ist der Erfinder des ersten in Betrieb genommenen Unterseebootes. Als berühmter Sohn von Figueras hat er ein Standbild in der Stadt, und solange ich zurückdenken kann, war ich auf ihn immer sehr eifersüchtig, denn ich hatte den Ehrgeiz, auch eine so große Erfindung zu machen.

** Promenade

7. Kapitel   *»Es«*
Philosophische Studien
Ungestillte Liebe
Technische Experimente
Meine »Steinphase«
Das Ende einer Liebschaft
Der Tod der Mutter

Ich wuchs. Auf Señor Pitchots Anwesen in Cadaqués stand in der Mitte des Hofes eine Zypresse; sie wuchs auch. Ich trug nun Koteletten, die bis über die Mitte der Wangen reichten. Ich mochte dunkle Anzüge, am liebsten aus sehr weichem, schwarzem Samt, und auf meinen Spaziergängen pflegte ich eine Meerschaumpfeife meines Vaters zu rauchen, auf der der Kopf eines grinsenden, die Zähne bleckenden Arabers eingeschnitzt war. Als mein Vater einmal die griechischen Ruinen von Ampurias besuchte, schenkte ihm der Direktor des Museums eine Silbermünze mit dem Profil einer griechischen Frau. Ich stellte mir gerne vor, daß sie die schöne Helena sei. Ich hatte sie auf eine Krawattennadel montiert, die ich immer trug, genau so wie ich immer einen Spazierstock bei mir hatte. Ich besaß mehrere erstklassige Spazierstöcke, aber der schönste hatte einen goldenen Griff in Form eines Doppeladlers – ein kaiserliches Symbol, dessen Morphologie sich glücklich dem Bemächtigungsgriff meiner ständig unzufriedenen Hand anpaßte.

Ich wuchs und ebenso meine Hand. »Es« passierte mir schließlich eines Abends auf der Toilette des Instituts; ich war enttäuscht, und heftiges Schuldgefühl folgte auf dem Fuß. Ich hatte gedacht, »es« sei etwas anderes! Aber trotz meiner von den Wonnen der Reue überschatteten Enttäuschung tat ich »es« immer wieder, während ich mir sagte, das ist das letzte, letzte, letzte Mal! Nach drei Tagen ergriff mich die Versuchung, »es« noch einmal zu tun, erneut, und nie konnte ich länger als einen Tag und eine Nacht gegen mein Verlangen ankämpfen, es wieder zu tun, und ich tat »es«, »es«, »es«, »es«, immer wieder.

»Es« war nicht alles ... Ich lernte zeichnen, und in diese andere Tätigkeit steckte ich das Höchstmaß an Anstrengung, Aufmerksamkeit und Hingabe. Das Schuldgefühl, »es« getan zu haben, vergrößerte die unermüdliche Strenge bei der Arbeit an meinen Zeichnungen. Jeden Abend ging ich in die offizielle Zeichenschule. Señor Nuñez war ein sehr guter Zeichner und ein besonders guter Radierer. Er hatte den Prix de Rome für Radierung erhalten; er wurde von einer wahren Leidenschaft für die Kunst regelrecht verzehrt. Von Anfang an sonderte er mich aus den hundert Schülern der Klasse aus und lud mich zu sich nach Hause ein, wo er mir die Geheimnisse des Chiaroscuro und der »wilden Striche« (so war sein Ausdruck) einer Originalradierung von Rembrandt, die er besaß, erklärte; er hatte eine ganz spezielle Art, diese Radierung zu halten, fast ohne sie zu berühren, was die große Ehrfurcht zeigte, die sie ihm einflößte. Aufs höchste stimuliert kam ich immer aus Señor Nuñez Haus, größte künstlerische Ambitionen röteten meine Wangen. Von wachsender und fast religiöser Hochachtung für die Kunst durchdrungen kam ich, den Kopf voller Rembrandt, nach Hause, schloß mich in der Toilette ein und tat »es«. »Es« wurde immer besser, und bald entdeckte ich eine psychische Verzögerungstechnik, die mich in den Stand setzte, »es« in weniger kurzen Intervallen zu tun. Denn jetzt sagte ich nicht mehr: »Das ist das letzte Mal.« Ich wußte aus Erfahrung, daß ich nicht mehr aufhören konnte. Was ich tun wollte, war, mir zu versprechen, »es« sonntags zu tun und dann »manchmal sonntags«. Die Vorstellung, daß dies Vergnügen mir bevorstand, beruhigte meine erotischen Sehnsüchte und Begierden, und ich gelangte so weit, daß ich wirklich sinnliche Lust daran fand zu warten, bevor ich es tat. Nun, da ich es mir nicht mehr so kategorisch versagte und wußte, je länger ich wartete, desto besser werde »es« sein, wenn es käme, konnte ich mich auf diesen Moment mit immer

172

angenehmeren und willkommeneren Schwindelgefühlen und Seelenqualen freuen.

Meine Studien am Institut machten weiterhin nur mittelmäßige Fortschritte, und jeder riet meinem Vater, er solle mich Maler werden lassen, besonders Señor Nuñez, der volles Vertrauen in mein künstlerisches Talent hatte; mein Vater ließ sich zu keiner Entscheidung drängen – meine künstlerische Zukunft erschreckte ihn, und er hätte alles andere vorgezogen. Trotzdem tat er alles, um meine künstlerische Ausbildung zu vervollkommnen, kaufte mir Bücher, alle Arten von Zeitschriften, alle Unterlagen, alle Werkzeuge, die ich brauchte, und sogar Sachen, die nur einer bloßen, flüchtigen Laune entsprangen. Mein Vater wiederholte immer wieder: »Wenn er sein Bakkalaureat gemacht hat, werden wir weitersehen!«

Ich selbst hatte mich schon entschieden. Ich hüllte mich in Schweigen und begann in einem wahren Rausch und ohne jedes System zu lesen. Nach zwei Jahren war kein einziges Buch in der voluminösen Bibliothek meines Vaters mehr ungelesen. Das Werk, welches den größten Eindruck auf mich machte, war Voltaires *Philosophisches Wörterbuch*. Nietzsches *Also sprach Zarathustra* andererseits vermittelte mir stets das Gefühl, daß ich derartige Dinge selber besser könne. Aber meine Lieblingslektüre war Kant. Ich verstand fast nichts von dem, was ich las, und dies an sich erfüllte mich bereits mit Stolz und Befriedigung. Ich liebte es sehr, mich im Labyrinth der Gedankengänge zu verlieren, die in den sich bildenden Kristallen meiner jugendlichen Intelligenz wie wahre Himmelsmusik widertönten. Ich glaubte, daß ein Mann wie Kant, der solche wichtigen und nutzlosen Bücher schrieb, ein wirklicher Engel sein mußte! Meine Begier, das zu lesen, was ich nicht verstand, war stärker als mein Wille und muß einem starken Bedürfnis nach geistiger Nahrung für meine Seele gehorcht haben, und ebenso wie Kalziummangel im geschwächten Organismus gewisse Kinder blind und unwiderstehlich dazu bringt, den Kalk und Verputz von Wänden zu brechen und zu essen, genau so muß mein Geist dieses kategorischen Imperativs bedurft haben, den ich zwei Jahre hintereinander kaute und kaute, ohne daß es mir gelang, ihn zu schlucken. Aber eines Tages schluckte ich ihn doch. In kurzer Zeit machte ich tatsächlich unglaubliche Fortschritte im Verständnis der großen philosophischen Probleme. Von Kant ging ich zu Spinoza über, für dessen Denken ich zu der Zeit eine wahre Leidenschaft nährte. Descartes kam bedeutend später, ihn benutzte ich, um die methodischen und logischen Fundamente zu meinen späteren selbständigen Forschungen zu legen. Ich hatte damit begonnen, die Philosophen fast zum Spaß zu lesen, und am Ende weinte ich über sie. Ich, der ich nie über einen Roman oder ein Schauspiel, wie dramatisch oder herzzerreißend sie auch waren, geweint habe, weinte beim Lesen einer Definition der »Identität« eines dieser Philosophen (ich habe vergessen, wer es war). Und noch heute, da ich mich nur beiläufig für Philosophie interessiere, spüre ich jedesmal, wenn ich mich einem Beispiel der spekulativen Intelligenz eines Menschen gegenübersehe, wie mir unwiderstehlich Tränen in die Augen steigen.

Einer der jüngeren Lehrer des Instituts hatte einen Zusatzkurs in Philosophie organisiert, der vollständig außerhalb des Lehrplanes lag und zu dem man sich abends von sieben bis acht traf. Ich trug mich sofort in diesen Kursus, der speziell Plato gewidmet war, ein. Es war Frühling, später Frühling, als die Sitzungen begannen, und die Nachtluft war wie Balsam. Wir trugen unserer Stühle hinaus und saßen um einen efeuüberwucherten Brunnen, droben schien ein heller Mond. Unter uns waren einige Mädchen, die ich nicht kannte und die ich sehr schön fand. Sofort wählte ich eine mit einem einzigen Blick aus – sie hatte dasselbe gerade mit mir getan. Dies war so offensichtlich, daß wir beide im selben Moment aufstanden, wobei unsere Haltungen präzise ausdrückte: »Gehen wir! Gehen wir!« Und wir gingen. Als wir aus dem Institut kamen, war unsere Erregung so groß, daß keiner von uns ein Wort herausbrachte. So fingen wir an zu rennen und hielten uns dabei an der Hand. Das Institut lag am Stadtrand, schon ein paar ärmliche, unbeleuchtete Straßen weiter bergan begann das freie Land; eines Sinnes lenkten wir unsere Schritte in die Richtung der einsamsten Stelle, einer kleinen Straße zwischen zwei schon sehr hoch stehenden Weizenfeldern. Sie war vollkommen verlassen und verheißungsvoll um diese Zeit…

Mit feuriger, provozierender Süße sah mir das Mädchen in die Augen; von Zeit zu Zeit lachte sie auf und lief wieder los. Hatte ich zunächst nicht gewußt, was ich sagen sollte, war es jetzt noch schlimmer. Ich glaubte, daß ich nie wieder ein Wort herausbringen würde. Ich versuchte es, aber vergeblich. Ich schrieb dieses Phänomen jetzt mehr meiner krampfartigen Müdigkeit als meiner Gemütsverfassung zu. Bei jedem Atemzug zitterte sie, was sie mir doppelt und dreifach begehrenswert machte. Ich wies mit dem Finger auf eine leichte Kuhle im Weizenfeld und sagte mit größter Anstrengung: »Da!« Sie lief an die Stelle und legte sich dort hin, völlig im Weizen verschwindend. Dann kam ich an; in voller Länge lag das Mädchen da und schien viel größer als vorher. Ich sah, daß sie sehr blond war und besonders schöne Brüste hatte, die ich unter ihrer Bluse wie mit der Hand gefangene Fische zappeln fühlte. Wir küßten uns lange auf den Mund. Manchmal öffnete sie ihren Mund halb, und ich preßte meine Lippen gegen ihre Zähne, küßte sie, bis es mir weh tat.

Sie hatte eine schwere Erkältung und hielt ein kleines Taschentuch in der Hand, mit dem sie sich vergeblich die Nase zu putzen versuchte, es war schon ganz eingeweicht. Ich konnte ihr auch kein Taschentuch anbieten und wußte nicht, was ich tun sollte… Sie zog dauernd ihren Schleim hoch, aber es war so viel, daß er sofort wieder herauskam. Schließlich wandte sie beschämt den Kopf zur Seite und putzte sich die Nase mit dem Saum ihres

— 41 —

Project for a Silver candelabra to illuminate Sinbolically my "adolescence"

175   *Entwurf für einen Silberleuchter zur symbolischen Erhellung meiner »Pubertät«*

Rockes. Ich beeilte mich, sie wieder zu küssen, um ihr zu beweisen, daß der Schleim mich nicht anekle, was auch wirklich stimmte, denn er war so flüssig, farblos und rinnend, eher Tränen gleich. Überdies bebte ihr Busen, wenn sie atmete, was mir die Illusion verschaffte, sie weine. Dann sah ich sie kalt an: »Ich liebe dich nicht!« sagte ich. »Und ich werde nie eine Frau lieben. Ich werde immer alleine leben!« Und während ich sprach, konnte ich fühlen, wie sich meine Wangenhaut unter dem trocknenden Schleim des schönen Mädchens spannte. Völlige Ruhe bemächtigte sich meiner, und wieder arbeitete ich meine Pläne mit solch berechnender Kälte bis ins Kleinste aus, daß ich merkte, wie die Seele mir fröstelte.

Wie hatte ich mich in so kurzer Zeit wieder in die Gewalt bekommen können? Das Mädchen fühlte sich andererseits immer unwohler. Das lag wohl vor allem an seiner Erkältung. Ich umschlang sie mit beiden Armen, die sich plötzlich ihrer Bewegungen sicher geworden waren, und hielt sie so in einer absolut freundlichen Weise. Plötzlich spürte ich die Spannung des trockenen Schleims auf meiner Wange und einen unwiderstehlichen Juckreiz. Aber anstatt mich mit der Hand zu kratzen, senkte ich meinen Kopf und tat so, als liebkose ich die Schulter meiner Geliebten mit konzentrierter Zärtlichkeit, wobei meine Nase zufällig genau über ihre Achselhöhle strich. Sie hatte während unserer Herumrennens stark geschwitzt, und so konnte ich in aller Ruhe einen erhabenen Duft einatmen, der sich aus Heliotrop und Lamm zusammensetzte und vielleicht noch ein paar gerösteten Kaffeebohnen. Ich hob den Kopf. Bitter enttäuscht schaute sie mich an und sagte mit einem gequälten verachtungsvollen Lächeln:

»Dann willst du morgen abend nicht wiederkommen?«

»Morgen abend, doch«, antwortete ich und half ihr feierlich hoch, »und weitere fünf Jahre, aber keinen Tag länger!« Ich hatte meinen Plan – es war mein Fünfjahresplan!

Und so war sie fünf Jahre lang meine Geliebte, abgesehen von den Sommern, die ich in Cadaqués verbrachte. Während dieser Zeit blieb sie mir auf geradezu schwärmerische Weise treu. Ich sah sie nur zu bestimmten Zeiten während der Dämmerung; an den Tagen, an denen ich allein bleiben wollte, teilte ich ihr dies in einem Briefchen mit, das ich ihr durch einen Gassenjungen zukommen ließ. Sonst trafen wir uns wie zufällig in der freien Natur. Um das zu erreichen, mußte sie tausend Tricks anwenden, brachte auch Freundinnen mit, die ihrerseits manchmal von Jungen begleitet wurden. Aber ich mochte das nicht, und auf den meisten Spaziergängen waren wir allein.

Im Laufe dieser Fünfjahresromanze brachte ich den ganzen Schatz meiner emotionalen Perversität ins Spiel. Es war mir gelungen, in ihr ein solches Bedürfnis nach mir zu erzeugen, ich hatte die Häufigkeit unserer Treffen, die Themen, über die ich sprach, die sensationellen, meistenteils spontan improvisierten Lügen über angebliche Erfindungen, die ich gar nicht gemacht hatte, so zynisch gestaffelt, daß ich die Macht meines Einflusses

tagtäglich anwachsen sehen konnte. Es war eine methodische, einkreisende, vernichtende, eine tödliche Bezauberung. Es kam eine Zeit, in der ich mein Mädchen für »reif« hielt, und ich begann zu verlangen, daß sie für mich Arbeiten verrichte, Opfer bringe – hatte sie mir nicht oft genug gesagt, daß sie bereit sei, ihr Leben für mich zu geben, für mich zu sterben? Nun gut! Ich würde ja sehen! Wir hatten noch – wieviel Zeit? Vier Jahre? Ich muß erwähnen – damit die zunehmende Leidenschaft, die ich im Herzen dieser Frau entfesselte, besser verstanden und nicht nur meinen Don-Juan-Talenten zugeschrieben wird –, daß zwischen uns beiden erotisch nicht mehr vorfiel als das, was für den ersten Tag beschrieben wurde: Wir küßten uns auf den Mund, sahen uns in die Augen, ich streichelte ihre Brüste, und das war alles. Ich glaube auch, daß das Minderwertigkeitsgefühl, das sie an dem Tag, als wir uns kennenlernten, infolge ihrer Erkältung und des fehlenden Taschentuchs bekam, eine solche Unzufriedenheit, ein so andauerndes, heftiges Verlangen, sich in meinen Augen zu rehabilitieren, in ihr erzeugte, daß im weiteren Verlauf unserer Beziehung, als sie von mir nie mehr Leidenschaft bekommen konnte als das, was ich ihr bei jener Gelegenheit bewiesen hatte – im Gegenteil, eher weniger (denn die Vorspiegelung von Kälte war eines der halluzinatorischsten Motive in der Mytho-

177

logie des Gefühls. Tristan trug zweifellos dazu bei, jenen Zustand wachsender Liebesspannung aufrechtzuerhalten, welcher, weit davon entfernt, der mit Sättigungsgefühlen einhergehenden Verflachung zu verfallen, jeden Tag durch beunruhigende, gefährliche und krankhafte Wünsche immer sublimierter, immer unwirklicher und zugleich immer anfälliger wurde für die entsetzlich materiellen Krisen des Verbrechens, des Selbstmordes oder des Nervenzusammenbruchs.

Nichtrealisierte Liebe schien mir seit dieser Erfahrung eine meiner ungeheuersten Waffen zu sein) –, ihre ständig stachelnde Liebe und Isolde die Prototypen einer jener Tragödien nichtrealisierter Liebe wurden, die im Reich der Gefühle so grausam kannibalistisch sind wie die Gottesanbeterin es faktisch ist, wenn sie am Hochzeitstag ihr Männchen während des Liebesaktes verschlingt. Aber der Schlußstein dieser Kuppel moralischer Tortur, die ich errichtete, um die nichtrealisierte Liebe meiner Geliebten schützend zu überwölben, war ohne Zweifel die beiderseitige Erkenntnis, daß ich sie nicht liebte. Tatsächlich wußte ich und wußte sie, daß ich sie nicht liebte; ich wußte, daß sie wußte, daß ich sie nicht liebte; sie wußte, daß ich wußte, daß sie wußte, daß ich sie nicht liebte. Da ich sie nicht liebte, blieb meine Einsamkeit unangetastet, und ich war frei, meine »emotionellen Handlungsprinzipien« bei einem sehr schönen Geschöpf anzuwenden, das heißt auf eine eminent ästhetische und experimentelle Art. Ich wußte, daß Lieben, so wie ich meine Galuschka, meine Dullita Rediviva geliebt hatte, etwas ganz anderes war, etwas, das die Aufhebung des Ego in einer allmächtigen Verwirrung aller Gefühle verlangte, worin jedes Denk- und Unterscheidungsvermögen, jedes methodische Handeln fortwährend vom paradoxest unvorhersehbarsten Zusammenbruch bedroht war. Hier aber wurde im Gegenteil meine Geliebte zur feststehenden Schießscheibe meiner Geschicklichkeitsproben, die, wie ich wußte, mir später noch »dienlich« sein würden. Ich wußte ganz genau, daß Liebe den Pfeil empfängt, nicht ihn aussendet; und ich probierte an ihrem Leib den Heiligen Sebastian aus, den ich latent unter meiner eigenen Haut trug, die ich gern wie eine Schlange abgestreift hätte. Da ich wußte, daß ich sie nicht liebte, konnte ich gleichzeitig weiterhin meine Dullitas, Galuschkas und Redivivas mit einer noch idealisierteren, einer absoluten und präraffaelitischen Liebe verehren, denn jetzt hatte ich ja eine Geliebte aus Fleisch und Blut, mit Brüsten und Speichel, die ich mit der Liebe zu mir verrückt machte, die ich heftig gegen meinen Körper drückte, während ich sie nicht liebte... Da ich wußte, daß ich sie nicht liebte, hätte ich bei ihr auch nicht jenes immer unbefriedigte Verlangen, auf die Spitze eines Turms zu steigen! Sie war irdisch, real, und je mehr brennende Lust ihr den Körper verzehrte, und je kränklicher sie aussah, desto weniger schien sie es mir zu verdienen, meinen Turm zu besteigen; von mir aus hätte sie abkratzen können!

Wenn wir irgendwo draußen auf den Feldern lagen, sagte ich manchmal zu ihr: »Stelle dich tot!« Und dann kreuzte sie die Arme über der Brust und

hörte auf zu atmen. Ihre zwei kleinen Nasenlöcher wurden dann so reglos, sie hörte so lange auf zu atmen, daß ich manchmal in Panik ihre Wangen schlug, weil ich glaubte, sie sei wirklich leblos. Sie fand unverkennbar Vergnügen an ihrer zunehmenden Blässe, die ich wie einen erschöpften, mondweißen Schimmel mit zerzauster Mähne an Zügeln zarter Pein lenkte.

»Wir laufen jetzt zusammen ohne anzuhalten bis zu der Zypresse.« Sie fürchtete meinen Zorn und gehorchte mir; am Ende des Rennens sank sie fast ohnmächtig vor Erschöpfung bei der Zypresse nieder. »Du willst, daß ich sterbe«, sagte sie oft, denn sie wußte, daß ich es mochte, wenn sie das sagte, und sie mit einem Kuß auf den Mund belohnen würde.

Der Sommer kam, und ich fuhr nach Cadaqués. Señor Pitchot verkündete, daß die Zypresse in der Mitte des Innenhofes wieder einen halben Meter gewachsen sei. Ich machte eine sehr detaillierte Zeichnung dieser Zypresse nach der Natur. Ich hatte ihre Samenbälle bemerkt und war beeindruckt von deren Ähnlichkeit mit Schädeln, besonders wegen der schartigen Nähte zwischen den beiden Scheitelbeinen.

179 Die Briefe, die ich von meiner Geliebten erhielt, waren im Tonfall begei-

sterter denn je, ich antwortete ihr nur selten und immer mit einem Giftstachel darin, der sie mit Sicherheit treffen und wachsgelb werden lassen würde.

Am Ende des Sommers regnete es einen ganzen Tag. Wir reisten als eine der letzten Familien ab, und am letzten Tag machte ich beim Anwesen der Pitchots, das bereits verlassen war, einen Spaziergang. Ich holte meine Jakke, die im Regen draußen liegengeblieben und durchnäßt war; als ich die Taschen durchsuchte, zog ich ein Bündel Briefe von meiner Geliebten heraus, welche ich aufzuheben und auf meine Spaziergänge mitzunehmen pflegte. Sie waren völlig durchgeweicht, die leuchtend blaue Handschrift war verwischt. Ich setzte mich vor meine Zypresse und dachte an die Geliebte. Mechanisch begann ich, die Briefe zwischen den Händen zu quetschen und zu drücken, so daß sie wie Paste wurden und bald formte ich eine Art Ball daraus, indem ich mehrere Knäuel dieses nassen Papiers zusammenrollte. Plötzlich erkannte ich, daß ich dabei ungewollt die Samenbälle der Zypresse nachahmte, denn meiner hatte genau die gleiche Größe und war in ähnlicher Weise aus mehreren Abschnitten zusammengesetzt, wodurch Knochennähten ähnliche Linien entstanden. Ich ging zur Zypresse hin und ersetzte einen ihrer Bälle durch die weiße Zusammenballung meiner Briefe, und aus den übrigen formte ich einen zweiten Ball, den ich symmetrisch zum ersten anbrachte. Danach setzte ich meinen Spaziergang fort und verlor mich in Gedanken über die verschiedensten Themen. Länger als eine Stunde blieb ich auf der äußersten Spitze eines Felsens so nahe an den sich brechenden Wellen sitzen, daß Gesicht und Haar mir ganz naß waren, als ich ging; der Geschmack des Meersalzes auf den Lippen rief den Mythos der Unbestechlichkeit, der Unsterblichkeit in mir wach, der mich zu dieser Zeit so sehr beschäftigte. Es war Nacht geworden, und ich sah nicht mehr, wo ich ging. Plötzlich schauderte ich und legte die Hand aufs Herz, wo ich einen stechenden, beißenden Schmerz spürte – beim Vorübergehen war ich von den beiden reglosen weißen Bällen erschreckt worden, die ich in der Zypresse zurückgelassen hatte und die aus dem Dunkel vorglänzten, als ich so nah kam, daß ich sie fast berühren konnte. Ein Blitz böser Vorahnung durchzuckte mich: Ist sie tot? Mir brach der kalte Schweiß aus, der nicht nachließ, bis ich das Haus erreichte, wo ein Brief meiner Geliebten wartete, den sie folgendermaßen beschloß: »Ich bin dicker geworden, und jeder findet, daß ich sehr gut aussehe. Aber mich interessiert nur, was du von mir hältst, wenn du mich wieder siehst. Tausend Küsse, und nochmals, ich werde dich nie vergessen, usw. usw.«... Die Idiotin!

Ich bereitete mich vor. Mein Vater begann nachzugeben, und ich wußte, daß ich nach den sechs Schuljahren bis zum Bakkalaureat Maler werden würde! Drei Jahre lagen noch vor mir, aber man sprach schon von der Kunsthochschule in Madrid – und wenn ich Preise gewänne, würde ich vielleicht in Rom weiterstudieren. Der Gedanke daran, wieder »offizielle

Kurse« zu besuchen, selbst wenn es Kurse in Malerei wären, stieß mich an-
fangs äußerst ab, denn ich hätte gern volle Handlungsfreiheit gehabt, ohne
daß mir jemand in das, was in meinem Kopf vorging, dareinreden konnte.
Ich plante bereits einen verzweifelten Kampf mit meinen Lehrern, einen
Kampf bis auf den Tod. Was ich vorhatte, sollte »ohne Zeugen« geschehen.
Außerdem hatte der einzige gegenwärtige Zeuge meiner künstlerischen
Erfindungen, Señor Nuñez, auch keinen Frieden mehr mit mir. Jeden Tag
verblüffte ich ihn, und jeden Tag mußte er zugeben, daß ich recht hatte.

Ich machte meine ersten technischen Entdeckungen; sie hatten allesamt
den gleichen Ursprung: Ich begann immer damit, exakt das Gegenteil dessen zu tun, was mein Lehrer mir sagte. Einmal zeichneten wir einen alten
Mann, einen Bettler, der einen Bart aus sehr lockigem, feinem Haar hatte –
fast wie Flaum war es und vollkommen weiß. Nachdem Señor Nuñez meine Zeichnung gesehen hatte, sagte er mir, daß sie zu stark mit Bleistift
überarbeitet sei, als daß man die Wirkung jenes sehr zarten, weißen Flau-
mes herausbekommen könne; ich müsse zweierlei tun – auf einem absolut
sauberen Blatt Papier von vorne anfangen und dabei dessen »Weiße« respektieren und mir zunutze machen; und um den Effekt des äußerst feinen
Flaums seiner Haare zu bekommen, solle ich zweitens einen sehr weichen
Bleistift benutzen und Striche machen, die kaum das Papier streiften. Als
mein Lehrer gegangen war, begann ich selbstverständlich das Gegenteil
dessen zu tun, was er soeben geraten hatte, und arbeitete wieder mit größtem Ungestüm drauflos, mit den schwärzesten und dicksten Bleistiften. Ich
ging so leidenschaftlich zu Werke, daß sich alle Mitschüler um mich sammelten, um mich bei der Arbeit zu beobachten. Schließlich konnte ich
durch die Geschicklichkeit meiner Kontraste eine Illusion schaffen, die an
das Modell erinnerte. Doch ich war noch unzufrieden und schwärzte meine
Zeichnung weiter ein, und bald war sie nur noch eine inkohärente Masse
schwärzlicher Flecken, die immer gleichförmiger wurden und zuletzt das
ganze Papier mit einer einheitlichen dunklen Farbschicht überzogen.

Als der Lehrer am nächsten Tag kam und vor meiner Arbeit stand, stieß
er einen Schrei der Verzweiflung aus.

»Du hast genau das Gegenteil von dem getan, was ich dir gesagt habe,
und das ist das Ergebnis!«

Worauf ich antwortete, daß ich dicht davorstände, das Problem zu lösen.
Dann holte ich ein Fläschchen Tusche und einen Pinsel hervor und begann
meine Zeichnung präzise dort pechschwarz zu bestreichen, wo das Modell
am weißesten war. Mein Lehrer, der dachte, er hätte verstanden, rief aus:

»Du willst das Negativ machen!«

»Ich will«, antwortete ich, »genau das malen, was ich sehe!«

Der Lehrer ging wieder fort, schüttelte den Kopf und sagte: »Wenn du
glaubst, daß du es mit Kreide höhen kannst, irrst du dich, denn deine Tusche nimmt keine Kreide an!«

Allein gelassen, holte ich ein kleines Taschenmesser hervor und fing an, das Papier auf eine spezielle Art anzukratzen, und sofort sah ich das blendendste Weiß auftauchen, das man bei einer Zeichnung überhaupt erreichen kann. An anderen Partien der Zeichnung, wo ich das Weiß gedämpfter haben wollte, spuckte ich auf die betreffende Schabstelle, und wenn ich dann rieb, wurde sie gräulich schmutzig. Der Bart des alten Bettlers, der Modell saß, trat mit paralysierendem Realismus aus den Schatten meiner Zeichnung hervor. Bald beherrschte ich das Verfahren, den Papierbrei so zu bearbeiten, daß er wirklich wie eine Art Flaum aussah, was durch Aufschaben des Papiers selbst geschah*, und ich ging fast so weit, daß ich die Fasern des Papiers mit den Fingernägeln herauszog und sie zu Löckchen drehte. Es war sozusagen die direkte Nachahmung des Bartes des alten Mannes. Die fertige Zeichnung beleuchtete ich schräg von der Seite mit einer neben dem Papier angebrachten Lampe. Als Señor Nuñez zur Korrektur kam, verschlug es ihm die Sprache, so perplex war er über seine übliche Bewunderung hinaus. Er trat zu mir herüber, drückte mich mit seinen kräftigen Armen so fest an seine Brust, daß ich zu ersticken glaubte, und wiederholte in etwa, was Martin Villanova anläßlich meiner Erfindung des Gegen-U-Bootes gesagt hatte: »Seht unseren Dali an – ist er nicht großartig!« Tief bewegt klopfte er mir auf die Schulter. Dies Experiment, das Papier mit dem Taschenmesser aufzukratzen, ließ mich lange über die Besonderheiten des Lichtes und die Möglichkeiten seiner Nachahmung grübeln. Meine Untersuchungen auf diesem Gebiet dauerten ein ganzes Jahr, und ich kam zu dem Schluß, daß nur das Relief der Farbe selbst, der vorsätzlich auf die Leinwand gehäuften Farbe, Lichteffekte hervorbringen könnte, die das Auge befriedigten.

Dies war die Zeit, die meine Eltern und ich »Die Steinphase« tauften. Ich benutzte tatsächlich Steine zum Malen. Wenn ich eine sehr helle Wolke oder einen starken Glanz erreichen wollte, legte ich einen kleinen Stein auf die Leinwand, den ich dann mit Farbe überzog. Eines der erfolgreichsten Gemälde dieser Art war ein großer Sonnenuntergang mit scharlachroten Wolken. Der Himmel enthielt Steine jeder Größe, einige davon so groß wie ein Apfel! Dieses Gemälde hing eine Zeitlang im Speisezimmer meiner Eltern, und ich erinnere mich daran, daß wir während der friedlichen Familienzusammenkünfte nach dem Abendessen manchmal durch das Geräusch eines auf das Mosaik fallenden Gegenstands aufgeschreckt wurden. Meine Mutter hörte dann einen Moment auf zu nähen und lauschte, aber mein Vater beruhigte sie immer mit den Worten: »Es ist nichts – es ist nur wieder ein Stein, der aus dem Himmel unseres Kindes gefallen ist!« Weil

---

* Als ich später die Aquarelle von Mariano Fortuny studierte, dem Erfinder des »Spanischen Kolorismus« und einem der kunstfertigsten Wesen überhaupt, bemerkte ich, daß er eine ähnliche Schabtechnik anwendet, um sein äußerst leuchtendes Weiß zu erhalten, indem er wie ich das Relief und die Unregelmäßigkeit der fraglichen Weißstellen ausnutzt, um das Licht in den winzigen Oberflächenpartikeln zu fangen und so den Effekt verblüffender Leuchtkraft zu erhöhen.

sie zu schwer waren und die Farbdecke, zu dünn, sie auf der Leinwand festzuhalten, schließlich aufplatzte, purzelten diese Steine, die als Kerne für
große, von der untergehenden Sonne beleuchtete Wolken dienten, mit lautem Geräusch auf den gekachelten Boden hinab. Mit besorgter Miene fügte
mein Vater hinzu: »Die Ideen sind gut, aber wer würde je ein Gemälde kaufen, das am Ende verschwindet, während das Haus sich mit Steinen füllt?«

In der Stadt Figueras waren meine malerischen Forschungen eine Quelle
andauernder Belustigung. Überall hieß es, »Dalis Sohn setzt jetzt Steine in
seine Bilder!« Trotzdem wurde ich auf der Höhe meiner Steinphase darum
gebeten, einige meiner Gemälde für eine Ausstellung, die im Saal einer
musikalischen Gesellschaft stattfinden sollte, auszuleihen. Es wurden ungefähr dreißig lokale und regionale Künstler gezeigt, einige davon aus Gerona
oder sogar aus Barcelona. Meine Werke gehörten zu den am meisten be-
achteten, und die beiden Intellektuellen der Stadt, die am meisten galten,
Carlos Costa und Puig Pujades, erklärten, daß mir ohne den geringsten
Zweifel eine brillante Karriere bevorstehe.

Diese erste Weihe meines Ruhmes machte gewaltigen Eindruck auf die
verliebte Phantasie meiner Freundin, und ich nutzte das weidlich aus, um
sie immer mehr an mich zu fesseln. Vor allem wollte ich nicht, daß sie andere Freunde hätte, seien es Mädchen oder Jungen, Kinder oder Erwachsene. Sie mußte immer allein bleiben, wie ich, und wenn ich es wollte, durfte
sie mich sehen – mich, den einzigen, der Intelligenz besaß, der alles anders
als die anderen verstand und den nun sogar die Zeitungen mit Ruhmeswol-
ken umgaben. Sobald ich erfuhr, daß sie eine neue Bekanntschaft gemacht
hatte, oder wenn sie über jemanden wohlwollend sprach, versuchte ich sofort, diese Person in ihren Augen herabzusetzen, zu zerstören und zu vernichten – immer mit Erfolg. Ausnahmslos fand ich genau die richtige Bemerkung, den trockenen Vergleich, die jene Person mit solchem Realismus
kennzeichneten, daß sie sie nicht mehr anders sehen konnte, als ich es ihr
diktierte. Ich erzwang förmlich die Unterwürfigkeit ihrer Gefühle, und jeden Verstoß gegen meine mitleidlose Gefühlsinquisition mußte sie mit bitteren Tränen bezahlen. Ein verächtlicher Tonfall ihr gegenüber, den ich
wie unabsichtlich in ein lockeres Gespräch einfließen ließ, reichte, daß sie
sich sterbenselend fühlte. Sie hoffte nicht mehr, daß ich sie lieben könnte,
klammerte sich aber an meine Achtung wie eine Ertrinkende.
Ihr ganzes Leben war auf die halbe Stunde unseres Spaziergangs konzentriert, den ich ihr immer seltener gewährte, denn all das ging zu Ende! Der
Tempel der Madrider Kunstakademie zeichnete sich schon mit all seinen
Treppen, Säulen und Giebeln des Ruhms vor mir ab. Ich sagte zu meiner
Geliebten: »Nutze es aus, solange du kannst; du hast noch ein Jahr.« Sie
verbrachte ihr Leben damit, sich für unsere halbe Stunde schön zu machen.
Sie hatte ihre Kränklichkeit überwunden und besaß jetzt eine robuste Ge-
sundheit, die allein ihre Tränen mir annehmbar machen konnten.

Auf meinen Spaziergängen pflegte ich Ausgaben des »L'Esprit Nouveau«, den ich bezog, bei mir zu tragen; demütig beugte sie die Stirn in aufmerksamer Haltung über die kubistischen Gemälde. Zu der Zeit hatte ich eine Schwäche für das, was ich Juan Gris' »Kategorischen Imperativ der Mystik« nannte. Ich entsinne mich, daß ich meiner Geliebten oft dunkle Verkündigungen machte, etwa: »Der Ruhm ist ein glänzendes, spitzes, schneidendes Ding, wie eine geöffnete Schere.« Sie sog alle Worte auf, ohne sie zu verstehen, versuchte, sich an sie zu erinnern... »Was sagtest du gestern von einer geöffneten Schere?«

Oft sahen wir auf unseren Spaziergängen in der Ferne den massigen Bau des Mulí de la Torre aus dem dunklen Grün aufragen. Ich setzte mich dann gerne hin, um ihn zu betrachten. »Siehst du den weißen Fleck da drüben? Da genau hat Dullita gesessen.« Sie schaute immer hin, ohne zu erkennen, worauf ich zeigte. Ich nahm eine ihrer Brüste in die Hand. Seit ich sie zum ersten Mal getroffen hatte, waren ihre Brüste nach und nach fester geworden, und jetzt waren sie wie Stein. »Zeig sie mir!« sagte ich. Sie machte ihre Bluse auf und zeigte sie mir. Sie waren unvergleichlich schön und weiß; ihre Spitzen sahen genau wie Himbeeren aus; wie diese hatten sie einige unendlich feine, winzige Härchen. Sie war im Begriff, ihre Bluse wieder zuzuknöpfen, aber ich befahl, mit einer Spur Erregung in der Stimme: »Nein. Bleib wie du bist!« Sie ließ ihre Hände am Körper herabsinken, neigte ihren Kopf leicht zur Seite und senkte die Augen. Ein heftiges Atmen erschütterte ihren Busen. Schließlich sagte ich: »Los!« Sie knöpfte ihre Bluse wieder zu und stand schwach lächelnd auf. Ich nahm sie zärtlich bei der Hand und begann den Nachhauseweg. »Du weißt«, sagte ich, »wenn ich nach Madrid gehe, werde ich dir nie wieder schreiben.« Und ging zehn Schritte weiter. Ich wußte, daß dies genau der Zeitspanne entsprach, nach der sie anfangen würde zu weinen. Ich irrte mich nicht. Dann küßte ich sie leidenschaftlich, meine Wange brannte von ihren heißen Tränen, die so groß wie Haselnüsse waren. Im Zentrum meines Hirns glänzte der Ruhm wie eine geöffnete Schere! Arbeite, Salvador, arbeite; denn wenn du für die Grausamkeit begabt bist, bist du es auch für die Arbeit.

Diese Arbeitsfähigkeit flößte jedem Respekt ein, ob ich nun Steine auf meiner Leinwand befestigte oder stundenlang minutiös an einem Gemälde arbeitete oder den Tag damit verbrachte, Notizen zu machen, um einen komplizierten philosophischen Text zu entwirren. Tatsache ist, daß von dem Zeitpunkt an, wo ich aufstand, nämlich um sieben Uhr morgens, mein Kopf während des ganzen Tages keinen einzigen Moment lang ausruhte. Selbst meine idyllischen Spaziergänge betrachtete ich als eine anstrengende und anspruchsvolle Verführungsarbeit. Meine Eltern pflegten zu bemerken: »Er ist immer in Aktion! Nie amüsiert er sich!« Und sie ermahnten mich: »Du bist noch jung, du mußt das Leben nutzen!« Ich aber dachte immer: »Beeile dich, werde älter – denn du bist schrecklich ›grün‹ und schrecklich ›sauer‹.« Wie sollte ich noch vor dem Erwachsenwerden die träumerische, knabenhafte Schwäche der Jugend überwinden? Eins wußte ich ganz genau: Ich mußte durch den Kubismus, um ihn ein für allemal aus meinem System zu verbannen – und währenddessen könnte ich vielleicht wenigstens zeichnen lernen!

Aber das konnte nicht meine gierige Lust stillen, alles zu tun. Ich mußte noch ein großes philosophisches Werk, das ich ein Jahr zuvor begonnen hatte und das »Der Babylonische Turm« hieß, ausdenken und schreiben. Ich hatte schon fünfhundert Seiten geschrieben und war immer noch beim Prolog! In der Zeit verschwand mein Sexualtrieb fast völlig, und die philosophischen Theorien des Buches nahmen den ganzen Raum meiner psychischen Aktivität ein. Die Fundamente meines »Babylonischen Turmes« begannen mit der Darlegung des Phänomens des Todes, das meiner Auffassung nach am Anfang jeder geistigen Konstruktion stehen sollte. Meine Theorie war anthropomorph, denn ich fand immer, daß ich nicht so sehr lebte, als vielmehr im Begriff sei, aus der »amorphen Nicht-Intelligenz«

meiner Ursprünge wiederaufzuerstehen, und überdies betrachtete ich ein frühzeitiges Alter als den Preis, den ich für ein Unsterblichkeitsversprechen entrichten würde. Was am Fuße des Turms für jedermann »verständliches Leben« war, war für mich nur Tod und Chaos; was andererseits auf der Spitze des Turms für jedermann Chaos und Verwirrung bedeutete, war für mich, den Anti-Faust, den obersten Thaumaturgen, nur »Logos« und Auferstehung. Mein Leben war eine dauernde, wilde Bestätigung meiner wachsenden, imperialen Persönlichkeit, jede Stunde war ein neuer Sieg des »Ego« über den Tod. Andererseits sah ich um mich herum überall nur Kompromisse mit diesem Tod. Nichts für mich! Mit dem Tod würde ich nie einen Kompromiß schließen.

Unerwartet starb meine Mutter, und das war der schlimmste Schlag, den ich in meinem Leben erfahren hatte. Ich vergötterte sie; ihr Bild schien mir einzigartig. Ich wußte, daß die moralischen Werte ihrer frommen Seele hoch über allem Menschlichen standen, und konnte mich nicht mit dem Verlust eines Wesens abfinden, auf das ich mich verließ, wenn ich die uneingestandenen Fehler meiner Seele unsichtbar machen wollte – sie war so gut, daß ich glaubte, es werde »auch für mich reichen«. Sie liebte mich so vollkommen und war so stolz auf mich, daß sie nicht unrecht haben konnte – auch meine Schlechtigkeit mußte etwas Wunderbares sein! Der Tod meiner Mutter kam mir als Affront des Schicksals vor – so etwas durfte mir nicht geschehen – weder ihr noch mir! Ich fühlte, wie mitten in meiner Brust die tausendjährige Libanonzeder der Rache ihre gewaltigen Äste ausbreitete. Weinend und mit zusammengebissenen Zähnen schwor ich mir, mit den Lichtschwertern, die eines Tages meinen ruhmreichen Namen umstrahlen würden, meine Mutter dem Tod und dem Schicksal zu entreißen!

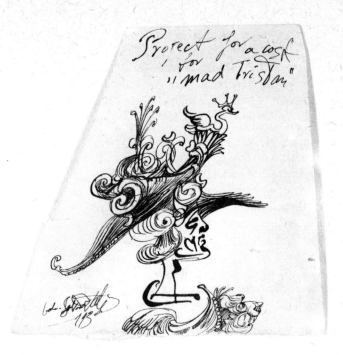

8. *Kapitel*   *Beim Ruhm in der Lehre*
Vater willigt in künstlerische Laufbahn ein
Aufnahmeprüfung
Zeitweiliger Ausschluß aus der
Madrider Kunstakademie
Dandytum und Gefängnis

Die Fülle der Artikel, die das Haus zu überschwemmen begannen, brachte meinen Vater zu dem Entschluß, eine große Kladde anzulegen, in der er alles sammelte und einklebte, was er schon hatte und was weiter über mich erschien. Zum Nutzen der Nachwelt schrieb er ein Vorwort zu dieser Sammlung, wovon das Folgende eine vollständige und getreue Übersetzung ist:

Salvador Dali y Domenech, Malschüler

Nach einundzwanzig Jahren* voller Sorgen, Ängste und großer Mühen bin ich endlich soweit, meinen Sohn beinahe in der Lage zu sehen, dem Ernst des Lebens ins Auge zu blicken und für sich selbst zu sorgen. Die Pflichten eines Vaters sind nicht so leicht, wie man manchmal glaubt. Stän-

189   * Chronologisch gesehen muß das in meiner Biographie ein paar Jahre später stehen.

dig werden Konzessionen von ihm verlangt, und es gibt Augenblicke, da diese Konzessionen und Kompromisse die Pläne, die er geschmiedet, und die Illusionen, die er gehegt hat, beinahe vollständig hinwegfegen. Wir, seine Eltern, wünschten nicht, daß unser Sohn sich der Kunst widmet, einem Beruf, für den er seit seiner Kindheit große Begabung gezeigt zu haben scheint.

Ich glaube nach wie vor, daß die Kunst kein Mittel sein sollte, seinen Lebensunterhalt zu verdienen, daß sie einzig und allein eine geistige Entspannung sein sollte, der man sich zuwenden mag, wenn einem das Leben Momente der Muße gönnt. Außerdem waren wir, seine Eltern, davon überzeugt, daß es für ihn schwer sein würde, den hervorragenden Platz in der Kunst zu erreichen, den nur wahre Helden erringen, die alle Hindernisse und Rückschläge bezwingen. Wir kannten das bittere Leid und die Verzweiflung jener, die scheitern. Und aus diesen Gründen taten wir alles, was wir konnten, um unseren Sohn zur Ausübung eines freien, wissenschaftlichen oder auch literarischen Berufes zu drängen. Als unser Sohn die Schule mit dem Bakkalaureat abschloß, war uns bereits bewußt, daß es zwecklos sei, ihn zu einem anderen Beruf als dem des Malers bekehren zu wollen, dem einzigen, den er wirklich und unbeirrt als seine Berufung empfunden hat. Ich glaube nicht, daß ich das Recht habe, mich einer so entschiedenen Berufung zu widersetzen, zumal in Betracht zu ziehen war, daß mein Junge wegen seiner »intellektuellen Faulheit«, an der er litt, sobald er der Sphäre seiner Vorlieben entzogen wurde, in jeder anderen Disziplin oder jedem anderen Studienzweig seine Zeit vergeudet hätte.

An diesem Punkt schlug ich meinem Sohn einen Kompromiß vor: Er solle die Hochschule für Malerei, Bildhauerei und Graphik in Madrid besuchen, dort all die Kurse belegen, die nötig seien, um den offiziellen Titel eines Professors für Kunst zu erlangen, und dann, wenn er so sein Studium beendet habe, die Ausleseprüfung ablegen, um seine Lehrbefähigung in einer staatlichen Bildungsstätte einsetzen zu können; so werde er sich ein Einkommen sichern, das die Erfüllung aller unabdingbaren Lebensbedürfnisse gewährleisten und es ihm andererseits erlauben werde, sich während der freien Stunden, die ihm seine Lehrverpflichtungen ließen, so viel er wolle der Kunst zu widmen. Auf diese Weise hätte ich die Gewißheit, daß sein Lebensunterhalt nie gefährdet und ihm doch zugleich die Tür zum Gebrauch seiner künstlerischen Talente nicht verschlossen wäre. Im Gegenteil, er könnte ihnen nachgehen, ohne die wirtschaftliche Katastrophe zu riskieren, die das Leben der Erfolglosen noch bitterer macht.

Dies ist der Punkt, den wir jetzt erreicht haben! Ich habe mein Wort gehalten und sichergestellt, daß es meinem Sohn an nichts fehlen wird, was für seine künstlerische und berufliche Ausbildung erforderlich sein könnte. Die Anstrengung, die dies für mich bedeutet hat, ist sehr groß, bedenkt man, daß ich über kein Privatvermögen, welcher Höhe auch immer, verfüge, daß ich allen Verpflichtungen einzig mit den ehrenhaften und redlichen Einkünften aus meinem Beruf, dem des Notars, nachkommen muß und daß diese Einkünfte, wie die aller Notare in Figueras, bescheiden sind. Im Augenblick fährt mein Sohn fort, seine akademischen Pflichten zu erfüllen, wobei er auf einige Hindernisse stößt, für die ich weniger den Schüler verantwortlich mache als die abscheuliche Desorganisation unserer kulturellen Ausbildungsstätten. Aber der offizielle Fortschritt seiner Arbeit ist gut. Mein Sohn hat bereits zwei vollständige Kurse abgeschlossen und zwei Preise gewonnen, einen in Kunstgeschichte und den anderen in »Allgemeine Grundlagen der Malerei«. Ich sage »offizielle Arbeit«, denn der Junge könnte als »Student der Akademie« besser sein als er ist, doch seine Leidenschaft für die Malerei lenkt ihn über Gebühr von seinem offiziellen Studium ab. Er verbringt die meiste Zeit damit, seine eigenen Bilder zu malen, die er dann nach sorgsamer Auslese auf Ausstellungen schickt. Der Erfolg, den er mit seinen Bildern errungen hat, ist viel größer, als ich selbst es je für möglich gehalten hätte. Aber, wie ich bereits erwähnt habe, sähe ich es lieber, wenn solcher Erfolg später käme, nachdem er sein Studium beendet und eine Stellung als Professor gefunden hat. Denn dann bestünde nicht länger die Gefahr, daß seine Erwartungen enttäuscht würden.

Trotz allem, was ich gesagt habe, wäre ich nicht aufrichtig, wollte ich leugnen, daß mich die augenblicklichen Erfolge meines Sohnes freuen, denn sollte es meinem Sohn nicht gelingen, ein Lehramt zu bekommen, so versichert man mir doch, daß die künstlerische Ausrichtung, der er folgt, nicht völlig irrig ist und daß, wie schlecht auch dies hier ausgehen mag, alles, was er sonst anfangen könnte, bestimmt ein noch größeres Unglück würde, denn mein Sohn hat Talent zur Malerei und nur zur Malerei.

In dieser Kladde habe ich alles gesammelt, was ich während des Kunststudiums meines Sohnes in der Presse über seine Arbeiten gefunden habe. Außerdem enthält sie Dokumente, die sich auf Vorfälle in der Akademie und auf seine Haft beziehen, die insofern von Interesse sein könnten, als sie es ermöglichen, meinen Sohn als Bürger, das heißt als Menschen zu beurteilen. Ich sammle alles und werde weiterhin alles sammeln, worin er erwähnt wird, sei es positiv, sei es negativ, solange ich davon Kenntnis habe. Aus der Lektüre des Ganzen kann man etwas über den Wert meines Sohnes als Künstler und als Bürger erfahren. Möge derjenige, der die Geduld aufbringt, alles zu lesen, ihm Gerechtigkeit widerfahren lassen.

Figueras, den 31. Dezember 1925   *Salvador Dali, Notar*

Mit meinem Vater und meiner Schwester fuhr ich nach Madrid. Um zur Kunstakademie zugelassen zu werden, mußte man eine Prüfung ablegen, die darin bestand, eine Zeichnung nach einer klassischen Skulptur anzufertigen. Mein Modell war ein Abguß des *Bacchus* von Jacopo Sansovino, und ich mußte in sechs Tagen fertig sein. Meine Arbeit ging ihren normalen,

191

zufriedenstellenden Gang, als der Hausmeister (mit dem mein Vater oft plauderte, wenn er ungeduldig im Hof auf mich wartete) am dritten Tag seine Besorgnis äußerte, ich bestünde die Prüfung nicht.

»Ich rede nicht davon, wie gut oder schlecht die Zeichnung Ihres Sohnes ist«, sagte er, »aber er hat die Prüfungsvorschriften nicht beachtet. In diesen Vorschriften heißt es klar und deutlich, daß die Zeichnung die genauen Maße eines Ingres-Bogens haben muß, und Ihr Sohn ist der einzige, der die Figur so klein gemacht hat, daß die Fläche darum herum kaum noch als Rand gelten kann!«

Von diesem Moment an war mein Vater außer sich. Er wußte nicht, was er mir raten sollte – ob ich die Zeichnung neu beginnen oder sie, so gut ich konnte, in ihrer jetzigen Größe zu Ende führen sollte. Das Problem machte ihm während unseres ganzen Nachmittagsspaziergangs zu schaffen. Abends im Kino dann, mitten im Film, drehten sich alle Leute plötzlich zu uns um, als er ausrief: »Meinst du, du hast den Mut, noch einmal von vorne anzufangen?« und, nach langem Schweigen: »Du hast noch drei Tage Zeit!« Ich hatte eine gewisse Freude daran, ihn mit diesem Thema zu quälen; aber ich selbst begann auch zu fühlen, wie seine Pein mich ansteckte, und sah, daß die Sache tatsächlich ernst wurde.

»Schlaf gut«, riet er mir, bevor ich zu Bett ging, »und denke nicht daran; morgen mußt du in Hochform sein, du wirst dich im letzten Moment entscheiden.« Von Mut und Entschlußkraft erfüllt, radierte ich am nächsten Tag ohne eine Sekunde zu zögern meine Zeichnung vollständig aus. Doch kaum hatte ich diesen Eingriff durchgeführt, als der Schreck über das, was ich getan hatte, mich lähmte. Verblüfft blickte ich auf mein Papier, das wieder ganz weiß war, während die Mitbewerber um mich herum am vierten Arbeitstag bereits anfingen, die Schattierungen zu vervollkommnen. Am nächsten Tag würden sie alle fast fertig sein; dann hätten sie noch genügend Zeit für die letzten Korrekturen, die immer viel Ruhe und Überlegung erfordern. Ich sah gepeinigt zur Uhr. Allein das Ausradieren hatte mich schon eine halbe Stunde gekostet. So begann ich ängstlich meine neue Figur und versuchte diesmal, Vorkehrungen zu treffen, um die den Vorschriften entsprechenden Maße einzuhalten. Aber ich stellte mich bei diesen vorbereitenden Maßnahmen, die jeder andere Student mechanisch in einem Zuge ausgeführt hätte, so ungeschickt an, daß ich am Ende der Sitzung das Ganze noch einmal ausradieren mußte. Als die Stunde vorbei war, las mein Vater in meinem blassen Gesicht sofort, daß die Dinge nicht gut standen.

»Was hast du gemacht?«

»Ich habe sie ausradiert.«

»Aber wie geht es mit der neuen?«

»Ich habe sie noch nicht angefangen. Ich habe bloß radiert und Maß genommen. Diesmal will ich sicher gehen!«

Mein Vater sagte: »Du hast recht – aber zwei Stunden, um Maß zu nehmen! Jetzt hast du nur noch zwei Tage. Ich hätte dir raten sollen, deine erste Zeichnung nicht auszuradieren.«

Weder mein Vater noch ich konnten an diesem Abend etwas essen. Dauernd sagte er mir: »Iß! Iß! Wenn du nicht ißt, wirst du morgen nichts schaffen.« Wir quälten uns die ganze Zeit, und auch meine Schwester sah mitgenommen aus. Mein Vater gestand mir später, er habe die ganze Nacht, von unlösbaren Zweifeln bestürmt – ich hätte sie ausradieren sollen, ich hätte sie nicht ausradieren sollen –, keine Sekunde Schlaf gefunden.

Der nächste Tag kam. Sansovinos *Bacchus* hatte sich so sehr in mein Gedächtnis eingebrannt, daß ich mich auf die Arbeit warf wie ein hungriger Wolf. Aber diesmal zeichnete ich ihn zu groß. Da war nichts zu machen – mogeln konnte man nicht! Seine Füße ragten zur Gänze über das Papier hinaus. Das war noch schlimmer, ein viel schlimmerer Fehler als einen Riesenrand zu lassen. Wieder radierte ich alles aus.

Als ich aus der Klasse kam, war mein Vater bleich vor Ungeduld. Mit einem wenig überzeugenden Lächeln und dem Versuch, mich aufzumuntern, sagte er: »Nun?«

»Zu groß«, antwortete ich.

»Und was hast du jetzt vor?«

»Ich habe schon alles ausradiert.« Ich sah eine Träne in seinen Augen glänzen. »Komm, laß es gut sein, du hast ja morgen noch eine Sitzung. Wie oft hast du schon eine Zeichnung in einer einzigen Sitzung gemacht!«

Aber ich wußte, daß kein Mensch es in zwei Stunden schaffen konnte, denn es würde mindestens einen Tag brauchen, die Skizze zu machen, und einen weiteren, die Schatten zu setzen. Außerdem sagte mein Vater das nur, um mir Mut zu machen. Er wußte so gut wie ich, daß ich in der Prüfung durchgefallen war und wir am übernächsten Tag mit Schande bedeckt nach Figueras zurückkehren müßten – ich, der beste von ihnen allen, dorthin zurück – und dies, nachdem Señor Nuñez ihm hoch und heilig versichert hatte, ich könne unmöglich die Prüfungen nicht bestehen, selbst wenn meine Zeichnung zufällig die schlechteste wäre, die ich zustande brächte.

»Wenn du die Prüfungen nicht bestehst«, versuchte er mich weiter zu trösten, »dann ist es meine Schuld und die des idiotischen Hausmeisters. Wenn deine Zeichnung gut war, was ich glaube, was hätte es dann ausgemacht, ob sie ein bißchen kleiner oder größer war?«‹.

Ich wetzte meine Bosheit und entgegnete: »Wie ich dir sagte. Wenn etwas gut gezeichnet ist, erzwingt es den Respekt des Professors!«

Mein Vater drehte nachdenklich und von Reue zernagt eine Strähne des weißen Haars, das zu beiden Seiten seines ehrwürdigen Schädels wuchs.

»Aber du hast mir selbst gesagt«, sagte er, »daß sie sehr, sehr klein war«. – »Niemals«, antwortete ich, »ich sagte, sie sei klein, aber nicht sehr, *sehr* klein!«

»Ich dachte, du hättest mir gesagt, sie sei sehr, sehr klein«, fuhr er beharrlich fort. »Dann wäre sie vielleicht durchgegangen, wenn sie nicht klitzeklein war! Sag mir genau, wie sie war, damit ich mir wenigstens eine Meinung bilden kann.«

Da begann ich mit einer der raffiniertesten Foltermethoden. »Wo wir jetzt soviel darüber geredet haben, kann ich mich gar nicht mehr genau an die Maße erinnern; sie war durchschnittlich, ziemlich klein, aber nicht übertrieben klein.«

»Aber versuche doch, dich zu erinnern. Schau, war sie ungefähr so?« und er deutete die Größe mit dem Daumen auf seiner Gabel an.

»Bei der gebogenen Form der Gabel«, erwiderte ich, »kann ich das nicht sagen«.

Geduldig fragte er weiter. »Stell dir vor, sie sei das Messer hier gewesen, das hat keine Krümmung. Sag mir, ob sie so klein war!«

»Ich glaube nicht«, antwortete ich und tat so als strengte ich mein Gedächtnis an, »aber vielleicht doch.«

Da fing mein Vater an ungeduldig zu werden und rief wütend: »Entweder ja oder nein!«

»Weder noch«, entgegnete ich, »denn ich kann mich nicht erinnern!«

Völlig konsterniert ging mein Vater im Zimmer auf und ab. Plötzlich nahm er einen Brotkrümel und kniete mit einem Bein nieder. »War sie so klein«, fragte er in einem theatralischen, flehenden Ton, während er mir mit der einen Hand den Krümel zeigte, »oder so groß?« und wies mit der anderen Hand auf den Geschirrschrank. Meine Schwester weinte, und wir gingen ins Kino. Es lief ein sehr beliebter Film; in der Pause drehten sich alle nach mir um und glotzten, als sei ich ein äußerst seltener Gegenstand. Mit meiner Samtjacke, meinem Haar, das ich wie ein Mädchen trug, dem vergoldeten Spazierstock und den bis über die Mitte der Wangen hinabreichenden Koteletten bot ich wirklich einen so exotischen und ungewöhnlichen Anblick, daß man mich für einen Schauspieler hielt. Besonders zwei kleine Mädchen sahen mich mit offenem Mund verzückt an. Mein Vater wurde ungeduldig. »Bald können wir nicht mehr mit dir ausgehen. Jedesmal werden wir angegafft. Diese Haare und diese langen Koteletten, mein Gott! – außerdem werden wir sowieso wie geprügelte Hunde mit eingezogenem Schwanz nach Figueras zurückkehren müssen.«

Ein Ausdruck unendlicher Bitterkeit war in den letzten beiden Tagen in die blauen Augen meines Vaters getreten, und die weiße Haarsträhne, mit der er in Augenblicken ärgsten Zweifels und tiefster Besorgnis zu spielen pflegte, stand jetzt steif ab wie ein Fühlhorn, in das all die Qual und all die bedrohliche, gelbliche Galle meiner problematischen Zukunft eingepreßt war.

Der nächste Morgen dämmerte unheilvoll – düster schleuderte die Todesstrafe ihre Blitze. Ich war zu allem bereit. Ich hatte keine Angst mehr, denn mein Katastrophen-Gefühl hatte in der höllischen Atmosphäre des

Vortags seinen Höhepunkt erreicht. Ich machte mich an die Arbeit, und in genau einer Stunde war die Zeichnung fertig, samt Schattierungen. Die verbleibende Stunde verbrachte ich damit, meine Zeichnung zu bewundern, die außerordentlich war – niemals hatte ich etwas so haarfein Genaues gemacht. Aber plötzlich erschrak ich fürchterlich, als ich einen Umstand bemerkte: Die Figur war immer noch klein, sogar noch kleiner als die erste.

Als ich nach Hause kam, las mein Vater die Zeitung. Er hatte nicht den Mut, Fragen zu stellen; er wartete darauf, daß ich etwas sagte.

»Es lief ganz wunderbar«, sagte ich ruhig. Dann fügte ich hinzu: »Aber die Zeichnung ist noch kleiner als die erste!«

Diese Bemerkung schlug wie eine Bombe ein. Das Prüfungsergebnis ebenfalls. Mit folgender lobender Erwähnung wurde ich als Student an der Madrider Kunstakademie zugelassen: »Ungeachtet der Tatsache, daß die Zeichnung nicht die vorgeschriebenen Ausmaße hat, ist sie doch so vollkommen, daß das Prüfungskomitee sie als angenommen betrachtet.«

Mein Vater und meine Schwester fuhren nach Figueras zurück. Ich bezog ein sehr gemütliches Zimmer im »Haus der Studenten«, einem exklusiven Wohnheim, in das aufgenommen zu werden es eines gewissen Einflusses bedurfte; die Söhne der besten spanischen Familien wohnten hier. Ich stürzte mich mit der größten Zielstrebigkeit auf mein Studium. Mein Leben bedränkte sich auf das Studium. Keine Straßenbummel mehr, keine Kinobesuche. Wenn ich das Haus verließ, dann nur, um zur Akademie zu fahren. Ich mied die Gruppen, die im Wohnheim zusammenkamen, ging stets direkt auf mein Zimmer, wo ich mich einschloß und mit meinen Studien fortfuhr. Jeden Sonntag Morgen ging ich in den Prado und machte von verschiedenen Gemälden kubistische Kompositionsskizzen. Für den Weg von der Akademie zum Studentenheim nahm ich immer die Straßenbahn. Auf diese Weise gab ich ungefähr eine Pesete pro Tag aus; mehrere Monate lang hielt ich mich an diesen Plan. Meine Verwandten, die vom Direktor und von dem Dichter Marquina, dessen Obhut man mich anvertraut hatte, über meinen Lebensstil informiert worden waren, machten sich Sorgen über mein asketisches Verhalten, das alle unnatürlich fanden. Mein Vater schrieb mir mehrmals, daß man sich in meinem Alte auch einmal entspannen müsse, Ausflüg machen, ins Theater gehen, mit Freunden in der Stadt bummeln sollte. Nichts half. Von der Akademie in mein Zimmer, aus meinem Zimmer in die Akademie, und niemals überschritt ich meinen Etat von einer Pesete pro Tag. Mein Innenleben brauchte weiter nichts; alles darüber hinaus hätte vielmehr unerträgliches Mißvergnügen bedeutet, mich behindert und belästigt.

In diesem Zimmer begann ich meine ersten kubistischen Bilder zu malen; sie waren direkt und absichtlich von Juan Gris beeinflußt. Sie waren fast monochrom. Als Reaktion gegen meine vorangegangenen koloristischen und impressionistischen Phasen waren die einzigen Farben auf meiner Palette Weiß, Schwarz, Siena und Olivgrün.

»Ich war schon phantastisch«

Ich kaufte einen großen schwarzen Filzhut und eine Pfeife; ich rauchte sie nicht, steckte sie nie an, hatte sie aber ständig im Mundwinkel hängen. Ich haßte lange Hosen und beschloß, kurze Hosen mit Strümpfen und manchmal Wickelgamaschen zu tragen. An Regentagen trug ich ein Cape, das ich aus Figueras mitgebracht hatte. Es war so lang, daß es fast bis zum Boden reichte. Zu diesem Regencape trug ich den großen schwarzen Hut, unter dem mein Haar wie eine Mähne hervorquoll. Heute ist mir klar, daß die Leute, die mich zu der Zeit kannten, nicht im geringsten übertrieben, wenn sie meine damalige Erscheinung »phantastisch« nennen. Sie war es wirklich. Jedesmal, wenn ich ausging oder in mein Zimmer zurückkehrte, bildeten sich neugierige Gruppen, um mich zu beobachten. Und mit hoch erhobenem Kopf ging ich dann stolz vorbei.

Trotz meiner reichlich vorhandenen anfänglichen Begeisterung war ich schnell vom Lehrkörper der Kunstakademie enttäuscht. Ich begriff sofort, daß jene alten, mit Ehren und Auszeichnungen überhäuften Professoren mir nichts beibringen konnten. Das lag nicht an ihrem Akademismus oder ihrem Philistertum, sondern im Gegenteil an ihrer für alles Neue empfänglichen Fortschrittlichkeit. Ich hatte Schranken erwartet, Strenge, Wissenschaft. Man bot mir Freiheit, Faulheit, Annäherungen! Diese alten Professoren hatten jüngst einen flüchtigen Blick vom französischen Impressionismus erhascht – anhand heimischer Beispiele, die von *tipicismo* (Lokal-

196

kolorit) überquellen – Sorolla war ihr Gott. Folglich war alles verloren.

Bei mir hatte schon längst die Reaktion gegen den Kubismus eingesetzt. Sie hätten, allein um bis zum Kubismus zu kommen, mehrmals leben müssen. Ich pflegte meinem Professor ängstliche, verzweifelte Fragen zu stellen: Wie sollte ich meine Ölfarben mischen und womit, wie könnte ich eine zusammenhängende, kompakte Farbmasse gewinnen, welche Methode anwenden, um einen bestimmten Effekt zu erzielen? Mein Professor sah mich dann stets verblüfft an und antwortete mit ausweichenden, sinnlosen Phrasen.

»Mein Freund«, sagte er, »jeder muß seinen eigenen Stil finden; es gibt keine Regeln in der Malerei. Interpretieren Sie – interpretieren Sie alles und malen Sie exakt das, was Sie sehen. Und vor allem: Legen Sie Ihre Seele hinein – auf das Temperament kommt es an, nur das zählt!«

»Temperament«, dachte ich betrübt, »davon könnte ich dir etwas abgeben, mein lieber Professor. Aber wie, in welchem Verhältnis soll ich meine Ölfarben mit Firnis mischen?«

»Nur Mut, nur Mut«, war seine Standardformel. »Keine Einzelheiten – dringen Sie zum Kern der Dinge vor – vereinfachen Sie – keine Regeln, kein Zwang. In meiner Klasse muß jeder Schüler arbeiten, wie es seinem Temperament entspricht!«

Professor für Malerei – Professor! Oh du Narr. Wieviel Zeit, wieviele Revolutionen, wieviele Kriege wären nötig, um die Menschen an jene oberste, reaktionäre Wahrheit zu erinnern, daß »Strenge« die Hauptbedingung für jede Hierarchie und Zwang das Wesen der Form ist. Professor für Malerei – Professor! Oh du Narr! Solange ich lebe, war meine Lage stets objektiv paradox – ich, der ich damals der einzige Maler in Madrid war, der kubistische Bilder verstehen und malen konnte, forderte von den Professoren Strenge, Wissen und die genaueste Zeichen-, Perspektiv- und Farblehre.

Die Studenten hielten mich für einen Reaktionär, einen Feind des Fortschritts und der Freiheit. Sie nannten sich selbst Revolutionäre und Neuerer, weil sie plötzlich malen durften, wie es ihnen Spaß machte, und weil sie soeben das Schwarz von ihren Paletten verbannt hatten, das sie Schmutz nannten und durch Purpur ersetzten. Ihre jüngste Entdeckung war folgende: Alles schillert im Licht – ohne Schwarz; Schatten sind purpurfarben. Aber diese Revolution des Impressionismus hatte ich schon mit zwölf Jahren gründlich absolviert, und selbst damals hatte ich nicht den elementaren Fehler begangen, auf Schwarz zu verzichten. Ein einziger Blick auf einen kleinen Renoir, den ich in Barcelona gesehen hatte, hätte mir gereicht, all das in einer Sekunde zu verstehen. Sie traten jahrelag unter ihren schmutzigen, schlechtverdauten Regenbögen auf der Stelle. Mein Gott, wie dumm Menschen sein können!

Alle machten sich über einen alten Professor lustig, der als einziger sein
197 Geschäft gründlich verstand und außerdem als einziger ein echtes Berufs-

wissen und -gewissen besaß. Ich selbst habe später oft bedauert, seinen Ratschlägen nicht genügend Aufmerksamkeit geschenkt zu haben. Er war in Spanien sehr berühmt und hieß José Moreno Carbonero. Einige seiner Bilder mit Episoden aus *Don Quijote* gefallen mir noch heute, ja besser als je zuvor. Don José Moreno Carbonero pflegte im Gehrock und mit einer schwarzen Perle an der Krawatte in die Klasse zu kommen und unsere Arbeiten in weißen Handschuhen zu korrigieren, um sich die Hände nicht zu beschmutzen. Er brauchte nur zwei oder drei schnelle Striche mit einem Kohlestift zu machen, um einer Zeichnung auf wundersame Weise wieder aufzuhelfen, die Komposition zurechtzurücken. Er hatte sinnlich durchdringende, photographische kleine Augen, wie Meissonier sie hatte und wie sie so selten sind. Alle Studenten warteten, bis er gegangen war, und radierten seine Korrekturen aus, um das Ganze noch einmal in ihrem eigenen Stil zu überarbeiten, natürlich dem des »Temperaments«, der Faulheit und der Anmaßung ohne Ziel oder Glanz – einer mittelmäßigen Anmaßung, die sich weder zum gesunden Menschenverstand hinabbeugen, noch die Gipfel wahnwitzigen Stolzes erklimmen kann. Studenten der Kunstakademie! Oh ihr Narren!

Eines Tages brachte ich eine kleine Monographie über Georges Braque mit in die Schule. Niemand hatte je ein kubistisches Gemälde gesehen, und kein einziger meiner Kommilitonen hielt es für möglich, daß man diese Art der Malerei ernst nehmen könne. Der Professor für Anatomie, der der Disziplin wissenschaftlicher Methodik schon sehr viel mehr zugetan war, hörte von dem fraglichen Buch und bat mich darum. Er gab zu, daß er derartige Bilder noch nie gesehen habe, meinte aber, man müsse alles, was man nicht verstehe, doch respektieren. Da dies in einem Buch veröffentlicht worden sei, müsse auch etwas daran sein. Bis zum nächsten Morgen hatte er das Vorwort gelesen und recht gut verstanden; er führte verschiedene Typen ungegenständlicher und eminent geometrischer Darstellungen aus der Vergangenheit an. Ich erklärte ihm, daß es nicht ganz so gemeint sei, denn im Kubismus gebe es ein sehr offenkundiges gegenständliches Element. Der Professor sprach mit den anderen Professoren, und sie alle fingen an, mich als ein übernatürliches Wesen zu betrachten. Diese Art Aufmerksamkeit drohte den Exhibitionismus meiner Kindheit wiederzubeleben, und da sie mir nichts beibringen konnten, war ich versucht, ihnen am lebendigen Beispiel vorzuführen, was eine »Persönlichkeit« ist. Doch trotz solcher Versuchungen blieb mein Betragen weiterhin mustergültig: Ich blieb nie dem Unterricht fern, war immer respektvoll und bearbeitete jedes Thema stets zehnmal schneller und intensiver als der Klassenbeste.

Aber die Professoren konnten sich nicht dazu durchringen, mich als »geborenen Künstler« anzusehen. »Er ist sehr ernsthaft«, sagten sie, »er ist klug und erfolgreich in allem, was er sich vornimmt. Aber er ist eiskalt, seinen Arbeiten fehlt das Gefühl, er hat keine Persönlichkeit, er ist zu verstandesbetont. Vielleicht ein Intellektueller, aber Kunst muß aus dem Herzen kommen!« Wartet nur, wartet, dachte ich dann immer tief in meinem Innersten, ihr werdet bald merken, was Persönlichkeit ist!

Der erste Funken meiner Persönlichkeit zeigte sich an dem Tag, als König Alfons XIII. der Königlichen Kunstakademie einen offiziellen Besuch abstattete. Damals ging es bereits mit der Beliebtheit unseres Monarchen bergab, und die Nachricht von seinem Kommen spaltete meine Kommilitonen in zwei Lager. Viele sprachen davon, daß sie an diesem Tag nicht erscheinen wollten. Um einer Sabotage des glanzvollen Ereignisses zuvorzukommen, hatte die Schulleitung jedoch rundheraus angekündigt, jedes Fernbleiben werde hart bestraft. Eine Woche vorher begann ein gründlicher Hausputz, der die Akademie aus einem fürchterlich heruntergekommenen Zustand in einen fast normalen versetzte. Ein sorgfältiger Schlachtplan wurde entwickelt, wie man das Aussehen der Königlichen Akademie verändern könne, und eine Reihe schlauer Tricks ausprobiert. Während der König die verschiedenen Klassen besuchte, sollten die Studenten über Innentreppen von einem Raum in den nächsten laufen und dort jeweils mit dem Rücken zur Tür ihre Plätze einnehmen, ehe der König einträfe, damit er den Eindruck hätte, daß es viel mehr Studenten gebe als es tatsächlich gab. Die Zahl der Schüler war damals sehr gering, und die großen Räume wirkten immer verlassen. Die Verwaltung tauschte auch die Aktmodelle – junge, aber sehr arme und nicht sehr ansehnliche Geschöpfe, denen man Hungerlöhne zahlte – gegen ganz entzückende Mädchen, die sonst sicher sehr viel sinnlichere Berufe ausübten. Man firnißte die alten Gemälde, brachte Vorhänge an und schmückte das Haus mit Grünpflanzen und allem möglichen anderen Zierrat.

Als alles für die Komödie, die hier gespielt werden sollte, bereit war, traf die offizielle Eskorte mit dem König ein. Instinktiv – und vielleicht nur aus Trotz gegen die öffentliche Meinung – fand ich die Gestalt unseres Königs äußerst reizvoll. Sein Gesicht, von dem es im allgemeinen hieß, es sei degeneriert, schien mir im Gegenteil eine echt aristokratische Kontenance zu besitzen, die, zusammen mit seiner trotzig ausgebildeten Vornehmheit, die Mittelmäßigkeit seines ganzen Gefolges überstrahlte. All seine Bewegungen waren von einer so vollkommenen und gemessenen Leichtigkeit, daß man ihn für eine der noblen Gestalten des Velázquez hätte halten können, die gerade zum Leben erwacht war.

Ich fühlte, daß er sofort mich unter allen Studenten bemerkt hatte. Wegen meiner Haare, meiner Koteletten und meiner einzigartigen Erscheinung war das verständlich; aber etwas Entscheidenderes war blitzartig durch unser beider Seelen gefahren. Man hielt mich für einen repräsentativen Studenten, und zusammen mit etwa zehn anderen ausgewählten Schülern begleitete ich den König von Klasse zu Klasse. Jedesmal wenn ich eine neue Klasse betrat und die Rücken der Studenten erkannte, die wir gerade verlassen hatten und die jetzt eifrig bei der Arbeit waren, wurde ich von tödlicher Scham verzehrt bei dem Gedanken, daß der König die Komödie,

die hier aufgeführt wurde, aufdecken könne. Ich sah diese Studenten lachen, während sie sich noch die Jacken zuknöpften, die sie eilig gewechselt hatten, während der Direktor den König ein Weilchen aufhielt, um ihn ein altes Bild bewundern zu lassen und dadurch ein wenig Zeit zu gewinnen. Mehrmals war ich versucht, loszuschreien und den Betrug, den man an ihm verübte, anzuprangern, aber es gelang mir, diesen Impuls zu beherrschen. Nichtsdestoweniger wurde meine Erregung immer größer, während wir einen Raum nach dem anderen besichtigten, und da ich mich genau kannte, sagte ich mir dauernd: »Paß auf, Dali, paß auf! Gleich geschieht etwas Außerordentliches!«

Als die Besichtigung vorüber war, traf man Vorbereitungen für ein Gruppenphoto mit dem König. Man ließ ihm einen Sessel holen, aber stattdessen setzte er sich mit ganz unwiderstehlicher Natürlichkeit auf den Boden. Dann nahm er den Stummel der Zigarette, die er gerade geraucht hatte, klemmte ihn zwischen Daumen und Zeigefinger und schnippste ihn in einer perfekten Kurve genau in einen über zwei Meter entfernt stehenden Spucknapf. Diese Geste, ein besonderes und charakteristisches Kunststück der »Chulos«, das heißt, der einfachen Leute von Madrid, wurde mit einem freundlichen Gelächter quittiert. Auf elegante Weise schmeichelte sie den Gefühlen der Studenten und besonders denen der anwesenden Hausangestellten. Sie hatten ein meisterhaft vollführtes »Kunststückchen« gesehen, das ihnen vertraut war und das sie in Gegenwart der Professoren und der wohlerzogenen jungen Herren nicht gewagt hätten.

Genau in diesem Augenblick erhielt ich den Beweis dafür, daß der König sich unter allen mich ausgesucht hatte. Kaum war die Zigarette in den Spucknapf gefallen, als der König mir einen raschen Blick zuwarf, offensichtlich mit der Absicht, meine Reaktion zu beobachten. Aber da lag noch etwas anderes in diesem durchdringenden Blick – etwas wie die Furcht, daß jemand die Schmeichelei, die er gerade dem Volk angeboten hatte, aufdekken könnte – und daß dieser jemand nur ich sein könnte. Ich wurde rot, und als mich der König ein zweites Mal ansah, muß er es notwendigerweise gesehen haben.

Nach dem Photographieren sagte der König jedem von uns Lebewohl. Ich war der letzte, dem er die Hand gab, aber ich war auch der einzige, der sich dabei respektvoll verneigte, ja soweit ging, sich auf ein Knie niederzulassen. Als ich den Kopf hob, sah ich seine berühmte bourbonische Unterlippe vor Bewegung leicht beben. Es kann keinen Zweifel geben, daß wir einander erkannten! Dennoch – als zwei Jahre später derselbe König Alfons XIII. die Verfügung meiner endgültigen Ausweisung aus der Madrider Kunstakademie unterzeichnete, hätte er niemals geglaubt, daß ich der relegierte Student war. Oder vielleicht doch – ja, er hätte es geglaubt!

Der königliche Besuch hatte für mich an dem Tag noch weitere Konsequenzen. Meine Erregung und die unterdrückte Spannung fanden nach wie vor kein Ventil. Nach der Abfahrt des Königs wurde mein Unbehagen

Kubistisches Porträt Königs Alfons XIII., unmittelbar nach unserer Begegnung gezeichnet.

noch von dem Bedauern verstärkt, daß ich ihm die ganze Farce nicht enthüllt hatte; wieder hörte ich diese innere Stimme; wiederholt sagte sie mir: »Dali, Dali! Du mußt etwas Außerordentliches tun.« Ich tat es. Und ich suchte mir dazu die Bildhauerklasse aus. Hier ist also, was ich tat. Ich werde es Ihnen erzählen, denn ich bin sicher, daß es Ihnen gefallen wird.

Ich wählte gerade den Bildhauersaal, weil es dort reichlich Gips gab und ich für meine Absichten eine große Menge Gips brauchte. Es standen dort in der Tat mehrere Säcke voller feinstem Bildhauergips. Als Zeitpunkt wählte ich genau halb eins, weil alle dann fort wären. So würde ich von niemandem gestört und könnte tun, was ich wollte. Ich ging in die Bildhauer-klasse und schloß die Tür hinter mir ab. Es gab da ein großes Becken, in dem gewöhnlich alte Stücke getrockneten Tons wiederaufgeweicht wur-den. Ich entfernte die größten Stücke und drehte den Wasserhahn voll auf. In wenigen Minuten war das Becken fast voll. Dann füllte ich einen der Gipssäcke hinein und wartete darauf, daß die entstehende milchweiße Flüs-sigkeit anfing überzulaufen. Meine Idee war ganz einfach: eine große Überschwemmung mit Gips. Das bewerkstelligte ich ohne Schwierigkei-ten. Ich verbrauchte zu diesem Zweck alle vier Säcke mit Gips, die in dem Raum waren, ungefähr einen Sack für jede auf die Fußbodenfliesen überge-laufene Beckenfüllung. Der ganze Raum stand unter Gips. Da er sehr stark mit Wasser verdünnt war, brauchte er lange, um zu trocknen, und konnte unter den Türen durchfließen. Bald konnte ich das Geräusch des Wasser-falls hören, den meine Überschwemmung hervorrief, als die Masse die ganze Treppe hinab bis in die Eingangshalle floß. Das große Treppenhaus begann von einem Getöse widerzuhallen, das an ein Erdbeben denken ließ und mir plötzlich die Ausmaße der Katastrophe vor Augen führte, die ich anrichtete. Von Panik ergriffen, ließ ich alles stehen und liegen und kämpf-te mich durch den Gips, wobei ich schrecklich bespritzt wurde. Alles war unerwarteterweise wie ausgestorben, und noch hatte niemand entdeckt, was geschehen war. Der Eindruck dieser zur Gänze von einem majestätisch hinabströmenden Gipsfluß überfluteten großen Treppe war äußerst alar-mierend, und trotz meiner Furcht sah ich mich gezwungen, stehenzublei-ben und diesen Anblick zu bewundern, den ich im Geiste mit etwas so Epi-schem wie dem brennenden Rom verglich, trotz der unterschiedlichen Größenordnung. Gerade als ich im Begriff stand, den Innenhof der Akade-mie zu verlassen, lief ich einem Modell namens El Segoviano (er hieß so, weil er aus Segovia war) in den Weg, der aus der entgegengesetzten Rich-tung kam. Als er die herannahende Gipslawine sah, hob er die Arme gen Himmel.

»Was in Gottes Namen ist das?« rief er mit seiner derben bäurischen Stimme.

Ein kleiner Funken Humor schoß mir durch den Kopf. Ich trat auf ihn zu und flüsterte ihm ins Ohr:

»Wenigstens kann es auf keinen Fall alles Milch sein!«

Mehr mit Gips beschmiert als irgendein Maurer gelangte ich zum Stu-dentenheim. Ich duschte, wechselte die Kleidung und streckte mich auf dem Bett aus, geschüttelt von einem irren Lachen, das nach und nach wach-sender Unruhe wich. Wegen El Segoviano, der mich hatte fortgehen sehen, würde man unvermeidlich herausfinden, daß ich der Schuldige war. Indes, von dem Augenblick an, da ich beschlossen hatte, die Überschwemmung hervorzurufen, war es mir gleichgültig gewesen, ob man mich erwischte oder nicht. So, wie es gelaufen war, hatte ich es ja tatsächlich gewollt. Schon dachte ich über die Erklärung nach, die ich für meine Tat geben wür-

202

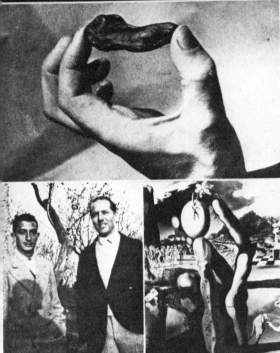

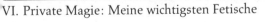

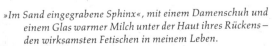

VI. Private Magie: Meine wichtigsten Fetische

Mein wirkungsvollster Talisman, ein 1933 auf Kap Creus unter außergewöhnlichen Umständen gefundenes Stück Holz. (Mit freundlicher Genehmigung von Eric Schaal-Pix).

Photo von mir mit dem Vicomte de Noailles, meinem ersten »Mäzen«.

»Im Sand eingegrabene Sphinx«, mit einem Damenschuh und einem Glas warmer Milch unter der Haut ihres Rückens — den wirksamsten Fetischen in meinem Leben.

»Metamorphose des Narziß« — die mir liebste magische Blume.

Lydia, »die Verwurzelte«, aus Cadaqués, Patin meines Wahnsinns.

»Das Phantom des Sex-Appeal«, 1936, erotisches Schreckgespenst ersten Grades.

V. Cadaqués: Ein verzaubertes Dorf

»Die Anpassung der Wünsche«, gemalt 1929, hält Visionen
fest, die von der Betrachtung einiger Kiesel am Strand
von Cadaqués inspiriert wurden.

»Sodomie eines Totenschädels mit einem Flügel«, inspiriert
von einem Traum in Cadaqués im Sommer 1937.

Während der Belichtungszeit dieses Photos erinnere ich mich,
die Luft angehalten und aus dem Fenster auf Cadaqués
hinausgeblickt zu haben.

Gesamtansicht von Cadaqués, das ich für den bei weitem
schönsten Ort auf Erden halte.

Idylle: mit Gala in Cadaqués.

Galas Gesicht auf diesem Jugendphoto scheint mir die gleiche
Aura von Ewigkeit zu besitzen, die Cadaqués umstrahlt.

de, welche eine Art indirekter Protest gegen die illoyale Haltung war, die man unserem König gegenüber gezeigt hatte, als man ihn täuschte. Mir war sogar die Idee gekommen, mit einer schriftlichen Erklärung dieses Inhalts zu drohen, in der Annahme, das werde meine Position so sehr stärken, daß ich unverwundbar würde. Doch all diese Erklärungen blieben vage, ungenau und befriedigten mein Denken nicht, das immer strenger von der Ratio bestimmt wurde. Alles, was mein Verstand nicht auf klare, schnelle Weise lösen konnte, rief in mir ein Gefühl tiefer Niedergeschlagenheit hervor, das sich oft wirklich zu einem bösen Tagtraum auswuchs. Motive und Bedeutung einer so beträchtlichen Aktion wie der von mir gerade inszenierten Gipsüberschwemmung entgingen mir und widersetzten sich hartnäckig meinen Deutungsversuchen. Das beunruhigte mich mehr und mehr und setzte meinen Geist einer fürchterlichen moralischen Tortur aus. War ich wirklich wahnsinnig? Ich wußte genau, daß ich es nicht wahr. Aber warum hatte ich dies dann getan?

Plötzlich fand ich die Lösung. Des Rätsels Lösung befand sich vor mir auf einer Staffelei und war zur Gänze in den Grenzen einer absolut makellosen Leinwand enthalten, die ich zum Malen vorbereitet und auf die ich seit Beginn dieses ganzen phantastischen Aufruhrs meine Augen geheftet gehalten hatte. Sobald ich begriff, stand ich auf. Ich ging hin und nahm meinen großen, schwarzen Filzhut, setzte ihn entschlossen auf und stellte mich vor den Spiegel des Kleiderschranks. Mit äußerst würdevollen, zeremoniellen Gesten grüßte ich mich; ich grüßte meine Intelligenz mit größtem Respekt. Aber ich fand, daß die Verneigung noch nicht ausreichte, und so beugte ich mich tief und demütig, mit bescheiden gesenktem Kopf, vor meinem Spiegelbild. Schließlich ließ ich mich auf ein Knie nieder und ahmte so genau wie möglich den Knicks nach, den ich am Morgen vor meinem geliebten König gemacht hatte.

Mir wurde klar, daß ich das Spielzeug eines Traums gewesen und diese ganze Episode mit der Gipsüberschwemmung nur ein Trugbild war. Die bemerkenswerte Genialität lag jedoch nicht in der Entdeckung an sich, sondern in ihrer Deutung*, die mir fast augenblicklich durch den Kopf schoß! Nun erinnerte ich mich an alles.

Folgendes war geschehen.

Nachdem Seine Majestät der König die Kunstakademie verlassen hatte, nahm ich die Straßenbahn und fuhr zum Studentenwohnheim zurück. In meinem Zimmer angelangt, legte ich mich aufs Bett, erschöpft von der Nervenanspannung, in der die königliche Zeremonie mich den ganzen Morgen über gehalten hatte. Ich erinnerte mich sehr gut daran, mit Vergnügen auf die beiden weißen Leinwände geschaut zu haben, die vorberei-

---

* Zu jener Zeit hatte ich gerade angefangen, Sigmund Freuds *Traumdeutung* zu lesen. Dieses Buch erschien mir als eine der Hauptentdeckungen meines Lebens, und mich befiel eine wahre Sucht nach Selbstanalyse; ich interpretierte nicht nur meine Träume, sondern alles, was mir passierte, wie zufällig es auf den ersten Blick auch aussehen mochte.

tet und zum Malen fertig auf einer Staffelei am Fußende meines Bettes standen. Danach war ich eingeschlafen, und nach meiner Berechnung konnte ich höchstens eine Stunde lang (von halb eins bis halb zwei) geschlafen haben. Während dieser Zeit träumte ich mit einer realistischen Intensität, wie man sie selten erlebt, das ganze Auf und Ab meiner Gipsüberschwemmung.

Ich habe mir mehrere Träume notiert, die ich im Laufe meines Lebens gehabt habe und die die gleiche typische Entwicklung zeigen. Sie beginnen immer damit, daß sie mit einem tatsächlichen Geschehen verknüpft sind. Ihr Handlungsgang kulminiert genau in der räumlichen und sonstigen Situation, in welcher der Schläfer sich im Augenblick des Erwachens befindet. Diese Tatsache erhöht die Wahrscheinlichkeit des Traums außerordentlich und begünstigt seine Verwechslung mit der Realität sehr, besonders wenn sein »manifester Inhalt« ohne krasse Absurditäten ist und sich immer strikt innerhalb der Grenzen des Möglichen hält (wie es für den Traum, den ich nun zu analysieren versuche, zutrifft). In meinem Fall sind solche Träume immer dann aufgetreten, wenn ich zufällig und zu ungewohnten Zeiten tagsüber einschlief. Nach meiner Erfahrung fördert in der Regel auch helles Licht am Ort des Einschlafens die visuelle Intensität der Träume. Mehrmals konnte ich auch beobachten, daß direkt auf meine geschlossenen Augen fallendes Sonnenlicht farbige Träume hervorrief.

Um zur Analyse des Traums von der Gipsüberschwemmung zurückzukehren, gebe ich zunächst einige Fakten zur Bestimmung der intentionalen Rolle gewisser Elemente der vorhergehenden Wachperiode – einer erstrangig symbolischen Rolle. *Zuallererst die beiden vorbereiteten Leinwände am Fußende meines Bettes, die ich vor dem Einschlafen voller Selbstzufriedenheit betrachte*: Diese beiden Leinwände waren vorher zwei Studien gewesen, die in der sogenannten »Faltenwurf«-Klasse entstanden waren, die unter der Schirmherrschaft des Malers Cordova Julio Romero de Torres stand. Diese Studien hatte ich unter sehr schmerzlichen Umständen angefertigt, unter denen meine Arbeit, die in einem fort durch Verständnislosigkeit behindert wurde, schließlich völlig mißlang. Die beiden Leinwände zeigten genau das gleiche Sujet – ein kleines nacktes Mädchen, dem ein sehr neuer, glänzender Seidenstoff wie ein Cape von den Schultern herabfiel. Das Hauptthema war dieser Stoff. Doch war es mir unmöglich, ihn zu malen, denn das Modell posierte nicht nur sehr schlecht, da es sich dauernd bewegte – wodurch sich die Schatten und Lichter veränderten –, sondern das kleine Mädchen legte auch jede halbe Stunde eine Pause ein und versuchte dann hinterher, die Falten in etwa wieder dem ursprünglichen Arrangement entsprechend anzuordnen, was es mir praktisch unmöglich machte, mit meiner Arbeit fortzufahren. Für die anderen Schüler, die von dem Modell nur einen vagen allgemeinen Eindruck aufnahmen, der dem gängigen Schlagwort zufolge eher den Falten ihres Temperaments als denen des weißen Seidenstoffes entsprach, den anzuschauen sie nonchalant vorgaben, hatten diese Veränderungen nicht die geringste Bedeutung. Mir dagegen, der ich mit geweiteten Pupillen versuchte, nach Möglichkeit alles, was ich vor mir sah, festzuhalten, drang jede kleine Bewegung des Modells, selbst die unmerklichste, in die ungeduldige Aufmerksamkeit wie der Pfeil in einen Gefolterten. Meine beiden Versuche schlugen fehl. Entmutigt ließ ich sie unvollendet und nahm sie mit nach Hause, in der Absicht, sie mit etwas anderem zu übermalen.

Aber ein neuer, noch quälenderer Umstand tauchte auf und befrachtete diese beiden unseligen Leinwände mit einer solchen Mischung aus Horror und Mißvergnügen, daß ich sie nicht länger ansehen konnte. Von Anfang an war es nicht damit getan, sie zur Wand zu drehen, ich war gezwungen, sie im Schrank einzuschließen, um sie nicht sehen zu müssen. Und selbst dann schikanierte ihre unsichtbare Anwesenheit mich weiter. Der zweite quälende Umstand war folgender: Das kleine Mädchen, das Modell stand,

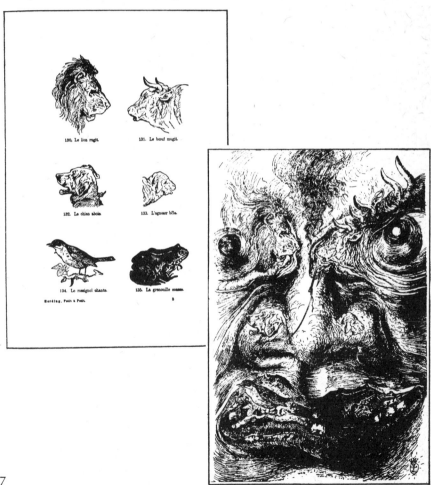

207

hatte ein vollkommenes Gesicht und einen entzückenden rosafarbenen Körper, wie eine wunderhübsche Porzellanfigur. Während ich es malte, beschwor es für mich plötzlich das Bild meiner selbst herauf, wie ich als Kind, meinen königlichen Hermelinumhang um die Schultern, nackt vor dem Spiegel gestanden hatte. Wie ich bereits zu Beginn meiner Kindheitserinnerungen erzählt habe, pflegte ich manchmal meine Geschlechtsteile zu verstecken, indem ich sie zwischen die Schenkel drückte, um so sehr wie möglich einem kleinen Mädchen zu gleichen. Während des ganzen schmerzhaften Prozesses der Arbeit an diesen beiden unvollendeten Leinwänden nach dem Modell jenes beunruhigenden Doubles meiner selbst als Kind-König verbrachte ich meine Zeit damit, im Geist die relative Schönheit dieser beiden Könige abzuwägen, des einen aus der Erinnerung, des anderen in der Gegenwart vor mir auf einem Podest, und beide waren in eifersüchtig-bitterem Wettstreit verbissen.

In diesem Wettstreit wurde mir bewußt, daß das wirkliche Fehlen der männlichen Geschlechtsorgane eines der vorteilhaftesten Attribute des idealisierten Dali darstellte (den ich vor mir wiedererstehen sah), denn seitdem habe ich mir immer gewünscht, »wie eine schöne Frau« zu sein – wiewohl ich seit meiner unglücklichen Liebe zu Buchaques Männern gegenüber sexuell vollkommen desinteressiert war. (Nein! In diesem Punkt wollen wir uns nicht mißverstehen – ich bin nicht homosexuell.) Doch ihren Höhepunkt erreichte die Rivalität zwischen den beiden Königen – eine ästhetische Rache, auf die ich ein Recht hatte –, als ich den weißen Satin aus dem Lagerraum mit dem Hermelin verglich, den das kleine Modell hätte tragen sollen. Wäre der nackte, unbehaarte kleine Körper in Hermelin gehüllt gewesen, er wäre mir als mit das Begehrenswerteste und Exquisiteste von allem, was man hätte »sehen« können, vorgekommen. Ich machte den Professor darauf aufmerksam; er zuckte die Achseln und erklärte, Pelz sei nicht malerisch!

Daraufhin malte ich mir aus, wie ich das kleine Modell selber mieten und in Geschäften, die Theaterkostüme verleihen, einen Hermelinumhang suchen würde. Nein, zwei Hermelinumhänge! Und ich verfiel in eine erschöpfende und beharrliche Träumerei, die, wie mir schien, durch nichts aufzuhalten oder abzulenken war. Zwei Hermelinumhänge, einen für sie, den anderen für mich! Zu Anfang würde ich sie eine normale Pose einnehmen lassen. Aber dazu brauchte ich ein Atelier, denn ich konnte sie nicht in das Studentenwohnheim mitbringen – das hätte ich nicht gewagt –, und außerdem paßte die Atmosphäre meines Zimmers nicht zur Stimmung meiner beginnenden Träumerei. Folglich mußte ich mir genau vorstellen, wie das Atelier, in dem all dies stattfinden sollte, »wäre«. Schon sah ich es vor mir. Es war sehr groß, sah ein bißchen aus wie...

Aber plötzlich merkte ich, daß es mit meiner Vorstellung nicht weiterging. In der Tat – etwas funktionierte nicht; denn natürlich würde ich Geld auftreiben müssen. Wie könnte ich meinem Vater die plötzlichen Ausgaben für ein großes Atelier, ein Modell, Hermelinumhänge erklären? Ich kam in meiner Träumerei nicht vom Fleck und erkannte, daß ich keinen Schritt vorankommen würde, wenn ich nicht zuvor dies schwere Finanzproblem löste, das alles unterbrochen hatte. Und vor allem fieberte ich den erotischen Szenen entgegen, die meine Träumereien mir flüchtig gezeigt hatten: In blitzartiger Folge waren einzelne lebhafte Bilder vorbeigezogen, eines begehrenswerter als das vorangegangene, wie bei Filmvorschauen, die durch kurze, unzusammenhängende Aufnahmen darauf abzielen, das unwiderstehliche Verlangen in einem zu wecken, sich in die vollständige Betrachtung von etwas hineinzustürzen, bei dessen Vorgeschmack einem schon das Wasser im Mund zusammenläuft.

Aber wie im Leben, so ist auch beim Träumen Methode alles, und ich sagte mir: »Salvador, nun fange doch beim Anfang an! Wenn du ohne Hast einen Schritt nach dem anderen tust, wird sich alles zu seiner Zeit einstellen. Wenn du anders vorgehst, wenn du losstürzt und anfängst, die Bilder zu schnappen und gierig zu schälen, die auf den ersten Blick am bestrickendsten scheinen, so wirst du finden, daß diese Bilder, da sie keine solide Basis, keine Tradition besitzen, bloße Kopien werden. Wie Sklaven werden sie gezwungen, zu anderen, ähnlichen Situationen in deiner Erinnerung ihre Zuflucht zu nehmen, Situationen, die du bereits erschöpft hast. Ein klägliches Plagiat* wird herauskommen und nicht eine ›Erfindung‹, etwas ›Neues‹, worauf du doch aus bist. Doch es kommt noch schlimmer: deine Bilderfetzchen werden, auch wenn sie funkeln, nicht der Notwendigkeit, ständig ihren ›Fetischcharakter nachzuweisen‹ entgehen können. Wenn du sie dazu aufforderst, werden sie dir jenen Paß nicht zeigen können, den du selbst als oberster Chef deiner Geistespolizei regelmäßig für jede dieser kurzen, kleinen Reisen ausgegeben und geprüft hast. Da sie ebensowenig über das vollständige Dossier ihres öffentlichen und privaten Lebens verfügen, werden sie auch das nicht vorzeigen können. Du wirst ihnen nicht länger dein Vertrauen schenken können und wirst sie als von der Propaganda

---

* Eugenio D'Ors machte einmal die tiefschürfende Bemerkung: »Alles, was nicht Tradition ist, ist Plagiat.« Alles, was nicht Tradition ist, ist Plagiat, wiederholt Salvador Dalí. Das beste Beispiel, das man dafür einem jungen Studenten der Kunstgeschichte geben kann, ist der Fall Perugino und Raffael. Als Raffael noch ein sehr junger Student war, verkörperte und besaß er, fast ohne es zu wissen, die gesamte Tradition seines Lehrmeisters Perugino: Zeichnung, Chiaroscuro, Farbe, Mythologie, Ikonographie, Komposition, Architektur – alles dies war ihm »gegeben«. Folglich war er Herr und Meister. Er war frei. Er konnte innerhalb so enger Grenzen arbeiten, daß er in ihnen ganz aufgehen konnte. Wenn er beschloß, ein paar Säulen auszulassen oder der Treppe einige Stufen hinzuzufügen, wenn er dachte, der Kopf der Madonna sollte sich ein wenig mehr nach vorne neigen, damit die Schatten um ihre Augen einen etwas melancholischeren Ausdruck bekämen – mit welchem Luxus, welcher Intensität, welcher Freiheit der Erfindung konnte er dies tun! Das absolute Gegenteil ist Picasso: so groß wie Raffael, ist er doch verdammt. Verurteilt und verdammt zum ewigen Plagiat; denn nachdem er die Tradition bekämpft, gebrochen und zerschlagen hat, zeigt seine Arbeit den blendenden Schein des Blitzes und die Wut des Sklaven. Wie ein Sklave ist er an Händen und Füßen mit den Ketten seiner eigenen Erfindungen gefesselt. Alles hat er neu erfunden, alles tyrannisiert ihn nun. In jedem seiner Werke müht sich Picasso ab wie ein Sträfling. Zeichnung, Farbe, Perspektive, Komposition – alles dies tyrannisiert und versklavt ihn. Statt sich auf die unmittelbare Vergangenheit zu stützen, aus der jene entspringen, auf die Tradition, dieses »Blut der Wirklichkeit«, muß er sich auf die »Erinnerung« an all das, was er gesehen hat, verlassen: etruskische Vasen – plagiiert, Toulouse-Lautrec – plagiiert, Afrika: plagiiert, Ingres – plagiiert. DIE ARMUT DER REVOLUTION. Nichts ist wahrer: »Je mehr man versucht zu revolutionieren, desto mehr bleibt alles beim Alten.«

der Außenwelt bezahlte Eindringlinge und Unruhestifter, die die friedliche und glückliche Atmosphäre deiner Phantasiewelt stören, entweder verbannen oder sie einfach in das Gefängnis deines Unterbewußtseins werfen. Wenn du also dem Lauf deiner Träumerei bis zum Ende folgen willst, geh ein wenig zurück, und ehe du dir in allen Einzelheiten den neurotischen Schauplatz deines Ateliers ausdenkst, wo du Abend für Abend dein kleines Modell mit seinem unbehaarten Körper sehen wirst, wie es hereinkommt, sich entkleidet und dann mit boshafter Sittsamkeit in seinen Hermelinumhang hüllt – vorher also treibe das Geld auf, das du brauchst, um dein Atelierabenteuer glaubhaft zu machen, dir selbst gegenüber glaubhaft zu machen!«

Um all das zu bewerkstelligen, mußte ich einen freundlichen Maler finden, der ein derartiges Atelier bereits besaß. Er müßte uneingeschränkte Bewunderung für mich hegen und gerade nach Katalonien abreisen wollen… Nein, Paris wäre besser – er würde nach Paris fahren. Dann würde er zu mir sagen: »Sie können das Atelier benutzen, wann immer Sie wollen, hier ist der Schlüssel; und niemand braucht zu wissen, was hier vor sich geht.« Aber ich kannte in Madrid keinen Maler, und mein Traum fing an, unbefriedigend zu verlaufen, als mir plötzlich die Photographie eines bekanten Malers in Barcelona einfiel. In diesem Augenblick wurde meine Träumerei durch den hinzutretenden Professor rücksichtslos unterbrochen. Ich stand auf. Er sagte nur: »Lassen Sie sich nicht stören, ich komme später wieder.« Aber er hatte mich schon gestört – und wie! Ich fühlte, daß ich dabei gewesen war, an etwas unerhört Reizvolles zu denken, und wünschte mir nur, wieder daran denken zu können. Aber umsonst!

Es gibt keine größere Qual, nichts, was so bitter ist, als wenn man wie wahnsinnig von einer Vorstellung zur anderen eilt und trotzdem den magischen Punkt nicht wiederfinden kann, »wo man sich so wohlfühlte«, ehe man unterbrochen wurde. Alles ist dann schal, alles um einen herum wertlos. Aber plötzlich findet man ihn wieder! Und dann merkt man, daß der wiedergefundene Gedankengang, obwohl immer noch recht angenehm, nicht ganz so wunderbar ist, wie man geglaubt hatte, ehe man dieses so begehrte »Etwas« fand.

Jedenfalls habe ich es wiedergefunden und kann die Träumerei fortsetzen. Fangen wir an! Sie wird vier bis fünf Stunden dauern. Und vielleicht kann ich sie morgen weiterführen und gleichzeitig vervollkommnen. Lieber Himmel, was für ein gewaltiger Arbeiter du bist, Salvador Dalí! Aber ich widerstehe der Versuchung und höre auf der Stelle auf, meine Träumerei zu beschreiben, denn wenn sie auch eine der seltsamsten ist, die mein Hirn hervorgebracht hat, so würden wir über ihr doch den Faden verlieren. Kehren wir also zur Interpretation des Traums von der »Gipsüberschwemmung« zurück, über die wir sprachen, ehe wir von den allgemeinen, stets so lehrreichen Betrachtungen über den Lauf des Flusses der »Träumerei« abgelenkt wurden.

Der Leser möge sich also erinnern (indem er ein wenig zurückgeht), daß ich mehr als ausreichende Gründe hatte, die beiden mißlungenen Bilder von dem jungen Mächen zu verabscheuen. Die Leinwände, die ich vorübergehend versteckt hatte, wollte ich, wie ich bereits sagte, übermalen. Sobald das möglich war, beschloß ich eines Morgens, die beiden Leinwände zusammen vorzubereiten, und stellte sie nebeneinander auf den Fußboden, so daß ich sie gemeinsam mit einem Überzug aus weißer Leimfarbe versehen konnte. Die Farbschicht trocknete schnell, aber ich war mit dem Resultat sehr unzufrieden, denn die beiden gräßlich verpfuschten Bilder des kleinen Mädchens waren unter der durchsichtigen Schicht deutlich zu erkennen. Da beschloß ich eine Verzweiflungstat und rührte einen großen Topf weißer Farbe an, den ich über die beiden Leinwände goß. Die Farbe floß über die Ränder und breitete sich über den Boden aus. Doch wie immer in solchen Situationen war ich weit davon entfernt, wegen dieses Vorfalls entmutigt zu sein oder aufzuhören, sondern entschied, daß der Schaden nun einmal da war und ein bißchen mehr oder weniger auch nichts mehr ausmachte. Später würde ich alles saubermachen. Jetzt wollte ich die »Überschwemmung« ausnutzen und noch einen Topf Farbe über die Leinwand gießen, diesmal noch dickere Farbe. Sie würde die beiden bereits vorhandenen Farbschichten zudecken und eine neue bilden, unter der die beiden verhaßten Bilder vollständig verschwänden, aber vor allem den Leinwänden eine sehr dicke, glatte Oberfäche verleihen, wie wenn sie »mit Gips überzogen« seien. Ich goß den zweiten Topf so sorglos aus, daß die Farbe jetzt wie eine Flut über den Fußboden schwappte. Das Sonnenlicht strömte durch das Fenster herein, und das blendende Weiß erinnerte mich an Figueras im Schnee meiner falschen Erinnerungen.

Nachdem wir die Geschichte der Leinwände abgeschlossen haben, wollen wir nun den Traum von der Gipsflut analysieren, der, wie wir sehen werden, mit seinen blendenden Symbolen mein ehrgeiziges autokratisches Verlangen nach »absoluter Monarchie« verrät, das ich bereits andeutete und das ja meine gesamte frühe Kindheit so anhaltend erfüllte. Was bedeuteten diese beiden Gemälde für mich? Zuallererst das in sich eifersüchtige Doppelbild meiner selbst als König und als Mädchen. Das wird auch plastisch durch die Tatsache veranschaulicht, daß ich die beiden Gemälde, die ja dasselbe darstellen, als zwei Könige ansehe. Der Konflikt der zwei Könige brach anläßlich des Besuchs Seiner Majestät in der Kunstakademie aus. Tatsächlich bemerkte ich ja augenblicklich, daß er mich von allen am meisten beachtete. Diese Auszeichnung bedeutete im Unterbewußten: Er hatte in mir einen König erkannt. Es ist ganz natürlich, daß die imaginative Wirkung der realen Begegnung mit Seiner Majestät Alfons XIII. in mir jene heftigen königlichen Gefühle weckte, mit denen ich meine ganze Kindheit über gelebt hatte. Die Gegenwart des Königs ließ den König, der in meiner Haut steckte, wiederaufleben! Während des ganzen Besuches hatte

211

ich den Eindruck, der mich auch nicht einen Augenblick lang verließ, daß wir beide auf einzigartige Weise von den übrigen isoliert waren.

Aber dieser Dualismus hörte schließlich auf, denn in dem Moment, in dem ich vor ihm niederkniete, fühlte ich mich angenehm aber total entpersönlicht: Ich hatte mich vollkommen mit ihm identifiziert! Ich war er, und da er der echte König war, richtete sich meine ganze Autokratie gegen den falschen König. Der falsche König war der, den ich auf die beiden Leinwände gemalt hatte. Dort war die Rivalität wegen meines Wunsches, dem anderen Geschlecht zu gleichen, offenkundig. Als ich den Gips in der Bildhauerklasse überlaufen ließ, verwirklichte ich das gleiche Symbol, das ich realisiert hatte, als ich die Farbe über die beiden Leinwände goß. »Ich löschte den rivalisierenden falschen König aus.« Dieser Gips und diese Farbe von makellosem Weiß waren der Hermelinmantel der absoluten Monarchie, die alles vereint, zudeckt, geheimnisvoll macht und »majestätisch« beherrscht. Es war genau der gleiche Hermelinmantel, der in meiner Erinnerung die feindliche Wirklichkeit von Figueras mit einem Leichentuch aus Schnee zudeckte. Es war der gleiche reinigende Mantel, der, wie er die Kunstakademie zudeckte und versteckte, auch die beiden Bilder zudeckte, die ich dort gemalt hatte und die für mich die Summe der höchst schmerzlichen Erfahrungen darstellten, die ich an diesem Ort geistiger Erniedrigung gemacht hatte. Die Gipsflut war folglich nichts anderes als der Hermelinmantel meiner absoluten Monarchie, der sich feierlich von oben, von der Turmspitze des Bildhauersaals aus über alles breitete, was »unten« war.

Mißverstandener König! Dali, für deine einundzwanzig Jahre hast du dir deine Lesefrüchte großartig angeeignet! Ich gratuliere dir! Und jetzt fahre fort, mach weiter und erzähle uns einfach alles von dir, es fasziniert uns immer mehr! Los, mach! Hier sind wir und hören zu. Wartet einen Moment, ich muß erst ein Glas Wasser trinken!…

Vier Monate waren seit meiner Ankunft in Madrid vergangen, und ich lebte noch immer so methodisch, besonnen und dem Studium ergeben wie am ersten Tag. Wenn ich das sage, dann stimmt das allerdings nicht ganz – in Wirklichkeit fühlte ich, daß ich in dem Maße wie mein Ernst, meine Lernfähigkeit und die minutiöse geistige Strenge, der ich mich unterwarf, mit jeder Woche wuchsen, jenen Grenzpunkt der täglichen Disziplin, die aus der ritualisierten Vervollkommnung jeden einzelnen Augenblicks besteht, erreichte, der kürzesten Weges zur Askese führt. Ich hätte gern in einem Gefängnis gelebt! Wäre dies der Fall gewesen, so war ich mir sicher, hätte ich meine Freiheit auch nicht im geringsten vermißt. Meine Bilder erhielten einen immer stärkeren Beigeschmack von Strenge und Weltabgewandtheit. Ich malte sie auf die gipsartige Oberfläche der Leinwände, die ich unglücklicherweise mit einer so dicken Schicht Leimfarbe präpariert hatte.

Ich sage »unglücklicherweise«, denn die beiden kubistischen Bilder, die

212

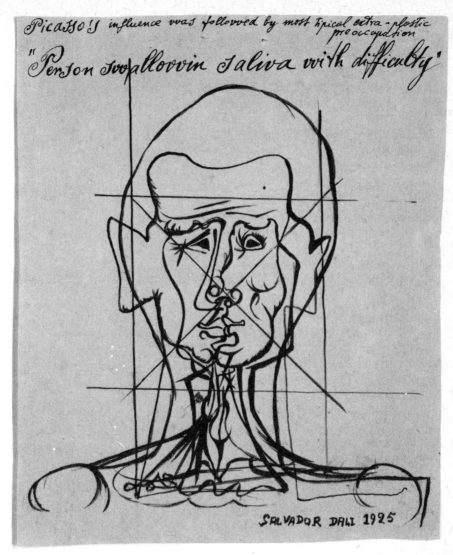

Picassos influence was followed by most typical extra-plastic preoccupation

"Person swallowin saliva with difficulty"

SALVADOR DALI 1925

»*Auf Picassos Einfluß folgte eine höchst typische und außerordentlich plastische Phase. Person, die beim Schlucken Schwierigkeiten hat*«

ich während jener ersten vier Monate meines Madridaufenthaltes malte, waren zwei bedeutende Arbeiten, eindrucksvoll wie ein Auto-da-fe*, was sie ja auch waren. Die übermäßig dicke Grundierung ließ sie reißen, sie fingen an zu zerfallen und wurden auf diese Weise völlig zerstört.

Doch vorher entdeckte man sie eines Tages und mich mit ihnen. In dem Studentenwohnheim, wo ich lebte, gab es eine Menge Gruppen und Untergruppen. Eine dieser Gruppen war die der künstlerisch-literarischen

---

* »Glaubensakt«, der Name, den die Heilige Inquisition in Spanien der Zeremonie der Ketzerverbrennung gab. (Anmerkung von H. M. Chevalier)

Avantgarde, nonkonformistisch, lärmend und revolutionär, sie verströmte bereits das katastrophale Miasma der Nachkriegsepoche. Diese Gruppe hatte kurz zuvor die enge, negativistische und paradoxe Tradition einer Gruppe von »Ultra«-Literaten und -Malern angenommen – einen jener einheimischen, aus den konfusen Impulsen der europäischen Avantgarde geborenen »Ismen«, der mehr oder minder dem Dadaismus verwandt war. Die Gruppe bestand aus Pepin Bello, Luis Buñuel, Garcia Lorca, Pedro Garfias, Eugenio Montes, R. Barrades und vielen anderen. Aber von all den jungen Leuten, die ich damals kennenlernen sollte, waren nur zwei dazu bestimmt, die schwindelnden Höhen der oberen Geisteshierarchien zu erklimmen – Garcia Lorca mit seiner biologischen, gärenden und blendenden poetischen Rhetorik des Post-Gongorismus und Eugenio Montes auf den Treppen der Seele unter den steinernen Lobgesängen der Intelligenz. Der erstere kam aus Granada und der letztere aus Santiago de Compostela.

Als ich eines Tages ausgegangen war, hatte das Zimmermädchen meine Tür offengelassen, und Pepin Bello, der zufällig vorbeikam, sah meine beiden kubistischen Bilder. Er konnte es gar nicht abwarten, seine Entdeckung den Mitgliedern der Gruppe zu erzählen. Sie kannten mich vom Sehen und ich war sogar die Zielscheibe ihres Spotts. Ich hieß bei ihnen »der Musiker«, »der Künstler« oder »der Pole«. Die anti-europäische Art meiner Kleidung hatte ihnen eine unvorteilhafte Meinung von mir als einem ziemlich banalen, mehr oder weniger haarigen, romantischen Überbleibsel eingeflößt. Mein ernsthaftes, arbeitsames und gänzlich humorloses Gebaren machte mich in ihren sarkastischen Augen zu einem beklagenswerten Geschöpf, das vom Schwachsinn gezeichnet und bestenfalls pittoresk war. Nichts konnte in der Tat einen grelleren Gegensatz zu ihren englischen Maßanzügen und Golfjacken bilden, als meine Samtjacken und Fliegen; nichts konnte grundverschiedener sein, als meine bis auf die Schultern herabfallenden langen, wirren Haare und ihr eleganter Haarschnitt, der regelmäßig von den Friseuren des Ritz oder des Palace getrimmt wurde. Besonders zu der Zeit, als ich die Gruppe kennenlernte, waren sie alle besessen von der fixen Idee eines mit Zynismus kombinierten Dandytums, das sie vollendet weltmännisch zur Schau stellten. Dies erfüllte mich zunächst mit solch großer Ehrfurcht, daß ich jedesmal, wenn sie in mein Zimmer kamen, um mich abzuholen, fast ohnmächtig wurde.

Sie kamen alle zusammen, um sich meine Bilder anzusehen, und mit dem Snobismus, den sie bereits zur Schau trugen, griffen sie sich ans Herz, ihre Bewunderung weit übertreibend – ihre Überraschung kannte keine Grenzen. Daß ich ein kubistischer Maler sein sollte, daran hätten sie zuallerletzt gedacht! Sie gaben offen zu, was sie vorher von mir gehalten hatten, und boten mir uneingeschränkt ihre Freundschaft an. Viel weniger großzügig, hielt ich noch prüfend Distanz, fragte mich, welchen Nutzen ich aus ihnen ziehen könnte und ob sie mir wirklich etwas zu bieten hätten.

Sie sogen meine Ideen förmlich auf, und nach einer Woche begann die

214

»Person, die problemlos schluckt«

Vorherrschaft meines Denkens sich bemerkbar zu machen. Wo immer Mitglieder der Gruppe anwesend waren, war die Unterhaltung gesprenkelt mit: »Dali sagte…« – »Dali entgegnete…« – »Dali meint…« – »Wie hat das Dali gefallen?« – »Es sieht wie Dali aus.« – »Es ist dalianisch…« – »Das muß Dali sehen…« – »Dali sollte das machen…« Und Dali hier und Dali da und Dali überall!

Obwohl ich sofort erkannte, daß meine neuen Freunde alles von mir nehmen würden, ohne mir irgend etwas zurückgeben zu können – denn in Wahrheit besaßen sie nichts, wovon ich nicht zweimal, dreimal, hundertmal mehr besaß –, machte doch andererseits die Persönlichkeit Federico Garcia Lorcas einen ungeheuren Eindruck auf mich. Das Phänomen der Poesie zeigte sich mir plötzlich in seiner Gesamtheit und »im Rohzustand« als Mensch von Fleisch und Blut, verwirrt, blutrot, klebrig und erhaben, zuckend von tausend Feuern der Dunkelheit und der unterirdischen Biologie und wie alle Materie mit der ihm eigenen Form begabt.* Ich reagierte und nahm sofort eine rigorose Haltung *gegen* den »poetischen Kosmos« ein. Ich sagte nichts, was man nicht definieren konnte, nichts ohne feststellbare »Konturen« oder »Gesetze«, nichts, was man nicht »essen« konnte (das war schon damals mein Lieblingsausdruck). Und wenn ich das zündende und verbindende Feuer der Poesie des großen Federico in wilden, züngelnden Flammen aufsteigen fühlte, dann versuchte ich es mit dem Olivenzweig meines frühen, anti-faustischen Greisenalters auszuschlagen; gleichzeitig richtete ich schon den Grill meiner Transzendentalprosa her, auf dem ich, wenn es soweit wäre, wenn von Lorcas anfänglichem Feuer nur noch glühende Asche übrig wäre, die Champignons, die Koteletts und die Sardinen meines Denkens braten würde (die, wie ich wußte, eines Tages – *à point* und schön heiß – auf dem sauberen Tischtuch des Buches, das Sie gerade lesen, aufgetragen werden sollten), um für ungefähr hundert Jahre den spirituellen, imaginativen, moralischen und ideologischen Hunger unserer Epoche zu stillen.

Unsere Gruppe nahm allmählich eine immer anti-intellektuellere Färbung an. Daher begannen wir, Intellektuelle jeglicher Art zu frequentieren und die Madrider Cafés unsicher zu machen, in denen die gesamte künstlerische, literarische und politische Zukunft Spaniens, die bereits stark nach verbranntem Öl roch, zu kochen begann. Die doppelten Vermouth mit Olive trugen wesentlich dazu bei, dieser aufkeimenden »Nachkriegs«-Konfusion Gestalt zu verleihen. Sie fügten ihr eine Dosis schlecht verhehlter Sentimentalität hinzu, welche die schwer definierbaren Umwandlungen von Heroismus, Unredlichkeit, ordinärer Eleganz und übersäuertem Magen, dazu einem Schuß Anti-Patriotismus, sehr begünstigte; und aus dieser ganzen Mischung sproß ein Haß, der seine Wurzeln in einer bourgeoisen Mentalität hatte, die sich noch ausbreiten sollte, wuchs, erstarkte und eröffnete mit unbeschränktem Kredit im Rücken täglich neue Zweigstellen, bis zum Tag des berühmten Zusammenbruchs durch den damals noch fernen Bürgerkrieg.

Ich sagte vorhin, daß die Gruppe, die mich gerade so großzügig an ihre Brust gedrückt hatte, außerstande war, mir etwas beizubringen, und schon während ich dies sagte, wußte ich, daß es nicht ganz stimmte, denn die Gruppe lehrte mich doch etwas, und genau deswegen blieb ich in ihr. Sie brachten mir das bei, was man eine »Sauftour« nennt. Ich verwandte ungefähr drei Tage darauf: zwei Tage für den Friseur, einen Vormittag für den Schneider, einen Nachmittag, um Geld zu beschaffen, fünfzehn Minuten, um mich zu betrinken, und dann bis sechs Uhr am nächsten Morgen für die »Sauftour«. Ich muß das in allen Einzelheiten erzählen.

Eines Nachmittags tranken wir alle zusammen Tee in einem der vorneh-

---

* Form ist das Resultat elementarer physikalischer Modifikationen. Zu diesen gehören die Reaktionen der Materie (allgemeine Morphologie).

»Von Fliegen belästigter Kopf«

men Hotels in Madrid, das natürlich Crystal Palace hieß. Kaum trat ich ein, wurde mir alles klar. Ich mußte mein Aussehen radikal verändern. Meine Freunde, die auf mich viel stolzer waren als ich selbst (da meine maßlose Arroganz mich stets immun dagegen machte, von irgend etwas tangiert zu werden), brannten darauf, meine wilde Erscheinung zu verteidigen, ja energisch und mutig entschlossen ihre Billigung zu erzwingen. Sie waren bereit, dafür alles zu opfern, und in ihrem vehementen Nonkonformismus neigten sie dazu, meine groteske Aufmachung wirklich auf ihre Fahne zu schreiben. Ihre beleidigten Gesichter schienen den verstohlenen, diskreten, doch beharrlichen Blicken des uns umgebenden eleganten Publikums erwidern zu wollen: »Schön! Unser Freund sieht aus wie eine schmutzige Ratte, das stimmt, aber er ist die wichtigste Persönlichkeit, die ihr je gesehen habt, und bei der geringsten Unhöflichkeit euerseits schlagen wir euch zu Boden.«

217   Besonders Buñuel, der stämmigste und kühnste von uns, musterte den

Raum, ob sich nicht irgendein noch so geringfügiger Anlaß böte, einen Streit vom Zaun zu brechen. Was das anbetraf, war ihm jeder Vorwand recht, der eine allgemeine Schlägerei versprach. Aber nichts passierte. Als wir draußen waren, sagte ich zu den Leibwächtern meiner Fremdartigkeit: »Ihr wart sehr anständig zu mir. Aber mir liegt gar nichts daran, das hier beizubehalten. Morgen werde ich mich so anziehen wie alle anderen auch!«

Dieser spontane Entschluß beeindruckte alle tief, denn sie waren hinsichtlich meiner Erscheinung schrecklich »konservativ« geworden. Mein Entschluß wurde endlos und mit der gleichen Erregung diskutiert, in der sich die Schüler des Sokrates befunden haben müssen, als dieser stoisch verkündete, er werde den Schierlingsbecher trinken. Sie versuchten mich dazu zu bringen, meine Entscheidung rückgängig zu machen – als ob meine Persönlichkeit an Kleidung, Haar und Koteletten hinge und Gefahr liefe, zerstört zu werden und zugleich mit dem lähmenden Anblick dieser meiner erstaunlichen Embleme zu verschwinden. Aber mein Entschluß war unwiderruflich. Der hauptsächliche und geheime Grund lag darin, daß ich auf etwas versessen war, was mir plötzlich äußerst wichtig vorkam. Ich wollte für elegante Frauen attraktiv sein. Und was ist eine elegante Frau? Ich hatte gerade eine in dem Tearoom gefunden. Sie saß am Tisch gegenüber, und ich hatte sie beobachtet. Eine elegante Frau ist eine Frau, die Sie verachtet und die keine Haare unter den Armen hat. Bei ihr hatte ich zum ersten Mal eine enthaarte Achselhöhle entdeckt, und deren Farbe, dieser feine und delikate Blauton, erschien mir als etwas äußerst Luxuriöses und Perverses. Ich beschloß, »allen diesen Fragen« nachzugehen und dies – wie immer, wenn ich etwas begann – gründlich!

Am nächsten Morgen fing ich beim Anfang an – nämlich bei meinem Kopf. Allerdings wagte ich nicht, direkt zum Friseur des Ritz zu gehen, wie meine Freunde empfohlen hatten, und machte mich deshalb auf die Suche nach einem gewöhnlichen Friseur. Ich dachte mir, ich würde ihn erst einmal »das Grobe« machen und den Rest dann nachmittags im Ritz ordentlich schneiden lassen. Aber jedesmal, wenn ich zur Tür eines Friseurladens kam, wurde ich plötzlich von Schüchternheit ergriffen und beschloß, woanders hinzugehen. Der Augenblick, in dem ich sagen müßte »Schneiden Sie mir die Haare«, war wirklich schwierig hinter sich zu bringen.

Gegen Ende jenes Nachmittags, nach tausendfachem Zögern, rang ich mich endlich dazu durch. Aber sobald ich sah, wie meine ebenholzschwarzen Strähnen auf das weiße Handtuch fielen, in das der Friseur mich gewikkelt hatte, befiel mich ein Simson-Komplex. Was, wenn die Geschichte von Simson wahr wäre? Ich betrachtete mich im Spiegel vor mir und dachte, ich sähe einen König auf seinem Thron. Doch das erfüllte mich mit großem Unbehagen. Nichts ähnelt in der Tat der grotesken Parodie eines königlichen Hermelinumhangs mehr als das große, feierliche weiße Handtuch, das mit den schwarzen Haarspitzen gesprenkelt ist, die man uns gerade abschneidet. Seltsam, aber wahr. Es war das erste und letzte Mal in meinem Leben, daß ich für mehrere Minuten den Glauben an mich selbst verlor. Der Kind-König, als den ich mich sah, erschien mir plötzlich als ein peinlicher Fall biologischer Unzulänglichkeit, das Produkt eines katastrophalen Ungleichgewichts zwischen meiner kränklichen, schwachen, zurückgebliebenen Konstitution und einer frühreifen, aber sterilen Intelligenz, die in der Realität nicht funktionieren konnte – mit keiner anderen Aussicht als der Degeneration dieses entsetzlich unvollkommenen und spirituell gealterten Freaks, der ich war.

All das dachte ich, während mein Haar in Schnipseln auf meine Knie und den Fliesenboden fiel – der, wie ich mich sehr gut erinnere, aus gelbem, weißem und blauem Porzellan bestand und eine Art Drachenfisch darstellte, der sich in den Schwanz biß. War ich vielleicht ein Dummkopf wie all die anderen? Ich zahlte, gab ein Trinkgeld und machte mich zum Ritz auf, wo der Friseur letzte Hand an das Werk legen würde.

Sobald ich auf der Straße war und sich die Tür des Friseurladens hinter mir geschlossen hatte, fühlte ich mich wie ein anderer Mensch, und sämtliche eben noch gehegten Skrupel und Befürchtungen zergingen augenblicklich wie Seifenblasen. Ich wußte, daß das Zufallen jener Tür mich auf immer von der sumpfigen Schwärze meiner Haare, die sie wahrscheinlich gerade auffegten, getrennt hatte. Ich bedauerte nichts mehr, nichts, und mit dem allegorischen, alters-gierigen Medusenmund meiner Anti-Empfindsamkeit, meines Anti-Faust spie ich die letzten, wenig anziehenden Haare meiner Jugend auf die Pflastersteine der Zeit. Anstatt zum Friseur zu gehen, als ich das Ritz betrat, steuerte ich die Bar an und bestellte »einen Cocktail«.

»Was für einen möchten Sie?« fragte der Barmixer.

»Einen ordentlichen!« sagte ich, da ich nicht wußte, daß es verschiedene Sorten gab.

Er schmeckte scheußlich, aber nach fünf Minuten fing er an, meiner Seele gutzutun. Ich ließ den Gedanken, zum Friseur zu gehen, für diesen Nachmittag endgültig fallen und bestellte noch einen Cocktail. Dann wurde mir folgende erstaunliche Tatsache bewußt: Seit vier Monaten war dies der erste Tag, an dem ich nicht in die Akademie gegangen war, und das Verblüffendste daran war, daß ich nicht das geringste Schuldgefühl deswegen empfand. Im Gegenteil, ich hatte den vagen Eindruck, daß diese Phase beendet sei und ich nicht mehr zurückkehren werde. Etwas ganz anderes sollte in mein Leben treten. In dem zweiten Cocktail fand ich ein weißes Haar. In dem euphemistischen Rausch, den die beiden ersten Cocktails meines Lebens hervorgerufen hatten, rührte mich das zu Tränen. Die Erscheinung eines weißen Haares auf dem Grunde meines Glases schien mir ein gutes Omen zu sein. Ich merkte, wie Ideen über Ideen auftauchten und verschwanden, mit ungewöhnlicher Schnelligkeit aufeinander folgend – als ob mein Leben vermöge des Alkohols plötzlich schneller liefe. Ich sagte mir:

»Dies ist mein erstes weißes Haar!« Und wieder nippte ich von dieser feurigen Flüssigkeit, die so stark war, daß ich sie mit geschlossenen Augen hinunterschlucken mußte. Dies war vielleicht das »Lebenselixier«, das Elixier des Alters, das Elixier des Anti-Faust.

Ich saß in einer dunklen Ecke, aus der ich leicht alles beobachten konnte, ohne selbst beobachtet zu werden – was sich mir bestätigte, hatte ich doch gerade »Elixier des Anti-Faust« laut gesagt, ohne daß jemand Notiz davon nahm. Außer mir waren im übrigen nur zwei Leute in der Bar – der Barmixer, der weißes Haar hatte, aber sehr jung zu sein schien, und ein äußerst ausgemergelter Herr, der ebenfalls weißes Haar hatte und sehr alt zu sein schien, denn wenn er sein Glas zum Munde führte, zitterte er so sehr, daß er umfangreiche Vorsichtsmaßregeln treffen mußte, um nicht alles zu verschütten. Ich fand diese Geste, die lange Gewohnheit verriet, ganz und gar bewundernswert und von höchster Eleganz; wie gerne wäre ich imstande gewesen, so zu zittern! Und ich heftete meinen Blick wieder auf den Grund meines Glases, hypnotisiert von dem Glanz jenes silbernen Haars. »Natürlich werde ich mir dich einmal von nahem ansehen«, schien ich ihm mit den Augen zu verstehen zu geben, »habe ich doch noch nie in meinem Leben Gelegenheit und Muße gehabt, ein weißes Haar zwischen den Fingern zu halten, es mit meinen gierigen, inquisitorischen Augen zu untersuchen, die allen Dingen das Geheimnis abpressen und die Seele herausreißen können.«

Ich war im Begriff, meine Finger in den Cocktail zu tauchen, um das Haar herauszuziehen, als der Barmixer zu meinem Tisch kam, um zwei Schälchen, eines mit sardellengefüllten Oliven, das andere mit Kartoffelchips, daraufzustellen.

»Noch einen?« fragte er mit einem Blick auf mein nur noch knapp halbvolles Glas.

»Nein, danke.«

Mit einer zeremoniösen Geste wischte er daraufhin ein paar Tropfen weg, die ich verschüttet hatte, und kehrte auf seinen Posten hinter der Bar zurück. Dann tauchte ich Zeigefinger und Daumen in mein Glas. Aber da meine Nägel sehr, sehr kurz geschnitten waren, gelang es mir nicht, das Haar zu fassen. Trotzdem konnte ich seine Erhebung fühlen; es erschien hart und wie am Boden des Glases festgeklebt. Während ich in diese Operation versunken war, hatte eine elegante Frau die Bar betreten. Sie trug ein sehr leichtes Kleid, um ihre Schultern hing ein schwerer Pelz. Sie sprach mit dem Barmixer auf eine vertrauliche, träge Weise. Mit respektvollem Eifer bereitete dieser ihr etwas zu, das ein großes Getöse zersplitternden Eises auslöste. Ich begriff sofort, worüber sich die beiden unterhielten, denn einem kaum wahrnehmbaren Blick des Barmixers in meine Richtung folgte bald darauf ein langer, forschender Blick der Dame. Ehe sie ihre Augen mit hartnäckiger Neugier auf mich heftete, ließ sie sie träge im ganzen Raum umherwandern und auf mir nur kurz verweilen, in der Absicht, mich auf diese plumpe Art glauben zu machen, ihr Blick ruhe rein zufällig auf mir. Der Barmixer starrte unverwandt auf die metallene Theke und ließ der Dame vor ihm Zeit, mich nach Herzenslust zu betrachten, und dann erzählte er ihr mit schnellen Worten und einem ironischen, doch freundlichen Lächeln wieder etwas über mich, was bewirkte, daß die Frau sich ein zweites Mal nach mir umdrehte, genau so langsam wie vorher, aber diesmal ganz offen. Von dem prüfenden Blick ebenso gereizt wie von meiner Unbeholfenheit bei dem Versuch, das weiße Haar herauszufischen, preßte ich in diesem Moment meinen Finger fest gegen das Glas und zog das Haar langsam hoch, indem ich es mit aller Kraft auf dem Glas entlangschob. Dies konnte ich tun, ohne gesehen zu werden, denn eine Säule verbarg die Hälfte meines Tisches für die Dame und den Barmixer gerade dort, wo meine Hand mit dem Glas sich befand.

Es gelang mir nicht, das weiße Haar freizubekommen, aber plötzlich erwachte in meinem Finger ein brennender Schmerz. Ich schaute nach und sah einen langen Schnitt, der heftig zu bluten begann. Von Sinnen steckte ich meinen Finger zurück in das Glas, um nicht den ganzen Tisch mit Blut zu bespritzen. Im Nu erkannte ich meinen Irrtum. Da war gar kein Haar auf dem Boden des Glases. Es war ganz einfach ein sehr feiner Sprung, der durch die Flüssigkeit meines verfluchten Drinks hindurchschien. Ich hatte mich aus Versehen geschnitten, indem ich mit meinem Finger mit einem triebhaften Druck, den der zweite Blick der Dame noch verstärkt hatte, fest auf diesem Sprung entlanggefahren war. Der Schnitt war mindestens drei Zentimeter lang und blutete gleichmäßig und ununterbrochen. Mein Cocktail nahm fast augenblicklich eine hellrote Farbe an und begann, im Glas zu steigen.

Ich war mir sicher, daß ich wußte, was der Barmixer zu der Dame gesagt hatte. Er hatte ihr erzählt, höchstwahrscheinlich sei ich jemand aus der Provinz und hier zufällig hereingekommen und hätte ihn, da ich nicht wußte, was für einen Cocktail ich bestellen sollte, naiv aufgefordert, »ordentlich« einzuschenken. Trotz der Entfernung hätte ich schwören können, genau diese Silben über die Lippen des Barmixers kommen zu sehen. Gerade als er mit seiner Anekdote fertig war, fing mein Blut an, meinen Drink zu färben und ihn im Glas steigen zu lassen – und die Blutung hielt an. Ich beschloß, ein Taschtentuch um den Finger zu wickeln – das Blut kam sofort durch. Ich band mein zweites und letztes Taschentuch darüber, diesmal fester. Jetzt vergrößerte sich der auftauchende Blutfleck sehr viel langsamer und schien sich schließlich nicht weiter auszubreiten.

Ich steckte die Hand in die Tasche und wollte gerade aufbrechen, als mich eine typische Dali-Idee überfiel. Ich ging zur Bar und bezahlte mit einem 25-Peseten-Schein. Der Barmixer beeilte sich, mir mein Wechselgeld zu geben – der Drink kostete nicht mehr als drei Peseten. »Stimmt so«, sagte ich mit einer völlig natürlichen Geste und ließ ihm den ganzen Rest als 221 Trinkgeld. Nie habe ich ein so wahrhaft verblüfftes Gesicht gesehen. Und doch war ich mit diesem Ausdruck bereits vertraut, es war derselbe, den ich so oft entzückt auf den Gesichtern meiner Schulkameraden beobachtet hatte, wenn ich als Junge die berühmten Zehn-*céntimo*-Stücke gegen Fünfer eintauschte. Nun verstand ich, daß es »genau« auf dieselbe Weise bei Erwachsenen funktioniert, und sogleich erkannte ich die überlegene Macht des Geldes. Es war, als hätte ich, indem ich die bescheidene Summe meines übertriebenen Trinkgelds auf der Theke liegen ließ, »die Bank des Ritz gesprengt«.

Aber die erzielte Wirkung befriedigte mich noch nicht; all dies war erst der Auftakt zu der Dali-Idee, die ich Ihnen eben ankündigte. Durch die beiden Cocktails hatte sich auch die letzte Spur meiner Schüchternheit verflüchtigt, zumal ich nach meinem Trinkgeld spürte, daß die Rollen vertauscht waren und die Einschüchterung nun von mir ausging. Selbstsicherheit und absolute Gelassenheit leiteten die geringste meiner Gesten, und ich muß sagen, daß alles, was ich von da an bis zum Hinausgehen tat, von einer atemberaubenden Leichtigkeit gekennzeichnet war. Ich konnte dies ständig im Gesicht des Barmixers wie in einem offenen Buch lesen.

»Und jetzt würde ich gerne eine von Ihren Kirschen da kaufen«, sagte ich und zeigte auf eine Silberschale voll kandierter Früchte.

Respektvoll stellte er die Schale vor mich hin. »Bedienen Sie sich, Señor, nehmen Sie, soviel Sie wollen.«

Ich nahm eine und legte sie auf die Bar.

»Wieviel kostet die?«

»Aber nichts, Señor, sie ist doch nichts wert.«

Ich zog noch einen 25-Peseten-Schein heraus und gab ihm den.

Schockiert weigerte er sich, ihn anzunehmen.

»Dann gebe ich Ihnen Ihre Kirsche zurück!«

Ich legte sie in die Silberschale zurück. Er reichte mir die Schale herüber und flehte mich an, dem Scherz ein Ende zu machen. Aber mein Gesicht wurde so streng, so finster, so beleidigt, so steinern, daß der völlig verwirrte Barmixer mit bewegter Stimme sagte:

»Wenn der Señor unbedingt darauf besteht, mir auch noch dies weitere Geschenk zu machen…«

»Ich bestehe darauf«, antwortete ich in einem Ton, der keine Widerrede zuließ.

Er nahm meine 25 Peseten, doch dann sah ich einen Schimmer der Angst über sein Gesicht huschen. Vielleicht war ich ein Verrückter? Er warf der neben mir an der Bar sitzenden Dame, die mich, wie ich merkte, hypnotisiert anstarrte, einen schnellen Blick zu. Ich hatte sie auch nicht eine Sekunde lang angesehen, so als sei mir ihre Gegenwart gar nicht bewußt gewesen. Aber jetzt sollte sie an die Reihe kommen. Ich wandte mich zu ihr und sagte:

»Señora, ich bitte Sie, mir eine der Kirschen auf Ihrem Hut zum Geschenk zu machen!«

222

VII. Meine seltenen Arbeiten

Porträt Sigmund Freuds, ein Jahr vor seinem Tod in London auf Löschpapier gezeichnet.

Mein erstes surrealistisches Porträt: Paul Eluard, 1929 in Cadaqués.

Selbstporträt, mein erstes kubistisches Gemälde, 1923.

Porträt meines Vaters und meiner Schwester, meine erste Bleistiftzeichnung.

Meine erste »architektonische Zeichnung«, inspiriert von den Umrissen von Galas Kopf.

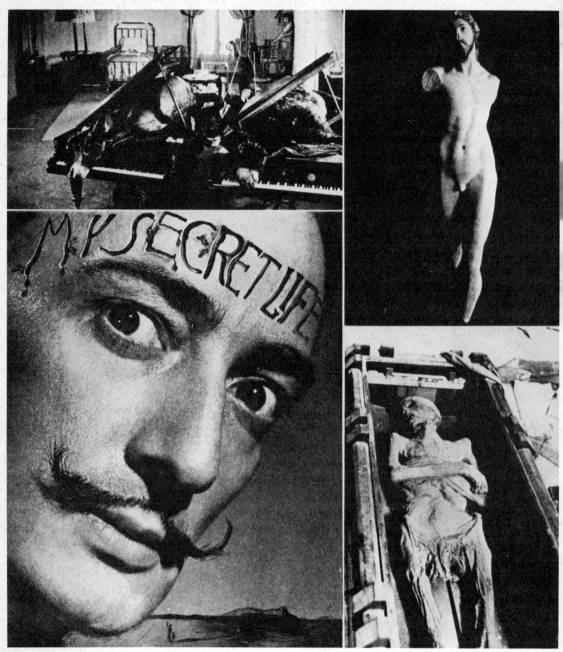

VIII. Spanische Tragik

Statue Christi von El Greco. Die Loyalisten nannten sie »El Rey de los Maricones«.

»Mein geheimes Leben«, mir in die Stirn geschnitten. (M[?] freundlicher Genehmigung von Ph. Halsman.)

Einer der berühmten »Liebenden von Teruel«, ausgegra[?] zu Beginn des Bürgerkrieges.

»Le chien andalou«, der erste surrealistische Film von Dali und Buñuel: auf Klavieren verwesende Esel.

»Aber gern«, sagte sie mit flinker Koketterie und neigte ihren Kopf ein wenig in meine Richtung. Ich ergriff eine der Kirschen und begann daran zu ziehen. Aber sofort sah ich, daß dies nicht die richtige Methode war, und erinnerte mich an meine lange Erfahrung mit solchen Dingen. Meine Tante war eine Hutmacherin, und künstliche Kirschen bargen für mich kein Geheimnis. Anstatt also zu ziehen, bog ich den Stiel hin und her, bis der sehr dünne Draht, der als Stiel diente, mit einem Knacks zerbrach, und ich meine Kirsche hatte. Ich vollführte diese Operation mit erstaunlicher Geschicklichkeit und mit nur einer Hand, da ich die andere, verwundete tief in meiner Jackettasche stecken hatte.

Als ich nun meine neue künstliche Kirsche besaß, biß ich hinein, und ein kleiner Riß ließ ihre weiße Wattefüllung sehen. Dann legte ich sie neben die echte Kirsche und verband die beiden miteinander, indem ich den Drahtstiel der falschen um den Stengel der echten wand. Zum Abschluß nahm ich dann mit einem Strohhalm ein wenig von der Schlagsahne auf, die den Drink der Dame krönte, und betupfte damit die echte Kirsche, so daß jetzt beide, die echte und die falsche, einen weißen Fleck hatten, die eine einen aus Sahne, die andere einen aus Watte.

Meine beiden Zuschauer folgten dem präzisen Ablauf dieser Prozeduren so atemlos, als hinge ihr Leben von jeder einzelnen meiner minutiösen Handgriffe ab.

»Und nun«, sagte ich mit feierlich erhobenem Finger, »werden Sie das Wichtigste von allem sehen.«

Ich drehte mich um, ging zu dem Tisch zurück, an dem ich vorher gesessen hatte, nahm das mit meinem Blut gefüllte Cocktailglas, trug es, meine Finger darumherumgelegt, vorsichtig hinüber und setzte es zierlich auf der metallenen Oberfläche der Bar ab, worauf ich, meine Hand schnell lösend, die beiden Kirschen an ihren miteinander verbundenen Stielen ergriff und sie in das Glas eintauchte.

»Betrachten Sie diesen Cocktail genau«, sagte ich zu dem Barmixer. »Dies ist einer, den Sie nicht kennen!«

Dann drehte ich mich auf dem Absatz um und verließ ruhig und gelassen das Ritz.

Ich dachte über das nach, was ich gerade getan hatte, und war so tief bewegt wie Jesus es gewesen sein muß, als er die Heilige Kommunion erfand. Wie würde der Verstand des Barmixers mit dem Phänomen fertig werden, daß ein – wie er kurz zuvor noch mit eigenen Augen gesehen hatte – halbleeres Glas nun bis zum Rand mit einer roten Flüssigkeit gefüllt war? Würde er begreifen, daß es Blut war? Würde er probieren? Was würden sie zueinander sagen, die Dame und der Barmixer, nachdem ich fortgegangen war?

Von diesen fesselnden Betrachtungen geriet ich abrupt und übergangslos in einen Zustand glücklicher Erregung. Der Himmel über Madrid war von einem zerschmetternden Blau, und die Backsteinhäuser waren blaßrosa wie ein Seufzer voll herrlicher Versprechen. Ich war phänomenal. Ich war phänomenal. Die Entfernung zwischen dem Ritz und meiner Straßenbahnhaltestelle war ziemlich groß und ich hungrig wie ein Wolf. Ich fing an durch die Straßen zu laufen, so schnell mich meine Beine tragen wollten. Es erstaunte mich, daß die Leute, an denen ich vorbeilief, das nicht mehr überraschte. Sie wandten kaum den Kopf in meine Richtung und widmeten sich auf die selbstverständlichste Art der Welt weiterhin ihren Angelegenheiten. Über ihre Gleichgültigkeit erbost, verzierte ich meinen Lauf mit immer höheren Sprüngen. Ich war im Hochsprung stets sehr gut, und ich versuchte, einen Sprung sensationeller zu gestalten als den anderen. Hatte mein Laufen, so ungewöhnlich und rasant es auch war, nicht viel Aufmerksamkeit erregen können, die Höhe meiner Sprünge überraschte alle Passanten und verlieh ihren Gesichtern einen Ausdruck ängstlichen Staunens, der mich entzückte. Ich komplizierte meinen Lauf noch weiter durch einen wunderbaren Ausruf. »Blut ist süßer als Honig«, wiederholte ich mir immer und immer wieder. Aber das Wort »Honig« schrie ich aus voller Lunge und sprang dabei mit aller Kraft so hoch ich konnte. »Blut ist süßer als HONIG.« Und sprang. Mit einem dieser verrückten Sprünge landete ich direkt neben einem Studienkollegen aus der Kunsthochschule, der mich nie anders als fleißig, schweigsam und asketisch erlebt hatte. Da ich ihn so überrascht fand, beschloß ich, ihn noch mehr zu erstaunen. Indem ich so tat, als wolle ich ihm eine Erklärung für meine unverständlichen Bocksprünge zuflüstern, näherte ich meinen Mund seinem Ohr. »Honig!« schrie ich mit voller Kraft. Dann lief ich zu meiner herankommenden Straßenbahn und sprang auf, während mein akademischer Mitstreiter wie angewurzelt auf dem Bürgersteig zurückblieb und mir nachsah, bis wir uns aus den Augen verloren. Am nächsten Tag erzählte dieser Student jedem: »Dali ist vollkommen durchgedreht!«

Am nächsten Morgen traf ich ganz kurz vor Unterrichtsende in der Akademie ein. Ich hatte mir gerade in dem teuersten Geschäft, das ich in Madrid finden konnte, den teuersten Sportanzug gekauft, und ich trug ein himmelblaues Seidenhemd und Manschettenknöpfe mit Saphiren. Ich hatte drei Stunden darauf verwandt, meine Haare zu glätten, die ich mit einer sehr klebrigen Brillantine getränkt und dann mit Hilfe eines speziellen, frisch gekauften Haarnetzes gelegt hatte. Danach hatte ich mein Haar zusätzlich mit echtem Firnis lackiert.* Mein Haar sah nicht mehr wie Haar aus. Es war zu einer glatten, homogenen, harten, meinem Kopf angeschmiegten Paste geworden. Wenn ich mit dem Kamm darauf schlug, machte es »tack«, als sei es Holz.

Meine in einem einzigen Tag bewirkte vollständige Verwandlung erreg-

---

* Den Firnis von meinem Kopf zu entfernen war das reinste Drama. Die einzige Möglichkeit, ihn zu lösen, bestand darin, den Kopf in Terpentin zu stecken, was gefährlich für die Augen war. Danach habe ich nie wieder Firnis benutzt (außer bei einem Anlaß, den ich zur gegebenen Zeit noch beschreiben werde), aber ich erzielte fast die gleiche Wirkung, indem ich der Brillantine Eiweiß zusetzte.

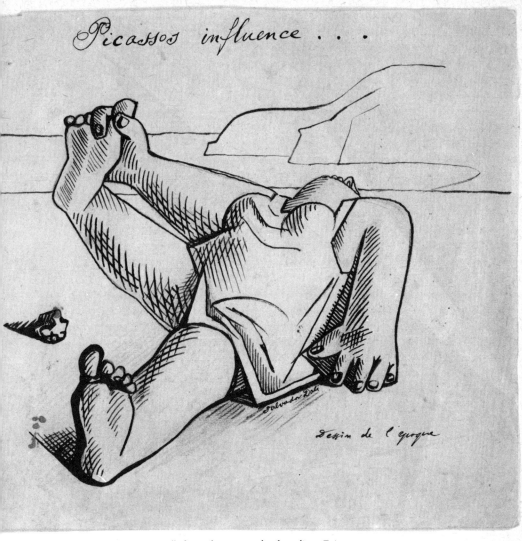

Picassos Einfluß. Zeichnung aus der damaligen Zeit

te bei allen Studenten der Kunstakademie Aufsehen. Und mir wurde augenblicklich klar, daß es mir – statt mein Aussehen, wie beabsichtigt, dem aller anderen anzugleichen und obgleich ich alles in den exklusivsten und modischsten Geschäften gekauft hatte – gelungen war, diese Sachen so ungewöhnlich zusammenzustellen, daß die Leute sich immer noch genau wie vorher nach mir umdrehten, wenn ich vorüberging.

Nichtsdestoweniger stand jetzt meine Eignung zum Dandy definitiv fest. Meine verwahrloste, anachronistische Erscheinung wurde durch eine widersprüchliche und phantastische Mischung ersetzt, die zumindest den

Eindruck erweckte, teuer zu sein. Statt Sarkasmus löste ich nun bewundernde und schüchterne Neugier aus. Als ich aus der Akademie trat, genoß ich ekstatisch die Huldigung der Straße, die so intelligent war, vor Witz sprühte und in der der Frühling schon gärte. Ich machte halt, um einen sehr biegsamen Spazierstock aus Bambus zu kaufen, von dessen lederbezogenem Griff eine glänzende Schlaufe aus gefaltetem Leder herabhing. Danach setzte ich mich auf die Terrasse der Café-Bar Regina, und während ich drei Cinzano-Vermouth mit Olive trank, betrachtete ich in der dicht gedrängten Menge der an mir vorüberziehenden Zuschauer die ganze Zukunft, die die anonyme Öffentlichkeit im Getriebe ihrer täglichen Verrichtungen schon für mich bereithielt – in der Geschäftigkeit ihrer laschen und ruhmlosen Verrichtungen, die nirgendwo eine Spur hinterlassen.

Um ein Uhr traf ich mich mit meiner Gruppe in der Bar eines italienischen Restaurants namens »Los Italianos«, wo ich zwei Vermouth und ein paar Muscheln zu mir nahm, ehe wir hinübergingen, um an einem für uns reservierten Tisch Platz zu nehmen. Die Geschichte von dem Trinkgeld, das ich dem Barmixer gegeben hatte, hatte sich wie ein Lauffeuer bis in den Speisesaal ausgebreitet, und als uns die Kellner dort eintreten sahen, standen sie stramm. Ich erinnere mich genau an das Menü, das ich an diesem ersten Tag in dem Restaurant zusammenstellte – ausgewählte Hors d'œuvres, gelierte Consommé »Madrid«, überbackene Makkaroni und eine Taube; all dies wurde mit echtem roten Chianti benetzt. Durch Kaffee und Cognac wurden wir noch weiter stimuliert, das Hauptthema unserer Unterhaltung fortzuspinnen, das natürlich kein anderes war als das beim Vermouth begonnene und während des Essen entwickelte Thema der »Anarchie«.

Wir waren ungefähr ein halbes Dutzend Leute um den Tisch, alles Mitglieder der Gruppe, doch es war bereits sichtbar, daß eine große Mehrheit vage zu einer Art Liberalsozialismus tendierte, der eines Tages zu einem fruchtbaren Weidegrund der extremen Linken werden sollte. Ich vertrat die Position, daß Glück oder Unglück eine ultra-individuelle Angelegenheit sei, die nichts mit der gesellschaftlichen Struktur, dem Lebensstandard oder den politischen Rechten der Menschen zu tun habe. Was man tun müsse, sei, die kollektive Gefahr und Unsicherheit durch eine totale, systematische Desorganisation zu vergrößern, um so das Schmerzpotential zu steigern, das nach der Psychoanalyse das Lustprinzip bedingt. Wenn das Glück überhaupt irgendeine Instanz etwas anginge, dann die Religion! Herrscher sollten sich darauf beschränken, ihre Macht mit einem Höchstmaß an Autorität auszuüben; und das Volk solle diese Herrscher entweder stürzen oder sich ihnen unterwerfen. Aus solcher Aktion und Reaktion könne eine spirituelle Form oder Struktur entstehen – und keine rationale, mechanische, bürokratische Organisation, die geradewegs zu Entpersönlichung und Mittelmäßigkeit führt. Jedoch es gibt auch, fügte ich hinzu, eine utopische, aber verführerische Möglichkeit – einen anarchistischen absolu-

228

ten König. Ludwig II. von Bayern war schließlich gar nicht so übel!

Polemik gab meinen Ideen immer deutlichere Gestalt. (Niemals war sie dazu angetan, meine Ideen abzuändern, sondern sie hat sie im Gegenteil gefestigt.)

Nehmen wir einmal, wenn es euch recht ist, den Fall Wagners. Betrachtet den Parsifal-Mythos unparteiisch von einem gesellschaftspolitischen Standpunkt... Ich dachte einen Augenblick nach, und dann – als würde ich meiner Zweifel Herr – wandte ich mich an den Kellner, der schnell von unserem Intellektualismus verführt worden war und sich kein Wort der Diskussion entgehen ließ.

»Herr Ober, bitte...«, sagte ich, und er trat respektvoll herzu, »ich habe es mir überlegt und glaube, ich würde gern noch ein wenig Toast und Wurst haben.«

Er ging sofort. Ich rief ihm nach:

»Und noch einen Schluck Wein!«

Der Fall des Parsifal-Mythos, vom politischen und gesellschaftlichen Standpunkt aus betrachtet, erforderte in der Tat noch weitere Verstärkung...

Nachdem ich das italienische Restaurant verlassen hatte, kehrte ich zum Studentenwohnheim zurück, um mehr Geld zu holen. Was ich morgens mitgenommen hatte, war auf wundersame Weise ausgegeben. Geld zu bekommen war einfach. Ich ging in die Geschäftsstelle des Heims, sagte, wieviel ich haben wollte und unterschrieb eine Empfangsbestätigung.

Als ich mein Geschäft im Heim erledigt hatte, fand sich unsere Gruppe am Tisch eines deutschen Bierhauses wieder zusammen, wo man echtes dunkles Bier bekommen konnte. Dazu aßen wir etwa hundert gekochte Krebse; das Auslösen und Aussaugen ihrer Beine war der Weiterentwicklung des Parsifalthemas äußerst förderlich.

Der Abend brach wie durch ein Wunder sehr rasch herein, und wir sahen uns gezwungen, zum Palace zu ziehen, um unseren Apéritif zu trinken, der diesmal nur aus zwei Martinis bestand. Es waren meine ersten trockenen Martinis, und ich sollte ihnen von da an ziemlich treu bleiben. Die Kartoffelchips verschwanden schwindelerregend schnell von unserem Tisch, aber sofort brachte eine bereitwillige, hurtige Hand neue.

Bald erhob sich die Frage, wo wir essen sollten! Denn der Gedanke, zu dem sauberen und nüchternen Speisesaal des Wohnheims zurückzukehren, kam mir nicht für einen Augenblick. Ich habe immer für Gewohnheiten geschwärmt, und wenn etwas erfolgreich gewesen ist, bin ich imstande, es für den Rest meines Lebens beizubehalten.

»Angenommen, wir gehen wieder zu ›den Italienern‹?«

Alle stimmten diesem Vorschlag zu; wir riefen »Los Italianos« an, um einen kleinen Raum zu reservieren, und lenkten unsere Schritte geduldig dorthin, während wachsender Hunger unsere Eingeweide verschlang.

229   Der Speiseraum war klein, aber reizend. Es gab ein schwarzes Klavier

mit brennenden rosa Kerzen darauf und an der Wand einen Weinfleck, der so sichtbar wie ein Tapetenmuster war. Was sollen wir essen? Ich würde lügen, wenn ich Ihnen sagte, ich könne mich erinnern. Ich weiß nur, daß es reichlich Weiß- und Rotwein gab und daß die Unterhaltung so stürmisch wurde, alle so laut schrieen, daß ich nicht mehr daran teilnahm. Ich setzte mich ans Klavier und versuchte, Beethovens Mondscheinsonate mit einem Finger zu spielen. Es gelang mir sogar, eine Begleitung für meine linke Hand zu erfinden, und man mußte mich mit äußerster Kraft von dem Klavier wegzerren, um mich zum Rector's Club im Palace (der ganz besonders schick war) mitzunehmen, wo wir ein wenig Champagner trinken wollten. Dies »Wenige« war eine ganz schöne Menge, wußte ich, denn schließlich näherte sich die Stunde, zu der ich mir schon vorgenommen hatte mich zu betrinken. Sobald wir saßen, machte Buñuel, der mehr oder weniger unser Zeremonienmeister war, den Vorschlag:

»Laßt uns erst einmal Whisky trinken, und später, bevor wir schlafen gehen, essen wir ein paar Kleinigkeiten – und dann trinken wir Champagner.«

Alle fanden die Idee vorzüglich, und wir machten uns ans Werk. Wir waren uns völlig einig, daß eine Revolution nötig sei. Dieser Punkt war unumstritten. Aber wie sollte sie gemacht werden, wer sollte sie machen und warum überhaupt? Das war nicht so klar wie es anfangs geschienen hatte. Da die Revolution aber diese Nacht wohl nicht ausbrechen würde und es keinen rechten Zweck hätte, sich zu sehr in diese Frage zu vertiefen, bestellten wir unterdessen eine Runde eisgekühlten Pfefferminztee, der zwischen den Whiskys zu trinken war, denn schließlich mußten wir uns hin und wieder ausruhen. Nach dem vierten Whisky wurden alle unruhig und fragten Buñuel nervös: »Was ist jetzt mit dem Champagner?«

Dergestalt ging es auf zwei Uhr morgens zu, und unser Wolfshunger machte es zu einer beschlossenen Sache, daß man zu dem Champagner etwas essen müsse. Ich entschied mich für einen Teller heißer Spaghetti, die anderen für kaltes Huhn. Gegen Ende meiner Spaghetti begann ich die Wahl zu bereuen und immer sehnsüchtiger auf das kalte Huhn zu schauen. Mehrmals war mir etwas davon angeboten worden, und da ich abgelehnt hatte, wollte ich meinen Entschluß nicht rückgängig machen. Das Gespräch drehte sich nun um das Thema, das einem der lyrische Charakter des seit einigen Minuten fließenden Champagners aufdrängte, nämlich, wie Sie bereits erraten haben, um das Thema »Liebe und Freundschaft«. Liebe, sagte ich, ähnele auf seltsame Weise gewissen gastrischen Empfindungen, die mit den ersten Anzeichen einer Seekrankheit einhergehen und Unbehagen, Schauder hervorrufen, die so fein sind, daß man nicht sicher weiß, ob man verliebt ist oder sich erbrechen möchte.

»Aber wenn wir zum Thema Parsifal zurückkehrten, so würde es noch mehr Licht darauf werfen, dessen bin ich sicher.«

Alle protestierten lauthals. Sie wollten nichts mehr davon hören!

230

»Gut, dann kommen wir ein andermal darauf zurück. Aber wie dem auch sei, hebt mir einen Flügel für später auf, für kurz bevor wir aufbrechen.«

Es war fünf Uhr, und die letzte Minute näherte sich. Es war grausam, ins Bett gehen zu müssen, gerade als alles anfing, besser zu gehen. Mit einem Gefühl der Bitterkeit entkorkten wir eine neue Flasche Champagner. Die Augen meiner Freunde waren von Tränen feucht. Das Negerorchester war ausgezeichnet und wühlte uns bis ins Tiefste auf mit dem Besteck seines synkopischen Rhythmus, der uns keine Pause gönnte. Der Pianist spielte mit einer göttlichen Zügellosigkeit, und in den starken lyrischen Momenten, während der aus Erwartungen zusammengesetzten Begleitpassagen, konnte man ihn über dem Lärm keuchen hören. Und der Saxophonist, der alles Blut seiner Leidenschaft herausgeblasen hatte, brach vor Erschöpfung zusammen und stand nicht wieder auf. Es war unsere Entdeckung des Jazz, und ich muß ganz aufrichtig sagen, daß er zu der Zeit einen gewissen Eindruck auf mich machte. Im Laufe der Nacht schickten wir mehrere ansehnliche Trinkgelder hinauf, die Banknoten diskret in einen Umschlag gesteckt, und das war so ungewöhnlich, daß alle Neger auf Befehl des sie dirigierenden Pianisten unisono aufstanden und sich verbeugten, wobei sie uns mit dem blendenden Maschinengewehrfeuer ihrer alle gleichzeitig lachenden Zähne bestrichen. Buñuel schlug vor, ihnen eine Flasche Champagner servieren zu lassen, und deshalb bestellten wir noch eine weitere, um mit den Musikern aus diskreter Entfernung anstoßen zu können, denn man hätte den Negern nie gestattet, sich unserem Tisch zu nähern. Geld zählte für uns nicht. Wir gingen wirklich grenzenlos großartig und freigebig mit dem Geld um, das unsere Eltern unter Mühen verdient hatten.

Die neue Flasche Champagner inspirierte meine Freunde zu einem Schwur, der uns alle in einem feierlichen Pakt vereinen sollte. Wir verpflichteten uns bei unserem »Ehrenwort«, uns, was auch immer im Leben mit uns geschähe, was immer unsere politischen Überzeugungen sein würden und was immer die Schwierigkeiten, die sich uns in den Weg stellten – selbst wenn wir uns in den entferntesten Ländern befänden und eine lange Reise nötig wäre –, wir verpflichteten uns, wie ich sagte, uns in genau fünfzehn Jahren an derselben Stelle wiederzutreffen, und sollte das Hotel zerstört worden sein, dann an der Stelle, wo es gestanden hatte. Die Frage, wie es möglich sein werde, den genauen Punkt, an dem wir uns befanden, wiederzufinden, falls das Hotel und seine Umgebung kurz vorher zufällig einem schweren Bombenangriff ausgesetzt worden seien oder falls dies gerade geschähe, wenn wir in fünfzehn Jahren im Begriff stünden, bei unserem verabredeten Treffen zu erscheinen, löste eine endlose, verwickelte Diskussion aus, an der ich dann jedes Interesse verlor.

Ich begann, meinen Blick über das elegante, juwelenbestreute Fleisch gleiten zu lassen, das uns umgab und dessen Panorama mir das Herz zusammenzukrampfen schien. War es wirklich dies oder ein leichter Drang, mich zu übergeben, wie ich vor einer Weile gesagt hatte, um zynisch zu sein? Mit zweifelhaftem Appetit aß ich den Hühnerschenkel, den mir jemand aufgehoben hatte.

Eine weitere Flasche Champagner erwies sich als unerläßlich, wollten wir eine Einigung erzielen. Wir waren zu sechst, und wir zerrissen die Karte, auf welcher der Rector's Club und die Tischnummer gedruckt standen (ich glaube mich zu erinnern, daß es die Nummer 8 war, wegen einer Diskussion über die symbolische Bedeutung dieser Zahl), in sechs Teile; auf jedes Teil schrieben wir das Datum und andere Daten auf die eine Seite, auf die andere kamen die sechs Unterschriften. Ich lenkte die Aufmerksamkeit auf die symbolische Bedeutung – da wir gerade von Symbolen sprachen – der Tatsache, daß wir unseren Pakt auf einem Stück Papier unterzeichneten, das wir unmittelbar zuvor mehrmals zerrissen hatten. Aber niemand wollte das in Betracht ziehen, und wir unterschrieben auf den sechs Stükken wie ausgemacht. Jeder behielt danach sein Stück.*

Nachdem wir den Pakt andächtig unterzeichnet hatten, war eine letzte Flasche absolut erforderlich, damit wir den glücklichen Vertragsabschluß mit der gebührenden Feierlichkeit begehen konnten.

Zu ungefähr der Zeit, als das in unserem Vertrag festgelegte Treffen hätte stattfinden sollen, tobte in Spanien der Bürgerkrieg. Stellen Sie sich das Palace Hotel in Madrid, wo wir unsere goldene Jugend verlebt hatten, in ein Transfusions-Krankenhaus umgewandelt und bombardiert vor. Was für einen schönen Hollywoodstoff würde die heroische Odyssee der sechs Freunde abgeben, die so lange getrennt waren, getrennt auch oder verbunden durch nicht zu vermindernde Haßgefühle oder die einmütige Hitzigkeit ihrer fanatischen Anschauungen, und wie sie für einen Augenblick ihre stürmischen Leidenschaften unterdrücken, ihre Meinungsverschiedenheiten für kurze Zeit beiseite lassen während eines dramatischen, kummervollen, feierlichen Mahles als edlen Tribut an die Ehre eines Wortes! Ich weiß nicht, ob diese schimärische Mahlzeit stattgefunden hat oder nicht. Ich kann Ihnen nur sagen, und ich flüstere es Ihnen ins Ohr, daß ich nicht anwesend war.

Alles auf dieser Erde muß ein Ende haben, so auch unsere Nacht im Rector's Club. Aber wir fanden noch ein Bistro, das bis zum Morgengrauen aufhatte und wo Fuhrleute, Nachtwächter und die Sorte von Leuten hingingen, die zu unmöglichen Zeiten mit dem Zug fahren. Dort versammelten wir uns auf eine letzte Runde *anis del Mono*. Schon pickte die Dämme-

---

* Als ich neun Jahre später einen dieser Freunde in Paris wiedertraf, der zugab, sein Stück des Pakts immer noch sorgfältig aufzubewahren, fand ich die endemische Kindlichkeit der Menschen einmal mehr verblüffend. Von allen, ob Tieren, Pflanzen, Architekturen oder Felsen, fällt es dem Menschen am schwersten zu altern.

rung mit dem Krähen der ersten Hähne an die Fenster des Bistros. Los, kommt! Kommt, laßt uns schlafen gehen! Genug für heute. Morgen ist noch ein Tag.

Morgen wollte ich meinen neuen Parsifal beginnen! Mein Parsifal des nächsten Tages sah so aus: Mittags aufgestanden. Von zwölf bis zwei Uhr fünf Vermouth mit Oliven. Um zwei Uhr einen trockenen Martini mit hauchdünnen Scheiben »Serrano«-Schinken und Anschovis, denn ich mußte die Zeit bis zum Eintreffen der Gruppe herumbringen. Des Mittagessens kann ich mich nicht mehr entsinnen, nur, daß es mir in den Kopf kam, zum Abschluß mehrere Gläser Chartreuse zu trinken, in Erinnerung an das Ende gewisser sonntäglicher Mahlzeiten bei meinen Eltern in Cadaqués – worüber ich weinen mußte.

Um fünf oder sechs Uhr nachmittags fanden wir uns wieder um einen Tisch sitzend, diesmal auf einem Bauernhof in der nahen Umgebung von Madrid. Es war eine kleine Terrasse mit einem großartigen Blick auf die Sierra del Guadarrama, die mit sehr schwarzen Eichen gesprenkelt war. Wir fanden, es sei Zeit, einen Bissen zu essen. Ich nahm einen großen Teller Kabeljau mit Tomatensauce. Einige Fuhrleute am Nebentisch aßen ihn mit ihren Messern, und der Einfall, den Geschmack des Metalls direkt mit dem des Kabeljaus zu verbinden, kam mir äußerst delikat und aristokratisch vor.

Nach dem Kabeljau wollte ich Rebhuhn haben, aber um diese Jahreszeit gab es das nicht. Ich wollte um jeden Preis etwas Saftiges essen. Die Besitzerin schlug entweder aufgewärmtes Kaninchen mit Zwiebeln oder Taube vor. Ich sagte, ich wolle nichts Aufgewärmtes und entschied mich für die Taube. Die Wirtin wies mich ein wenig verärgert darauf hin, daß aufgewärmte Sachen manchmal die besten seien. Ich zögerte einen Augenblick, bestand dann aber darauf, die Taube zu bestellen. Das Dumme war, daß es schon so spät war, in nicht mehr als zwei Stunden würden wir richtig zu Abend essen müssen. Daher beschlossen wir, es sei besser, jetzt zu essen und später, gegen Mitternacht, nur etwas Kaltes zu uns zu nehmen. So sagte ich zu der Besitzerin:

»Also gut, dann bringen Sie mir das Kaninchen, das Sie so anpreisen.«

Wie recht sie hatte! Mit der sinnlichen Intelligenz, die ich in dem heiligen Tabernakel des Gaumens mein eigen nenne, erkannte ich sofort die Mysterien und Geheimnisse des aufgewärmten Gerichts. Die Sauce hatte eine Spur jener Elastizität angenommen, die eine Besonderheit des aufgewärmten Gerichts ist, wodurch es zart am Inneren des Mundes haften bleibt, was den Geschmack gleichmäßig zu verteilen scheint und einen mit der Zunge schnalzen läßt. Und glauben Sie mir, dieses prosaische Geräusch, das so sehr dem Schauder eines knallenden Korkens ähnelt, ist eben das Geräusch der so selten verstandenen – und wenn sie nicht von diesem Geräusch begleitet wird, noch seltener verstandenen – »Befriedigung«.

Kurz, jenes schlichte Kaninchen verschaffte mir große Befriedigung.

Wir brachen auf, und in diesem Augenblick merkte ich, daß wir in zwei luxuriösen Autos gekommen waren. Kaum hatten wir Madrid wieder erreicht, als sich unser Plan eines kleinen kalten Mitternachtsimbisses in Luft auflöste und sich einmal mehr das Phantom Essen mit seiner schrecklichen und unausweichlichen Realität vor uns aufbaute.

»Fangen wir mit etwas zu trinken an«, schlug ich vor. »Wir haben es nicht eilig. Danach sehen wir weiter.«

Dies war ein notwendiger und vernünftiger Vorschlag, denn der Wein auf dem Bauernhof taugte nichts, und ich hatte zu meinem Kaninchen einzig und allein Wasser getrunken. Ich trank drei Martinis, und zu Ende des dritten hatte ich das deutliche Gefühl, daß mein Parsifal gleich anfangen würde.

Mein Plan war fertig. Unter dem Vorwand, zur Toilette gehen zu müssen, stand ich auf und verließ die Bar still durch die Hintertür. Tief atmete ich die Luft der Freiheit, die für mich die des ganzen Himmels war; auf einmal wieder allein zu sein, erfüllte mich mit freudiger Erregung. Ich hatte einen phantastischen Plan für diese Nacht, und diesen Plan nannte ich meinen »Parsifal«. Ich nahm ein Taxi zum Studentenwohnheim und ließ es warten; ich würde gerade eine Stunde brauchen. Mein »Parsifal« erforderte, daß ich sehr gut aussah. Ich duschte ausgiebig, rasierte mich sehr sorgfältig und klebte mir die Haare so gut es ging an den Kopf, wozu ich wieder Firnis benutzte! Mir war bewußt, wie ungemein lästig das sein und daß es sogar mein Haar ein wenig lädieren würde, aber mein Parsifal war dieses Opfer wert und mehr! Ich trug Graphitpuder um meine Augen herum auf, wodurch ich ganz besonders umwerfend aussah, ganz im »Argentinischen-Tango«-Stil. Rudolph Valentino schien mir damals der Prototyp männlicher Schönheit. Dann zog ich sehr helle cremefarbene Hosen an und ein Jackett in Oxford-Grau. Hinsichtlich des Hemdes hatte ich eine Idee, die meiner Erscheinung, wie ich meinte, die entscheidende elegante Note verleihen würde. Es war aus Rohseide, dünn wie eine Zwiebelschale und so durchsichtig, daß man bei genauem Hinsehen mitten auf meiner Brust den ziemlich scharf umrissenen schwarzen Kaiseradler aus Haar ausmachen konnte. Aber sein Umriß war zu deutlich. Deshalb zog ich das frisch gebügelte Hemd aus und knautschte es zwischen meinen Händen, preßte es zwischen den geschlossenen Fäusten zu einem Bündel zusammen. Dies Bündel aus zerknüllter Seide legte ich unter meinen Schrankkoffer und stellte mich darauf, um es noch mehr zu zerdrücken. Die daraus resultierende Knitterwirkung war hinreißend, besonders als ich das Hemd anzog und dazu einen steifen, glatten Kragen von makellosem Weiß umlegte.

Als ich mit Anziehen fertig war, sprang ich wieder ins Taxi, ließ anhalten, um eine Gardenie zu kaufen, die mir die Blumenverkäuferin ans Revers steckte, und gab dann dem Fahrer die Adresse des Florida, eines eleganten Tanzlokals, in dem ich noch nie gewesen war, das aber, wie ich wußte, die vornehmsten Leute Madrids frequentierten. Ich hatte vor, dort allein zu Abend zu essen und mir unter den schönsten, am luxuriösesten gekleideten Frauen mit peinlicher Sorgfalt das nötige weibliche Material auszusuchen, um komme was wolle jenes Verrückte, Unwiderstehliche zu verwirklichen, das fast bar jeder Empfindung, doch von aufgestauter Erotik voll war, das einen fast zum Wahnsinn trieb und das ich seit gestern meinen Parsifal nannte!

Ich hatte keine Ahnung, wo das Florida lag, und jedesmal, wenn das Taxi langsamer wurde, glaubte ich, ich sei angekommen. Meine Unruhe wurde so quälend, daß ich meine Augen schließen mußte. So laut ich konnte, sang ich den Parsifal. Mein Himmel, was für eine Nacht das sein würde! Ich wußte es. Sie würde mich um zehn Jahre altern lassen.

Die Wirkung der drei Martinis war ganz verflogen, mein Hirn wandte sich gewichtigen und ernsthaften Gedanken zu. Meine Verruchtheit ließ mit dem Alkohol, gegen den ich im Prinzip bereits damals war, nach. Alkohol bringt alles durcheinander, läßt dem erbärmlichsten Subjektivismus, der jämmerlichsten Sentimentalität die Zügel schießen. Und hinterher erinnert man sich an gar nichts – wenn doch, um so schlimmer! Alles, was man im Zustand der Trunkenheit denkt, scheint einen Anflug von Genialität zu haben – hinterher schämt man sich. Trunkenheit nivelliert und entpersönlicht. Nur Wesen, die aus Nichts und Mittelmaß bestehen, vermögen sich durch Alkohol ein wenig zu erheben. Böse und geniale Menschen haben den Alkohol ihres Alters schon in jeder Hirnwindung.

Ich zögerte. Sollte ich meinen Parsifal mit oder ohne Alkohol ausführen? Der späte Abendhimmel Madrids kennt Wolken von einem phantastischen und vergifteten Bergblau, das nur in den Gemälden von Patinir zu finden ist, und zu dem aufgewärmten Kaninchen, das ich auf dem Bauernhof gegessen hatte, kam nun noch das Gift jener zart blaugetönten enthaarten Achselhöhlen, auf die sich an diesem Abend mein Handeln konzentrieren sollte, wofür ich auch schon einen Plan hatte. Die lichten Momente, die die Trunkenheit mir ließ, nutzte ich, um die Details zu ordnen, mit deren Hilfe ich diese sublime und absolut originelle erotische Wunschvorstellung umsetzen wollte, die mein Herz wie einen Hammer schlagen ließ, so oft ich an sie dachte.

Um das, was ich tun wollte (und woran nichts mich hindern würde), befriedigend zu verwirklichen, um meinen Parsifal zu verwirklichen, brauchte ich fünf sehr elegante Frauen und eine sechste, die uns bei allem helfen würde. Keine von ihnen müßte sich ausziehen, auch ich nicht. Es wäre sogar wünschenswert, daß diese Frauen ihren Hut aufbehielten. Das Wichtige war, daß alle bis auf zwei enthaarte Achselhöhlen hätten. Ich trug eine beträchtliche Summe Geldes bei mir, obwohl ich meine Talente als Verführer bereits für beträchtlich hielt.

Ich kam beim Florida an – viel zu früh. Ich setzte mich an einen Tisch und sah mich um. Ich hatte einen guten Platz, um alles zu sehen, und meinen

Rücken zur Wand, was unerläßlich war.* Sogleich kehrte ich wieder zu der Frage zurück: Mußte ich mich betrinken, um mein Abenteuer durchzuführen, oder nicht? Für alle vorbereitenden Maßnahmen – mit den Frauen Kontakt herstellen, ihnen die Scheu voreinander nehmen, herausfinden, »wo« das ganze stattfinden sollte (vielleicht zwei von ihnen in ein Privatzimmer einladen und sie als gutbezahlte Komplizinnen alles in die Hand nehmen lassen?) –, bei diesen ersten praktischen Schritten wäre Alkohol mit Sicherheit ein wertvolles Mittel, anfängliche Schüchternheit zu überwinden. Aber danach – danach wäre er genau das Gegenteil. Danach würde ich ein scharfes Auge brauchen, um alles auf einmal zu sehen. Danach, von da an, wo mein Parsifal anfinge, wäre keine Klarheit zu groß, kein Inquisitorenblick streng und heimtückisch genug, um zu urteilen, zu verdammen und zwischen Hölle und himmlischer Herrlichkeit der Szenen und Situationen zu entscheiden, die fast ekelerregend wären und doch so begehrt, so schön und so schrecklich demütigend für die sieben Protagonisten des Parsifal, den ich dirigieren würde (und wie!), ehe die Hähne der Morgendämmerung mit den gequälten, rostigen Tönen ihres ersten Schreis den girlandengeschmückten, roten und widerwärtigen Hahnenkamm der Reue in unserer siebenfältigen, von den heftigsten Genüssen erschöpften Phantasie aufrichten könnten.

Der Oberkellner stand vor mir und wartete darauf, daß ich aus meinen Tagträumen erwachte.

»Was wünschen der Señor?«

Ohne einen Augenblick zu zögern, antwortete ich: »Bringen Sie mir ein Kaninchen mit Zwiebeln – aufgewärmt!«

Doch statt des aufgewärmten Kaninchens aß ich einfach nur ein Viertel Hühnchen, das unendlich fade und trostlos schmeckte, dazu trank ich eine Flasche Champagner, der eine zweite folgte. Während ich den Flügel aß, trafen allmählich die Gäste ein. Bis dahin war das große Nachtlokal bis auf mich, die Kellner, das Orchester und zwei Berufstänzer, die beim Tanzen so taten als stritten sie, leer gewesen. Mit einem schnellen Blick schloß ich die Möglichkeit, die Tänzerin zu benutzen, aus, da sie offensichtlich nicht von geringstem Interesse für mich war. Sie kam für den Parsifal nicht in Frage: Sie war zu schön, schrecklich und unangenehm gesund, und absolut bar jeder »Eleganz«.

Ich habe niemals im Leben eine sehr schöne Frau getroffen, die zugleich sehr elegant war, da das eine das andere per definitionem ausschließt. In der eleganten Frau zeigt sich immer ein gesuchter Kompromiß zwischen ihrer Häßlichkeit, die nicht zu groß sein darf, und ihrer Schönheit, die »evident« sein muß, aber eben nur evident und kein bißchen mehr. Die elegante Frau kann und muß ohne jene Schönheit des Angesichts auskommen,

---

* Leerer Raum in meinem Rücken ruft in mir immer ein so unangenehmes Gefühl der Beklemmung hervor, daß ich unmöglich arbeiten kann. Ein Wandschirm reicht nicht aus, ich brauche eine richtige Wand. Wenn die Wand sehr dick ist, dann weiß ich schon im voraus, daß meine Arbeit erfolgreich sein wird.

"Projet de robe du soir" (1939)
"Elegan woman?
s. dali

deren fortwährendes Strahlen wie ein ständiges Trompetensignal ist. Wenn also das Gesicht der eleganten Frau sein exaktes Quantum Stigmata der Häßlichkeit, Ermattung und Unausgeglichenheit (die zusammen mit der Arroganz ihrer »Eleganz« die faszinierende und eindrucksvolle Katego-rie des fleischlichen Zynismus bilden) besitzen muß, so wird die elegante
237 Frau andererseits notwendiger- und unvermeidlicherweise Hände, Arme,

Füße und Achselhöhlen von übertriebener Schönheit und größtmöglichem Exhibitionismus haben müssen.

Die Brüste sind bei einer eleganten Frau ganz und gar unwichtig. Sie zählen nicht. Wenn sie gut sind, desto besser; sind sie schlecht, desto schlimmer! Was ihren übrigen Körper anbetrifft, so fordere ich nur eines, damit sie zu jener Kategorie der Eleganz zu zählen ist, und das ist eine besondere Formung ihrer Hüftknochen: Sie müssen unbedingt hervorstehen – spitz gewissermaßen –, so daß man weiß, daß sie da sind, unter welchem Kleid auch immer: vorhanden und aggressiv. Sie meinen, daß die Linie der Schultern von größter Bedeutung ist? Das stimmt nicht. Ich gestatte dieser Linie alle Freiheiten, und gleichgültig wie sehr und auf welche Weise sie mich aus der Fassung bringen sollte, ich wäre ihr dankbar.

Der Ausdruck der Augen, ja – sehr, sehr wichtig; er muß sehr, sehr intelligent sein oder doch so aussehen. Eine elegante Frau mit einem dümmlichen Blick ist undenkbar; andererseits ist einer vollkommenen Schönheit nichts angemessener. Die *Venus von Milo* ist dafür das beste Beispiel.

Der Mund der eleganten Frau sollte vorzugsweise »übellaunig« und voller Widerwillen sein. Doch muß es ihm möglich sein, plötzlich, entweder kurz vor der Ekstase oder wenn er sich, auf eine erlesene und seltene Regung ihrer Seele antwortend, halb öffnet, wie durch ein Wunder einen engelhaften Ausdruck anzunehmen, so daß man sie vorübergehend nicht wiedererkennt.

Die Nase der eleganten Frau… Elegante Frauen haben keine Nase! Nur schöne Frauen haben Nasen. Das Haar der eleganten Frau muß gesund sein; es ist das einzige an der eleganten Frau, das gesund sein muß. Die elegante Frau muß im übrigen unter der totalen Tyrannei ihrer Eleganz stehen, und ihre Kleider und Juwelen, ihr hauptsächlicher Daseinsgrund, müssen gleichzeitig der Hauptgrund für ihre Erschöpfung und ihr Dahinschwinden sein.

Darum ist die elegante Frau hart in den Leidenschaften ihrer Gefühle und nur wenig erregt, wenn sie liebt; darum genau ist kühne, gierige, raffinierte, unsentimentale Erotik die einzige Art von Erotik, die luxuriös-genußreich ihrem Luxus anhaftet, so wie der Luxus ihrer Kleider und Juwelen erschöpfend an ihrem luxuriösen Körper haftet, der nur dazu geschaffen ist, diese Dinge schlecht zu behandeln und sie mit dem höchsten Luxus der Geringschätzung zu tragen.

Ja, darauf hatte ich es abgesehen – blasierte, reiche und luxuriöse Geringschätzung. Denn um meinen Parsifal aufzuführen, mußte ich noch an diesem Abend genau sechs hochmütige, elegante Frauen finden, die mir aufs Wort gehorchen konnten, ohne ihr eisiges Benehmen abzulegen und ohne die Dämpfe erotischer Gefühle den immerwährenden Luxus ihrer Gesichter vernebeln zu lassen, sechs Gesichter, die fähig waren, Lust wild, aber verachtungsvoll zu empfinden.

Mit aufgerissenen Augen und geweiteten Pupillen blickte ich ungeduldig um mich, ohne meine Aufmerksamkeit irgend etwas Entscheidendem zuwenden zu können, denn es gab da nicht eine einzig wirklich elegante Frau und viel zu viele schöne. Ich wurde wirklich ungeduldig. Aber da ich einsah, es sei kaum damit zu rechnen, daß weiterhin Gäste in größerer Zahl einträfen, da das Lokal bereits gedrängt voll war, begann ich Konzessionen zu machen und Vergleiche anzustellen, um unter dem Möglichen eine Auswahl zu treffen. Dieses erste Mal könnte ich mich immerhin mit einem »angenäherten« Parsifal zufriedengeben. Doch zugleich wußte ich, daß es nichts Schlimmeres gibt als das »annäherungsweise Elegante«. Gibt es das überhaupt? Es ist, als ob einen jemand ermutigen will, eine Medizin einzunehmen, und sagt, sie sei »fast« süß! Plötzlich kamen zwei elegante Frauen zusammen herein, und das Glück wollte es, daß sie sich ganz allein an einen nicht weit entfernten Tisch setzten, der gerade frei geworden war. Sie waren genau das, was ich suchte. Mir fehlten noch vier! Aber da ich sie nicht fand, kehrte ich zur Beobachtung meiner beiden Hauptfiguren zurück. Das einzige, was ich nicht beurteilen konnte, waren ihre Füße, die nichts anderes als göttlich sein konnten, es sei denn in ihrer Anatomie wäre ein Bruch gewesen, was mir undenkbar schien. Ihre Hände suchten einander an Schönheit zu übertreffen, alle vier waren zu einem Knoten ineinander verschlungen, den ihre Besitzerinnen mit einer zynischen Kälte gebildet hatten, die mich schaudern ließ.

Meine zweite Flasche Champagner hatte mich mäßig betrunken gemacht, und meine Gedanken hüpften aus den Geleisen, die ich mit meinem Plan gelegt hatte. Vergeblich versuchte ich sie zurückzuzwingen und dort zu halten. Abgestoßen von der geistigen Auflösung, die meinen Ordnungs- und Orientierungssinn zu beeinträchtigen begann, sagte ich mir:

»Also paß auf! Entweder bist du Dali oder du bist es nicht. Los! Sei ernst. Du verdirbst noch deinen Parsifal. Sieh da drüben hin. Ist das ein elegantes Handgelenk? Ja, aber man müßte es mit einem anderen Mund kombinieren. Da ist er ja! Ein Mund, der dazu paßt. Handgelenk, Mund, Mund, Handgelenk... wenn man doch Wesen auf diese Weise zusammensetzen könnte – eigentlich *könnte* man sie doch zusammensetzen... Warum versuchst du es nicht! Wähle sorgfältig aus, ehe du anfängst. Reiß dich zusammen. Sehn wir mal, wie dir das gefällt. Du hast schon drei elegante Achselhöhlen gefunden. Schau sie dir gut an, eine nach der anderen, und dann, ohne etwas anderes anzusehen, läufst du mit deinem Blick herüber und stürzt dich auf diese kalten Augen; dann auf den Mund, auf den verächtlicheren von den beiden, die ich bereits ausgewählt habe...

Gehn wir doch der Reihe nach vor: Hier ist eine Achselhöhle für dich, noch eine Achselhöhle, jetzt schnell den Mund – aber du hast die zweite Achselhöhle vergessen, also fang von vorne an und paß auf... Du siehst sie ganz deutlich, nicht wahr, die Achselhöhle?... Oh ja, wie elegant und edel sie ist! Hier also ist die Achselhöhle, die Achselhöhle, die edle Achselhöhle. Jetzt sieh auf die Augen – Augen... Mund... Jetzt geh wieder zurück, langsamer – Mund, Augen, Achselhöhle, Achselhöhle... noch einmal, und bleibe länger bei den Augen – Achselhöhle, Augen, Augen, Augen, Augen, Augen, geh zurück zur Achselhöhle, zurück zu den Augen... Ein bißchen länger bei der Achselhöhle diesmal, und jetzt schneller... Achselhöhle, Augen, Augen, Achselhöhle, Achselhöhle, Achselhöhe, Achselhöhle, Achselhöhle, Augen, Mund, Augen, Mund, Augen, Augen, Mund, Augen, Mund, Augen, Mund, Augen, Mund...«

Mir schwindelte, und der Wunsch, mich zu übergeben, der diesmal nicht mehr mit der zarten und ungewissen Empfindung knospender Liebe verwechselt werden konnte, ließ mich mit einer disziplinierten Abfolge von Bewegungen aufstehen. Höflich fragte ich eine Zigarettenverkäuferin, die wie ein Page aus der Zeit Ludwigs XIV. gekleidet war, wo die Garderobe sei. Sie gab mir ein Zeichen, das ich nicht verstand, und ich ging in einen Raum, wo ein mit Briefen und maschinengeschriebenen Bogen bedeckter Tisch stand. Ich stützte mich mit beiden Handflächen auf diesen Tisch und erbrach mich ausgiebig. Danach hatte ich eine Atempause, wußte aber, daß es noch nicht vorüber war, daß meine beinahe liturgische Arbeit des »Alles-wieder-hochkommen-Lassens« gerade erst begonnen hatte. Die als Louis-quatorze-Page verkleidete Zigarettenverkäuferin beobachtete mich. Ich wandte mich zu ihr, legte fünfzig Peseten auf ihren Bauchladen und bat sie flehentlich: »Lassen Sie es mich zu Ende bringen!« Ich verschloß die Tür hinter mir, und mit dem feierlichen und entschlossenen Schritt eines Menschen, der im Begriff ist, Harakiri zu begehen, ging ich zum Tisch zurück. Wieder legte ich meine beiden Handflächen in genau derselben Weise wie zuvor auf die Platte und erbrach mich erneut, und noch heftiger. Ich war nur halb bei Bewußtsein, und das ganze Geschmacksspektrum meiner Seele kam mir mit dem meiner Eingeweide vermischt aus dem Mund.

Während dies andauerte, durchlebte ich noch einmal diese beiden ausschweifenden Tage, nur rückwärts und ganz zusammengerührt – als hätte ich sie von neuem, diesmal von hinten begonnen, in praktischer Anwendung der christlichen Maxime, daß die letzten die ersten sein werden. Alles war da: das aufgewärmte Kaninchen, die beiden zarten Achselhöhlen, die Handgelenke, die Patinir-Wolken und wieder ein Stück zarte Achselhöhle und wieder ein Stück Hühnerschenkel und die kalten Augen und wieder das aufgewärmte Kaninchen, Augen, kalte Augen, aufgewärmtes Kaninchen, zarte Achselhöhle, aufgewärmtes Kaninchen, Champignons, Oliven, Monarchie, Anarchie, Anschovis, Spaghetti, Chartreuse, Spaghetti, aufgewärmte Muscheln, aufgewärmtes Kaninchen, Chartreuse, aufgewärmte Muscheln, Chartreuse, aufgewärmtes Kaninchen, Muscheln, Achselhöhlen, Spaghetti, Vermouth, aufgewärmt, Vermouth, aufgewärmter aufgewärmter Vermouth, Vermouth, Galle, aufgewärmt, Vermouth, Galle, aufgewärmt, Vermouth, Galle, Galle, Muscheln, Galle, Muscheln, aufgewärmt, Galle, aufgewärmt, Galle, aufgewärmt, Galle, Galle, Galle, Galle, Galle, Galle, aufgewärmtes Kaninchen, aufgewärmtes Kaninchen, Galle,

Galle, Galle, Galle, Galle, Galle, aufgewärmtes Kaninchen, Vermouth, Galle, Galle, Galle, Spaghetti, Galle, Muscheln, Galle! Aufgewärmtes Kaninchen, Galle! Galle, Galle, Muscheln, Galle!

Ich wischte mir den Schweiß von der Stirn und die Tränen ab, die ich ohne zu weinen vergossen hatte und die mir die Wangen hinunterrannen – alles war hochgekommen. Alles von der absoluten anarchistischen Monarchie bis zu den letzten Propellern meines nostalgischen, erhabenen und bejammerten Parsifal.

Den nächsten Tag verbrachte ich im Bett und trank Zitronensaft, und am Tag darauf ging ich zur Kunstakademie, nur um am folgenden Nachmittag relegiert zu werden. Als ich eintraf, stieß ich auf eine Gruppe gestikulierender und durcheinanderschreiender Studenten und wurde von einem Gefühl drohenden Unheils erfaßt. Hätte ich mich an die Szene der Fahnenverbrennung in Figueras erinnern können, dann hätte mich die Wendung, die die Dinge nahmen, mißtrauisch machen müssen, denn einmal mehr sollte ich das Opfer jenes Mythos werden, dessen Nimbus mich umgibt. In der Tat wird der aufmerksame Leser dieses Buches, der danach trachtet, analytische Schlußfolgerungen aus ihm zu ziehen, bemerkt haben, worauf ich auch selbst oft erst beim Schreiben meine Aufmerksamkeit lenken mußte –, daß nämlich genau so, wie die Entwicklung meines Geistes und meines Charakters jederzeit in ein paar wesentlichen, nur mir eigenen Mythen zusammengefaßt werden kann, die Ereignisse meines Lebens sich wiederholen und ein paar ziemlich begrenzte, aber entsetzlich charakteristische und unverwechselbare Themen entwickeln. Wenn immer in meinem Leben mir etwas mit einer Kirsche zustößt oder mit einer Krücke, Sie können dann sicher sein, daß es dabei nicht bleiben wird. Stets neue Vorfälle, mehr oder weniger wild, mittelmäßig oder erhaben, werden sich im Zusammenhang mit Kirschen und mit Krücken mein ganzes Leben lang ereignen, bis ich sterbe.

Wenn ich dies früher gewußt hätte, dann hätte ich schon als ich zum ersten Mal von einer Schule verwiesen wurde, voraussehen können, daß es sich nicht um einen einfachen, vulgären und vereinzelten Vorfall handeln würde, wie es bei Geistern der Fall gewesen wäre, die aus Mangel an paranoischer Inspiration den systematischen Prinzipien, die jedes wahrhaft bedeutende Schicksal regieren müssen, schmerz- und ruhmlos ausweichen. Aber um zu der aufständischen Gruppe zurückzukehren, in die ich im Hof der Kunstakademie hineinlief – als diese Gruppe mich kommen sah, umringte sie mich und ernannte mich automatisch zum Zeugen, Parteigänger und zur Flagge ihrer Rebellion.

Was war die Ursache dieser Rebellion? Man hatte mir bereits berichtet, es solle eine Prüfung stattfinden zur Besetzung der freien Stelle eines Lehrers für Malerei an der Akademie und mehrere bekannte Maler kämen, um sich zu bewerben, da dies eine der wichtigsten Klassen war. Die Bilder, die den praktischen Teil der Prüfung ausmachten, waren gerade ausgestellt worden. Jeder Teilnehmer hatte ein Gemälde über ein Thema seiner eigenen Wahl und eines über ein vorgegebenes Thema anfertigen müssen. Es zeigte sich, daß alle Bilder von äußerster Mittelmäßigkeit waren, mit Ausnahme derer von Daniel Vásquez Diaz, die genau dem entsprachen, was man damals »Postimpressionismus« nannte. Das Samenkorn, das ich so nonchalant unter den Studenten der Akademie hatte fallen lassen, hatte zu keimen begonnen, und eine Minderheit unter ihnen – die aktivsten und begabtesten – begeisterte sich plötzlich für Vásquez Diaz, der ohne bis zum Kubismus vorzustoßen, doch von ihm beeinflußt war, so daß die Leute mit seiner Hilfe schluckten, was sie nicht einmal in Betracht zogen, wenn es von mir kam.

Folglich mußte ich nach Ansicht der Aufrührer notwendigerweise ein Parteigänger von Vásquez Diaz sein, und meine Freunde waren aufgebracht, weil sie sicher waren, daß eine Ungerechtigkeit begangen und der Posten durch Einfluß und Manipulation an jemanden vergeben werden würde, der ihn in keiner Weise verdiente. Ich ging mit meinen Kommilitonen mit, um mir die Ausstellung anzusehen, und ausnahmsweise stimmte ich ihnen zu. Es gab keinen Zweifel, obwohl ich mir im geheimen keinen von diesen als Professor für Malerei gewünscht hätte. Ich hätte einen richtigen alten Traditionalisten vorgezogen. Aber das war eine Klasse von Leuten, die verschwunden war, die man völlig ausgerottet hatte. Da ich wählen mußte, gab ich meine Stimme vorbehaltlos Vásquez Diaz.

Nachdem an jenem Nachmittag jeder der Bewerber kurz seine pädagogischen Vorstellungen erläutert hatte (der einzige intelligente war Vásquez Diaz), zogen sich die Akademieprofessoren zur Beratung zurück. Als sie auf dem Podium wieder zusammentraten und das Urteil abgaben, das wir erwartet hatten, auf diese Weise zu den tausend Ungerechtigkeiten und unerquicklichen Episoden beitragend, aus denen der Wandteppich dieses Abschnitts der spanischen Geschichte gewirkt war, erhob ich mich zum Zeichen des Protestes und verließ wortlos den Saal, ehe der Präsident des Tribunals, einer der bedeutendsten Akademieprofessoren, seine Schlußrede beendet hatte. Meine Gruppe erwartete mich bei einer Zusammenkunft republikanischer Schriftsteller, die jeden Nachmittag in der Café-Bar Regina stattfand und mehr oder weniger unter dem Einfluß Manuel Azañas stand, der einige Jahre später Präsident der spanischen Republik werden sollte.

Als ich am nächsten Tag in die Akademie zurückkehrte, herrschte Panikstimmung unter meinen Mitschülern, und sie erzählten mir, daß ich wegen des Zwischenfalls vom Vortage relegiert werden solle. Ich nahm die Sache nicht ernst, wußte ich doch, daß man zu einer solchen Maßnahme nicht greifen konnte, bloß weil jemand während der Rede des Präsidenten hinausgegangen war. Meine Geste, wiewohl deutlich eine Geste des Protestes, hatte nicht im geringsten die Grenzen der Höflichkeit verletzt, denn weder hatte ich den Präsidenten unterbrochen noch beim Hinausgehen die Tür zugeschlagen. Aber in meiner Unschuld war ich mir gar nicht der Tatsache bewußt, daß dies nicht der Grund der Aufregung war. Es zeigte sich, daß nach meinem Weggehen die Studenten, die Vásquez Diaz unterstützten, angefangen hatten, die Rede des Präsidenten mit Beleidigungen und Verwünschungen zu unterbrechen, dann, von Worten zu Taten schreitend, die Professoren verfolgt hatten, bis diese sich gezwungen sahen, die Flucht zu ergreifen und sich im Zeichensaal einzuschließen. Die Studenten waren schon dabei gewesen, die Tür mit Hilfe einer Bank, die sie als Rammbock benutzten, aufzubrechen, als die berittene Polizei in den Hof kam und die zitternden Professoren alsbald befreien konnte.

Moralisch gesehen, war ich der Anführer dieses Geisteszustands. Und obwohl ich bei der Unruhe gar nicht anwesend war, wurde ich auf die Liste der Rebellen gesetzt als einer, der mit ihnen vom Augenblick meines Hinausgehens an, das man als Signal zum Beginn der Demonstration auffaßte, aktiv zusammengearbeitet hatte. Vergeblich versuchte ich, meine Unschuld zu beteuern. Ich wurde für ein Jahr von der Kunstakademie ausgeschlossen, und nachdem der Disziplinarrat meinen Ausschluß bestätigt hatte, kehrte ich nach Figueras zurück.

Ich war erst kurze Zeit zu Hause, als mich die Guardia Civil verhaftete und im Gefängnis von Figueras einsperrte. Nach einem Monat wurde ich ins Gefängnis von Gerona geschafft und schließlich freigelassen, als man keinen Anklagepunkt finden konnte, der für einen Prozeß ausgereicht hätte. Ich war zu einem schlechten Zeitpunkt in Katalonien angekommen. Eine sehr entschlossene revolutionäre Erhebung war gerade von General Primo de Rivera, dem Vater von José Antonio, dem späteren Gründer der spanischen Falange, wirksam unterdrückt worden. Wahlen hatten stattgefunden, und alles Leben und Treiben perlte in übersprudelnder politischer

243

Agitation. In Figueras waren meine besten Freunde aus Kindertagen allesamt Revolutionäre geworden, und mein Vater hatte in strikter Ausübung seines Amtes als Notar während der Wahlen Übergriffe gewisser rechter Elemente bezeugen müssen. Ich war gerade angekommen, und das wurde noch mehr als früher bemerkt. Ich redete immer über Anarchie und Monarchie, brachte beide vorsätzlich miteinander in Verbindung. Aus dieser Vielzahl von Umständen, die nur mein Vater angemessen und genau wiedergeben könnte, resultierte meine willkürliche Haft, die einzig und allein zur Folge hatte, daß zu der bereits höchst farbigen Sequenz der anekdotischen Episoden meines Lebens noch eine weitere lebhafte Farbe hinzukam.

Diese Zeit der Haft gefiel mir maßlos. Natürlich war ich bei den politischen Gefangenen, und deren Freunde, Glaubensgenossen und Verwandte überhäuften uns mit Geschenken. Jeden Abend tranken wir sehr schlechten heimischen Sekt. Ich hatte wieder begonnen, am »Babylonischen Turm« zu schreiben; ich ließ die Madrider Erlebnisse an mir vorüberziehen und zog aus jedem Vorfall und jeder Einzelheit die philosophischen Konsequenzen. Ich war glücklich, denn ich hatte soeben die Landschaft der Ebene von Ampurdán wiederentdeckt; und während ich durch die Gitterstäbe des Gefängnisses von Gerona auf diese Landschaft blickte, erkannte ich plötzlich, daß ich es endlich geschafft hatte, ein wenig zu altern. Das war alles, was ich begehrte, und nur das hatte ich ja mehrere Tage lang aus meinem Madrider Leben herausreißen und herauspressen wollen. Es war schön, sich ein bißchen älter zu fühlen und zum ersten Mal in einem »richtigen Gefängnis« zu sein. Und für die Dauer dieses Aufenthaltes konnte ich mich endlich einmal so richtig entspannen.

9. Kapitel   *Rückkehr nach Madrid*
Endgültige Ausweisung aus der Kunstakademie
Reise nach Paris
Begegnung mit Gala
Beginn des problematischen Idylls meiner ersten
    und einzigen Liebe
Ich werde von meiner Familie verstoßen

Am Tage meiner Entlassung aus dem Gefängnis von Gerona traf ich gerade rechtzeitig zum Abendessen in Figueras ein, und ich erinnere mich, daß ich als Gemüse Auberginen aß. Unmittelbar darauf ging ich ins Kino. Die Nachricht von meiner Befreiung hatte sich bereits in der Stadt verbreitet, und als ich den Saal betrat, empfing man mich mit einer wahren Ovation.

Einige Tage später fuhren wir nach Cadaqués, wo ich noch einmal zum »Asketen« wurde und mich buchstäblich mit Leib und Seele dem Malen und meiner philosophischen Forschung widmete. Die Erinnerung an die

245

ersten Ausschweifungen in Madrid verschärfte die Strenge meiner neuen Gewohnheiten und gab ihnen jenen Anflug von Grazie, wie sie jemandem eigen ist, der einen Augenblick lang den japsenden Vogel eines exotischen Erlebnisses in der Hand gehalten hat. Zudem wußte ich, daß ich nach Ablauf meiner Bewährungsfrist nach Madrid zurückkehren würde. Dann hätte ich Gelegenheit, derartige Experimente fortzusetzen. Jetzt aber stand ich früh auf, und desto kraftvoller äderte mein Stift mit harter Spitze das Papier, um den Grundstrom meiner Gedanken darauf zu übertragen; je mehr ich allen Versuchungen des Körpers zu widerstehen vermochte, desto besser konnte ich die Kräfte meiner Libido kanalisieren und mit ihnen die Streitkräfte für den Kampf, Widerstand und Triumph im Kreuzzug der Intelligenz anschwellen lassen, welcher mich eines Tages zur Eroberung des Königreichs meiner eigenen Seele führen sollte; je mehr ich mich auszulaugen und meinen Körper zu verleugnen verstünde, desto schneller würde ich altern.

Am Ende des außerordentlich heißen Sommers war ich zum Skelett abgemagert. Mein Körper hatte sich sozusagen von meiner Person entfernt, und ich glaubte mich in eine der phantastischen Gestalten von Hieronymus Bosch zu verwandeln, in die Philipp II. so vernarrt war. Ich war tatsächlich eine Art Ungeheuer, das anatomisch nur aus Auge, Hand und Hirn bestand.

In meiner Familie war es seit langem üblich, sonntags nach dem Mittagessen Kaffee zu trinken und dazu ein *halbes* Gläschen Chartreuse. Ich respektierte diese Beschränkung immer. Einmal jedoch, an einem jener sehr stillen Nachmittage in Cadaqués, an denen, wie die Einheimischen sagen, Himmel und Meer zu einer »weißen Stille« verschwimmen, goß ich mechanisch mein Gläschen bis zum Rand voll, und etwas Chartreuse floß sogar auf die Tischdecke. »Was machst du da?« rief mein Vater erschrocken. »Weißt du nicht, daß das sehr starker Alkohol ist?« Scheinbar zugebend, daß ich unüberlegt gehandelt hatte, goß ich das halbe Glas wieder in die Flasche zurück.

Mein Vater beruhigte sich und fiel in den Schlaf des Gerechten. Und ich – woran dachte ich wohl? … Aber wie bei meinem »Parsifal« ist es auch diesmal besser, daß meinen Lesern noch einige undurchdringliche Geheimnisse bleiben, denn solche Geheimnisse werden mir für spätere – verbesserte und erweiterte – Ausgaben dieses Buches sehr nützlich sein. Ist es schon verdienstvoll von mir, mich mit Leib und Seele, in Fetzen gerissen, der Neugier meiner Zeitgenossen auszusetzen, indem ich ihnen ein einzigartiges Dokument zur wissenschaftlichen Forschung in die Hand gebe, finde ich es andererseits auch völlig legitim, daß ich den zukünftigen kommerziellen Problemen, die mit dieser Frage verbunden sind, vorgreife und nebenbei die Gelegenheit nutze, um sie taktvoll und behutsam allgemein bekannt zu machen.

Als meine »Strafzeit« abgelaufen war, kehrte ich nach Madrid zurück,

wo mich meine Gruppe mit fiebernder Ungeduld erwartete und mir gestand, ohne mich habe »die Welt anders ausgesehen«. Alle hatten die
Orientierung verloren und starben an einem Phantasiehunger, den allein
ich stillen konnte. Ich wurde mit Beifall begrüßt, umsorgt, verhätschelt.
Ich wurde ihr Gott. Sie taten alles für mich, kauften mir Schuhe, bestellten
mir besondere Krawatten, reservierten Theaterplätze für mich, packten

meine Koffer, überwachten meine Gesundheit und meine Stimmungen, gaben allen meinen Launen nach und schwärmten aus wie Reiterschwadronen, die Praxisdrachen zu besiegen, die sich der Verwirklichung meiner unmöglichsten Hirngespinste in den Weg stellten.

Nach der Erfahrung des ersten Jahres gab mein Vater mir jetzt nur einen bescheidenen Wechsel, der meinem wieder aufflackernden orgiastischen Lebensstil lächerlich unangemessen war. Indes zahlte er weiterhin arglos alle meine Rechnungen. So lief das ganze, was mich betraf, auf dasselbe hinaus, wie meine Leser ohne weiteres verstehen werden. Außerdem half mir meine Gruppe zu der Zeit finanziell. Jeder einzelne kam auf seine Art zu einer beträchtlichen Summe Geldes, wenn die Situation es erforderte. Der eine verpfändete einen Ring mit einem prachtvollen Diamanten, ein Familiengeschenk; ein anderer brachte es wunderbarerweise fertig, ein großes Stück Landeigentum, das er noch gar nicht geerbt hatte, mit einer Hypothek zu belasten; ein dritter verkaufte sein Auto, um unsere Ausgaben für zwei bis drei Tage zu bestreiten. Auch machten wir uns den Lichthof der »Söhne aus reichem Hause« um uns herum zunutze, um von den unglaublichsten Leuten Geld zu leihen. Wir stellten sie auf einer Liste zusammen, und dann zogen wir Lose. Jeder von uns sollte eine andere Person anzapfen. Wir fuhren in zwei Taxis los. Einer von uns ging in das Café, das unser Opfer aufzusuchen pflegte, oder suchte den Betreffenden in seiner Wohnung auf. Manchmal hatten wir keinen Erfolg, dann versuchten wir es beim nächsten. Nach einem solchen Tag brachten wir tatsächlich eine beträchtliche und oft alle unsere Erwartungen übertreffende Summe zusammen. Und das will in Anbetracht unserer unersättlichen Gier etwas heißen. Von Zeit zu Zeit zahlten wir denen, die uns am meisten geliehen hatten, das Geld zurück; das machte es uns leichter, sie später erneut zu bitten. So legten wir die Grundlage eines Vertrauens, das wir früher oder später doch enttäuschten. Die großen Beträge wurden meistens noch rechtzeitig von unseren Eltern erstattet, wenn schließlich, nachdem die Geduld der Gläubiger restlos erschöpft war, ein Schauer von Zahlungsaufforderungen auf sie herabregnete. Unsere eigentlichen Opfer aber waren unsere bescheidensten und freigebigsten Freunde, die uns nicht Geld liehen, weil wir ihnen Vertrauen einflößten, sondern aus Sympathie und Zuneigung und vor allem, weil sie uns wegen unserer Virtuosenstücke bewunderten. Nur damit sie einen Augenblick der Unterhaltung mit uns teuer bezahlten, zogen wir eine Nummer ab, wobei wir uns für billige Schaueffekte nicht zu schade waren. »Man hat uns ausgebeutet!« rief ich dann zynisch, wenn ich einen Kredit entgegengenommen hatte. »Allein schon die Bemerkung, die ich über Realismus und Katholizismus gemacht habe, ist fünfmal soviel wert wie dies hier!« Das Schlimmste war, daß ich wirklich glaubte, unser Verhalten sei ehrenwert, und daß wir absolut keine Skrupel dabei hatten.

Eines Abends mußte ich mir die vertraulichen Mitteilungen eines Künstlers anhören, der meine Kunst höchst aufrichtig bewunderte. Naiv und ohne die geringste Zurückhaltung schüttete er mir sein Herz aus, wobei die Einzelheiten seiner Lebensgeschichte einen Fall geistiger Armut offenbarten, die seiner geldlichen Bedrängnis ebenbürtig war. Er schien zu glauben, durch seine Erzählung könne er, wenn schon nicht eine vollkommene Seelenverbrüderung, so doch zumindest eine Gedankenkommunikation herbeiführen, einen Gefühlsaustausch, der vielleicht seinen verwirrten Geist nicht gerade erhellen, durch mein Verständnis für seine vielfachen Qualen ihn aber zumindest trösten würde, und daß er mich gar, wenn es ihm gelänge, mich mitfühlend und gewogen zu stimmen, um eine kleine finanzielle Unterstützung angehen könne.

»Ja«, sagte er, als er endlich zum Schluß seiner Geschichte kam, mit Tränen in den Augen und durch mein langes, ausdrucksloses Schweigen niedergedrückt, »so steht's mit mir! Wie geht es Ihnen?«

»Mir? Ich verkaufe sehr gut«, antwortete ich langsam, und dabei sah ich zu einem der Türme der Hauptpost hinüber, an welchem sich eben in diesem Augenblick ein Fenster öffnete, und ich beobachtete, wie sich von dort oben ein weißlicher Gegenstand löste und herunterfiel.

Als ich auf meine Bemerkung keine Antwort erhielt, wandte ich mich um. Das Gesicht des Mannes war in einem schmutzigen Taschentuch verborgen, und er weinte. Ich hatte ihn geopfert! Wieder ein Opfer meines zunehmenden geistigen Dandytums. Schon wollte Mitleid in mir aufkommen, und ich war im Begriff, auf ihn zuzugehen und ihn brüderlich zu trösten. Aber meine ästhetische Haltung verlangte, daß ich genau entgegengesetzt handelte. Was die Sache noch verschlimmerte, war die elende Verfassung des Mannes: Sie übertrug einen physischen Widerwillen auf mich, der jeden Versuch, überschwengliche Wärme zu zeigen, im Keim erstickt hätte.

Ich legte ihm freundschaftlich die Hand auf eine seiner hängenden Schultern, die mit aus seinem Rattenhaar herabgerieselten Schuppen gesprenkelt waren, und sagte zu ihm:

»Warum versuchen Sie nicht, sich aufzuhängen? … Oder sich von der Spitze eines Turms hinabzustürzen?«

Und während ich ihn so stehen ließ, dachte ich an das weißliche Bündel, das soeben aus dem Fenster der Post gefallen war. War es Maldoror?* Maldoror überschattete mein Leben, und gerade zu dieser Zeit kam ein anderer Schatten, der Federico Garcia Lorcas, und verdunkelte eine Sonnenfinsternis lang die jungfräuliche Originalität meines Geistes und meiner Sinne.

Damals lernte ich mehrere elegante Frauen kennen, bei denen mein hassenswerter Zynismus verzweifelt nach moralischer und erotischer Nahrung suchte. Lorca und der Gruppe, die ihm immer höriger wurde, ging ich aus dem Wege. Dies war der Höhepunkt des unwiderstehlichen Einflusses seiner Persönlichkeit – für mich das einzige Mal in meinem Leben, daß ich glaubte, eine Ahnung von der Qual der Eifersucht zu bekommen. Manch-

* Siehe die Anmerkung auf Seite 257

mal schlenderte unsere ganze Gruppe gemeinsam den Paseo de la Castellana entlang auf dem Wege zu dem Café, wo wir gewöhnlich unsere Literatentreffen abhielten und wo, wie ich wußte, Lorca glänzen würde wie ein wilder feuriger Diamant. Plötzlich rannte ich davon, und drei Tage lang bekam mich niemand zu sehen … Keiner hat mir jemals den heimlichen Grund meiner Flucht entlocken können, und ich habe auch jetzt nicht die Absicht, ihn zu enthüllen – wenigstens noch nicht …

Nur so viel will ich sagen: Damals bestand eines meiner Lieblingsspiele darin, Geldscheine so lange in meinen Whisky zu tauchen, bis sie sich aufzulösen begannen. Das lange Wartezeremoniell verblüffte die, die es zufällig mitansahen. Mit Vorliebe führte ich dieses Kunststück vor, während ich mit raffiniertem Geiz den Preis einer jener anspruchslosen Halbweltdamen erörterte, die Leib und Seele mit den Worten »Geben Sie mir, soviel Sie wollen!« feilbieten.

Nach einem Jahr voller Libertinismus teilte man mir meine endgültige Ausweisung aus der Kunstakademie mit. Diesmal erschien die Sache in einer amtlichen Verlautbarung am 20. Oktober 1926 in *La Gaceta*, als eine vom König unterzeichnete Anordnung. Die Geschichte dieses Ereignisses wird getreulich in einer der Anekdoten berichtet, die ich für mein Selbstporträt am Anfang des Buches ausgewählt habe.

Diesmal war ich von meiner »Ausweisung« keineswegs überrascht. Jedes Professorengremium in jedem Land der Welt hätte genauso gehandelt, wenn es sich so beleidigt gefühlt hätte. Die Motive meines Handelns waren einfach: Ich wollte ein für allemal mit der Akademie und mit dem ausschweifenden Leben in Madrid Schluß machen; ich wollte gezwungen sein, all dem zu entfliehen und nach Figueras zurückgehen, um ein Jahr lang zu arbeiten, und danach zu versuchen, meinen Vater zu überzeugen, daß es zweckmäßig sei, mein Studium in Paris fortzusetzen. Wäre ich einmal dort, würde ich dank der mitgebrachten Arbeiten definitiv die Macht ergreifen!

Aber den letzten Abend vor der Abreise aus Madrid wollte ich alleine auskosten. Ich schlenderte durch Hunderte von Straßen, die ich noch nie gesehen hatte. An einem Nachmittag preßte ich bis zum letzten Tropfen die ganze Substanz dieser Stadt aus, in der es keine Übergänge zwischen dem Volk, der Aristokratie und der Vorgeschichte gibt. Sie leuchtete in dem verkürzenden, durchsichtigen Oktoberlicht wie ein ungeheurer, entfleischter Knochen in leicht blutig-rosa gefärbten Tönen. Am Abend suchte ich den Rector's Club auf, nahm in meiner Lieblingsecke Platz und trank gegen meine Gewohnheit nur zwei maßvolle Whiskys. Dennoch ging ich als einer der letzten, und eine zitternde, zerlumpte Alte bedrängte, ja, verfolgte mich mit ihrer beharrlichen Bettelei. Ohne sie zu beachten, ging ich weiter. Als ich mit der Bettlerin auf den Fersen an der Bank von Spanien anlangte, stand eine sehr schöne junge Frau an meinem Weg und bot mir

Gardenien an. Ich gab ihr hundert Peseten und nahm alle, die sie hatte. Dann drehte ich mich um und schenkte sie der alten Bettlerin. Noch lange blieb sie wie zu einer Salzsäule erstarrt dort stehen. Einige Minuten ging ich langsam weiter, und als ich mich wieder umdrehte, konnte ich im Mondlicht kaum eine kleine schwarze Masse erkennen; ein weißer Klecks in der Mitte war alles, was ich von dem mit Blumen gefüllten Korb noch sehen konnte, den ich in ihren Händen gelassen hatte – Händen, die knorrig wie Rebstöcke und mit Wunden bedeckt waren.

Am nächsten Tag war ich zu faul, meine Koffer zu packen, und fuhr mit leerem Gepäck. Meine Ankunft in Figueras rief in meiner Familie allgemeine Bestürzung hervor: relegiert und obendrein noch ohne ein sauberes Hemd zum Wechseln! Du lieber Himmel, was stand mir für eine Zukunft bevor! Zum Trost sagte ich ihnen immer wieder:

251

»Ich schwöre euch, ich war überzeugt, ich hätte alle meine Koffer gepackt, aber ich muß das mit dem letzten Mal verwechselt haben« – damit meinte ich meine Heimkehr zwei Jahre vorher.

Mein Eintreffen in Figueras, das heißt die Katastrophe der Relegation hatte meinen Vater wie ein Schlag getroffen; damit waren alle seine Hoffnungen, ich könnte in einer Beamtenlaufbahn Erfolg haben, zunichte gemacht. Zusammen mit meiner Schwester posierte er für eine Bleistiftzeichnung – eine der gelungensten aus dieser Periode. In meines Vaters Gesichtsausdruck kann man die traurige Verbitterung über meine Verweisung von der Akademie erkennen.

Zur gleichen Zeit, als ich diese immer strengeren Zeichnungen anfertigte, führte ich eine Serie mythologischer Bilder aus, in denen ich versuchte, meine kubistische Erfahrung positiv auszuwerten, indem ich ihre Lektion in geometrischer Ordnung mit den ewigen Prinzipien der Tradition verband. Ich beteiligte mich an mehreren Gruppenausstellungen in Madrid und Barcelona und hatte eine Einzelausstellung in der Galerie Dalmau – dieser Galerist war der Patriarch des Avantgardismus in Barcelona und sah aus, als sei er soeben einem Gemälde El Grecos entstiegen.

Diese ganze Aktivität, während der ich keine Stunde lang mein Atelier in Figueras verließ, erregte die Gemüter zutiefst, und die durch meine Werke ausgelöste Polemik drang bis an die aufmerksamen Ohren von Paris. Picasso hatte mein *Mädchen von hinten* in Barcelona gesehen und sehr gelobt. In der gleichen Angelegenheit empfing ich einen Brief von Paul Rosenberg mit der Bitte um Photos, die ich ihm aber aus reiner Nachlässigkeit nicht schickte. Ich wußte, daß ich am Tage meiner Ankunft in Paris sie alle mit einem Griff in die Tasche stecken würde. Eines Tages erhielt ich ein Telegramm von Joan Miró, der im damaligen Paris schon recht berühmt war; er kündigte mir an, er werde mich in Begleitung seines Kunsthändlers Pierre Loeb in Figueras besuchen. Dies Ereignis beeindruckte meinen Vater sehr, und er erwog zum ersten Mal, seine Zustimmung nicht zu verweigern, wenn ich eines Tages nach Paris ginge, um von vorn anzufangen. Miró gefielen meine Arbeiten sehr, und er gewährte mir großzügig seine Protektion. Pierre Loeb hingegen bewahrte meinen Werken gegenüber eine offene Skepsis. Einmal, als meine Schwester gerade mit Pierre Loeb sprach, nahm mich Miró beiseite und flüsterte mir, meinen Arm drückend, zu:

»Unter uns gesagt, diese Pariser sind größere Esel als wir uns vorstellen. Das werden Sie sehen, sobald Sie da sind. Es ist nicht so leicht, wie es scheint!«

Vor Ablauf einer Woche erhielt ich tatsächlich einen Brief von Pierre Loeb, in dem er mir, statt mir einen glänzenden Vertrag anzubieten, wie ich es erwartet hatte, als ich Mirós Telegramm bekam, etwa folgendes mitteilte:

»Versäumen Sie nicht, mich über Ihre Arbeit auf dem laufenden zu halten. Zur Zeit ist allerdings das, was Sie machen, zu verworren und läßt noch keine Persönlichkeit erkennen. Sie müssen Geduld haben. Arbeiten, arbeiten; wir müssen die Entwicklung Ihrer unbezweifelbaren Talente abwarten. Und ich hoffe, daß ich eines Tages in der Lage sein werde, Ihre Arbeiten zu vertreiben.«

Fast gleichzeitig erhielt mein Vater einen Brief von Joan Miró, in welchem er ihm erklärte, es sei ratsam, daß ich für einige Zeit nach Paris käme. Und er schloß seinen Brief mit den Worten: »Ich bin absolut überzeugt, daß Ihr Sohn eine glänzende Zukunft hat!«

Ungefähr zu jener Zeit umriß mir Luis Buñuel eines Tages seine Idee für einen Film, den er drehen und für den ihm seine Mutter das Geld leihen wollte. Seine Filmidee erschien mir äußerst mittelmäßig. Sie war auf unglaublich naive Art avantgardistisch. Das Drehbuch schilderte die Herstellung einer Zeitungsausgabe, die durch die Verbildlichung ihrer Nachrichten, Comic strips und andere Tricks verlebendigt wurde. Am Schluß sah man, wie die betreffende Zeitung aufs Trottoir geschleudert und von einem Kellner in die Gosse gefegt wurde. Dieser so billig sentimentale Schluß empörte mich und ich sagte zu Buñuel, seine Filmstory errege nicht das mindeste Interesse, ich hingegen hätte gerade ein ganz kurzes Drehbuch geschrieben, das den Anflug des Genialen besitze und dem zeitgenössischen Film total zuwiderlaufe.

Das stimmte. Das Drehbuch war schon geschrieben. Buñuel kündigte mir telegrafisch an, er komme nach Figueras. Von meinem Drehbuch war er sofort begeistert, und wir beschlossen, es gemeinsam durchzugestalten. Wir erarbeiteten zusammen verschiedene Nebengedanken und auch den Titel – *Le chien andalou* sollte er lauten. Buñuel reise mit allem notwendigen Material wieder ab. Außerdem übernahm er es, sich um die Regieführung, Rollenverteilung, Inszenierung usw. zu kümmern … Etwas später fuhr ich dann selbst nach Paris, konnte dort die Entstehung des Films aus unmittelbarer Nähe verfolgen und mich an der Regieführung durch unsere allabendlichen Gespräche beteiligen. Buñuel akzeptierte auch den geringsten meiner Vorschläge ohne weiteres und ohne jede Frage; aus Erfahrung wußte er, daß ich in solchen Dingen niemals irrte.

Um noch einmal etwas zurückzugreifen – ich verbrachte also noch weitere zwei Monate in Figueras mit letzten Vorbereitungen, bevor ich über Paris herfiel. Ich vergaß zu erwähnen, daß ich vor Pierre Loebs Besuch bereits eine einwöchige Fahrt nach Paris in Begleitung meiner Tante und meiner Schwester unternommen hatte. Während dieses kurzen Aufenthalts tat ich nur drei wichtige Dinge: Ich besuchte Versailles, das Musée Grevin und Picasso. Letzterem stellte mich Manuel Angelo Ortiz vor, ein kubistischer Maler aus Granada, der den Arbeiten Picassos auf den Zentimeter genau folgte. Ortiz war mit Lorca befreundet, daher kannte ich ihn zufällig.

Als ich Picassos Wohnung in der Rue de la Boétie betrat, war ich so tief
bewegt und voller Respekt, als sei ich beim Papst in Audienz.

»Ich bin zu Ihnen gekommen, bevor ich den Louvre besuche«, sagte ich.

»Daran tun Sie recht«, antwortete er.

Ich hatte ein kleines, sorgfältig verpacktes Gemälde mitgebracht, *Das Mädchen aus Figueras*. Er schaute es sich mindestens fünfzehn Minuten lang ohne irgendeinen Kommentar an. Danach stiegen wir ein Stockwerk hinauf, wo mir Picasso zwei Stunden lang zahlreiche seiner eigenen Bilder zeigte. Er ging hin und her, zog große Leinwände hervor und stellte sie auf die Staffelei. Dann holte er aus einer Unmenge von reihenweise an die Wand gelehnten Leinwänden weitere herbei. Ich sah, daß er sich besonders große Mühe gab. Vor jeder neuen Leinwand warf er mir einen Blick von solcher Lebhaftigkeit und Intelligenz zu, daß ich erzitterte. Ich schied von ihm, ohne meinerseits den geringsten Kommentar geäußert zu haben.

Zuletzt, als wir uns auf dem Treppenabsatz verabschiedeten, tauschten wir einen Blick miteinander, der genau folgendes ausdrückte:

»Haben Sie verstanden, was ich will?«

»Ich habe verstanden!«

Nach dieser kurzen Reise veranstaltete ich meine zweite und dritte Ausstellung in der Galerie Dalmau und im Salon Iberischer Künstler in Madrid. Durch diese beiden Ausstellungen wurde ich in Spanien endgültig bekannt.

Um nun dort wieder anzuknüpfen, wo ich war, bevor ich diesen Nachtrag einfügte, der im Gedächtnis des Lesers hoffentlich keine Narbe hinterlassen wird – ich bin also in Figueras und bereite mich, wie bereits gesagt, darauf vor, über Paris herzufallen. In diesen beiden Monaten übte ich mich, ich schärfte aus der Distanz mein ganzes dogmatisch-praktisches Rüstzeug, und dabei bediente ich mich eines kleinen, exklusiven Zirkels von Intellektuellen in Barcelona, der sich um eine Zeitschrift namens »L'Amic de les Arts« gebildet hatte. Diese Gruppe manipulierte ich nach meinen Wünschen und benutzte sie als geeignetes Forum zur Revolutionierung des künstlerischen Ambiente in Barcelona. Dies alles machte ich allein, ohne mich aus Figueras fortzubewegen. Natürlich beabsichtigte ich damit nichts anderes, als mich auf Paris vorzubereiten, ein Experiment zu machen, das insofern nützlich wäre, als es mir ein exaktes Gefühl für den Wirkungsgrad dessen vermittelte, was ich bereits damals meine »Tricks« nannte. Diese Tricks waren verschieden, ja auch widersprüchlich und nichts weiter als schüchterne und lähmende Kunstgriffe zur Durchsetzung der grimmigen Authentizität meiner ununterdrückbaren Ideen, von denen ich lebte und dank deren meine Tricks nicht nur blendende Wirkung zeigten, sondern aus dem Bereich des Episodenhaften hervortraten und dem des Historischen einverleibt wurden. Ich habe schon immer die Gabe der Manipulation besessen und mit Leichtigkeit die leiseste Reaktion meiner Umgebung beherrschen können, und immer ist es mir ein wollüstiges Vergnügen, zu sehen, daß auf meine kapriziösen Befehle hin alle diejenigen ständig »Grundstellung einnehmen«, die, mir aufs Wort gehorchend*, höchstwahrscheinlich ihrem eigenen Untergang entgegengehen, ohne auch nur zu ahnen, daß sie sich gewissenhaft und unfreiwillig unterordnen.

Als ich in Paris eintraf, sagte ich mir im Sinne des Titels eines Romans, den ich in Spanien gelesen hatte: »Entweder Caesar oder nichts!« Ich nahm mir ein Taxi und fragte den Chauffeur:

»Kennen Sie gute Bordelle?«

»Steigen Sie ein, Monsieur«, antwortete er leicht pikiert, wenngleich in väterlichem Ton. »Sie können unbesorgt sein. Ich kenne sie alle.«

Alle besuchte ich nicht, aber viele sah ich, und manche gefielen mir über alle Maßen. Das »Chabanais« in der Rue Chabanais hatte natürlich am meisten Atmosphäre von allen: einen Sessel für verschiedene erotische Stellungen, den Franz Joseph für seine besonderen sexuellen Bedürfnisse hatte anfertigen lassen, Badewannen mit goldbronzenen Schwänen und dann die mit Bimssteingrotten ausgebaute Treppe, mit Spiegeln und prallen Messingrahmen mit roten Verzierungen im Stil des Second Empire.

Jetzt muß ich einen Moment die Augen schließen, um die drei Örtlichkeiten für Sie auszuwählen, die, wenngleich sie höchst verschiedenartig sind, auf mich den tiefsten Eindruck eines Mysteriums gemacht haben. Die Treppe im »Chabanais« ist für mich der mysteriöseste und häßlichste »erotische« Ort, das Theater des Palladio in Vicenza der mysteriöseste und göttlichste »ästhetische« Ort und der Eingang zu den Königsgräbern des Escorial ist die mysteriöseste und schönste Begräbnisstätte der Welt. Für mich muß also Erotisches immer häßlich, Ästhetisches immer göttlich und der Tod schön sein.

Gefiel mir auch die Innendekoration der Bordelle über die Maßen, die in ihnen angebotenen Mädchen schienen mir unangemessen. Ihre nüchterne und vulgäre Art stand genau im Gegensatz zu dem Muster an Eleganz, das die Grundbedingung meiner libidinösen Phantasien bildet. Ich schlug das Bannkreuz über diese Mädchen, die so gewöhnlich waren, daß sie, wenn auch vielleicht schön, stets, ganz gleich zu welcher Zeit, mit einer Miene im Salon erschienen, als bedauerten sie, daß man sie gerade aus dem Schlaf gerissen habe, den sie nun noch zwischen den Zähnen kauten. Man konnte also nur die durch das Dekor geschaffene Atmosphäre genießen und sich äußerstenfalls als »Gehilfin« eine jener Kreolinnen vom Dienst mit dem tierischen Dauerlächeln nehmen. Man hätte sich die Frauen woanders suchen und hierher bringen sollen. Jedenfalls reichten mir die soeben besuchten Bordelle für den Rest meines Lebens, was Hilfsmittel betrifft, mich in we-

---

* Kürzlich erst, als ich das mit meinem Pseudonym Jacinto Felipe unterzeichnete Vorwort zum Katalog meiner letzten New Yorker Ausstellung schrieb, meinte ich, ich brauche unter anderem jemanden, der einen Text etwa des Titels »Der Anti-Surrealist Dali« über mich schriebe. Diese Art »Paß« benötigte ich aus verschiedenen Gründen, denn ich selbst bin zu diplomatisch, um als erster ein derartiges Urteil auszusprechen. Das Erscheinen des Artikels ließ nicht lange auf sich warten (der Titel war fast der von mir gewählte), und er erschien in einer anständigen, nichtsdestoweniger attraktiven, von dem jungen Dichter Charles-Henry Ford herausgegebenen Zeitschrift.

niger als einer Minute in jedwede, selbst die anspruchsvollste erotische Träumerei zu versetzen.

Nach den Freudenhäusern stattete ich Juan Miró einen Besuch ab.[*] Wir aßen zusammen zu Mittag; aber er redete nicht, zumindest sehr wenig.

»Und heute abend«, eröffnete er mir, »werde ich Sie mit Marguerite bekanntmachen.«

Ich war in dem festen Glauben, er meine den belgischen Maler René Magritte, in dem ich einen der »mysteriösest doppelsinnigen« Maler der damaligen Zeit sah. Der Gedanke, daß dieser Maler eine Frau und kein Mann sein solle, wie ich immer angenommen hatte, warf mich vollkommen um, und ich beschloß im voraus, mich, selbst wenn sie nicht sehr, sehr schön wäre, mit Sicherheit in sie zu verlieben.

»Ist sie elegant?« fragte ich Miró.

»Oh nein«, sagte Miró, »sie ist sehr schlicht.«

Meine Ungeduld kannte keine Grenzen mehr. Schlicht oder nicht schlicht. Ich mußte sie ins »Chabanais« führen, mit ein paar schwarzen und weißen Reiherfedern am Kopf – ich würde das schon bewerkstelligen.

Am Abend holte uns Marguerite in Mirós Atelier in der Rue Tourlaque ab. Marguerite war ein überschlankes Mädchen mit einem kleinen Gesicht, das wie ein nervöser Totenkopf zuckte. Sofort verwarf ich jeden Gedanken an erotische Experimente mit ihr, aber ich war von ihr fasziniert. Welch seltsames Geschöpf! Und sie sprach auch nicht, was mich vollends verwirrte.

Zum Abendessen gingen wir aus. In einem Restaurant an der Place Pigalle aßen wir eine recht ordentliche Gänseleberpastete und tranken einen sehr passablen Wein dazu. Es war zweifellos die schweigsamste und interessanteste Mahlzeit meines Lebens, da meine beiden Freunde kein Wort sprachen. Fast das einzige, was Miró zu mir sagte, war: »Hast du einen Smoking?« Und dies in einem sehr zerstreuten Tonfall.

Ich versuchte nicht nur, während ich mir ihre Bilder vergegenwärtigte, zu mutmaßen, woran sie wohl dachten, nach ihrem nervösen Gesichtszukken und jeder ihrer Bewegungen – unergründlichen Geheimnissen für mich – zu urteilen; sondern wollte auch, im Versuch ihr gepaartes Schweigen zu durchdringen, herausfinden, welche intime ideologische Beziehung wohl zwischen ihnen bestand. Ich konnte in meinen Hypothesen keinen Schritt weiterkommen. Als ich mich endlich von ihnen verabschiedete, sagte Miró zu mir:

»Sie müssen sich einen Smoking besorgen. Wir werden uns in Gesellschaftskreisen bewegen müssen.« Erst ein paar Tage später erfuhr ich, daß

---

* Ich erinnere mich, daß mir Miró die Marseiller Geschichte von der Eule erzählte. Jemand hatte seinem Freund versprochen, ihm nach seiner Rückkehr aus Amerika einen Papagei mitzubringen. Als er wieder in Marseille war, fiel ihm plötzlich ein, daß er sein Versprechen vergessen hatte. Er fing eine Eule, malte sie grün an und schenkte sie seinem Freund. Einige Zeit danach begegneten sich die beiden Freunde wieder. Der von der Reise Zurückgekehrte fragte verschlagen: »Wie geht es dem Papagei, den ich dir geschenkt habe? Spricht er schon?« Der andere entgegnete: »Sprechen, nein. Aber er denkt viel nach.«

256

Marguerite und der Maler René Magritte nichts miteinander zu tun hatten.

Am nächsten Tag gab ich bei einem Schneider an der Ecke der Rue Vivienne einen Smoking in Auftrag; später erfuhr ich übrigens, daß in dieser Straße Lautréamont* gewohnt hatte.

Als mein Smoking fertig war, führte mich Miró zum Diner bei der Duchesse de Dato, der Witwe des in der Rue de Madrid ermordeten konservativen Ministers. Es waren viele Leute da, aber die einzige, an die ich mich erinnere, war die Comtesse Cuevas de Vera, mit der ich mich einige Jahre später befreundete. Sie war über die Madrider Intellektuellenszene bestens informiert, und wir sprachen über eine Reihe von Fragen, die jedermann sichtlich beunruhigten. Miró, der in einem steif wie ein Panzer aufgeblähten Hemd steckte, schwieg weiterhin, beobachtete jedoch alles und dachte nach – wie die Eule aus meiner Anekdote.

Nach dem Diner tranken wir eine Flasche Champagner im Bateau Ivre. Hier sah ich zum ersten Mal jene geisterhafte, geradezu phosphoreszierende, durch und durch nächtliche Erscheinung namens Jacoby, einen Mann, dem ich von da an in Abständen immer wieder einmal begegnete in dem für ihn vorteilhaften Halbschatten ständig neuer Nachtlokale. Jacobys bleiches Gesicht war eine meiner mit Paris verbundenen Zwangsvorstellungen; ich habe nie begreifen können, warum. Er war ein wahrer Glühwurm, dieser verflixte Jacoby!

Die Rechnung im Bateau Ivre bezahlte Miró mit einer Lässigkeit, um die ich ihn beneidete; dann gingen wir nach Hause, wir beide allein. »Es wird hart für Sie werden«, sagte er zu mir, »aber lassen Sie sich nicht entmutigen. Reden Sie nicht zu viel (da begriff ich, daß sein Schweigen vielleicht nur Taktik war), und versuchen Sie, etwas Sport zu treiben. Ich habe einen Boxlehrer und trainiere jeden Abend.«

Zwischen den einzelnen Sätzen pflegte er seinen Mund zu einem Ausdruck von Energie zusammenzuziehen.

»Morgen werden wir Tristan Tzara, den einstigen Führer der Dadaisten, besuchen. Er hat viel Einfluß. Vielleicht wird er uns zu einem Konzert einladen. Das müssen wir ablehnen. Musik müssen wir meiden wie die Pest.«

Er schwieg eine Weile, dann begann er erneut zu sprechen.

»Das Wichtigste im Leben ist, hartnäckig zu sein. Wenn bei meinen Bildern nicht das Erwartete herauskommt, stoße ich meinen Kopf vor Wut gegen die Wand, bis er blutig ist.« Als er ging, rief er mir ein »Salud!« über die Schulter zu.

Einen Augenblick lang sah ich diese blutige Wand vor mir. Es war dasselbe Blut wie meines. Schon damals war zu erkennen, daß das Werk Mirós das Gegenteil von allem war, woran ich glaubte, und allem, was ich einmal

---

* Der Comte de Lautréamont, der in Wirklichkeit Isidore Ducasse hieß (1846-1870). Sein phantastischer, poetischer und höchst neurotischer Roman »Les Chants de Maldoror« hat den Surrealismus stark beeinflußt. (Anmerkung von Haakon M. Chevalier)

verehren sollte. Trotzdem – das geronnene Blut war da, klar und gegenwärtig.

Am folgenden Abend dinierten wir bei Pierre Loeb mit einem halben Dutzend seiner »Küken«*. Sie hatten bereits alle ihre Verträge und hatten es zu einem bescheidenen, schicklichen Ruhm gebracht, der nur kurz, nie zu heiß gewesen war und sich schon wieder abzukühlen begann.

Die meisten dieser Künstler hatten um den Mund schon das bittere Hohnlächeln von Leuten mit der wenig ermutigenden Aussicht, für den Rest ihres Lebens von einem immer wieder neu aufgewärmten Ruhm zehren zu müssen. Und sie hatten auch die bleiche, grünliche Hautfarbe, die nur die Folge der Exzesse ist, die mit Galle bezahlt werden, dem Produkt der Verheerungen der Eingeweide, denen man seinen Organismus unentwegt aussetzt.

In dieser Gruppe meinem Gedächtnis vollkommen entschwundener Gesichter war die einzige Persönlichkeit der Maler Pavel Tchelitchew; auf dem Heimweg war er derjenige, der mich in die erste Métro bugsierte, die ich in meinem Leben benutzt habe. Um nichts in der Welt wollte ich sie betreten. Meine Furcht ließ ihn so herzlich lachen, daß seine Augen in Tränen schwammen. Als er mir ankündigte, er müsse eine Station vor der meinen aussteigen, klammerte ich mich verängstigt an seinen Mantel. »Sie steigen an der nächsten Haltestelle aus«, wiederholte er mir mehrfach. »Sie sehen das Schild ›Ausgang‹ in großen Buchstaben. Dann gehen Sie ein paar Stufen hoch und hinaus. Im übrigen brauchen Sie nur den Leuten zu folgen, die mit Ihnen aussteigen.«

Und wenn niemand ausstieg?

Ich kam an, stieg hoch und ging hinaus. Nach dieser schrecklichen Bedrückung in der Métro kam mir alles ganz leicht vor. Tchelitchew hatte mir soeben den Weg durch den Untergrund gezeigt, und damit genau die Formel für meinen Erfolg. Von nun an sollte ich immer die okkulten, esoterischen Untergrundbahnen des Geistes benutzen.

Selbst meine engsten Freunde fragten sich manchmal vier oder fünf Monate lang: »Wo ist denn Dalí? Was macht er bloß?« Dalí fuhr ganz einfach mit der Untergrundbahn, und plötzlich, wenn die Leute am wenigsten darauf gefaßt waren, kam ich an, stieg hoch und ging hinaus! Ich zog mich wieder zurück, und wieder kam ich an, stieg hoch und ging hinaus. Und das halb erstickte Geräusch der Métro schwoll in wildem Tempo an und wiederholte ohne Unterlaß mit seiner monotonen, cäsarischen Stimme (denn ich gönnte ihr nicht eine Minute Ruhe): »Veni, vidi, vici – veni, vidi, vici – veni, vidi, vici – veni, vidi, vici – veni, vidi, vici!«

Trotz des erfolgreich bewältigten ersten Métro-»Ausgangs« hütete ich mich, die Erfahrung zu wiederholen; ich nahm mir Taxen, ließ sie, wohin

---

* Im Künstlerjargon junge Maler, die ein Händler unter Vertrag hat.

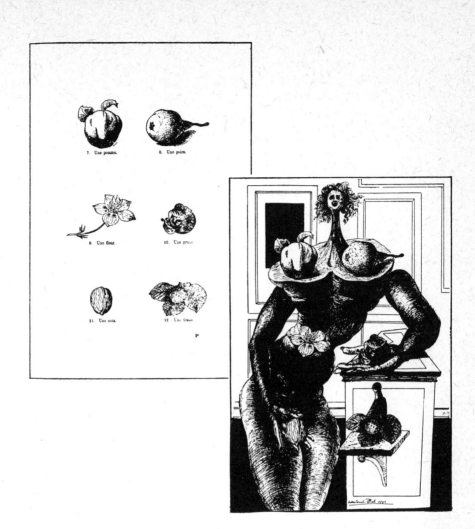

ich auch fuhr, warten und gab den Fahrern Phantasietrinkgelder, die mich ruinierten.

Ich komme! Ich komme! Ich kam im rechten Moment. *Chien andalou* ging in die Produktion. Pierre Batcheff sah genauso jünglingshaft aus, wie ich es mir für den Hauptdarsteller erträumt hatte. Schon damals nahm er Drogen und roch ständig nach Äther. Kaum war unser Film fertiggestellt, da nahm er sich das Leben.

Le chien andalou war der Film von Jugend und Tod, den ich dem geistreichen, eleganten und intellektualisierten Paris mit der ganzen Realität und der vollen Wucht des iberischen Dolchs mitten ins Herz stoßen wollte, dessen Heftholz aus dem blutroten, versteinerten Boden unserer Vorgeschichte gewachsen und dessen Klinge in den inquisitorischen Flammen der Heiligen Katholischen Inquisition geschmiedet ist unter den Lobgesängen des glühenden Stahls der Auferstehung des Fleisches.

259

Hier ein Auszug aus dem, was Eugenio Montes damals (1928) über den *chien andalou* schrieb:

»Buñuel und Dali haben sich entschlossen über die Grenzen des sogenannten guten Geschmacks hinweggesetzt, über die Grenzen des Gefälligen, Angenehmen, Oberflächlichen, Frivolen, Französischen. An einer Stelle des Films wird *Tristan* gespielt. Man hätte das Jota* von La Pilórica spielen sollen, der, die keine Französin sein wollte, die Aragonierin sein wollte, aus dem spanischen Aragón, vom Ebro – dem iberischen Nil (Aragón, du bist ein Ägypten, du errichtest dem Tod Pyramiden aus Jotas!)

Elementare Barbarenschönheit kommt wieder vor die Augen der Welt, der Mond und die Wüstenerde, wo ›Blut süßer als Honig‹ ist. Nein! Nein! Erwartet nicht die Rosen Frankreichs. Spanien ist kein Garten, und der Spanier kein Gärtner. Spanien ist ein Planet, und die Rosen der Wüste sind verweste Esel. Also kein Esprit, kein Dekor. Der Spanier ist Substanz, nicht Raffinement. Spanien läutert nicht, es kann nicht verfälschen. Spanien kann keine Schildkröten bemalen oder Esel mit Kristall statt ihrer Haut überziehen. Spanische Christusfiguren bluten, und wenn sie auf die Straße hinausgetragen werden, dann ziehen sie zwischen zwei Reihen der Guardia Civil daher.«

Und er schließt mit den Worten:

»Ein filmhistorisches Ereignis, ein mit Blut gesetztes Zeitzeichen, so wie Nietzsche es liebte und wie es schon immer spanische Art war.«

Der Film hatte den von mir gewünschten Erfolg. Meiner Voraussage gemäß drang er wie ein Dolch in das Herz von Paris. An einem einzigen Abend machte unser Film ein Jahrzehnt pseudo-intellektuellen Nachkriegs-Avantgardismus zunichte.

Diese Gemeinheit, die man so konkret abstrakte Kunst nennt, fiel uns tödlich verwundet vor die Füße, um nie wieder aufzustehen, nachdem sie gesehen hatte, wie »das Auge eines Mädchens von einer Rasierklinge durchschnitten wird« – so begann der Film. Es war kein Platz mehr in Europa für die manischen Rechteckchen von Herrn Mondrian.

Filmrequisiteure sind gewöhnlich abgebrühte Männer, die glauben, es gebe nichts, was sie nicht erlebt hätten, und kein Ansinnen könne sie in Erstaunen versetzen. Trotzdem und ungeachtet der Tatsache, daß unser Film kurz war und nur wenige Requisiten verlangte, gab unser Requisiteur zu, er habe geglaubt, er träume. Wir wollten unter anderem folgendes haben: eine nackte Frau, die in jeder Achselhöhle einen lebenden Seeigel tragen sollte; für Batcheff eine Maske ohne Mund und eine andere, in der er statt seines Mundes Haare hätte, deren Anordnung denen einer Achselhöhle möglichst nahe käme; vier Esel im Zustand der Verwesung, jeder von ihnen mußte auf einem Flügel liegen; eine abgeschnittene Hand, die so natürlich wie möglich aussähe, ein Kuhauge und drei Ameisenhaufen.

---

* Aragonesisches Volkslied von beispielloser nationaler Leidenschaft.

Ich muß schon sagen, die Szene mit den verwesten Eseln und den Flügeln war das Anschauen wert. Das »Make-up« der verwesten Esel schuf ich, indem ich sie mit großen Töpfen zähen Leims übergoß. Auch leerte ich ihre Augenhöhlen und vergrößerte sie, indem ich sie mit einer Schere weiter aushackte. Mit wilden Schnitten riß ich ebenso ihre Mäuler auf, um die weißen Zahnreihen besser zur Geltung zu bringen, und ich versah jedes Maul mit zusätzlichen Kinnladen, so daß es aussah, als ob die bereits verwesenden Esel noch immer etwas von ihrem eigenen Tode erbrachen, und zwar über jenen anderen Zahnreihen, die von der Tastatur der schwarzen Flügel gebildet wurden. Das Ganze wirkte so unheimlich wie fünfzig in einem einzigen Raum aufgestapelte Särge.

Der *chien andalou* lenkte mich von meiner gesellschaftlichen Karriere ab, in die mich Joan Miró gerne eingeführt hätte.

»Ich fange lieber mit verwesten Eseln an«, sagte ich zu ihm. »Das ist das Dringlichste; das andere kommt dann von selbst.«

Ich täuschte mich nicht.

Unterdessen traf ich eines Abends Robert Desnos in der *Coupole*; danach lud er mich in seine Wohnung ein. Ich trug stets ein Bild unter dem Arm als Muster mit. Das ich jetzt dabei hatte, wollte er kaufen, aber er hatte kein Geld. Er erfaßte zweifellos die Originalität meines Gemäldes, das *Der erste Frühlingstag* hieß; es zeigte libidinöse Lust in Symbolen von überraschender Objektivität. Er sagte: »Nichts von dem, was in Paris gemacht wird, kommt dem gleich.« Dann verfiel er mit alptraumhafter, mechanischer Nervosität und gezwungener, unerschöpflicher Begeisterung in endlose Reden über Robespierre. Das weckte in mir ein unwiderstehliches Verlangen, fortzugehen und zu schlafen.

Es ist eigenartig, daß ich jedesmal, wenn ich Leute zu lange über die Französische Revolution reden hörte, am folgenden Tage krank wurde. Am nächsten Tag befiel mich tatsächlich eine heftige Mandelentzündung, die in eine Angina überging. Während dieser Krankheit war ich allein in meinem Hotelzimmer, völlig niedergeschlagen – war ich doch gewohnt, stets mit der übertriebensten Fürsorge umhegt zu werden. Ich fing an, mein Hotel abscheulich zu finden und seine Sauberkeit mehr als fragwürdig.

An dem Tag, bevor ich zum ersten Mal wieder aufstehen wollte, entdeckte ich an der Zimmerdecke zwei oder drei Insekten. Waren das kleine Schaben oder Läuse? Die Decke war hoch, und ich warf Kissen hinauf, damit die Tiere herunterfielen. Aber ich war so sehr geschwächt, daß sich alles um mich zu drehen begann, plumpste auf mein Bett zurück und schlief wieder ein in dem Bewußtsein, daß diese kleinen Insekten da über mir an der Decke hingen. Als ich erwachte, fiel mein erster Blick auf die Decke. Da war nur noch ein Insekt. Das andere war wahrscheinlich während der Nacht auf mich herabgefallen. Dieser Gedanke verursachte mir Übelkeit, und ich begann meinen ganzen Körper abzusuchen und schüttelte alle Bettücher. Plötzlich machte ich eine Entdeckung, die mich vor Schreck erstarren ließ. Während meine Hände tastend über meinen nackten Körper glitten, fühlte ich plötzlich, daß etwas an meinem Rücken haftete, genau an einer Stelle, die die Fingerspitzen eben noch erreichen konnten. Ich versuchte, es loszureißen, aber anstatt nachzugeben, schien es sich nur desto fester an meinen Körper zu klammern.

Mit einem Satz sprang ich aus dem Bett hinüber zum Schrankspiegel und schaute hinein. Kein Zweifel: Da klebte das Insekt, die Schabe, und griff gierig und erbarmungslos nach meinem Fleisch; ich konnte seinen runden, glatten, von meinem eigenen Blut angeschwollenen Rücken sehen. Dies Insekt mußte zu der gemeinen Familie der Zecken gehören, die man, wenn sie sich an ein Hundeohr heften, nicht abziehen kann, ohne daß Blut strömt. Ich schloß meine Augen, knirschte mit den Zähnen und war bereit, alles zu erdulden, wenn ich nur das winzige Schreckgespenst, das mich lähmte, los werden könnte. Ich nahm die Zecke zwischen Daumen und Zeigefinger und die Stelle, wo sie meine Haut berührte, in die Schneidezange meiner Fingernägel. Ich kniff sie wild zusammen, ohne Rücksicht auf den Schmerz, und zog. Die Zecke haftete so fest an mir, daß es mir nicht gelang, sie auch nur ein wenig zu lockern. Es war, als sei sie aus meinem eigenen Fleisch gebildet, als sei sie ein eingewurzelter und schon nicht mehr ablösbarer Teil meines eigenen Körpers; als sei plötzlich aus dem Insekt der fürchterliche Keim des winzigen Embryos eines siamesischen Zwillingsbruders geworden, der im Begriff war, wie die rätselhafteste, höllischste Krankheit aus meinem Rücken herauszuwachsen.

Ich faßte einen drastischen Entschluß. Außer mir und wild vor Schrekken ergriff ich eine Rasierklinge, hielt die Zecke stramm zwischen meinen Fingernägeln eingeklemmt und begann den Zwischenraum zwischen Zecke und Haut, der einen unglaublichen Widerstand bot, zu zerschneiden. In rasendem Wahn schnitt ich und schnitt und schnitt, blind vom bereits strömenden Blut. Endlich gab die Zecke nach, und ich sank halb ohnmächtig in meinem eigenen Blut zu Boden. Die Blutlache breitete sich schreckenerregend aus. Ich hatte soeben eine heftige Blutung ausgelöst, die erst im Anfangsstadium zu sein schien. Auf dem Boden schleppte ich mich bis zur Klingel, um das Zimmermädchen zu rufen. Als ich mich umdrehte, sah ich, daß ich eine breite Blutspur hinterlassen hatte. Entsetzt sah ich die große Lache, die sich am Kleiderschrank gebildet hatte.

Ich kroch wieder ins Bett und versuchte, aus den Bettüchern einen Verband zu machen, aber das Blut sickerte sofort durch wie die ungestümen Wasser einer anschwellenden Flut, die durch nichts einzudämmen ist. Dann stürzte ich auf das Waschbecken zu, fühlte mich jedoch diesmal so schwach, daß ich mich an der Wand abstützen mußte. So stolperte ich fürchterlich unsicher und matt zum Waschbecken, das sich von meinem Blut sofort rot färbte. Es war, als ob das Wasser, das ich über meine Wunde laufen ließ, die Blutung nur verstärkte. Ich beschloß, noch einmal zu läuten, doch als ich mich umdrehte, ließ mich der Anblick des Zimmers schaudern: Das Bett war vollkommen mit Blut bespritzt und die Wand von den Abdrücken meiner Hände beschmiert. Auf dem Boden hatte sich das Blut bis unter den Schrank ausgebreitet. Ich ergriff die Klingelschnur und hörte nicht eher auf zu schellen, bis das Zimmermädchen kam.

Sie öffnete die Tür, stieß beim Anblick des blutüberströmten Zimmers einen Schrei aus und schloß die Tür wieder. Nach einigen Minuten hörte ich im Flur das Trappeln vieler Füße. Ein wunderlicher Zug von Leuten mit dem Hotelier an der Spitze drang in mein Zimmer ein. Alle blickten mich atemlos an und waren zumindest darauf gefaßt zu erfahren, daß ich das Opfer eines Mordanschlags geworden sei.

Alles, was ich zu ihnen sagte, war:

»Es ist weiter nichts, es ist eine … es ist ein …« Mir fiel das französische Wort für »Zecke« nicht ein.

Der Direktor warf mir einen aufmunternden Blick zu, als wolle er mich beruhigen, mir zu verstehen geben, daß auch er ein Mensch sei und daß sie auf das Schlimmste gefaßt seien.

»Mich hat gerade eine Wanze gebissen.«

Der Arzt kam. Mir aber war schon vorher alles klar geworden. Was an meiner Haut gesessen hatte, war weder eine Wanze, noch eine Zecke, noch eine Schabe oder ein siamesischer Zwilling – all das hatte ich mir nur eingebildet. Es war bloß ein kleines Muttermal, das ich vorher schon hundertmal gesehen hatte. Der Arzt sagte mir, es sei sehr gefährlich, eine solche Operation auszuführen, und daß ich sie an mir selbst ausgeführt hätte, sei eine unverantwortliche Tollheit. Ich erklärte ihm, ich hätte gedacht, eine Wanze habe sich an mir festgesogen, und ich hätte es nicht erwarten können, sie loszuwerden. Davon glaubte er kein Wort.

»Ich kann verstehen«, sagte er, sich die Brillengläser abwischend, »daß man einen solchen Schönheitsfehler loswerden will, wenn er zufällig an einer störenden Stelle im Gesicht sitzt – selbst dann ist es unsinnig, sich daranzumachen. Aber auf dem Rücken …!« Und er stieß vor Empörung die Luft aus.

Die Blutorgie, mein Eingesperrtsein in diesem Zimmer, in dem mir nur Erinnerungen an meine qualvolle, soeben überstandene Krankheit kamen, und meine große Schwäche ließen mich jetzt alles schwarz sehen. *Le chien andalou*, der noch nicht öffentlich aufgeführt worden war, erschien mir nun als völliger Fehlschlag, und hätte ich über ihn verfügen können und in jenem Augenblick in meinem Besitz gehabt, ich hätte ihn, ohne einen Moment zu zögern, vernichtet. Mir schien, daß man mindestens ein weiteres halbes Dutzend verwester Esel brauchte, daß die Rollen der Schauspieler erbärmlich waren und daß das Drehbuch selbst voll von poetischen Schwachpunkten war.

Was hatte ich denn schon zuwege gebracht, abgesehen von der Produktion dieses Films? Die wenigen Male, wo ich mich in der Gesellschaft hatte sehen lassen, waren vereinzelte, völlig nutzlose Episoden geblieben. Meine
263

Schüchternheit hatte mich daran gehindert, in diesen Kreisen zu »glänzen«, so daß ich jedesmal hinterher ein unangenehmes Gefühl von Unzufriedenheit gehabt hatte. Camille Goemans, der Kunsthändler, hatte mir zwar einen Vertrag zugesagt, doch der Abschluß wurde von einem Tag zum anderen aufgeschoben und verflüchtigte sich zu sehr vagen Versprechungen, die von der Arbeit abhingen, die ich im nächsten Sommer in Cadaqués leisten würde.

Es war mir nicht gelungen, eine elegante Frau zu finden, die sich für meine erotischen Phantasien interessierte – überhaupt keine Frau, ob elegant oder nicht elegant! Ich war wie ein Hund »auf der Suche« durch die Straßen geirrt, krank vor Sehnsucht; aber ich hatte nie etwas finden können, meine Schüchternheit hielt mich davon ab, mich der Frau, die ich gerne kennengelernt hätte, zu nähern. Wie viele Nachmittage brachte ich damit zu, die Boulevards auf und ab zu laufen, auf den Caféterrassen herumzusitzen, um der richtigen Frau, wenn ich sie nur sähe, einen herausfordernden Blick zuzuwerfen! Es schien mir so natürlich, daß alle Frauen jeden Nachmittag auf die Straße liefen, von demselben Gedanken, den gleichen erotischen Phantasien gepeinigt wie ich. Aber nein! Manchmal, wenn ich in tiefster Verzweiflung war, verfolgte ich, nur um mich zu testen, eine häßliche Frau. Ich warf ihr meine leidenschaftlichsten Blicke zu und ließ sie nicht eine Sekunde aus den Augen, ich ging auf der Straße hinter ihr her, stieg in denselben Omnibus und setzte mich ihr gegenüber oder neben sie und versuchte äußerst sanft und höflich behutsam ihr Knie zu drücken. Stets erhob sie sich mit würdevoller Miene und wechselte den Platz. Ich stieg aus dem Omnibus und sah die Flut der Frauen (denn ich sah nur sie) auf dem feindlichen Boulevard an mir vorbeiströmen, schimmernd und unerreichbar, ohne die geringste Notiz von mir zu nehmen.

»Nun«, fragte ich mich, die Kehle ausgedörrt vor unbefriedigtem Verlangen, »wo ist die Tasche, in die du ›ganz Paris‹ hineinstecken wolltest? Du elende Kreatur! Du siehst, nicht einmal die Häßlichen wollen etwas mit dir zu tun haben!«

Und dann kam ich in mein grenzenlos nüchternes Hotelzimmer zurück, mit schmerzenden Füßen und müde vom nutzlosen Hin- und Herrennen, fühlte mich als Versager, und Bitterkeit erfüllte mein Herz. In meiner Phantasie war ich gedemütigt, weil ich nicht in der Lage gewesen war, die unzugänglichen Wesen, die ich mit meinem Blick gestreift hatte, zu erreichen. Vor dem Schrankspiegel vollzog ich mit meiner Hand die rhythmische, einsame Opferhandlung, deren ersehnte Vorlust ich so lange wie möglich ausdehnte, weil sie aus all den weiblichen Gestalten bestand, die ich am Nachmittag voller Verlangen angeschaut hatte und deren Bilder nun, von der Magie meiner Gebärde heraufbefohlen, eines nach dem anderen wieder auftauchten, um mir erzwungenermaßen von sich zu zeigen, was ich an jeder einzelnen begehrt hatte! Wenn ich nach einer sterbenslangen, erschöpfenden Viertelstunde am Ende meiner Kräfte war, rang ich mir mit der ganzen animalischen Kraft meiner zupackenden Hand den äußersten Genuß ab, einen Genuß, der wie immer mit dem bitteren, brennenden Strom meiner Tränen verbunden war – und das mitten in Paris, wo ich überall um mich her den feuchten Glanz der Schenkel in den Betten der Frauen spürte. Salvador Dali legte sich in der Rue Vivienne allein ins Bett, ohne die schimmernden Schenkel und ohne auch nur den Mut aufzubringen, noch an Frauen zu denken. Er pflegte ein wenig über den Katholizismus zu meditieren, bevor er einschlief ...

Ich ging oft in den Jardin du Luxembourg, setzte mich auf eine Bank und weinte.

Eines Abends nahm mich Goemans, mein späterer Galerist, mit zum Bal Tabarin. Wir hatten an einem Tisch in der ersten Etage Platz genommen, als er mir einen Mann zeigte, der gerade das Lokal betrat, begleitet von einer Dame in einem Kleid mit schwarzen Pailletten.

»Das ist Paul Eluard, der surrealistische Dichter«, sagte er. »Ein sehr wichtiger Mann, umso mehr, als er Bilder kauft. Seine Frau ist in der Schweiz, die Frau in seiner Begleitung ist eine Freundin von ihm.«

Wir gingen hinunter, um uns ihnen zuzugesellen, und tranken gemeinsam mehrere Flaschen Champagner.

Eluard kam mir wie ein legendäres Wesen vor. Er trank still und schien ganz darin aufzugehen, sich die schönen Frauen anzuschauen. Bevor wir uns voneinander verabschiedeten, versprach er, mich im nächsten Sommer in Cadaqués zu besuchen.

Am folgenden Abend bestieg ich den Zug nach Spanien und aß vor der Abfahrt im Gare d'Orsay eine Fadennudelsuppe. Das war für mich wie ein Traum, in dem ich alle Engel im Himmel singen hörte. Zum ersten Mal seit meiner Krankheit hatte ich wieder Hunger. Jede einzelne dieser schlüpfrigen Nudeln schien mir zuzuflüstern: »Du brauchst nicht mehr krank zu sein, weil du ja nicht ›Paris in die Tasche stecken mußt‹«. Und seitdem hat meine Erfahrung mir bestätigt, daß man unweigerlich krank wird, wenn man etwas in die Tasche stecken muß und will und es einem nicht gelingt. Ein Mensch, der wirklich Herr der Lage ist, wird niemals krank, selbst wenn sein Organismus zunehmend geschwächt, erschöpft und anfällig wird.* Die Grenzen zwischen dem Körperlichen und dem Seelischen sind wieder im Schwinden begriffen, und das Sprichwort, nach dem der Körper der Spiegel der Seele ist, scheint wieder seine ganze realistische, katholische Geltung zurückzugewinnen.

So hängte ich meine Krankheit an den Garderobehaken im Gare d'Orsay, wie einen alten Mantel, der mir für den bevorstehenden Sommer nicht

---

* Wenn ein Krieg, insbesondere ein Bürgerkrieg ausbricht, läßt sich fast sogleich voraussagen, welche Seiten gewinnen und welche verlieren wird. Die Sieger haben von Anfang an eine eiserne Gesundheit, und die anderen werden immer kränker. Die einen können alles essen, und ihre Verdauung funktioniert immer prächtig. Die anderen hingegen werden taub, bekommen Furunkel oder Elefantiasis – kurz, sie können ihre Nahrung nicht mehr verwerten. Eine hierüber durchgeführte, streng kontrollierte statistische Untersuchung müßte eigentlich von höchstem wissenschaftlichen Interesse sein.

im geringsten mehr nützlich sein konnte. Sollte ich in einem künftigen Winter wieder einmal eine Krankheit brauchen, um vor den Unbilden meines Unglücks Schutz zu finden, ziehe ich es vor, mir einen nagelneuen Mantel zu kaufen. Auf Wiedersehen! Und ich zog mich in mein Schlafabteil zurück, um mich vom Spanienexpreß direkt nach Figueras bringen zu lassen.

Als ich am nächsten Morgen aufwachte, bot sich mir der Anblick der vom Sonnenlicht überfluteten Ebene des Ampurdán. Wir fuhren gerade am Mulí de la Torre vorbei, und die Lokomotive pfiff schon, um anzuzeigen, daß wir uns dem Bahnhof Figueras näherten.

So wie nach einem Sturm der Himmel reingewaschen ist, so erlebte ich nach meiner Krankheit in Paris die »transparenteste« Gesundheit, die ich je »gesehen« hatte; denn tatsächlich fühlte ich eine Art Transparenz, als könnte ich all die köstlichen kleinen viskosen Vorgänge in meinem wiederaufblühenden Organismus sehen und hören. Ich bildete mir ein, genau zu verfolgen, wie mein schweres Blut durch die zarten Verästelungen der Gefäße zirkulierte, die ich auf den euphorischen Bögen meiner Schultern spürte wie Epauletten aus lebenden, subkutan in mein Fleisch eingebetteten Korallen.

Plötzlich warf ich einen raschen Blick auf die Spitzen meiner Fingernägel und erschrak, als ich ein weißes Katzenhaar aus ihnen herauswachsen sah. Ein vages Vorgefühl, das immer stärker und präziser wurde, sagte mir, daß all dies die körperlichen Vorzeichen der Liebe waren – ich sollte in diesem Sommer die Liebe kennenlernen! Und meine Hände ertasteten auf dem Körper des fürchterlich klaren Mittags von Cadaqués die Abwesenheit eines weiblichen Gesichts, das schon von weitem auf mich zukam. Das konnte niemand anders als Galuschka sein, die wiederaufgelebt und zu dem Körper einer neuen Frau herangewachsen war und vorwärtsschritt, denn immer sah ich sie schreiten, immer vorwärtsschreiten.

Vom Augenblick meiner Ankunft in Cadaqués an bestürmten mich Erinnerungen an meine Kindheit. Die sechs Jahre meiner Gymnasialzeit, die drei Jahre in Madrid und die gerade hinter mir liegende Reise nach Paris – alles trat in den Hintergrund, wurde gelöscht, bis es gänzlich verschwand, wohingegen alle Phantasien und Vorstellungen meiner Kindheit wieder siegreich von meinem Gehirn Besitz ergriffen. Wieder sah ich vor meinen verzückt staunenden Augen endlose Bilder vorbeiziehen, die ich zwar zeitlich und räumlich nicht genau lokalisieren konnte, von denen ich jedoch mit Bestimmtheit wußte, daß ich sie, als ich klein war, gesehen hatte. Ich sah kleine Hirsche, vollkommen grün mit Ausnahme ihres sienafarbenen Geweihs. Gewiß waren es Erinnerungen an Abziehbilder. Aber ihre Konturen waren so klar, daß ich sie mit Leichtigkeit abmalen konnte, als kopierte ich sie von einem sichtbaren Bild.

Ich sah auch andere, kompliziertere und verdichtetere Bilder: das Profil eines Kaninchenkopfes, dessen Auge gleichzeitig das eines größeren und 266

as a child mounted on the corn of my Fate

»Gala als Kind auf dem Einhorn meines Schicksals«

sehr bunten Papageis war. Und das Auge gehörte noch zu einem weiteren Kopf, dem eines Fisches, der die beiden anderen umfaßte. Diesen Fisch sah ich manchmal mit einer Heuschrecke, die sich an sein Maul klammerte. Ein anderes Bild, das mir oft, vor allem beim Rudern, in den Sinn kam, war eine Menge kleiner, kunterbunter Sonnenschirme. Dies Bild sah ich auch sonst noch mehrmals bei starker körperlicher Betätigung. Und die Vielfalt der Farben all jener Sonnenschirme stimmte mich für den ganzen Rest des Tages unbeschreiblich fröhlich.

Nachdem ich mich eine Zeitlang diesen aus Kindheitserinnerungen her-
beizitierten Phantasien hingegeben hatte, beschloß ich endlich, ein Gemälde* in Angriff zu nehmen, bei welchem ich mich ausschließlich darauf beschränken wollte, jedes dieser Bilder so gewissenhaft, wie es mir entsprechend der Reihenfolge und Intensität ihres Auftretens möglich war, wie-
derzugeben und als Kriterium und Norm ihrer Anordnung nur ganz unwillkürlich sich einstellenden Gefühlen zu folgen, wie sie ihre empfin-
dungsmäßige Verbindung diktieren würde. Und selbstverständlich sollte
sich mein persönlicher Geschmack nicht einmischen. Ich wollte nur meiner
Lust folgen, meinem ganz unkontrollierbaren biologischen Verlangen.
Diese Arbeit war eine der authentischsten und grundlegendsten, die der
Surrealismus mit Recht für sich beanspruchen konnte.

Ich erwachte gewöhnlich bei Sonnenaufgang und setzte mich, ohne mich
zu waschen oder anzukleiden, vor die direkt neben meinem Bett aufgestell-
te Staffelei. So war mein erster optischer Eindruck nach dem Aufwachen
das begonnene Bild, es war auch der letzte, wenn ich am Abend schlafen
ging. Ich versuchte es auch während des Einschlafens fest im Blick zu behalten, als ob es mir gelingen könnte, mich nicht von ihm zu trennen, wenn
ich mich bemühte, es mit meinem Schlaf zu verbinden. Manchmal wachte
ich mitten in der Nacht auf und knipste das Licht an, um mein Bild wieder
für einen Augenblick zu sehen. Dann und wann betrachtete ich es auch
zwischen zwei Schlafphasen im Lichtschimmer des zunehmenden Mondes.
Den ganzen Tag über saß ich vor meiner Staffelei, starrte unverwandt darauf und versuchte wie ein Medium (ja, wirklich), die in meiner Einbildung
aufschießenden Bilder zu »sehen«. Oft sah ich die genaue Lage dieser Bilder auf der Leinwand. Dann malte ich sie an der von ihnen geforderten
Stelle, malte mit dem scharfen Geschmack im Mund, den keuchende Jagd-
hunde in dem Moment haben müssen, da sie ihre Zähne in das soeben mit
einem wohlgezielten Schuß getötete Wild graben.

Zuweilen wartete ich stundenlang auf das Auftauchen solcher Bilder.

---

* Diese ungewöhnliche und im höchsten Maße Verlegenheit auslösende Arbeit war gerade durch die Physiologie ihrer Ausführung weit von der »dadaistischen Collage« entfernt, welche stets eine poetische und nachträgliche Zu-
sammenstellung ist. Sie war auch das Gegenteil von Chiricos metaphysischer Malerei, denn bei mir mußte der Be-
trachter notgedrungen an die sinnliche Realität des Gegenstandes glauben, der von elementarer, wild biologischer
Natur war. Und weiterhin war sie das Gegenteil der poetischen Aufweichung gewisser abstrakter Gemälde, die immer noch stumpfsinnig wie blinde Motten gegen die längst erloschenen Lampen des neuplatonischen Lichtes prallen.
Ich – und nur ich – war also der wahre surrealistische Maler, wenigstens im Sinne der Definition des Surrealismus, wie André Breton, sein Oberhaupt, sie gab. Dessenungeachtet hatte Breton, als er dieses Bild sah, lange Bedenken wegen seiner skatologischen Bestandteile – auf dem Bild war eine Gestalt von hinten zu sehen, deren Unterhosen mit Kot beschmutzt waren. Der unfreiwillige Zug daran – der in der psychopathologischen Ikonographie so
typisch ist – hätte eigentlich genügen müssen, um ihm Klarheit zu bringen. Aber ich mußte mich rechtfertigen, indem ich sagte, es sei lediglich ein Abbild. Es wurden keine weiteren Fragen gestellt. Wäre man aber weiter in mich
gedrungen, hätte ich natürlich antworten müssen, es sei das Abbild des Exkrements. In dieser idealistischen Enge
bestand von meiner Warte aus der fundamentale »Denkfehler« der frühen Periode des Surrealismus. Man stellte
Hierarchien auf, wo keine nötig waren. Eben weil das Exkrement und ein Stück Felskristall beide der gemeinsamen
Basis des Unbewußten entsprangen, konnte und sollte zwischen ihnen kein kategorialer Unterschied bestehen. Und
diese Leute bestritten die Hierarchie der Tradition!

Ohne zu malen, verharrte ich dann angespannt, eine Pfote, in der bewegungslos der Pinsel hing, hochhaltend, bereit, sofort wieder in die Traumlandschaft meiner Leinwand hineinzustürzen, wenn die nächste Explosion meines Gehirns ein neues Opfer meiner Einbildung blutend zur Strecke brachte. Manchmal geschah die Explosion, ohne daß etwas zu Boden fiel. Manchmal jagte ich wild, aber vergebens davon, denn was ich für ein Rebhuhn gehalten hatte, stellte sich nur als ein Blatt heraus, das die Kugel von einem Zweig gerissen hatte. Damit mein Herr mir meinen Irrtum verzieh, kam ich mit hängendem Kopf zurück und demütigte mich vor ihm. Dann fühlte ich, wie die schützenden Finger meiner Einbildung mich beruhigend zwischen den Augenbrauen kraulten, und ich schloß meine Augen, vor Wollust wedelnd.

Hinter meiner Stirn nörgelte es heftig, und manchmal mußte ich mich mit beiden Händen kraulen. Die bunten Sonnenschirme, die kleinen Papageienköpfe und die Heuschrecken gärten sozusagen dicht hinter der Haut wie ein Nest von Würmern und Ameisen. Wenn das Nörgeln vorüber war, fühlte ich erneut, wie Minerva ruhig und streng mit der kühlen Hand der Intelligenz über meine Stirn strich, und ich sagte mir: »Gehen wir schwimmen.« Ich kletterte über die Felsen und suchte mir eine vollkommen windgeschützte Stelle. Dort aalte ich mich in der sengenden Glut solange ich es aushalten konnte, bis ich von den vorspringenden Felsen ins eiskalte Wasser sprang, hinab in die preußisch-blaue Tiefe, die sogar noch unergründlicher war als die des Mulí de la Torre. Mein nackter Körper umfing zärtlich meine Seele und sagte zu ihr: »Warte nur, – sie kommt ja.« Meine Seele liebte diese Umarmungen nicht und versuchte sich den allzu heftigen Regungen meiner Jugend zu entziehen.

»Bedräng mich nicht so«, sagte meine Seele, »du weißt sehr gut, daß sie deinetwegen kommt.«

Darauf setzte sich meine Seele, die nie badete, in den Schatten.

»Geh nur – geh und spiel!« sagte sie, genau wie mein Kindermädchen, als ich klein war. »Wenn du müde bist, hol mich ab und wir gehen nach Hause.«

Nachmittags hockte ich wieder mit Leib und Seele vor meinem Bild und malte, bis kein Licht mehr in mein Zimmer fiel. Der Vollmond ließ die mütterliche Flut meiner Seele anschwellen und goß sein fades Licht über den sehr realen, voll erblühten, von durchsichtigen Sommerkleidern bedeckten weiblichen Körper der Galuschka meiner »falschen Erinnerungen«, die mit den Jahren ständig zugenommen hatten. Mit ganzer Seele verlangte ich nach ihr. Aber jetzt, da ich fühlte, daß sie schon sehr nahe war, wünschte ich die Lust und Qual der Erwartung weiter hinauszuzögern. Und während ich mehr als alles in der Welt den Augenblick ihrer Ankunft herbeisehnte, sagte ich zu mir: »Koste diese wunderbare Gelegenheit aus, koste sie aus. Noch ist sie nicht da!« Verrückt und verzückt krallte ich mich an jedem kostbaren Augenblick fest, in dem ich noch allein war. Noch einmal rang ich meinem Körper jene vertraute einsame Lust ab, die süßer als Honig ist, während ich meine Zähne in den von einem Mondstrahl erleuchteten Zipfel meines Kopfkissens grub, bis sie durch das speichelgetränkte Gewebe bissen. »Weh, ach weh!« rief meine Seele. Danach schlief ich neben ihr ein, ohne daß ich sie zu berühren wagte.

Sie erwachte immer vor mir, und wenn ich bei Sonnenaufgang die Augen öffnete, war sie schon auf, stand neben meinem Bild und schaute. Schlief sie denn nie?

Ich bitte um Entschuldigung, wenn ich ganz ungeschminkt feststelle, daß alles, was ich gerade über meine »Seele« gesagt habe, allegorisch gemeint ist. Es war jedoch eine geläufige Allegorie, die einen ganz definitiven Platz in meiner damaligen Vorstellungswelt einnahm. Ich gebe diesen Kommentar, weil die Geschichte, die ich nun erzählen will, nicht etwa eine Allegorie ist, sondern eine echte »Halluzination« darstellt, die einzige, die ich je erlebt habe; deshalb ist es nötig, daß ich sie peinlich genau erzähle, um zu verhüten, daß sie mit meinen übrigen Einbildungen oder Vorstellungen verwechselt wird. Letztere sind zwar manchmal von großer visueller Intensität, erreichen jedoch nie halluzinatorischen Charakter.

Eines Sonntags wachte ich wie üblich an diesem Tag sehr spät auf. Es muß gegen halb eins gewesen sein. Ich hatte das dringende Bedürfnis, mich zu erleichtern, stand auf und ging hinunter in das Badezimmer im ersten Stock. Nachdem ich mich etwa eine Viertelstunde auf der Toilette aufgehalten hatte, sprach ich kurz mit meinem Vater, was er nachträglich bestätigte. (Dies schließt die Möglichkeit aus, daß ich vielleicht träumte, ins Badezimmer hinuntergegangen zu sein – ich war also wach, hellwach.) Ich ging wieder in mein Zimmer hinauf und sah, kaum hatte ich die Tür geöffnet, vor dem Fenster halb mir zugewandt eine ziemlich großgewachsene Frau sitzen, die eine Art Nachthemd trug. Trotz der »absoluten Realität« und normalen Körperlichkeit dieses Wesens erkannte ich sofort, daß ich Opfer einer Halluzination* war, und war wider alles Erwarten beeindruckt. Ich sagte mir: »Geh wieder ins Bett, so daß du dies erstaunliche Phänomen in aller Ruhe betrachten kannst.« Ich ging wieder ins Bett, legte mich aber

---

* Nach dieser »Halluzination«, für die ich mich kraft meiner eigenen Aussage vollkommen verbürge, zitiere ich zwei weitere gleichartige Vorkommnisse, die aus einer Quelle stammen, die ich für ebenso verläßlich halte wie mich selbst; denn mein Vater hat sie mir erzählt, der letzte Mensch, der für solche Dinge empfänglich gewesen wäre. Er erklärte mir, als ich kaum drei Jahre alt war, hätte ich auf einer großen, völlig leeren Terrasse gesessen und gespielt. Mehrere Familienangehörige beobachteten, wie ich eifrig und hingegeben kleine Erdklumpen aufeinanderstapelte und beklopfte. Plötzlich geschah es, daß ich mein Spiel abbrach und geradeaus starrte, dorthin, wo nichts als leerer Raum war, und von solch heftiger Furcht ergriffen zurückwich, daß ich den ganzen Vormittag über nicht mehr aufhörte zu weinen. Alle, die diese Szene mit ansahen, waren überzeugt, daß ich eine schreckenerregende Erscheinung gehabt hatte. Der andere Vorfall passierte in unserem Haus in Cadaqués. Eines Tages wollten wir zu einer Bootsfahrt aufbrechen. Im letzten Moment ging mein Vater noch einmal ins Haus zurück, um ein Taschentuch zu holen. Er hatte sich nur wenige Augenblicke im Inneren aufgehalten, als er bleich und verstört wieder erschien und uns erklärte, gerade als er das Eßzimmer betrat, habe er gehört, wie jemand leichten Fußes die Treppe herunterkam. Er erkannte diese Schritte sofort an ihrem charakteristisch langsamen, leichten Tritt. Er wandte sich auf der Türschwelle um und sah tatsächlich meine (acht Jahre zuvor verstorbene) Großmutter, ein Körbchen mit auszubessernden Kleidern im Arm. Sie ging die restlichen drei Stufen hinunter und entschwand seinem Blick, ohne daß sie sich in Luft aufgelöst hätte.

nicht nieder. In dem Augenblick jedoch, als ich die Erscheinung aus den Augen ließ, um mir meine beiden Kissen in den Rücken zu stopfen, verschwand sie. Ich sah sie nicht allmählich entschwinden, sondern als ich wieder in ihre Richtung blickte, war sie einfach verschwunden.

Aufgrund der unbestreitbaren Tatsache dieser Erscheinung erwartete ich, daß andere möglicherweise folgen würden. Obwohl sie sich niemals wiederholt hat, mache ich mich seither jedesmal, wenn ich eine Tür öffne, darauf gefaßt, daß ich etwas sehen könnte, das nicht normal ist. Jedenfalls war ich selbst damals »nicht normal«. Die Grenzen zwischen dem Normalen und Abnormen kann man vielleicht definieren, jedoch bei einem Lebewesen wahrscheinlich unmöglich festlegen. Aber wenn ich sage, daß ich damals abnorm war, dann meine ich das im Vergleich zu dem Augenblick, da ich dies Buch schreibe. Denn seit der Zeit, von der gerade die Rede ist, habe ich verblüffende Fortschritte in Richtung Normalität gemacht sowie in Richtung auf eine nicht nur passive, sondern sogar und vor allem auf eine aktive Anpassung an die Realität.

Damals, als ich meine erste und einzige Halluzination hatte, empfand ich über jedes der Phänomene meiner zunehmenden psychischen Abnormität solche Befriedigung, daß ich mir alles dienlich machte, um sie zu stimulieren. Ich strengte mich verzweifelt an, jedes dieser Phänomene zu wiederholen und jeden Morgen gab ich meiner Narrheit ein bißchen neue Nahrung. Später, als ich einsah, daß die Früchte dieser Narrheit mein Leben in Unordnung zu bringen drohten, und so stark wuchsen, daß es schien, sie könnten mir alle Luft zum Atmen nehmen, verstieß ich die Narrheit mit heftigen Tritten und unternahm einen Kreuzzug, um meinen »Lebensraum« zurückzuerobern; und die erste Parole – »Das Irrationale um des Irrationalen willen« – bildete und bog ich nach einem Jahr zu jener anderen Losung um, die schon im wesentlichen katholisch war – »Der Sieg über das Irrationale«. Das »Irrationale« also, das ich zunächst mit allen einer echten Gottheit gebührenden Ehren und Zeremonien behandelte, verwarf ich bereits nach einem Jahr völlig. Und während ich mir die Geheimnisse zunutze machte, die ich ihm in der Promiskuität unserer Beziehungen entrissen hatte und die es mir damals preisgegeben hatte, ging ich wütend, störrisch und heroisch daran, es zu besiegen, ja, im Fortschreiten erbarmungslos zu zerstören, und versuchte gleichzeitig, die ganze Gruppe der Surrealisten mitzureißen.*

Im Jahre 1929 war ich also im weißgetünchten Cadaqués meiner Kindheit und Jugendzeit, zum Manne herangewachsen und auf jede erdenkliche Weise bemüht, verrückt zu werden – oder vielmehr alles in meinen Verstandeskräften Liegende zu tun, die Verrücktheit, die, wie ich fühlte, ein-

* Das gelang mir nicht. Die Aktivität der Surrealisten wurde fast umgehend durch ihre politische Befangenheit wie durch ein Krebsgeschwür zerstört. Sie machten sich zwar meine Schlagworte zu eigen, denn sie waren die einzig hellsichtigen; aber das reichte nicht aus, um der Bewegung Kraft einzuflößen. Ich sah, daß ich fortan ohne jede Hilfe würde siegen oder untergehen müssen.

deutig vorhatte, in meinem Geist ihren Wohnsitz aufzuschlagen, willkommen zu heißen und zu unterstützen. »Weh! Ach weh!« rief meine Seele.

Zu diesem Zeitpunkt bekam ich meine ersten Lachanfälle. Ich lachte so unbändig, daß ich mich oft aufs Bett legen mußte, um auszuruhen. Diese Anfälle verursachten mir heftige Seitenstiche. Worüber lachte ich? Fast über alles. Ich stellte mir zum Beispiel drei winzige Geistliche vor, die sehr schnell hintereinander über eine japanische Bogenbrücke liefen, so eine wie die im Zarskoje Selo. Gerade als der letzte der kleinen Vikare, der sehr viel kleiner war als die anderen, den Steg verlassen wollte, trat ich ihn kräftig in den Hintern. Ich sah, wie er stehenblieb, gleich einer gehetzten Maus, dann die Beine in die Hand nahm und wieder zurück über die Brücke und in der den anderen entgegengesetzten Richtung davonlief.

Der Schreck des kleinen Pfarrers in dem Augenblick, als ich ihn trat, kam mir urkomisch vor, und ich brauchte mir nur diese Szene wieder vorzustellen, um mich vor Lachen zu krümmen, unfähig aufzuhören, mich zu beherrschen, ganz gleich, wo ich mich gerade befand.

Oder – um ein anderes der zahllosen Beispiele dieser Art anzuführen – ich stellte mir gewisse Leute, die ich kannte, mit einer kleinen Eule auf dem Kopf vor, die ihrerseits ein Exkrement auf dem Kopf trug. Diese Eule war aus Holz geschnitzt, und ich stellte sie mir bis in die kleinsten Einzelheiten vor. Der Kot mußte immer etwas von meinem eigenen Exkrement sein. Aber die Wirkung, die von dieser kleinen, kottragenden Eule ausging, war unterschiedlich, je nach den Individuen, auf deren Köpfen ich sie in meiner Vorstellung abwechselnd balancieren ließ. Auf manchen löste sie in mir einen Lachkrampf aus; auf anderen blieb sie ohne jede Wirkung. Dann pflegte ich sie von diesem Kopf herunterzunehmen und sie einem anderen aufzusetzen: Und plötzlich fand ich dann den Kopf, den genauen Gesichtsausdruck, der zu meiner Eule paßte. War sie einmal am richtigen Platz, betrachtete ich die sich augenblicklich und magisch einstellende vergnügliche, endlose Beziehung zwischen dem Gesicht der mir bekannten Person, die keinerlei Ahnung davon hatte, was ich ihr soeben auf den Kopf gesetzt hatte, und dem starren Blick der ihren Kot balancierenden Eule. Und das löste in mir solch krampfhafte Lachausbrüche aus, daß meine Familie, die unten den Lärm hörte, sich fragte: »Was ist denn los?« – »Das Kind lacht schon wieder!«* pflegte mein Vater amüsiert und besorgt zu sagen, während er einen skelettartigen, in der Hitze welkenden Rosenbusch wässerte.

In dieser Verfassung erhielt ich ein Telegramm von meinem Galeristen Camille Goemans. Von meinem Vater beraten und unterstützt, hatte ich durch fortgesetzten Schriftverkehr eine Übereinkunft erzielt, aufgrund derer ich dreitausend Francs bekommen sollte und er sich verpflichtete, alle Bilder, die ich im Sommer malen würde, zu übernehmen und sie zu Beginn des Winters in seiner Pariser Galerie auszustellen. Von dem Verkauf jedes

---

* Meine Verwandten nennen mich noch immer »Kind«.

273

Bildes sollte er Prozente bekommen und durfte außerdem drei Leinwände seiner Wahl behalten. Mein Vater fand diese Bedingungen anständig, und ich dachte über die Angelegenheit keinen Augenblick nach. Denn ich hatte noch keine genaue Vorstellung vom Wert des Geldes. Ich stellte mir noch immer vor, fünfhundert Francs in kleinen Scheinen müßten eigentlich viel länger »halten« als ein einzelner Tausend-Francs-Schein. Ich weiß, das kommt meinen Lesern unwahrscheinlich vor, und nur das Zeugnis meiner damaligen Freunde könnte ihre Zweifel zerstreuen, die aber tatsächlich ganz unbegründet sind, denn ich selbst bin stets der erste, der sie in meine Täuschungen einweiht.

Termite (Névropte

Goemans kam und war von *Le jeu lugubre* (Das traurige Spiel), das noch nicht ganz vollendet war, begeistert. Einige Tage später traf René Magritte mit seiner Frau ein, und Eluard hatte gerade geschrieben, er komme später. Auch Luis Buñuel traf etwa zur gleichen Zeit ein.

So war ich binnen vier Tagen zum ersten Mal von Surrealisten umgeben, die im Grunde nur von der ungewöhnlichen Persönlichkeit, die sie in mir entdeckt hatten, angelockt worden waren. Denn sofern man nicht ein eigenes Haus hatte, bot Cadaqués nicht den Komfort und die Annehmlichkeiten, die für einen Ferienort unentbehrlich sind.

Jeder war von meinen Anfällen überrascht, und dies Erstaunen, das ich jedesmal auf ihren Gesichtern beobachtete, wenn ich mich ausschüttete vor Lachen, verstärkte nur meine Anfälle. Manchmal lagen wir abends am Strand und genossen die Kühle; alle waren in philosophische Gespräche vertieft, als ich ihnen plötzlich ein Zeichen gab, daß ich etwas zu sagen wünschte. Aber sobald ich den Mund öffnete, platzte ich wieder vor Lachen. Schließlich gab ich das Reden ganz auf, denn statt zu reden, konnte ich nur lachen. Meine surrealistischen Freunde fanden sich resigniert mit meinem Gelächter ab, weil sie dachten, das sei einer der Nachteile, die man in Kauf nehmen müsse, wenn man ein so offenkundiges Genie sei wie ich. »Fragt nur Dali nicht, was er dazu meint«, sagten sie, »sonst fängt er wieder an zu lachen, und wir können uns auf gut zehn Minuten Wartezeit einstellen.«

Von Stunde zu Stunde wurden meine Lachanfälle heftiger, und ich schnappte im Vorübergehen Blicke und Geflüster über mich auf, worin ich unwillkürlich die Besorgnis, die mein Zustand zu verursachen begann, erkannte. Mir erschien das genauso komisch wie alles andere, denn ich war mir ja völlig im klaren, daß ich wegen der Vorstellungen, die mir in den Sinn kamen, lachen mußte. »Wenn ihr sehen könntet, was ich mir vorstelle«, sagte ich zu ihnen, »würdet ihr alle sogar noch mehr lachen als ich«. Schließlich konnte ich der auf allen Gesichtern sich spiegelnden Neugier nicht länger widerstehen.

»Stellt euch zum Beispiel vor«, begann ich, »ihr seht im Geiste eine bestimmte, sehr achtenswerte Person, ja? Nun stellt euch vor, daß eine kleine geschnitzte Eule auf dem Kopf des Betreffenden sitzt – eine ziemlich stilisierte Eule, mit Ausnahme des Gesichts, das muß sehr realistisch sein. Seht ihr, was ich meine?« Jeder versuchte sich sehr ernsthaft das soeben beschriebene Bild vorzustellen, und sie sagten: »Ja, ja!«

»Gut, dann stellt euch jetzt auf dem Kopf der Eule ein bißchen von meiner Scheiße vor! Von meiner Scheiße!« wiederholte ich.

Alle warteten noch ab, keiner lachte.

»Das ist es!« sagte ich.

Darauf lachten alle sehr gezwungen, wie um mir nachzugeben.

»Nein, nein«, sagte ich, »ich sehe, das bringt euch überhaupt nicht zum Lachen. Denn wenn ihr all das so sehen könntet wie ich, würdet ihr euch auf dem Boden wälzen.«

Genau so krümmte ich mich eines Morgens vor Lachen, als ein Auto vor unserem Hause hielt. Darin saß der surrealistische Dichter Paul Eluard, begleitet von seiner Frau. Sie waren müde von der langen Reise, denn sie kamen aus der Schweiz, wo sie René Crevel besucht hatten. Sie fuhren sogleich weiter, um sich auszuruhen, nachdem wir verabredet hatten, uns in ihrem Hotel, dem Miramar, um fünf Uhr zu treffen.

Es fiel mir auf, daß Gala, Eluards Frau, ein sehr intelligentes Gesicht hatte, aber sie schien schlechter Laune zu sein und ziemlich verärgert, hierhergekommen zu sein. Um fünf Uhr machte sich unsere ganze kleine Surrealistengruppe auf, um nach den Eluards zu schauen. Wir tranken im Schatten der Platanen. Ich nahm einen Pernod und hatte einen kleinen Lachanfall. Man erklärte meinen »Fall« Eluard, der sehr interessiert schien. Alle anderen jedoch, die an meine Anfälle gewöhnt waren, schienen durch ihre Mienen sagen zu wollen: »Das ist noch gar nichts, warten Sie noch ein wenig, dann werden Sie sehen!«

Am Abend sprach ich auf dem Spaziergang mit Gala über intellektuelle Probleme, und sie war sogleich von meiner Gedankenschärfe überrascht. Sie gestand mir sogar, vorher, als wir im Schatten der Platanen tranken, habe sie mich für einen unerträglich anrüchigen Menschen gehalten wegen meines pomadisierten Haares und meiner Eleganz, die, wie sie meinte, die »Aalglätte eines professionellen argentinischen Tangotänzers« vermittelten. In meiner Liebe zur Ausstaffierung hatte meine Zeit in Madrid wirklich ihre Spuren hinterlassen. In meinem Zimmer war ich immer vollkommen nackt, aber sobald ich im Dorf etwas zu besorgen hatte, brachte ich eine ganze Stunde damit zu, mich herauszuputzen, bekleisterte mein Haar mit Pomade, rasierte mich mit manischer Sorgfalt, trug immer frisch gebügelte weiße Hosen, extravagante Sandalen und reinseidene Hemden. Ich trug auch eine Halskette aus falschen Perlen und am Handgelenk ein Band aus Metallbrokat. Für den Abend hatte ich mir nach eigenem Entwurf Hemden aus festerem Stoff anfertigen lassen mit tiefem Ausschnitt und weiten Ärmeln, die mir ein ganz und gar feminines Aussehen gaben.

Auf dem Rückweg sprach ich mit Eluard. Ich erkannte sofort, daß er ein Dichter vom Schlage eines Lorca war – das heißt einer von den großen und echten. Ich wartete begierig darauf, daß er die Landschaft um Cadaqués pries; aber er »sah sie noch nicht«. Dann versuchte ich, ihm ein Eulchen auf den Kopf zu setzen, um zu sehen, welche Wirkung das hervorbrächte. Ich mußte nicht lachen. Ich versuchte es bei Lorca – auch das blieb ohne Wirkung. Dann probierte ich es bei anderen Dichtern. Aber nein, es war, als habe meine Eule ihre erheiternde Kraft verloren. Ich versuchte es immer wieder; und selbst bei denjenigen, auf denen sie vorher die größten Wirkungen gezeigt hatte – nichts. Dann stellte ich mir plötzlich meine Eule umgekehrt vor, so daß ihr Kopf mit meinem Exkrement auf dem Bürgersteig klebte. Dies löste einen solch heftigen Anfall aus, daß ich mich auf dem Boden wälzen mußte, bevor ich weitergehen konnte.

Wir begleiteten die Eluards zum Hotel Miramar zurück und verabredeten, uns allesamt am nächsten Morgen um elf Uhr vor unserem Haus am Strand zum Schwimmen zu treffen.

Am folgenden Tag erwachte ich lange vor Sonnenaufgang in großer Besorgnis. Der Gedanke, meine Freunde, insbesondere die Eluards, würden schon um elf Uhr vor meinem Fenster am Strand sein und ich müßte, da ich ja höflich sein wollte, hinausgehen und meine Arbeit eine Stunde früher als gewöhnlich abbrechen, ärgerte mich und verdarb mir den ganzen Morgen im voraus. Im Fensterrahmen sang der Morgen das Lied meiner Ungeduld, und das Knirschen der Kiesel unter den Tritten eines frühen Fischers ließ mich erschauern. Gern hätte ich das Aufsteigen der unerbittlich vorrückenden Sonne verhindert, so daß sie, ins Meer, aus dem sie kam, zurücktauchend, den vorausgeahnten Kampf mit ungewissem Ausgang unbegonnen ließe.

Aber an welchen Kampf dachte ich denn? Der Morgen erstrahlte doch wie jeder andere Morgen, vielleicht mit ein wenig mehr von jener ominösen Stille, die folgenschweren Ereignissen vorauszugehen pflegt. Nach dieser »Morgenleere«, die mein Herz in Spannung hielt, erwachte und regte sich das Leben in unzähligen Formen mit den tausendmal gehörten täglichen Geräuschen – das Mädchen öffnete gerade die Küchentür, auf die sie mehrmals mit geballter Faust schlagen mußte, bevor sich der Schlüssel drehen und die Tür sich mit sandigem Knirschen öffnen ließ. Der Schäfer zog mit seiner bimmelnden Herde vorbei. In diesem Augenblick schloß ich meine Augen, um die Wirkung voll auszukosten und den verwirrenden, berauschenden, symphonischen Geruch der Schafe gebührend zu begrüßen, aus deren Mitte der anmaßend potente Duft des Widders wie ein Dominantsexakkord in meiner schnuppernden Nase erklang. Unter hundert anderen Geräuschen erkannte ich auch den charakteristischen, rhythmischen Ruderschlag des Fischers Enrique, der stets etwa zehn Minuten nach dem Vorbeiziehen der Herde kam. All das wiederholte sich in gewohnter Reihenfolge und mit genau dem gleichen Akzent wie an anderen Tagen. Und dennoch ... was stand bevor?

Unter den verschiedenartigsten Vorwänden stand ich immer wieder von meiner Staffelei auf. Mehrmals probierte ich die Ohrringe meiner Schwester an. Ich sah sie gern an mir, meinte jedoch, daß sie beim Schwimmen lästig sein würden. Nichtsdestoweniger legte ich meine Perlenkette an. Ich beschloß, mich für die Eluards sehr sorgfältig zurechtzumachen. In unbekleidetem Zustand würde zerzaustes Haar an mir viel besser aussehen als mit Pomade glattgestrichenes. Ich sagte mir, mit glattem Haar hätten sie mich ja schon gestern gesehen, und beschloß, es am Abend wieder einzureiben. Ich dachte, wenn sie kommen, gehe ich mit der Perlenkette und mit stark zerzaustem Haar hinunter, Pinsel und Palette in der Hand. Dies, zusammen mit der tiefen Bräune meiner Haut, die wie die eines Arabers von der Sonne geschwärzt war, könnte eine ziemlich interessante Wirkung hervorbringen. Trotzdem war ich mit meinem Aufzug nicht zufrieden. Endgültig den Versuch aufgebend, noch weiter zu malen, nahm ich mein bestes Hemd und schnitt es unten unregelmäßig ab, wodurch ich es so sehr verkürzte, daß es nicht ganz bis zu meinem Nabel reichte. Danach zog ich es an und begann es kunstvoll zu zerreißen: Ein Loch entblößte meine linke Schulter, ein weiteres die schwarzen Haare auf meiner Brust, und ein großer viereckiger Riß auf der linken Seite ließ meine nahezu schwarze Brustwarze hervortreten.

Nachdem ich das Hemd an allen geeigneten Stellen zerrissen hatte, stand ich vor dem großen Problem der Gestaltung des Hemdkragens: Sollte ich ihn offen oder geschlossen lassen? Keins von beidem. Ich schloß den obersten Knopf, schnitt aber den Kragen mit einer Schere ganz ab. Das schwierigste Problem war jedoch die Badehose, die mir zu modisch vorkam und unmöglich zu jener Mischung aus bettelarmem Maler und exotischem Araber, die ich aus mir zu machen versuchte, paßte. Da kam mir der Gedanke, die Badehose umzudrehen. Sie war mit weißer Baumwolle gefüttert, die durch die Oxydierung meines Gürtels mit Rostflecken verfärbt war.

Was sonst konnte ich noch zu dem notgedrungen begrenzten »Thema« eines Schwimmkostüms beitragen? Aber ich hatte ja gerade erst angefangen. Jetzt rasierte ich mir die Haare unter den Armen. Da es mir nicht gelang, den idealen bläulichen Effekt zu erzielen, den ich zum ersten Mal an den eleganten Damen in Madrid beobachtet hatte, holte ich mir etwas Waschblau, vermischte es mit Pulver und färbte damit meine Achselhöhlen. Im Moment wirkte das sehr schön, gleich darauf jedoch begann sich dieses Make-up durch meinen Schweiß aufzulösen und hinterließ bläuliche Streifen, die an meinen Seiten hinunterliefen. Daraufhin wischte ich meine Achselhöhlen ab, so daß die schon rasurgereizte Haut vom Reiben ganz rot wurde. Da kam mir ein neuer Gedanke, der mir schön und meiner würdig erschien. Ich sah ein, daß das künstliche Bläuen nicht das Richtige war, ebensowenig das derzeitige Hellrosa. Andererseits müßte getrocknetes, geronnenes Blut eigentlich an diesem Körperteil außerordentlichen Eindruck machen. Ein kleiner Blutfleck dort, wo ich mich beim Rasieren geschnitten hatte, lieferte mir ein Probebeispiel dessen, was ich im Sinn hatte. So nahm ich ohne Federlesens meine Gillette und rasierte mich noch einmal, drückte aber diesmal fester auf, damit ich blutete. Sekunden später waren meine Achselhöhlen ganz blutig. Jetzt brauchte ich das Blut nur noch gerinnen zu lassen und dann vertupfte ich es wählerisch hierhin und dorthin, insbesondere auf meine Knie. Das Blut auf den Knien gefiel mir über alle Maßen, und ich konnte der Versuchung nicht widerstehen, an einem Knie einen Ritzer anzubringen. Welch ein Meisterwerk! Doch es war noch nicht fertig. Meine Verwandlung schien mich immer begehrenswerter zu machen, und ich verliebte mich zunehmend in mein neues Aussehen. Als letzten Pfiff steckte ich mir eine feuerrote Geranie hinters Ohr.

Ich hätte gern etwas Parfum benutzt, hatte aber nur Eau de Cologne, und davon wurde mir schlecht. Ich mußte mir also selbst etwas ausdenken. Könnte ich doch nur den Duft jenes Widders auflegen, der jeden Morgen vorbeikam! Ich setzte mich hin und dachte tief über dieses Parfum-Problem nach, konnte jedoch keine Lösung finden. Doch halt! Salvador Dali sprang auf und nahm eine entschlossene Haltung ein, ein Zeichen, daß ihm soeben etwas sehr Ungewöhnliches durch den Kopf gegangen war, denn was sonst konnte die Ursache seiner neuerlichen Unruhe sein?

Ich besorgte mir Streichhölzer, zündete einen kleinen Spirituskocher an, den ich für meine Radierungen benutzte, und brachte etwas Wasser zum Kochen, um darin Fischleim aufzulösen. Bis das aufkochte, lief ich hinter das Haus, wo, wie ich wußte, einige Säcke mit Ziegenmist angeliefert worden waren. Bei feuchtem Wetter, wenn die Gerüche intensiver werden, hatte ich ihn nach Eintritt der Dunkelheit oft gerochen. Er gefiel mir sehr, war aber nicht vollkommen. Ich rannte in mein Atelier zurück und warf eine Handvoll von diesem Mist, dann noch eine, in den aufgelösten Leim. Mit einem großen Pinsel rührte ich und rührte, bis sich eine einheitliche Masse bildete. Zunächst war der Gestank des Fischleims stärker als der des Ziegenmists, aber ich sah voraus, daß, sobald die Masse »gelierte«, der Ziegengeruch dominieren werde. Aber das letzte Geheimnis dieses starken Geruchs, der schon das ganze Haus zu erfüllen begann, war eine Flasche Lavendelöl, das ich auch für meine Radierungen benutzte und von dem ein Tropfen ausreichte, um einem Stoff mehrere Tage lang zäh anzuhaften. Ich goß die halbe Flasche hinein, und – Wunder über Wunder – es entstieg »genau« der gesuchte Geruch des Widders wie bei einer regelrechten Hexerei. Ich ließ das Ganze gelieren, und als es abgekühlt war, rieb ich mit einem Teil der hergestellten Paste meinen ganzen Körper ein.

Jetzt war ich fertig. Fertig wozu? Vom Glockenturm in Cadaqués schlug es elf Uhr. Ich ging zum Fenster hinüber. Sie war schon da. Wer, sie? Unterbrecht mich nicht. Ich sage, sie war da, und das sollte genügen! Gala, Eluards Frau. S i e war es! Galuschka Rediviva! Ich hatte sie sofort an ihrem nackten Rücken erkannt. Ihr Körper sah noch wie der eines Kindes aus. Ihre Schulterblätter und die Lendenmuskeln besaßen eine jünglingshafte, plötzliche athletische Spannung. Das Kreuz hingegen war außerordentlich weiblich und ausgeprägt und ein unendlich graziler Bindestrich zwischen der eigenwilligen, energischen und stolzen Magerkeit ihres Rumpfes und ihrem sehr zierlichen Gesäß, das durch ihre übertrieben schlanke Taille hervorgehoben und noch viel begehrenswerter wurde.

Wie hatte ich nur den ganzen vorherigen Tag zubringen können, ohne sie zu erkennen, ohne etwas zu ahnen? Aber stimmte das denn überhaupt, und falls ja, was bedeutete dann die unfaßbare Auftakelung, die ich soeben an mir vollzogen hatte, anderes als einen echten Hochzeitsstaat? Nein, nein! Es stimmte nicht! Ihretwegen hatte ich mein bestes Seidenhemd in Fetzen zerrissen, ihretwegen meine Achselhöhlen blutig gemacht! Jetzt aber, da sie unten war, wagte ich nicht mehr, so zu erscheinen. Ich betrachtete mich im Spiegel und fand das Ganze erbärmlich. Ich sagte mir: »Du siehst wie ein richtiger Wilder aus, und das haßt du.«

Das stimmte – so sehr wie das »Unzivilisierte« nichts anderes ist als die tiefe, atavistische allgemeine Torheit des Menschen! Rasch legte ich meinen ganzen Schmuck wieder ab und wusch meinen Körper so gut ich konnte, um den erstickenden Gestank, den ich ausströmte, loszuwerden. Die Perlenkette jedoch und die auf weniger als die Hälfte reduzierte riesige Geranie behielt ich an.

Ich lief hinaus, um Gala zu begrüßen, aber als ich ihr gegenüberstand, überfiel mich hysterisches Lachen; das wiederholte sich jedesmal, wenn ich versuchte, eine Frage, die sie mir gestellt hatte, zu beantworten. Ich konnte ihr gegenüber kein Wort herausbringen. Meine Surrealistenfreunde, die sich damit abgefunden hatten, schienen sich zu sagen: »Jetzt können wir uns wieder auf einen ganzen Tag gefaßt machen«, und lässig warfen sie Kieselsteine ins Meer. Besonders Buñuel war furchtbar enttäuscht, war er doch nach Cadaqués gekomen, um mit mir das Drehbuch eines neuen Films zu erarbeiten, wohingegen ich immer stärker von meiner eigenen Verrücktheit in Anspruch genommen war und meine Gedanken allein darum und um Gala kreisten.

Da ich unfähig war, mit ihr zu reden, versuchte ich wenigstens, sie mit allerlei kleinen Aufmerksamkeiten zu umgeben. Ich lief, um ihr Kissen oder ein Glas Wasser zu holen, oder sorgte dafür, daß sie sich an eine Stelle setzte, wo sie die Landschaft besser überblicken konnte. Ich hätte ihr schrecklich gern tausendmal beim An- und Ausziehen der Schuhe geholfen. Streifte ich während des Spaziergangs zufällig ihre Hand, zitterten alle meine Nerven, und sogleich hörte ich die halbreifen Früchte meiner erotischen Einbildung um mich herabregnen, als habe – statt der Handberührung – ein Riese brutal und vorschnell das noch zarte Bäumchen meines Verlangens geschüttelt.

Gala aber, die mit einzigartiger Intuition meine Reaktionen in allen Einzelheiten durchschaute, war weit davon entfernt zu glauben, ich sei schon rasend in sie verliebt. Ich merkte, daß ihre Neugier sich eindeutig auf dem

Boden der Tatsachen entfaltete. Sie hielt mich für ein Genie – zwar halb verrückt, doch innerlich stark. Und sie suchte etwas – etwas, das die Erfüllung ihres Mythos wäre. Und dies Gesuchte war etwas, von dem sie nun glaubte, daß wohl nur ich es ihr geben könnte!

Das Bild *Le Jeu lugubre* (Paul Eluard gab ihm mit meiner vollen Billigung diesen Titel) entwickelte sich im Laufe der Tage für jeden zu einer Quelle wachsender Unruhe. Die kotbeschmutzten Unterhosen waren mit solcher Selbstzufriedenheit bis in alle Einzelheiten realistisch gemalt, daß das ganze Surrealistengrüppchen von der Frage gequält wurde: Ist er nun ein Koprophage oder nicht? Die Möglichkeit, daß ich vielleicht einen Fall dieser abstoßenden Verirrung darstellte, erzeugte bei ihnen zunehmend ostentatives Unbehagen. Gala war es, die sich entschloß, diesen Zweifel auszuräumen. Sie nahm mich eines Tages beiseite und sagte, sie habe mit mir etwas sehr Ernstes zu besprechen und bat mich, eine Zeit festzusetzen, zu der wir uns treffen und miteinander reden könnten, ohne gegen meine Lachanfälle ankämpfen zu müssen. Ich antwortete ihr, das sei etwas, worüber ich keine Gewalt hätte, aber daß, selbst wenn ich während unseres Gesprächs lachen müsse, mich das nicht hindern werde, mir alles aufmerksam anzuhören und ihr logisch zu antworten.

Dies geschah am Eingang des Hotel Miramar. Wir verabredeten uns für den folgenden Abend. Ich wollte sie am Hotel abholen, und wir wollten zu zweit einen Spaziergang zwischen den Felsen machen, wo wir ungestört miteinander sprechen könnten. Die besorgte Miene, mit der Gala meine Erwiderung, ich hätte »keine Gewalt« über diese Lachanfälle, aufnahm, ließ in mir ein wahnsinniges Lachbedürfnis aufkommen. Ich war nahe daran loszuprusten, konnte mich jedoch für einen Augenblick mit übermenschlicher Anstrengung bezwingen. Ich küßte ihre Hand und eilte davon. Sobald ich das Gefühl hatte, die Tür habe sich hinter Gala geschlossen, brach ich in einen Lachkrampf aus, der nicht eher aufhörte, als bis ich zuhause war. Ich mußte mich ab und zu auf eine Bank oder eine Türschwelle setzen, bevor ich weitergehen konnte. Unterwegs begegneten mir Camille Goemans und seine Frau; sie hatten mich schon lange beobachtet und blieben stehen, um mich anzusprechen. »Sie müssen vorsichtig sein. Sie sind seit einiger Zeit übermäßig nervös. Sie arbeiten viel zu angestrengt.«

Am folgenden Tag holte ich Gala am Hotel Miramar ab, und wir gingen in Richtung der Felsen, die »Die Backenzähne« genannt werden – einen von »planetarischer Melancholie« erfüllten Ort. Ich wartete, daß Gala die Unterhaltung auf ihre Art begänne, denn sie hatte ja darum gebeten; als aber die Zeit verstrich, ohne daß es ihr gelang, zur Sache zu kommen, befürchtete ich, sie könne sich wohl nicht entschließen, wie sie anfangen sollte. In der Annahme, ihr könne das peinlich sein, ergriff ich die Initiative und machte eine Anspielung. Dafür war sie mir zwar dankbar, gab mir jedoch gleichzeitig durch den festen Ton ihrer Stimme zu verstehen, sie brauche meine Hilfe nicht. Jetzt will ich versuchen, eines meiner ersten

Gespräche mit Gala niederzuschreiben.

»Es geht um Ihr Bild *Le Jeu lugubre*.«

Während sie wieder in Schweigen verfiel, hatte ich Zeit, mir das Ganze genau zu überlegen. Ich war versucht, die Frage, die sie mir stellen wollte, schon jetzt zu beantworten. Doch ich zog es vor zu warten, was sie zu sagen hatte, denn so würde ich vielleicht noch andere Dinge mitberücksichtigen können.

»Es ist ein sehr bedeutendes Werk, und genau deshalb wüßten Paul und ich und alle Ihre Freunde gern, worauf sich bestimmte einzelne Bestandteile, denen Sie besondere Bedeutung beizumessen scheinen, beziehen. Wenn diese ›Dinge‹ sich auf Ihr Leben beziehen, können wir nichts miteinander gemein haben, weil mir das ekelhaft und meiner Lebensart zuwider ist. Aber das betrifft nur Ihr eigenes Leben und hat nichts mit meinem zu tun. Wenn Sie aber Ihre Bilder zur Bekehrung anderer und zur Propaganda einsetzen wollen – selbst im Dienste dessen, was Sie vielleicht für eine schöpferische Idee halten –, so glauben wir, daß Sie Gefahr laufen, Ihr Werk erheblich zu schwächen und auf ein bloßes psychopathologisches Dokument zu reduzieren.«

Ich war plötzlich versucht, ihr mit einer Lüge zu antworten. Gab ich ihr gegenüber zu, Koprophage zu sein, wie sie alle vermutet hatten, würde mich das in den Augen aller zu einem noch interessanteren Phänomen machen. Galas Ton aber war so klar, und ihr von reiner, edler Aufrichtigkeit begeisterter Gesichtsausdruck war so spannungsgeladen, daß mich das bewog, ihr die Wahrheit zu sagen.

»Ich schwöre Ihnen, daß ich kein ›Koprophage‹ bin. Ich verabscheue diese Abirrung ebenso rückhaltlos wie Sie. Aber ich betrachte das Skatologische als Schockelement, genau wie Blut oder meine Heuschreckenphobie.«

Ich erwartete, daß sich nach meiner Antwort Galas besorgte Miene entspannen würde. Dies war jedoch nicht der Fall: Sie nahm meine Antwort zwar als etwas Beruhigendes entgegen, absorbierte sie jedoch sofort. Daraus schloß ich, daß hinter ihrer Frage nach der Koprophagie noch eine andere, noch wichtigere stand – der eigentliche Grund, weshalb sie mit mir sprach, derjenige, der ihr kleines Gesicht zerquälte. An dem Kräuseln ihrer zarten, olivfarbenen Haut erkannte ich, daß ein subtiler Schmerz sich mitteilen wollte, ich konnte ihn säuseln hören wie eine plötzlich erwachte Brise in der Dämmerung. Ich war schon im Begriff, ihr zu sagen:

»Was ist mit Ihnen? Was haben Sie auf dem Herzen? Lassen Sie es heraus, und dann reden wir nicht weiter darüber!«

Statt dessen schwieg ich, von ihrer körperlichen Gegenwart überwältigt. Wozu bedurfte es all dieser Erklärungen? Bezeugte nicht allein die fragile Schönheit ihres Gesichts die Eleganz des Körpers? Ich sah, wie stolz sie in der einschüchternden Haltung einer Siegesgöttin einherschritt, und sagte mir mit einem Anflug aufkeimenden Humors: »Unter ästhetischem Blick-

»Gala schreitet schon wie eine Siegesgöttin – meine Siegesgöttin«

winkel verdunkeln sich auch die Gesichter von Siegesgöttinnen durch Stirnrunzeln. Deshalb will ich lieber nicht versuchen, etwas zu ändern!«

Schon wollte ich sie berühren, meinen Arm um ihre Taille legen, da ergriff Galas kleine Hand die meine und versuchte sie mit äußerster Seelenkraft leicht zu drücken. Da mußte ich wieder lachen, und ich lachte mit einer Nervosität, die durch mein schlechtes Gewissen erhöht wurde, das ich im voraus wegen dieser ärgerlichen und unangebrachten Reaktion hatte.

Aber anstatt sich durch mein Gelächter verletzt zu fühlen, war Gala freudig erregt. Denn mit einer schier übermenschlichen Anstrengung gelang es ihr, abermals meine Hand zu drücken, noch fester als zuvor, statt sie

282

verachtungsvoll fallen zu lassen, wie jeder andere es getan hätte. Mit der Intuition eines Mediums hatte sie genau verstanden, was mein Lachen, das für jedermann so unerklärlich war, bedeutete. Sie wußte, daß mein Lachen ganz und gar verschieden von dem üblichen »fröhlichen« Lachen war. Nein, mein Lachen war nicht skeptisch; es war fanatisch. Mein Lachen war nicht oberflächlich; es war Zusammenbruch, Abgrund, Entsetzen. Und von all den erschreckenden Lachausbrüchen, die sie von mir schon gehört hatte, war dieser ihr zu Ehren dargebrachte der katastrophalste, derjenige, mit dem ich mich, von der höchsten Höhe herab, ihr zu Füßen warf!

Sie sagte: »Mein kleiner Junge! Wir werden einander nie mehr verlassen.« Sie war dazu ausersehen, meine Gradiva* zu sein, »die Vorwärtsschreitende«, meine Siegesgöttin, meine Frau. Aber dazu mußte sie mich heilen, und sie heilte mich wirklich!

Nun folgt die Geschichte dieser Heilung, die allein die andersartige, unbezwingliche, unergründliche Kraft der Liebe einer Frau vollbrachte, gelenkt von einer so reinen und wunderbaren biologischen Klarsicht, daß sie an Gedankentiefe und praktischen Resultaten selbst das anspruchsvollste Ergebnis psychoanalytischer Methoden übertraf.

Den Anfang meiner Gefühlsbeziehung zu Gala kennzeichneten eine ständige krankhafte Abnormität sowie sehr deutlich ausgeprägte psychopathologische Symptome. Hatten meine Lachanfälle bisher etwas Euphorisches gehabt, so wurden sie nun immer qualvoller, krampfhafter und symptomatisch für einen prähysterischen Zustand, der mich trotz der offenkundigen Selbstzufriedenheit, die ich weiterhin aus allen diesen Symptomen gewann, bereits beunruhigte. Meine Regression auf die infantile Phase wurde durch meine wahnhafte Einbildung verstärkt, Gala sei dieselbe, zur Frau herangewachsene Person wie das kleine Mädchen meiner »falschen Erinnerungen«, die ich dort Galuschka genannt habe, was die Verkleinerungsform des Namens Gala ist. Die Wahngebilde und Schwindelvorstellungen (Gipfelrausch, Verlangen, einen anderen oder auch mich selbst von einer Klippe zu stürzen) stellten sich mit erhöhter Intensität wieder ein. Auf einem Ausflug zu den Felsen von Kap Creus bestand ich erbarmungslos darauf, daß Gala bis zur Spitze all der höchst gefährlichen, zum Teil sehr hohen Felsen hinaufkletterte. Bei diesen Klettereien verfolgte ich eindeutig kriminelle Absichten, besonders als wir die höchste Stelle eines riesigen rosa Granitblocks erreichten, »der Adler« genannt, weil er sich wie ein Adler mit ausgebreiteten Schwingen über einen jähen Absturz neigt. Dort oben erfand ich ein Spiel, und ich veranlaßte, daß Gala sich daran beteiligte. Es bestand darin, daß wir große Granitblöcke in Bewegung setzten und das Gesims hinabrollen ließen, so daß sie ins Leere stürzten und wir sie auf die Felsen tief unter uns aufschlagen oder ins Meer krachen sahen. Ich

---

* Der Roman *Gradiva* von W. Jensen wird von Sigmund Freud in »Der Wahn und die Träume« gedeutet. Gradiva, die Heldin dieses Romans, bewirkt die Heilung des männlichen Protagonisten. Als ich diesen Roman las, und zwar bevor ich auf Freuds Interpretation stieß, rief ich: »Gala, meine Frau, ist ihrem Wesen nach eine Gradiva«.

wäre dieses Spiels nie müde geworden, nur die Angst, ich könnte zufällig einmal Gala statt einen dieser Felsen anstoßen, zwang mich, diese Höhen zu meiden, wo ich ständig in Gefahr schwebte und von freudiger, bebender Erregung erfaßt war, die in Destruktion ihre Abfuhr fand.

Derselbe Groll, den ich einst gegenüber Dullita empfunden hatte, schlich sich nun in bezug auf Gala in mein Herz. Auch sie war gekommen, um meine Einsamkeit zu stören, sie zunichte zu machen, und ich überschüttete sie mit ganz ungerechten Vorwürfen: Sie halte mich von der Arbeit ab, sie dränge sich heimlich in mein Gehirn ein, sie »depersonalisiere« mich. Im übrigen war ich überzeugt, sie wolle mir Leid zufügen. Oft sagte ich, wie von einer plötzlichen Angst ins Genick gebissen, zu ihr:

»Vor allem tu mir bitte, bitte nicht weh. Und ich darf dir auch nicht weh tun. Wir dürfen einander nie weh tun!«

Und dann schlug ich ihr vor, bei Sonnenuntergang zu einer Anhöhe hinaufzusteigen, von der wir einen schönen Ausblick haben würden.

Nun möchte ich den Umstand, daß wir diese Stelle erreicht haben, von wo aus sich uns ein weiter Blick eröffnet, nutzen und Ihnen, liebe Leser, und mir selbst eine Pause gönnen, nachdem ich Sie gezwungen habe, mit mir über so viele steile Hänge zu wandern, um diesen Höhepunkt auf meinem Lebensweg so schnell wie möglich zu erreichen. Wir sind alle müde und haben erst gut die Hälfte des Weges in diesem Buch zurückgelegt. Des-

»Pferdewechsel«

halb brauchen wir ein wenig Zeit, bevor wir – nach einer kleinen Weile wohlausgeruht – den Abstieg auf einem anderen, elegischeren Pfad antreten mit dem gemächlicheren, philosophischen Schritt, welcher der auf der soeben zurückgelegten Strecke gewonnenen Erfahrung angemessen ist, – zurück in die beruhigenden, uns vertrauten Gefilde.

So, liebe Leser, die Sie mir bis jetzt Gesellschaft geleistet haben, hier wollen wir uns niederlassen. Lassen Sie Ihren Blick über das klare Panorama der Landschaft von Cadaqués schweifen, die Sie jetzt vor Augen haben, und während unsere Körper ausruhen, lassen Sie mich Ihre Seele noch einmal aufwühlen, indem ich Ihnen eine zugleich verwirrende und großartige Geschichte erzähle und interpretiere, die mir in meiner Kindheit meine Amme Llucia erzählt hat. Sie ist nicht nur unterhaltsam, sondern Sie werden sogleich in der weiblichen Heldin, die ich Gradiva nennen werde, die Person Galas wiedererkennen, aber auch sofort mich selbst in der Person des Königs, des anderen Protagonisten dieses mittelalterlichen katalanischen Volksmärchens, dem ich die vielsagende Überschrift gegeben habe:

Die Puppe mit der Zuckernase

Und nun schnalzen Sie genüßlich mit der Zunge, meine Leser, so daß es sich wie das den Ohren so angenehme Entkorken einer Flasche anhört, denn ich gehe daran, die vollen Flaschen, die Sie alle sind, zu entkorken, und habe vor, mich heute abend am süchtigmachenden Alkohol Ihrer Neugier vollständig zu betrinken.

Gleich werde ich anfangen ... Ich fange an ... So, nun haben wir angefangen!

Es war einmal ein König, der führte ein sehr seltsames Leben. Jeden Tag brachte man ihm drei der schönsten Mädchen im Königreich, die mußten die Nelken in seinem Garten begießen. Er schaute von der Spitze seines Turms auf sie hinab und zögerte lange, ehe er diejenige auswählte, welche die Nacht im königlichen Bett verbringen sollte, um das herum wohlriechende Öle brannten. Mit den kostbarsten Kleidern und Juwelen geschmückt, mußte sie die ganze Nacht hindurch schlafen oder so tun, als ob sie schliefe. Der König berührte sie nie, er schaute sie nur an. Wenn aber die Morgendämmerung anbrach, schlug er ihr mit einem einzigen Säbelhieb den Kopf ab.

Um seine Wahl kundzutun, redete der König diejenige an, die er dazu ausersehen hatte, das Opfer der Nacht seiner »unerfüllten Liebe« zu sein, und stellte jedesmal über die Mauerbrüstung des Turms gelehnt die gleiche Frage:

»Wieviele Nelken wachsen in meinem Garten?«

Und das Mädchen, das durch diese Frage sein Todesurteil erfuhr, mußte schamhaft seine Augen niederschlagen und ihm jedesmal grollend mit der Gegenfrage antworten:

»Wieviele Sterne stehen am Himmel?«

Worauf der König verschwand. Das erkorene Mädchen lief nach Hause, wo ihre weinenden Eltern ihr zur Vorbereitung auf die todbringende Hochzeitsnacht ihre kostbarsten Gewänder anlegten.

Eines Tages fiel des Königs Wahl auf ein Mädchen, dessen Schönheit und Klugheit im ganzen Königreich berühmt waren. Dieses Mädchen nun, das von Schönheit und Klugheit gleichermaßen strahlte, fertigte, als es erfuhr, daß sie die Erwählte war, eine Wachspuppe an, der sie eine Zuckernase anklebte.

Bei Anbruch der Nacht hüllte sie sich in ein weißes Bettuch und ging, die Puppe darin verbergend, hinauf in das Hochzeitsgemach, wo alle Kerzen brannten. Sie legte die Wachspuppe mit der Zuckernase auf das Bett und bedeckte sie mit ihren schönsten Juwelen. Sie selbst kroch unter das Bett und wartete.

Der König betrat das Gemach, zog sich nackt aus und legte sich neben die, die er für die Erwählte hielt. Die ganze Nacht über schaute er sie an, berührte sie jedoch nicht, ganz wie er es gewohnt war. Ebenso zog er wie gewöhnlich, als er die Morgendämmerung herannahen fühlte, seinen Säbel aus der Scheide und trennte mit einem einzigen Hieb den Kopf der Wachspuppe ab. Durch den Schlag brach die Zuckernase ab und flog genau in des Königs Mund. Von der Süßigkeit der Zuckernase überrascht, rief der König schmerzerfüllt:

> *Dulcetta en vida,*
> *Dulcetta en mor,*
> *Si t'agues coneguda*
> *No t'auria mort!*

was übersetzt heißt:

> *Süße im Leben,*
> *Süße im Tod,*
> *Hätt' ich dich erkannt,*
> *Lebtest du noch!*

In diesem Augenblick kroch die schlaue Schöne, die alles mitangehört hatte, unter dem Bett hervor, zeigte sich dem König und enthüllte ihm ihre List.

Der von seiner verbrecherischen Abartigkeit so plötzlich und wunderbar geheilte König heiratete sie, und sie lebten noch viele Jahre glücklich zusammen.

Hier ist das Märchen zu Ende.

Nun wollen wir versuchen, diese Geschichte in dem Lichte zu deuten, das die Psychoanalyse vermittels meiner eigenen Untersuchungsmethoden auf sie werfen kann.

Beginnen wir mit dem zentralen Element der List, der Wachspuppe mit der Zuckernase, zuallererst mit dem Wachs selber als einem offenkundig charakteristischen und bestimmenden Element.

Narcisse.

Zunächst erinnere ich an seine fahle Farbe, von der Ausdrücke wie »wachsbleich« oder »wachsgelb« zeugen, sowie an die geläufige Gleichsetzung dieser Farbe mit der Blässe des Todes; sodann an seine Geschmeidigkeit (eine Art Fleischimitation). Wachs ist weiterhin nicht nur derjenige Stoff, der sich am besten zur Nachbildung lebender Formen und Gestalten eignet, sondern auch derjenige, mit dem man sie auf die beängstigendste Weise nachbilden kann – das heißt derjenige Stoff, der, wiewohl der lebenswahrste, zugleich der trägste, gespenstischste, kurzum der makaberste ist (denken Sie an diese künstlichen Friedhöfe, die morbiden Wachsfigurenkabinette, insbesondere das Musée Grevin in Paris). Der nicht abstoßende Charakter des Wachses, welcher noch durch eine attraktive Weichheit verstärkt wird, hat verschiedene Ursachen, die sehr viel unmittelbarer und weniger verstandesmäßig sind als seine Wesensgleichheit mit dem Honig, von dem es ursprünglich herstammt. Diese Weichheit des Wachses ist zum Teil auf seine außerordentliche Duktilität zurückzuführen; erhitzt man es, geht es zudem in den flüssigen Zustand über – eine Eigenschaft, die so viele andere formbare Stoffe (Ton usw.) nicht besitzen, die im Gegenteil die Tendenz haben, zu trocknen und hart zu werden. In dieser Verflüssigung, die mit der Auflösung der Gestalt einhergeht, erkennt man leicht das Charakteristikum des Leichenzerfalls.

Wir beobachten ferner, daß, obgleich Wachs ganz offenkundig an Zerfall erinnert – wie es bei einer zerschmelzenden Wachspuppe der Fall wäre –, dies dennoch nie Widerwillen hervorrufen würde. Stattdessen ist man sich eines sanften Schmerzes bewußt dank der Tatsache, daß hier die angenehmste und mildeste Form, einen solchen Zerfallszustand zu repräsentieren, vorliegt. Es ist, als berühre uns bei jeder Gelegenheit und unter allen Umständen die durch das Medium des Wachses vermittelte Erinnerung an den Tod in der sanftesten Weise und bilde eine Scheinsüße, die wir brauchen, um einen großen Schrecken zu »schlucken«. In der gesamten Anekdotologie der Toten- und Bestattungsriten spielt Wachs durchgängig und beständig diese täuschende, mildernde Rolle, auf die wir soeben hingewiesen haben, insofern es mit einem attraktiven Scheinlicht begehrenswerten Lebens unter flackernden, verzehrenden Kerzenflammen Licht auf die Toten wirft.

Ohne den schwindelerregenden Abhang meiner Hypothese zu verlassen, müssen wir uns ausmalen, daß der Nekrophile vom Geruch brennenden Wachses schrecklich beunruhigt wird; indem dieser Geruch den Schweißgeruch des nun reglos, leblos, schweißlos daliegenden geliebten Wesens ersetzt, dient er dazu, den beginnenden wirklichen Todesgeruch begehrenswerter zu machen, den er überlagert, abschwächt und mit der surrogathaften und euphemistischen Illusion versieht, ohne die die nostalgische Lust der »leidenschaftlichen Abirrung« eines Nekrophilen nicht denkbar ist.

Wachs dient also durch seine mildernde, idealisierende Darstellung des Todes dazu, den Weg zu nekrophilen Impulsen und Begierden zu verkürzen. Ferner überwacht es den Verdrängungsmechanismus und hält der Bewußtseinssphäre die koprophagischen Hirngespinste fern, die in mehr oder weniger verhüllter Form mit der »Begierde nach Abfallstoffen« allgemein einhergehen. So ersetzt die scheinheilige Wärme des Wachses in einer symbolischen Situation die grausame Roheit der wahren Absicht dieser Hirngespinste, während alle Kerzen kopro-nekrophiler Erfüllung bereits brennen für die Hochzeit, auf der diese beiden Leidenschaften, die zusammen den Gipfel an Abirrung und Perversität ausmachen, miteinander vermählt werden.*

Zu unserem Märchen zurückkehrend müssen wir feststellen, daß der König durch seine äußerst krassen nekrophilen Gefühle dazu veranlaßt wurde, seiner letzten entscheidenden Tat ein geeignetes vollständiges Ritual vorangehen zu lassen, das dazu bestimmt war, die dem tödlichen Ende vorausgehende »erwartungsvolle, unerfüllte« Liebe zu bemänteln. Das Opfer des Königs mußte bekanntlich die Nacht völlig regungslos zubringen; sie mußte schlafen oder Schlaf vortäuschen – mit einem Wort, sie mußte eine Tote spielen. Der König hatte in seiner Wahnvorstellung außerdem befohlen, daß das Mädchen *a u f* der Bettdecke schlafe und mit exquisiten, hinreißend schönen Kleidern angetan sei, wie eine Leiche. Auch wird angegeben, daß wohlriechende Öle im Hochzeitsgemach brannten und daß »sämtliche Kerzen« (wie für eine Tote) angezündet sein mußten. Das ganze neurotische Vorspiel hatte offensichtlich keinen anderen Zweck, als mit Hilfe von Abbildern des Todes idealisierte Darstellungen seines pathologischen Falles zu liefern, damit das Opfer in seiner Vorstellung bereits sein Leben ausgehaucht hatte, und zwar schon lange vor dem Höhepunkt, auf dem er dann, wie in einer definitiven und realen »Lustverwirklichung«, dazu gelangte, die ersehnte tote Frau mit seiner Waffe wirklich zu töten, und dies im Moment der Erfüllung seines Lustkrampfs – der aufgrund seiner Abirrung genau mit der Ejakulation zusammenfiel.

Just an diesem Höhepunkt der Geschichte, so heißt es, handelte die schlaue Schöne, die sich durch die Wachspuppe hatte vertreten lassen, in-

* Aufgrund einer 1929 verfaßten sehr genauen Studie über die Wachskerze kam ich zu dem Schluß, daß sich dieser Gegenstand für eine ganze Reihe von Symbol-Situationen eignet, in denen unbewußte Darstellungen von Eingeweide- und Verdauungsmetaphern nicht anstößigen Charakters zur Apotheose menschlicher Abfallstoffe – des Kothaufens – führen.

tuitiv so wie eine raffinierte, äußerst geschickte Expertin moderner Psychologie. Sie bewirkte durch ihr Verhalten die Wunderheilung ihres zukünftigen Gatten durch eine Ersatzhandlung, die man nur als magisch bezeichnen kann. Die Wachspuppe muß dem König »toter« als alle seine anderen schönen Mädchen erschienen sein und zugleich als die Einmaligste, Lebenswahrste, Weichste, am meisten Ersehnte und »Metaphysischste« von allen. Die abspringende Nase – eine echt den Tod evozierende Entstellung – muß auch, indem sie womöglich an einen Kastrationskomplex erinnerte, seine Furcht vor Strafe wiederheraufbeschworen und zugleich atmosphärisch eine Gewissensregung angebahnt haben, die angesichts drückender Schuldgefühle eine Entladung von Reue begünstigte. Der König, wahrscheinlich ein kannibalistischer Kopro-Nekrophiler, suchte im Grunde bloß den verborgenen, wahren Geschmack des Todes zu kosten, wobei sein Zensor ihm als einzige Möglichkeit, dies zu erreichen, den Weg über das Scheinleben des wächsernen Pseudo-Schlafs und der leichenähnlichen Aufmachung und Ausschmückung gestattete. Der Zuckergeschmack der unerwartet in seinen Mund fliegenden Nase kann nur einen aufstörenden Umschwung bewirkt haben, etwas widersinnig Inadäquates und Paradoxes, auf das er genauso reagierte, wie – im umgekehrten Fall – der Säugling reagiert, wenn er entwöhnt wird.* Das Kind findet, daß die mütterliche Brust statt des erwarteten angenehmen Milchgeschmacks plötzlich einen bitteren, unangenehmen, ja ekligen Geschmack hat. Diese Erfahrung möchte es nicht noch einmal machen; nach solch grausamer Enttäuschung will es nicht mehr an der Brust der Mutter saugen.

Der König wünschte ein Leichengericht und fand statt des Leichengeschmacks den des Zuckers, wonach er kein Leichengericht mehr wollte. Darüber hinaus spielte die »Zuckernase« in unserem Märchen aber eine noch sehr viel differenziertere und entscheidendere Rolle als die, den König mit Erfolg vom Tode entwöhnt zu haben. Sie entsprach zwar nicht dem insgeheim ersehnten Todesgeschmack, doch war diese Enttäuschung nur relativ unangenehm. Denn erstens wurde sie zu einem lichten Element kannibalistischen Bewußtseins. Am wichtigsten war aber der Umstand, daß diese Enttäuschung genau im Augenblick höchster Lust erlebt wurde (wie bei hysterischen Anfällen); dadurch wurde die Wirklichkeit einer unerwarteten und unbekannten, im wirklichen Leben »effektiven« und »wahrnehmbaren« Süße augenblicklich und mit äußerster Heftigkeit neu bewertet – einer Süße, die plötzlich auftauchen und begehrenswert werden konnte, eben weil die Zuckernase gerade als »Brücke« fungiert hatte, auf der das Begehren von seiner Todesorientierung ins Leben hinüberwandern konn-

---

* Hier bezieht sich der Autor auf die früher weitverbreitete Methode, Säuglinge dadurch zu entwöhnen, daß man die Brustwarzen der stillenden Mutter mit einer unangenehm schmeckenden Substanz überstrich. (Anmerkung von H. M. Chevalier)

te. So wurde die ganze libidinöse Entladung des Königs eine abtrünnige Fixierung auf das Leben, da dessen reale Süße überraschenderweise an die Stelle der erwarteten fiktiven Todessüße getreten war.

> *Süße im Leben,*
> *Süße im Tod,*
> *Hätt' ich dich erkannt,*
> *Lebtest du noch!*

Das Wort »Leben« erscheint in der ersten Zeile unabsichtlich, da es ja erst aus der zweiten Zeile gefolgert und abgeleitet werden kann; dies ist eine ganz spontane Form, das Bedauern, sie getötet zu haben, auszudrükken. Sie bestätigt die Vorahnung, daß der König von seinen psychischen Verwirrungen geheilt werden wird.

So wurde noch einmal der Mythos, das Leitmotiv meines Denkens, meiner Ästhetik, meines Lebens, verwirklicht: Tod und Auferstehung! Die Wachspuppe mit der Zuckernase ist also nur ein »Objekt-Wesen« der Verzückung, erfunden von der Leidenschaft einer jener Frauen, die wie die Heldin des Märchens, wie Gradiva oder wie Gala fähig sind, kraft eines geschickten Abbilds ihrer Liebe moralisches Dunkel mit der scharfen Luzidität »lebendiger Irrer« zu erhellen. Für mich bestand das große Problem von Wahnsinn und Luzidität in den verwischten Grenzen zwischen der Galuschka meiner falschen Erinnerungen (sie war durch den Pulsschlag meines Unterbewußtseins und durch mein Verlangen nach Einsamkeit bereits hundertmal gestorben und zur Schimäre geworden) und der wirklichen Gala, deren Körperlichkeit ich in der pathologischen Abirrung meines Geistes nicht auflösen konnte. Und eben diese mir fehlenden Grenzen werden in dem eben erzählten Märchen mit vergegenständlichender Symbolik in Form eines echt »surrealistischen Objektes«* gezogen – dort wo die Wachspuppe aufhört, wo die Zuckernase beginnt, wo Gradiva aufhört und wo Zoe Bertrand in Jensens *Der Wahn und die Träume*** beginnt. Das ist hier die Frage! möchten wir, Hamlet parodierend, sagen.

Nun, da meine Leser das Märchen und auch seine Deutung kennen, ist es an der Zeit, unseren Weg fortzusetzen. Und während unseres Abstiegs auf der anderen Seite des Berges will ich versuchen, eine Parallele zwischen meinem Fall und dem des Königs zu ziehen, damit Ihnen die Fortsetzung der Geschichte von Gala und mir in jeder Hinsicht verständlich werden kann.

---

* Die Heldin, die die Wachspuppe mit der aufgeklebten Zuckernase erfand, schuf damit tatsächlich ein überraschendes »surrealistisches Objekt mit Symbolfunktion« (von der Art derer, die ich 1930 in Paris wiedererfinden sollte). Dies anthropomorphe Objekt war dazu bestimmt, durch einen Schwerthieb »aktiviert« zu werden und durch den Sprung seiner Nase in den Mund des den Schlag führenden Nekrophilen Phantasmen und Vorstellungen von Leben in der nostalgischen Gefühlswelt eines unbewußten Kopro-Nekrophilismus freizusetzen.

** Zoe Bertrand ist die eigentliche Protagonistin, das Double der mythischen Gestalt Gradivas in Jensens oben erwähntem Roman (siehe Anmerkung S. 283).

Gradiva . . .

Auch ich war, wie Sie alle wissen, ein König. Nicht nur hatte ich meine ganze Kindheit in einem Königskostüm zugebracht (und meine Jugend und das spätere Leben haben dies Prinzip absoluter Autokratie nur bestärkt und fortentwickelt), sondern ich hatte auch beschlossen, daß die Imago meiner Liebe ständig »Schlaf vortäuschen« müsse; denn ich habe ja schon mehrfach erklärt, daß ich diesem Bild jedesmal, wenn es auf dem geschmückten Lager meiner Einsamkeit »allzu regsam« wurde, zurief: »Tot!« Und das schimärische, unsichtbare Bild meiner Liebe nahm auf diesen Befehl hin wieder seine bewegungslose Haltung ein und »stellte sich tot«. Wir haben auch schon gesehen, daß die wenigen Male, da Galuschkas Bild reale Gestalt annahm (zum Beispiel in der Person der Dullita meiner wahren Erinnerungen), die Sache schlimm auszugehen drohte. Ich war nicht nur ständig von Gefahr umgeben, ich war fast im Begriff, Verbrechen zu begehen! Auch ich liebte es, wie der König im Märchen, die angespannte Erwartung, in der die ganze peinvolle Wollust jenes großartigen Mythos »unerfüllter Liebe« lag, pervers und maßlos, über die Grenze zum Pathologischen hinaus zu verlängern. Auch ich …

In diesem Sommer jedoch, das wußte ich, würde das wiederbelebte und bisher fügsame Bild der schimärischen Galuschka meiner falschen Erinnerungen, das nun in Galas eigensinnigem Leibe verkörpert war, nicht mehr auf eine bloße Befehlsgeste hin »bei Fuß« kommen und »sich tot stellen«.

291

Ich wußte, mir stand die »große Prüfung«, die Liebesprobe meines Lebens, bevor; und meine Liebe, die eines Halbverrückten, konnte auch nicht wie die anderer Männer sein! Je näher die Stunde des »Opfers« kam, desto weniger wagte ich darüber nachzudenken. Immer wieder stieß ich, nachdem ich mich von Gala am Eingang des Hotel Miramar getrennt hatte, einen langen, tiefen Seufzer aus und rief: »Es ist furchtbar!« Was ist furchtbar? fragte ich dann ohne Verständnis für meine neue Geistesverfassung. Dein ganzes Leben lang hast du dich nur nach dem gesehnt, was jetzt bevorsteht, und noch dazu: »Sie ist es!« Nun aber, da der Augenblick bevorsteht, glaubst du vor Angst zu sterben, Dali! In dem Maße wie meine Lachanfälle und mein hysterischer Zustand immer heftiger wurden, nahm mein Geist die für Abwehrmechanismen typische Geschmeidigkeit und Beweglichkeit an. Ja, mit meinen Ausflüchten und meinen eines Torero würdigen *capeas** »bekämpfte« ich dies Kernproblem meines Lebens, diesen Stier meiner Begierde, der, das wußte ich, im gegebenen Augenblick bewegungslos und drohend wenige Zentimeter vor meiner eigenen Bewegungslosigkeit stehenbleiben würde, um mich vor die einzig mögliche Wahl zu stellen, entweder ihn zu töten oder von ihm getötet zu werden.

Gala begann wiederholt auf »etwas« anzuspielen, das »unvermeidlich« zwischen uns geschehen müsse, etwas »sehr Wichtiges«, für unsere »Beziehung« Entscheidendes. Aber konnte sie denn in meinem gegenwärtigen überreizten Zustand überhaupt mit mir rechnen, der ich mich, weit davon entfernt, normaler zu werden, mit dem auffälligsten Flittertand der Verrücktheit zierte und hinter mir eine immer aufsehenerregendere Prozession von »Symptomen« sammelte? Außerdem schien mein psychischer Zustand ansteckend zu wirken und Galas anfängliches Gleichgewicht zu bedrohen.

Wir machten lange Wanderungen zwischen Olivenbäumen und Rebstöcken, ohne miteinander zu reden, in quälend angespannter beiderseitiger Zurückhaltung; es hatte fast den Anschein, als wollten wir unsere verbogenen, unterdrückten und verknoteten Gefühle durch die körperliche Strapaze unserer weiten Märsche weiter unterjochen. Aber der Geist läßt sich nicht nach Belieben ermüden! Solange die Triebe grausam unbefriedigt bleiben, gibt es weder für den Körper noch die Seele Müdigkeit, Erschöpfung oder gar Entspannung. Wie müssen wir auf diesen Wanderungen ausgesehen haben, wir beiden Verrückten! Manchmal warf ich mich zu Boden und küßte leidenschaftlich Galas Schuhe. Was hatte sich wohl in meiner Seele abgespielt, kurz bevor die in dieser überschwenglichen Reaktion erkennbaren Gewissensbisse entfesselt wurden? Eines Abends erbrach sich Gala zweimal während unserer Wanderung und wurde von qualvollen Krämpfen geschüttelt. Dies Erbrechen war nervlich bedingt und, wie sie mir erklärte, das vertraute Symptom einer langen psychischen Krankheit,

---

* Die Art, in der ein Torero den Stier durch Täuschungsmanöver, die er mit seinem Mantel ausführt, irreführt.

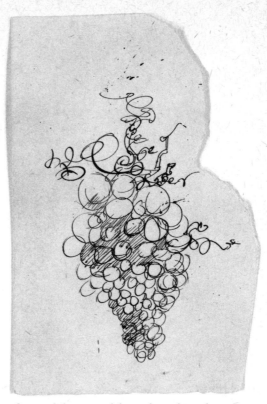

von der ein großer Teil ihrer Mädchenjahre überschattet gewesen war. Gala hatte nur ein paar Tropfen Galle erbrochen, die rein wie ihre Seele und von der Farbe des Honigs waren.

Ich begann damals *Die Anpassung der Begierden* zu malen, ein Bild, auf dem die Begierden durch furchterregende Löwenköpfe dargestellt wurden.

»Bald werden Sie wissen, was ich von Ihnen erwarte«, sagte Gala zu mir. Es konnte von meinen Löwenköpfen nicht sehr verschieden sein, dachte ich und versuchte, mich im voraus an die drohende Enthüllung zu gewöhnen, indem ich mir das Schrecklichste ausmalte.

Ich drängte Gala nie dazu, mir das, woran sie dachte, zu sagen, bevor sie nicht selbst dazu bereit war. Im Gegenteil, ich wartete darauf wie auf einen unvermeidlichen Urteilsspruch, vor dem wir, war er einmal ausgesprochen, nicht mehr zurückweichen konnten. Noch nie in meinem Leben hatte ich »den Geschlechtsverkehr vollzogen«, und ich stellte mir diesen Akt schrecklich gewaltsam vor, glaubte, er stehe in keinem Verhältnis zu meinen körperlichen Kräften – »dies war nichts für mich«. Ich nutzte jede Gelegenheit, um Gala in einem gequälten Ton, der sie sichtlich irritierte, zu wiederholen: »Denke vor allem daran, daß wir versprochen haben, einander niemals weh zu tun!«

Dies war der Stand unserer Liebesbeziehung zu Beginn des Monats Sep-

»Wir müssen es hinter uns bringen!« – Weiß oder rot?«

tember. Alle meine zu der kleinen Surrealistengruppe gehörenden Freunde waren nach Paris abgereist, auch Eluard. So blieb Gala allein in Cadaqués zurück. Sooft wir uns trafen, schienen wir einander zu sagen: »Wir müssen es hinter uns bringen!« Schon waren im einsamen Echo der Berge die Schüsse der Jäger zu hören, und auf den zum Verzweifeln ebenmäßigen und heiteren Augusthimmel folgten nun die Quellwolkendämmerungen des Herbstes, den es schon nach der nahenden saftvollen Weinlese unserer Leidenschaft dürstete. Gala saß auf einer Trockenmauer und aß dunkle Trauben. Es war, als werde sie mit jeder neuen Traube strahlender und schöner. Und mit jedem neuen schweigsam gerundeten Nachmittag unserer Liebesidylle fühlte ich, wie Gala im Einklang mit den Weintrauben an Süße gewann. Selbst Galas Körper fühlte sich an, als bestehe er aus dem »fleischgewordenen Himmel« einer goldenen Muskatellertraube. Morgen? dachten wir beide. Und als ich ihr zwei neue Trauben brachte, ließ ich sie wählen – weiß oder rot?

An dem Tag, den wir festgesetzt hatten, trug sie ein weißes Kleid. Es war hauchdünn, und als wir den Hang hinaufstiegen, zitterte es um sie wie ein Schauder, so daß »mir kalt wurde«. Höher oben wehte der Wind allzu heftig, und ich benutzte dies als Vorwand, auf unserem Weg die Höhen zu meiden.

Wir stiegen wieder hinab und setzten uns mit Blick zum Meer auf eine in den Fels gehauene Schieferbank, wo wir vor dem leisesten Windhauch geschützt waren. Wir befanden uns in einer der wildesten, einsamsten Steinwüsten um Cadaqués. Über uns hielt der September die mattsilberne Knoblauchzehe des jungen Halbmonds, der durch den Urgeschmack der Tränen, die Gala und mir qualvoll die Kehle zuschnürten, von einem Lichthof umgeben war. Aber wir wollten nicht weinen, wir wollten es hinter uns bringen.

Galas Gesicht hatte einen entschlossenen Ausdruck.

»Was erwartest Du von mir?« fragte ich, meine Arme um sie legend.

Sie konnte vor Erregung nicht sprechen. Nach mehreren Ansätzen schüttelte sie schließlich plötzlich den Kopf, und Tränen strömten über ihre Wangen. Ich gab nicht nach. Dann öffnete sie endlich mit entschiedener Anstrengung die Lippen und sagte mit kläglicher Kinderstimme:

»Wenn Sie es nicht tun wollen, versprechen Sie, niemandem etwas davon zu sagen?«

Ich küßte sie auf den Mund, in den Mund. Ich tat dies zum ersten Mal. Bis dahin hatte ich es nicht für möglich gehalten, daß man so küssen konnte. Von der Erschütterung der Sinne geweckt, erhoben sich alle Parsifals meiner lange gezügelten, gewaltsam beherrschten erotischen Begierden mit einem einzigen Sprung. Und dieser erste, mit Speichel und Tränen vermischte, vom hörbaren Aufeinanderschlagen unserer Zähne und unserer wild arbeitenden Zungen begleitete Kuß rührte nur an den Saum unseres lüsternen Hungers aufeinander: Wir wollten uns ganz ineinander verbeißen und alles bis auf den letzten Rest verschlingen. Vorerst aß ich diesen Mund, dessen Blut sich bereits mit meinem vermischte. Ich entpersönlichte mich, gab mein Ich auf in diesem bodenlosen Kuß, der sich soeben unter meinem Selbst wie ein schwindelerregender Strudel aufgetan hatte, in den ich schon immer alle meine Freveltaten hatte hinabschleudern wollen und in welchem ich jetzt selbst zu versinken bereit war.

Ich zog Gala an den Haaren, riß ihren Kopf zurück und befahl zitternd vor Hysterie:

»Jetzt sage mir, was du von mir erwartest! Sag es mir aber langsam, und schau mir dabei in die Augen, mit den unverblümtesten, obszönsten Worten, über die wir beide die tiefste Scham empfinden können!«

Atemlos, bereit, jede Einzelheit dieser Enthüllung zu trinken, riß ich die Augen weit auf, um besser zu hören, besser zu fühlen, wie ich vor Begierde

"we became one in a maelstrom – the volate of my lost "paradise"

Gala Salvador Dali
1941

»Wir wurden eins in einem Malstrom – dem Schneckengehäuse meines verlorenen Paradieses«   296

starb. Da nahm Galas Gesicht den schönsten Ausdruck an, dessen ein Menschenwesen fähig ist und gab mir zu verstehen, daß mir nichts erspart werde. Meine Leidenschaft näherte sich jetzt dem Wahnsinn und in dem Bewußtsein, daß ich noch gerade genügend Zeit hatte, wiederholte ich noch tyrannischer, noch überlegter:

»Was – er-war-test – du – von – mir?«

Da erlosch in Galas Gesicht der letzte Schimmer von Freude und sie antwortete hart und tyrannisch:

»Ich will, daß du mich umbringst.«

Keine Interpretation der Welt hätte die Bedeutung dieser Antwort abschwächen können; sie bedeutete genau, was sie sagte.

»Wirst du es tun?« fragte sie.

Ich war so überrascht und enttäuscht darüber, daß mir »mein eigenes Geheimnis« als Geschenk angeboten wurde an Stelle des glühenden erotischen Vorschlags, den ich erwartet hatte, daß ich, in unbeschreiblicher, schwindliger Verwirrung verloren, mit der Antwort zögerte.

»Wirst du es tun?« hörte ich sie wiederholen.

Schon der Ton ihrer Stimme verriet verachtungsvollen Zweifel. Von Stolz angestachelt, riß ich mich zusammen. Ich fürchtete plötzlich, das Vertrauen Galas, die mich jedes moralischen Mutes und jeder Verrücktheit für fähig hielt, zu enttäuschen. Wieder umschlang ich sie mit meinen Armen und antwortete im feierlichsten Ton, dessen ich fähig war:

»JA!«

Und wieder küßte ich sie heftig auf den Mund, während ich tief im Innern wiederholte: »Nein! Töten werde ich sie nicht!«

Mein zweiter Kuß war also ein Judaskuß voll zärtlicher Heuchelei. Er vollzog den Akt ihrer Lebensrettung und erweckte meine Seele wieder zum Leben.

Gala begann mir genau die Gründe für ihren Wunsch darzulegen, und plötzlich ging mir auf, daß auch sie eine Innenwelt von Sehnsüchten und Enttäuschungen hatte und sich in ihrem eigenen Rhythmus zwischen den Polen von Luzidität und Wahnsinn bewegte. Während sie sprach, begann ich allmählich ihren »Fall« in Erwägung zu ziehen. Ich sagte mir immer wieder, es sei keineswegs eine ausgemachte Sache, daß ich schließlich nicht doch tun würde, worum sie mich gebeten hatte – sie zu töten! Moralische Skrupel könnten mich von einer solchen Tat jedenfalls nicht abhalten. In Anbetracht unserer völligen Übereinstimmung in dieser Frage ließe sich ihr Tod auch leicht als Suizid darstellen. Um diese Annahme zu bestätigen, würde ich lediglich einen Brief von ihr benötigen.

Gala beschrieb mir nun ihr unüberwindliches Grauen vor der »Stunde ihres Todes«, das sie seit ihrer Kindheit gequält habe. Wenn es soweit wäre, wollte sie sterben, ohne es zu merken, »ordentlich« und so, daß ihr die Angst vor den letzten Augenblicken erspart bliebe.

Wie ein Blitz durchfuhr mich der Gedanke, Gala von der Spitze des

Glockenturms der Kathedrale von Toledo hinabzustürzen – an diesem Ort war ich schon einmal in ähnliche Versuchungen geraten, als ich mit einem sehr schönen Mädchen, das ich in meiner Madrider Zeit kennengelernt hatte, dort hinaufgestiegen war. Aber dieser Gedanke paßte nicht zu Galas Wunschvorstellung, denn im Fallen würde sie einen Augenblick schrecklicher Angst erleben. Aus zahlreichen anderen Gründen kam für mich der Gedanke an den Glockenturm in Toledo sowieso nicht in Frage – denn wie wollte ich mich rechtfertigen, wenn ich zur gleichen Zeit auf dem Turm gewesen wäre? Eine einfache Vergiftung interessierte mich nicht. So kam ich immer wieder auf meine »teuflischen Abgründe« zurück; ich träumte von einem Schauplatz in Afrika, der mir einen Augenblick lang der Stimmung wegen geeignet erschien. Aber ich gab auch diese Idee sofort auf. Dort war es zu heiß! Und außerdem sagte mir der Gedanke sowieso nicht zu.

Deshalb gab ich es auf, weitere Einfälle zu zeugen, denn sie starben ja doch, bevor sie überhaupt geboren waren, und konzentrierte meine ganze Aufmerksamkeit auf das, was Gala sagte: Sie brachte es mit solch begeisterter Eloquenz und Gestik vor, daß ich nicht wußte, ob ich sie anschauen oder ihr zuhören sollte. Galas Vorstellung, den Tod in einem unvorhergesehenen, glücklichen Augenblick ihres Lebens zu finden, war nicht bloß ein kindlich schwärmerischer Drang, wie vielleicht jemand geglaubt hätte, der die entscheidende Bedeutung eines solchen Gedankens nicht so schnell erfaßte wie ich – mir sagte schon der »Ton« bewußter Ekstase, in welchem sie ihren Wunsch äußerte, alles. Galas Idee war für ihr Seelenleben wirklich von grundlegender Bedeutung, und in dem Augenblick, als sie ihr Geständnis machte, sah ich in dem wunderschönen Ausdruck ihres Gesichts alle Fasern ihres Gefühlslebens bloßliegen und in einer Pyramide zusammenlaufen – auf den Punkt einer einzigen, unannehmbaren, Vorstellung hin: die Todesstunde, als Ziel der Prozession der Alterssymptome, die jener vorausgehen und auf sie vorbereiten.

Indes könnte nur die genaue Beschreibung von Galas geheimem Leben die wahren Gründe ihrer Entschlossenheit offenlegen. Wenn sie mich auch ermächtigt hat, hierüber zu schreiben, so weigere ich mich doch, es zu tun. In diesem Buch möchte ich nur eine einzige Person sezieren – mich selbst! – und diese Vivisektion meines Ego vollziehe ich nicht aus Sadismus oder Masochismus, sondern aus Narzißmus. Ich vollführe sie mit Geschmack – meinem eigenen – und auf jesuitische Art. Außerdem gilt: Eine totale Sektion ist erotisch nicht interessant; sie läßt alles genau so unerforschlich und frisiert wie es das *v o r* der Entfernung der Haut und des Fleisches war. Gleiches gilt für das bloße Skelett. Meine Methode ist es, zu verbergen und zu enthüllen, die Möglichkeit gewisser innerer Verletzungen behutsam anzudeuten, während ich zugleich andernorts an völlig freiliegenden Stellen die nackten Sehnen der menschlichen Gitarre zupfe und dabei nie vergesse, daß es wünschenswerter ist, die physiologische Resonanz des Präludiums

... Grub diese Worte ein: Nutze sie aus und töte sie!...

erklingen zu lassen als den melancholischen Schluß der vollendeten Tatsache.

Wir wollen deshalb Dalis Vivisektion ästhetisch und kunstvoll vornehmen und die Knochen vor Nüchternheit glänzen lassen, und zwar genau dort, wo es die herzzerreißendste Wirkung hervorbringen kann. »Man konnte seinen Knochen sehn! Man konnte seinen Knochen sehn! Man konnte den Knochen an der Spitze seiner dicken Zehe sehn!«*

* Katalanisches Lied

"September septembered"

Soeben hatte Gala sich vor mir lebendigen Leibes geöffnet. Aber sie erblühte desto klarer mit vielfachen neuen Muskeln, die die edle, stolze anatomische Gestalt ihres Geistes zu verkörpern schienen. Gewiß hat sie recht, sagte ich mir wieder, und es ist noch nicht beschlossen, daß ich es nicht tun werde ...

Der September »septemberte« Wein und Maienmonde; die Septembermonde säuerten den Mai meines Alters, das Alter erntete die Trauben der Leidenschaft ... Im Schatten des Turms von Cadaqués sitzend, grub die Bitterkeit der Jugend in den jungen Felsen meines Herzens die Worte ein: Nutze sie aus und töte sie! ... Ich dachte: Sie wird mich die Liebe lehren, und danach werde ich, wie ich es immer gewünscht habe, alleine heimkehren. Sie will es, sie will es, und sie hat mich darum gebeten!

Aber meine Begeisterung hinkte, und statt in meiner machiavellistischen Rüstung mit dem sonoren Prestige edlen Erzes zu ertönen, klang die Überzeugung meiner tönenden Entschlossenheit zu morden nur nach Blech! Was ist los mit dir, Dali? Erkennst du nicht, daß du jetzt, da man dir dein Verbrechen als Geschenk anbietet, es nicht mehr willst? Doch! Gala, die schlaue Schöne, die Gradiva meines Lebens, hatte soeben mit dem Säbelhieb ihres Bekenntnisses der Wachspuppe den Kopf abgeschlagen, die ich von Kindheit an auf dem geschmückten Bett meiner Einsamkeit betrachtet hatte, der Wachspuppe ihres Doubles, der schimärischen Galuschka meiner falschen Erinnerungen, deren tote Nase soeben in die wahnsinnige Süße meines ersten Kusses hineingesprungen war!

So entwöhnte mich Gala vom Verbrechen und heilte meine Verrücktheit. Danke! Ich will dich lieben! Ich wollte sie heiraten.*

Meine hysterischen Symptome verschwanden eins nach dem anderen wie von Zauberhand. Ich wurde wieder Herr meines Lachens, meines Lächelns und meiner Gesten. Im Zentrum meines Geistes wuchs eine neue Gesundheit heran, taufrisch wie eine Rose.

Eines Tages brachte ich Gala zum Bahnhof Figueras, wo sie den Zug nach Paris bestieg, und als ich heimkehrte, rieb ich mir die Hände und rief: »Endlich allein!« Waren auch die aus meiner Kindheit herführenden schwindelnden Serpentinen der Mordimpulse wirklich für immer dem Au-

---

* Ich nenne meine Frau: Gala, Galuschka, Gradiva (weil sie meine Gradiva war), Olive (wegen ihrer ovalen Gesichtsform und ihrer Hautfarbe), Olivette – das katalanische Diminutiv von Olive – mitsamt den verrückten Ableitungen Olihuette, Orihuette, Buribette, Burihueteta, Sulihueta, Solibubulete, Oliburibuleta, Cihueta, Lihuetta. Ich nenne sie auch Lionete (Löwchen), weil sie brüllt wie der Metro-Goldwyn-Mayer-Löwe, wenn sie wütend wird; Eichhörnchen, Tapir, Kleiner Negus (weil sie einem munteren kleinen Waldtier ähnelt); Biene (weil sie all die Essenzen entdeckt und mir bringt, die der geschäftige Bienenkorb meines Gehirns dann in den Honig meines Denkens umwandelt). Sie brachte mir das seltene Buch über Magie, aus dem ich meine Zauberkraft nähren sollte, das historische Dokument, das meine in der Ausarbeitung begriffene These unwiderleglich beweisen sollte, das paranoische Bild, nach dem mein Unterbewußtsein verlangte, die Photographie eines unbekannten Gemäldes, das dazu bestimmt war, ein neues ästhetisches Rätsel zu enthüllen, sie gab mir den Rat, der dann eines meiner äußerst subjektiven Bilder vor sentimentaler Romantik bewahrte. Ich nenne Gala auch Noisette poilue – behaarte Haselnuß (wegen des hauchfeinen Flaums, der ihre Haselnuß-Wangen bedeckt); und auch »Pelzglocke« (weil sie mir während meiner langen Malsitzungen murmelnd wie eine mit Pelz überzogene Glocke vorliest, wodurch ich alles erfahre, was ich ohne sie nie kennengelernt hätte).

ge entschwunden, mein Verlangen und Bedürfnis nach Einsamkeit war hartnäckig, und es sollte lange dauern, ehe ich auch davon geheilt wurde. »Gala, du bist Wirklichkeit«, sagte ich oft und hielt die Erfahrung ihres ertasteten Körpers den virtuellen, idealisierten Bildern meiner schimärischen Pseudo-Geliebten entgegen. Und dann steckte ich meine Nase in ihren gestrickten Badeanzug, der etwas von ihrem Geruch bewahrte. Ich wollte wissen, daß sie lebendig und wirklich war; aber ich mußte auch von Zeit zu Zeit allein sein.

Meine neue Einsamkeit erschien mir wahrer als die bisherige, und ich liebte sie desto mehr. Einen Monat lang schloß ich mich in meinem Atelier in Figueras ein und nahm sofort wieder das vertraute mönchische Leben auf. Ich vollendete das im Laufe des Sommers begonnene Porträt Paul Eluards und zwei große Gemälde, von denen eines berühmt werden sollte.

Darauf war ein großer Kopf dargestellt, bleich wie Wachs, mit sehr rosigen Wangen, langen Wimpern und einer imposanten, auf die Erde gedrückten Nase. Dies Gesicht hatte keinen Mund, an seiner Stelle hing eine riesige Heuschrecke. Der verweste Bauch der Heuschrecke war voller Ameisen. Mehrere dieser Ameisen hasteten dort umher, wo sich eigentlich der Mund des angsterregenden Gesichts hätte befinden müssen, der Kopf endete in Bauten und Ornamenten im Stil der Jahrhundertwende. Das Gemälde hieß *Der große Masturbator*.

Sobald meine Arbeiten fertig waren, wurden sie von einem Möbeltischler aus Figueras mit der »besessenen Sorgfalt«, die ich ihm beigebracht hatte, verpackt – ich muß ihn auf die endlose Liste meiner namenlosen Märtyrer setzen – und nach Paris versandt. Dort sollte vom 20. November bis zum 5. Dezember in der Galerie Goemans eine Ausstellung stattfinden.

Ich fuhr nach Paris. Als erstes kaufte ich nach meiner Ankunft Blumen für Gala. Natürlich ging ich in eins der besten Blumengeschäfte und verlangte das Beste, das vorrätig war. Man empfahl mir rote Rosen. Sie waren ganz offensichtlich ungewöhnlich schön. Ich zeigte auf einen großen Strauß und erkundigte mich nach dem Preis. »Drei Francs.« Ich verlangte zehn solcher Buketts. Der Verkäufer schien darüber in Panik zu geraten und traf keine Anstalten, meinen Auftrag auszuführen. Er war nicht einmal sicher, ob er mir eine solche Menge liefern könne. Ich schrieb auf eine an Gala adressierte Karte ein paar Worte, und als ich die Rechnung begleichen wollte, las ich 300 Francs. So viel Geld hatte ich nicht bei mir; ich ließ mir die rätselhafte Summe erklären. Der Strauß, auf den ich gezeigt hatte, bestand ganz einfach aus hundert Rosen, die pro Stück drei Francs kosteten. Ich hatte gedacht, der ganze Strauß koste drei Francs! Daraufhin sagte ich, er solle mir etwas für 250 Francs zurechtmachen, das war alles, was ich bei mir hatte.

Den ganzen Vormittag verbrachte ich damit, durch die Straßen zu streifen, und um Mittag trank ich zwei Pernods. Am Nachmittag suchte ich die Galerie Goemans auf und traf dort Paul Eluard. Er sagte, Gala sei sehr er-

staunt, daß ich sie nicht besucht, ja ihr nicht einmal mitgeteilt habe, wann ich sie treffen wolle. Dies überraschte mich sehr, hatte ich doch die vage Absicht, mich mehrere Tage lang in diesem erwartungsvollen Zustand treiben zu lassen, der mir der Inbegriff des Entzückens schien.

Schließlich ging ich am späten Nachmittag zu ihr und blieb zum Abendessen. Ihren Unwillen zeigte Gala nur für einen kurzen Augenblick, der jedermanns Appetit anregte. Dann gingen wir zu Tisch. Dort standen in bunter Reihe unzählige Flaschen diverser russischer Alkoholika. Der Alko-

303

hol, den ich in Madrid getrunken hatte, erstand aus dem Grab meines Gaumens wie der Leichnam des Lazarus. »Wandle!« befahl ich. Und er wandelte. Es war die einzige Mumie, die allen Angst einjagen konnte. Tatsächlich war der erste, so lebendige Madrider Alkohol während des ganzen vergangenen Sommers in meinem Geist tot gewesen. Seine Auferstehung jedoch machte mich wieder beredt. Daraufhin sprach ich zu dieser Mumie: »Rede!« Und sie redete. Es war eine Entdeckung zu entdecken, daß ich nicht nur, weil ich malte, was ich malte, kein völliger Idiot war. Ich verstand mich auch aufs Reden, und Gala unternahm es mit ihrer eifrig drängenden Begeisterung überdies, die Surrealistengruppe zu überzeugen, außer reden könne ich auch »schreiben«, und zwar Schriftstücke verfassen, deren philosophischer Horizont über all das hinausreiche, was die Gruppe je vermutet habe.

Gala hatte wirklich das Durcheinander unverständlichen Gekritzels, das ich während des ganzen Sommers in Cadaqués verfaßt hatte, gesammelt, und dank ihrer nicht locker lassenden Gewissenhaftigkeit war es ihr gelungen, ihm eine einigermaßen lesbare »syntaktische Form« zu geben. Es bestand somit aus ziemlich gut ausgearbeiteten Aufzeichnungen, die ich mir auf Galas Rat hin wieder vornahm und zu einem theoretischen und dichterischen Werk umformte, das unter dem Titel *La Femme visible* erschien. Es war mein erstes Buch, und »die sichtbare Frau« war Gala. Die in diesem Buch entwickelten Gedanken führten schon bald zu meinem Kampf mit und inmitten der feindseligen und ständig mißtrauischen Gruppe der Surrealisten.

Zunächst aber mußte Gala ihren Kampf kämpfen, daß die in meinem Werk ausgedrückten Gedanken halbwegs ernst genommen werden konnten, sei es auch nur von der Gruppe der Freunde, die am ehesten bereit waren, mich zu bewundern. Wie wir zu Beginn des dritten Teils dieses Buches sehen werden, war es eine fundamentale, von jedem bereits unbewußt geahnte Tatsache, daß ich ihre revolutionäre Leistung zerstören wollte, und zwar mit den gleichen Waffen wie sie sie benutzten, nur viel schärferen und furchtbareren.

Bereits im Jahre 1929 war ich ein Reaktionär gegen den von der dilettantenhaften Unruhe der Nachkriegsepoche ausgelösten »völligen Umsturz«. Stürzte ich mich auch mit größerem Ungestüm als alle anderen in wahnsinnige, subversive Spekulationen, bloß um zu sehen, wie es im Herzen einer sich entwickelnden Revolution wirklich zuging, so bereitete ich doch in meiner halb-bewußt machiavellistischen Skepsis bereits die Grundstrukturen der nächsten historischen Stufe vor – die der ewigen Tradition.

Die Surrealistengruppe schien mir als einzige ein geeignetes Feld für meine Aktivität zu bieten. Ihr Haupt, André Breton, kam mir in seiner offensichtlichen Führungsrolle unersetzbar vor. Wollte ich mich selbst um Macht bemühen, mußte mein Einfluß verborgen, opportunistisch und paradox bleiben. Ich legte mir genau Rechenschaft über meine eigene Stel-

lung ab, meine Stärken und Unzulänglichkeiten und über die Schwächen und Begabungen meiner Freunde – denn sie waren meine Freunde. E i n e Maxime wurde für mich unumstößlich: Wenn du dich entschließt, den totalen Triumpf deiner Individualität zu erkämpfen, mußt du damit beginnen, diejenigen, die dir geistig am meisten verwandt sind, unerbittlich zu zerstören. Jede Interessengemeinschaft entpersönlicht; alles, was zum Kollektiv hin tendiert, ist dein Tod; deshalb benutze das Kollektiv als Experiment, danach schlage hart zu und bleibe allein!

Ich blieb aber ständig bei Gala, und meine Liebe machte mich großzügig und verachtungsvoll. Plötzlich jedoch erschien mir diese ganze ideologische Schlacht, für die mein eifriger philosophischer Generalstab bereits unaufhörlich Truppen in Marsch setzte, um alle Grenzen meines Gehirns gegen Angriffe zu schützen, verfrüht. Und ich, der ehrgeizigste aller zeitgenössischen Maler, beschloß, zwei Tage vor Eröffnung meiner ersten Gemäldeausstellung in Paris, der Kunstmetropole der Welt, mit Gala eine Liebesreise anzutreten. So sah ich nicht einmal, wie die Bilder in dieser ersten Ausstellung gehängt wurden, und ich gestehe, daß Gala und ich auf unserer Reise so sehr mit unseren beiden Körpern beschäftigt waren, daß wir kaum einen einzigen Augenblick an meine Ausstellung dachten, die ich bereits als die »unsere« betrachtete.

Unsere Idylle spielte sich in Barcelona ab, darauf in Sitges, einem kleinen Dorf in der Nähe der katalanischen Hauptstadt, wo wir unter der milde strahlenden Wintersonne des Mittelmeers einsame Strände fanden. Einen Monat lang hatte ich kein Wort an meine Eltern geschrieben, und jeden Morgen beschlich mich ein leichtes Schuldgefühl. Also sagte ich zu Gala:

»Das kann nicht immer so bleiben. Du weißt, ich muß allein leben!«

Gala verabschiedete sich in Figueras von mir und setzte ihre Reise nach Paris fort.

Im Eßzimmer meines Vaters brach der Sturm los – ein Sturm, einzig von mir ausgelöst, über nur angedeutete Beschwerden meines Vaters. Mein

Vater war untröstlich über die immer hochmütigere und rücksichtslosere

Art, mit der ich meine Familie behandelte. Er schnitt die Geldfrage an. Ich hatte zwar mit der Galerie Goemans einen Zweijahresvertrag unterzeichnet, aber die Bedingungen waren mir entfallen, ja, nach genauerer Überlegung konnte ich nicht einmal sagen, ob der Kontrakt über zwei oder drei Jahre lief oder vielleicht nur für eins! Mein Vater bat mich, ich solle versuchen, das zu klären. Ich sagte, ich wisse nicht, wo ich den Vertrag hätte, und wolle die Suche um drei Tage aufschieben, bis ich nach Cadaqués führe, dort hätte ich Zeit genug dazu. Ich sagte auch, ich hätte den ganzen Vorschuß, den Goemans mir gegeben habe, aufgebraucht. Dies brachte meine Familie völlig aus der Fassung. Dann wühlte ich in meinen Taschen herum und zog hier und da einen Geldschein heraus; sie waren so zerrissen, zerknüllt und beschmutzt, daß sie gewiß nicht mehr zu gebrauchen waren. Alles, was ich an Kleingeld besessen hatte, hatte ich, um mich nicht damit zu belasten, in die Anlagen des Bahnhofsvorplatzes geworfen. In der kurzen Zeit, in der ich meine Taschen durchwühlte, brachte ich dreitausend Francs zum Vorschein, die von meiner Reise übriggeblieben waren.

Am folgenden Tag traf Luis Buñuel in Figueras ein. Er hatte gerade vom Vicomte de Noailles den Auftrag erhalten, einen genau unseren Ideen entsprechenden Film herzustellen. Ich erfuhr auch, daß derselbe Vicomte de Noailles *Le Jeu lugubre* gekauft hatte und daß fast alle übrigen Bilder meiner Ausstellung zu Preisen zwischen sechs- und zwölftausend Francs verkauft worden waren.

Schwindlig von meinem Erfolg fuhr ich nach Cadaqués und begann mit der Arbeit an dem Film *L'âge d'or* (Das Goldene Zeitalter). Ich hatte mir bereits vorgenommen, etwas zu produzieren, das die ganze Gewalt der Liebe mitteilte und von den glanzvollen Schöpfungen katholischer Mythen erfüllt war. Schon damals war ich ergriffen, berauscht, ja besessen von der Großartigkeit und Pracht des Katholizismus. Ich sagte zu Buñuel:

»Für diesen Film will ich jede Menge Erzbischöfe, Gebeine und Monstranzen. Ich will vor allem Erzbischöfe, die mit ihren bestickten Mitren zwischen den Felsstürzen am Kap Creus baden.«

In seiner Naivität und aragonesischen Sturheit bog Buñuel all dies zu einem simplen Antiklerikalismus um. Ich mußte seinen Schwung bremsen, indem ich zu ihm sagte:

»Nein, nein! Keine Komödie. Mir gefällt diese ganze Geschäftigkeit der Erzbischöfe; wirklich, ich finde sie herrlich. Wenn Sie wollen, können wir ja ein paar blasphemische Szenen einbauen, aber das muß mit allerhöchstem Fanatismus geschehen, damit wir die Großartigkeit eines echten Sakrilegs erreichen!«

Buñuel nahm die gemeinsam erarbeiteten Aufzeichnungen an sich und reiste ab. Er wollte mit der Herstellung von *L'âge d'or* beginnen, so daß es erst einmal aufkochen könnte, und ich wollte später nachkommen.

So blieb ich ganz allein im Haus in Cadaqués. In der Wintersonne aß ich als Mittagsmahlzeit drei Dutzend Seeigel mit Wein oder fünf bis sechs auf

Rebholzfeuer gegrillte Koteletts; abends eine Fischsuppe und Dorsch mit Tomate oder auch einen leckeren großen gebackenen Mittelmeerbarsch mit Fenchel. Eines Mittags, als ich gerade dabei war, einen Seeigel zu öffnen, sah ich vor mir am Meeresufer eine weiße Katze sitzen, aus deren einem Auge bei jeder ihrer Bewegungen seltsame Silberblitze hervorschossen. Ich unterbrach das Schlürfen meines Seeigels und näherte mich der Katze. Sie rührte sich nicht; im Gegenteil, sie blickte mich nur desto unverwandter an. Da sah ich, was los war: Das Auge der Katze war von einem großen Angelhaken durchbohrt, so daß die Spitze an einer Seite der aufgerissenen, blutunterlaufenen Pupille herausragte. Es war schrecklich anzusehen und insbesondere, sich vorzustellen, daß es unmöglich war, diesen Angelhaken herauszuziehen, ohne das Auge selbst mit herauszureißen. Ich warf Steine nach ihr, um mich von dem Anblick zu befreien, der mich mit unaussprechlichem Grauen erfüllte. Aber an den folgenden Tagen passierte es, daß gerade in den Augenblicken meines höchsten Genusses*, immer dann, wenn es am unerträglichsten war, wenn ich mit einem Stück fein gerösteten Brotes daranging, einer Seeigelschale den zitternden, korallenfarbenen Inhalt zu entnehmen, die weiße Katze mit ihrem vom silbrigen Haken durchbohrten Auge wieder erschien und meine Schlemmergeste zu einer Haltung angsterfüllter Lähmung erstarren ließ. Schließlich war ich überzeugt, daß diese Katze ein böses Omen war.

Ein paar Tage später erhielt ich einen Brief von meinem Vater, in welchem er mir mitteilte, daß ich von meiner Familie unwiderruflich verstoßen sei. Ich möchte hier nicht den tieferen Grund dieser Entscheidung enthüllen, denn dies Geheimnis geht nur meinen Vater und mich etwas an; ich habe auch nicht die Absicht, eine Wunde, die uns sechs lange Jahre voneinander trennte und uns beide so sehr leiden ließ, wieder aufzureißen. Meine erste Reaktion auf diesen Brief war, daß ich mir alle Haare abschnitt. Nicht nur das – ich ließ mir meinen Kopf völlig kahl scheren. Den Haufen meines schwarzen Haares versenkte ich in einem Loch, das ich zu diesem Zweck am Strand gegraben hatte; und gleichzeitig vergrub ich darin den Haufen Seeigelschalen, die ich mittags geleert hatte. Danach stieg ich auf einen kleinen Hügel, von dem aus man das ganze Dorf Cadaqués überblicken kann; dort saß ich zwei Stunden lang unter den Olivenbäumen, versunken in das Panorama meiner Kindheit, meiner Jugend und meiner Gegenwart.

Am selben Abend bestellte ich ein Taxi, das mich am nächsten Tag abholen und zur Grenze bringen sollte, wo ich einen durchgehenden Zug nach Paris besteigen wollte. Mein Frühstück bestand aus Seeigeln, Toast und ein wenig sehr bitterem Rotwein. Während ich auf das Taxi wartete, das sich verspätete, beobachtete ich den auf eine weiß getünchte Wand fallenden Schatten meines Profils. Ich nahm einen Seeigel, setzte ihn mir auf den Kopf und stand vor meinem Schatten stramm – Wilhelm Tell.

* Meine Lieblingsspeise sind die ganz roten, gefüllten Felsenseeigel, wie man sie im Mai am Mittelmeer findet. Auch mein Vater liebt diese Delikatesse und macht aus ihr sogar noch einen größeren Kult als ich.

Die Straße, die von Cadaqués zum Gebirgspaß von Peni hinaufführt, hat eine Anzahl von Kehren und Kurven, an denen man jeweils das immer weiter in die Ferne rückende Dorf Cadaqués sehen kann. Eine dieser Kurven ist die letzte, von der Cadaqués noch als winziger Fleck zu sehen ist. Wer das Dorf liebt, schaut dann unwillkürlich noch einmal zurück, zu einem letzten freundlichen Blick des Abschiednehmens, der erfüllt ist von dem feierlichen, überschwenglichen Versprechen wiederzukommen. Niemals hatte ich versäumt, mich zu diesem letzten Blick umzudrehen. Aber als das Taxi an diesem Tag die Straßenbiegung erreichte, wandte ich mich nicht um, sondern blickte geradeaus nach vorn.

Kaum in Paris angekommen, hatte ich es sehr eilig, wieder wegzufahren. Ich wollte sobald wie möglich die in Cadaqués projektierten Malstudien wiederaufnehmen, deren Fortgang der plötzliche Bannstrahl meiner Familie gelähmt hatte.

Ich plante nichts Geringeres als einen »unsichtbaren Mann« zu malen, und zu diesem Zweck wollte ich wieder irgenwohin aufs Land fahren. Ich wollte aber auch unbedingt Gala mitnehmen. Der Gedanke, eine Frau in meinem Atelier zu haben, eine richtige Frau, die sich bewegte, mit Sinnesempfindungen, Körperhaar und Zahnfleisch, kam mir plötzlich so verführerisch vor, daß es mir schwerfiel zu glauben, dies könne Wirklichkeit werden. Gala war aber sofort bereit, mich zu begleiten, wir brauchten nur noch den Ort auszuwählen. Unterdessen brachte ich – schüchtern und wie zufällig – in der Surrealistengruppe eine Anzahl kühner Losungen in Umlauf, um zu testen, wie demoralisierend sie sich während meiner Abwesenheit auswirken würden. Ich trat ein für: »Raymond Roussel gegen Rimbaud; Jugendstil-Objekte gegen afrikanische Objekte; Trompe-l'oeil-Stilleben gegen Plastiken; Imitation gegen Interpretation«.

All dies würde, wie ich wußte, für mehrere Jahre reichen; Erklärungen gab ich absichtlich nur sehr wenige. Zu der Zeit war ich noch nicht »gesprächig« geworden; ich gab nur die unbedingt notwendigen Worte von mir, Worte, die einzig darauf abzielten, alle zu beunruhigen. Die Restbestände meiner krankhaften Schüchternheit säumten meinen Charakter mit Zügen höchster Verschlossenheit und einer solchen Schroffheit, daß, wie ich genau wußte, die Leute mit Spannung den seltenen Gelegenheiten entgegenfieberten, zu denen ich den Mund auftat. Dann äußerte ich in einer schrecklich groben und mit spanischem Fanatismus geladenen Bemerkung alles, was sich in meinem rednerischen Reservoir während des qualvoll in die Länge gezogenen Schweigens angesammelt hatte – tausend Marterqualen hatte da meine polemische Ungeduld unter der französischen Konversation gelitten, die so sehr mit »Esprit« und gesundem Menschenverstand gewürzt ist, daß sie oft verbergen kann, daß sie weder Hand noch Fuß hat.

Ich mußte einmal einem Kunstkritiker zuhören, der dauernd von Materie sprach – der »Materie« Courbets, wie er seine »Materie« ausgebreitet habe, wie leicht es ihm gefallen sei, seine »Materie« zu behandeln.

»Haben Sie jemals versucht, sie zu essen?« fragte ich schließlich. Und mit einem Anflug französischen Witzes fügte ich hinzu: »Wenn es um Scheiße geht, ziehe ich immer noch diejenige Chardins vor.«

Eines Abends dinierte ich bei dem Vicomte de Noailles. Sein Haus imponierte mir gewaltig, und ich war höchst geschmeichelt, als ich sah, daß mein Bild *Das traurige Spiel* zwischen einem Cranach und einem Watteau hing. An diesem Diner nahmen Künstler und Leute aus der Gesellschaft teil, und mir wurde sofort klar, daß ich im Mittelpunkt des Interesses stand. Ich glaube, die Noailles waren von meiner Schüchternheit zutiefst gerührt. Jedesmal, wenn der für den Wein zuständige Butler kam und mir Namen und Jahrgang des Weins mit höchst geheimnisvoller Miene ins Ohr flüsterte, dachte ich, es handle sich um etwas sehr Ernstes, das er mir diskret mitteilen wolle – Gala sei von einem Taxi überfahren worden, oder ein wütender Surrealist sei gekommen, um mich zu verdreschen –, und ich wurde leichenblaß, sprang hoch und schickte mich an, die Tafel zu verlassen. Dann wiederholte der Butler etwas lauter, wie um mich zu beruhigen, und dabei mit äußerst würdevoller Aufmerksamkeit auf die schräg in ihrem Körbchen liegende Flasche blickend: »Romanée-St-Vivant 1923«. In einem Zug goß ich diesen Wein, der mich gerade so sehr erschreckt hatte, hinunter und gewann durch ihn wieder Hoffnung, meine Schüchternheit zu überwinden und am Gespräch teilnehmen zu können.

Ich habe stets – und ganz besonders damals – jemand bewundert, der es fertigbringt, ohne daß er etwas wirklich Aufsehenerregendes oder Wichtiges zu sagen hat, während eines ganzen Diners mit zwanzig Teilnehmern die Unterhaltung in jede von ihm gewünschte Richtung zu lenken, sich in den richtigen Augenblicken inmitten allgemeinen Schweigens Gehör zu verschaffen, ohne deswegen sein Essen zu unterbrechen – im Gegenteil, noch mehr als der Nachbar ißt – und immer noch Zeit hat für eine gelegentliche, raffiniert berechnete Pause, mit der er den Fluß seiner Unterhaltung elegant und selbstbewußt stocken läßt, gerade lang genug, um die Gefahr zu bannen, daß jemand anders sich seine völlige Inanspruchnahme zunutze macht, um neue Gesprächszentren zu schaffen, oder aber – falls dies doch einmal passieren sollte – in der Lage ist, diese Herde im gewünschten Augenblick zu ersticken, und zwar so, als koste es ihn nicht die geringste Anstrengung, und der gleichzeitig in den Widerspenstigen den Eindruck erweckt, daß, wenn er gegen ihren Willen ihr aufkeimendes Gespräch unterbricht, eigentlich sie die Unterbrechenden seien, indem sie ihn in einem an Unhöflichkeit grenzenden Ton bitten, seine letzten Bemerkungen noch einmal zu wiederholen, damit sie seiner Darlegung, an der sie nicht das geringste Interesse haben, folgen können.

314

"Bonjour chere amie!"

"Project for spectral costumes, for afternoon Strolls.
The inside of pockets light up at night."

315

Während dieses ersten Diners im Hause Noailles entdeckte ich zweierlei: Erstens, daß die Aristokratie – damals »die Gesellschaft« genannt – für meine Gedankengänge sehr viel anfälliger war als die Künstler, vor allem aber als die Intellektuellen. Den »Leuten aus der Gesellschaft« haftete wirklich noch immer jene atavistische Dosis von Kultiviertheit und Raffinement an, welche die Angehörigen der Mittelschicht mit ihren fortschrittlichen sozialen Ideen soeben auf dem Altar der »jungen« Ideologien mit kollektivistischer Tendenz freudig geopfert hatten. Zweitens entdeckte ich die Emporkömmlinge, jene kleinen Haie, die krampfhaft dem Erfolg nachjagen, die sich, in ihrer aufdringlichen Schmeichelei, ihrem intriganten Geschwätz eifrig miteinander konkurrierend, um alle mit dem feinsten Kristall und dem besten Silber gedeckten Tafeln drängeln. Ich fand, ich müsse mir von nun an diese beiden Entdeckungen zunutze machen – mich von den Leuten aus der Gesellschaft tragen lassen und mir von den Aufsteigern durch die stümperhaften Verleumdungen, zu denen sie in ihrer Eifersucht griffen, zu Ansehen verhelfen lassen. Klatsch habe ich nie gefürchtet. Ich warte ab, bis er sich »aufgebaut« hat. Daran arbeiten alle Aufsteiger im Schweiße ihres Angesichts. Wenn sie mir das fertige Endprodukt überreichen, schaue ich es mir an, prüfe es und finde zuletzt stets einen Weg, es zu meinem Vorteil zu verwenden. Die Geschäftigkeit der boshaften Geschöpfe, die einen umgeben, ist von selbst stark genug, um das Schiff des eigenen Ruhms flott zu machen. Wichtig ist nur, daß man das Steuer nicht einen Augenblick aus der Hand gibt. Das Strebertum an sich ist uninteressant. Von Interesse ist es, anzukommen – ebenso wie die Suche nach einer Uhr uninteressant ist, von Interesse ist es, sie zu finden.

Daß ich berühmt geworden war, fühlte und wußte ich in dem Augenblick, als ich am Gare d'Orsay in Paris ankam. Doch ich hatte Berühmtheit erlangt, ohne es vorher zu merken, und zwar so rasch, daß ich plötzlich ganz allein war, niemandem bekannt, und weder einen Paß noch Gepäck hatte. Ich mußte also noch einmal umkehren, um beides zu holen und Träger anzuheuern. Ich mußte in meine Papiere ein Visum eintragen lassen, und mir wurde klar, daß ich Gefahr lief, mit diesem ganzen Papierkrieg den Rest meines Lebens zu vergeuden. Deshalb begann ich mich umzusehen und betrachtete von nun an die meisten, mit denen ich bekannt wurde, einzig und allein als Leute, die ich auf meinen ehrgeizigen Reisen als Träger gebrauchen konnte. Fast alle diese Träger waren früher oder später erschöpft. Unfähig, die langen Märsche, zu denen ich sie zwang, im Eiltempo und unter allen klimatischen Bedingungen durchzuhalten, brachen sie unterwegs zusammen. Ich nahm mir andere. Um sie mir dienstbar zu machen, versprach ich ihnen, sie dorthin zu bringen, wohin ich selbst unterwegs war, zur Endstation des Ruhms, um den Emporkömmlinge sich hoffnungslos bemühen. Doch, wie gesagt, ich wollte gar nicht am Ziel ankommen, »ich war dorthin unterwegs«.

Wie gelang es mir, die Leute der Gesellschaft zu meiner Unterstützung   316

heranzuziehen? Es war kinderleicht. Ich ließ sie einfach kommen und sich auf mich stützen. Wer sind die Leute der Gesellschaft? Das sind Leute, die, anstatt mit beiden Beinen auf dem Boden zu stehen, wie Störche auf einem Bein balancieren. Dies führt zu einer aristokratischen Haltung, durch die sie zeigen wollen, daß sie, gezwungen stehenzubleiben, um weiterhin alles von oben zu überblicken, den gemeinen Erdboden nur soweit berühren möchten wie unbedingt erforderlich, um im Gleichgewicht zu bleiben. Diese ermüdend egozentrische Haltung bedarf oft einer Unterstützung. Deshalb umgeben sich die Leute der Gesellschaft gewöhnlich mit einer Menge »Einbeiner«, auf die sie sich stützen – Menschen, die in Gestalt von Päderasten und drogensüchtigen Künstlern zu ihnen kommen und als Halt dienen für die unhaltbare Haltung einer Aristokratie, die damals bereits die ersten Anrempeleien der »Volksfront« zu spüren begann.

Deshalb schloß ich mich der Gruppe von Invaliden an, die in ihrem Snobismus eine dekadente, ihre traditionelle Einstellung bewahrende Aristokratie stützten. Aber ich hatte die originelle Idee, nicht wie alle übrigen mit leeren Händen zu kommen. Ich schleppte tatsächlich einen Arm voll Krücken mit! Denn eins hatte ich sofort begriffen: Es bedurfte ungeheurer Mengen von Krücken, um alledem den Anschein von Festigkeit zu geben. Ich machte die »ergreifende« Krücke, die Stütze des ersten Verbrechens meiner Kindheit, zum allmächtigen, exklusiven Symbol der Nachkriegszeit und erfand Krücken zur Unterstützung der bösartigen Entwicklung gewisser Gehirntumore, Krücken zum Stabilisieren verzückter Haltungen von erlesener Eleganz, Krücken, welche der flüchtigen Pose eines tänzerischen Sprungs dauerhafte Struktur verliehen, die den Eintags-Schmetterling der Tänzerin mit Nadeln feststeckten, so daß sie für alle Ewigkeit im Gleichgewicht blieb. Krücken, Krücken, Krücken über Krücken.

Ich erfand sogar eine winzige Gesichtskrücke aus Gold und Rubinen. Der gabelförmige Teil war flexibel; er sollte sich der Nasenspitze anpassen und sie hochhalten. Das andere, weich abgerundete Ende war dazu bestimmt, in der Mulde über der Mitte der Oberlippe zu ruhen. Sie war daher eine Nasenkrücke, ein völlig nutzloser Gegenstand, der bei gewissen strafbar eleganten, snobistischen Damen Anklang finden sollte, gerade so wie manche Herren ein Monokel tragen nur aus dem Bedürfnis, das sakrosankte Zerren ihres in der eigenen Gesichtshaut verkrusteten Exhibitionismus zu spüren.

Mein Krückensymbol paßte so vollkommen zu den unbewußten Mythen unserer Epoche und paßt noch immer zu ihnen, daß wir seiner nicht müde geworden sind, ganz im Gegenteil, dieser Fetisch findet zunehmend jedermanns Gefallen. Es war seltsam: Je mehr Krücken ich überall anschleppte – so daß man hätte meinen sollen, die Leute wären ihrer überdrüssig geworden oder hätten sich daran gewöhnt –, desto eher fragten alle neugierig: »Warum so viele Krücken?« Als ich meinen ersten Versuch gemacht hatte, die Aristokratie mit Hilfe von tausend Krücken aufrecht zu halten, blickte ich ihr ins Gesicht und sagte ehrlich: »Jetzt werde ich Ihnen einen furchtbaren Tritt gegen das Bein versetzen.«

Die Aristokratie zog das storchenähnlich hochgehaltene Bein noch ein wenig höher.

»Nur zu«, antwortete sie und biß die Zähne zusammen, um den Schmerz lautlos und stoisch zu ertragen.

Dann versetzte ich ihr mit aller Kraft einen furchtbaren Tritt genau gegen das Schienbein. Sie rührte sich nicht von der Stelle. Dazu hatte ich sie ja auch gut abgestützt.

»Danke«, sagte sie zu mir.

»Fürchten Sie nichts«, antwortete ich, ihr im Weggehen die Hand küssend, »ich werde zurückkommen. Der Stolz auf Ihr eines Bein und die Krücken meiner Intelligenz machen Sie stärker als die von den Intellektuellen – die ich genau kenne – vorbereitete Revolution. Sie sind zwar alt, todmüde und heruntergekommen, aber die Stelle, an der Ihr Bein mit der Erde verlötet ist, ist die Tradition. Sollten Sie sterben, würde ich sofort kommen und mein eines Bein in denselben Fußabdruck der Tradition setzen, den Sie hinterlassen haben, und sogleich mein anderes Bein wie ein Storch hochziehen. Ich bin bereit und fähig, in dieser Haltung alt zu werden, ohne zu ermüden.«

Die Herrschaft der Aristokratie ist in der Tat nach wie vor eine meiner Leidenschaften, und bereits zu jener Zeit dachte ich viel über die Möglich-

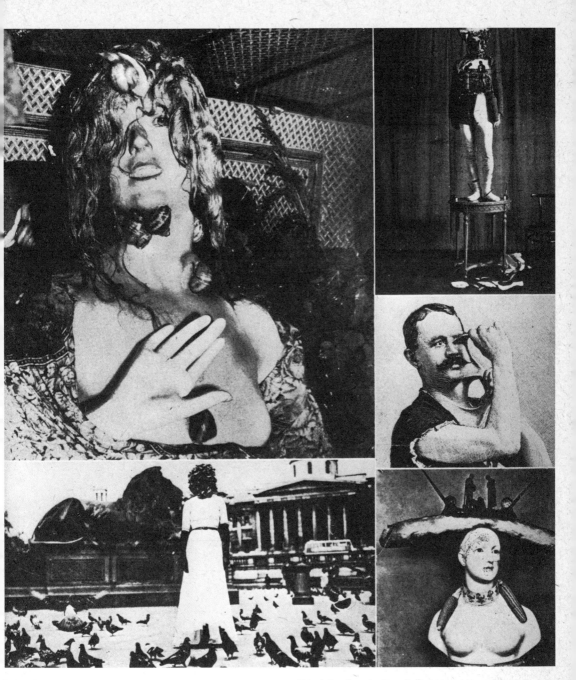

IX. Nicht weiter nachzuahmende Dalische Überspanntheiten

Vermoderndes Mannequin in Taxi mit Berieselungsanlage. In dem »Regentaxi« lebten einen Monat lang dreihundert Burgunderschnecken.

Dali als »Angelusläuten« von Millet.

Durch London spazierende Dame mit einer Maske aus Rosen, wie sie auf einem von Dalis Bildern zu sehen ist.

Von Dali auf einem Architektenkongreß gezeigtes Bild als Modell der weichen Architektur der Zukunft.

Mannequin mit einem echten Stangenbrot auf dem Kopf. Als Picasso die Ausstellung besichtigte, sprang sein Hund nach dem Brot und verschlang es.

Ab 1940 betrachtete Dali die exzentrische Phase als abgeschlossen und hielt die Zeit für gekommen, daß die Welt eine Ära des Fastens und der Enthaltsamkeit begänne.

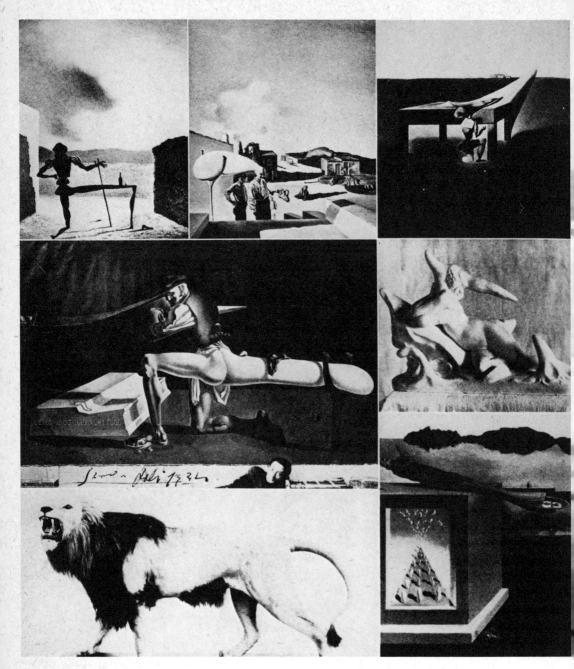

X. Die seltsamsten Verzerrungen der gesamten
Kunstgeschichte

»Das Rätsel Wilhelm Tells«.

Skulptur einer »aerodynamischen Frau«.

»Unverständliches Objekt«.

»Der Geist Vermeers« – als Tisch verwendbar.

»Die Schädelharfe«.

»Ich im Alter von zehn Jahren, als ich das Heuschreckenkind
    war«.

Afrikanischer Löwe. Auf diese Verzerrungen kam ich, als ich
    im Zoo von Barcelona einen Löwen brüllen hörte; die
    Dehnungen und Fortsätze bedeuten in meinem ästhe-
    tischen System so etwas wie das »hohle Röhren der
    Form«. (Mit Genehmigung des American Museum of
    Natural History, New York.)

keit nach, dieser Eliteschicht wieder ein historisches Bewußtsein von der Rolle zu geben, die sie in dem ultra-individuellen Europa nach dem gegenwärtigen Kriege unvermeidbar würde spielen müssen. Hätte ich alle meine Voraussagen jener Ereignisse, die in den folgenden Jahren über die Welt hereinbrechen sollten, niedergeschrieben, wäre man in der Tat genötigt gewesen, meine prophetische Gabe anzuerkennen. Jedenfalls sind alle meine aufrichtigen Freunde, die seit 1929 die meisten meiner Voraussagen haben verfolgen und deren Genauigkeit haben überprüfen können, bereit zu bezeugen, daß Ereignisse, die zum Zeitpunkt ihrer Ankündigung stets als paradox, völlig unbegründet und nur als Anzeichen schwärzesten Humors galten, fast buchstäblich genau eingetroffen sind.

Im Jahre 1929 sagte ich Dinge voraus, von deren Verwirklichung wir freilich noch immer weit entfernt sind: Die revolutionären Ideologien der Nachkriegszeit würden, nachdem sie mit ihrem neuen totalitären Leben die Demokratie verschlungen hätten, das Zeitalter heraufbeschwören, in welchem die Entfesselung der »Massen«, des »Kollektivismus« und der Technisierung zu einem europäischen Krieg führen müsse, aus dem nach tausendfachem Elend und ungezählten Schicksalsschlägen in einer verarmten Gesellschaft nur eine individualistische Tradition katholischen, aristokratischen und wahrscheinlich monarchischen Charakters neu erstehen könne. Diese Gedanken hörte sich niemand an, und ich muß gestehen, daß ich selbst ihnen auch nicht allzu viel Aufmerksamkeit zollte, nachdem ich sie eher aus Freude an gewagten Spekulationen denn aus anderen Gründen gelegentlich geäußert hatte.

Während ich abwartete, daß alle diese Prophezeiungen in Erfüllung gingen, daß die Surrealisten die kurzen Phrasen, die ich ihnen hingeworfen hatte, zu verdauen begännen, daß die Aufsteiger sich damit beschäftigten, mir Schaden zuzufügen, daß die Leute der Gesellschaft anfingen, mich zu vermissen – reiste ich an die Côte d'Azur. Gala kannte ein einsam gelegenes Hotel, wo uns niemand ausfindig machen konnte. Es war das Hôtel du Château in Carry-le-Rouet. Wir mieteten dort zwei große Zimmer; in einem von ihnen richtete ich mein Atelier ein. In der Halle ließen wir so viel Holz stapeln, daß in unserem Kamin nicht einen Augenblick das Feuer ausging – und damit uns niemand unter dem Vorwand stören konnte, er wolle uns bloß Holz bringen. Eine elektrische Lampe brachte ich so an, daß sie gerade mein Bild beleuchtete und das Zimmer im übrigen fast im Dunkel ließ; auch hatte ich Anweisung gegeben, nie die Schlagläden zu öffnen. Unsere Mahlzeiten ließen wir uns oft aufs Zimmer bringen; sonst gingen wir hinunter in den Speiseraum; aber zwei Monate lang gingen wir nicht ein einziges Mal nach draußen!

Diese Zeit hat sich in Galas und meiner Erinnerung als eine der von emsigster Tätigkeit, Erregung und Verzückung erfüllten Spannen unseres Lebens eingeprägt. Und während der langen Träumereien, in die man auf Eisenbahnfahrten gerät, geschah es uns später mehrmals, und zwar gerade

…erinnerst du dich an das Hôtel du Château in Carry-le-Rouet…

dann, wenn jeder von uns in den allerfernsten Erinnerungen zu schwelgen schien, daß wir beide zugleich riefen: »Weißt du noch, damals in Carry-le-Rouet?«

Nach zwei Monaten freiwilliger Klausur, in denen ich die Liebe kennenlernte und mit der gleichen spekulativen Hingabe vollzog, mit der ich an meine Arbeit ging, war *Der unsichtbare Mann* erst halb fertig. Aber in seinem Lächeln sah Gala bereits den gleichen zum Erfolg führenden schwierigen Weg, den die Karten jedesmal, wenn sie sie befragte, voraussagten. Ich glaubte blind an Galas Kartendeutungen. Jeden Abend bat ich sie darum, sie zu legen; danach verschwand augenblicklich der leiseste Anflug von Besorgnis, der sich gelegentlich einstellte und an meinem Glück nagte.

Schon mehrere Tage lang hatten die Karten einen Brief von einem dunklen Herrn und Geld angekündigt. Der Brief traf ein, und zwar vom Vicomte de Noailles. Die Galerie Goemans stand kurz vor dem Bankrott, und er erbot sich, mir finanziell unter die Arme zu greifen, damit in mir nicht die geringste materielle Sorge aufkomme. Er schlug vor, ich solle ihn besuchen; sein Wagen würde mich an einem von mir zu bestimmenden Tag abholen. 322

Seit unserer Ankunft im Hôtel du Château waren auf den Tag genau zwei Monate vergangen, und wir beschlossen, einen kleinen Spaziergang zu machen und dabei die Lage zu überdenken. Ich erinnere mich, daß wir von der strahlenden Helligkeit des sonnigen Wintermorgens überwältigt waren. Unsere Haut war leichenblaß, und wir konnten uns nach unseren zwei Monaten in fast ständiger Dunkelheit nur schwer an das Licht gewöhnen. Die Sonnenwärme war für uns wie eine nie erlebte Wohltat, und wir beschlossen im Freien zu essen. Zum ersten Mal tranken wir auch Wein zu unseren Mahlzeiten. Als wir beim Kaffee angelangt waren, stand unser Entschluß fest. Gala würde nach Paris fahren und versuchen, etwas von dem Geld, das die Galerie Goemans uns schuldete, einzutreiben. Ich würde den Vicomte de Noailles in seinem Château de Saint Bernard bei Hyères aufsuchen. Ich würde ihm anbieten, ein bedeutendes Gemälde für ihn anzufertigen, für das er mir neunundzwanzigtausend Francs Vorschuß zahlen sollte. Damit und mit dem Geld, über das Gala verfügen würde, wollten wir nach Cadaqués fahren und ein kleines Haus bauen, gerade groß genug für uns zwei. Das sollte uns die Möglichkeit verschaffen, zu arbeiten und ab und zu Paris zu entfliehen. Mir gefällt nur die Landschaft von Cadaqués, eine andere würde ich mir gar nicht erst anschauen.

Gala fuhr also nach Paris und ich zu den Noailles, die über meinen Vorschlag entzückt waren. Am selben Tag, an dem Gala aus Paris zurückkehrte, kam ich von Hyères zurück. Sie brachte das Geld mit, und ich hatte einen Scheck bekommen. Den ganzen Nachmittag brachte ich damit hin, den Scheck zu betrachten, und zum ersten Mal kam mir der Verdacht, Geld sei etwas ziemlich Wichtiges. Wir fuhren wieder nach Spanien. Dort begann für mich der Lebensabschnitt, den ich für den romantischsten, härtesten, intensivsten, atemlosesten halte und auch für denjenigen, der mich am meisten »überraschte«, denn glückliche Zufälle sind mir stets als etwas, das mir zusteht, erschienen – und nun sah es plötzlich so aus, als gehe meine Glückssträhne zu Ende.

Jetzt begann der harte Lebenskampf, dem ich bis dahin immer geglaubt hatte ausweichen zu können. Ich hatte tatsächlich noch keine anderen Hindernisse oder Zwänge kennengelernt als die meiner eigenen Vorstellung entspringenden. Stets war ich im Vorteil. Auch die Liebe war mir zu Diensten gewesen – sie hatte mich von drohendem Wahnsinn geheilt, und ich verehrte sie bis zum Wahnsinn. Plötzlich aber war ich bei meiner Rückkehr nach Cadaqués nicht mehr der Sohn des Notars Dali, sondern der in Ungnade gefallene, von seiner Familie verstoßene Sohn, der mit einer Russin zusammenlebte, mit der er noch nicht einmal verheiratet war!

Wie sollten wir unser Leben in Cadaqués gestalten? Es gab nur eine Person, auf die wir zählen konnten – Lydia, »La Ben Plantada«.* Lydia war

* In der Person Lydias begegnete ich zum zweiten Mal in meinem Leben dem fleischgewordenen Mythos der »Verwurzelten«, sie ließ meine Kindheitserinnerung an Ursulita Matas wieder aufleben.

eine Frau aus dem Dorf, die Witwe Nandos, »des braven Seemanns mit den blauen Augen und dem heiteren Blick«. Sie war etwa fünfzig Jahre alt. Als sie in ihren Zwanzigern war, hatte der Schriftsteller Eugenio d'Ors einmal den Sommer in dem Haus verbracht, das Lydia damals gehörte. Lydia war für Poesie empfänglich und über die unverständlichen Unterhaltungen der katalanischen Intellektuellen von Staunen erfüllt. Bevor d'Ors von Lydias Mann begleitet mit dem Boot hinausfuhr, rief er manchmal Lydia zu, sie solle ihm ein Glas Wasser bringen, und wenn er ihr dafür dankte, hatte er mehrmals gerufen:

»Schaut euch Lydia an, wie fest verwurzelt sie doch ist!«

Im folgenden Winter veröffentlichte d'Ors sein bekanntes, mit neuplatonischen Gedanken durchsetztes Buch *La Ben Plantada*, und Lydia sagte sogleich: »Das bin ich.« Sie lernte das Buch auswendig und begann an d'Ors Briefe zu schreiben, in denen es alsbald von Symbolen nur so wimmelte.

Diese Briefe wurden von d'Ors nie beantwortet. Er schrieb jedoch damals täglich seine Spalte in der *Veu de Catalunya*, und Lydia war in dem Glauben, diese Kolumne von d'Ors sei die detaillierte, wenn auch bildlich übertragene Antwort auf ihre Briefe. Sie erklärte, d'Ors habe keine andere Möglichkeit, denn eine von Lydia mit dem Decknamen »Mutter Gottes des August« versehene Dame und gewisse andere Damen, die sie Gründe hatte als ihre Rivalinnen zu betrachten, würden in ihrer Tücke die Korrespondenz unterbinden. Dies zwänge d'Ors dazu, auf verhüllte Art zu sprechen und wie sie selbst all seine Gefühle immer mehr in übertragener Form auszudrücken. Lydia hatte den wunderbarsten paranoischen Geist, den ich außer meinem eigenen je kennengelernt habe. Sie war fähig, völlig kohärente Verbindungen herzustellen zwischen einem beliebigen Gegenstand und dem, was ihr gerade in den Sinn kam – über alles andere setzte sie sich großzügig hinweg; sie wählte jede Einzelheit mit einem so feinsinnigen und erfinderisch berechnenden Gedankenspiel aus, daß es oft schwerfiel, in völlig absurden Dingen nicht mit ihr übereinzustimmen. Wenn sie die Artikel von d'Ors interpretierend durchging, hatte sie so glückliche Einfälle von Übereinstimmungen und Wortspielen, daß man nur staunen konnte über die verwirrende Gewalt der Phantasie, mit der ein paranoischer Geist das Bild unserer Innenwelt auf die Außenwelt projizieren kann, ganz gleich, wo, in welcher Form oder unter welchem Vorwand. Im Zuge dieser Liebeskorrespondenz kam es zu den unglaublichsten Koinzidenzen, die ich mir mehrfach in meinen eigenen Schriften zum Vorbild nahm.

Einmal schrieb d'Ors einen ultra-intellektuellen, kritischen Artikel mit dem Titel *Poussin und El Greco*. Am selben Abend kam Lydia und wedelte schon von weitem triumphierend mit der Zeitung, in welcher der Artikel gerade erschienen war. Ihre Rockfalten glatt streichend, nahm sie mit feierlicher Miene Platz, ein Zeichen, daß sie eine Menge zu sagen hatte und daß es eine ganze Weile dauern würde. Dann legte sie, andeutend, daß sie eine vertrauliche Mitteilung zu machen habe, die Hand an den Mund und sagte mit leiser Stimme:

»Er beginnt seinen Artikel mit dem Schluß meines Briefes!«

Zufällig hatte sie in ihrem letzten Brief an zwei bekannte Gestalten aus Cadaqués angespielt. Einer hieß Pusa, und der andere war ein griechischer Tiefseetaucher mit dem Beinamen »El Greco«. Deshalb war die Analogie ganz offensichtlich, zumindest phonetisch: Pusa und »El Greco« – Poussin und El Greco! Das war jedoch erst der Anfang, denn Lydia sah in der ästhetischen und philosophischen Parallele, die d'Ors zwischen den beiden Malern gezogen hatte, den Vergleich, den sie zwischen Pusa und dem griechischen Taucher aufgestellt hatte; sie erhellte ihn Wort für Wort in einem so systematischen, zusammenhängenden und verblüffenden Interpretationswahn, daß es oft an Genialität grenzte!

Später ging sie nach Hause und setzte ihre Brille auf. Ihre beiden Söhne, einfache, schweigsame Fischer von Kap Creus, sahen ihr zu, während sie für den Fischzug des nächsten Tages ihre Angelschnüre und Netze zurechtmachten. Lydia entkorkte das Tintenfaß und begann auf dem besten im Dorfpostamt erhältlichen liniierten Papier ihren Brief an den »Meister«, wie sie ihn nannte. Sie begann gern ohne Umschweife mit Sätzen wie diesen:

»Die sieben Kriege und die sieben Märtyrerleben haben die beiden Brunnen von Cadaqués erschöpft! La Ben Plantada ist tot. Pusa, El Greco sowie eine kürzlich gegründete Gesellschaft von ›Ziegen und Anarchisten‹ haben sie getötet. Denken Sie daran, mir den Tag, an dem Sie auf einem Ausflug hierher kommen wollen, in Ihrem täglichen Artikel klar mitzuteilen. Denn ich muß es einen Tag im voraus wissen, damit ich in Figueras Fleisch holen kann. Jetzt in der Sommersaison, wo hier all die vielen Leute sind, ist es unmöglich, im letzten Augenblick noch etwas Gutes aufzutreiben ...«

325   Eines Tages sagte sie zu mir: »D'Ors war vorgestern auf einem Bankett

in Figueras!« Ich wußte genau, daß dies nicht stimmte, trotzdem fragte ich, wie sie das habe herausfinden können. Sie sagte: »Es stand in der Speisekarte, die die Zeitung veröffentlicht hat«, und indem sie mir die Speisekarte

Idealistischer Turm, in dem die Träumereien über Gala stattfanden. Mindestens drei Monate lebte ich darin in Gedanken.

zeigte, deutete sie mit dem Finger auf *Hors d'oeuvres*. Ich antwortete:

»Das *Hors* stimmt ja wohl. Aber was bedeutet *oeuvres*?«

Sie dachte einen Augenblick nach. »*Oeuvres* – das ist so, als ob man sagte ›inkognito‹, D'Ors inkognito – es sollte keiner wissen!«

So war Lydia aus Cadaqués: Lebte sie auch in ihrer eigenen Welt, im geistigen Sinne hoch über der des übrigen Dorfes, so stand sie deswegen doch nicht weniger fest auf dem Boden – mit einem Realitätssinn, den die Leute von Cadaqués genauso anerkannten wie ihre Verrücktheit, sobald sie auf das Thema »Meister d'Ors und La Ben Plantada« zu sprechen kam.

»Lydia ist nicht verrückt«, pflegten die Leute zu sagen, »versuchen Sie mal, sie übers Ohr zu hauen oder sie mundtot zu machen!«

Wie niemand sonst konnte Lydia *riz de langouste* und *dentos** *a la marinesca* zubereiten – wahrhaft homerische Gerichte. Für das letztere Gericht hatte sie ein Kochrezept, das eines Aristophanes würdig war. Sie pflegte zu sagen:

»Für *dento a la marinesca* braucht man drei verschiedene Leute – einen Irren, einen Geizhals und einen Verschwender. Der Irre muß das Feuer schüren, der Geizhals das Wasser zugießen und der Verschwender das Öl.« Denn um dies Gericht schmackhaft zuzubereiten, brauchte man ein starkes Feuer und eine Menge Öl, wohingegen Wasser nur sehr sparsam verwendet werden durfte.

War Lydia auch mit der Wirklichkeit verbunden, und zwar auf höchst handfeste Art durch zahlreiche Bande zu Wasser und zu Lande, so waren ihre Söhne tatsächlich verrückt und mußten sehr viel später schließlich in ein Irrenhaus eingewiesen werden. Sie glaubten, sie hätten am Kap Creus mehrere Quadratkilometer kostbaren Minerals entdeckt. In mondhellen Nächten fuhren sie aus großer Entfernung in Schubkarren Dreck heran, um die Erzader zu verschütten, damit niemand sie entdecken konnte. Ich war der einzige, zu dem sie Zutrauen hatten, weil ich mich mit ihrer Mutter so lange über den »Meister« und La Ben Plantada unterhielt. In dem Sommer, bevor ich Gala kennenlernte, erschienen sie eines Abends im Hause meiner Familie, um mich über ihre Entdeckung zu informieren. Wir schlossen uns in meinem Zimmer ein. Ich fragte, was für ein Mineral sie denn entdeckt hätten. Sie bestanden darauf, ich solle die Fensterläden schließen: Es könnten uns von draußen Spione zuhören. Ich schloß die beiden Fenster, trat ganz nahe an sie heran und legte ihnen meine Hände auf die Schultern, um ihnen nochmals Vertrauen einzuflößen.

»Nun, was ist es denn?«

Sie schauten einander an, als ob sie sagen wollten: »Sollen wir es ihm sagen oder nicht?« Schließlich aber konnte sich einer von ihnen nicht länger zurückhalten.

»RADIUM!« flüsterte er heiser.

---

* *Dento*, ein Fisch, dessen Fleisch so saftig ist, daß die Fischer in ihm das Schwein des Meeres sehen.

»Aber gibt es denn viel davon?« fragte ich.

Mit seinen Händen deutete er eine Menge an, die zweimal so groß wie sein Kopf war, und sagte: »Stücke von dieser Größe und soviel Sie nur wollen!«…

Die beiden Söhne besaßen einen kümmerlichen Schuppen mit einem baufälligen Dach, in welchem sie das aufbewahrten, was sie zum Fischfang brauchten. Dieser Schuppen stand an einem kleinen Hafen, Port Lligat, eine Viertelstunde von Cadaqués entfernt, jenseits des Friedhofs. Port Lligat ist einer der dürrsten, steinigsten und planetarischsten Orte auf Erden. Der Morgen ist von wilder, bitterer, die Morphologie grausam zergliedernder Heiterkeit; der Abend wird oft krankhaft melancholisch, und die am Morgen noch hellen, lebendigen Olivenbäume verwandeln sich dann in ein starres, bleiernes Grau. Der Morgenwind schreibt das Lächeln fröhlicher kleiner Wellen auf das Wasser; abends ist das Meer wegen der vorgelagerten Inseln, die aus Port Lligat eine Art See machen, häufig so glatt, daß es das erregende Schauspiel des ersten Zwielichts am Himmel spiegelt.

Während der beiden Monate, die ich mit Gala in Carry-le-Rouet verbrachte, waren Lydias Briefe fast die einzige Post aus Spanien; ich sammelte und analysierte sie als erstrangige paranoische Dokumente. Und als ich den Brief vom Vicomte de Noailles erhielt, dachte ich sofort daran, den Lydias Söhnen gehörenden Schuppen in Port Lligat zu kaufen und ihn herzurichten und bewohnbar zu machen. Dieser Schuppen stand genau an der Stelle, die mir auf der ganzen Welt am besten gefiel. Launenhaft, wie ich in all meinen Entschlüssen bin, fand ich augenblicklich, dies sei der einzige Ort, an dem ich leben wollte und leben könnte. Gala wünschte nur, was ich wollte, und wir boten Lydia im nächsten Brief an, den Schuppen ihrer Söhne zu kaufen. Sie antwortete, sie seien damit einverstanden und erwarteten unsere Ankunft.

Wir trafen also mitten im Winter in Cadaqués ein. Im Hotel Miramar, wo man auf meines Vaters Seite stand, schützte man vor, uns wegen Renovierungsarbeiten nicht aufnehmen zu können; so mußten wir in eine winzige Pension gehen, in der eine unserer früheren Hausangestellten alles tat, was sie konnte, um unseren Aufenthalt erträglich zu gestalten. Die einzigen Menschen, mit denen ich auf gutem Fuß bleiben wollte, waren die dutzend Fischer von Port Lligat; weniger abhängig von der Stimmung in Cadaqués, verhielten sie sich zwar zuerst reserviert, ließen sich jedoch schnell von Galas unwiderstehlichem Charme und vom Nimbus meines Ansehens gewinnen. Sie wußten, daß die Zeitungen über mich schrieben. »Er ist jung«, sagten sie. »Er braucht das Geld seines Vaters nicht. Er ist frei und kann mit seiner Jugend machen, was er will.«

Wir nahmen uns einen Bauschreiner, und Gala und ich entwarfen zusammen alle Einzelheiten, von der Anzahl der Treppenstufen bis zu den Ausmaßen des kleinsten Fensters. Ludwig II. von Bayern machte sich um keinen seiner Paläste auch nur halb so viele Gedanken wie wir um unseren kleinen Schuppen.

Er sollte aus einem etwa vier mal vier Meter großen Raum bestehen, der uns als Speisezimmer, Schlafzimmer, Atelier und Eingangshalle diente. Über ein paar Stufen gelangte man in einen Flur hinauf, von dem drei Türen zu einer Dusche, einer Toilette und einer Küche führten, die kaum groß genug war, daß man sich darin umdrehen konnte. Ich wollte sie so klein wie möglich haben – uterus-ähnlich. Aus unserer Pariser Wohnung hatten wir die Nickel- und Glasmöbel herbeigeschafft, die Wände überstrichen wir mit mehreren Lackschichten. Da ich nicht in der Lage war, eine meiner dekorativen Wahnideen auszuführen, wollte ich lediglich genau die Proportionen einhalten, die für uns zwei und nur für uns zwei erforderlich waren. Als einzige extravagante Ausschmückung wollte ich mir einen winzigen Milchzahn leisten, den ich gerade jetzt erst verloren hatte. Er war weiß und transparent wie ein Reiskorn; ich wollte ihn durchbohren und an einem Faden genau in der Mitte der Decke aufhängen.

Die Idee, meinen Milchzahn von der Decke meines Hauses hängen zu sehen, ließ mich alle praktischen Schwierigkeiten, die sich auf Galas besorgtem Gesicht widerzuspiegeln begannen, vergessen. »Denk nicht mehr über diese Probleme nach«, sagte ich dann zu ihr, »... Wasser, Strom, die Schwierigkeit, wo das Hausmädchen schlafen soll. Wenn du erst einmal meinen Milchzahn an seinem Faden hängen siehst, wie er den Mittelpunkt unseres Hauses bildet, wirst du genau so begeistert sein wie ich, daß wir das alles auf uns genommen haben. Und Blumen oder einen Hund werden wir nie im Hause haben – nur unsere von Nüchternheit umgebene Leidenschaft! Durch Intelligenz werden wir rasch zusammen alt werden! Eines Tages schreibe ich über dich ein Buch, und du wirst eine von diesen mythologischen Beatricen werden, die die Geschichte unter meinen wilden Peitschenhieben und vor Wut Feuer speiend, auf dem Rücken tragen muß.«

Nachdem wir alle Einzelheiten des Haushalts in Port Lligat festgelegt hatten, fuhren wir nach Barcelona. Unter den Bauern in der Umgebung von Barcelona geht die Redensart »Barcelona ist gut, wenn es in deinem Geldbeutel klingelt«. Mit der Anzahlung, die wir dem Schreiner von Cadaqués gegeben hatten, war unser ganzes Bargeld aufgebraucht. Ich bereitete mich also darauf vor, meine Geldbörse klingeln zu lassen. Wir gingen zur Bank, um den Scheck des Vicomte de Noailles über 29000 Francs einzulösen. Ich war erstaunt, daß der Kassierer mich ehrerbietig mit meinem Namen begrüßte. Mir war nicht bewußt, wie bekannt ich bereits in Barcelona war, und die Vertraulichkeit des Bankangestellten flößte mir eher Verdacht ein, als daß sie mir schmeichelte. Ich sagte zu Gala:

»Er kennt mich, aber ich kenne ihn nicht!«

Über solch kindisches Verhalten geriet Gala in Zorn, und sie meinte, ich würde immer ein katalanischer Bauer bleiben. Ich unterzeichnete den Scheck auf der Rückseite mit meinem Namen, aber als der Angestellte ihn an sich nehmen wollte, weigerte ich mich, ihn herauszugeben.

»Ich meine, nein!« sagte ich zu Gala. »Er kann meinen Scheck haben, sobald er mir das Geld gibt.«

»Aber was denkst du denn, was er mit deinem Scheck anfängt?« sagte Gala in dem Versuch, mich zu überzeugen.

»Er könnte ihn aufessen!« antwortete ich.

»Aber warum sollte er ihn denn aufessen?«

»Wäre ich an seiner Stelle, ich würde ihn bestimmt aufessen!«

»Aber selbst wenn er ihn äße, würdest du doch dein Geld nicht verlieren.«

»Ich weiß, aber dann könnten wir heute abend keine *torts* und *rubellons a la llauna* essen.«*

Der Bankangestellte schaute verdutzt zu uns herüber; denn er konnte unserem Gespräch nicht folgen, weil ich Gala vorsichtshalber außer Hörweite gezogen hatte. Schließlich überzeugte sie mich, und ich ging entschlossen zum Schalterfenster zurück. Dem Kassierer verachtungsvoll meinen Scheck hinwerfend, sagte ich: »Na gut, machen Sie schon!«

Mein Leben lang gewöhnte ich mich nur schwer an die verwirrende, verblüffende »Normalität« der Menschen in meiner Umwelt. Stets sagte ich mir: »Nie passiert das, was passieren könnte!« Ich kann nicht begreifen, warum die Menschen so wenig individuell sind, warum sie sich so gleichförmig kollektiv verhalten. Man denke nur an eine so einfache Sache wie aus Spaß Züge zum Entgleisen zu bringen! Man stelle sich die Tausende von Schienenkilometern vor, die in Europa, Amerika und Asien die Erde bedecken! Welch geringfügigen Prozentsatz bilden doch die, die ihre Leidenschaft, Züge zum Entgleisen zu bringen, je in die Tat umsetzen, im Vergleich zu denen, die eine Leidenschaft fürs Reisen haben! Als man den Eisenbahnsaboteur Maruschka in Ungarn schnappte, sah man darin ein sensationelles, einzigartiges Ereignis.

Ich kann nicht begreifen, warum der Mensch so wenig phantasiebegabt ist. Ich kann nicht verstehen, warum Omnibusfahrer nicht hin und wieder den Wunsch haben, durch das Schaufenster eines Warenhauses zu rauschen, um ein paar Spielsachen für ihre Frauen mitgehen zu lassen und die zufällig anwesenden Kinder zu erfreuen.

Ich verstehe nicht, ja, ich kann nicht verstehen, warum die Hersteller sanitärer Anlagen in den von ihnen produzierten Spülkästen nicht versteckte Bomben anbringen, die explodieren, wenn gewisse Politiker die Kette ziehen.

Ich kann nicht verstehen, warum Badewannen fast immer die gleiche Form haben; warum man nicht kostspieligere Taxis erfindet, die innen mit einer Berieselungsanlage ausgestattet sind, so daß der Fahrgast beim Einsteigen seinen Regenmantel anziehen muß, während das Wetter draußen schön und sonnig ist.

---

* Torts = eine kleine Vogelart, *rubellons a la llauna* = eine Pilzart, die auf einem dünnen Blech gebraten wird: zwei meiner katalanischen Lieblingsgerichte.

Ich verstehe nicht, daß man mir, wenn ich im Restaurant einen gegrillten Hummer verlange, nie ein gekochtes Telephon serviert; ich verstehe nicht, warum Champagner stets eisgekühlt ist, Telephone hingegen, die sich gewöhnlich so schrecklich warm und unangenehm klebrig anfühlen, nicht auch in silberne Kübel mit zerstoßenem Eis gesteckt werden.

Fliegenfangendes Telefon

Eisgekühltes Telephon, minzgrünes Telephon, Telephon als Aphrodisiakum, Hummer-Telephon, in einem Zobelfell steckendes Telephon für das Boudoir eines Vamps, dessen Fingernägel mit Hermelin geschützt sind, Edgar-Allen-Poe-Telephone, in deren Innerem sich eine tote Ratte verbirgt, Böcklin-Telephone, die im Innern einer Zypresse angebracht sind (und auf ihrem Gehäuse eine in Silber eingelegte Todesallegorie haben), Telephone an der Leine, die, auf den Rücken einer lebenden Schildkröte geschraubt, umherspazieren, Telephone … Telephone … Telephone …

Immer wieder staunte ich darüber, daß alle Leute um mich her in ihren verschiedenen Berufen ganz zufrieden waren, stets das Gleiche zu tun und es blindlings und unermüdlich zu wiederholen! Und genau so, wie es mich erstaunte, daß ein Bankangestellter nie auf den simplen Gedanken kam, den ihm vom Kunden anvertrauten Scheck zu verschlucken, war ich erstaunt, daß noch nie ein Maler auf den Gedanken gekommen war, eine »weiche Uhr« zu malen.

331

Natürlich konnte ich den Scheck des Vicomte de Noailles ohne Zwischenfall einlösen, und abends saßen wir endlos lange über einer Schlemmermahlzeit, während der ich zwei Dutzend kleine Vögel mit Champagner verzehrte und unser Gespräch unaufhörlich um unser Haus in Port Lligat kreiste. Am nächsten Tag erkrankte Gala an Rippenfellentzündung, und ich wurde von solcher Angst ergriffen, daß ich zum ersten Mal im Leben spürte, wie der massive Bau meines Egoismus von dem Erdbeben altruistischer Gefühle bis in die Grundfesten erschüttert wurde. Sollte ich sie am Ende wirklich lieben?

Während Galas Krankheit nahm ich die Einladung eines Freundes aus meiner Madrider Zeit an, ihn in Málaga zu besuchen. Er wollte meine dortigen Aufenthaltskosten bezahlen und versprach mir, eines meiner Bilder zu kaufen. Dementsprechend planten wir, sobald Gala wieder gesund wäre, nach Málaga zu fahren, gaben uns aber das Versprechen, von Noailles Geld, das wir in einem Safe des Hotel de Barcelona lassen würden, keinen céntimo auszugeben, denn dies Geld sollte für unser geheiligtes Port Lligat zurückgelegt werden. Stundenlang überlegte ich mir Geschenke und Pläne für Galas Genesung. Infolge ihrer Krankheit sah sie so zerbrechlich aus, daß sie in ihrem teerosenfarbenen Nachtgewand einer jener von Raphael Kishner gezeichneten Elfen glich, die allein die Anstrengung, an einer dekorativen Gardenie, die doppelt so groß und schwer wie ihr Kopf ist, zu riechen, fast das Leben zu kosten schien. Eine nie gekannte Zärtlichkeit für Gala bemächtigte sich meiner. Ihre kleinste Bewegung brachte mich den Tränen nahe, gab mir ein honigsüßes Gefühl. Diese Zärtlichkeit war mit leicht sadistischen Regungen gepaart. Erregt und voll liebender Fürsorge sprang ich auf und sagte: »Du bist zu hübsch!« und schon begann ich, sie von oben bis unten mit Küssen zu bedecken. Aber ich preßte sie immer fester, und je mehr ich drückte und fühlte, wie sie meinen allzu energischen, leidenschaftlichen Umarmungen schwach zu widerstreben versuchte, desto unwiderstehlicher wurde mein Verlangen, sie sozusagen zwischen meinen Armen zu zermalmen. Als ich spürte, wie mein Überschwang Gala erschöpfte, stachelte das nur mein immer wahnsinnigeres Verlangen an, diese »Spiele«, sie zu erdrücken und zu ersticken, den ganzen Nachmittag fortzusetzen. Unfähig, in ihrer Schwäche noch mehr zu erdulden, begann Gala schließlich zu weinen. Da stürzte ich mich auf ihr Gesicht. Zuerst bedeckte ich es überall mit Hunderten von sanften Küssen. Dann quetschte ich ihre Wangen, drückte ihre Nase platt, sog an ihren Lippen, so daß sich ihr Gesicht zu einer schnauzenhaften Grimasse zusammenzog, was mir unwiderstehlich vorkam; ich sog an ihrer Nase, dann an Nase und Mund gleichzeitig, während ich ihre Ohrmuscheln mit beiden Händen flach an die Wangen drückte. Ich quetschte das kleine Elfengesicht immer wilder, schließlich bearbeitete ich es mit einer Kraft, die gefährlich wurde, so als zerrte, knetete, faltete und beklopfte ich einen Brotteig. Meinen Versuch, sie zu trösten, beantwortete sie nur mit neuen Tränen.

»Wir wollen ausgehen! Wir wollen ausgehen!«

Ich steckte sie in ein Auto und fuhr mit ihr zur Weltausstellung nach Barcelona. Ich zwang sie, mit geschlossenen Augen viele Treppen hochzusteigen. Dabei half ich ihr, indem ich sie um die Hüfte faßte; sie war so schwach, daß wir alle vier bis fünf Stufen eine Pause einlegen mußten. So führte ich sie bis auf eine Terrasse hinauf, von der man das ganze Ausstellungsgelände überblicken konnte mit den erleuchteten, riesigen Fontänen im Vordergrund, den schönsten, die ich je im Leben gesehen hatte. Sie schossen sehr hoch empor, breiteten sich fächerartig aus und wechselten ihre Form und Farbe in Kombinationen von beunruhigender, zauberhafter Wirkung. Am Himmel explodierten die Garben eines Feuerwerks. Und Gala, den leichenblassen Kopf an meine Brust gelehnt, fragte:

»Was hast du dir denn für mich ausgedacht?«

»Nun schau!« sagte ich.

Kein Kind ist jemals vom Staunen so ergriffen gewesen. Rings um uns her ertönte der melancholische Rhythmus der *sardanas*. Sie sagte:

»Du verstehst es, alles für mich zu tun! Du machst mich unaufhörlich weinen!«

Die stumpfe, anonyme Menge trottete träge durch die Gassen der Weltausstellung, die ja stets ein Reinfall ist. Von diesen Leuten weinte niemand! Welch ein Jammer!

Zwei Tage später fuhren wir nach Málaga. Wir traten die lange, dreitägige Reise zu früh an, denn Gala war noch nicht wieder gesund. In unserem Zweiter-Klasse-Abteil klebte ihre Wange stundenlang an meiner Brust, und ich staunte, daß ihr Köpfchen, dessen einziges Gewicht in seinem Ausdruck zu bestehen schien, so schwer war. Es war, als sei der ganze kleine Schädel mit Blei gefüllt. Ich begann über ihren Schädel nachzudenken. Ich sah ihn ganz weiß und sauber und darin ihre Zähne, die so vollkommen, so wohlgestaltet, regelmäßig und bestimmt, glänzend und strahlend sind, als spiegele jeder einzelne die Wahrheit der aus dem Speichelquell ihrer Kehle hervorwachsenden roten Zunge. Ich verglich ihren, nur mit seinen wahren Zähnen bewaffneten Schädel ohne Zunge, Speichel und Kehlkopf mit den lügenhaften Zähnen meines Schädels. Ich hatte wirklich den Mund eines alten Mannes. Kein Zahnarzt hat je das Geheimnis meiner Gebißstruktur ergründen können.* Stets geraten sie darüber ins Staunen – ich weiß nicht, ob vor Schreck oder vor Bewunderung; einmal konnte der meine Zähne untersuchende Arzt nicht umhin, mir zu dem unvergleichlichen Mißgeschick meiner Zahnstruktur zu gratulieren; sie sei nach seiner Ansicht etwas Einmaliges. Nicht ein einziger Zahn befand sich dort, wo er sein sollte.

Mir fehlten zwei Backenzähne – sie waren nie gewachsen – und zwei

Dents de l'homme: 1. Incisive; 2. Canine; 3. Molaire.

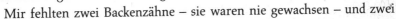

* Der – auf jeden Fall symbolische – Zusammenhang zwischen Zähnen und Geschlechtsorganen ist klar nachgewiesen. Verliert man im Traum Zähne – im Volksmund als Todesomen gedeutet –, so gilt dies als deutlicher Hinweis auf Onanie. Auch bei manchen afrikanischen Stämmen wird die Beschneidungszeremonie durch das Ziehen eines Zahnes ersetzt.

Schneidezähne im Unterkiefer, die, nachdem ich die Milchzähne dort verloren hatte, tatsächlich nie nachwuchsen; weitere Zähne wuchsen dort, wo sie nicht hingehörten.

So stellte ich mir also meinen Schädel neben demjenigen Galas vor – eine wahre Katastrophe, nicht nur wegen der chaotischen Zähne: Mein äußerst

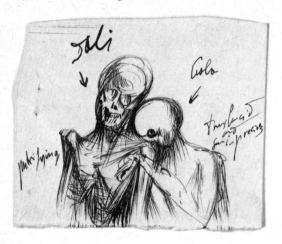

schwach entwickeltes Kinn bot einen starken Kontrast zu den entschieden ausgeprägten Bögen der Augenbrauen, die auch im Totenreich noch ihre Blickblitze schleudern würden. Außerdem konnte ich mir meinen Schädel nicht weiß vorstellen – er würde immer ockerfarben und nach Verwesung aussehen, die Farbe der mit Dung gesättigten Erde haben. Galas Schädel war, wie gesagt, weiß, ja sogar himmelblau getönt, wie jene glatten, durchscheinenden Halbedelsteine, die Galas Mutter am Ufer des Schwarzen Meeres aufgesammelt und ihr geschenkt hatte und die nun in einer mit Baumwolle ausgeschlagenen Schachtel aufbewahrt wurden. Ich dachte an unser gemeinsames Begräbnis: Gala und ich, einander die Hände haltend...

Galas vom Schlaf überwältigter Schädel fiel in meinen Schoß. Ich legte ihn wieder an seinen Platz auf meiner Schulter, die bereits von seinem Gewicht schmerzte. Mir gegenüber schwankten andere, auf unbekannten Mitreisenden befestigte Schädel mit jedem Ruck des Zuges schlaff hin und her. Auf all diesen Gesichtern spazierten ungehindert die Fliegen umher. Wir erreichten Málaga in einem Zug voller »todmüder« Menschen.

Bereits zu dieser Jahreszeit lag über Andalusien eine brütende afrikanische Hitze von unwirklicher, königlicher Majestät. Auf dem glatt gespannten, wolkenlosen Himmel las ich in feurigen Lettern den Wappenspruch »Hier ist die Hitze König«. Der Taxifahrer ging zu einem Gepäckträger, der in einer schattigen Ecke schlief, und versuchte, ihn zu wecken, indem er seinen Körper mit dem Fuß umdrehte. Nach kurzer Pause tat er es noch einmal. Nach dem zweiten Umwälzen machte der Träger schließlich mit

der Hand eine Geste, die einem altägyptischen Ritual anzugehören schien und soviel besagte wie: »Heute auf keinen Fall!«

Die Vorbereitungen zum Fest der Toten und seinen orgiastischen Osterblumen-Prozessionen waren in vollem Gang. Ein Straßenbahnführer hielt seine Tram vor einer Bar an. Man brachte ihm ein Glas *anis del mono*. Er goß es hinunter und fuhr singend weiter. Auf den Straßen waren viele Picassos* mit einer Nelke hinter dem Ohr zu sehen; sie beobachteten die vorbeiströmende Menge mit Augen voll krimineller, intensiver und anmutiger Intelligenz. Große Stierkämpfe waren plakatiert, und nach dem unversöhnlichen Sonnenuntergang fegte abends statt einer erfrischenden Brise ein heißer, oft sengender Wind über die Meerenge herüber, der afrikanische Wüstenwind.

Wir Spanier liebten ihn! Und diese Stunde wählten wir für die Liebe. Die Stunde, da die Nelkenfelder und der Schweiß am stärksten rochen, die Stunde, in der der afrikanische Löwe der spanischen Zivilisation brüllte! In Torremolinos, einem kleinen, wenige Kilometer von Málaga entfernten Dorf, mieteten wir eine Fischerhütte mit Blick über ein Nelkenfeld am Rand einer steil ins Meer abfallenden Klippe. Dies war unser Honigmond

---

* Málaga ist Picassos Heimatstadt, und sein morphologischer Typ mit dem stierähnlichen intelligenten und lebhaften Ausdruck ist dort weit verbreitet.

der Leidenschaft. Unsere Haut wurde so dunkel wie die der Fischer, und die waren braun wie Araber. Das Bett in unserem Haus war so hart, daß die Matratzen statt mit Wolle mit trockenem Brot gefüllt schienen. Darauf zu schlafen war zwar unbequem, aber hinterher war der Körper über und über mit blauen Flecken und schmerzenden Stellen bedeckt, die, gewöhnt man sich an sie, außerordentlich angenehm werden, denn man merkt, daß man einen Körper hat und daß man nackt ist.

In ihrer jungenhaften, von der Sonne tief gebräunten Gestalt ging Gala im Dorf mit entblößten Brüsten umher, und ich hatte mir wieder angewöhnt, meine Halskette zu tragen. Die Fischer dieser Gegend kannten kein Schamgefühl. Nur ein paar Meter von uns entfernt ließen sie die Hose fallen, um ihre Notdurft zu verrichten. Auf diesen Augenblick des Tages, konnte man sehen, freuten sie sich mit am meisten, und manchmal hockten sie so in einer ganzen Reihe nebeneinander am Strand unter der gnadenlosen Sonne. Sie ließen sich Zeit dabei und warfen einander episch ausgemalte Obszönitäten zu. Dann wieder stachelten sie mit kehligen Rufen ihre Kinder an, die sich mit Steinschleudern regelrechte Schlachten lieferten. Diese Steingefechte endeten oft mit einigen Platzwunden. Wenn die ihren Stuhlgang Verrichtenden ihre Kinder bluten sahen, erwachten ihre kleinen persönlichen Feindschaften. Sie zogen rasch die Hosen hoch, wobei sie sorgfältig darauf achteten, daß ihre stets ansehnlichen, stark entwickelten Geschlechtsteile den richtigen Platz fanden, und begannen ihrerseits über die Kämpfe ihrer Kinder zu streiten. Mit ein paar Messerstichen beendeten sie gewöhnlich die Auseinandersetzung unter den schönen und unwichtigen Tränen ihrer wehklagenden Frauen, die mit aufgelösten Haaren und zum Himmel emporgestreckten Armen herbeigelaufen kamen und Jesus und die Unbefleckte Jungfrau anriefen. Auf all dies fiel kein Schatten von Traurigkeit oder Schäbigkeit. Ihre Zornesausbrüche waren biologisch-unbekümmert wie in der Sonne trocknende Fischgräten. Und ihre Exkremente waren äußerst sauber und mit ein paar unverdauten Muskattrauben durchsetzt, die genauso frisch waren wie vor dem Verschlingen.

Damals hatte ich eine Leidenschaft für Olivenöl. Ich nahm es mit allen möglichen Speisen zu mir. Frühmorgens tauchte ich meinen Toast in Öl, in dem Sardellen schwammen. Es blieb eine ganze Menge davon auf dem Teller zurück, ich trank es gleich hinterher wie ein köstliches Naß. Die letzten Tropfen goß ich dann auf Kopf und Brust. Ich rieb mein Haar und meinen Körper damit ein. Mein Haar wuchs wieder stärker und so dicht, daß alle meine Kämme zerbrachen. Ich malte weiter an dem in Carry-le-Rouet begonnenen *Unsichtbaren Mann* und schrieb die endgültige Fassung der *Sichtbaren Frau*.

Von Zeit zu Zeit empfingen wir den Besuch einer kleinen Gruppe von intellektuellen Surrealistenfreunden, die einander alle leidenschaftlich haßten und allmählich von den Würmern linker und rechter Ideologien zernagt wurden. Ich erkannte sogleich, daß, sobald diese Würmer zu Schlan-

337   *Gala in ihrer jungenhaften Gestalt, mit nackten Brüsten, und ich hatte mir wieder angewöhnt…*

gen herangewachsen wären, der Bürgerkrieg in Spanien mit wilder Grausamkeit ausbrechen würde, einem monumentalen Medusenhaupt gleich, dessen Gesicht statt im Kopf im Bauch sitzt, in welchem sich anstelle von Eingeweiden Schlangen in einem fortgesetzten Darmleiden von Tod und Erektion gegenseitig strangulieren.

Eines Tages erhielten wir einen Schwung Post mit mehreren Hiobsbotschaften. Die Galerie Goemans, die mit ihren Zahlungen an uns fast einen Monat im Rückstand war, hatte soeben Bankrott gemacht; Buñuel setzte die Produktion von *L'âge d'or* ganz auf eigene Faust fort – die Filmherstellung würde also ohne meine Mitwirkung zu Ende geführt; der Schreiner aus Cadaqués behauptete, unser Haus in Port Lligat nahezu fertiggestellt zu haben und bat um Begleichung seiner Rechnung, die um eine Reihe zusätzlicher Ausgaben erhöht war, so daß sie mehr als das Doppelte des ursprünglich von uns angesetzten Betrages ausmachte. Im selben Augenblick verreiste unser reicher Freund aus Málaga, ohne seine Adresse zu hinterlassen; er sagte lediglich, er sei in zwanzig Tagen wieder zurück! Das Geld, das wir mitgenommen hatten, war aufgebraucht. Wir hatten gerade noch genug zum Leben für drei, vier Tage. Gala schlug vor, wir sollten uns das Geld aus Barcelona schicken lassen. Dies Geld wollte ich jedoch nicht anrühren, zumal es ohnehin nicht mehr ausreichte, um die Schreinerrechnung zu bezahlen. Das Haus in Port Lligat war heilig! So beschlossen wir, Telegramme nach Paris zu senden, in denen wir Freunde baten, uns Geld für die Gemälde, die ich ihnen mitbringen würde, vorzuschießen. Aber die drei Tage gingen vorüber, ohne daß einer der Freunde antwortete.

Am Abend konfiszierten wir alles Kleingeld, das in meinen Anzugtaschen zu finden war, und brachten zwei Peseten zusammen. Just am selben Abend besuchte uns ein Surrealist, der mit den Kommunisten sympathisierte. Ich bat ihn, in meinem Auftrag ein von mir aufgesetztes Telegramm an unser Hotel in Barcelona zu senden, damit man uns das Geld schicke. Sobald unser Geld ankäme, wollten wir ihm die Auslagen für das Telegramm erstatten. Er verließ uns mit dem Versprechen, dies zu erledigen. Aber der nächste Tag verstrich ohne eine Antwort, der folgende Tag ebenso. Zu allem Unglück hatten wir auch kein Dienstmädchen, und in dem ganzen leeren Haus fand sich nicht eine Krume Brot. Zudem war mir bewußt, daß wir unsere plötzliche Notlage allein meiner Sturheit verdankten, denn ich hatte ja Galas Rat, das Geld aus Barcelona schicken zu lassen, zuerst nicht befolgen wollen, da ich mich des Hauses in Port Lligat wegen, abergläubisch wie ich bin, geweigert hatte, es anzurühren. Die ganze Situation begann sich in meinem Gehirn zu einer Tragödie auszuwachsen.

Die starke afrikanische Hitze, die meinem Körper einen Monat lang zugesetzt hatte, ließ mich nur noch rot und schwarz sehen. Am Morgen hatte ein verrückter Jugendlicher im Nachbarhaus seine Mutter mit einer Zange halb umgebracht. Am Abend schoß der Zollbeamte mit seinem Gewehr aus Spaß auf Schwalben. Gala versuchte mich zu überzeugen, unsere Lage sei

I. Der große Paranoiker

on Quijotes Kopf erscheint auf einer österreichischen
Postkarte.

*Unter dieser Zypresse, die zu meinen frühesten Erinnerungen
zählt, las ich zum ersten Mal Don Quijote.*

So sah die von Gala entdeckte Postkarte aus.

*Erscheinung der Infantin Margarita von Velázquez auf
einem indischen Bauwerk.*

Velázquez' Gemälde der Infantin Margarita als Kind.

XII. Der Mund als ästhetische Form

Die genaue Stelle in Cadaqués, wo die schroffen Felsen das
Sitzen unbequem machten, die den berühmten Diwan in
Gestalt eines Mundes inspirierte.

So wurde meine Idee von dem Innenarchitekten Jean-Michel
Frank, einem meiner großen Freunde aus der Pariser
Zeit, verwirklicht; fast unmittelbar nach seiner Ankunft
in Amerika nahm er sich das Leben.

Der Mund, das Meer und seine Gischt, als ästhetische Form
in Schmiedeeisen verarbeitet von dem Architekten Gau
aus Barcelona.

Auf dem Rücken meiner Amme erscheint ein geheimnisvoll
Mund.

Vier Münder oder »Alter, Jünglingsjahre und Jugend«.

»Das Gesicht der Mae West« – auch als Wohnung verwendb

zwar ärgerlich, aber alles andere als tragisch. Wir bräuchten nur nach Málaga zu fahren, uns dort in aller Ruhe ein Hotelzimmer zu nehmen und auf das Geld aus Barcelona zu warten, das bestimmt in kurzer Zeit eintreffen würde. Dies könne sich aus verschiedenen Gründen verzögert haben. Wir hatten unser Telegramm an einem Samstag aufgegeben, einem Tag, an dem die Banken nach englischem Brauch geschlossen waren. Vielleicht hatte auch unser Freund vergessen, das Telegramm abzuschicken.

Ich aber verschloß mich all diesen Argumenten. Ich wollte die Gelegenheit nutzen, um das Drama meines Ärgers ein für allemal zu Ende zu spielen, nachdem ich mich bisher, seit ich zum ersten Mal auf finanzielle Schwierigkeiten gestoßen war, immer im Zaum gehalten hatte. Ich wollte den Schimpf, die Ungerechtigkeit, die Ungeheuerlichkeit nicht wahrhaben, daß ich, Salvador Dali, meine schriftstellerische Arbeit an der *Unsichtbaren Frau* sollte unterbrechen müssen, weil ich, Salvador Dali, ohne Geld sei, und die Vorstellung, daß meine Galuschka in die gleiche entwürdigende Situation hineingezogen werden sollte, brachte meinen ohnedies überspannten Geduldsfaden vollends zum Zerreißen.

Die Tür hinter mir zuknallend, voll von Gewissensbissen, Gala in ihrer Not allein unsere Koffer packen zu lassen, lief ich aus dem Haus. Ich hob einen Stock vom Boden auf und stelzte durch die roten Nelkenfelder zum Meer hinunter. Im Gehen mähte ich wütend die Nelkenköpfe ab; sie schossen in die Luft wie das herausspritzende Blut der von Carpaccio so grausam realistisch gemalten Enthaupteten.

Das Meer hatte am Ufer Grotten ausgehöhlt, in denen olivenhäutige Zigeuner hausten. Sie brieten ihre Fische in siedendem Öl, das in den Pfannen zischte wie die Nattern meines Zorns. Eine Sekunde lang schoß mir der absurde Gedanke durch den Kopf, Galas edlen Leib zu töten und unter ihnen hier zu leben. Der Gedanke an eine Geschlechtsgemeinschaft mit den wunderschönen Zigeunerfrauen, die da halbnackt ihre Babies stillten, war erotisch äußerst erregend; hinzu kam, daß diese Frauen nicht mehr zu säubern waren. Ich floh in eine einsame Höhle. In meiner Phantasie wirbelten und vermischten sich die Bilder der stillenden Brüste mit der Vision des glänzenden Rappenhinterns einer jener über das Feuer gebeugten Frauen. Meine Beine gaben nach, und auf den schroffen Felsboden niederkniend, fühlte ich mich wie einer der von Rivera gemalten Anachoreten in seiner Ekstase. Mit der freien Hand streichelte und kratzte ich die ausgeglühte Haut meines Körpers. Ich wollte sie überall zugleich berühren. Und mit halbgeschlossenen Augen starrte ich gebannt auf einen Wolkenfetzen, aus dem in schrägen Strahlen Danaes skatologischer Goldregen fiel. Meine ganze Wut ging nun in das Zucken und Zittern meines Fleisches ein. Meine Taschen waren alle leer. Kein Gold mehr, wie? Aber ich konnte ja noch dies verschwenden! Und auf den Boden schüttete ich die große und die kleine Münze meines kostbaren Lebens, das diesmal aus den tiefsten und dunkelsten Tiefen meiner Knochen gewonnen schien.

Diese neuerliche, unnötige »Ausgabe« verschärfte nur die unerträgliche Wirklichkeit meiner finanziellen Lage, sobald der Augenblick der Lust, den sie mir gewährte, vorüber war, und gab mir ein tiefes Gefühl der Entmutigung. Dann kehrte sich meine ganze impulsive Wut gegen mich selbst. Um mich zu bestrafen, daß ich »das« getan hatte, blickte ich auf meine geschlossene Faust, das Werkzeug meines jüngsten Genusses, und schlug mit ihr erbarmungslos auf mein Gesicht ein, mehrmals hintereinander, immer härter, und plötzlich fühlte ich, daß ich mir einen Zahn ausgeschlagen hatte. Ich spie Blut auf den Boden, auf die gleiche Stelle, wo ich einen Moment zuvor den Schatz meiner Lust vergeudet hatte – wie geschrieben steht: Zahn um Zahn!

Fiebernd vor Erregung, aber strahlend kehrte ich zu unserer Hütte zurück. Triumphierend hielt ich Gala meine Faust hin:

»Rate mal!«

»Ein Glühwürmchen«, sagte sie, denn sie wußte, daß ich diese gern sammelte.

»Nein! Mein Zahn – ich habe mir meinen kleinen Zahn ausgeschlagen; wir müssen ihn unter allen Umständen nach Cadaqués bringen und an einem Faden in der Mitte unseres Hauses in Port Lligat aufhängen.«

Dieser kleine Zahn erfüllte mich mit großer Zärtlichkeit und Erbarmen. Er war so winzig und dünn bis zur Transparenz. Er war wie ein kleines, versteinertes Reiskorn mit einem unendlich kleinen Stück vom Blütenblatt eines Gänseblümchens darin. Denn man konnte in der Tat einen noch weißeren winzigen Punkt in der Mitte sehen. Hätte man diesen kleinen weißen Fleck mikroskopisch vergrößern können, wäre darin vielleicht die Strahlenkrone einer winzigen Jungfrau von Lourdes erschienen.

Der Vorteil meiner Schwächen ist mir stets genau bewußt gewesen. In Schwächezuständen entstehen infolge der Gesetze der Kompensation, der Gleichgewichtsstörung und der Uneinheitlichkeit Pausen, aus denen neue Rangordnungen der normalen Elastizitätskoeffizienten hervorgehen. Ich weiß genau, daß die Argonauten angeblich aggressive und gut ausgebildete Unterkiefer hatten, und es ist viel von dem rational auf Erfolg ausgerichteten Willen die Rede. Ich selbst jedoch habe diese starken Gesichter mit fehlerlosen Porzellanzähnen – den Prototypen bissiger Hartnäckigkeit – immer nur bei namenlosen Massenmenschen gesehen, die bestens in der Lage sind, die mittelmäßigste Situation im Leben zu meistern. Die Reichen hingegen haben immer schlechte Zähne gehabt. Geld läßt altern und verschafft dem Menschen, der auf dem Wege ist, reich zu werden, Falten, sogar bevor er sein Ziel erreicht hat, genau so wie die Ausdünstungen gewisser bösartiger, fleischfressender Blumen das Insekt, das sich auf ihrem todbringenden Stempel ausruhen will, schon vorher vergiften. »Meine geliebten, verarmten, unregelmäßigen, entkalkten Zähne, Stigmata meines Alters, fortan werde ich nur noch euch haben, um auf Geld zu beißen!«

Am folgenden Tag fuhren wir nach Málaga, um unseren mit den Kom-

munisten sympathisierenden Surrealistenfreund um etwas Geld zu bitten. Wir bestiegen den Bus mit einer gerade noch ausreichenden Geldmenge für die Hinfahrt. Wenn wir nichts bekämen, würden wir also nicht mehr zurückkommen. Nachdem wir überall nach ihm Ausschau gehalten hatten, fanden wir ihn schließlich. Ich sagte zu ihm: »Wir brauchen zumindest fünfzig Peseten, damit wir uns noch drei bis vier Tage über Wasser halten können, bis unser Geld kommt.« Unser Freund versicherte uns, er habe unser Telegramm noch an dem Abend, als ich es abgefaßt hatte, abgesandt. Eigenes Geld besaß er nicht, aber er versprach uns, er werde sofort die verschiedenen Leute, von denen er diese Summe borgen könne, aufsuchen, und ich könne bestimmt damit rechnen. Er lud uns auf die Terrasse eines

Cafés ein, und während Gala eine Limonade und ich einen Vermouth mit Oliven trank, machte er sich auf den Weg, das Geld aufzutreiben, das er uns leihen wollte.

Zur Abfahrtszeit unseres Busses hatte sich unser Erretter noch immer nicht bemerkbar gemacht. Als wir schon die Hoffnung, ihn jemals wiederzusehen, aufgaben, kam er, buchstäblich im letzten Moment, angelaufen.

»Laufen Sie schnell rüber und nehmen Sie Ihre Plätze im Bus ein!« sagte er. »Es ist alles erledigt. Ich bringe Sie auf den Weg!«

Er brachte uns zu unseren Plätzen, und während er sich mit der einen Hand den Schweiß aus dem Gesicht wischte, schüttelte er mir mit der anderen, in der ein Stück Papier diskret gefaltet war, die Hand und sagte auf Wiedersehen. Ich dankte ihm von ganzem Herzen und meinte: »Jetzt wird es nicht mehr lange dauern!«

Er lächelte, um anzudeuten, daß wir in jedem Fall mit ihm rechnen könnten; der Bus setzte sich in Bewegung, und zum ersten Mal schien mir die Berührung meiner Hand mit einem Fünfzig-Peseten-Schein von allen guten Geistern des Erdkreises durchdrungen. Hier hielt ich drei Tage des Lebens von Gala und Salvador Dalí, die ich im voraus als die prächtigsten unseres Daseins auskostete. Behutsam öffnete ich die Hand wie einer, der seine Vorfreude unendlich in die Länge ziehen will, bis er endlich in der Lage ist, mit eigenen Augen das Symbol eines mit allzuviel Seelenqual erwarteten Glücks zu sehen.

Doch mich überlief ein Frösteln, als ich entdeckte, daß das, was ich da in meiner Hand hielt, kein Fünfzig-Peseten-Schein war, sondern daß mein Freund mir offenbar voll Sarkasmus und Hohn einfach die blaue zerknüllte Quittung des Telegramms, das er zwei Tage zuvor für mich abgeschickt hatte, zugesteckt hatte und mir auf diese Weise nicht nur zu verstehen gab, daß er nicht geneigt sei, mir die erbetene Summe zu leihen, sondern mich auch noch zynisch an das Geld erinnerte, das ich ihm für das Telegramm schuldete. Wir hatten kein Geld, um unsere Busfahrt zu bezahlen. Hätte mich der Schaffner in diesem Augenblick aufgefordert, den Preis für meine Fahrkarte zu entrichten, hätte ich wahrscheinlich versucht, ihn aus dem Bus zu stoßen. Gala kannte die Gefahr solcher Zornesausbrüche, die, wenn sie über mich kommen, zu höchst unvorhergesehenen, aber stets katastrophalen Lösungen führen können. Sie packte mich am Arm und bat mich, nichts zu unternehmen. Aber ich war bereits aufgestanden und hielt nach einem Vorwand Ausschau, eine meiner tollen Taten zu verüben. Als leiste er meinem plötzlichen Verlangen automatisch Gehorsam, zog der Schaffner die Klingel, und der Bus hielt an. Zuerst dachte ich, man habe meine aggressiven Absichten erraten und wolle mich aus dem Bus verweisen. Mit beiden Händen hielt ich mich an einer Nickelstange fest, bereit, verzweifelt Widerstand zu leisten. In diesem Augenblick aber sah ich unseren recht unglücklich dreinschauenden Surrealistenfreund auf mich zulaufen; in der Hand schwenkte er diesmal etwas, was ersichtlich ein Fünfzig-Peseten-

345

Schein war. In der Verwirrung der letzten Minute des Abschiednehmens hatte er mir das falsche Stück Papier in die Hand gedrückt und war dann in einem Taxi hinter unserem Bus hergefahren, um uns einzuholen. Wir setzten unsere Fahrt fort.

In unserer Wohnung erwartete uns ein Stapel von Briefen mit guten Nachrichten, darunter ein Scheck aus Barcelona über unser Geld, das man auf eine Bank in Málaga überwiesen hatte. Ich aß ein paar Sardellen mit Tomaten und schlief den ganzen Nachmittag einen Schlaf, der so schwer war wie der nachtwandlerische Mittagsbus, der uns zurückgebracht hatte. Als ich erwachte, lag der Mond rot wie eine Scheibe Wassermelone auf der Fruchtschale der Bucht von Torremolinos im Ausschnitt des Fensterrahmens und scheinbar direkt vor mir auf dem Tisch. Dank meines plötzlichen Aufwachens befand sich diese Bildkombination in einer verworrenen Synthese, deren räumliche Organisation sich erst allmählich klärte. Ich konnte nicht von vornherein sagen, was nah und was fern, was plan und was perspektivisch war. Ich hatte soeben mit den Augen des Photographen ein Bild in der Art von Picassos kubistischen Fenstern gesehen, ein Bild, das sich in meinem Gehirn weiterentwickelte und der Schlüssel für die später von mir geschaffenen mimetischen und paranoischen Bilder werden sollte wie zum Beispiel meine Büste Voltaires. Während ich auf meinem Bett all diese komplizierten Visionsprobleme überdachte, die ja im wesentlichen philosophische Probleme sind, erkundete mein Finger lustvoll das Innere meiner Nase, und ich zog ein kleines Kügelchen heraus, das mir für ein Stück getrockneten Nasenschleim zu groß vorkam. Und während ich es mit zärtlicher Aufmerksamkeit betrachtete und knetete, entdeckte ich, daß es in Wirklichkeit ein Stück der Telegrammquittung war, die ich in meiner verschwitzten Hand gedrückt, gerieben und zu einem Ball gerollt und geistesabwesend in eines meiner Nasenlöcher gesteckt haben mußte – eine automatische Spielerei, die zu der Zeit charakteristisch für mich war.

Gala war dabei, unsere Koffer wieder auszupacken, mit der offenkundigen Absicht zu bleiben, da wir ja das Geld empfangen hatten. Ich aber sagte:

»Wir fahren nach Paris!«

»Warum? Wir können doch noch zwei Wochen hier genießen.«

»Nein! Neulich abends, als ich die Tür hinter mir zuknallte, sah ich, wie ein schräger Sonnenstrahl durch einen Wolkenfetzen brach. Genau in dem Augenblick war ich dabei, meinen ›Lebenssaft‹ zu vergießen. Danach zerbrach ich meinen kleinen Zahn. Begreifst du? Ich hatte soeben am eigenen Leibe den ›grandiosen Mythos‹ der Danae entdeckt. Ich will nach Paris und will es donnern und regnen lassen. Aber diesmal wird es Gold regnen! Wir müssen nach Paris fahren und des Geldes habhaft werden, das wir brauchen, um die Arbeiten an unserem Haus in Port Lligat zu beenden!«

Wir fuhren also zurück nach Paris, wobei wir uns in Madrid und Barcelona nicht länger als nötig und in Cadaqués zwei Stunden aufhielten, um mal eben nachzuschauen, welchen Eindruck unser Haus machte. Es sah noch armseliger und beengter aus, als wir erwartet hatten – es war praktisch nichts. Doch schon dieses Fast-Nichts trug das Brandmal unseres Fanatismus und zum ersten Mal konnte ich eine bauliche Wirklichkeit sehen, in der Galas klare, konkrete, energische Persönlichkeit meinen krankhaften Wahn durchdrang. Da waren lediglich die Proportionen einer Tür, eines Fensters und der vier Wände, und schon war es heroisch.

Der wahre Heroismus aber erwartete uns in Paris, wo Gala und ich uns in einem extrem harten, angespannten und stolzen täglichen Lebenskampf unserer Haut wehren mußten. Um uns herum betrog jeder auf kleinliche Art, das Anekdotenhafte verschlang das Wesentliche, und in dem Maße wie sich mein Name nach und nach mit dem nicht zu lockernden Griff eines Krebses am Busen einer Gesellschaft, die nichts von ihm wissen wollte, festsetzte, wurde unser Alltagsleben zunehmend schwieriger. Es war, als reagierten die Leute auf die schreckliche Krankheit meines intellektuellen Ansehens, die sie demolierte und dahinraffte, dadurch, daß sie auf mich die Krankheit übertrugen, deren Bazillus ihr Privileg ist – ständig nagende »Geldsorgen«. Diese Krankheit zog ich derjenigen, an der sie litten, vor. Ich wußte, sie war heilbar.

Buñuel hatte soeben L'âge d'or beendet. Ich war furchtbar enttäuscht, denn es war nur eine Karikatur meiner Ideen. Der »katholische« Aspekt des Films war grob antiklerikal geworden und ermangelte der biologischen Poésie, die ich gewünscht hatte. Nichtsdestoweniger machte der Film beträchtlichen Eindruck, insbesondere die Szene der unerfüllten Liebe, in der man sah, wie der Held, vor unbefriedigtem Verlangen zusammenbrechend, sinnlich am großen Zeh eines marmornen Apollos lutschte. Buñuel fuhr eiligst mit Eroberungsträumen nach Hollywood, und die Premiere des Films fand in seiner Abwesenheit statt.

Das Publikum bestand fast nur aus Leuten, die zum Surrealismus positiv eingestellt waren, und so verlief die Aufführung ohne nennenswerte Vorfälle. Nur ein paar Mal kam es zu lärmendem Gelächter und zu Protesten, die jedoch rasch im frenetischen Beifall der Mehrheit im Saal untergingen; sie zeigten nur, mit welch leidenschaftlicher Spannung unser Werk aufgenommen wurde. Zwei Tage später sah es allerdings anders aus. Eine Szene des Films zeigte, wie ein Luxusauto anhält, ein livrierter Diener die Tür öffnet und eine Monstranz herausnimmt, die er – in Großaufnahme gezeigt – am Rand des Bürgersteigs absetzt. Dann erscheinen die Beine einer sehr schönen Frau, die aus dem Wagen steigt. Auf ein vorher verabredetes Zeichen begannen in diesem Augenblick die Mitglieder einer organisierten Gruppe der »Handlanger des Königs«* Flaschen voll schwarzer Tinte auf die Leinwand zu werfen. Gleichzeitig feuerten sie zu den Rufen »Nieder mit den Deutschen!« ihre Revolver in die Luft und warfen Stink- und Trä-

---

* Les Camelots du roi, eine zur Action française gehörende Organisation nationalistischer, katholischer und königstreuer Jugendlicher.

¡Scandal!

nengasbomben. Die Vorführung mußte bald abgebrochen werden. Die Demonstranten der *Action française* schlugen mit Gummiknüppeln auf die Zuschauer ein. An allen Türen des Kinos (Studio 28) wurden die Glasscheiben zertrümmert, und die im Foyer ausgestellten surrealistischen Bücher und Gemälde wurden restlos zerstört. Eins meiner Gemälde wurde wunderbarerweise von einem Türhüter gerettet: Er hatte es, als der Tumult begann, an sich genommen und in den Toilettenraum geworfen. Die übrigen aber wurden gnadenlos zerfetzt, nachdem man das Schutzglas mit den Absätzen zertreten hatte. Als die Polizei erschien, war das Zerstörungswerk vollendet.

Am folgenden Tag wurde der Skandal in allen Zeitungen laut und entwickelte sich zu einem der sensationellsten Ereignisse der Pariser Saison. Die überall ausbrechenden hitzigen Streitereien führten dazu, daß der Film auf besondere Anordnung des Polizeikommissariats vollständig verboten wurde. Eine Zeitlang hatte ich Grund zu befürchten, daß man mich aus Frankreich ausweisen würde, aber fast unmittelbar darauf reagierte die öffentliche Meinung zugunsten von *L'âge d'or*. Trotzdem behielt jedermann eine heilige Scheu davor, etwas mit mir zu unternehmen. »Bei Dali weiß man nie, ob er nicht noch mal ein *âge d'or* anfängt.«

So blieb der Skandal um *L'âge d'or* wie ein Damoklesschwert über meinem Haupt hängen und hinderte mich, wie dies Schwert, später daran, zu stammeln: »Ich werde nie wieder mit jemand zusammenarbeiten!« Ich nahm die Verantwortung für den sakrilegischen Skandal auf mich, obwohl ich dahingehend gar keinen Ehrgeiz gehabt hatte. Ich wäre willens gewesen, einen hundertmal größeren Skandal auszulösen, aber aus »wesentlichen Gründen« – umstürzlerisch eher aus Übermaß an katholischem Fanatismus als aus naivem Antiklerikalismus. Nichtsdestoweniger war mir

Machiavellismus

klar, daß der Film trotz allem unleugbar aufrüttelnde Kraft besaß und daß, falls ich ihn desavouierte, dies niemand verstanden hätte. Deshalb beschloß ich, alle Folgen dieses Vorkommnisses zu akzeptieren*, in der Absicht, seine subversive Seite in Richtung auf meine aufkeimenden reaktionären Theorien umzubiegen.

Ich hatte *L'âge d'or* gemacht. Dann würde ich auch die Apologie Meissoniers in der Malerei machen dürfen. Bei mir konnte man nie sagen, wo der Humor aufhörte und wo mein angeborener Fanatismus begann; deshalb gewöhnten sich die Leute alsbald daran, mich, ohne weiter darüber zu diskutieren, tun zu lassen, was ich wollte: »Das ist halt Dali!« pflegten sie achselzuckend zu sagen. Aber inzwischen hatte Dali gesagt, was er sagen wollte, und das, was er gerade gesagt hatte, verschlang dann schnell alles, was nicht gesagt wurde oder das, was selbst wenn es gesagt wurde, so blieb, als sei es nicht gesagt worden, denn das meiste davon war bereits toter Buchstabe, noch bevor es überhaupt formuliert wurde. Ich galt als der Verrückteste, Subversivste, Gewalttätigste, Surrealistischste und Revolutionärste von allen. Vor welch einer Macht der Finsternis würde sich deshalb der strahlende Tag abheben, an dem ich den leuchtenden, kreisenden Himmel der katholischen Geometrien und Hierarchien der Körper klassizistischer Engel und Erzengel schüfe!

Außerdem blieb mein eigener Himmel stets kraftvoller und wirklicher als die ideale Hölle von *L'âge d'or*, so wie mein Klassizismus eines Tages surrealistischer war als ihre Romantik! Und mein reaktionärer Traditionalismus subversiver als ihre mißlungene Revolution.

Die ganze in der Nachkriegszeit vollbrachte Anstrengung der Moderne war falsch und mußte zerstört werden. Die Rückkehr zur Tradition in der Malerei und in allem war unausweichlich. Sonst würde jede geistige Tätigkeit schnell zur Nichtigkeit verurteilt. Niemand konnte mehr zeichnen, keiner konnte mehr malen, die Kunst des Schreibens war in Vergessenheit geraten. Mit der Internationalisierung wurde alles nivelliert und vereinheitlicht. Das Formlose und Häßliche wurde zur obersten Göttin der Faulheit. Das leere, pseudophilosophische Geschwätz an den Tischen der Cafés beeinträchtigte zunehmend die redliche Arbeit in den Ateliers. Und die Musen der Inspiration sollten ihren von Raffael und Poussin ausgemalten Parnass verlassen und auf die Straße hinabsteigen, um ein Trödelgewerbe zu betreiben und sich dem Libertinismus all der mehr oder weniger volkstümlichen Versammlungen hinzugeben. Künstler machten sich mit Bürokraten gemein, bedienten sich der vulgärsten Sprache opportunistischer Demagogen und unterstützten schamlos die Wahnbestrebungen zur Verbürgerlichung der Massen, die, vor Skeptizismus und technischem Fortschritt platzend, in einem ekelerregenden Wohlleben ohne Strenge, ohne Form, ohne Tragödie und ohne Seele fett und feist wurden! All dies war mir, der ich nicht aufhörte, wie ein Hund zu arbeiten, zuwider.

---

* Später, als Buñuel sich vom Surrealismus abkehrte, reinigte er *L'âge d'or* von seinen Wahnsinnspassagen und nahm eine Anzahl weiterer Änderungen vor, ohne mich nach meiner Meinung zu fragen. Diese veränderte Fassung habe ich nie gesehen.

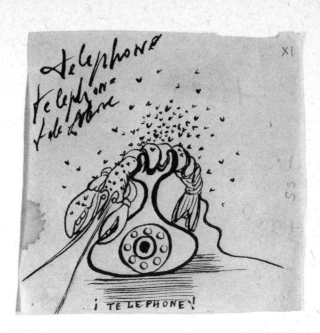

1. Kapitel   *Mein Kampf*
Meine Teilnahme an der Surrealistischen Revolution
*   und meine Position*
»Surrealistisches Objekt« gegen »Traumberichte«
Paranoisch-kritische Aktivität gegen Automatismus

MEIN KAMPF

Gegen Einfachheit	Für Vielfalt
Gegen Gleichförmigkeit	Für Verschiedenartigkeit
Gegen Gleichmacherei	Für Rangordnungen
Gegen das Kollektive	Für das Individuelle
Gegen Politik	Für Metaphysik
Gegen Musik	Für Architektur
Gegen Natur	Für Ästhetik
Gegen den Fortschritt	Für die Dauer
Gegen die Technik	Für den Traum
Gegen die Abstraktion	Für das Konkrete
Gegen die Jugend	Für die Reife
Gegen den Opportunismus	Für machiavellistischen Fanatismus
Gegen Spinat	Für Schnecken
Gegen das Kino	Für das Theater
Gegen Buddha	Für den Marquis de Sade

351

Gegen den Orient	Für den Okzident
Gegen die Sonne	Für den Mond
Gegen die Revolution	Für die Tradition
Gegen Michelangelo	Für Raffael
Gegen Rembrandt	Für Vermeer
Gegen primitive Objekte	Für überkultivierte Objekte um 1900
Gegen afrikanische moderne Kunst	Für die Kunst der Renaissance
Gegen die Philosophie	Für die Religion
Gegen die Medizin	Für die Magie
Gegen Berge	Für die Küstenlinie
Gegen Phantome	Für Gespenster
Gegen Frauen	Für Gala
Gegen Männer	Für Mich
Gegen die Zeit	Für Weiche Uhren
Gegen Skeptizismus	Für den Glauben

Schon bei meiner Ankunft in Paris begriff ich, daß der glänzende Erfolg meiner Ausstellung bei Goemans vor allem eine regelrechte Mobilmachung von Feindseligkeiten gegen mich und meinen Auftritt auf der Bühne ausgelöst hatte. Es war, als habe der unerwartete Platzregen meiner Phantasie, verschlimmert vom Hagelsturm *L'âge d'or,* die zahllosen Pilze meiner Feinde überall hervorschießen lassen und gleichzeitig ihre gesamte Obsternte vernichtet.

Wer waren meine Feinde? Jeder, oder fast jeder, außer Gala. Alles, was sich zur modernen Kunst rechnete, auch in Surrealistenkreisen, war, alarmiert von der zersetzenden und zerstörerischen Macht, die ich plötzlich darstellte, zu den Waffen geeilt. Zum einen war mein Werk gewaltsam und kühn, unverständlich, verwirrend, subversiv. Zum anderen war es keine »junge«, moderne Kunst. Soviel verstand man und nahm man hin: Mir graute vor meiner Zeit! In der Tat war mein antifaustischer Geist das exakte Gegenteil des Geistes der gemeinen Apologeten von Jugend und Dynamik, instinktmäßiger Spontaneität und Faulheit, den die heruntergekommenen Rückstände des poetischen Kubismus und der mehr oder minder reinen bildenden Kunst verkörperten, die die ekelerregenden, sterilen Terrassen des Montparnasse heimsuchten. Das frischfröhliche moderne Unternehmen *Cahiers d'Art* erlaubte es sich, mich bis zur letzten Minute gelassen zu ignorieren, während alte Herren mit von Milben und dem Staub der Tradition durchwobenen Gamaschen, mit weißen, vom Schnupftabak fleckigen Schnurrbärten, mit dem Band der Ehrenlegion im Knopfloch – ihre Lorgnetten zückten, um sich eines meiner Gemälde aus der Nähe zu betrachten, und versucht waren, es unter den Arm zu nehmen und es neben einem Meissonier in ihrem Eßzimmer aufzuhängen! Alte Knaben, die nach fünfzig Jahren noch nicht müde geworden sind hinzusehen, haben mich immer gemocht und verstanden. Sie fühlten, daß ich da war, sie zu verteidigen. Sie hatten das allerdings nicht nötig; die Stärke war bereits auf ihrer Seite; und ich bezog meine Position neben ihnen, wohl wissend, daß der Sieg auf seiten der Tradition sein würde. Mein Kreuzzug galt der Verteidigung der griechisch-römischen Kultur.

Zur Zeit meiner Ankunft in Paris waren die Milieus der Intellektuellen von dem unseligen und bereits abnehmenden Einfluß des Bergsonismus verseucht, der mit seiner Verteidigung des Instinktes und des *élan vital* (der Lebenskraft) zu den gröbsten ästhetischen Umwertungen geführt hatte. Ja, ein von Afrika herübergewehter Einfluß fegte in wild-intellektueller Raserei über den Pariser Geist, daß es zum Weinen war. Die Menschen beteten die kläglichen Triebprodukte reiner Wilder an! Man hatte soeben die Kunst der Neger auf den Thron erhoben, und das mit Hilfe Picassos und der Surrealisten! Der Gedanke daran, daß die Erben der Intelligenz eines Raffaelo Sanzio sich so verirrt hatten, ließ mich vor Scham und Wut erröten. Ich mußte das Gegenmittel finden, das Banner aufpflanzen, mit dem man diese blind unmittelbaren Erzeugnisse der Furcht, der fehlenden Intelligenz und der geistigen Versklavung herausfordern konnte; so hielt ich denn gegen die afrikanischen »primitiven Objekte« die ultradekadenten, kultivierten europäischen Objekte des Jugendstils. Ich habe die Epoche um 1900 stets als das psychopathologische Endprodukt griechisch-römischer Dekadenz betrachtet. Ich sagte mir: Da diese Leute von Ästhetik nichts wissen wollen und sich nur von der »Lebenskraft« erregen lassen können, werde ich ihnen zeigen, wie in dem winzigsten ornamentalen Detail eines Objektes um 1900 mehr Geheimnis, mehr Poesie, mehr Erotik, mehr Tollheit, Perversität, Qual, Pathos, Größe und biologische Tiefe steckt als in ihrem ungezählten Inventar grausam häßlicher Fetische mit Körpern und Seelen von einer schlichtweg einzigartig primitiven Stupidität!

Eines Tages entdeckte ich mitten in Paris die Métro-Eingänge von 1900, die man unglücklicherweise schon zum Teil abriß und durch scheußliche moderne, »funktionale« Konstruktionen ersetzte. Der Photograph Brassaï machte eine Reihe von Aufnahmen von den ornamentalen Elementen dieser Eingänge, und die Leute wollten ihren Augen nicht trauen, so »surrealistisch« wurde der Jugendstil unter dem Diktat meiner Einbildungskraft. Auf dem Flohmarkt begannen die Leute nach Jugendstilobjekten Ausschau zu halten, und hin und wieder sah man neben einer grimassierenden Maske aus Neu-Guinea zaghaft das Antlitz einer jener ekstatischen schönen Frauen aus grünspan- und mondgrüngetönter Terrakotta auftauchen. Es läßt sich nicht abstreiten, daß der Einfluß der Belle Epoque langsam aber sicher vordrang und sich bemerkbar machte. Die Modernisierung des Maxim's, das sich wieder wachsender Beliebtheit erfreute, wurde unterbrochen; Revuen der Jahrhundertwende wurden auf die Bühne gebracht, und die Chansons aus jener Zeit fanden neuen Anklang. Literaten und Filmemacher spekulierten auf das Spielerische und Anachronistische der Zeit um 1900 und lieferten uns Produkte, in denen sich Sentimentalität und Humor mit nai-

ver Bosheit paarten. Ein paar Jahre später sollte diese Tendenz ihren Höhepunkt in den Kollektionen der Modeschöpferin Elsa Schiaparelli finden, der es gelang, die schrecklich unbequeme Mode, das Haar hinten hochgesteckt zu tragen, teilweise durchzusetzen – was mit der Morphologie à la 1900, die ich als erster propagiert hatte, völlig im Einklang stand.

So sah ich, wie Paris sich vor meinen Augen verwandelte, dem Befehl gehorchend, den ich im Augenblick meiner Ankunft erteilt hatte. Doch mein eigener Einfluß hat mich stets in einem Maße überholt, daß ich niemanden überzeugen konnte, dieser Einfluß gehe auf mich zurück. Ein ähnliches Phänomen erlebte ich bei meiner zweiten Ankunft in New York, als mir auffiel, daß die Schaufensterauslagen der meisten Geschäfte in der Stadt sichtlich vom Surrealismus beeinflußt waren und dennoch gleichzeitig deutlich meinen persönlichen Einfluß verrieten. Aber mein Einfluß pflegt leider, einmal lanciert, meinen Händen zu entgleiten, so daß ich ihn nicht mehr lenken oder gar von ihm profitieren kann.

Ich merkte, wie mein unsichtbarer Einfluß Paris zu beherrschen begann. Sprach jemand, der bis dahin sehr modern gewesen war, verächtlich von funktionaler Architektur, so wußte ich, daß dies von mir stammte. Sagte jemand in beliebigem Zusammenhang: »Ich fürchte, das wird modern aussehen«, so ging das auf mich zurück. Die Menschen konnten sich zwar nicht entschließen, mir zu folgen, aber ich hatte ihre Überzeugungen erschüttert! Und die modernen Künstler hatten reichlich Grund, mich zu hassen. Ich selbst jedoch war nie in der Lage, von meinen Erfindungen zu profitieren; in dieser Hinsicht ist niemand so ausdauernd geplündert worden wie ich. Folgendes Beispiel ist typisch für das Drama meines Einflusses. Im Augenblick meines Eintreffens in Paris lancierte ich den Jugendstil inmitten der übermütigsten Feindseligkeit. Nichtsdestoweniger setzte sich meine Intelligenz allmählich durch. Nach einiger Zeit begann sie zu wirken, und ich brauchte nur durch die Straßen zu gehen, um hier und da die Spuren meines Einflusses zu erblicken: Litzen, Nachtklubs, Schuhe, Filme – Hunderte von Menschen fanden infolge meines Einflusses Arbeit und einen anständigen Lebensunterhalt, während ich selbst weiter über die
Straßen von Paris schritt, ohne »irgendetwas tun« zu können. Jedermann

brachte es fertig, meine Ideen auszuführen, wenn auch nur mittelmäßig. Ich selbst war unfähig, sie überhaupt auszuführen! Ich hätte nicht einmal gewußt, wie ich es hätte anstellen sollen oder wohin ich mich hätte wenden müssen, um die letzte, bescheidenste Statistenrolle in einem jener Filme im Stil der Jahrhundertwende zu bekommen, die mit verschwenderischen Mitteln und Starbesetzungen produziert wurden und die ohne mich nie gedreht worden wären.

So entmutigend war die Zeit meiner Erfindungen. Der Verkauf meiner Bilder scheiterte immer häufiger an der Solidarität der modernen Kunstszene. Ich empfing einen Brief vom Vicomte de Noailles, der mich die größten Schwierigkeiten ahnen ließ. Deshalb mußte ich mich entschließen, auf andere Art Geld zu verdienen. Ich stellte eine Liste der verschiedenartigsten Erfindungen auf, die ich für unbedingt erfolgreich hielt. Ich erfand künstliche Fingernägel aus Spiegelchen, in denen man sich verkleinert sehen konnte; durchsichtige Schaufensterpuppen, deren Körper mit Wasser zu füllen war: darin konnte man lebende Goldfische umherschwimmen lassen, um den Blutkreislauf zu imitieren; nach den Körperumrissen des Käufers geformte Möbel aus Bakelit; aus rotierenden Formen gebildete Ventilatorskulpturen; Kameramasken für Wochenschaureporter; Zootropen aus lebenden Skulpturen; kaleidoskopartige Spektralbrillen, durch die man alles verwandelt sah, zu benutzen auf Autofahrten durch allzu langweilige Landschaften; ein geschickt zusammengestelltes Make-up zum Aufheben und Unsichtbarmachen von Schatten; mit Sprungfedern versehene Schuhe zur Erhöhung der Freude am Zufußgehen. Ich hatte das Tastkino erfunden und bis in die letzten Details ausgearbeitet, in welchem der Zuschauer mit Hilfe eines äußerst einfachen Mechanismus in die Lage versetzt war, synchron alles, was er sah, auch zu berühren: Seidenstoffe, Pelze, Austern, Haut, Sand, Hunde usw. Für die geheimsten physischen und psychischen Genüsse bestimmte Objekte. Zu den letzteren zählten geschmacklose Gegenstände, die gegen die Wand geworfen werden sollten, wenn man wütend war, und dann in tausend Stücke zerbrachen. Andere bestanden zur Gänze aus harten Spitzen, sie sollten durch ihr gezacktes Aussehen Gefühle der Erbitterung, des Zähneknirschens usw. hervorrufen, wie man sie unwillkürlich beim Geräusch einer hart über eine Marmorplatte geschrammten Gabel verspürt. Diese Objekte dienten dazu, die Nerven bis aufs Äußerste aufzureizen und damit die angenehme Entlastung vorzubereiten, die man in dem Augenblick empfindet, wenn man das erstgenannte Objekt wirft, das so befriedigend mit dem erfreulichen Geräusch des Entkorkens einer Flasche zerplatzt – plop!* Ich hatte auch Gegenstände erfunden, die man nirgendwo unterzubringen wußte (jeder Platz, den man wählte, erwies sich sofort als unbefriedigend),

Entwurf von Spe... beln mit Elektro... Edelsteinen und ... Vorrichtung.

---

* Als ich vor kurzem die Zeitschrift »Life« durchblätterte, stieß ich auf Photos von ähnlichen Objekten, die jetzt auf dem Markt sind und in jedem Kramladen zu haben sind, sogenannte »whackeroos«, glaube ich.

Project for spectral furniture, with live jewels provided with reflectors for alternative and decreasing lighting. Salvador Dalí 1937

sie waren dazu bestimmt, Beklemmungsgefühle auszulösen, die erst dann aufhörten, wenn man sich ihrer entledigte. Ich war fest überzeugt, daß diese Objekte reißenden Absatz finden würden, denn jeder unterschätzte den unbewußten Masochismus des Käufers, der begierig nach Gegenständen Ausschau hält, die ihn auf unklarste und am wenigsten offenkundige Art leiden lassen können. Ich entwarf Kleider mit künstlichen Einsätzen und den Körperbau betonender Fütterung, die mit strategischer Berechnung so angebracht waren, daß sie einen Typ weiblicher Schönheit kreierten, der der erotischen Vorstellung des Mannes entsprach; ich hatte künstliche, auf dem Rücken hervortretende Brüste erfunden – sie hätten die Mode für hundert Jahre revolutionieren können, und können es immer noch. Ich hatte eine ganze Serie absolut unerwarteter Badewannenformen von ausgefallener Eleganz und überraschender Bequemlichkeit entworfen – sogar eine Badewanne ohne Badewanne: Sie bestand aus einer künstlichen Wasserhose, in die man hineintrat, um gebadet wieder herauszukommen. Ich hatte einen ganzen Katalog stromlinienförmiger Kraftwagendesigns zusammengestellt – es waren die, die man zehn Jahre später »stromlinienförmig« nannte.

Diese Erfindungen waren unser Martyrium, insbesondere Galas. Gala, in ihrer fanatischen Hingabe von der Brauchbarkeit meiner Erfindungen überzeugt, zog jeden Tag nach dem Mittagessen mit meinen Projekten unter dem Arm los und begann einen Kreuzzug, auf dem sie eine übermenschliche Ausdauer entfaltete. Abends kam sie dann nach Hause, grün im Gesicht, todmüde und verschönt durch das Opfer ihrer Leidenschaft. »Kein Glück?« pflegte ich zu sagen. Und dann erzählte sie mir alles, geduldig und in allen Einzelheiten, und ich muß mir Vorwürfe machen, daß ich ihre schonungslose und grenzenlose Aufopferung nicht immer recht gewürdigt habe. Oft mußten wir uns ausweinen, bevor wir unsere Sorgen und den Epilog unserer Versöhnung in der verdummenden Dunkelheit eines benachbarten Kinos vergaßen.

Es war immer die gleiche Geschichte. Zuerst hieß es, die Idee sei verrückt und ohne kommerziellen Wert. Wenn es Gala dann im Laufe mehrerer hartnäckiger Besuche mit all ihren rhetorischen Anstrengungen und Tricks gelungen war, die Leute vom praktischen Nutzen meiner Erfindung zu überzeugen, sagten sie ihr unweigerlich, die Sache sei zwar theoretisch interessant, könne jedoch unmöglich verwirklicht werden, oder aber, falls die Ausführung zufällig einmal möglich war, sie werde so teuer sein, daß es verrückt wäre, sie auf den Markt zu bringen. Das Wort »verrückt« tauchte in dieser oder jener Form immer auf. Entmutigt gaben wir dann eines unserer Projekte, das Gala schon so viel Durchhaltevermögen gekostet hatte, endgültig auf und lancierten frischen Mutes eine neue von meinen Erfindungen. Die falschen Fingernägel gingen nicht – versuchen wir es also einmal mit der Kaleidoskopbrille, dem Tastkino oder dem neuen Auto-Design. Und Gala beendete eilig ihr Mittagessen und küßte mich, bevor sie per Bus auf ihre Pilgerreise ging, sehr fest auf den Mund, was ihre Art war, »Nur Mut!« zu sagen. Ich aber malte den ganzen Nachmittag an dem unzeitgemäßen, antimodernen Bild weiter, das gerade in Arbeit war, während mir die ununterbrochene Kavalkade nicht zu realisierender Projekte durch den Kopf zog.

Und doch wurden alle meine Projekte früher oder später verwirklicht – von anderen; aber ausnahmslos so schlecht, daß ihre Ausführung in die Anonymität sank; der Abscheu, den sie auslösten, machte es unmöglich, sie noch einmal in Angriff zu nehmen. Eines Tages erfuhren wir, daß es soeben Mode geworden war, falsche Fingernägel zum Abendkleid zu tragen. An einem anderen Tag brachte jemand die Nachricht: »Ich habe gerade eine neue Karosserieform gesehen!« – und sie lag exakt auf der Linie der von mir entworfenen Modelle. Ein anderes Mal las ich: »In Schaufensterauslagen arbeitet man neuerdings mit durchsichtigen Mannequins, die mit lebenden Fischen gefüllt sind. Sie erinnern an Dali.« Das war das Beste, was mir passieren konnte, denn sonst behauptete man, ich sei es, der in seinen Bildern Ideen imitierte, während man sie in Wirklichkeit von mir gestohlen hatte! Jeder bevorzugte meine Ideen, aber erst, wenn sie, von verschiedenen anderen Personen nach und nach ihrer Kraft beraubt, für mich selbst nicht mehr zu erkennen waren. Denn der erste beste hielt sich, nachdem er sich eines meiner Gedanken bemächtigt hatte, sofort für befähigt, ihn zu verbessern.

Je mehr Beweise ich für meinen Einfluß erhielt, desto weniger handlungsfähig wurde ich. Ich wurde zwar bekannt, aber das verschlimmerte die Sache nur, denn der französische gesunde Menschenverstand reagierte auf meinen Namen wie auf ein Schreckgespenst. »Dali, ja – das ist sehr ›ungewöhnlich‹, aber es ist verrückt und nicht lebensfähig.« Nichtsdestoweniger mußte es um jeden Preis lebensfähig gemacht werden. Ich wollte dieser bewundernden und furchtsamen Gesellschaft ein Minimum ihres Goldes entreißen, damit Gala und ich ohne jenes auszehrende Phantom dauernder Geldsorgen leben könnten, das uns zum ersten Mal an den afrikanischen Gestaden Málagas erschienen war.

Aber hatte ich auch keinen Erfolg im Geldverdienen, Gala vollbrachte das Wunder, mit dem Wenigen, das wir hatten, alles zu machen. Nie kam das Bohèmeleben mit seinen schmutzigen Ohren in unsere Wohnung, auf seinen langen, schwankenden Beinen taumelnd wie ein anämischer Frosch, in seinem Umhang aus schmutzigen Bettlaken, an denen Reis und Pommes frites von süßem, seit zwei Monaten eingetrocknetem Champagner verklebt und gehärtet sind. Nie waren wir dem entwürdigenden Drängen der Schatten der Stadtwerke ausgesetzt, diesen Angestellten, die nervös an die Türen erschütternd leerer, doch vom Hunger eines ganzen Jahres voller Küchen lehnen. Nie haben Gala oder ich den im Gefolge von Geldschwierigkeiten sich einstellenden prosaischen Niederlagen den geringsten Tribut gezollt oder uns der Trägheit hingegeben, nichts mehr wahrzunehmen und die Augen vor dem nächsten Tag dadurch zu verschließen, daß man sich sagt, das bißchen, was noch übrig geblieben ist, könne die Lage doch nicht verändern. Dank der Strategien, die Gala in solchen Situationen entwickelte, machten äußere Schwierigkeiten unser Inneres nur noch härter. Wenn wir wenig Geld hatten, aßen wir zu Hause, zwar mäßig, doch gut. Wir gingen nicht aus. Ich arbeitete hundertmal härter als jeder Durchschnittsmaler und bereitete neue Ausstellungen vor. An dem kleinsten Auftrag arbeitete ich mit meiner ganzen Kraft. Gala warf mir oft vor, daß ich so viel Mühe auf die Ausführung unbedeutender und schlecht bezahlter Aufträge verwandte. Ich pflegte dann zu sagen, in Anbetracht meiner Genialität sei es ein wahres Wunder, daß ich überhaupt Aufträge bekäme. Es war uns bestimmt, im wahrsten Sinne Hungers zu sterben. »Wenn wir es fertigbringen, bescheiden zu leben, so nur, weil du und ich in jeder Minute des Tages uns ständig übermenschlich anstrengen – und deshalb werden wir am Ende durchkommen.«

Wir waren von Künstlern umgeben, von denen heute keiner mehr spricht, die jedoch damals durch adaptierende Übernahme und Verwässerung Dalischer Ideen ein komfortables Leben führten. War Dali, der wahre König, auch unannehmbar und unverdaulich wie eine zu scharf gewürzte Speise, so machte doch das Rezept »hier ein wenig Dali, da ein wenig Dali« die fadesten Speisereste mit einem Mal appetitlich. Ein bißchen von Dalis Landschaft, ein bißchen von Dalis Wolken, ein bißchen von Dalis Melancholie, ein bißchen von Dalis Phantasie, ein bißchen von Dalis Unterhaltung, aber nur ein bißchen – das gab allem eine pikante, aufreizende Würze. Und prompt wurde alles in dem Maße leichter verkäuflich als Dali selbst, der immer vollständiger und heftiger Dali wurde, die Leute vor den Kopf stieß und immer unverkäuflicher wurde. Ich sagte mir: Geduld – gut' Ding will Weile haben. Und in meiner Hartnäckigkeit und meinem Fanatismus ging ich, von Galas entsprechenden Eigenschaften unterstützt und ermutigt, nicht etwa einen Schritt zurück, wie es der gesunde Menschenverstand von uns verlangte, sondern machte in der Kompromißlosigkeit meiner Ansichten und meiner Werke fünf Schritt vorwärts. Das würde zwar länger dauern und schwieriger sein, aber am Tage unseres »Durchbruchs« würden uns alle Ratten und Schmutzohren der Bohème und alle rosigen Wangen des sorgenfreien Lebens zu Füßen liegen. Während unser Leben unter den erbarmungslosen Zwängen der Härte, der Strenge und der Leidenschaft Gestalt gewann, gingen die anderen um uns her in Leichtlebigkeit unter. Hier Kokain, da Heroin, jede Menge Opium und allenthalben Alkohol und Päderastie. Heroin, Kokain, Trunkenheitsschriftstellerei, Opium und Päderastie waren sichere Vehikel zum Tageserfolg. Das kollektive Laster gab seinen andächtigen Adepten emotionalen Auftrieb gegen die gemeinsame Furcht vor der Einsamkeit. Alle lebten gemeinsam, schwitzten gemeinsam, fixten gemeinsam und belauerten sich gegenseitig,

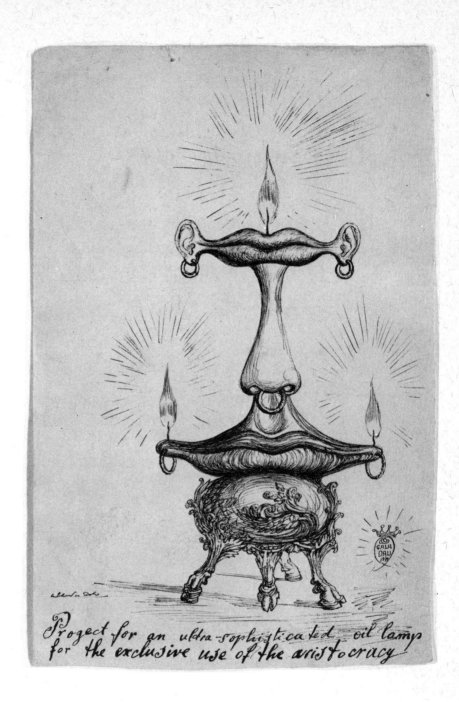

Project for an ultra-sophisticated oil lamp for the exclusive use of the aristocracy

361   Exklusive, über-raffinierte Öllampe für den aristokratischen Haushalt

Leichtlebigkeit, Päderastie, Kokain

um demjenigen, der als erster abkratzen würde, im letzten Moment den Freundschaftsdolch in den Rücken zu stoßen. Galas und meine Stärke bestand darin, daß wir inmitten dieser physischen und moralischen Promiskuität, an der wir uns nicht beteiligten, stets ein gesundes Leben führten: wir rauchten nicht, nahmen kein Rauschgift und schliefen nicht reihum mit anderen. Gala und ich lebten weiterhin so allein, wie ich es seit meiner Kindheit und Jugend gewohnt war. Wir blieben nicht nur auf Distanz, sondern wir blieben äquidistant – gleich weit entfernt von den Künstlern des Montparnasse, den Drogensüchtigen, den Leuten aus der Gesellschaft, den Surrealisten, den Kommunisten, den Monarchisten, den Fallschirmspringern, den Verrückten und den Bürgern. Wir waren in der Mitte, und um in

362

der Mitte zu bleiben, um das Gleichgewicht des klaren Blicks zu bewahren und auf der ganzen Klaviatur spielen zu können, wodurch man sich als Herr der Lage fühlt – ich rang sozusagen wie ein Organist, der in der Mitte einer halbkreisförmigen Tastatur sitzt, jeden Ton einer Orgel ab –, mußten wir einen Freiraum um uns schaffen, um ab und zu davonlaufen und zur Ruhe kommen zu können.

Dieser Freiraum war für uns Cadaqués, unser Zufluchtsort in Spanien, wo wir monatelang blieben, wenn wir Paris verlassen hatten, so wie man einen Kessel mit Kaldaunen verläßt, die bekanntlich, um richtig gar zu werden, mehrere Tage lang kochen müssen.

Während also im Pariser Kessel die *tripes à la mode de Caën* meiner klebrigen Phantasie vor sich hin kochten, würden wir fort sein. Vor unserer Abreise jedoch wollten wir die Gerichte vorbereiten, die wir dann zwei bis drei Monate schmoren ließen. Unter den Surrealisten streute ich die nötigen ideologischen Schlagwörter gegen Subjektivität und das Wunderbare aus. Hinsichtlich der Päderasten war die Sache einfach: Ich machte Palladios klassische Romantik wieder aktuell. Den Drogensüchtigen lieferte ich eine komplette Theorie über Bilder, die einen Dämmerzustand herbeiführen, und sprach über von mir erfundene Gesichtsmasken für die Schau farbiger Träume. Für die Leute aus der Gesellschaft etablierte ich die Mode der Gefühlskonflikte à la Stendhal und polierte die verbotene Frucht der Revolution wieder auf. Die Päderasten führte ich behutsam in den Surrealismus ein. Den Surrealisten hielt ich eine andere verbotene Frucht vor Augen, die der Tradition.

Am folgenden Morgen wollten wir aufbrechen. Mit vieler Mühe hatten wir es geschafft, etwas Geld zusammenzukratzen. In aller Eile mußte ich die geheimen Fäden meines Einflusses wieder anknüpfen, und so stellte ich eine Liste der letzten noch abzustattenden Besuche zusammen: am Vormittag einen Kubisten, einen Monarchisten und einen Kommunisten; am Nachmittag Leute aus der Gesellschaft, die ich unter denen auswählte, die einander am meisten haßten; der Abend war Gala und mir vorbehalten. Daß wir beide das schafften, war unser größter Triumph. Die anderen Paare waren nie zusammen, falls doch, war jeder mit seinen Gedanken woanders. Man war entsetzt, uns zusammen in einer Ecke eines der besten Restaurants zu entdecken, bei einem vorzüglichen Wein miteinander plaudernd, neugierig aufeinander wie ein Liebespaar in den ersten Tagen seiner Bekanntschaft! Worüber sprachen wir? Wir sprachen vom Alleinsein, von der traumhaften Aussicht, nach Cadaqués zu fahren, um allein zu sein, zu sehen, was sich zwischen uns beiden ereignen würde. Dort unten wollten wir in der Sonne Schutzwälle gegen den Wind errichten, Brunnen graben zum Auffangen von Wasserquellen, Sitzbänke aus Steinen bauen. Wir würden die ersten Stufen der paranoisch-kritischen Methode setzen; wir wollten weiterhin die tragisch-schöne Mühe des Zusammenlebens auf uns nehmen, eines Lebens, in dem wir beide die einzige Realität waren!

"Gala a Paris"

Gala in Paris

Wie Bienen beladen bestiegen wir im Gare d'Orsay den Zug. Soweit meine Erinnerung zurückreicht, wollte ich stets mit meinen Unterlagen reisen – das heißt mit etwa zehn Koffern, vollgestopft mit Büchern, Morphologie- und Architekturaufnahmen, Insektenphotos, mit Texten und zahllosen Notizen. Diesmal nahmen wir außerdem noch ein paar Möbelstücke aus unserer Pariser Wohnung mit sowie eine ganze Sammlung unter Kristallglas präparierter Schmetterlinge und Gespenstheuschrecken, mit der wir das Haus auszuschmücken gedachten; auch Gaslampen und -kocher, denn in Port Lligat gab es keinen elektrischen Strom. Meine Malutensilien bildeten allein schon einen ganzen Berg von Gepäck, aus dem eine große, drehbare Staffelei herausragte.

Von Cadaqués nach Port Lligat verläuft die Straße zwischen schroffen Felsen, wo kein Auto hindurchfahren kann. Deshalb mußte alles auf dem

364

Rücken eines Esels befördert werden. Wir brauchten zwei Tage, um uns einzurichten, und in diesen zwei Tagen lebten wir in einem dauernden Erregungszustand. Die Wände waren noch ganz feucht, und wir versuchten sie ein wenig zu trocknen, indem wir die Wärmestrahlung unserer Gaslampen jeweils auf eine Stelle richteten. Am Ende des zweiten Tages lagen Gala und ich auf dem großen Diwan, der uns nachts als Bett diente. Draußen heulte die Tramontana* wie verrückt. Lydia, »La Ben Plantada«, saß vor uns auf einem verchromten Schemelchen. Sie sprach vom Mysterium, vom »Meister«, von einem Artikel über Wilhelm Tell, den d'Ors gerade geschrieben hatte. »Wilhelm und Tell«, sagte sie, »sind zwei verschiedene Personen. Einer kommt aus Cadaqués, der andere aus Rosas...«. Sie war gekommen, um das Abendessen für uns zu kochen, und als der methodische Fortgang des Gesprächs über Wilhelm und Tell gesichert war, holte sie aus der Küche das Huhn und das, was sie zum Schlachten brauchte. Diesmal setzte sich Lydia auf den Boden, und während sie fortfuhr, den letzten Artikel von Eugenio d'Ors zu interpretieren, stach sie geschickt ihre Schere in den Hals des Huhns und hielt den blutenden Kopf über eine dunkel glasierte Terrakottaschüssel.

»Niemand will glauben, daß ich ›La Ben Plantada‹ bin. Ich kann das verstehen. Die Leute haben keine starken Gemüter wie wir drei – keine Geistigkeit! Sie können über die Buchstaben auf dem Papier nicht hinaussehen. Picasso redete ja nicht viel, aber er hatte mich sehr gern; er hätte sein Blut für mich hingegeben. Eines Tages lieh er mir ein Buch von Goethe...«.**

Das Huhn zuckte noch ein paar Mal, dann ragten seine Beine starr und reglos wie Rebstöcke im Winter. Lydia begann es zu rupfen, und bald war das ganze Zimmer mit Federn bedeckt. Nachdem dieser Arbeitsgang beendet war, säuberte sie das Huhn und entnahm mit von Blut triefenden Fingern die Eingeweide, die sie säuberlich getrennt auf einen Teller legte – er stand auf dem Kristalltisch, auf den ich ein sehr kostbares Buch mit Faksimiledrucken der Zeichnungen Giovanni Bellinis gelegt hatte. Als ich das sah, sprang ich besorgt auf, um das Buch vor möglichen Spritzern zu retten. Mit bitterem Lächeln meinte Lydia: »Blut befleckt nicht«, und fügte dann sofort folgende Bemerkung hinzu, den ihr maliziöser Augenausdruck mit versteckter erotischer Bedeutung erfüllte: »Blut ist süßer als Honig. Ich«, fuhr sie fort, »bin Blut, und alle anderen Frauen sind Honig! Meine Söhne...« (das fügte sie mit leiser Stimme hinzu) »sind zur Zeit gegen Blut und rennen dem Honig nach.«

Genau in diesem Augenblick ging die Tür auf und die beiden Söhne er-

---

* Ein äußerst heftiger Wind, der dem Mistral in Südfrankreich entspricht. Er weht gewöhnlich drei bis vier Tage ununterbrochen und hält manchmal länger als zwei Wochen an.

** Picasso hatte in Cadaqués einen Sommer mit Derain verlebt; Ramon Pitchot hatte sie dorthin gebracht. Sie hatten sich für Lydias Fall interessiert und ihr zwei verschiedene Bücher von demselben Autor geliehen. Es gelang Lydia, sie so zu interpretieren, daß das eine als Fortsetzung des anderen erschien.

schienen: der eine sehr finster mit seinem roten Schnurrbart, der andere auf beängstigende und verstörende Art ständig lächelnd. Letzterer sagte: »Sie kommt jetzt.« »Sie« war das Hausmädchen, das Lydia für uns ausgesucht hatte und das am folgenden Tag die Hausarbeit übernehmen sollte. Sie kam ein paar Minuten danach, eine Frau um die vierzig mit schwarzglänzendem Haar wie eine Pferdemähne. Ihr Gesicht hätte von Leonardo entworfen sein können, etwas sehr Leidenschaftliches in ihren Augen verriet Geistesgestörtheit. Sie war wirklich geistesgestört, davon sollten wir später noch einen dramatischen Beweis erhalten. Aus eigener Beobachtung und Erfahrung weiß ich, daß stark von der Norm abweichendes Denken auf geheimnisvolle Art Verrücktheit so sehr anzieht, daß es sie schützend um sich schart. Wo immer ich hingehe: Verrückte und Selbstmörder warten auf mich, um eine Ehrengarde zu bilden. Dunkel und intuitiv wissen sie, daß ich einer von ihnen bin, obwohl sie ebenso gut wie ich wissen, daß der einzige Unterschied zwischen mir und den Geistesgestörten der ist, daß ich nicht geistesgestört bin. Dessenungeachtet zieht meine »Ausstrahlung« sie unwiderstehlich an. Ich erinnere mich an die Schmetterlingspuppe in ihrem Kokon, die Fabre versuchsweise mehrere hundert Kilometer von der Stelle entfernte, wo diese Spezies ausschließlich anzutreffen war. Er legte den Kokon auf einen Tisch, und nach Ablauf der für Schmetterlinge dieser Gattung nötigen Flugzeit flog ein ganzer Schwarm derselben Spezies in den Raum hinein. Wie eines Sinnes waren sie auf den tyrannischen Ruf einer Ausströmung, die so immateriell war, daß man sie nicht einmal mit dem Geruchssinn entdecken konnte, herbeigeflogen. Es hatte genügt, daß diese Puppe einen Augenblick lang in Berührung mit einem Stück Stoff kam, damit dieser Stoff seine Anziehungskraft gewann und Hunderte toller Schmetterlinge veranlaßte, in Reaktion auf den Lockruf durch den freien Raum herbeizueilen.

Zwei Tage nach meiner Ankunft in dem einsamen Port Lligat drängte sich in meinem kleinen Raum bereits ein Schwarm von Verrückten. Mir war klar, daß wir so nicht leben konnten, und ich traf die notwendigen Maßnahmen. Jeden Tag würde ich um sieben Uhr aufstehen, um zu arbeiten. Eine zur Unzeit geöffnete Tür genügte, um mich für Stunden in meiner Arbeit zu stören. Niemand durfte sich mehr im Hause aufhalten. Ich würde draußen mit ihnen sprechen. Von da an strichen die Verrückten draußen herum und kamen nur ausnahmsweise an Sonntagen herein.

Ein weiterer aufdringlicher Freund in Lligat war Ramon de Hermosa, ein Mann um die Fünfzig, recht gesund und munter, mit einem koketten Menjoubärtchen – er ähnelte sogar ein wenig Adolphe Menjou. Wahrscheinlich wurde er von niemandem auf der Welt an Faulheit übertroffen. Er wiederholte mit Vorliebe den Satz: »Es gibt Jahre, in denen man einfach keine Lust hat, etwas zu tun.« In seinem Fall war jedes Jahr seit seiner Kindheit in diese phänomenale Kategorie gefallen. Der Anblick arbeitender Menschen erfüllte ihn mit Bewunderung. »Ich kann nicht verstehen, wieso sie bei all der Arbeit nicht todmüde werden!« pflegte er zu sagen. Seine Nichtstuerei war so sprichwörtlich, daß die Fischer sie, sogar mit einem Anflug von Stolz, akzeptiert hatten. Es schwang eine Spur von Bewunderung mit, wenn sie verächtlich sagten: »Ihr braucht nicht zu befürchten, daß Ramon bereit wäre, das zu tun!«

Wäre Ramon doch bereit gewesen, hätte das jeden enttäuscht, und er hätte für immer sein Prestige verloren. Seine Faulheit war eine Art Institution, eine Seltenheit, ein Phänomen, etwas Einzigartiges, das es sonst nirgendwo gab. Seine totale, parasitenhafte Untätigkeit war eine Quelle des Stolzes, aus der jeder seinen kleinen Anteil schöpfte. Nichtsdestoweniger geschah es oft, daß die Fischer, wenn sie unter der erbarmungslosen Nachmittagssonne ihre schweren Netze schleppend am Casino vorbeizogen und dort sahen, wie Ramon seinen Kaffee mit einem Glas Branntwein schlürfte und seine Zigarre rauchte, ihrem Ärger in den gröbsten Beleidigungen Luft machten, was Ramon lediglich ein höchst begreifliches, bitteres und verstehendes Lächeln entlockte. Da jedermann wußte, daß er unfähig war, seinen Lebensunterhalt zu verdienen, gaben ihm die Bürger ihre alten Anzüge und ein paar *céntimos*, wovon er dann von einem Augenblick zum anderen wunderbar lebte. Deshalb war er stets wie ein Herr gekleidet. Jahrelang trug er ein Sportjackett nach englischem Schnitt. Die örtliche Behörde hatte ihm ein großes Haus zur Verfügung gestellt; darin mußte er mit durchziehenden Vagabunden zusammenleben; von denen gab es allerdings nur sehr wenige, und er verstand es so einzurichten, daß sie das Haus für ihn in Ordnung hielten und sogar Wasser für ihn holten. Ich habe Ramon mehrmals in seinem Haus besucht. Davor wuchsen zwei Feigenbäume voll verfaulender Feigen – er rührte sie nie an, natürlich aus reiner Faulheit, gab jedoch vor, er möge sie nicht. Das Haus wimmelte von Flöhen. Überall regnete es herein, und man sah mit an, wie Katzen und Ratten sich blutige Kämpfe lieferten. Einmal verabredete Gala mit Ramon, er solle einmal am Tag für uns Wasser pumpen, und zwar gerade so viel, um die Badewanne zu füllen. Dazu bräuchte er nur ein paar Minuten, und er konnte es nach Sonnenuntergang, wenn es kühl war, erledigen. Ramon machte sich daran, diesen kleinen Job zu verrichten. Am zweiten Tag war immer noch kein Tropfen Wasser in der Wanne; dennoch hörte man das periodische Geräusch der Pumpe. Als ich nachschaute, was los war, fand ich Ramon unter einem Ölbaum liegen; er war dabei, kunstvoll das Geräusch der Pumpe nachzuahmen, indem er zwei Eisenstücke rhythmisch aneinanderschlug (und zwar mit Hilfe von Schnüren, wodurch ihm dies mit geringstem Kraftaufwand möglich war); da jedes Eisen eine andere Tonhöhe hatte, hörte es sich von weitem an wie das Pumpgeräusch – tack, tack, tack, tack… Jeden Tag, wenn er kam, um mir ein paar Essensreste abzuschwatzen, fragte ich ihn:

»Nun, Ramon, wie geht's?«

»Schlecht, sehr schlecht, Señor Salvador«, war die unverändert sich wie-

derholende Antwort, »immer schlechter!«, worauf ein verschmitztes kleines Lächeln unter seinem Schnurrbart hervorhuschte.

Ramon hatte die Gabe, die uninteressantesten Dinge von der Welt mit einer der Ilias würdigen Genauigkeit und epischen Breite zu erzählen. Seine beste Geschichte handelte von einer dreitägigen Spritztour, auf der er für einen Billardmeister ein Köfferchen zu tragen hatte. Mit allen von Minute zu Minute sich ereignenden Einzelheiten erzählt, war sie ein Meisterstück des spannungslosen Aufbaus. Nach den spannungsgeladenen, aufregenden Unterhaltungen in Paris, die von Zweideutigkeiten, Boshaftigkeiten und Diplomatie strotzten, ging von den Gesprächen mit Ramon eine unvergleichliche Seelenruhe aus, so erhebend war ihr langwieriger Anek-

dotismus. Und der Tratsch der Fischer von Port Lligat mit ihrem durch und durch homerischen Geist bildete eine greifbare, feste substantielle Wirklichkeit für mein Hirn, das des Geistreichen und Chichis überdrüssig war.

Gala und ich brachten ganze Monate zu, in denen wir keinen anderen persönlichen Umgang hatten als Lydia, ihre beiden Söhne, unser Hausmädchen, Ramon de Hermosa und die Handvoll Fischer, die in Port Lligat ihre Gerätschaften in Schuppen aufbewahrten. Am Abend kehrten alle nach Cadaqués zurück, und Port Lligat blieb völlig einsam, nur von uns beiden bewohnt. Oft brannte um fünf Uhr morgens noch immer unser Licht. Der Mond zerschmolz am Himmel, und wir sahen uns nach etwas Eßbarem um. Da klopfte es an der Tür. Es war einer von den Fischern.

»Ich sah das Licht brennen und dachte, ich könnte einen Augenblick hereinkommen, um Ihnen diesen Meerbarsch zu bringen, etwas Gutes und Frisches für morgen früh. Und diesen Stein. Ich habe ihn für Madame Gala aufgehoben. Ich weiß, sie mag seltsame Steine. Señor arbeitet zu hart. Vorgestern ging er auch so spät zu Bett.« Und zu Gala gewandt: »Señor Salvador sollte ein Abführmittel nehmen. Die Schlaflosigkeit, über die er klagt, kommt vom Magen. Er sollte ihn einmal richtig reinigen, es hinter sich bringen. Der Himmel ist klar wie ein Fischauge. Der Mond – wir werden schönes Wetter haben. Gute Nacht.«

Als der Fischer gegangen war, schaute ich Gala an und bat sie: »Geh schlafen. Du bist todmüde. Ich muß noch eine halbe Stunde malen.«

»Nein, ich warte auf dich. Ich habe vor dem Schlafengehen noch tausend Dinge einzuordnen.«

Gala wob unermüdlich an dem Penelope-Teppich meiner Unordnung. Kaum war es ihr gelungen, die für den methodischen Ablauf meiner Arbeit nötigen Unterlagen und Notizen zu ordnen, brachte ich sie in einem Anfall von Ungeduld alle wieder durcheinander, um irgend etwas Unwichtiges zu finden, bei dem ich mir dann schließlich fast sicher war, es absichtlich in Paris gelassen zu haben, während Gala mir geraten hatte, es mitzunehmen. Denn Gala hat immer besser gewußt als ich, was ich für meine Arbeit brauchte. Es schlug also fünf Uhr, und der Mond war kaum noch am Himmel erkennbar. Wir begannen etwas zu suchen, das mir in einem Augenblickseinfall blitzartig durch den Kopf gegangen war. Ohne Anzeichen von Ermüdung, weder träge noch hoffnungsvoll packte Gala die Koffer aus in dem Bewußtsein, daß an Schlaf nicht zu denken war. Wenn ich nicht schlief, ging sie auch nicht ins Bett. Sie verfolgte die Geburtswehen meines Bildes noch intensiver als ich selbst; denn ich mogelte oft, um an meinem Drama noch Vergnügen zu haben, ja selbst, um Gala leiden zu sehen.

»Meine Bilder male ich hauptsächlich mit deinem Blut, Gala«, sagte ich eines Tages zu ihr, und von da an habe ich meine Arbeiten stets mit ihrem Namen und meinem signiert.

Gala und ich, wir lebten drei Monate lang ständig in Port Lligat, festgeklemmt wie zwei Krebse, der eine im Magen, der andere im Hals der Zeit. Wir wollten nicht den Bruchteil einer Stunde verfließen lassen, ohne in unserer gierigen Umkrallung das Leben aus all ihren Geweben herausgesogen zu haben. Wir zwangen die Zeit, uns zu beachten, indem wir sie marterten. Keine Stunde des Tages konnte der Pflicht entrinnen, vor dem Inquisitionsgericht unserer beider Seelen zu erscheinen und Rechenschaft abzulegen. Rings um uns her graue, scharfkantige Felsen, Unfruchtbarkeit, ausgehungerte Katzen, Wind, kränkliche Rebstöcke, exaltierte, zerlumpte Irre, Ramon – wie ein feiner Herr gekleidet, spöttisch und voller Flöhe –, etwa ein Dutzend vornehm zurückhaltender Fischer, unerschrocken die Stunde ihres Todes abwartend, ihre Fingernägel schwarz von Fischgedärmen und ihre Fußsohlen von absinthfarbener Hornhaut gehärtet. In Cadaqués, eine Viertelstunde entfernt, die Feindseligkeit meines Vaters, dessen Zorn ich von fern spüren konnte, hinter dem Berg, der uns trennte, genau dort, wo mein Elternhaus stand, in dem ich meine Kindheit und Jugend verlebt hatte und aus dem ich vertrieben worden war. Dies Haus meines Vaters sah ich von weitem auf meinen Spaziergängen; es erschien mir wie ein Stück Zucker – ein in Galle getränktes Stück Zucker.

Port Lligat: ein Leben der Askese, der Isolierung. Dort erst lernte ich mich zu reduzieren, meine Gedanken zu beschneiden und zu schärfen, damit sie die Durchschlagskraft einer Axt bekämen, dort, wo Blut nach Blut schmeckt und Honig nach Honig. Ein hartes Leben, ohne Beschönigung und ohne Wein, ein Leben unter dem Licht der Ewigkeit. Die schlaflosen Nächte in Paris, die Lichter der Stadt und der Glanz der Juwelen der Rue de la Paix hatten in diesem anderen Licht keinen Bestand – das umfassend ist, Jahrhunderte alt, karg, heiter und furchtlos wie die klare Stirn der Minerva. Nach zwei Monaten Port Lligat sah ich mit jedem Tag deutlicher die solide Festigkeit der architektonischen Konstruktionen des Katholizismus vor meinem Geist erstehen. Und während Gala und ich so allein blieben mit der Landschaft und mit unseren Seelen, begannen die klassischen Brauen Minervas immer mehr den in ovales Seidenlicht getauchten Brauen der Madonnen Raffaels zu gleichen.

Jeden Abend machten wir einen Spaziergang und ließen uns an unseren Lieblingsplätzen in der Landschaft nieder. »Wir werden den Brunnen fünf Meter tief graben müssen, vielleicht finden wir dann mehr Wasser… Bei Neumond werden wir an der *encessa** teilnehmen und Sardinen fischen… Wir werden zwei Orangenbäume neben den Brunnen pflanzen…« So etwas besprach ich mit Gala, um uns nach einem langen Tag voll geistiger Arbeit zu entspannen. Meine Augen aber blieben auf den glatten, makellosen Himmel der heiteren Wintertage gerichtet. Dieser Himmel war groß und rund wie die unberührte Kuppel, die auf die Ausmalung mit einer Allegorie des Ruhms wartete – vielleicht des Triumphes und des Ruhmes der paranoisch-kritischen Methode?

O Sehnsucht nach der Renaissance, der einzigen Epoche, die fähig war, der Herausforderung der Himmelskuppel zu begegnen, indem sie architektonische Kuppeln errichtete und mit dem einzigartigen Glanz des katholischen Glaubens ausmalte. Was ist in unseren Tagen aus den Kuppeln der Religion, der Ästhetik und Ethik geworden, die jahrhundertelang Seele, Gehirn und Gewissen des Menschen schützten? Heute wohnt des Menschen Seele draußen in der Kälte, gleich Bettlern und Hunden! Unser Zeitalter hat ein mechanisches Gehirn erfunden, jenen entwürdigenden schrecklichen »Apparat der Langsamkeit«, das Radio. Was bedeutet es schon für uns, wenn wir die erbärmlichen Geräusche, die aus Europa oder

* Nächtlicher Sardinenfischzug

»September«

China zu uns dringen, hören können? Was ist dies, verglichen mit der »Geschwindigkeit« der ägyptischen Astrologen, des Paracelsus oder Nostradamus, die den Atem der Zukunft dreitausend Jahre im voraus hören konnten! Was bedeutet es schon, daß der Mensch die Berichte vom Weltkrieg und die von einer Hemisphäre bis zur anderen gesungenen Congas hören kann – der Mensch, dessen Ohren geschaffen sind, den Schlachtenlärm der Erzengel und die himmlischen Lobgesänge der Engel zu hören? Was bedeutet ein Fernsehgerät für den Menschen, der nur die Augen zu schließen braucht, um die unzugänglichsten Regionen des Gesehenen und des nie Gesehenen zu schauen, der mit der bloßen Kraft der Vorstellung Wände durchdringen und alle planetenfernen Bagdads seiner Träume aus dem Staub erstehen lassen kann? Was bedeutet das sozialistische Ideal eines »höheren Lebensstandards« für den Menschen, der fähig ist, an die Auferstehung seines eigenen Fleisches zu glauben? Falls ein Esel plötzlich anfinge zu fliegen oder einer Feige Flügel wüchsen und sie sich zum Himmel emporschwänge – das könnte uns wohl einen Augenblick lang erstaunen und irritieren. Aber warum soll man sich über eine fliegende Maschine wundern? Fliegen ist für ein Bügeleisen verdienstvoller als für ein Flugzeug, obwohl auch ein Bügeleisen, in die Luft geworfen, solange es oben ist, wie ein Flugzeug fliegt. Was bedeutet es schon für eine Maschine zu fliegen? Und was bedeutet das Gleiche für einen Menschen, der doch eine Seele hat? 372

Unsere Zeit geht an moralischer Skepsis und geistigem Nichts zugrunde. Die Phantasieträgheit, die sich auf den mechanischen, momentanen und materiellen Pseudo-Fortschritt der Nachkriegszeit verließ, hat die Hierarchie des Geistes eingestampft. Sie hat ihn entwaffnet und vor Tod und Ewigkeit enthert. Die technische Zivilisation wird durch Krieg zerstört werden. Die Maschine ist dazu verdammt, auf den Schlachtfeldern ausgebrannt zu zerfallen und zu verrosten, und die jugendlichen, energiestrotzenden Massen, die sie konstruiert haben, sind dazu bestimmt, als Kanonenfutter zu dienen.

Ja! An dich, begeisterungs- und hingebungsfähige Jugend mit den glühenden, heroischen Gesichtern denke ich, die du in deinen Zähnen Trophäen hältst, errungen bei Wettkämpfen in Betonstadien. An dich denke ich, die junge Generation, die im ununterbrochenen Gedröhn von Flugzeugen und Radios mit athletischen Höchstleistungen aufwuchs. An dich denke ich, vor frohem Edelmut überschäumende Jugend des Neuheidentums, die du von einer monströs utopischen, blutig sakrilegischen Idee geleitet wirst. An euch denke ich, Gefährten, Kameraden des Nichts!...

»Gala, gib mir deine Hand. Ich habe Angst hinzufallen, es ist dunkel. Ich bin von diesem Spaziergang völlig erschöpft. Glaubst du, das Mädchen hat noch im letzten Moment für heute Abend ein paar Sardinen gefunden? Wenn es morgen immer noch so warm ist, kann ich vielleicht einen meiner Wollpullover ausziehen. Wir werden uns ein paar Gläschen genehmigen, damit wir heute Nacht gut schlafen. Bis morgen Abend um diese Zeit habe ich eine große Menge zu erledigen.«

Als wir uns dem Haus näherten, stieg leichter Rauch aus unserem Schornstein. Da kochte die Fischsuppe langsam vor sich hin. Hoffentlich hat sie ein paar Krebse hineingetan. Im Gehen hielten wir uns umschlungen, und wir hatten Lust, uns zu lieben.

Plötzlich wurde ich so von Freude überwältigt, daß ich zitterte. »Mein Gott, welch ein Glück, daß wir nicht Rodin sind, du oder ich!«

Zur Feier der Fertigstellung eines Bildes genehmigten wir uns einen besonderen Schmaus: Mit den Fischern zusammen aßen wir gebratene Sardinen und Koteletts am Kap Creus, der eindrucksvollen Stelle, wo die Pyrenäen in grandiosem geologischem Taumel ins Meer fallen. Da gibt es keine Ölbäume oder Rebstöcke mehr, nur die elementare, planetenhafte Gewalt verschiedenartigster, durcheinandergewürfelter Felsen. Die lange, nachdenkliche Betrachtung dieser Felsen hat in starkem Maße zur Blüte der »morphologischen Ästhetik des Weichen und des Harten«, der Ästhetik der mediterranen Gotik Gaudis, beigetragen – in solchem Ausmaß, daß man annehmen möchte, Gaudi müsse in einem entscheidenden Augenblick seiner Jugend diese Felsen, die mich so stark beeinflußten, gesehen haben.

Aber abgesehen von der Ästhetik dieser großartigen Landschaft war in der Körperhaftigkeit des Granits selbst jenes Prinzip paranoischer Metamorphose verstofflicht, auf das ich schon mehrfach in diesem Buch hingewiesen habe. Müßte man diese Felsen unter dem Gesichtspunkt der Gestalt mit irgend etwas anderem vergleichen, so böten sich Wolken an, durch eine Katastrophe zertrümmerte, versteinerte Haufenwolken. Alle in der Vielfalt ihrer zahllosen Unregelmäßigkeiten angelegten Bilder tauchen nacheinander und abwechselnd auf, je nachdem, welchen Standort man einnimmt. Dies ist so objektivierbar, daß die Fischer der Gegend seit undenklichen Zeiten jeder dieser imposaten Felsanhäufungen Namen gaben – Kamel, Adler, Amboß, Mönch, tote Frau, Löwenkopf. Fuhren wir aber langsam in einem Ruderboot vorbei (die einzig angenehme Art, sich auf dem Wasser zu bewegen), so verwandelten sich all diese Bilder, und ich mußte erst gar nicht darauf hinweisen, denn die Fischer machten mich von selbst darauf aufmerksam.

»Schauen Sie, Señor Salvador, jetzt würde man sagen, aus einem Kamel ist ein Hahn geworden.«

Was eben noch der Kopf des Kamels gewesen war, bildete jetzt den Hahnenkamm, und die bereits stark hervortretende Unterlippe des Kamels hatte sich jetzt zum Schnabel verlängert. Der Höcker, der vorher mitten auf dem Rücken gesessen hatte, trat jetzt ganz hinten hervor und bildete den Hahnenschwanz. Beim Näherkommen rundeten sich die Amboßspitzen und waren genau wie die beiden Brüste einer Frau...

Während die Fischer ruderten und man sah, wie diese Felsen mit jedem monotonen Ruderschlag ständig ihre Gestalt veränderten, »ununterbrochen etwas anderes wurden«, »wechselnde Scheinbilder«, als seien sie halluzinatorische Verwandlungskünstler aus Stein, entdeckte ich in dieser beständigen Verkleidung die tiefe Bedeutung jenes Schamgefühls der Natur, auf das Heraklit in seinem rätselhaften Satz anspielt: »Die Natur liebt es, sich zu verbergen.« Und in diesem Schamgefühl der Natur erahnte ich das eigentliche Prinzip der Ironie. Die »Regung« der Formen dieser bewegungslosen Felsen beobachtend, dachte ich über meine eigenen Felsen nach, diejenigen meines Denkens. Ich hätte sie gerne so wie jene äußeren gehabt – relativ, wechselnd mit der kleinsten Standortveränderung im Raum des Geistes, ständig ihr eigenes Gegenteil werdend, sich verstellend, ambivalent, heuchlerisch, verkleidet, vage und konkret, ohne Traum, ohne »Wundernebel«, meßbar, feststellbar, physisch, objektiv, materiell und hart wie Granit.

In der Vergangenheit hatte es drei philosophische Vorläufer dessen, was ich in meinem eigenen Kopf zu erbauen trachtete, gegeben: die griechischen Sophisten, das vom Heiligen Ignatius von Loyola begründete jesuitische Denken Spaniens und die Hegelsche Dialektik in Deutschland – leider fehlte letzterer die Ironie, das wesentliche ästhetische Element des Denkens; überdies »barg sie den Keim der Revolution in sich«...

In ihrer trägen Art zu rudern verrieten die Fischer von Cadaqués eine Geduld und Passivität, die auch eine Form der Ironie war. Und ich sagte mir, falls ich wirklich nach Paris als Eroberer zurückkehren wollte, müßte ich dort in einem Ruderboot ankommen, ja, sogar nicht einmal aus diesem Boot aussteigen, sondern direkt dorthin fahren mit dem noch an meiner Stirn haftenden Licht von Lligat, die zwei Monate geistiger Umfüllung zur Ruhe gebracht und abgeklärt hatten – denn der Geist läßt sich ebensowenig wie der Wein gefahrlos transportieren; er darf nicht allzu sehr geschüttelt werden, sonst verdirbt er unterwegs. Die seltenen Weine der Tradition sollte man an sehr ruhigen Tagen mit den rhythmischen Schlägen träger und ironischer Ruder transportieren, damit sie unter der Reise so wenig wie möglich leiden, »sei sie auch noch so lang«. Denn nichts verdummt ja den Geist des Menschen mehr als die Geschwindigkeit moderner Fortbewegungsmittel, nichts entmutigt mehr als die mit unermüdlicher Regelmäßigkeit verkündeten »Geschwindigkeitsrekorde«. Ich bin übrigens bereit, alles, was man auf diesem Gebiet anstrebt, zu akzeptieren, ja, ich möchte sogar den Leser bitten, für einen Augenblick mit mir die Hypothese zu teilen, daß es möglich wäre, in einem einzigen Tag die Erde zu umrunden. Wie langweilig wäre das! Man stelle sich dann vor, dies würde noch weiter vervollkommnet, bis man es in zehn Minuten, in einer Minute bewerkstelligen könnte. Aber das wäre ja schrecklich! Andererseits nehme man an, durch ein Wunder des Himmels gelänge es plötzlich, die Reise von Paris nach Madrid dreihundert Jahre dauern zu lassen. Was wäre das für ein geheimnisvolles Tempo! Welch schwindelerregende Vorstellung! Von Zügen würde man sofort wieder auf Horoskope umsteigen. Statt auf dem Rücken eines Benzin ausschwitzenden Flugzeugrumpfes zu reisen, würde man wieder die Sterne nehmen! Doch auch das ist Romantik à la Méliès*. Dreihundert Jahre sind zu viel für die Strecke Madrid-Paris. Nehmen wir also den ironischen Mittelwert, den der Postkutsche, in der Stendhal und Goethe nach Italien reisten. Damals »zählten« Entfernungen noch und ließen dem Verstand Zeit, alle Räume und Formen, alle Zustände der Seele, der Landschaft und der Architektur zu durchmessen. Damals gehörten die Langsamkeit und die mangelnde technische Perfektion noch zu den Hauptbedingungen einer behaglichen und genußvollen Entfaltung der Intelligenz. Rudere, Dali, rudere! Oder laß lieber die anderen rudern, diese braven Fischer von Cadaqués. Du weißt, wohin du willst; sie bringen dich dorthin – fast möchte man sagen, daß Kolumbus Amerika rudernd entdeckte, umgeben von braven, paranoisch empfänglichen Seeleuten!

Wir mußten wieder einmal nach Paris zurückkehren. Unser Geld war praktisch aufgebraucht. So fuhren wir ab, »um noch ein paar Pfennige zu machen«, wie ich es nannte, damit wir dann so schnell wie möglich nach Port Lligat zurückkehren konnten. Dies würde aber allerfrühestens nach drei bis vier Monaten möglich sein. Deshalb preßte ich den Körper dieser letzten Tage, die von dem Licht und dem schon etwas elegischen Ge-

* Georges Méliès (1861-1938), einer der Pioniere des Films

schmack unserer bevorstehenden Abreise gefärbt und durchdrungen waren, genüßlich gegen meinen Gaumen. Der Frühling, schwach und wund wie ein Herbst, der rückwärts wieder zur Welt kommt, machte sich bemerkbar, und die Spitzen der Feigenbaumzweige, an denen gerade grüne Flämmchen junger Blätter entzündet worden waren, sahen aus wie mattsilberne Kandelaber, die für das Osterfest brannten.

Es war die Jahreszeit für Lima-Bohnen. Ich beendete eine ausgiebige Mahlzeit, deren Hauptgericht eben aus diesem außerordentlichen Gemüse bestand, das so sehr einer Vorhaut ähnelt. Die Katalanen bereiten Bohnen so würzig zu, daß sie zu meinen Lieblingsgerichten gehören. Sie werden mit Speck und sehr fetter katalanischer *butifarra** gekocht, und das Geheimnis besteht darin, etwas Schokolade und einige Lorbeerblätter beizumischen. Ich hatte mich satt gegessen und starrte geistesabwesend auf ein Stück Brot. Es war das auf dem Bauch liegende Ende eines langen Stangenbrots, und ich konnte nicht aufhören, es anzustarren. Schließlich nahm ich es und küßte die äußerste Spitze, dann lutschte ich mit meiner Zunge daran, um es ein wenig aufzuweichen, und stellte es mit dem aufgeweichten Teil auf den Tisch, wo es stehenblieb. Ich hatte soeben das Ei des Kolumbus wiederentdeckt: das Brot Salvador Dalís. Ich hatte das Rätsel des Brotes entdeckt: Es konnte aufrecht stehen, ohne gegessen zu werden! Diesem so atavistisch und wesensmäßig an die Vorstellung von »Grundbedürfnis« gebundenen Ding, dieser Grundlage des Fortbestands, dem Symbol der »Ernährung«, der heiligen »Speise«, diesem Ding, wiederhole ich, das auf so tyrannische Art dem »Notwendigen« zugehört, wollte ich einen rein ästhetischen Nutzen verleihen. Ich wollte surrealistische Objekte mit Brot herstellen. Nichts konnte einfacher sein, als auf dem Rücken des Laibes zwei hübsche regelmäßige Löcher auszuhöhlen und in jedes ein Tintenfaß einzulassen. Was konnte entwürdigender und ästhetischer sein, als zu sehen, wie dieses Brotschreibzeug im Gebrauch allmählich mit den unwillkürlichen Spritzern von »Pelikan«-Tinte besprenkelt würde? Ein kleines Rechteck in dem Brotschreibzeug wäre gerade das Richtige, um die Feder dorthinein zu stecken, wenn man mit Schreiben fertig war. Und falls man stets frische Krumen wünschte, tadellose Radierkrumen, dann brauchte man nur jeden Morgen seinen Brot-Tintenfaß-Träger auszuwechseln, so wie man seine Bettlaken wechselt...

Kaum in Paris angekommen, sagte ich zu jedem, der mir zuhören wollte: »Brot, Brot und nochmals Brot. Nichts als Brot.« Dies betrachteten sie als das neue Rätsel, das ich ihnen aus Port Lligat mitgebracht hatte. »Ist er Kommunist geworden?« fragten sie sich scherzhaft. Denn sie ahnten schon, daß mein Brot, das von mir erfundene Brot, nicht gerade als Unter-

* Einheimische Blutwurst

Typisch surrealistisches Objekt zur Erzeugung besonderen Unbehagens durch Fliegen, die von zuckrigen Substanzen angelockt und festgehalten werden. Mein ganzes Leben lang habe ich Spaß daran gehabt, mit Fliegen zu spielen – statt sie zu verjagen

haltsbeitrag für große Familien gedacht war. Mein Brot war grausam antihumanitär, mit diesem Brot rächte sich der Luxus der Phantasie an dem Nützlichkeitsdenken der Welt der praktischen Vernunft, es war das aristokratische, ästhetische, paranoische, kultivierte, jesuitische, phänomenale, lähmende, überevidente Brot, welches die Hände meines Hirns während der zwei Monate in Port Lligat geknetet hatten. Zwei Monate lang hatte ich wirklich meinen Geist den Torturen der minimalsten Zweifel, den rigorosen Forderungen meiner geringsten Verstandesforschungen unterworfen. Ich hatte gemalt, geliebt, geschrieben und studiert, und zuletzt, am Abend vor der Abreise, hatte ich, in einer scheinbar unbedeutenden Geste, das Endstück eines Brotlaibs aufrecht auf einen Tisch gestellt und damit die ganze geistige Erfahrung dieser Zeit zusammengefaßt.

Darin besteht meine Originalität. Eines Tages sagte ich: »Da ist eine Krücke!« Jeder dachte, das sei eine willkürliche Geste, eine humoristische Anwandlung. Fünf Jahre später begannen sie zu entdecken, daß »es wichtig war«. Dann sagte ich: »Da ist ein Brotknust!« Und er begann sofort Bedeutung anzunehmen. Denn ich besaß immer die Gabe, mein Denken konkret zu objektivieren, und zwar in einem solchen Maße, daß ich den Objekten, auf die ich nach tausend Überlegungen, Studien und Eingebungen mit meinem Finger hinzuweisen beschloß, magischen Charakter verlieh.

Einen Monat nach meiner Rückkehr unterzeichnete ich in Paris einen Vertrag mit George Keller und Pierre Colle und stellte in der Galerie des letzteren meine *Unsichtbaren: Schlafende, Pferde und Löwe* aus, die Frucht meiner Beobachtungen an den Felsen von Kap Creus; ferner ein Gemälde katholischer Prägung, *Die Profanierung der Hostie* genannt, sowie *Der Traum* und *Wilhelm Tell. Die Profanierung der Hostie* kaufte Jean Cocteau, *Wilhelm Tell* André Breton; *Der Traum* und *Die Unsichtbaren: Schlafende, Pferd und Löwe* erwarb der Vicomte de Noailles. Die Kunstkritiker begannen sich ernsthafter für meine Kunst zu interessieren, aber nur die Surrealisten und die Leute aus der Gesellschaft schienen wirklich bis ins Mark getroffen. Nach einer gewissen Zeit kaufte der Prince de Faucigny-Lucinge den *Turm der Begierde,* ein Gemälde, das einen nackten Mann und eine nackte Frau darstellte, die auf der Spitze eines Turms neben einem Löwenkopf in einer mit Verbrechen und Erotik geladenen Umarmung »erstarrt« sind.

Zu jener Zeit begann ich emsig, mich auf einigen Gesellschafts-Diners sehen zu lassen, wo man mich und Gala mit einer mit Furcht gemischten respektvollen Bewunderung empfing. Diese Reaktion nutzte ich bei der ersten Gelegenheit aus, um mein Brot unterzubringen. An einem Konzertabend im Haus der Princesse de Polignac umgab ich mich mit einer Gruppe eleganter Damen, solchen, die für die Ausgeburt meiner schlaflosen Nächte am empfänglichsten sind. Meine Gedanken kreisten solange um das Brot, bis diese Träumerei in dem Plan, eine geheime Brotgesellschaft zu gründen, Gestalt annahm, eine Gesellschaft, deren Ziel die systematische Verdummung der Massen war. An jenem Abend legte ich beim Champagner den Gesamtplan dar. Über den milden Sommerhimmel schossen lauter Sternschnuppen, und ich konnte sehen, wie die Seelen dieser charmanten Damen in ihren funkelnden Juwelen reflektierten. Genauso verschiedenartig blitzte das Gelächter auf, mit dem sie mein erbärmliches Projekt aufnahmen. Einige lachten aus blasierten, sehr schönen Mündern, die seit drei Jahren nicht so gelacht hatten; andere bissen in dem Bewußtsein, daß dies alles gefährlich war, die Zähne zusammen, um ihr Lachen zu beherrschen, denn sie fanden, daß ich gut aussah; wieder andere lachten mit echt französischer Skepsis: Sie gaben nichts preis, bevor sie nicht gezeigt hatten, daß sie (falsch) nachgedacht hatten. Diese in einem Fächer aus Perlmutt und Perlen sich öffnenden Lachsalven fachten meine Gesprächslust mit wollü-

Fig. 16. — Nubiens tirant de la fronde
pour chasser les oiseaux.

stigen Böen an; mit feinem Gefühl nutzte ich das mannigfaltige Gefunkel
all dieser Zahnreihen aus, um geschickt und behutsam je nachdem ein
Gramm oder ein Zentigramm der zur Aufrechterhaltung der Balance der
Aufmerksamkeit nötigen Leichtigkeit hinzuzufügen oder wegzunehmen,
was mir bei diesem brillanten Einstand meiner Begabung als Unterhalter
auch bravourös gelang. Genau dann, wenn ich das Gefühl hatte, die Aufmerksamkeit der Damen meines Kreises habe durch die mit originellen
Einfällen gesprenkelte gelehrte Darlegung meiner Idee der »geheimen Ge-
sellschaften« einen toten Punkt erreicht, schwieg ich. Mir war sehr wohl
bewußt, daß die Idee kindisch war. Aber ich dachte nicht nur daran. Was
hat das alles mit dem Brot zu bedeuten? Was kann sich wohl Dali mit seinem Brot gedacht haben? Und wieder lachten sie mit einem kleinen Anflug
verderbter Verzückung.

Sie flehten mich an, ihnen das Geheimnis des Brotes zu offenbaren. Da
vertraute ich ihnen an, daß man hauptsächlich erst einmal ein fünfzehn
Meter langes Brot backen müsse. Nichts sei leichter machbar, vorausge-
setzt, man ginge ernsthaft an die Sache heran. Zuerst würde man einen
Ofen bauen, groß genug, es darin zu backen. Dieser Brotlaib sollte keineswegs von den üblichen abweichen, sondern genau so wie jedes andere französische Stangenbrot sein, außer in den Maßen. War das Brot gebacken,
müßte man einen Platz finden, wo man es hinlegte. Ich war dafür, eine
nicht allzu auffällige oder zu stark frequentierte Stelle zu wählen, damit
seine Erscheinung desto unerklärlicher wäre, denn unter den Umständen
zählte nur das Rätselhafte und Verdummende der Maßnahme. Ich schlug
den Garten des Palais Royal vor. Man würde das Brot auf einem Sattelschlepper heranschaffen, und eine als Arbeiter verkleidete Gruppe von

379

Mitgliedern der geheimen Gesellschaft würde es an der bezeichneten Stelle abladen, als lieferten sie ein Rohr für eine Hauptwasserleitung an. Das Brot würde von mit Stricken vertäuten Zeitungen umwickelt sein.

Wäre das Brot einmal an Ort und Stelle, würden einige Mitglieder der Gesellschaft, die zuvor eine auf den Garten Aussicht gewährende Wohnung gemietet hätten, ihre Posten beziehen, um einen ersten genauen Bericht über die verschiedenen Reaktionen zu erstellen, die die Auffindung des Brotes hervorrufen würde. Man konnte sich mit Leichtigkeit ausmalen, welch höchst demoralisierende Wirkung ein solcher Akt, mitten in einer Stadt wie Paris verübt, haben würde. Im Laufe des Vormittags würde man den Brotlaib zweifellos als solchen erkennen. Als erstes würde sich die Frage erheben, was mit ihm zu geschehen habe – zu dem Vorkommnis gab es keinen Präzedenzfall, und die Ungeheuerlichkeit des Objektes würde verlangen, daß man umsichtig vorgehe. Bevor man weitere Schritte unternähme, würde das Brot unversehrt an einen Ort geschafft werden, wo man es untersuchen könnte. Enthält es Explosivstoffe? Nein! Ist es vergiftet? Nein! Ist es also mit anderen Worten ein Brotlaib mit irgendwelchen Besonderheiten, abgesehen von seiner ungewöhnlichen Größe? Nein. Ist es eine Reklame, wenn ja, für welche Bäckerei und zu welchem Zweck? Nein, gewiß nicht, eine Reklame ist es auch nicht.

Dann würden sich die auf unerklärliche Tatsachen begierigen Zeitungen dieses Vorgangs bemächtigen, und das Brot würde zur Nahrung für den ungezügelten Eifer geborener Polemiker werden. Sehr wahrscheinlich würde man als erstes unter anderem die Hypothese aufstellen, es handele sich um die Tat eines Verrückten, doch in diesem Punkt würden die Theorien und Meinungsverschiedenheiten schnell eskalieren. Denn weder ein Irrer noch ein Gesunder wäre allein imstande, den Brotlaib zu kneten, zu backen und ihn dort, wo er gefunden wurde, hinzubringen. Der mutmaßliche Irre müßte sich schon der Komplizenschaft mehrerer Personen mit ausreichend koordiniertem praktischen Verstand versichert haben, um den Gedanken in die Tat umzusetzen. So ruhte also die Hypothese, es handle sich um einen Irren oder eine Gruppe von Irren, nicht auf solider Grundlage.

Man müßte deshalb schließen, der Akt sei eine Art Demonstration vermutlich politischen Charakters, ein Rätsel, das sich vielleicht in Bälde klären würde. Aber wie sollte man eine solche Demonstration auch nur symbolisch deuten, blieb sie doch, nachdem sie ungewöhnliche Anstrengungen gekostet hatte, wegen der Dunkelheit ihrer Absichten ohne Möglichkeit, sich auszuwirken? Sie der kommunistischen Partei zuzuschreiben, kam nicht in Frage. Sie stand genau im Gegensatz zu deren konventionellem, bürokratischem Geist. Was hätte die Partei im übrigen auf diese Weise demonstrieren wollen können? Daß man eine Menge Brot brauche, um alle zu ernähren? Daß Brot etwas Heiliges sei? Nein, nein, das war alles töricht. Vielleicht würde man vermuten, das Ganze sei ein von Studenten oder der

Gruppe der Surrealisten verübter Ulk; aber ich wußte, diese Vermutung
würde niemanden völlig überzeugen. Wer wußte, wie mangelhaft die Surrealistengruppe organisiert und wie unfähig sie war, etwas durchzuführen,
was auch nur ein Mindestmaß praktischer Anstrengung erforderte, ganz
gleich, mit welchem Ziel, der wußte von vornherein, daß sie nicht in der

Lage war, den Bau des für das Backen des Brotes unerläßlichen fünfzehn Meter langen Ofens in Angriff zu nehmen. Was die Studenten betraf, war es sogar noch alberner, sie zu verdächtigen, da sie noch begrenztere Mittel zur Verfügung hatten. Man könnte vielleicht an Dali denken – an Dalis geheime Gesellschaft! Doch das war noch zu viel verlangt.

All diese aufs Geratewohl aufgestellten Hypothesen würden jedoch, sobald die Erregung über das Ereignis nachließe, von dem brutalen Schock eines neuen, zwei-, nein dreimal so sensationellen Aktes beiseitegefegt werden – dem Erscheinen eines zwanzig Meter langen Brotes im Hof des Versailler Schlosses. Nun wäre für jedermann evident, daß da eine geheime Gesellschaft bestand, und das Publikum würde genau in dem Augenblick, da die mehr oder weniger verblüffende Anekdote der ersten Broterscheinung in Vergessenheit geriete, ganz plötzlich mit der aufwühlenden moralischen Kategorie dieser zweiten Erscheinung konfrontiert werden. Am Frühstückstisch würden die gierigen Blicke der Leser zwangsläufig nach Schlagzeilen und Photos suchen, die das Erscheinen des dritten Brotlaibs meldeten, das mit Sicherheit nicht lange auf sich warten lassen würde, so daß diese Dalischen Brotlaibe bereits die anderen Nachrichten über Politik, weltbewegende Ereignisse und Sex »aufzufressen« begännen und sie abgeschmackt und beinahe uninteressant machen würden.

Aber anstelle des erwarteten dritten Brotlaibs würde ein Ereignis eintreten, das alle Grenzen des Plausiblen sprengte. Am gleichen Tage, zur gleichen Stunde, würden auf den öffentlichen Plätzen der verschiedenen europäischen Hauptstädte dreißig Meter lange Brote erscheinen. Am nächsten Tag würde ein Telegramm aus Amerika das Erscheinen einer Baguette von fünfundvierzig Meter Länge melden: Es liege auf dem Bürgersteig und reiche vom Savoy-Plaza bis zum St.-Moritz-Hotel am anderen Ende des Häuserblocks. Könnte ein solcher Akt erfolgreich durchgeführt werden unter strenger Beachtung aller von mir geplanten dazu erforderlichen Einzelheiten, würde niemand dessen poetische Wirksamkeit in Frage stellen können. Denn ein solcher Akt könnte einen Zustand der Verwirrung, der Panik und kollektiven Hysterie auslösen, der unter experimentellem Blickwinkel äußerst lehrreich wäre und zum Ausgangspunkt werden könnte, von dem aus man in Übereinstimmung mit meinen Prinzipien der hierarchischen Monarchie der Einbildungskraft nach und nach versuchen könnte, die logische Bedeutung aller Mechanismen der praktisch-rationalen Welt systematisch zu zerstören.

Die Darlegung dieses abenteuerlichen Plans ging genauso leicht ein wie der Champagner, den wir tranken, und diese hochmütigen Damen, die elegantesten des damaligen Europa, machten sich meine Ausdrucksweise zu eigen – »Meine Liebe, ich habe ein phänomenales Verlangen, Sie zu verdummen!« – »Seit zwei Tagen bin ich nicht in der Lage, meine Libido zu lokalisieren!« – »Wie war das Strawinsky-Konzert?« – »Es war schön – es war zäh! Es war schmachvoll!« Die Dinge waren »eßbar« oder nicht. Die neuesten Gemälde von Braque waren zum Beispiel »einfach sublim«! Usw. usw. Diese ganze überschwengliche, ungehobelte katalanische Ausdrucksweise, die mir eigen war und die die Leute scherzhaft von mir entlehnten, war durch ihre ansteckende Wirkung in der Tat sehr gut geeignet, die Lükken in dem eigentlichen »Gesellschaftsgeschwätz« auszufüllen.

Aber unter dem sehr selbstsicheren Snobismus dieser verdutzten Weibchen hatte die Zange meiner Mystifizierung sie in die prächtig umkleideten Brüste gezwackt, in denen bereits in aller Stille der Krebs meines Gehirns wucherte. Sie fragten mich: »Aber hören Sie mal, Dali, was hat das alles mit dem ›Brot‹ zu bedeuten?« Dann setzte ich eine gedankenvolle Miene auf. »Da sollten Sie die paranoisch-kritische Methode befragen, meine Liebe.« Einige baten mich wirklich, sie über die paranoisch-kritische Methode aufzuklären, und sie lasen meine Artikel, in denen ich all dies mehr oder weniger hermetisch zu erklären begann. Aber ich gestehe, daß ich damals selbst nicht genau wußte, woraus diese berühmte, von mir erfundene paranoisch-kritische Methode bestand. Sie »überstieg mein Fassungsvermögen«, und wie alle wichtigen Dinge, die ich »begangen« habe, begann ich sie erst ein paar Jahre, nachdem ich ihre Grundlage gelegt hatte, zu begreifen.

Dauernd fragte man mich: »Was bedeutet das? Was bedeutet das?«
Eines Tages höhlte ich das Ende eines Brotlaibs völlig aus, und was meinen Sie wohl, was ich hineinsetzte? Einen bronzenen Buddha, dessen metallische Oberfläche ich ganz und gar mit toten Flöhen bedeckte; ich zwängte sie so dicht aneinander, daß es den Anschein hatte, als bestehe der Buddha aus nichts anderem als Flöhen. Nun, was bedeutet das? Ich stellte den Buddha also in das Brot hinein und verschloß die Öffnung mit einem Stückchen Holz; dann zementierte ich alles zusammen ein, versiegelte es hermetisch, so daß es ein homogenes Ganzes bildete, das wie eine kleine Urne aussah, auf die ich »Pferdemarmelade« schrieb.* Nun, was bedeutet das?

Eines Tages erhielt ich von einem sehr guten Freund, dem Innenarchitekten Jean Michel Frank ein Geschenk: zwei Stühle im reinsten Stil der Jahrhundertwende. Einen von ihnen gestaltete ich sofort folgendermaßen um: Seine lederne Sitzfläche ersetzte ich durch eine aus Schokolade; dann ließ ich unter eines der Beine einen goldenen Louis-quinze-Türknauf schrauben; das auf diese Art verlängerte Stuhlbein bewirkte, daß der Stuhl sich weit nach rechts hinüberneigte, das unstabile Gleichgewicht war so berechnet, daß man lediglich schwer aufzutreten oder die Tür zuzuknallen brauchte, damit der Stuhl umkippte. Eins der Stuhlbeine sollte dauernd in einem Glas Bier stehen, das jedesmal, wenn der Stuhl umfiel, ausfloß. Diesen fürchterlich unbequemen Stuhl, der in allen, die ihn sahen, tiefes Un-

* Der Name geht auf eine Idee René Magrittes zurück.

behagen hervorrief, nannte ich den »atmosphärischen Stuhl«. Und was bedeutet das nun?

Ich war entschlossen, mein Schlagwort vom »surrealistischen Objekt« – dem irrationalen Objekt, dem Objekt mit symbolischer Funktion, das ich gegen Traumberichte, automatisches Schreiben usw. vorbrachte – auszuführen und in die Tat umzusetzen… Und um das zu erreichen, beschloß ich, die Mode der surrealistischen Objekte zu kreieren. Das surrealistische Objekt ist ein vom praktischen und rationalen Standpunkt aus absolut nutzloser Gegenstand, einzig zu dem Zweck geschaffen, Wahnsinnsideen und -phantasien auf fetischistische Art mit einem Maximum an greifbarer Wirklichkeit zu materialisieren. Solche verrückten Objekte begannen durch ihr Vorhandensein und ihren Umlauf so heftig mit dem nützlichen, praktischen Objekt zu konkurrieren, daß man hätte meinen können, man sähe regelrecht einem Kampf blutrünstiger Hähne zu, bei dem die Wirklichkeit des normalen Objekts häufig ein gut Teil Federn lassen mußte. In den Wohnungn der für den Surrealismus anfälligen Pariser häuften sich diese auf den ersten Blick verwirrenden Objekte sehr bald; sie bewirkten immerhin, daß die Leute nunmehr ohne Hemmungen über ihre Phobien, Manien, Gefühle und Begierden sprachen, weil sie sie jetzt mit eigenen Händen greifen, sie manipulieren und mit ihnen operieren konnten. Und eingedenk der Tatsache, daß die Landschaft ein »Zustand der Seele« ist, waren diese Leute nun in der Lage, den nackten Körper einer anderen aus meiner Quelle stammenden Wahrheit katholischer Substanz zu streicheln – diejenige, daß ein Objekt ein »Zustand der Gnade« ist.

Die Mode surrealistischer Objekte* brachte die voraufgegangene sogenannte »Traumperiode« in Mißkredit und trug sie zu Grabe. Nichts erschien jetzt langweiliger, deplacierter und anachronistischer, als seine Träume zu berichten und auf das automatische Diktat des Unbewußten ungereimte Erzählungen niederzuschreiben. Das surrealistische Objekt hatte ein neues Bedürfnis nach Wirklichkeit geschaffen. Man wollte das Gerede über das »potentiell Wunderbare« nicht mehr hören. Man wollte das »Wunderbare« mit seinen Händen greifen, es mit eigenen Augen sehen und in der Wirklichkeit bewiesen haben. Lebende und enthauptete Gestalten, aus den verschiedenartigsten zoologischen und botanischen Kombinationen gestaltete Wesen, die Marslandschaften und Abgründe des Unbewußten und fliegende Eingeweide in Verfolgung flammender Dekaeder erschienen bereits damals unerträglich monoton, auf übertriebene und anachronistische Art romantisch. Diese leichten Rezepte, den erstaunten Mitbürgern noch nie Gesehenes zu präsentieren, machten sich die Surrealisten Mitteleuropas, die Japaner und die Nachzügler aus allen Völkern zu eigen. Diese Art Phantasie konnte, mit einem gewissen Sinn für Modisches kombiniert, auch ein reiches Betätigungsfeld werden für auf effektvolle

---

* Eines der typischsten surrealistischen Objekte war das von Meret Oppenheim erdachte Gedeck (Tasse, Untertasse und Löffel) aus Pelz, jetzt im Besitz des Museum of Modern Art in New York.

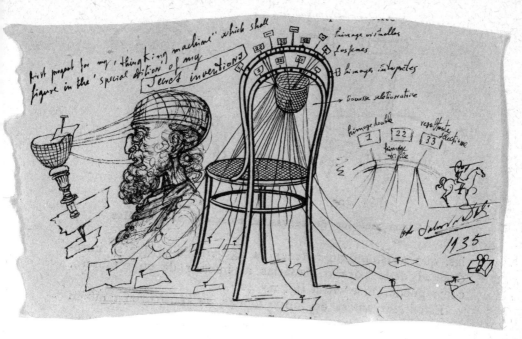

Erster Entwurf für meine »Denkmaschine«, die in der »Sonderausgabe« meiner »Geheimen Erfindungen« erscheinen wird

Dekoration erpichte trendbewußte und geschäftstüchtige Ladeninhaber.

So tötete ich mit dem surrealistischen Objekt die elementare surrealistische Malerei im besonderen und die moderne Malerei im allgemeinen. Miró hatte gesagt: »Ich will die Malerei ermorden!« Und er ermordete sie auch – wozu ich ihn geschickt und heimlich anstiftete, ich, der ich ihr dann den Todesstoß versetzte, indem ich ihr meinen Matadordegen zwischen die Schulterblätter stieß. Doch ich glaube, Miró machte sich nicht ganz klar, daß die Malerei, die wir zusammen ermordeten, die »moderne Malerei« war. Denn vor kurzem erst bin ich auf der Eröffnung der Mellon-Sammlung der älteren Malerei wiederbegegnet, und ich versichere Ihnen, sie scheint überhaupt noch nicht gemerkt zu haben, daß sich etwas gegen sie Gerichtetes ereignet hat.

Auf dem Höhepunkt der Wahnsinnswelle surrealistischer Objekte malte ich ein paar scheinbar sehr normale Bilder, die von der Erstarrung und dem minutiös Rätselhaften bestimmter Schnappschüsse inspiriert waren und denen ich eine Dalische Prise Meissonier hinzufügte. Ich fühlte, daß das Publikum, des fortgesetzten Kultes des Fremdartigen allmählich überdrüssig, sofort anbiß. »Ich werde sie euch geben, die Wirklichkeit und das Klassische. Wartet, wartet nur ein wenig, habt keine Angst.«

Diese neue Periode in Paris ging zu Ende. Wir hatten das nötige Kleingeld, um zweieinhalb Monate in Cadaqués zu verbringen und bereiteten

uns darauf vor, in Kürze abzureisen. In Paris hatte sich mein Ruf erheblich gefestigt. Vom Surrealismus sprach man bereits als dem vor Dali und dem nach Dali. Man sah und urteilte nur nach Dalischen Maßstäben: Alle Formen, die charakteristische Merkmale der Zeit um die Jahrhundertwende aufwiesen – alle weiche, zerfließende Ornamentik, die ekstatischen Skulpturen Berninis, das Zähe, das Biologische, das Verfaulende –, stammten von Dali. Das fremde mittelalterliche Objekt unbekannter Verwendung stammte von Dali. Ein exzentrisch-qualvoller Blick, den man auf einem Bild von Le Nain entdeckte, stammte von Dali. Ein »unmöglicher« Film mit Harfenistinnen, Ehebrechern und Orchesterdirigenten – so etwas mußte eigentlich Dali gefallen.

Ein paar Freunde speisten im Freien vor einem Eckbistro an der Place des Victoires zu Abend. Niemand dachte an etwas Bestimmtes. Plötzlich legte 386 der Kellner ein Stangenweißbrot geschickt mitten auf den Tisch – und alle riefen verwundert: »Das ist ja wie Dali!« Das Brot in Paris war nicht mehr Pariser Brot. Es war mein Brot, Dalis Brot, Salvadors Brot. Schon begannen die Bäcker mich zu imitieren.

Bestand das Geheimnis meines Einflusses schon immer darin, daß er geheim blieb, so war es das Geheimnis von Galas Einfluß, daß er doppelt geheim blieb. Ich besaß das Geheimnis, geheim zu bleiben. Gala besaß das Geheimnis, innerhalb meines Geheimnisses geheim zu bleiben. Oft glaubten die Leute, sie hätten mein Geheimnis entdeckt; aber das war unmöglich, weil es nicht mein, sondern Galas Geheimnis war. Galas und mein Geheimnis bildeten die genau ausbalancierten Waagschalen unserer Gerechtigkeit, aber den Zeiger dieser Waagschalen bildete die aufrecht stehende, in Gold skulptierte Gala; sie hielt ein Schwert, und mit diesem Schwert zeigte sie an. In Paris fürchteten die Leute, daß dies Schwert auf sie zeigte. Oft kam es dahin, daß infolge mangelnder Gerechtigkeit, infolge fehlenden Geldgewichts eine der Waagschalen übermäßig stieg, wodurch der Same Dalischer Philosophie, der die andere Waagschale bis zum Rande füllte, verschüttet zu werden drohte. Dann wies der goldene Schwertanzeiger von Galas Waage unzweideutig auf eine Person, die uns durch ihren Geiz betrogen hatte. Diese Person brauchte nicht auf ein Zeichen unserer Feindschaft zu warten – sie fühlte sich schon von selbst genügend entehrt.

Noch ein anderes von Galas und meinen Geheimnissen war unser Geldmangel. Immer noch hatten wir fast nichts. Wir lebten ständig unter den reichsten Leuten und waren dauernd von Geldsorgen gepeinigt. Aber wir wußten, daß unsere Stärke darin lag, es niemals zu zeigen. Denn das Mitleid des Nachbarn tötet. Das Geheimnis der Stärke, sagte Gala, besteht darin, nicht Mitleid, sondern Scham einzuflößen. Wir hätten verhungern können, und niemand hätte es je bemerkt. Wir machten einen *pundonor* daraus, daß unsere materiellen Schwierigkeiten nie bekannt wurden.

Diesen spanischen *pundonor* illustriert die Anekdote vom spanischen Ritter, der nichts zu essen hat. Wenn die Mittagsglocke läutet, geht er heim. Er setzt sich vor seinen leeren Tisch, ohne Brot und Wein. Er wartet – wartet, bis die anderen mit dem Essen fertig sind. Der Platz, auf den die Fenster aller Häuser hinausgehen, liegt verlassen und schlummert unter einer gnadenlosen Sonne. Sobald der Ritter den geeigneten Augenblick für gekommen hält, steht er, der nichts gegessen hat, auf, steckt einen Zahnstocher in seinen Mund und stolziert über den Platz, wobei er in seinen Zähnen stochert, daß jeder es sehen kann. Man muß annehmen, er habe gegessen, man muß seinen Biß also immer noch fürchten!

Sowie bei uns das Geld knapp wurde, war unsere erste Vorsichtsmaßnahme das Verteilen größerer Trinkgelder – wo immer wir hingingen: Mit dem Mittelmaß gab es keinen Kompromiß. Wir kamen ohne manche Dinge aus, aber uns selbst gaben wir nicht auf, wir paßten uns nicht an. Wir

Gala discovers and inspires the classicism
of my soul.

Cosmogony, a synthesis,
and an architecture of eternity.

entdeckt und beflü-
den Klassizismus
ier Seele... Kosmoge-
eine Synthese, eine
iitektur der Ewigkeit

konnten notfalls ohne Essen auskommen, aber wir waren nicht gewillt, ärmlich zu essen.

Seit Málaga war ich bei Gala in die Lehre gegangen. Sie hatte mir das Lustprinzip offenbart. Sie lehrte mich auch die Bedeutung des Realitätsprinzips in allem. Sie brachte mir bei, wie man sich kleidet, wie man eine Treppe hinuntergeht, ohne sechsunddreißigmal zu fallen, wie man nicht dauern das bißchen Geld, das wir hatten, verliert, wie man ißt, ohne den Geflügelknochen an die Decke zu werfen, woran man unsere Feinde erkennt. Sie lehrte mich auch das in meinem Verstand schlummernde »Proportionsprinzip«. Sie war der Engel des Gleichgewichts, der Vorläufer meines Klassizismus. Ohne mich im geringsten entpersönlicht zu fühlen, wurde ich frei von der lästigen, sterilen und elenden Tyrannei der Symptome und tausend Ticks. Ich fühlte, wie ich Herr der neuen und immer bewußteren Kraft meiner Handlungen wurde. Und wenn die Hühnerknochen meiner Überspanntheit auch weiterhin an die Decke meiner amphitryonischen Gastgeberinnen flogen, dann taten sie das nicht länger aus eigenem Antrieb und ohne zu wissen, warum. Im Gegenteil: Ich war es, der sie, mit der Schleuder meiner eigenen Hand, dort hinaufschoß. Anstatt mich hart zu machen, wie das Leben es eigentlich geplant hatte, gelang es Gala, mir mit dem versteinernden Speichel ihrer fanatischen Aufopferung ein Schnekkenhaus zu bauen, das die empfindliche Blöße des einsiedlerischen Bernhard, der ich war, schützte, so daß ich, während ich nach außen hin immer mehr das Aussehen einer Festung annahm, innerlich weiter im Weichen, im Superweichen, altern konnte. Und an dem Tage, als ich beschloß, Uhren zu malen, malte ich sie weich.

Es geschah an einem Abend, als ich mich müde fühlte und leichte Kopfschmerzen hatte, was bei mir äußerst selten vorkommt. Wir wollten mit ein paar Freunden ins Kino gehen, und im letzten Moment beschloß ich, nicht mitzugehen; Gala ging, ich aber blieb zu Hause und wollte früh schlafen gehen. Wir hatten zum Abschluß unseres Abendessens einen sehr starken Camembert gegessen, und nachdem alle gegangen waren, blieb ich noch lange am Tisch sitzen und dachte über die philosophischen Probleme des »Superweichen« nach, die der Käse mir vor Augen führte. Ich stand auf, ging in mein Atelier und machte Licht, um noch einen letzten Blick auf das Bild zu werden, das ich gerade in Arbeit hatte, so wie es meine Gewohnheit ist. Dies Bild stellte eine Landschaft bei Port Lligat dar; die Felsen lagen in einem transparenten, melancholischen Dämmerlicht, und im Vordergrund stand ein Ölbaum mit abgeschnittenen Zweigen und ohne Blätter. Ich wußte, daß die Atmosphäre, die zu schaffen mir mit dieser Landschaft gelungen war, als Hintergrund für eine Idee, für ein überraschendes Bild dienen sollte, aber ich wußte noch nicht im mindesten, was es sein würde. Ich wollte schon das Licht ausknipsen, da »sah« ich plötzlich die Lösung. Ich sah zwei weiche Uhren, von denen die eine kläglich über dem Ast des

Ölbaums hing. Obwohl meine Kopfschmerzen so stark geworden waren, daß sie mich sehr quälten, bereitete ich gierig meine Palette vor und machte mich an die Arbeit. Als Gala zwei Stunden später aus dem Kino zurückkehrte, war das Bild – es sollte eines meiner berühmtesten werden – vollendet. Ich ließ sie sich mit geschlossenen Augen davor hinsetzen und zählte: »Eins, zwei, drei, mach die Augen auf!« Ich blickte gespannt auf Galas Gesicht und sah darauf die unverkennbare Mischung von Staunen und Hingerissensein. Dies überzeugte mich von der Wirksamkeit meines neuen Bildes, denn Gala irrt nie, wenn es darum geht, die Echtheit eines Rätsels einzuschätzen. Ich fragte sie: »Glaubst du, daß du dieses Bild nach drei Jahren vergessen haben wirst?«

»Keiner kann es vergessen, der es jemals sah.«

»Dann wollen wir schlafen gehen. Ich habe starkes Kopfweh. Ich werde ein wenig Aspirin nehmen. Welchen Film hast du gesehen? War er gut?«

»Ich weiß nicht... Ich kann mich nicht mehr an ihn erinnern!«

Am Morgen dieses Tages hatte mir ein Filmstudio ein kurzes Drehbuch, mit dessen Ausarbeitung ich mir viel Mühe gegeben hatte und das die profundeste Zusammenfassung all meiner Ideen war, ablehnend zurückgeschickt. Ich hatte mit einem Blick den negativen Inhalt des Briefes erkannt und nicht den Mut besessen, die Begründung der Ablehnung im einzelnen zu lesen; doch die schlechte Laune, in die ich durch meine Kopfschmerzen geraten war und die Genugtuung, mein Bild auf so unverhoffte Weise vollendet zu haben, hatten mich in eine solche Unruhe versetzt, daß ich ihn im Bett noch einmal sorgfältig durchlas. Der Verfasser des Briefes gab zwar zu, daß die Ideen in meinem Skript sehr interessant seien – zu interessant –, aber erklärte schlichtweg, der von mir geplante Film sei nicht von »allgemeinem« Interesse, er sei unmöglich zu kommerzialisieren, das Publikum liebe es nicht, sich in seinen Gewohnheiten so empfindlich treffen zu lassen, und meine Bildeinstellungen seien so fremdartig, daß sich hinterher niemand an das, was er gesehen habe, würde erinnern können!

Ein paar Tage später kaufte ein aus Amerika herübergeflogener Vogel mein Bild mit den weichen Uhren, dem ich den Namen *Die Beständigkeit der Erinnerung* gegeben hatte. Dieser Vogel hatte große schwarze Flügel wie El Grecos Engel, die man aber nicht sah, und trug einen weißen Leinenanzug und einen Panamahut, die man sehr gut sah. Das war Julien Levy, der in der Folgezeit meine Kunst in den Vereinigten Staaten bekannt machte. Er gestand mir, er halte mein Werk zwar für sehr außergewöhnlich, er kaufe es jedoch, um es zu Propagandazwecken zu benutzen und um es in seinem Haus zu zeigen, denn er halte es für nicht publikumswirksam und für »unverkäuflich«. Trotzdem wurde es verkauft und wiederverkauft, bis es schließlich an den Wänden des Museum of Modern Art aufgehängt wurde und ohne Zweifel dasjenige meiner Bilder mit dem größten »Publikumserfolg« war. Ich sah es mehrfach in der Provinz von Amateurmalern kopiert, und zwar nach Schwarzweißphotos – und daher in den abenteuerlich-

»Unmöglich kommerziell zu verwerten« – Bühnenbildentwurf mit Hl.-Sebastian-Ikonographie

sten Phantasiefarben. Man benutzte es auch als Blickfang in den Schaufenstern von Gemüseläden und Möbelgeschäften!

Einige Zeit danach war ich zufällig zugegen, als man eine dürftige Filmkomödie drehte, in der man, ohne mich in Kenntnis zu setzen, von den meisten meiner zurückgewiesenen Ideen Gebrauch machte. Sie war idiotisch, schlecht gemacht und völlig witzlos – eine Katastrophe. »Ideen«, dachte ich, »sind dazu da, um verschwendet zu werden, aber stets sind es die Nutznießer, die an ihnen verrecken! Denn oft explodieren sie ihnen noch vor der ›Uraufführung‹ in den Händen. Und bittet man mich dann eines Tages, mein vollständiges Schauspiel selbst zu zünden, kann ich das Prestige der Helden, die für mich gestorben sind, obwohl sie mich in Wirklichkeit nur verhungern lassen wollten, selbst in Anspruch nehmen.« Wie das Jugendstilmädchen auf dem Umschlag des *Petit Larousse* könnte ich, auf den Löwenzahn meiner gefährlichen Ideen pustend, sagen: »Ich säe mit jedem Wind«, doch meine Freigebigkeit brächte eine giftige Saat. Salvador Dali imitiert man nicht ungestraft, denn wer versucht, Dali zu sein, stirbt!

Wurde ich ausgeplündert, betrogen und plagiiert, mein Ruf wuchs ständig und mein Einfluß breitete sich aus; meine Finanzlage blieb allerdings prekär. Nach so vielen Mühen reichte unser Geld gerade aus, daß Gala und ich für zweieinhalb Monate in unser Port Lligat fahren konnten und dann noch eben genug für die Rückkehr und die beiden ersten Wochen in Paris hatten, in denen wir womöglich noch auf Nachschub warten müßten. Seit ich aus meinem Elternhaus verbannt war, hatte ich von meiner Familie nichts als Schikanen erfahren. Mein Vater hätte es mir gerne unmöglich gemacht, in Port Lligat zu leben, denn er betrachtete meine Nähe als eine Schande. Seitdem hatte ich auf meinem Kopf Wilhelm Tells Apfel balanciert. Er ist das Symbol der leidenschaftlichen kannibalistischen Zwiespältigkeit, die früher oder später damit endet, daß der väterliche Rachegeist in atavistisch-ritueller Wut den Bogen spannt und den Sühneopfer-Pfeil abschießt – das ewige Thema vom Vater, der seinen Sohn opfert: Saturn, der seine Söhne verschlingt; Gottvater, der Jesus Christus opfert; Abraham, der Isaak schlachtet; Guzmán el Bueno, der seinem Sohn den eigenen Dolch zur Verfügung stellt, und Wilhelm Tell, der mit seinem Pfeil den Apfel auf dem Kopf seines eigenen Sohnes anvisiert.

Kaum hatten wir uns in Port Lligat eingerichtet, malte ich ein Porträt von Gala, auf deren Schulter zwei rohe Koteletts liegen. Wie ich später erfuhr, bedeutete das, daß ich, anstatt *sie* zu essen, beschlossen hatte, ein paar rohe Koteletts zu verspeisen. Die Koteletts waren tatsächlich die Sühneopfer der verhinderten Opferhandlung – wie Abrahams Widder und Wilhelm Tells Apfel. Widder und Apfel waren wie die Söhne Saturns und Jesus Christus am Kreuz »roh« – dies ist die Grundbedingung für das kannibalistische Opfer.* In demselben Geist malte ich ein Bild von mir selbst als Kind im Alter von etwa acht Jahren mit einem rohen Kotelett auf dem Kopf. Durch diese Symbolhandlung versuchte ich meinen Vater dazu zu bringen, daß er käme und statt meiner das Kotelett äße. Meine Essens-, Eingeweide- und Verdauungs-Darstellungen bekamen damals einen immer nachdrücklicheren Charakter. Ich wollte alles essen und plante den Bau eines großen Tisches, der gänzlich aus hartgekochtem Ei bestand, so daß man ihn essen könnte.

Dieser Tisch aus hartgekochtem Ei war durchaus herstellbar; hier teile ich jedem, der versuchen will, sich einen zu bauen, das Rezept mit. Zunächst stellt man die Hohlform eines Tisches aus Zelluloid her (am besten eignet sich ein Louis-seize-Tisch), genau so, als wolle man einen Abguß machen. Statt in die Hohlform Gips zu gießen, füllt man die nötige Menge Eiweiß hinein. Dann taucht man das Ganze in ein Bad aus heißem Wasser; sobald das Eiweiß hart zu werden beginnt, leitet man mittels Röhren die Dotter in die Masse ein. Ist das Ganze hart geworden, kann die Zelluloidform zerbrochen und ersetzt werden durch eine Hülle aus pulverisierter Eierschale vermischt mit einer harzigen oder klebrigen Masse. Zum Schluß kann man diese Oberfläche mit Bimsstein polieren, bis sie die Textur einer

* Freud berichtet von einem Wüstenopfer totemistischen Charakters, wo der ganze Stamm in wenigen Stunden ein ganzes Kamel verzehrte, von dem bei Sonnenaufgang nur die Knochen übrigblieben.

Eierschale bekommt. Durch das gleiche Verfahren läßt sich eine Venus von Milo in Lebensgröße herstellen, die dann ebenfalls durch und durch aus hartgekochtem Ei bestünde. Man könnte dann die Eierschale der Venus aufbrechen und würde im Inneren das wirklich aus Eiweiß hergestellte harte Eiweiß finden, und grübe man tiefer, fände man das wirklich aus Eidotter hergestellte harte Eigelb.* Man stelle sich vor, welch köstlichen Durst eine solche Venus aus solidem hartgekochtem Ei in einem Opfer perverser »Zurückhaltung des Durstes« erzeugen würde, wenn dieser Perverse, nachdem er einen langen Sommertag gewartet hat, um sich in einen Anfall hineinzusteigern, in eine der Brüste der Venus einen blau schimmernden Silberlöffel gräbt und dadurch das Eigelb ihres Inneren dem Licht der untergehenden Sonne aussetzt, die es rotgelb und zu einem Feuer des Durstes machen würde.

In jenem Sommer war ich sehr durstig. Ich glaube, daß der Alkohol, den ich in Paris hinuntergießen mußte, um das Wiederaufkommen meiner Schüchternheit zu überwinden, seinen Anteil an dem wollüstigen Reizzustand hatte, dem mein Magen ausgesetzt war: ich fühlte aus den Tiefen der Eingeweide meiner nordafrikanischen Ursprünge einen arabischen Durst emporsteigen, einen Durst, der auf dem Rücken der Pferde gekommen war, um Spanien zu kultivieren, und als erstes Schatten und Springbrunnen erfand. Wenn ich die Augen schloß, um zu lauschen, was in mir vorging, war es, als könnte ich in der brennenden Wüste meiner Haut das Plätschern der ganzen Alhambra von Granada fühlen; es erklang genau im Zentrum des von Zypressen überschatteten Patios meines Magens, der mit der Tünche und dem Wismut der Arzneien übergipst war, mit denen ich seine Wände und Zwischenwände ummanteln mußte.**

War ich schon so durstig wie ein Araber, fühlte ich mich auch genau so kampfeslüstern. An einem Abend im Frühherbst fuhren Gala und ich nach Barcelona. Man hatte mich eingeladen, einen Vortrag zu halten, und ich hatte mir vorgenommen, mein rhetorisches Talent zu erproben und ein für allemal zu testen, ob ich fähig sei, eine Zuhörerschaft aufzuwühlen. Mein Vortrag fand im *Ateneo Barcelonés* statt, dem traditionsreichsten und imposantesten geistigen Zentrum der Stadt, und ich beschloß, die einheimischen Intellektuellen, die damals in grenzenlos philiströsem Lokalpatriotismus dahinvegetierten, mit äußerster Heftigkeit zu attackieren. Vorsätzlich traf ich eine halbe Stunde zu spät ein und sah mich sogleich einem Publikum gegenüber, das vor lauter Warten und Neugier aufs höchste erregt war, also in der richtigen Verfassung.

Mit einer kurzen, tönenden Lobrede auf den Marquis de Sade kam ich gleich auf das Thema meiner Rede zu sprechen. Ich kontrastierte ihn mit

---

* Della Porta, ein Neapolitaner katalanischen Ursprungs, der im sechzehnten Jahrhundert lebte, teilt in seiner *Magia naturalis* (s. Anm. S. 22) das Rezept zum Herstellen eines Eis von beliebiger Größe mit.

** Zu jener Zeit nahm ich ein Medikament, das dem verschreibenden Arzt zufolge meine Magenwand mit einer Schutzschicht überziehen sollte.

der entwürdigenden intellektuellen Schande eines Angel Guimerá*, der ein paar Jahre zuvor verstorben war, einer der am meisten verehrten und geachteten patriotischen katalanischen Schriftsteller. An einem Höhepunkt meiner Rede sagte ich mit dramatischer Emphase: »Dieser Erzpäderast, diese ungeheure, haarige Fäulnis, Angel Guimerá…« In diesem Augenblick war mir klar, daß mein Vortrag zu Ende war. Die Zuhörer wurden völlig hysterisch. Man bewarf mich mit Stühlen und hätte mich sicher zu Brei geschlagen, wenn die Saalwächter mich nicht vor der Wut der Menge geschützt hätten. Von Wächtern umringt wurde ich bis auf die Straße eskortiert und in ein Taxi gesteckt. »Sie sind sehr mutig«, sagte einer von ihnen zu mir. Ich glaube, daß ich mich bei dieser Gelegenheit eigentlich ganz kühl verhielt und daß vielmehr die Wächter wirklich Mut zeigten, denn sie bekamen die mir zugedachten Schläge zu spüren.

Der Vorfall fand ein starkes Echo. Kurze Zeit danach erhielt ich wieder eine Einladung, eine Rede zu halten, diesmal vor einer revolutionären Gruppe mit vorwiegend anarchistischer Tendenz. Der Präsident sagte mir: »Auf unserer Versammlung können Sie sagen, was Sie wollen – je stärker es ist, desto besser.« Ich nahm die Einladung an und bat die Organisatoren lediglich darum, mir einen möglichst langen großen Brotlaib zu beschaffen und Riemen, um ihn zu befestigen. Am Vortragsabend erschien ich zehn Minuten vor Beginn, um über die Requisiten, um die ich gebeten hatte, Anweisungen zu erteilen. In dem kleinen Nebenraum der Vortragshalle lag ein großes Stangenbrot auf dem Tisch und daneben ein paar Lederriemen. Man fragte, ob das so meinen Wünschen entspreche. »Vollkommen. Jetzt hören Sie mir gut zu. In einem bestimmten Augenblick meiner Rede werde ich mit der Hand winken und sagen: ›Bringen Sie es!‹ Dann müssen zwei von Ihnen auf die Bühne kommen, während ich spreche, und das Brot mit Hilfe der unter beiden Armen durchzuführenden Riemen auf meinem Kopf befestigen. Achten Sie darauf, daß das Brot waagerecht liegt. Sie müssen diesen Vorgang äußerst ernsthaft ausführen, ja, sogar fast etwas unheimlich.«

Ich war provozierend elegant gekleidet, und als ich auf die Bühne trat, bereitete man mir einen stürmischen Empfang. Die Pfiffe und Sticheleien gingen allmählich in »organisiertem« Beifall unter, und dann rief jemand: »Laßt ihn erst mal sprechen!«

Ich sprach. Und zwar stimmte ich diesmal keine begeisterte Lobeshymne auf den Marquis de Sade an, sondern hielt einfach eine Rede irrationaler und dichterischer Art, in der gelegentlich die gröbsten Obszönitäten aufblitzten. Diese Ungeheuerlichkeiten, die noch nie jemand in der Öffentlichkeit gehört hatte, gab ich auf die sachlichste und beiläufigste Art von mir, was ihren wüsten und peinlich pornographischen Charakter nur ver-

* Angel Guimerá hatte (ohne, daß mir dies bekannt war) die Gesellschaft, unter deren Schirmherrschaft ich redete, gegründet. Dies verlieh dem Skandal eine solche Dimension, daß der Präsident der fraglichen Gesellschaft am folgenden Tag seinen Rücktritt einreichen mußte.

stärkte. Ein unüberwindliches Unbehagen bemächtigte sich der Zuhörerschaft, lauter sentimentale, humanitäre Anarchisten, die zumeist ihre Frauen und Töchter mitgebracht hatten – weil sie sich sagten: Heute wollen wir uns mal amüsieren und uns die Verschrobenheiten Dalis anhören, dieses sympathischen, kleinbürgerlichen Ideologen, von dem wir schon so viel gehört haben und der ja die Gabe hat, seinesgleichen ein Wutgeheul anstimmen zu lassen.

196

Plötzlich unterbrach mich mit lauter Stimme ein hagerer, finster dreinschauender Anarchist, asketisch-schön wie ein heiliger Hieronymus, und erinnerte mich sehr würdevoll daran, daß wir nicht in einem Hurenhaus seien und daß unter den Zuhörern auch ihre »Frauen« säßen. Ich antwortete ihm, ein Anarchistenzentrum sei ja wohl keine Kirche. Außerdem, sagte ich, sei die von mir am höchsten geschätzte Person meine Frau, und da sie zugegen sei und zuhöre, sähe ich keinen Grund, warum ihre Frauen nicht ebensogut zuhören könnten. Für einen Augenblick stellte ich mit dieser Antwort meine Autorität wieder her, dann jedoch gab ich eine Reihe neuer Obszönitäten von mir, diesmal durch den mir eigenen Realismus verstärkt und noch dazu blasphemisch, so daß die Halle wie ein Löwe brüllte und ich nicht sagen konnte, ob vor Vergnügen oder vor Wut.

Jetzt war für mich psychologisch der richtige Augenblick gekommen, und mit einer ungeduldigen Handbewegung gab ich das verabredete Zeichen, »es mir zu bringen«. Alle Blicke richteten sich dorthin, wohin ich gewinkt hatte, und das Erscheinen zweier Personen, die das Brot und die Riemen trugen, löste eine Überraschung aus, die all meine Hoffnungen überstieg. Während das Brot auf meinem Kopf befestigt wurde, schwoll der Tumult so sehr an, daß nur noch ein allgemeiner Aufruhr folgen konnte. Als das Brot endlich auf meinem Kopf festgezurrt war, fühlte ich mich plötzlich von der allgemeinen Hysterie angesteckt und begann mit Stentorstimme mein berühmtes Gedicht von dem »verwesten Esel« zu rezitieren. Da bekam ein anarchistischer Arzt mit einem krebsroten Gesicht und einem weißen Bart, der an eine Allegorie von Böcklin erinnerte, einen regelrechten Tobsuchtsanfall. Später hörte ich, dieser Mann, der tollwütig und Alkoholiker sei, bekomme häufig solche Anfälle, wenn auch nie so stark wie an jenem Abend. Vergeblich versuchten alle, ihm Einhalt zu gebieten. Ein Mann umklammerte seine Beine, während andere Kopf und Arme festhielten. Es nützte nichts. In seinem Krampf und Delirium tremens von unbezähmbarer Kraft gelang es ihm immer wieder, eins seiner Beine freizubekommen und mit einem gewaltigen Tritt eine ganze Gruppe jener schwarzen, schwitzenden Anarchisten, die um die Wiederherstellung der Ordnung kämpften, über den Haufen zu stoßen. Nach meiner obszönen Tirade, die noch in aller Ohren klang, meinem Auftritt mit dem Brot auf dem Kopf und dem Wahnsinnsanfall des alten Arztes endete der Abend in einem unvorstellbaren Chaos.

Die Organisatoren der Veranstaltung hatten ihren Spaß. »Sie sind ja ein bißchen weit gegangen«, sagten sie zu mir, »aber es war sehr gut.«

Die Versammlung war abgebrochen, und die Leute strömten hinaus. Plötzlich trat ein Mann auf mich zu, der völlig ausgeglichen schien, obgleich seine Augen spöttisch zuckten. Wie eine Ziege kaute er kräftig auf einem Zweig mit Minzblättern herum. Sobald er ausgekaut hatte, zog er andere, in Zeitungspapier eingewickelte hervor. Er hatte so faszinierend schwarze Fingernägel, daß ich sie unverwandt anstarrte.

»Ich bin mein Leben lang Anarchist gewesen«, sagte er zu mir, »und ich esse nur Kräuter und ab und zu ein Kaninchen. Sie gefallen mir, aber ein anderer Mann gefällt mir noch besser, und wenn ich Ihnen sage, wer, dann werden Sie's mir nicht glauben. Wissen Sie, Josef hat mich nie überzeugt [mit Josef meinte er Stalin]. Hitler hingegen, wenn man dem die Oberfläche abkratzt, dann findet man Nietzsche. Und der Kerl [damit meinte er wieder Hitler] ist ein *morros de con*, der kann mit einem Fuß ganz Europa in die Luft sprengen. Und ich pfeife auf Europa, verstehen Sie?«

Nachdem er das gesagt hatte, zeigte er mir mit einem boshaften Blinzeln sein Paket mit den Minzblättern. Dann machte er sich davon. »*Salud!*« sagte er, »und vergessen Sie nicht – ›direkte Aktion‹.«

Politisch-ideologisch befand sich Barcelona damals in einer Verwirrung, die fast mit der Sprachenverwirrung zur Zeit des Turmbaus zu Babel vergleichbar war. Politische Parteien wurden gegründet, unterteilt, kämpften gegeneinander, entstanden aufs neue, zerfielen wieder in zahllose Splittergrüppchen, von denen jedes einzelne sich trotz seiner theoretischen Bedeutungslosigkeit von den anderen in abgrundtiefem Haß distanzierte. Es gab drei kommunistische Parteien, die sich alle für die wahre, offizielle Partei hielten, drei oder vier Schattierungen der Trotzkisten, die radikalen Gewerkschaftler, die sozialistischen Gewerkschaftler, die reinen Anarchisten der Iberischen Anarchistischen Föderation, die Separatisten, die sich »Wir allein« nannten, die Republikanische Linke usw. usw. usw. Soweit die Linke; die Parteien der Mitte und die der Rechten waren ebenso zahlreich, aktiv und aufgeregt. Jeder fühlte, daß in Spanien unglaubliche Ereignisse bevorstanden, etwas wie eine allgemeine Sintflut, in der nicht nur Ströme von Wasser herabregnen würden, sondern Erzbischöfe, Flügel und verweste Esel. Ein Bauer aus der Umgebung von Figueras fand den treffenden Satz, um den anarchischen Zustand des Landes zu umreißen: »Wenn die Politik sich so weiterentwickelt, geraten wir an einen Punkt, wo selbst Jesus Christus, käme er höchstpersönlich mit einer Uhr in der Hand auf die Erde, nicht imstande wäre zu sagen, welche Stunde geschlagen hat!«

Nach Paris zurückgekehrt, zogen wir aus der Rue Becquerel Nr. 7 in die Rue Gauguet Nr. 7 in ein modernes Gebäude um. In meinen Augen war diese »funktionalistische« Architektur eine Selbstbestrafung, der Baustil armer Leute – und wir waren arm. Da wir nicht in der Lage waren, uns Louis-quatorze-Kommoden anzuschaffen, beschlossen wir, mit riesigen Fenstern und Chromtischen und mit einer Menge Glas und Spiegeln zu leben. Gala besaß die Gabe, überall »Glanz« hineinzubringen; sobald sie eine Wohnung betrat, begann alles wild zu funkeln. Diese fast mönchische Strenge stachelte meinen Durst nach Luxus nur noch weiter auf. Ich fühlte mich wie eine Zypresse, die in einer Badewanne wächst.

Zum ersten Mal stellte ich fest, daß man in Paris auf mich gewartet hatte: Ohne mich war es dort »wüst und leer« gewesen. Man rechnete mit mir, damit ich sagte, wie es »weitergehen« solle; diesmal aber weigerte ich mich. Ich zog es vor, die Leute sich selbst zu überlassen, sie sollten ihren eigenen Weg gehen und mit ihren Illusionen ein für allemal allein fertig werden.

Durch meine beiden Vorträge in Barcelona war ich von den Überresten meiner pathologischen Schüchternheit geheilt. Ich wußte, daß ich fähig war, das Publikum mitzureißen und nach Belieben verrückt zu machen, und zwar durch die bloße Wirksamkeit gewisser Bilder, die nur ich erfinden und handhaben konnte. In mir wuchs das Verlangen, mit einem »neuen Fleisch« in Berührung zu kommen, mit einem neuen Land, das vom Verfall Europas noch nicht angesteckt war. Amerika! Dorthin wollte ich und sehen, wie es dort war, ihm mein Brot bringen, mein Brot dort hinlegen und zu den Amerikanern sagen: »Nun, was bedeutet das?«

Ich hatte gerade aus New York ein paar Zeitungsausschnitte über eine kleine Ausstellung erhalten, die Julien Levy während des Sommers dort mit dem Bild mit den weichen Uhren und anderen, von mir ausgeliehenen Werken veranstaltet hatte. Die Ausstellung war ein Erfolg gewesen, obwohl man nicht viel verkauft hatte. Aber die Artikel, die ich übersetzen ließ, zeigten, daß deren Autoren mich hundertmal objektiver verstanden und über meine Absichten und meinen besonderen Fall weitaus besser informiert waren als die meisten europäischen Kommentatoren, die mein Werk nur vom programmatischen Standpunkt ihrer »legitimen Interessen« aus beurteilten. In Paris beurteilt tatsächlich jeder die Dinge unter dem ästhetischen Blickwinkel seiner eigenen intellektuellen Interessen. Hat ein Kritiker einmal für den Kubismus oder die abstrakte Kunst gekämpft, so kämpft er weiter für sie und würde sein Leben dafür hingeben. Als ich auf der Bildfläche erschien und in der illusionistisch-marktschreierischen Manier eines Meissonier das Anekdotische wieder aktuell machte, empfingen mich diese achtbaren Verteidiger reiner plastischer Werte mit dem Sperrfeuer ihrer neuplatonischen Geschütze. Ebensowenig konnten die Verteidiger des gegenteiligen Extrems, des reinen, absoluten Automatismus meine durch Strenge und Systematik gekennzeichnete Vorherrschaft hinnehmen. Kurz, in Europa war ich von Freischärlern umgeben.

Amerika war anders. Dies Land war von unserer Form des ästhetischen Bürgerkriegs noch nicht angesteckt, es hatte nur Kenntnis davon. Und was bei uns oft tragische Untertöne hatte, nahm in Amerika höchstens Unterhaltungscharakter an. Der Kubismus hatte in Amerika nie wirklich Einfluß gehabt, er wurde dort mit Recht als unentbehrliches Experiment angesehen, das in den offiziellen Geschichtsarchiven ordnungsgemäß abgeheftet werden sollte. So stand man über den Fronten, fern vom Gefechtsdonner, hatte nichts zu gewinnen noch zu verlieren, noch brauchte man gar in den Kampf einzugreifen; man konnte seinen klaren Blick bewahren und spontan erfassen, was von alldem, was in Europa geschah, am meisten Eindruck machte. Und was ihnen am meisten Eindruck machte, war genau ich, der größte, heftigste, imperialistischste, wahnsinnigste, fanatischste Partisan von allen. Die Europäer irren sich, wenn sie Amerika poetischer und intellektueller Intuition für unfähig halten. Offenkundig vermeidet man dort Fehler nicht aus Tradition oder durch fortgesetzte Schärfung des »Geschmacks«. Nein, in Amerika trifft man seine Wahl nicht mit der atavistischen Vorsicht einer Erfahrung, die man gar nicht gemacht hat, oder mit der verfeinerten Spekulation eines dekadenten Gehirns, das man gar nicht besitzt, oder gar mit dem Gefühlserguß eines Herzens, das dafür viel zu jung ist...

Nein, Amerika wählt besser und sicherer, als es das mit all dem Genannten zusammengenommen könnte. Amerika wählt mit der ganzen unergründlichen, elementaren Kraft seiner einzigartigen biologischen Intaktheit. Wie kein anderes Land weiß es, was ihm fehlt, was es nicht besitzt. Und alles, was Amerika im geistigen Bereich »nicht besaß«, wollte ich ihm bringen, dargeboten in der vollständigen und wahnsinnigen Mischung meines paranoischen Werkes, damit es alles mit den Händen der Freiheit sehen und anfassen könnte. Ja, was Amerika nicht besaß, war eben der

Dalinisch – eine Uhr zerfällt sehr rasch, manchmal bluten die Stunden wie Christus...

Schauder, der von meinen verwesten spanischen Eseln ausging, von dem gespenstischen Anblick der Christusgestalten El Grecos, vom Flammenwirbel der Van Goghschen Sonnenblumen, von den luftigen Dekolletés Chanels, von der Seltsamkeit pelziger Tassen, von der Jenseitigkeit der surrealistischen Schaufensterpuppen in Paris, von der Apotheose der symphonischen, wagnerianischen Architektur Gaudis, Roms, Toledos und des mediterranen Katholizismus...

Die Vorstellung von Amerika, die sich in mir bildete, wurde durch den Eindruck bestätigt, den meine persönliche Begegnung mit Alfred H. Barr jun., dem Direktor des New Yorker Museum of Modern Art in mir hinterließ. Ich traf ihn auf einen Diner beim Vicomte de Noailles. Er war jung, blaß und sah sehr kränklich aus; er hatte steife, ruckartige Bewegungen wie pickende Vögel – er pickte sich in der Tat heraus, was zu seiner Zeit von Wert war, man fühlte, daß er das Geschick besaß, nur die vollen Körner herauszupicken, nie die Spreu. Über alles, was mit moderner Kunst zusammenmenhing, war er erstaunlich informiert. Im Unterschied zu unseren europäischen Direktoren moderner Museen, die zumeist von Picasso noch nichts gehört hatten, war Alfred Barrs auf Kenntnis gegründete Treffsicherheit fast unheimlich. Mrs. Barr, die französisch sprach, prophezeite mir, ich würde in Amerika eine glänzende Zukunft haben, und ermutigte mich, dorthin zu gehen.

Gala und ich hatten bereits beschlossen, nach Amerika zu reisen, aber wir hatten kein Geld... Zu jener Zeit wurden wir mit einer Amerikanerin bekannt, die Le Moulin du Soleil im Wald von Ermenonville erworben hatte. Der surrealistische Schriftsteller René Crevel führte uns bei ihr ein, als er uns an einem Sommertag zum Lunch in ihre Pariser Wohnung mitnahm. Auf diesem Lunch war alles weiß, mit Ausnahme des Tischtuchs und des Porzellans, so daß auf einem Photo das Negative als das Positive erschienen wäre. Alles, was wir aßen, war weiß. Wir tranken Milch. Die Vorhänge waren weiß, das Telefon war weiß, der Teppich war weiß. Die Gastgeberin selbst trug ein weißes Kleid, weiße Ohrringe, Schuhe und Armbänder. Diese Amerikanerin interessierte sich für meine geheime Gesellschaft. Wir beschlossen, im Wald von Ermenonville einen fünfzehn

Meter langen Ofen zu bauen, um mein berühmtes Stangenbrot zu backen. Wir würden versuchen, den Bäcker von Ermenonville als Komplizen zu gewinnen, denn sie hatte schon beobachtet, daß er ziemlich stark zum »Exzentrischen« neigte. Diese so weiße Amerikanerin, die ein so schwarzes Negativ ergeben hätte, war Caresse Crosby.

An jedem Wochenende fuhren wir zum Moulin du Soleil. Wir aßen im Pferdestall, der mit Tigerfellen ausgelegt und mit ausgestopften Papageien dekoriert war. Im ersten Stock befand sich eine hervorragende Bibliothek; in jeder Ecke standen zahlreiche Eiskübel mit Minzezweigen, und viele Freunde, eine Mischung aus Surrealisten und Leuten der Gesellschaft, trafen sich dort, weil sie schon von weitem spürten, daß in diesem Moulin du Soleil »etwas passierte«. Aus dem Grammophon ertönte damals unaufhörlich Cole Porters seufzender Schlager *Night and Day*, und ich blätterte zum ersten Mal in meinem Leben die Zeitschriften *The New Yorker* und *Town and Country* durch. Jedes Bild, das aus Amerika kam, witterte ich sozusagen genauso wollüstig, wie man die ersten Düfte des aromatischen Horsd'oeuvre eines exquisiten Mahles, zu dem man geladen ist, wahrnimmt.

Ich will nach Amerika, ich will nach Amerika… Diese Laune nahm schon kindische Formen an. Gala tröstete mich: Sobald wir genug Geld zusam-

Salvador Dali: »Sklavenmarkt mit unsichtbarer Büste Voltaires«, 1940

menkratzen könnten, würden wir hinüberfahren! Doch gerade zu der Zeit
ging alles schief. Mein Vertrag mit Pierre Colle lief aus, und aufgrund seiner finanziellen Lage konnte er ihn nicht erneuern. Wieder einmal türm-
ten sich drückende Geldsorgen vor uns auf. Da Sammler, die sich wahrscheinlich einen Dali kaufen würden, schon welche besaßen, wurden unsere Chancen, Bilder zu verkaufen, immer geringer und unsicherer. Außerdem hatten wir alle kleineren Ersparnisse in Port Lligat ausgegeben, und
Gala nutzte jeden unerwarteten Verkauf, um meine Bücher zu publizieren,
für die sich immer nur dieselbe kleine Gruppe von Leuten aus der Gesellschaft interessierte, die auch meine Bilder kaufte. So befand ich mich
gleichzeitig auf der Höhe meines Ansehens und Einflusses und auf dem
401   Tiefpunkt meiner finanziellen Reserven.

Ich gehörte nicht zu denen, die vor widrigen Umständen resignieren; ich reagierte zornig. In mir schwelte eine zwar verhaltene, kaum sichtbare, aber andauernde Wut. Seit ich in Málaga beschlossen hatte, zu Geld zu kommen, war mir dies noch nicht gelungen. Das würden wird ja sehen! Ich tobte und kochte. Auf offener Straße riß ich mir die Knöpfe vom Mantel ab, um darauf zu beißen. Ich stampfte mit den Füßen auf, so daß ich in den Boden zu versinken meinte.

Eines Abends stieß ich nach einem Tag voll vergeblicher Bemühungen auf dem Heimweg dort, wo der Boulevard Edgar-Quinet beginnt, auf einen an beiden Beinen amputierten Blinden, der in seinem Rollstuhl saß. Mit außerordentlich dreister, wichtigtuerischer Miene fuhr er den Bürgersteig entlang, indem er seine Gummiräder mit den Händen bewegte. Da er den Boulevard überqueren wollte, hielt er am Rande des Gehsteigs abrupt an, zog unter seinem Kissen ein Stöckchen hervor und klopfte mit solch frecher Selbstsicherheit auf die Asphaltdecke, daß ich davon sehr abgestoßen wurde. Mit unerträglicher Beharrlichkeit rief er den ersten zufällig des Weges Kommenden herbei, damit er seinen Gang unterbreche und ihm mit brüderlicher Hand über die Straße helfe, um ihn vor dem Verkehr zu schützen.

Die Straße war leer. Außer mir waren keine Fußgänger zu sehen – nur weiter entfernt ging ein blondes Mädchen über die Avenue und schien ihre Blicke auf mich zu richten. Ich ging zu dem Blinden hin und versetzte ihm mit einem Fußtritt gegen die Rückwand seines Rollstuhls einen solchen Stoß, daß er gleich quer über den ganzen Boulevard Edgar-Quinet hinüberschoß. Sein Gefährt prallte gegen die andere Bordsteinkante, und er wäre sicher durch den Aufprall vornüber gefallen, hätte er sich nicht mit der Gefaßtheit eines Blinden vorsichtig und fest an beide Armlehnen seines Rollstuhls geklammert. So aber blieb er würdevoll empört sitzen, steif und bewegungslos wie die Straßenlaterne neben ihm. Jetzt überquerte ich meinerseits den Boulevard und sah mir im Vorübergehen das Gesicht des Blinden an. Taub war er offensichtlich nicht, denn als er hörte, wie ich näherkam und mich an meinem Schritt erkannte, wurde seine aufrechte Haltung plötzlich unterwürfiger und paßte sich der durch seine physische Herabstufung erzwungenen Bescheidenheit an. Ich sah, wie die zitronengelbe Spinne der Feigheit über seinen abwesenden Blick kroch. Da begriff ich, daß, hätte ich diesen Blinden um Geld gebeten, er es mir trotz seines zweifellos furchtbaren Geizes überlassen hätte.

So fand ich heraus, wie ich den Atlantik überqueren würde. Denn ich hatte noch beide Beine; ich war nicht blind, erniedrigt und bedauernswert. Ich klopfte nicht frech mit einem Stock, um das Mitleid heischende Geräusch zu produzieren, das eine uneigennützige, anonyme Person herausforderte, mir gratis über den Ozean zu helfen, der mich von Amerika trennte. Nein, ich steckte nicht im tiefsten Elend. Im Gegenteil, ich war strahlend berühmt. Deshalb gab es für mich keine Hilfe – ebensowenig, wie man einem Tiger zu Hilfe kommt, wenn er Hunger leidet. Daher konnte

402

ich von der Zauberkraft des klopfenden Blindenstocks keinen Gebrauch machen, um andere zu veranlassen, mir zu helfen; ich konnte aber zumindest dem Blinden diesen Stock entreißen und um mich schlagen. Und ich konnte mich, wie ich es auch gerade getan hatte, erbarmungslos von der lähmenden Konvention, die meine Schritte hemmte, befreien.

Mit dem bißchen Geld, das wir noch hatten, ließ ich auf dem nächsten Dampfer, der in drei Tagen nach New York abfuhr, der *Champlain*, Plätze reservieren. Die restliche, zur vollständigen Bezahlung der Überfahrt nötige Summe mußten wir noch beschaffen und dazu noch etwas mehr, zumindest für die beiden ersten Wochen unseres Aufenthalts dort drüben. Drei Tage lang lief ich durch ganz Paris, mit dem symbolischen Blindenstock bewaffnet, der in meinen Händen zum Zauberstab meines Zorns geworden war. Ich schlug nach rechts und links, ohne Rücksicht darauf, wen die Schläge trafen. Ich schüttelte und schlug den geschrumpften, schrumpeligen Geldsack, der nur dann ein paar vereinzelte Münzen fallen ließ, wenn er den Geiz seiner geliebten Seele unter dem hitzigen Zorn meiner wilden Geißelung wanken fühlte. Noch einmal, noch einmal und noch einmal – du kriegst so viele Schläge und wirst sooft geschüttelt, wie du brauchst, um etwas herzugeben; gib, gib, gib, los, gib jetzt, gib alles, gib alles! Der Danae-Mythos wurde Wirklichkeit, und nachdem ich drei Tage lang wütend den Penis des Glücks massiert hatte, spritzte er einen Goldregen hervor! Danach fühlte ich mich so erschöpft wie nach sechsmal aufeinander folgendem Geschlechtsverkehr.

Aus lauter Angst, ich könnte das Schiff verpassen, war ich drei Stunden vor der Abfahrtszeit am Bahnhof. Ich schaute dauernd nach der Uhr und nach unserem Gepäckträger, der immer mal wieder verschwand und uns womöglich in der letzten Minute im Stich lassen könnte. Gala hielt meine Hand, um mich Aufgeregten zu beruhigen. Ich sagte zu ihr: »Ich werde mich erst ruhig fühlen, wenn ich auf dem Schiff bin.« Als wir den Zug bestiegen, baten mich die Pressephotographen, noch einmal herauszukommen, um vor der Lokomotive zu posieren. Sie mußten sich aber damit zufrieden geben, mich im Abteilfenster zu knipsen. Ich war wirklich bange, der Zug könnte abfahren, während wir die Aufnahmen machten, deshalb sagte ich den Reportern, um ihnen eine Erklärung zu geben, warum ich ihnen das abschlug:

»Lokomotiven passen nicht zu mir – entweder bin ich zu groß, oder sie sind zu klein.«

Meine Angst, ich könne die Reise nach Amerika nicht schaffen, war auch noch nicht ganz verflogen, als wir an Bord der *Champlain* waren. Auf hoher See befiel mich eine große Platzangst vor dem weiten »Meeresraum«. Noch nie in meinem Leben war ich außer Sichtweite des Landes gefahren, und das Ächzen des Schiffes kam mir immer verdächtiger vor. Ich glaubte, das Schiff sei zu groß und zu komplex, als daß die Überfahrt ohne

Katastrophe abgehen könne. Ich machte alle Seenot-Übungen mit, war stets ein paar Minuten vor der Zeit zur Stelle und hatte meinen Rettungsgürtel mit allen Gurten vorschriftsmäßig festgezurrt. Ich wollte, daß Gala sich an all diesen lästigen Vorsichtsmaßnahmen genauso ernsthaft beteiligte wie ich selbst; aber darüber ärgerte sie sich nur, oder es liefen ihr vor Lachen die Tränen die Wangen herunter. Jedesmal wenn sie unsere Kabine betrat, fand sie mich mit umgeschnalltem Rettungsgürtel lesend in meiner Koje liegen. Ich war wirklich jeden Augenblick auf den echten Alarmpfiff gefaßt. Mich schauderte bei dem Gedanken, ich könne vielleicht Opfer einer »technischen« Katastrophe werden, und sah in den sorglosen, vergnügten Schiffsoffizieren meine Henker.

Ich trank dauernd Champagner, um mir Mut zu machen und um die erwartete Seekrankheit besser zu überstehen, die mich dann jedoch verschonte. Caresse Crosby reiste mit auf demselben Schiff. Enttäuscht, daß unser Plan, ein fünfzehn Meter langes Brot zu backen, nie über das Anfangsstadium hinausgediehen war, fragte sie den Kapitän, ob man in den Backöfen an Bord ein möglichst langes französisches Stangenbrot backen könne. Der Schiffsbäcker, mit dem wir uns in Verbindung setzten, versprach uns, ein zweieinhalb Meter langes Brot herzustellen, er werde es aber innen mit Holz verstärken müssen, damit es während des Trocknens nicht entzweibräche. Der Bäcker hielt Wort, und man brachte mir das Brot vornehm in Zellophan verpackt in meine Kabine.

Ich meinte, für die Reporter, die noch wahrscheinlich vor unserer Landung an Bord kommen würden, um mich zu interviewen, müsse das ein interessantes Objekt sein. Alle sprachen von diesen Reportern voll Abscheu und Verachtung. »Diese schrecklich unerzogenen Leute«, so sagte man, »die, Kaugummi kauend, unaufhörlich ihre indiskreten Fragen stellen.« Jeder hatte seine eigenen Tricks erfunden, um ihnen zu entgehen, aber es war nicht zu verkennen, daß jeder trotz dieser kindischen Heuchelei nur eins ersehnte und im Kopf hatte – die Gelegenheit, interviewt zu werden. Mit der bekannten Reaktion, »so etwas nicht zu wünschen«, »die Trauben seien zu sauer«, beugte man lediglich einer möglichen Enttäuschung vor. Ich meinerseits nahm die entgegengesetzte Haltung ein und sagte oft: »Ich habe es gern, wenn man mich öffentlich bekannt macht, und wenn ich das Glück habe, daß die Reporter wissen, wer ich bin, gebe ich ihnen von meinem eigenen Brot zu essen, so wie der heilige Franziskus es mit den Vögeln machte.« Alle fanden, meine Schamlosigkeit in diesem Punkt zeuge von solch schlechtem Geschmack, daß sie nicht umhin konnten, den Mund mit einer Andeutung von Hohnlächeln zu verziehen.

»Was kann ich nach Ihrer Ansicht tun, um mit meinem Brot auf die Reporter den größten Eindruck zu machen?« fragte ich schonungslos alle meine Bekannten an Bord. Schließlich entschied ich mich, die Zellophanhülle auszutauschen gegen eine einfache Verpackung aus Zeitungspapier, das ich mit Kordeln in der Mitte festband, so daß die beiden Enden hervorragten;

denn es sollte jedem unmißverständlich klar sein, daß dies wirklich ein Brotlaib war, und ich wollte ihn selbst vor jedermanns Augen auswickeln können.

Wir erreichten New York, und während der Visakontrolle vor der Landung teilte man mir mit, die Reporter wünschten mich zu sprechen. Ich lief in meine Kabine, um mein Brot zu holen und begab mich in eine andere Kabine, in der eine Gruppe von Reportern auf mich wartete.

Dann passierte mir etwas höchst Unerwartetes, und ich kam mir so vor wie Diogenes, der König der Kyniker, sich gefühlt hätte, wenn er an jenem Tag, als er nur mit einer Tonne bekleidet und mit einer angezündeten Kerze in der Hand umherging, niemandem auf seinem Weg begegnet wäre, der ihn gefragt hätte: »Was suchst du?« Es mag zwar erstaunlich erscheinen, aber Tatsache ist, daß keiner der Reporter mir über den Brotlaib, den ich während des ganzen Interviews auffällig entweder im Arm hielt oder wie ein großes Bambusrohr auf den Boden setzte, auch nur eine einzige Frage stellte.

Aber all diese Reporter waren erstaunlich gut informiert, wer ich war. Nicht nur das. Sie kannten verblüffende Einzelheiten aus meinem Leben. Sie fragten mich sofort, ob es wahr sei, daß ich soeben ein Porträt meiner Frau mit ein paar gebratenen Koteletts auf der Schulter gemalt habe. Ich erwiderte, ja, aber sie seien nicht gebraten sondern roh. Warum roh? wollten sie sogleich wissen. Ich sagte ihnen, deshalb, weil meine Frau auch roh sei. Aber warum die Koteletts zusammen mit Ihrer Frau? Ich erwiderte, ich hätte meine Frau gern und ich hätte Koteletts gern und ich sähe keinen Grund, sie nicht zusammen zu malen.

Diese Reporter waren zweifellos europäischen Reportern weit überlegen. Sie hatten ein feines Gespür für »Nonsens«, und man hatte überdies den Eindruck, daß sie ihren Job ausgezeichnet beherrschten. Sie wußten im voraus genau, was ihnen eine »Story« liefern würde. Sie hatten ein erbarmungsloses Gespür für das Sensationelle, so daß sie sofort auf den Kern einer jeden Sache losgingen und mitten im allgemeinen Gewühl, umdrängt von anderen, unfehlbar gerade die Tagesereignisse auswählten, die der journalistischen Diät, mit der sich die flüchtige Neugier von Millionen von Lesern verschiedener Geistesverfassungen im Zustand der Leere ernähren läßt, den nötigen Vitaminstoß gaben. Wenn sich in Europa die Reporter zu ihren Interviews auf den Weg machen, haben sie ihren fertigen Artikel bereits in der Tasche; sie haben ihn im voraus unter Berücksichtigung von allerlei Umständen und Zufällen zusammengestellt und wenden sich an Leser, die ihn nur lesen, um zu sehen, ob das, was darin steht, genau dem entspricht, was sie schon wußten. Europa hat Sinn für Geschichte, aber nicht für den Journalismus. Das Kriterium des amerikanischen Journalisten hingegen ist Reaktionsschnelligkeit; dabei spielt sein machtvoller Instinkt für biologischen Wettkampf die erste und entscheidende Rolle. Er befähigt ihn, im Fluge die seltenen, flüchtigen Vögel der Aktualität zu

405

schießen, die er dann noch warm und blutend mitbringt und seinem Chefredakteur auf den Schreibtisch wirft – einen Schreibtisch, der bleich vor Erwartung mit weißen neuigkeitslüsternen Papierbögen bedeckt ist und schwarz von düsterer Hoffnung auf die Nachrichten, die in seinem schwarzen Telephon verschlossen sind.

An dem Tag meiner Ankunft in Amerika warfen die von ihrer Morgenjagd zurückkehrenden Reporter triumphierend ein paar rohe Koteletts in die Luft. Bereits am selben Abend aß ganz New York diese Koteletts, und ich weiß, daß selbst heute in den fernen Winkeln des Kontinents noch so mancher an ihren Knochen nagt…

Als ich auf das Deck der *Champlain* hinaustrat, hatte ich plötzlich New York vor Augen. Patinafarben, rosa und schmutzigweiß ragte es vor mir empor. Es sah aus wie ein riesiger, bizarrer Roquefortkäse. Ich liebe Roquefort, und ich rief: »New York begrüßt mich!« Aber unmittelbar darauf brüllte das in meinen Adern fließende stolze katalanische Blut des Christoph Kolumbus: »Präsentiert das Gewehr!«, und ich salutierte vor der kosmischen Größe und der reinen Ursprünglichkeit der amerikanischen Flagge.

New York, du bist ein Ägypten! Aber ein umgestülptes Ägypten. Denn Ägypten errichtete Pyramiden der Sklaverei für den Tod, und du errichtest Pyramiden der Demokratie aus den senkrechten Orgelpfeifen deiner Wolkenkratzer, die sich alle in der Unendlichkeit der Freiheit treffen! New York, granitener Wächter vor Asien, wiedererstandener atlantischer Traum, Atlantis des Unterbewußtseins. New York, der bare Unsinn deiner historischen Kleiderschränke nagt an dem Boden deiner Fundamente und läßt die umgedrehten Kuppeln deiner tausend neuen Religionen anschwellen. Welcher Piranesi entwarf die ornamentalen Riten deines Roxy Theaters? Und welchem Gustave Moreau ist Prometheus zu Kopf gestiegen, daß er auf der Spitze des Chrysler Building jene giftig flackernden Farben entzündete?

New York, deine Kathedralen sitzen strümpfestrickend im Schatten gigantischer Banken; sie stricken Strümpfe und Fausthandschuhe für die schwarzen Fünflinge, die in Virginia geboren werden, Strümpfe und Fäustlinge für die Schlucker, die sich trunken und berauscht von Coca-Cola in die schmutzigen Küchen des Italienerviertels verirrt haben und über die Tischränder hängen wie schwarze jüdische Schlipse, die der Regen aufgeweicht hat und die darauf warten, daß der forsche, zischende Strich des Bügeleisens der nächsten Wahlen sie wieder eßbar und knusprig macht wie eine verkohlte Scheibe Schinkenspeck.

New York, deine enthaupteten Schaufensterpuppen schlafen schon und vergießen all ihr »ewiges Blut«, das wie aus dem »Operationsspringbrunnen der Reklame« in die von elektrischem Licht strahlenden, von »lethargischem Surrealismus« angesteckten Warenauslagen fließt. Und auf der Fifth Avenue hat Harpo Marx gerade die Zündschnüre angesteckt, die aus den Hintern einer explosiven, mit Dynamit ausgestopften Giraffenherde hervorlugen. Sie laufen in alle Richtungen, verursachen eine Panik und zwingen jeden, sich Hals über Kopf im Innern der Geschäfte in Sicherheit zu bringen. Man hat zwar gerade die städtische Feuerwehr alarmiert, aber es ist bereits zu spät. Bum! Bum! Bum! Bum! Ich grüße euch, explodierende Giraffen von New York und all ihr Vorläufer des Irrationalen - Mack Sennett, Harry Langdon und auch dich, du unvergeßlicher Buster Keaton, tragisch und wahnsinnig wie meine verwesten, mystischen Esel, Spaniens Wüstenrosen!

Ich erwachte in New York um sechs Uhr morgens im siebten Stock des Hotel St. Moritz, nachdem ich lange von erotischen Dingen und Löwen geträumt hatte. Als ich schon hellwach war, wunderte ich mich, daß das Löwengebüll, das ich gerade im Schlaf gehört hatte, noch anhielt. Dies Gebrüll mischte sich mit Schreien von Enten und anderen Tieren, die schwerer zu unterscheiden waren. Danach setzte fast völlige Stille ein. Diese nur vom Gebrüll und von Schreien wilder Tiere unterbrochene Stille war so anders als der von mir erwartete Lärm einer gigantischen »modernen« Stadt, daß ich mich völlig verloren fühlte und eine Zeitlang glaubte, meine Wahrnehmungen im Wachzustand stünden weiterhin unter dem Einfluß meines Traums. Nichtsdestoweniger hatte ich tatsächlich Löwengebrüll gehört, denn der Kellner, der mir das Frühstück brachte, ein Kanadier, der fließend Französisch sprach, klärte mich auf, daß sich auf der anderen Seite der Straße im Central Park ein Zoo befände. Als ich aus dem Fenster schaute, konnte ich die Käfige erkennen und sogar die in ihrem Bassin tollenden Seehunde.

Doch auch im weiteren Verlauf des Tages straften meine sämtlichen Erlebnisse die stereotype Vorstellung von der »modernen« Stadt systematisch Lügen, eine Vorstellung, welche die Ästhetiker der europäischen Avantgarde, die Verteidiger der aseptischen Schönheit des Funktionalismus uns als Beispiel antikünstlerischer Reinheit aufzuzwingen versucht hatten. Nein, New York war keine moderne Stadt. War sie es auch zu Anfang noch vor jeder anderen Stadt gewesen, so hatte sie jetzt im Gegenteil einen Horror davor. Meine Folge nachmittäglicher Cocktailparties begann in einem Haus an der Park Avenue, in welchem sich der wild entschlossene Antimodernismus in der eindrucksvollsten Form kundtat, und zwar schon an der Fassade.

Ein Arbeiterteam, das mit schwarzen Qualm ausstoßenden Geräten bewaffnet war, die wie apokalyptische Drachen zischten, war dabei, die Außenwände des Gebäudes abzudunkeln, um diesem supermodernen Wolkenkratzer eine »Patina« zu verleihen, wie sie für die alten Häuser in Paris typisch ist. In Paris hingegen zerbrachen sich die modernen Architekten vom Schlage eines Corbusier den Kopf, um neues, blitzendes, völlig antipariserisches Material zu finden, das nicht nachdunkelt, um das angeblich »moderne Gefunkel« New Yorks zu imitieren. Sowie ich den Aufzug betrat, war ich überrascht, daß er nicht elektrisch, sondern von einer großen Kerze beleuchtet war. An der Wand des Aufzugs befand sich die mit reich verzierten spanischen roten Samtschals drapierte Kopie eines Gemäldes von El Greco – der Samt war echt und stammte wohl aus dem fünfzehnten Jahrhundert. Nach der Schilderung der verräucherten Fassade und des einer Kapelle in Toledo ähnlichen Aufzugs erübrigt sich wohl die Beschreibung der Wohnung, nur nebenbei sei bemerkt, daß man in ihr Gotik, persischen Stil, spanische Renaissance, Dalis und zwei Orgeln fand.

Der Nachmittag verging mit ununterbrochenen Besuchen weiterer Wohnungen und Zimmerfluchten in Hotels. Wir gingen von einer Cocktailparty zur nächsten; manchmal fanden mehrere in demselben Gebäude statt; ich verwechselte nachher alle miteinander, was bei meiner völligen Unkenntnis der englischen Sprache desto vager und angenehmer war. Doch von all den flüchtigen Eindrücken blieb einer klar in mir haften: daß New York eine Stadt ohne elektrischen Strom sei. Der von einer Kerze erleuchtete Aufzug war kein vereinzelter Fall; nein, er war typisch. Allenthalben wurde das elektrische Licht von Louis-seize-Rocksäumen, bunten gotischen Pergamentmanuskripten oder handgeschriebenen Beethoven-Partituren gedämpft. Man hatte den Eindruck, in allen Ecken der Holztäfelung wachse künstlicher Efeu und ebenfalls künstliche, unsichtbare Fledermäuse flatterten dauernd durch das angenehme Dunkel der Hallen. Am Abend besuchte ich einen phantastischen Lichtspieltempel. Er war mit den verschiedensten Bronzefiguren ausgeschmückt, von der *Nike von Samothrake* bis zu Statuen von Carpeaux; echten Ölbildern mit überaus banalen Motiven in verrückt überladenen Goldrahmen; und mitten darin

408

entdeckte man plötzlich die in sämtlichen Regenbogenfarben kitschig schillernden Wasserschleier eines beleuchteten Springbrunnens. Und wiederum Orgeln – überall Orgeln, Orgeln und nochmals Orgeln, eine imposanter als die andere.

An jenem Abend trank ich vor dem Zubettgehen in der Bar des Hotel St. Moritz noch einen letzten Whisky mit Soda. Ich saß zusammen mit einem sehr förmlichen Quäker im Zylinder, den ich in einem schäbigen Harlemer Nachtklub, wo er diskret Zerstreuung suchte, kennengelernt hatte und der uns nicht mehr verlassen zu wollen schien, seit wir uns einander vorgestellt hatten. Aus dem, was er uns auf Französisch sagte, entnahm ich, daß er uns etwas erzählen oder gestehen wollte. Gala mußte denselben Eindruck gehabt haben, denn sie sagte schließlich in einer Art, die ihn zum Reden herausforderte: »Sie leben sicher in einer den Surrealisten ähnlichen Geistesverfassung.« Mehr war nicht erforderlich, damit er uns sein Geheimnis offenbarte. Er war Quäker und gehörte außerdem einer sehr originellen spiritistischen Sekte an. Keiner von seinen Freunden wußte das, nicht einmal die engsten. Aber ich, ein Surrealist, der von Zypressenspitzen herabhängende Flügel malte, flößte ihm Vertrauen ein. Er wußte, ich würde ihn verstehen. Die Mitglieder dieser Sekte waren kraft einer neuen geheimen Erfindung in der Lage, mit Toten Gespräche zu führen, wenn auch nur in den ersten vier Monaten nach ihrem Verscheiden, denn während dieser Zeit weilt der Geist noch an den gewohnten Aufenthaltsorten des Verstorbenen. Gala bat diskret um genauere Auskunft. Darauf hatte der spiritistische Quäker nur gewartet, und er sagte in einem Atemzug: »Man heftet mit Hilfe eines Gummisaugnapfes eine kleine Blechtrompete an die Wand. Jeden Abend vor dem Zubettgehen spreche ich mit meinem vor zwei Monaten verstorbenen Vater.« In diesem Augenblick unterbrach ich ihn mit der Vermutung, dies sei dann wohl der günstigste Zeitpunkt für seine Unterhaltung und es sei eine gute Idee, wenn wir jetzt alle zu Bett gingen. Und fast unmittelbar darauf verabschiedeten wir uns voneinander.

Bevor ich in dieser meiner zweiten Nacht in New York einschlief, gingen mir im Nebel des Halbschlafs noch einmal die unvereinbaren Konturen der im Verlauf meines ersten Tages gesehenen Bilder durch den Kopf. Nein, tausendmal nein – New Yorks Poesie bestand nicht in dem, was man uns in Europa einreden wollte. New Yorks Poesie besteht nicht aus der Pseudo-Ästhetik der geradlinigen, sterilen Steife des Rockefeller Center. New Yorks Poesie ist nicht die eines erbärmlichen Eisschranks, in den die abscheulichen europäischen Ästheten gern die ungenießbaren Reste ihrer jungen, modernen Plastiken einschließen möchten! Nein!

New Yorks Poesie ist so alt und so kraftvoll wie die Welt; es ist die Poesie, die schon immer da war. Ihre Stärke, wie die aller anderen Poesie, liegt in dem höchst gallertartigen, paradoxen Wesen der wahnhaften Fleischlichkeit seiner eigenen Realität. Jeden Abend nehmen New Yorks

Entwurf für den »Verrückten Tristan«,
Poesie New Yorks
Cholerische Neurose – Künstlicher
Vampir – Babylonische Orgel, Wag-
ner, Gaudi, Böcklin

Wolkenkratzer die anthropomorphen Gestalten der vervielfachten, ins Riesenhafte gewachsenen, in die Tertiärzeit zurückversetzten bewegungslosen Figuren aus Millets *Angelusläuten* an, bereit, den Geschlechtsakt zu vollziehen und einander zu verschlingen wie Schwärme von Gottesanbeterinnen vor der Paarung. Es ist der unverbrauchte Trieb des Blutes, der sie erleuchtet und in ihrem eisenhaltigen Knochenbau aus vegetabilischen Diplokokken die ganze Zentralheizung und Zentralpoesie zirkulieren läßt.

New Yorks Poesie ist keine abgeklärte Ästhetik; sie ist brodelndes Leben. New Yorks Poesie besteht nicht aus Nickel, sondern aus Kalbslungen. Und New Yorks Untergrundbahnen laufen nicht auf Eisenschienen, sondern auf Schienen aus Kalbslungen*! New Yorks Poesie ist keine Pseudo-Poesie, sondern wahre Poesie. New Yorks Poesie ist kein mechanischer Rhythmus; New Yorks Poesie ist das Löwengebrüll, das mich am ersten Morgen weckte. New Yorks Poesie ist eine Orgel, gotische Neurose, Sehnsucht nach dem Orient und dem Okzident, pergamentener Lampenschirm in Form einer Musikpartitur, angeräucherte Fassade, künstlicher Vampir, künstlicher Sessel**. New Yorks Poesie ist persische Verdauung, niesende Goldbronze, Orgel, Saugnapftrompete für den Tod, Gummihöschen für Glamourgirls mit harten Kaurimuschel-Vulven. New Yorks Poesie ist Organ und Orgel, Orgel und Organ aus Kalbslungen, Orgel der Nationalitäten, Orgel Babylons, Orgel des Kitsches*** und des Aktuellen; Orgel des unberührten, geschichtslosen Abgrunds. New Yorks Poesie ist nicht die eines sachlichen Wolkenkratzers aus Beton; New Yorks Poesie ist die einer riesigen Orgel aus rotem Elfenbein mit vielen Pfeifen – sie kratzt nicht an den Himmel, sondern sie ertönt in ihm, und sie ertönt in ihm mit dem Umfang von Systole und Diastole der innerlichsten Lobgesänge des biologisch Elementaren. New York ist nicht prismatisch; New York ist nicht weiß. New York ist umfassend; New York ist leuchtend rot. New York ist eine runde Pyramide. New York ist ein nach oben hin ein wenig angespitzter Fleischball, ein Ball aus tausendjährigen, kristallisierten Eingeweiden; ein riesiger, unbearbeiteter Rubin – der Orgelpunkt seines Feuers weist zum Himmel, er hat etwa die Form eines umgekehrten Herzens – vor dem Schleifen!

An sehr hellen, von der blendenden Sonne des frühen November erfüllten Vormittagen ging ich allein mit meinem Brot unter dem Arm im Zentrum New Yorks spazieren. Einmal ging ich in einen Drugstore an der 57.

---

* Schienen aus Kalbslungen – ein Gedanke von Raymond Roussel, dem phantasiereichsten französischen Schriftsteller.

** Ein vermittels einer automatischen Pumpe und aufblasbarer Kissen »atmender« Sessel. Diesen Sessel nenne ich künstlich im Unterschied zu der »Natürlichkeit« gewöhnlicher Sessel. Der künstliche Sessel ist sehr nützlich, um alte Leute, Kinder und Snobs jeglicher Art zum Einschlafen zu bringen.

*** Für mich war der »gute Geschmack« immer eine der Hauptursachen für die zunehmende Sterilität des französischen Geistes; gegen den französischen guten Geschmack habe ich stets den fruchtbaren, biologischen Kitsch Wagners, Gaudis und Böcklins verteidigt.

Straße und verlangte ein Spiegelei; ich aß es mit einem Stückchen von meinem großen Stangenbrot, das ich zur Verblüffung aller, die sich um mich sammelten, um mich zu beobachten und mir Fragen zu stellen, abschnitt. Auf all diese Fragen antwortete ich mit Schulterzucken und scheuem Lächeln.

Auf einem dieser Spaziergänge zerbrach mein Brot, das völlig ausgetrocknet war und schon seit einiger Zeit zu zerbröckeln begonnen hatte, in zwei Stücke, und ich beschloß, nun sei der Augenblick gekommen, mich seiner zu entledigen. Ich befand mich gerade auf dem Gehsteig vor dem Waldorf Astoria Hotel. Es war genau zwölf Uhr, die mittägliche »Geisterstunde«, und ich wollte im Sert Room essen. Als ich die Straße überquerte, glitt ich aus und fiel hin. Während ich fiel, stießen die beiden Brothälften heftig gegen das Pflaster und rutschten ein ganzes Stück weg. Ein Polizist kam und half mir auf. Ich bedankte mich und humpelte davon. Nachdem ich ein Dutzend Schritte gemacht hatte, wandte ich mich um, neugierig, was aus meinen beiden Brotstücken geworden war. Sie waren einfach spurlos verschwunden, und wie sie sich hatten in Nichts auflösen können, ist mir bis heute ein Rätsel. Weder der Polizist noch einer von den anderen Passanten hatte die beiden großen Stücke Brot an sich genommen. Ich hatte deutlich den bestürzenden und beunruhigenden Eindruck, dies sei ein subjektiv wahnhaftes Phänomen, und das Brot befinde sich zwar irgendwo vor meinen Augen, nur sähe ich es aus affektiven Gründen nicht, aus Gründen, die ich nachträglich aufklären würde und die mit einer ganzen langen, das Brot betreffenden Geschichte verknüpft wären.

Dies wurde der Ausgangspunkt für eine sehr wichtige Entdeckung, die ich beschloß, der Pariser Sorbonne unter dem beziehungsreichen Titel *Das unsichtbare Brot* mitzuteilen. In dieser Studie legte ich das Phänomen der plötzlichen Unsichtbarkeit gewisser Gegenstände dar und erklärte es als eine Art negativer Halluzination, die sehr viel häufiger auftritt als eigentliche Halluzinationen, aber wegen ihres Amnesiecharakters sehr schwer zu erkennen ist. Man sieht nicht unmittelbar, was man anschaut, und dies ist keine gewöhnliche Frage mangelnder Aufmerksamkeit, sondern sehr häufig ein eindeutig halluzinatorisches Phänomen. Die Macht, diese Art Halluzination mit dem Willen hervorzurufen, würde die mögliche Unsichtbarkeit in den Bereich realer Phänomene rücken und dadurch zu einer der wirksamsten Waffen paranoischer Magie werden. Man denke an das »Unbeabsichtigte«, das allen Entdeckungen zugrunde liegt. Kolumbus entdeckte Amerika, als er die Antipoden suchte. Im Mittelalter entdeckte man Metalle wie Blei und Antimon auf der Suche nach dem Stein der Weisen. Und ich hatte, während ich nach der direktesten, exhibitionistischsten Art, meine Besessenheit vom Brot zu zeigen, suchte, soeben dessen Unsichtbarkeit entdeckt. Es war genau die Unsichtbarkeit, die ich in meinem *Unsichtbaren Mann* nicht auf befriedigende Weise hatte lösen können. Was der Mensch nicht kann, das Brot vermag es.

Auf den Rücken einer lebenden Schildkröte montierter Aschenbecher mit Zigarettenhalter

Meine Ausstellung bei Julien Levy war ein großer Erfolg. Die meisten Bilder wurden verkauft, und die Kritik erkannte, trotz ihres polemischen Tons, übereinstimmend meine malerische Begabung und Phantasie an.

An Bord der *Normandie* wollte ich wieder nach Europa reisen; der Abfahrtstermin war am nächsten Morgen um zehn Uhr. Für den letzten Abend unseres Aufenthalts hatten Caresse Crosby und einige Freunde mir zu Ehren im Coq Rouge einen »Traumball« arrangiert. Diese nur einen Nachmittag lang vorbereitete Party wurde seitdem in den Vereinigten

Staaten eine Art »historischer Einrichtung«, denn sie wurde in der Folgezeit in den meisten amerikanischen Städten wiederholt und imitiert. Der erste »Surrealistenball« übertraf in seiner Merkwürdigkeit alles, was seine Veranstalter gewünscht und sich vorgestellt hatten. Der »surrealistische Traum« ließ wirklich die tief in den Gehirnen und Begierden aller Teilnehmer schlummernden Keime verrückter Phantasie kräftig hervorschießen. Obwohl ich doch an Verschrobenheiten ziemlich gewöhnt bin, war sogar ich überrascht, welch wilde Formen der Hexensabbat annahm, welch abenteuerliche Einfälle jene Nacht im Coq Rouge hervorbrachte. Damen aus der Gesellschaft erschienen den Kopf in einen Vogelkäfig gesteckt und im übrigen praktisch nackt. Andere hatten auf ihren Körper schreckliche Wunden und Verstümmelungen gemalt, ihre Schönheit auf zynische Weise geißelnd und ihr Fleisch mit einer Menge Sicherheitsnadeln durchbohrend. Eine bleiche, äußerst schlanke und vergeistigte Dame hatte mitten auf dem Bauch einen »lebendigen« Mund, der sich durch den Satin ihres Kleides hindurch auftat. Augen wuchsen wie gräßliche Tumoren auf Wangen, Rücken und in Achselhöhlen. Ein Mann in einem blutigen Nachthemd trug auf dem Kopf einen Nachttisch, aus dem in einem bestimmten Augenblick ein Schwarm bunter Kolibris herausflog. Mitten im Treppenhaus war eine Badewanne voll Wasser aufgehängt, die jeden Moment herunterzufallen und ihren Inhalt über die Köpfe der Gäste zu schütten drohte. Und in einer Ecke des Ballsaals hing an Fleischerhaken ein ganzer, abgehäuteter Ochse, dessen aufgeschlitzter Bauch von Krücken abgestützt wurde und dessen Inneres mit einem halben Dutzend Grammophonen vollgestopft war. Gala erschien auf dem Ball als »erlesene Leiche«. Auf ihrem Kopf hatte sie eine sehr lebensechte Puppe befestigt, die ein von Ameisen zerfressenes Kind darstellte, dessen Schädel zwischen den Scheren eines phosphoreszierenden Hummers steckte.

Am folgenden Tag reisten wir arglos nach Europa zurück. Ich sage »arglos«, denn in Paris angekommen, sollten wir erfahren, welchen Skandal der »Traumball« ausgelöst hatte. Gerade zu der Zeit war die fieberhafte Erregung über das Verfahren wegen des Lindbergh-Babys auf dem Höhepunkt. Der französische Korrespondent des *Petit Parisien** telegraphierte zusammen mit seinem üblichen Prozeßbericht die sensationelle Nachricht, die Frau des berühmten surrealistischen Malers Salvador Dali sei auf einem Ball mit der auf ihrem Kopf befestigten blutigen Nachbildung des Lindbergh-Babys erschienen und habe dadurch »einen Riesenskandal« provoziert. Der einzige, der in New York von diesem Skandal wußte, war der französische Korrespondent des *Petit Parisien*, und er war auf dem Ball nicht einmal zugegen gewesen. In Paris jedoch verbreitete sich die Nachricht wie ein Lauffeuer, und unsere Ankunft löste einige Bestürzung aus.

* M. de Roussy de Sales

Ich war der Legende, die sich um meine Person gebildet hatte, nicht mehr Herr, und der Surrealismus wurde fortan mehr und mehr mit mir identifiziert, und zwar ausschließlich mit mir. Viel Wasser war die Seine hinuntergeflossen, und ich mußte bei meiner Rückkehr feststellen, daß die Gruppe, die ich gekannt hatte – sowohl Surrealisten als auch Leute der Gesellschaft –, in völliger Auflösung begriffen war. In ihrem politischen Engagement hatten sich viele von ihnen nach links orientiert, und eine ganze Clique von Surrealisten, die den Parolen Louis Aragons, eines nervösen kleinen Robespierre, gehorchte, übernahm langsam aber sicher das kulturelle Parteiprogramm der Kommunisten. Diese innere Krise des Surrealismus spitzte sich an jenem Tage zu, als ich anregte, eine »Denkmaschine« zu bauen, die aus einem Schaukelstuhl bestand, an dem zahlreiche Gläser mit warmer Milch hängen sollten, woraufhin Aragon vor Empörung aufbrauste: »Schluß jetzt mit Dalis Hirngespinsten! Warme Milch ist für die Kinder der Arbeitslosen!«

Breton, der in der mit den Kommunisten sympathisierenden Clique eine »obskurantistische« Gefahr zu erkennen meinte, beschloß, Aragon und seine Anhänger – Buñuel, Unic, Sadoul und andere – aus der Surrealistengruppe auszustoßen. Ich betrachtete als den einzigen völlig aufrichtigen Kommunisten René Crevel, der aber entschloß sich, Aragon auf dem, was er den »Pfad des geistiges Mittelmaßes« nannte, nicht zu folgen. Dessenungeachtet blieb er unserer Gruppe fern und nahm sich kurz darauf das Leben, weil er an der Möglichkeit verzweifelte, die dramatischen Widersprüche in den ideologischen und geistigen Problemen, denen sich die Nachkriegsgeneration gegenübersah, zu lösen. Crevel war der dritte Surrealist, der Selbstmord verübte; damit erhärtete er deren bejahende Antwort auf eine Umfrage, die in einer der ersten Ausgaben der Zeitschrift *La Révolution Surréaliste* unter dem Titel »Ist Selbstmord eine Lösung?« veranstaltet worden war. Ich hatte sie mit Nein beantwortet und unterstützte diese Ablehnung mit der Bejahung meiner eigenen rastlosen Tätigkeit. Die übrigen Surrealisten waren dabei, entweder nach und nach Selbstmord zu verüben oder in der zunehmenden Verschwommenheit des lethargischen politischen Schnick-Schnacks auf den kollektiven Caféterrassen zu versinken.

Mich persönlich hat die Politik nie interessiert, zu jener Zeit weniger als je, denn sie wurde mit jedem Tag auf immer erbärmlichere Weise kleinkariert und führte zum Untergang. Im Gegensatz dazu begann ich die Geschichte der Religionen zu studieren, insbesondere die der katholischen Religion, die mir immer mehr als die »vollkommene Architektur« erschien. Ich setzte mich von der Gruppe ab und war unaufhörlich auf Reisen: Paris, Port Lligat, New York, zurück nach Port Lligat, London, Paris, Port Lligat. Meine Aufenthalte in Paris nutzte ich aus, um die gehobene Gesellschaft aufzusuchen. Sehr reiche Leute haben mich immer beeindruckt; ganz arme

Schmuckstücke, die sich durch eine Art Uhrmechanismus öffnen und schließen (atmende Hals-
ketten, Diamanten mit Herzschlagrhythmus usw.)

Leute wie die Fischer von Port Lligat haben mich gleichermaßen beeindruckt; normale Leute überhaupt nicht. Um die wirklich profilierten Persönlichkeiten der Surrealisten sammelten sich nun normale Leute, eine
ganze Fauna ausgeflippter, ungewaschener Kleinbürger. Ich mied sie wie
die Pest. Dreimal im Monat besuchte ich André Breton, zweimal in der
Woche Picasso und Eluard; ihre Schüler nie; Leute der Gesellschaft jeden
Tag und fast jeden Abend.

   Die meisten Männer der Gesellschaft strahlten keine Intelligenz aus, ihre Frauen hingegen trugen Juwelen, die so hart waren wie mein Herz, par-
fümierten sich extravagant und liebten die Musik, die ich verschmähte. Ich
blieb immer der naive, gerissene katalanische Bauer, in dessen Körper ein
König wohnt. Ich war anmaßend und konnte das verwirrende Postkarten-
Bild nicht loswerden, daß eine nackte Dame der Gesellschaft, mit Juwelen
beladen und einen kostbaren Hut tragend, sich vor meinen schmutzigen
Füßen in den Staub werfe…* In meinem Kopf machte sich wieder die auf
die Madrider Zeit zurückgehende Sucht breit, elegante Kleidung zu tragen;
und da begriff ich, daß »Eleganz« die Vergegenständlichung einer materiell

* Ich habe gehört, wie ein katalanischer Maler von jemand sagte, der sehr schmutzig war: »Stell dir vor, wie dreckig
er war – das schwarze Zeug, das wir alle zwischen den Zehen haben, hat er zwischen den Fingern!«

417

verfeinerten Epoche und eben deshalb nur das greifbare, scharfe Abbild, der helle Trompetenruf der Religion ist.

Nichts ist tatsächlich tragischer und eitler als die Mode; und wie sich für einen hochintelligenten Menschen wie mich der Erste Weltkrieg fetischistisch in Mademoiselle Chanel darstellte, so symbolisierte sich der kurz bevorstehende Krieg, der die Nachkriegsrevolutionen liquidieren sollte, nicht etwa in den Streitgesprächen der Surrealisten im Café an der Place Blanche oder im Selbstmord meines großen Freundes René Crevel, sondern in dem Modesalon, den Elsa Schiaparelli gerade an der Place Vendôme eröffnete. Hier traten neue Morphologien in Erscheinung; hier sollte die Transsubstantiation der Dinge stattfinden; hier kamen die Flammenzungen des Dalischen Heiligen Geistes hernieder. Und – leider behalte ich immer recht – ein paar Jahre später nur sollten die deutschen Truppen auf Schiaparellis und Dalis Art getarnt über Biarritz herfallen, in zynisch-mimetischen Anzügen und mit frisch aus französischer Erde gerissenen Laubzweigen im sandigen Borstenhaar, die dort wie die nordischen Knospen einer gekreuzigten Daphne hervorsprossen. Aber die Seele und treibende Kraft des Hauses Schiaparelli war Bettina Bergery, eine der phantasiebegabtesten Pariserinnen überhaupt. Sie glich exakt einer Gottesanbeterin, und sie wußte es. Obwohl wir oft, und zuletzt durch den Tod voneinander getrennt waren, führen Bettina Bergery und Roussy Sert (geborene Prinzessin Mdivani) mit ihren feenhaften Skeletten grazilster Poesie zusammen mit Chanel *France de France* den Reigen derer an, die auch weiterhin meine besten Freundinnen sind.

London brachte Paris einen Schuß Präraffaelitismus, den allein ich verstand und genoß. Peter Watson hatte einen sicheren Geschmack für Architektur und Möbel und kaufte, ohne es zu wissen, diejenigen Picassos, die am meisten Rossettis ähnelten. Und Edward James, der Kolibri unter den Dichtern, gab sexuell erregende Hummer-Telephone in Auftrag, kaufte die besten Dalis und war natürlich der Reichste. Der im Taucheranzug seines Humors unbewegt gelassene Lord Berners fehlte auf keinem der musikalisch hochstehenden Konzerte in dem großen Salon der Princesse de Polignac, den José-Maria Sert mit ausbrechenden Elefantenbabies ausgemalt hatte, die schon prophezeiten, daß das Europa des Völkerbunds eines Tages in die Luft fliegen würde.

Bei Misia Sert, Serts erster Frau, wurde der substanzhaltigste Klatsch von Paris zusammengebraut. Dessen Reste genoß man jeden Donnerstag schmatzend bei Marie-Louise Bousquet in ihrem gesellschafts-literarischen Salon auf dem Grund des ruhigen, grauen Steinsees der Place Palais-Bourbon, einem Salon, in dem ich die sensationellsten Kurzschlüsse zwischen echten Kirschen und den Lichtkirschen der roten Strahlen der untergehenden Sonne sah, die sozusagen hereinkrochen, um sich auf der weichen, geisterhaften Nase des Bären und der »Korsettstange« dieses Salons, Ambroise Vollards, niederzulassen und manchmal sogar auf Paul Poiret.

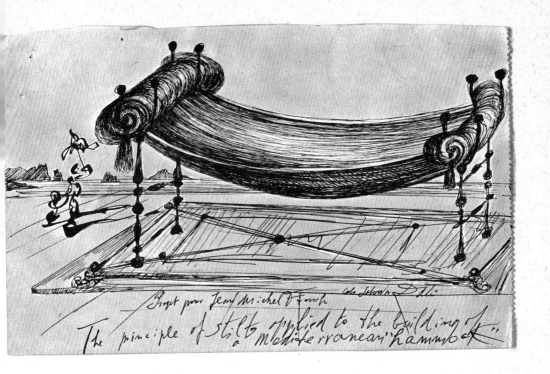

Gegenüber von Marie-Louise, auf der anderen Seite des Platzes, bewahrte Emilio Terry neue Dalis unter den feinsten Spinnennetzen von Paris.

Im Frühling war es sehr schön bei der Comtesse Marie Blanche de Polignac, wo man vom Garten aus den Streichquartetten lauschte, die im Inneren des Hauses spielten, das von Kerzen erleuchtet war und Gemälden von Renoir und von der ruchlosen Koprophagie eines unübertrefflichen Pastells von Fantin-Latour – und dazu gab's Petits fours, reichlich Pralinen und andere Süßigkeiten.

Bei der Vicomtesse de Noailles fand man das gerade Gegenteil, den Kontrapunkt in Malerei und Literatur: die Tradition Hegels, Ludwig II. von Bayern, Gustave Dorés, Robespierres, de Sades und Dalis, dazu einen Hauch von Serge Lifar.

Dann gab es noch die Bälle und Diners der Mrs. Reginald Fellowes. Man war regelmäßig enttäuscht, wenn sie kein von Jean Cocteau entworfenes Kleid trug und man keine Rede von Gertrud Stein hörte; all dies ging glücklicherweise in einer snobistisch-eleganten Atmosphäre allererster Güte vonstatten.

Prince und Princesse de Faucigny-Lucinge hatten ein unbestreitbares Gefühl für guten »Ton«. Ihr »Ton« war fast so laut und anhaltend wie die *figura* der Spanier. Er war der schneidige Rückstand der supereleganten, exotischen Bilder von Aubrey Beardsley. Diese Prinzessin hatte immer

einen Hauch des »Unmodernen« an sich, der die Mode geradezu tyranni-
sieren konnte. Ihr Anachronismus war immer aktuell; sie war unbezwei-
felbar eine der Frauen, die das feinste Gespür für »Pariser Eleganz« hatten.

Comte und Comtesse de Beaumont hüteten den Bühnenschlüssel zu dieser ganzen Welt. Ihr Haus zu betreten hieß, das Theater zu betreten. Um
das zu erkennen, brauchte man nur zu sehen, wie ein kubistischer Picasso
der grauen Periode auf den silbrigen Pfeifen einer Orgel hing. Etienne de
Beaumont sprach genau wie ein geborener Schauspieler und trug extravagante Schuhe aus Glacéleder. All die mehr oder weniger kriminellen Intri-
gen zwischen den verschiedenen russischen Ballettensembles, die aus der
Schule Diaghilews hervorgegangen waren, keimten, wuchsen und platzten
unweigerlich in seinem Garten, an dessen Bäumen manchmal künstliche
Blumen hingen. In seinem Haus konnte man auch ungestraft Leute kennenlernen wie Marie Laurencin, Kardinal Verdier, Colonel de la Roque,
Leonid Massine, Serge Lifar (todmüde und leichenblaß), den Maharadscha
von Kapurthala, den spanischen Botschafter und ein paar Surrealisten.

Die Pariser »Gesellschaft« vermischte sich hemmungslos, und den bor-
deauxfarbenen Wolken am Horizont Frankreichs entstieg bereits das Gespenst der Niederlage von 1940 in jenem katastrophalen Bittersüß, wie es
für das volkstümlich realistische, rosig klebrige Zahnfleisch Fernandels*
typisch war, welches wiederum so atemberaubend mit der rassigen, gespenstischen Blässe der russischen Prinzessin Natalie Paley in ihrem
schönsten, mit all dem Bühnenpuder der Zeit um 1900 bestäubten Kleid
von Lelong kontrastierte. Einen anderen Farbtupfer fügte die unnachahmliche Visage Henry Bernsteins hinzu, wenn er vor einem Teller Spaghetti
die zynisch-sentimentale Auflösung einer prophetischen Klatschgeschich-
te erzählte – und dies in dem galanten Parmesankäse-Halbdunkel des
Nachtklubs Casanova, der nur den geeigneten Moment abwartete, um wie
eine *crêpe suzette* in Flammen aufzugehen. Der Bart Bébé Bérards, nächst
den Haaren meines eigenen Schnurrbartes der des intelligentesten Malers
von Paris, bummelte, nach Opium und römischer Dekadenz à la Le Nain
riechend, in diesem Paris umher, das für den Rasputinismus, Bébés Dandytum und für den Gala-Dalinismus reif war, und zwar mit einer argwöhni-
schen, schmeichlerischen Sicherheit, die architektonisch ebenso romantisch war wie die eines Blicks von Piero della Francesca. Neben seinen Gemälden hatte Bérard dreierlei, das für mich sehr schön und rührend war –
seinen Schmutz, seinen Blick und seine Intelligenz. Boris Koschno war
stets scharf rasiert, weil sein Bart mit der Ausdauer und dem Mut eines Ko-
saken wuchs. Er »erleuchtete« die russischen Balletts, aß schnell und brach
oft in großer Eile auf, indem er sich sofort nach dem Dessert entschuldigen
ließ (er eilte zu einem anderen Dessert). Manchmal lief seine Haut vor

---

* Ein von Jean Renoir entdeckter Komödiant des französischen Films, den Salvador Dali für den realistischsten und
besten hielt. Durch den Krieg wurde Dali daran gehindert, das Porträt Fernandels in der Maske eines spanischen
menino (Zwergs) von Velázquez auszuführen.

Esthetic   1939

("Anti-historic"!)

Blutandrang rot an: Dann kontrastierte das Blau seines rasierten, widerspenstigen Bartes mit dem Weiß seiner Hemdbrust, und wenn man nicht allzu genau hinsah, wirkte er wie die französische Trikolore: rot, weiß, blau.

Der Maler José-Maria Sert, ein Mann mit einer echt spanisch-jesuitischen Vorstellungswelt – eine glänzende Hülle, die ihn wie ein goldener Taucheranzug umgab –, besaß drei Stunden von Port Lligat entfernt ein Haus, das Mas Juny, der ärmlichste und luxuriöseste Fleck in Europa. Mit Gala zusammen hielt ich mich dort oft wochenlang auf. Im Mas Juny fanden sich nun alle meine Bekannten aus Paris ein, und wir verlebten gegen Ende des Sommers die letzten glücklichen Tage im Europa der Nachkriegszeit – sie waren glücklich und zugleich von geistiger »Qualität«. All dies ist heute nur noch eine nostalgische Erinnerung an eine unwiederbringliche Epoche.

Diese Zeit sommerlicher Verzauberung vor dem Hintergrund der katalanischen *sardanas* und der provinziellen Festlichkeiten der Costa Brava endete mit dem Verkehrsunfall des Fürsten Alexis Mdivani und der Baronin von Thyssen, die auf der Straße von Palamos nach Figueras in einem Rolls-Royce getötet wurden. Roussy, Alexis Mdivanis Schwester, starb aus Kummer hierüber vier Jahre später. Man wird verstehen, wie sehr ich dieses Wesen liebte, wenn ich sage, daß sie – wie zwei »Todesperlen« einander gleichen – dem Bildnis des jungen Mädchens von Vermeer van Delft im Museum im Haag ähnelte.

Man darf die Protagonisten dieses »unauflöslichen« und hyperromantischen Europas nicht allzu leichtfertig aburteilen. Ein Jahrhundert dürfte vergehen, ehe solche Menschen wieder von neuem hervorgebracht werden. Surrealisten und auch Damen der Gesellschaft starben um ihrer Gefühle willen! Gewisse Berufspolitiker brachten das in den kommenden Jahren der Prüfung nicht fertig. Und dies Durcheinander von Luxus, moralischer Konfusion, Gefühlsverwirrung und ideologischen Experimenten, das unser aller Innerstes an Eleganz und Rasse herauszureißen drohte, sollten nur sehr wenige überleben; denn das Europa, das wir liebten, ging in den Trümmern der damaligen Geschichte unter – Trümmern ohne Erinnerung und ohne Ruhm, unser aller Feind, die wir ja so überaus – und heldenhaft – geschichtsfeindlich waren!

2. Kapitel   *Ruhm zwischen den Zähnen, Angst zwischen*
      den Beinen
      Gala entdeckt und beflügelt den Klassizismus
      meiner Seele

Meine zweite Reise nach Amerika war genau das gewesen, was man den offiziellen Beginn »meines Ruhms« nennen könnte. Am Tag der Ausstellungseröffnung waren bereits alle Bilder verkauft. Die Zeitschrift *Time* brachte als Titelbild Man Rays Photo von mir, darunter die Zeilen: »DER SURREALIST SALVADOR DALI: Flammenpinie, Erzbischof, Federwolke und Giraffe flogen aus dem Fenster«. Aus mehreren Quellen hatte ich vom Erscheinen der Zeitschrift gehört, und als ich ein Exemplar erhielt, war ich sehr enttäuscht, denn ich dachte, es sei nur ein »kleines« Magazin. Ich erfuhr dann später, daß es eines der besten und wichtigsten in Amerika ist.

Ich habe nie die Geschwindigkeit verstanden, mit der ich populär wurde. Häufig erkannte man mich auf der Straße und bat um Autogramme. Unmengen verblüffender Briefe kamen aus den unterschiedlichsten und entlegensten Teilen des Landes. Extravagante Angebote, eines unerwarteter als das andere, regneten auf mich herab. Zum Beispiel nahm ich das Ange-

423

bot an, ein Schaufenster von Bonwit-Teller surrealistisch zu dekorieren. Ich benutzte eine Gliederpuppe, die einen Kopf aus roten Rosen und Fingernägel aus Hermelin hatte. Auf einem Tisch stand ein Telephon, das in einen Hummer überging; über dem Stuhl hing mein berühmtes »aphrodisisches Jackett«: ein schwarzer Smoking, über dessen ganze Breitseite neben- und untereinander achtundachtzig bis zum Rand mit grüner *Crème de menthe* gefüllte Likörgläser befestigt waren, in denen jeweils ein Strohhalm stand und eine tote Fliege schwamm.

Dasselbe aphrodisische Jackett war gerade mit großem Erfolg in einer surrealistischen Ausstellung in London gezeigt worden, bei der ich einen Vortrag in einem Taucheranzug gehalten hatte. Lord Berners hatte es übernommen, den fraglichen Anzug zu mieten, und am Telephon wurde er gebeten, genau zu spezifizieren, bis zu welcher Tiefe Herr Dali hinunterzugehen wünsche. Lord Berners antwortete, ich wolle bis ins Unterbewußtsein heruntergehen, und danach sofort wieder hochkommen. Mit gleicher Ernsthaftigkeit antwortete die Stimme, daß man in diesem Fall den Helm gegen einen Spezialhelm auswechseln werde.

Ich stieg in den Taucheranzug, und der Monteur der Herstellerfirma schraubte meinen Helm fest. Der Taucheranzug hatte äußerst schwere Bleischuhe, die ich kaum heben konnte. Ich mußte deshalb sehr langsam gehen, gestützt auf Freunde, die halfen, mich fortzubewegen, als sei ich vollständig gelähmt. Dergestalt erschien ich vor dem Publikum, mit zwei luxuriösen, weißen russischen Wolfshunden an der Leine. Daß ich in einem Taucheranzug erschien, muß sehr beklemmend gewirkt haben, denn es wurde ganz still im Saal. Meine Assistenten schafften es, mich zum Platz hinter dem Mikrophon zu bringen. Erst jetzt erkannte ich, daß ich meine Rede unmöglich durch das Glasfenster des Helms hindurch würde halten können. Außerdem war ich seit zehn Minuten in diesem Ding eingeschlossen, und der anstrengende Gang über die Bühne zu meinem Stuhl hatte mich so erhitzt, so daß ich von Schweiß troff und mich am Rande einer Ohnmacht und des Erstickens sah.

Ich machte die energischsten Bewegungen, um den Helm meines Taucheranzugs entfernen zu lassen. Gala und Edward James, die die peinliche Situation sofort verstanden, eilten herbei, um mir den Helm abzunehmen. Aber er war gut verriegelt, es war nichts zu machen, zumal der Arbeiter, der ihn mir aufgesetzt hatte, verschwunden war. Sie versuchten, mit einem Billardstock zwischen Helm und Anzug einen Spalt aufzustemmen, damit ich atmen könnte. Schließlich holten sie einen Hammer und begannen damit, energisch die Bolzen zu bearbeiten, um sie zu lösen. Bei jedem Schlag dachte ich, ich fiele in Ohnmacht. Das Publikum war größtenteils überzeugt, dies alles gehöre zur Vorstellung, klatschte laut Beifall und war amüsiert über die Pantomime, die wir so realistisch aufführten. Als ich endlich aus dem Taucheranzug herauskam, war jeder von meiner wirklich tödlichen Blässe beeindruckt, die exakt die Dosis Dalischer Dramaturgie darstellte, die auch bei meinen trivialsten Handlungen und Unternehmungen nie fehlt. Ich glaube, daß die Dalische Mythologie, die bei meiner Rückkehr nach New York schon so auskristallisiert war, der starken Exzentrik dieses Vortrags im Taucheranzug sehr viel verdankte, ebenso wie der hervorragenden Ausstellung meiner Bilder, die Herr MacDonald in der London Gallery zusammen mit der zweier glänzender Vorgänger unter dem Titel *Cézanne-Corot-Dali* veranstaltet hatte.

Doch gerade, als alles für mich immer besser zu laufen schien, fühlte ich mich plötzlich in den Klauen einer unerklärlichen Depression. Ich wollte schnellstmöglich nach Spanien zurückkehren! Eine Art unüberwindlicher Müdigkeit lastete auf meiner sonst so munteren phantastischen Hysterie. Ich hatte genug von alledem! Genug Taucheranzüge, Hummertelephone, Juwelenklips, weiche Flügel, Erzbischöfe und lodernde Pinien, die aus Fenstern flogen, genug Publicity und Cocktailparties. Ich wollte so schnell wie möglich nach Port Lligat zurückkehren. Dort dann endlich, in der Einsamkeit, die Gala und ich durch unsere gemeinsame Anstrengung uns in sechs Jahren erobert hatten, in denen wir ohne Ungeduld, aber mit unermüdlicher Ausdauer die Hammerschläge unserer Persönlichkeit auf den glühenden Amboß des rußschwarzen Hephaist der täglichen Wirklichkeit hatten niedersausen lassen – dort endlich, sagte ich zu Gala, würde ich an die »wichtigen« Dinge herangehen können.

Am Ende eines sehr hellen Dezembernachmittags trafen wir in Port Lligat ein. Nie zuvor hatte ich die Schönheit der Landschaft um Port Lligat so klar gesehen. Verzweifelt wünschte ich, glücklich zu sein, den winzigsten Spalt des vor mir liegenden Lebens zu genießen. Doch eine nie gekannte Angst saß mir im Solarplexus, fortwährend mußte ich tief seufzen. Nachts konnte ich nicht schlafen. Und wenn die Morgendämmerung nahte, ging ich am Meer spazieren. Die Erinnerung an das extravagante, glänzende Leben, das ich in diesen letzten Jahren in Paris, London und New York geführt hatte, schien mir nun weit weg und ohne Wirklichkeit, und nur meine immer durchdringendere, unerklärlichere Angst erfüllte jeden einzelnen Augenblick mit ihrer erdrückenden, körperlichen Schwere.

Was ist mit mir los? Du hast alles, was du sechs Jahre lang gewollt hast. Du bist in deinem Port Lligat, dem Ort, den du am meisten auf der Welt liebst. Du hast Gala, das Wesen, das du am meisten auf der Welt liebst. Du leidest nicht mehr unter entwürdigenden Geldsorgen. Du hast Zeit im Überfluß, die wichtigen Werke in Angriff zu nehmen, die du am allerliebsten auszuführen wünschtest. Du hast dich niemals so guter Gesundheit erfreut wie jetzt. Theater- und Filmprojekte winken dir zu, du kannst sie dir aussuchen … Gala wäre glücklich, wenn sie sich nicht Sorgen machte wegen deiner unerwarteten Angst, die deine Augen zu einem feigen Schlitz zusammenzieht, der deine Furcht verrät … deine Furcht wovor?

Ich stieß einen wuterfüllten Seufzer gegen meine Angst aus, die dermaßen all meine Illusionen vernichtete, und die Meeresluft, die meine Lungen

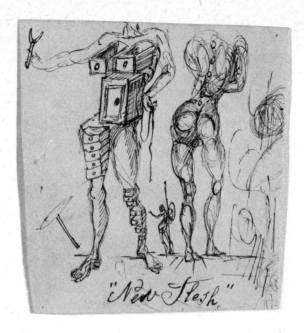

füllte, kam mir bitter wie ein Gemisch aus Galle und Tränen vor. Ich sagte mir, daß es idiotisch sei, aber trotz aller beruhigender Argumente, auf die ich zurückgriff, um ihrer Herr zu werden, war ich sicher, daß meine Angst in der letzten Stunde nur noch weiter zugenommen hatte. Allein diese Vermutung löste einen Angststrom aus, der einen Moment lang meinen ganzen Körper lähmte und ihn in fürchterlichen Schweiß tauchte. Wenn es so weiterginge, würde ich bald zusammenbrechen und weinen … Ich mußte gegen meine Blödheit angehen. Gala hatte mir manchmal empfohlen, ich solle duschen, um meine Nerven zu beruhigen. Am verlassenen, in Winterschlaf gepackten Strand wollte ich in das ruhige, eiskalte Wasser springen.

Ich zog mich aus und blieb lange nackend stehen. Die Sonne brannte wie im Sommer, aber ich hatte nicht den Mut, ins Wasser zu gehen. Dann hörte ich, wie die Angst Stufe für Stufe die fleischliche Treppe meines nackten Körpers hinaufschritt. Es erinnerte mich an die Geschichte, die mich so lähmend erschreckt hatte, als ich ein kleiner Junge war – die Geschichte der toten Marieta, die in der Nacht nach ihrer Beerdigung in ihr Haus zurückkehrt, um ihren Mann zu erschrecken.

»Weh, ach weh!« ruft sie unheilvoll, während sie die Treppe hinaufsteigt, »ich bin auf der ersten Stufe.«

»Marieta! Marieta!« ruft der Mann flehentlich. »Komm nicht, um mich zu holen! Geh in dein Grab zurück!«

»Weh, ach weh!« antwortet Marieta, »ach weh, ich bin auf der zweiten Stufe!«

426

»Marieta! Marieta! …«

»Weh, ach weh! Jetzt bin ich auf der dritten Stufe!«

»Marieta! …«

Als Marieta, die tote Frau, schließlich die letzte Stufe erreicht hatte, hielt Llucia, mein Kindermädchen, die mir die Geschichte erzählte, inne, um die allerhaarsträubendste Spannung zu erzeugen, und dann schrie sie mit unerwarteter Heftigkeit, wobei sie abrupt meine Schultern packte: »Jetzt habe ich dich!«

Weit im Hintergrund hörte ich, wie Gala mich zum Mittagessen rief; ich zitterte hysterisch und führte instinktiv eine Hand zum Herzen und die andere zum Penis. Ein milder Geruch entströmte meinem Körper, der mir wie der ureigene Geruch meines Todes vorkam. Und von diesem Augenblick an fühlte ich, wie mir das ganze Gewicht meiner Angst zwischen die Beine fiel wie die abgehackte, dreckige Hand meines schon verwesenden Schicksals. Als ich ins Haus zurückkam, versuchte ich Gala meine Verfassung zu erklären.

»Nichts fehlt mir. Ich weiß, daß mein Ruhm zum Greifen nah ist, reif wie eine olympische Feige; ich muß nur die Hand oder die Zähne zusammendrücken, um den Saft ihrer Substanz fließen zu spüren. Nichts fehlt mir, und es gibt nichts, das an dieser Angst schuld sein könnte. Und doch fühle ich mich als Sklave einer wachsenden Angst – ich weiß nicht, woher sie kommt oder wohin sie führt! Aber sie ist so mächtig, daß sie mich erschreckt! Ja genau das ist es: Alles ist in Ordnung, es gibt absolut nichts, was mich in Schrecken versetzen könnte, aber ich habe Angst, Angst zu haben, und die Furcht, daß ich Angst haben könnte, erschreckt mich!«

Schon von weitem konnten wir die Gestalt Lydias, der Verwurzelten, erkennen, wie sie, in Schwarz gekleidet, auf der Schwelle unseres Hauses saß und auf unsere Rückkehr wartete. Als wir näher kamen, stand Lydia auf und kam uns entgegen. Sie weinte. Wir gingen hinein, und sie vertraute uns an, daß das Leben mit ihren beiden Söhnen unerträglich geworden sei. Ihre Söhne gingen nicht mehr zum Fischen; sie sprachen nur noch von ihren Radiumminen; die meiste Zeit verbrachten sie auf ihren Strohlagern. Manchmal weinten sie; manchmal bekamen sie furchtbare Anfälle und schlugen sie. Sie teilte ihr weißes Haar und zeigte uns eine Narbe auf ihrem Kopf; sie zeigte uns die über ihren ganzen Körper verteilten blauen Flecken. Eine Woche später wurden ihre beiden Söhne in die Irrenanstalt nach Gerona gebracht. Nachmittags kam Lydia gewöhnlich zum Haus und weinte. Port Lligat lag verlassen. Ein heftiger, anhaltender Wind hinderte die Fischer am Fischen, und nur die ausgehungerten Katzen schlichen um unser kleines Haus herum. Ramon de Hermosa hustete andauernd und war so voller Läuse, daß ich ihm verbot, in unsere Nähe zu kommen. Lydia brachte ihm jeden Abend Reste. Unser Mädchen führte in der Küche unentwegt Selbstgespräche. Eines Morgens stieg sie barbusig auf das Dach, ein merkwürdiger Hut aus Zeitungspapier und Schnüren saß auf ihrem

427

Kopf. Sie war verrückt geworden, und wir mußten uns ein neues Mädchen besorgen.

Meine Furcht vor der Angst war inzwischen zu einer einzigen, sehr präzisen Furcht geworden – nämlich der, verrückt zu werden und zu sterben! Einer von Lydias Söhnen war verhungert. Sofort wurde ich Opfer der Furcht, ich könnte nicht mehr in der Lage sein, mein Essen zu schlucken. Eines Abends passierte es: Ich konnte nicht mehr schlucken! Ich schlief nachts kaum mehr, in den langen Stunden der Dunkelheit ließ mich die Angst keine Sekunde aus ihren Klauen. Tagsüber lief ich elend nach draußen und setzte mich zu den Fischern, die an einen windgeschützten, von der Sonne gewärmten Ort kamen, um zu schwatzen, abseits der Tramontana*, die in ihrer entfesselten Heftigkeit nicht nachließ. Das Gespräch über die Schwierigkeiten und Härten, die das tägliche Los der Fischer waren, vermochte mich etwas von meinen Zwangsvorstellungen abzulenken. Ich stellte ihnen alle möglichen Fragen, da ich ihnen gerne lebende Teile ihrer eigenen Angst entrissen hätte, um sie vergleichend gegen meine zu halten. Aber sie kannten keine Angst; sie fürchteten den Tod nicht. »Wir«, sagten sie, »wir sind schon, kann man sagen, mehr als halbtot.« Einer von ihnen saß da und schnitt langsam mit einem Fischmesser Stücke toter Haut von der gelben Schicht unter seinen Füßen, ein anderer kratzte den Schorf ab, der seine Handrücken bedeckte, wo die von Arterienverkalkung geschwollenen blauen Adern sich ihren harten Weg zwischen den Haarborsten bahnten. Schorfteile hingen an diesen Haaren, und manchmal blies eine Windbö einige von ihnen über das Exemplar der Zeitschrift *Vogue*, das ich gerade durchblätterte. Gala kam eifrig mit Stapeln amerikanischer und Pariser Zeitschriften angelaufen, da sie wußte, sie lenkten mich manchmal für kurze Zeit ab. Da gab es das Photo einer Super-Eleganten, die mit Blumen kombinierte Juwelenklips trug – sie war mit einem großen tropfenförmigen Diamanten, der wie Wasser von einer frischen Rose perlte, auf einer Gartenparty erschienen. Da war die Werbung für einen neuen Lippenstift, der angeblich das echte Dali-Rot hatte und auf zwei flüssige Schichten aufgetragen werden mußte.

Batu, der alte Fischer, pflegte in langsam bedächtigen Stößen Wind abzulassen und wetterte dann: »Ich werde keine Kraken mehr essen; meine Frau, das Weibsstück, tut immer viel zu viel Knoblauch daran, und ich kriege Bauchschmerzen!«

»Das kommt nicht daher«, erwiderte ein anderer Fischer, »es sind die Bohnen, die du vor zwei Tagen gegessen hast. Nach Bohnen kannst du noch tagelang furzen.«

Schlag zwölf entfachte die pralle Sonne in jedem das schlummernde Feuer des Hungers. Ich ließ einige Flaschen Champagner kommen, mit dem

---

* Die *Tramontana* weht manchmal drei ununterbrochene Wochen lang; der Himmel ist dann stets klar, aber die Fischer können nicht in See gehen.

ne day goes by that i don't ride, 'til the infinite, the horse of my imagination

»Kein Tag vergeht, an dem ich das Pferd meiner Phantasie nicht bis ins Unendliche reite«

wir eine Ladung Seeigel hinunterspülten. Wir hatten noch drei Tage Wind vor uns!

»Gala, komm her, bring mir das Kissen und halte meine Hand fest; ich glaube, ich schlafe ein. Die Angst hat abgenommen. Jetzt ist es angenehm hier.«

Eine kleine Eidechse mit flinkem Kopf und dreieckigem Gesicht schoß alarmiert hervor, um eine Fliege zu fangen, die darin vertieft war, den Saft eines geöffneten Seeigels aufzusaugen. Doch eine Windbö blätterte die Seite einer meiner Zeitschriften um, und sie huschte in die Spalte der verfallenen Mauer zurück, aus der sie gekommen war. Ich merkte, wie die Gespräche der Fischer um mich herum allmählich verstummten. Während sie die schweren sinnlichen Ketten der Verdauung hinter sich herschleppten, gerieten sie einer nach dem anderen ins Träumen. Wir waren alle im Backofen des Nachmittags geschützt, und das wütende Pfeifen des Windes, der uns nicht erreichen konnte, war um so angenehmer. Und während ich den so schmerzlich ersehnten Schlaf nahen fühlte, verschmolz diese ganze Ansammlung armer Fischer mit ihren aus Flicken zusammengewobenen Kleidern, ihren homerischen Seelen und essentiellen Gerüchen zu einer

Mischung von »Wirklichkeit«, die schließlich die Wirklichkeit meiner Angst und meiner Einbildung überwog.

Als ich aufwachte, waren alle Fischer schon gegangen; der Wind hatte aufgehört zu blasen, und Gala* war über meinen Schlummer gebeugt wie das göttliche Tier der Angst über den Körper der »Lazaruspuppe«, die ich war. Denn wie eine Puppe hatte ich mich in die Seidenhülle meiner Einbildung gewickelt, und diese mußte durchstoßen und zerrissen werden, damit der paranoische Schmetterling meines Geistes herauskommen konnte – lebendig und wirklich. Meine »Gefängnisse« waren die Voraussetzung für meine Metamorphose, aber ohne Gala drohten sie meine Särge zu werden. Und es war wieder Gala, die kam und mit bloßen Zähnen die geduldig aus den Sekreten meiner Angst gesponnenen Gespinste, in denen ich zu verwesen begann, fortriß.

»Steh auf und wandle!«

Ich gehorchte ihr. Und als meine Fußsohlen den Erdboden berührten, verspürte ich zum ersten Mal den »Geschmack« von Tradition.

»Du hast noch nichts vollbracht! Deine Zeit ist noch nicht um!«

Mein surrealistischer Ruhm war wertlos. Ich mußte den Surrealismus in die Tradition einfügen. Meine Einbildungskraft mußte wieder klassisch werden. Vor mir lag eine Aufgabe, die zu bewältigen der Rest meines Lebens nicht ausreichen würde. Gala ließ mich an diese Sendung glauben. Anstatt beim anekdotischen Luftbild meines Erfolges stehenzubleiben, mußte ich nun anfangen, für eine Sache zu kämpfen, die »wichtig« war. Wichtig war, die Erfahrung meines Lebens »klassisch« zu machen, ihr eine Form, einen Schöpfungsmythos, eine Synthese, eine Architektur der Ewigkeit zu geben.

---

* Schon einmal hatte Gala Gradiva mich durch die körperliche Wirklichkeit ihrer Liebe vom Wahnsinn geheilt. Da ich in praktischen Dingen geschickt geworden war, hatte ich meinen surrealistischen »Ruhm« erreichen können. Aber durch den Erfolg drohte ein Rückfall in den Wahnsinn, da ich mich in der Welt meiner verwirklichten Vorstellung abkapselte. Dieser Kokon mußte aufgebrochen werden. Ich mußte wirklich an meine Arbeit glauben, an ihre Bedeutung außerhalb meiner selbst! Gala hatte mich zu gehen gelehrt; nun mußte auch ich wie eine Gradiva vorwärtsschreiten. Ich mußte den Kokon meiner Angst durchstoßen. Verrückt oder lebendig! Immer wieder habe ich es gesagt: lebendig, alternd bis zum Tod, der einzige Unterschied zwischen mir und einem Verrückten ist der, daß ich nicht verrückt bin!

3. Kapitel

Metamorphose
Tod
Auferstehung

Nach Ablauf der Viertelstunde der »Ismen«*, sagt das Zifferblatt der Uhr der Geschichte, schlägt jetzt die Stunde des Individuums. Deine Stunde, Salvador!

Bim bam, bim bam, bim bam, bim bam! Das Europa der Nachkriegszeit war im Begriff, an der Anarchie der »Ismen«, an fehlender politischer, ästhetischer, ideologischer und moralischer Strenge zu verrecken. Europa war im Begriff, an Skeptizismus, Willkür, Sittenverfall, mangelnder Form, mangelnder Synthese, fehlendem Schöpfungsmythos zu verrecken. Das Europa der Nachkriegszeit war im Begriff, an fehlendem Glauben zu verrecken. Es bildete sich ein, alles zu wissen, da es die verbotene Frucht der Spezialisierung gekostet hatte. Aber es glaubte an nichts und vertraute in allem, sogar in Fragen der Moral und Ästhetik, auf die anonyme Schlaffheit des »Kollektivs«.

Exkremente sind stets mehr oder weniger durch das bedingt, was man gegessen hat. Das Europa der Nachkriegszeit hatte fortwährend »Ismen« und Revolution gegessen. Seine Exkremente mußten nunmehr Krieg und Tod sein. Die kollektiven Leiden des Krieges von 1914 hatten zu der kindischen Illusion eines durch revolutionäre Abschaffung aller Zwänge erreichbaren »kollektiven Wohlgefühls« geführt. Dabei hatte man nur die morphologische Wahrheit vergessen, die die eigentliche Bedingung für Wohlbefinden ist: daß es nur ultra-individualistisch sein kann, gegründet auf die Strenge hyper-individualistischer Gesetze und Zwänge, die eine eigenständige, jedem Geist eigene »Reaktionsform« hervorzubringen vermögen. Oh geistige Armut des Europas der Nachkriegszeit, armselige Formlosigkeit des in der Formlosigkeit der Massen aufgeschluckten Individuums! Armut einer Kultur, die erklärtermaßen jegliche Art von Zwang zerstört und dabei unter den gemeinsten technisch-industriellen Sachzwängen zur Sklavin des Skeptizismus ihrer neuen Freiheit wird! Armut einer Zeit, die den göttlichen Luxus der Architektur, die höchste Kristalli-

---

* Die ganze Vor- und Nachkriegszeit ist durch das Keimen von »Ismen« gekennzeichnet: Kubismus, Dadaismus, Simultaneismus, Vibrationismus, Orphismus, Futurismus, Surrealismus, Kommunismus, Nationalsozialismus usw. usw. Jeder hatte seine Führer, seine Parteigänger, seine Helden. Jeder beansprucht die Wahrheit, doch die einzige »Wahrheit«, die sie bewiesen haben, lautet, daß, sind diese »Ismen« einmal vergessen (und wie schnell geschieht das!), unter ihren anachronistischen Ruinen als einzige Realität nur einige wenige echte Individuen übrigbleiben.

sation geistiger Freiheit, durch das »Ingenieurwesen«, den entwürdigendsten Ausfluß des Notwendigen, ersetzt. Armut einer Zeit, die die einzigartige Freiheit des Glaubens durch die utopische Tyrannei des Geldes ersetzt hat! … Die Verantwortung für den Krieg, der ausbrechen sollte, lag einzig bei der ideologischen Armut, der geistigen Hungersnot der Nachkriegszeit, die ihre gesamte Hoffnung an bankrotte materialistisch-technische Spekulationen verpfändet hatte.

Denn es gibt keinen materialistischen Gedanken, der nicht gemein-mechanisch wäre; selbst die Dialektik von Engels hat nur im Metaphysischen Wert. Es gibt keine intellektuelle Größe außerhalb des tragischen, apriorischen Sinns des Lebens: der Religion. Karl Marx schrieb: »Religion ist das Opium des Volkes.« Aber die Geschichte wird zeigen, daß sein Materialismus das Giftgas »konzentrierten Hasses« war, an dem die Menschen in den schmutzigen, stinkenden, bombardierten Untergrundbahnen des modernen Lebens wirklich erstickten. Wohingegen das »Blendwerk der Religion« die Zeitgenossen Leonardos, Raffaels und Mozarts unter den vollkommenen, architektonischen und göttlichen Kuppeln der menschlichen Seele erschauern ließ!

Gala weckte mein Interesse an einer Reise nach Italien. Die Architektur der Renaissance, Palladio und Bramante beeindruckten mich immer stärker, da sie die erstaunliche, perfekte Vollendung menschlichen Geistes auf dem Gebiet der Ästhetik zu verkörpern schienen, und ich spürte allmählich das Verlangen, diese einzigartigen Wunder zu sehen und zu berühren, diese Schöpfungen materialisierter Intelligenz, die konkret, meßbar und im höchsten Maße unnötig waren. Gala hatte außerdem entschieden, Ausbaumaßnahmen an unserem Häuschen in Port Lligat vornehmen zu lassen – ein neues Stockwerk. Sie wußte, dies würde mich von meinen Angstzuständen ablenken und meine Aufmerksamkeit auf kleine, naheliegende Probleme hinlenken.

Von Tag zu Tag gelang es Gala mehr, meinen Glauben an mich wieder aufzubauen. Ich sagte oft: »Es ist nicht möglich – auch unter Einsatz astrologischer Kräfte nicht – , all die verschwundenen Rudimente der klassischen malerischen Techniken wiederzuerlernen. Ich habe nicht einmal mehr die Zeit, so zeichnen zu lernen, wie sie es früher taten. Nie könnte ich die Technik eines Böcklin übertreffen!« Gala bewies mir mit tausend begeisterten, glühend gläubigen Argumenten, daß ich etwas anderes werden könnte als »der berühmteste Surrealist«, der ich war. Voller Bewunderung betrachteten wir Reproduktionen der Werke Raffaels. Dort war alles vorhanden – die gesamten Erfindungen von uns Surrealisten machten nur einen winzigen Bruchteil des latenten, aber doch bewußten Gehaltes an Ungeahntem, Verborgenem und Manifestem bei Raffael aus. Aber all dies war so vollständig, so synthetisch, so »eins«, daß es unseren Zeitgenossen entgeht. Die analytische, mechanische Kurzsichtigkeit der Nachkriegszeit hatte sich tatsächlich auf die unzähligen Einzelteile spezialisiert, aus denen

jedes »klassische Werk« zusammengesetzt ist, und machte aus jedem ana-
lysierten Teil einen Selbstzweck, der unter Ausschluß des übrigen als Banner aufgepflanzt oder wie eine Kanonenkugel abgefeuert wurde.*

Der Krieg hatte die Menschen in Barbaren verwandelt. Ihr Empfin-
dungsvermögen war herabgesetzt worden. Man konnte nur noch Dinge sehen, die entsetzlich vergrößert und aus dem Gleichgewicht geraten waren.
Nach einer langen Nitroglyzerin-Diät blieb alles, was nicht explodierte,
unbemerkt. Die der »Perspektive« innewohnende metaphysische Melancholie konnte nur in den Merkblatt-Schemata de Chiricos erfahren werden,
während das gleiche Gefühl, neben unzähligen anderen Dingen, in voller
Wirklichkeit bei Perugino, Raffael oder Piero della Francesca vorhanden
war. Und bei diesen Malern konnte man auch neben unzähligem anderen
die vom Kubismus aufgeworfenen Kompositionsprobleme finden usw.
usw.; und vom Gefühl her – dem Sinn für Tod, für Libido, wie jeder Farb-
fleck ihn materialisiert, dem Gefühl für die Augenblickshaftigkeit des moralischen »Gemeinplatzes« –, was hätte man erfinden können, das Vermeer
van Delft nicht schon mit einer visuellen Überdeutlichkeit gelebt hätte, die
an objektiver Poesie und gefühlter Ursprünglichkeit die gigantischen meta-

---

* Der Kanonenschuß der uralten Komposition: der Kubismus.
  Der Kanonenschuß des Automatismus: der Surrealismus.
  Der Kanonenschuß von ... usw. usw.

  Alle »Ismen« waren nur Kanonenschüsse, jeder davon über ein Problem, das jedes beliebige klassische Werk auch
  schon enthält. Es stimmt, Kanonenschüsse waren das einzige Mittel, sich nach dem Krieg Gehör zu verschaffen,
  und alle werden dem Aufkommen der klassischen Werke gedient haben. Z. B. ist anzunehmen, daß man in zukünftigen Stilen bei ornamentalen Elementen – Reliefs, Gesimsen, Friesen und anderen architektonischen Teilen
  eines Gemäldes – einen gewissen Einfluß surrealistischen Automatismus bemerken wird. Aber es wäre naiv, das
  Stilproblem andersherum zu sehen und ein Gemälde von einem ornamentalen Motiv aus der Zeit Ludwigs XIV. ab-
  zuleiten. Ein Gemälde ist ein viel vollständigeres und komplexeres Phänomen als die Inspiration es ist, die man in
  die Zeichnung eines Akanthusblattes stecken kann!

phorischen Mühen aller Dichter zusammengenommen übertrifft! Klassisch zu sein bedeutete, daß es so viel von »allem« geben und alles so perfekt angeordnet und hierarchisch aufgebaut sein mußte, daß die unzähligen Einzelteile des Werkes desto unsichtbarer würden. Klassizismus bedeutete also Integration, Synthese, Kosmogonie, Glaube statt Zersplitterung, Experiment und Skeptizismus.

All diese Ideen nahmen in einem Vortrag Gestalt an, den ich für Barcelona vorbereitete und der historische Auswirkungen gehabt hätte. Bei mir handelte es sich nicht um einen der regelmäßig wiederkehrenden Fälle imitierender, entmutigter »Rückkehr zur Tradition« – Neoklassizismus, Neothomismus –, von denen man überall hörte und die symptomatisch auftauchten, da »Ismen« rasch ermüden und anekeln. Im Gegenteil, es war die kampfbereite Bestätigung meiner ganzen Erfahrung im Geiste der Synthese der »Überwindung des Irrationalen« und die Bestätigung des ästhetischen Glaubens, den Gala mir gerade zurückgegeben hatte.

So trafen wir Vorbereitungen, nach Barcelona zu fahren, und bevor wir von Port Lligat aufbrachen, gingen wir auf ein Glas Wein zu den Maurern, die an der neuen Etage unseres Hauses arbeiteten, um uns zu verabschieden. Sie waren mitten in einer Diskussion über Politik.

»Die schönste Sache der Welt«, sagte einer von ihnen, »ich meine die schönste, und es ist mir egal, was andere dazu sagen – ist die Anarchie, das, was man freiheitlichen Kommunismus nennen könnte. Und wenn ich schön sage, so meine ich, es ist eine schöne Idee, aber man kann sie nicht praktisch umsetzen. Also bin ich mit einem guten Liberal-Sozialismus zufrieden, mit einigen Abänderungen, die ich mir selber ausgedacht habe.«

»Das einzige, was mich bei alledem anspricht«, sagte ein anderer, »ist die absolut freie Liebe; alles Schlechte kommt von Leuten, die nicht genug Liebe haben.« Mit diesen Worten grub er seine Zähne überzeugt in einen Hühnerschenkel.

Ein anderer sagte: »Ich bin für Syndikalismus – einen sauberen, nackten, nicht mit Politik vermischten Syndikalismus; für diese Idee würde ich vor nichts zurückschrecken, ich würde auch alle dafür notwendigen Straßenbahnen umkippen.« Und sein Gebärdenspiel verriet, daß er aus Erfahrung wußte, wie man dies machte.

Wieder ein anderer: »Weder Syndikalismus noch Sozialismus. Kommunismus ist das einzig Wahre, Kommunismus, wie Stalin ihn versteht. Er ist der einzig realistische Ausweg.«

»Kommunismus, sicher«, sagte der nächste, »aber du mußt wissen, welche Art du meinst, da es fünf verschiedene Sorten davon gibt, meine eigene nicht mitgezählt, die die richtige ist. Es ist eindeutig erwiesen, daß die Stalinisten Mörder freier Menschen sind und genau so verbrecherisch wie die Faschisten.« Der Trotzkismus war zu der Zeit eine brennende Frage.

Aber das Wichtigste für alle war, daß die Revolution kam. Danach würde man weitersehen. Der Maurermeister hörte der ganzen Debatte über die verschiedenen »Ismen« konsterniert zu; dann nickte er mit dem Kopf und sagte zu ihnen: Soll ich euch erzählen, wie das Ganze ausgehen wird? Es wird mit einer Militärdiktatur enden, und wir werden alle verschrumpeln und nicht mehr atmen dürfen.«

Bei meiner Ankunft in Barcelona begannen die ersten »Ismen« in Gestalt echter Bomben zu explodieren, die von der *Federación Anarquista Ibérica* jetzt überall gezündet wurden. Am selben Nachmittag wurde ein Generalstreik ausgerufen, und Barcelona nahm plötzlich ein düsteres Aussehen an. Dalmau, der alte Galerist, der als erster die moderne Kunst in Barcelona eingeführt hatte und der meinen jetzigen Vortrag organisiert hatte, drückte mit zweimal wiederholtem, unheilvollem Druck seiner knochigen Hand gegen fünf Uhr die Klingel an der Tür unseres Hotelzimmers in der Carmenstraße.

»Herein«, rief ich. Die Tür ging auf, und der Anblick Dalmaus war etwas Unvergeßliches. Sein weißer Bart war zerzaust, die Haare standen zu Berge, und an seinem hastigen Atmen konnte ich erkennen, daß er in höchster Eile gekommen war, um uns etwas Dringendes mitzuteilen. Trotzdem blieb er bewegungslos an der Schwelle stehen. Sein Hosenschlitz war weit offen, drinnen steckte die Ausgabe einer Zeitschrift, die ich ihn gebeten hatte mir zu besorgen. Auf dem Cover dieser Zeitschrift las ich den Titel, *La Révolution Surréaliste*. Nachdem er eine Zeitlang so stehengeblieben war, um den Effekt zu genießen, den seine aufgeknöpfte Erscheinung auf uns machte, sagte er:

»Sie müssen so schnell wie möglich nach Paris. Hier bricht bald die Hölle los.«

Den ganzen Nachmittag verbrachten wir mit der Suche nach einem Chauffeur, der willens wäre, uns zur Grenze zu bringen, und damit, den bürokratischen Apparat zu durchlaufen, um eine amtliche Ausreise- und Fahrerlaubnis zu erhalten. Die Straßen von Barcelona füllten sich immer mehr mit Gruppen bewaffneter Zivilisten, denen niemand entgegentrat. Manchmal stießen sie auf finster dreinblickende berittene Zivilgardisten, die aus der entgegengesetzten Richtung kamen. Alle taten so, als sähen sie einander nicht, und jede Gruppe zog weiter ihres Weges: »Auf Wiedersehen«, schienen sie sich stillschweigend zu sagen. Am Ministerio de la Gobernación mußte ich zwei Stunden lang warten. Das Personal hörte auf, Schreibmaschine zu tippen, um beim Aufstellen der Maschinengewehre zu helfen, die seelenruhig an jedem Fenster angebracht wurden. Und jeder hatte einen Faden im Mund, denn jeder nähte – sie nähten Armbinden mit der katalanischen Flagge und dem Separatistenstern auf den Ärmel. Es ging von Mund zu Mund, daß Companys die Katalanische Republik ausrufen würde. Das von Dalmau angekündigte Gewitter würde demnach in vielleicht einer Stunde oder noch früher über Barcelona hereinbrechen, falls die Armee sich entschlösse, die Dinge in die eigene Hand zu nehmen. Während ich auf mein langwieriges Ausreisevisum wartete, erkannte ich, daß

die beiden Führer des katalanischen Separatismus die Brüder Badia waren. Sie sahen genau so aus wie zwei Buster Keatons; sie hatten die gleiche tragische Miene und eine schicksalhafte Blässe. Mir war sofort klar, daß sie bald sterben würden – ein paar Tage später sollten die Anarchisten sie tatsächlich umbringen.

Als ich schließlich mein Ausreisevisum erhielt, erschien Dalmau erneut und brachte uns einen anarchistischen Chauffeur, der bereit war, sich gegen einen erklecklichen Betrag der Gefahr auszusetzen, uns zur Grenze zu fahren. Gala, Dalmau, der Anarchist und ich schlossen uns in einer Herrentoilette ein, um über Preis und Konditionen der Fahrt zu verhandeln. Als alles geregelt war, zwinkerte der Anarchist uns zu und sagte: »Ich habe an alles gedacht« und zog eine katalanische Fahne aus der Tasche. »Die mache ich auf der Hinfahrt an den Wagen« und, eine spanische Flagge aus der anderen ziehend: »und diese wird mich wieder zurückbringen, falls sie ihre Revolution verlieren, was ziemlich wahrscheinlich ist. Aber uns Anarchisten interessieren diese Querelen zwischen Spanien und Katalonien gar nicht. Außerdem ist ›unsere Stunde‹ noch nicht gekommen. Alle diese Bomben, die Sie da explodieren hören, kommen von uns, richtig, aber sie dienen nur dazu, einige Opfer zu schaffen und den Schein zu wahren. Immer wenn Leute getötet werden, müssen wir beteiligt sein – wir müssen den größten Lärm machen. Aber das ist auch alles. Noch ist der Tag nicht gekommen, an dem wir alles hochgehen lassen.«

Wir stiegen ins Auto und machten uns auf den Weg. Wir benötigten nicht weniger als zwölf Stunden für die Strecke, die man normalerweise in zweien zurücklegen kann. Alle Augenblicke wurde der Wagen durch Gruppen bewaffneten Pöbels gestoppt, die unseren Geleitbrief verlangten. Die Stimmung dieser Leute schwankte beträchtlich, wie der Grad ihrer Nüchternheit, und öfters durften wir unseren Weg nur dank der Beredsamkeit unseres anarchistischen Fahrers fortsetzen, der stets in der Lage war, diese Leute von der Gültigkeit unseres Dokuments zu überzeugen.

Auf halber Strecke hielten wir in einem kleinen Seebad an, um zu tanken. In einem großen *envelat** tanzte eine Menge wie verrückt zur Melodie von *An der schönen blauen Donau*. Draußen gingen Jungen und Mädchen Arm in Arm spazieren. Auf der staubigen, vom Oktobermond erleuchteten weißen Straße war ein Faß Rotwein vergossen worden. Im Innern einer Taverne, deren Türen offen standen, sah man zwei erwachsene Männer Tischtennis spielen. Als wir den Tank aufgefüllt hatten, sagte unser anarchistischer Fahrer zu uns: »Nun werden Sie mich einen Moment entschuldigen. Ich muß das Olivenwasser wechseln gehen, danach geht es weiter.« Er verschwand im hinteren Teil der Taverne, und mit einer Hand sich zuknöpfend tauchte er wieder auf, mit dem Rücken der anderen sein Kinn wischend, an dem ein schnell heruntergekippter *anis del mono* tropfte. Er

---

* Ein reich geschmücktes Zelt, das bei Dorffesten zum Tanz aufgebaut wird.

lief um die Tischtennisplatte, und fing einen auf den Boden springenden Ball auf. Er bat einen der Spieler um einen Schläger und spielte ein paar sehr gekonnte Bälle. Plötzlich ließ er den Schläger fallen, rannte heraus und sprang auf den Fahrersitz unseres Wagens. »Wir müssen uns beeilen«, rief er laut. »Im Radio wurde gerade gemeldet, daß Companys die Katalanische Republik ausgerufen hat, in den Straßen von Barcelona wird schon gekämpft.« Im *envelat* wurde zum dritten Mal *An der schönen blauen Donau* gespielt. Alles schien völlig normal, außer daß einen Augenblick lang eine Gruppe bewaffneter Männer mit leiser Stimme, aber laut genug, daß wir es hören konnten, diskret besprachen, ob es vielleicht angebracht sei, uns zu erschießen. Sie machten sich besonders über Galas zahlreiche Koffer Gedanken, die bei ihnen den provozierenden Eindruck von Luxus erweckten. Schließlich fing unser ungeduldig gewordener Fahrer mit solcher Hingabe und Heftigkeit zu fluchen an, daß alle plötzlich Respekt bekamen und wir unseren Weg fortsetzen konnten.

Am nächsten Tag erwachten wir in einem kleinen Hotel des Grenzortes Cerbère. Aus der Zeitung erfuhren wir, daß der Aufstand niedergeschlagen und die Führer getötet oder verhaftet worden waren. Die katalanische Republik hatte sich also nur wenige Stunden gehalten. Wir hatten die »historische Nacht« des 6. Oktober durchlebt, und seitdem habe ich von einer historischen Nacht immer dasselbe Bild. Eine historische Nacht ist für mich eine völlig idiotische Nacht wie jede andere, in der Leute oft *An der schönen blauen Donau* und ein wenig Tischtennis spielen und in der man Gefahr läuft, erschossen zu werden. Einige Tage später erfuhren wir durch einen Brief von Dalmau, daß unser Fahrer auf dem Rückweg durch die Vorstädte Barcelonas von einer Maschinengewehrsalve erwischt und getötet worden war. Somit hatten sie unwiderruflich das Wasser der weißen Tischtennisbälle seiner schwarzen Oliven gegen frisches Blut ausgetauscht.

Ich war entschiedenermaßen kein historischer Mensch. Im Gegenteil, ich fühlte mich im wesentlichen ahistorisch und apolitisch. Entweder war ich meiner Zeit zu weit voraus oder zu weit hinter ihr zurück, doch niemals zeitgleich mit tischtennisspielenden Menschen. Die unangenehme Erinnerung an den Anblick zweier Spanier, die fähig waren, diesem stupiden Spiel zu frönen, beschämte mich. Es war ein schreckliches Omen: Der Tischtennisball erschien mir wie ein kleiner Totenkopf – leer, gewichtlos und in seiner Leichtsinnigkeit verhängnisvoll – ein richtiger Totenkopf, Sinnbild einer vollständig enthäuteten Politik. Und in dem drohenden Schweigen, das das tack, tack, tack, tack des leichten Schädels des über den Tisch hin- und herspringenden Tischtennisballs umgab, spürte ich das Nahen des großen bewaffneten Kannibalismus unserer Geschichte, unseres kommenden Bürgerkriegs, und die bloße Erinnerung an das in der historischen Nacht vom 6. Oktober gehörte Geräusch des Tischtennisballs reichte aus, mir im voraus weh zu tun.

Als ich in Paris ankam, malte ich ein großes Bild, das ich Vorahnung des Bürgerkriegs betitelte. In diesem Bild stellte ich einen riesigen menschlichen Körper dar, aus dem Arm- und Bein-Wucherungen hervortraten, die in wahnwitziger Selbststrangulation aneinander zerrten. Als Hintergrund dieser Architektur rasenden Fleisches, das eine narzißtische, biologische Katastrophe verzehrte, malte ich eine geologische Landschaft, die seit Tausenden von Jahren sinnlos »revolutioniert« worden und nun aus heiterem Himmel erstarrt war. Den weichen Bau jener großen Masse Fleisch im Bürgerkrieg verzierte ich mit einigen gekochten Bohnen, denn man konnte sich nicht vorstellen, all dies bewußtlose Fleisch ohne die Beilage eines (wenn auch nicht unbedingt begeisternden) mehlig-melancholischen Gemüses zu schlucken.

Die ersten Nachrichten über den Spanischen Bürgerkrieg, den ich in meinem Gemälde prophezeit hatte, ließen nicht lange auf sich warten. Dies erfuhr ich in London bei einem Abendessen im Savoy, nachdem ich einem Kammerkonzert beigewohnt hatte. Ich hatte um ein verlorenes Ei gebeten, und dabei fiel mir sofort der Tischtennisball ein, der mich tatsächlich in Abständen immer wieder heimgesucht hatte. Er hatte sozusagen gerade Zeit gehabt, reif zu werden. Ich teilte dem Komponisten Igor Markewitsch mit, wie kläglich und höchst demoralisierend meiner Meinung nach ein Tischtennisspiel mit einem verlorenen Ei wirken könnte – fast schlimmer als wenn man mit einem toten Vogel Tennis spielte. Dieses pochierte Ei ging mir auf die Nerven, denn ich entdeckte, daß es unbegreiflicherweise Sand enthielt. Ich bin sicher, daß daran nicht der Küchenchef des Savoy schuld war, sondern der afrikanische Sand der spanischen Geschichte, der da gerade in meinen Mund gestiegen war. Gegen Sand hilft Champagner! Aber ich trank keinen. Eine Phase asketischer Strenge und zum Kern vordringender Leidenschaft für Stil begann mein Denken und mein selbstquälerisches Dasein zu beherrschen; sie wurde allein von den Glaubensfeuern des Spanischen Bürgerkriegs erleuchtet und von den ästhetischen Feuern der Renaissance – in der eines Tages die Intelligenz wiedergeboren werden würde.

Der Bürgerkrieg war ausgebrochen! Ich wußte es, ich war dessen sicher, ich hatte es vorhergesehen! Und Spanien, das von dem anderen Krieg verschont geblieben war, sollte nun das erste Land sein, in dem all die ideologischen und unlösbaren Dramen des Europas der Nachkriegszeit und der ganze moralische und ästhetische Konflikt der »Ismen« zwischen den Polen von »Revolution« und »Tradition« in der rauhen Wirklichkeit von Blut und Gewalt ausgetragen werden sollten. Die spanischen Anarchisten trugen schwarze Banner mit den Worten: VIVA LA MUERTE! (Es lebe der Tod!) durch die Straßen des totalen Umsturzes. Die anderen trugen die rotgoldene Fahne der Tradition, des uralten Spanien mit jener anderen Aufschrift, die mit zwei Buchstaben auskam: FE (Glaube). Und auf einmal sah man mitten auf dem leichenhaften, von den Schädlingen und Würmern

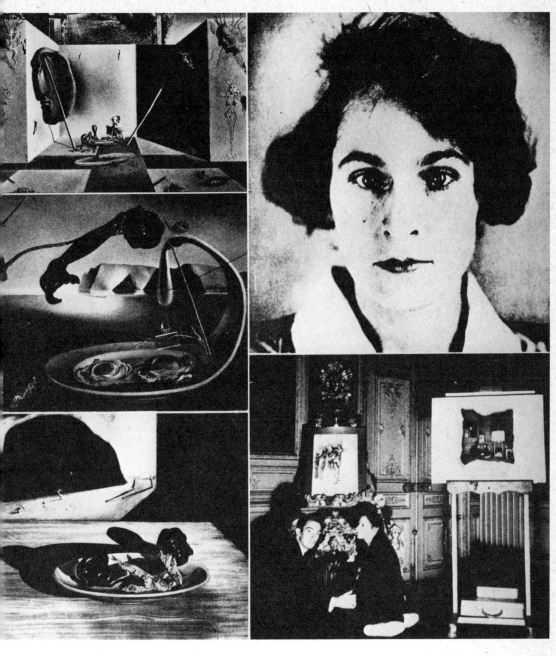

XIII. Tyrannei und Freiheit des menschlichen Blicks

»Heriodiade«, 1936, unter dem Einfluß des Blickes in Galas Augen gemalt.

»Der erhabene Augenblick«, durch Galas Blick beeinflußt.

»Telephon und gegrillte Sardinen Ende September«, beeinflußt durch Galas Blick.

Galas Blick: Paul Eluard charakterisierte ihn als »Blick, der Wände durchdringt«.

Die dunkle Wohnung in der Rue de l'Université Nr. 88 in Paris, wo ich der unglaublichen Intensität von Galas Blick erstmals gewahr wurde.

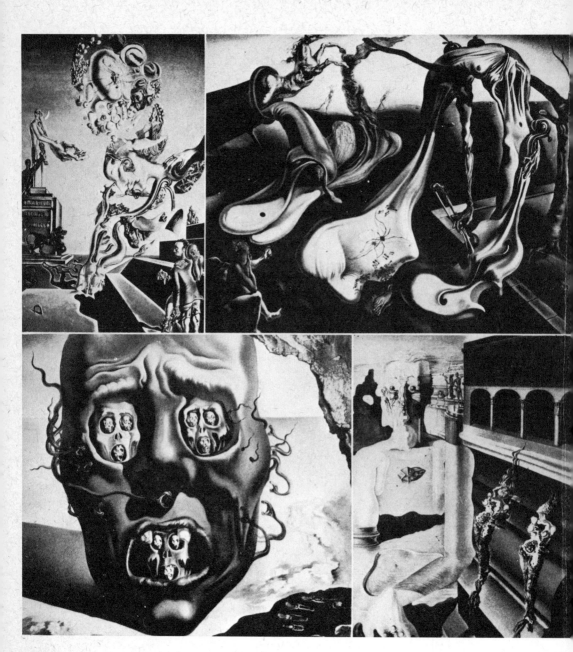

XIV. Exorzismus

»Das traurige Spiel«, ein schockierendes Bild.

»Weiches Cello, Spinne, Großer Masturbator« usw. – eine Art
    Tag-Alptraum.

»Das Antlitz des Krieges«, die Augen mit unendlichem To
    gefüllt.

»Der unsichtbare Mann«, gütig lächelnde Gestalt, 1930
    gemalt und noch immer in der Lage, all meine Ängste
    zu bannen.

fremdländisch-materialistischer Ideologien halb zerfressenen Körper Spaniens die gewaltige iberische Erektion, wie eine riesige, mit dem weißen Dynamit des Hasses gefüllte Kathedrale. Begraben und ausgraben! Ausgraben und begraben! Begraben, um erneut auszugraben! Darin lag das ganze fleischliche Verlangen des Bürgerkriegs in diesem Lande Spanien, das zu lange gelitten und gehungert, das zu lang geduldig das demütigende, gemein-anekdotische Tischtennisspiel der Politik anderer auf seinem edlen, aristokratischen Rücken ertragen hatte. Land Spaniens, das du dazu fähig warst, die Religion selbst zu befruchten! Und dessen sollten wir nun Zeuge werden – wessen das Land Spanien fähig war – einer planetarischen Fähigkeit zu leiden und Leiden hervorzubringen, zu begraben und auszugraben, zu töten und wiederzubeleben. Denn die Schakalklauen der Revolution mußten sich erst bis zu den atavistischen Schichten der Tradition hinunterkratzen, damit man am Ende – während sie sich an der granitenen Härte der Knochen der Tradition, die sie entweihten, grausam abwetzten und verstümmelten – von neuem geblendet sein konnte von jenem harten Licht der Schätze des »glühenden Todes« und der verwesenden und exhumierten Herrlichkeiten, die diese Erde Spaniens in den Tiefen ihrer Eingeweide verborgen hielt. Die Vergangenheit wurde ausgegraben, auf die Füße gestellt, und die Vergangenheit wandelte zwischen den Lebendig-Toten, war bewaffnet – mit der Ausgrabung der Liebenden von Teruel wurde das Fleisch wiederbelebt, Menschen lernten einander zu lieben, indem sie einander töteten. Denn nichts ist einer Umarmung näher als ein Todesgriff. Ein Soldat der Miliz des Glaubens kam in ein Café und trug die Mumie

443

einer Nonne aus dem 12. Jahrhundert im Arm, die er gerade ausgegraben hatte; er konnte sich nicht von ihr trennen! Er wollte sie mit in die Schützengräben der aragonesischen Front nehmen, als »Maskottchen« an seine *correajes* gebunden, und wenn nötig mit ihr sterben. Ein alter Freund des Architekten Gaudi behauptet, er habe gesehen, wie die ausgegrabene Leiche dieses genialen Architekten an einem Seil, das Kinder an seinem Hals befestigt hätten, durch die Straßen von Barcelona geschleift worden sei. Er erzählte mir, Gaudi sei sehr gut einbalsamiert gewesen und habe »genau so« wie zu Lebzeiten ausgesehen, nur nicht ganz so gesund. Nun, das war ja auch nicht weiter verwunderlich, wenn man bedenkt, daß Gaudi seit etwa zwanzig Jahren begraben gewesen war. In Vic spielten die Soldaten jeden Nachmittag Fußball mit dem Kopf des Erzbischofs von Vic, in Vic …

Aus allen Teilen des gemarterten Spaniens stieg ein Geruch von Weihrauch, Meßgewändern, verbranntem Vikarsfett und gevierteiltem geistlichem Fleisch auf, der sich mit dem Geruch von Haar mischte, das vom Schweiß der Promiskuität jenes anderen, lüsternen und ebenso krampfartig gevierteilten Fleisches des Pöbels troff, der unter sich und mit dem Tod hurte. Und dies stieg alles wie der ureigene Geruch der Ekstase des Orgasmus der Revolution gen Himmel.

Die Anarchisten lebten ihren Traum, an den sie nie ganz geglaubt hatten. Jetzt betraten sie tatsächlich das öffentliche Notariat und verrichteten ihre Notdurft direkt auf dem Schreibtisch, dem Symbol des Eigentums. In einigen Dörfern, in denen die totale Freiheit eingeführt war, wurden alle Banknoten verbrannt.

Der Spanische Bürgerkrieg änderte keine meiner Ideen. Im Gegenteil, er begünstigte die entschiedene Strenge ihrer Entwicklung. Ekel und Abscheu vor jeder Art von Revolution nahmen bei mir fast pathologische Züge an. Aber ich wollte auch nicht, daß man mich einen Reaktionär nannte. Das war ich nicht: Ich »reagierte« nicht – dies kommt gedankenloser Materie zu. Denn ich dachte einfach weiter, und ich wollte nichts anderes als Dali sein. Doch schon schlich die Hyäne der öffentlichen Meinung um mich herum und forderte mit der geifernden Drohung ihrer erwartungsvollen Zähne von mir, ich solle mich endlich entscheiden, Stalinist oder Hitlerist zu werden. Nein! Nein! Nein! und tausendmal nein! Ich würde immer und bis zum Tod der bleiben, der ich war, Dali und nur Dali! Ich glaubte weder an die kommunistische Revolution noch an die nationalsozialistische Revolution, noch an irgendeine andere Art von Revolution. Ich glaubte nur an die oberste Wirklichkeit der Tradition.

Außerdem war ich an Revolutionen nie um der Sache willen interessiert, die sie »revolutionieren« – diese ist stets vergänglich und dauernd vom Umschlag in ihr Gegenteil bedroht. Falls Revolutionen von Interesse sind, dann einzig deswegen, weil sie beim Revolutionieren Bruchstücke der totgeglaubten, weil vergessenen Tradition ausgraben und wiederherstellen, die nur den Krampf revolutionärer Zuckungen brauchte, um aufzutauchen, so daß sie vielleicht erneut leben können. Und durch die Revolution des Spanischen Bürgerkrieges sollte nichts Geringeres wiederentdeckt werden als die authentische katholische Tradition, die Spanien eigen ist, jener durch und durch kategorische und fanatische Katholizismus, jene aus Stein gebaute Leidenschaft massivgranitener und kalkhaltiger Realität: Spanien!* Im Spanischen Bürgerkrieg kämpften die Spanier, die Aristokraten der Völker, auch während sie sich gegenseitig verschlangen, dunkel und ohne es zu wissen für eine Sache, für das, was Spanien ausmacht: glühende Tradition. Alle – Atheisten, Gläubige, Heilige, Kriminelle, Grabesöffner und Totengräber, Scharfrichter und Märtyrer – alle kämpften mit dem gleichen, einzigartigen Mut und Stolz der Kreuzfahrer des Glaubens. Denn alle waren Spanier, und selbst die grimmigsten Sakrilege und Bekundungen von Atheismus waren überreich an einem Glauben, der den düsteren Schwachsinn entfesselter und allmächtiger Leidenschaft mit himmlischen Blitzen erleuchtete.

Oft ist die Geschichte des andalusischen Anarchisten erzählt worden, der während des Bürgerkrieges die Stufen einer geplünderten und entweihten Kirche mit der Grazie eines Torero hinaufstieg, sich in voller Höhe vor einem Kruzifix aufrichtete, dessen Christus echtes langes Haar trug, und, nachdem er Ihn mit den scheußlichsten Lästerungen beleidigt hatte, Ihm ins Gesicht spuckte, mit einer Hand das lange Haar ergriff und es ausreißen wollte. In diesem Moment löste sich Christi Hand vom Kreuz und Sein angesetzter Arm fiel auf die Schulter des andalusischen Soldaten, der auf der Stelle tot umfiel. Welch ein Gläubiger! ...

Bei Ausbruch der Revolution starb mein großer Freund, der Dichter der *mala muerte*, Federico Garcia Lorca, vor einem Exekutionskommando im von den Faschisten besetzten Granada. Sein Tod wurde zu Propagandazwecken ausgeschlachtet. Dies war schändlich, denn man wußte so gut wie ich, daß Lorca seinem Wesen nach der unpolitischste Mensch auf Erden war. Lorca starb nicht als Symbol der einen oder der anderen politischen Ideologie, er starb als das Sühneopfer jenes totalen, allumfassenden Phänomens der revolutionären Verwirrung, zu der der Bürgerkrieg sich auswuchs. Schließlich brachten sich die Leute im Bürgerkrieg ja nicht einmal für Ideen um, sondern aus »persönlichen Gründen«, aus Gründen der Persönlichkeit; und so wie ich hatte Lorca Persönlichkeit, und zwar reichlich, und damit ein größeres Anrecht als die meisten Spanier darauf, von Spaniern erschossen zu werden. Lorcas tragisches Lebensgefühl war durch dieselbe tragische Konstante geprägt, die das Schicksal des ganzen spanischen Volkes kennzeichnet.

Lorcas Tod und die Auswirkungen des Bürgerkrieges, der eine erstickende Atmosphäre von Parteigängertum mitten in Paris zu schaffen begann,

* »Spanien ist ein durchschnittlich 700 Meter hoch gelegenes Granit- oder Kalk-Plateau.« (*Petit Larousee*)

ließen mich den Entschluß fassen, diese Stadt zu verlassen und die ganze Energie meines Denkens der Arbeit ästhetischer Kosmogonie und Synthese zu widmen, zu der Gala mich in der Zeit meiner Todesangst in Port Lligat »inspiriert« hatte. Ich brach zu einer Reise nach Italien auf.

Das Kriegs- und Revolutionsunheil, in das mein Land gestürzt war, steigerte nur die ganze Heftigkeit meiner ästhetischen Leidenschaft, und während mein Land Tod und Zerstörung befragte, befragte ich jene andere Sphinx der Zukunft Europas, die der RENAISSANCE. Ich wußte, daß nach Spanien in der Folge der kommunistischen und faschistischen Revolutionen auch ganz Europa in Krieg versinken und aus der Armut und dem Zusammenbruch kollektivistischer Doktrinen eine mittelalterliche Epoche der Wiederbelebung individueller, spiritueller und religiöser Werte erstehen würde. In diesem bevorstehenden Mittelalter wollte ich der erste sein, der, mit vollem Verständnis für die Gesetze von Leben und Tod der Ästhetik, in der Lage sein würde, das Wort »Renaissance« auszusprechen.

Meine Reise nach Italien wurde allgemein als Zeichen meiner angeblichen geistigen Oberflächlichkeit gedeutet. Nur die wenigen Freunde, die meine Arbeit aus der Nähe verfolgten, konnten erkennen, daß die schwersten und entscheidensten Kämpfe meiner Seele eben auf dieser Italienreise stattfanden. Ich pflegte mit einem Buch von Stendhal in der Hand durch Rom zu wandern. In meinem und Stendhals Namen empörte ich mich über die bourgeoise Mittelmäßigkeit der Planung des »modernen Rom«, die beanspruchte, das Rom der Caesaren wiederaufblühen zu lassen, indem sie es den Erfordernissen einer modernen Stadt anpaßte, und eben dadurch den göttlichen Mythos, jenes andere, ewige Rom, das wirkliche und lebendige Rom zerstörte, jene anarchische und oft paradoxe Zusammenballung, die das in Wesen und Substanz katholische, das wahre Rom gewesen war und weiterhin sein sollte – und die es trotz allem auch bleiben wird. Nicht in den abgenagten Knochen der Säulen Caesars besteht der Glanz Roms, sondern in dem quellenden, triumphierenden Fleisch des Geistes, in das der Katholizismus endlich die barbarischen Gerippe einer Welteroberungsarchitektur gehüllt hat. Eine breite, moderne Allee war gerade als Schneise zum Vatikan hin geschlagen worden, und statt durch ein Labyrinth unersetzlich und köstlich schmutziger Gassen hindurch plötzlich unversehens anzukommen und von den erhabenen Proportionen überwältigt zu werden, sah man den Vatikan nun eine Viertelstunde eher, am Ende einer Allee liegend, die anscheinend das Gehirn eines jener beklagenswerten Weltausstellungsveranstalter ersonnen hatte. Petersdom zu Rom, du, der du einzig und allein für den Raum zwischen den offenen Armen der Kolonnaden Berninis gebaut wardst oder für den Raum des Ganzen von Himmel und Erde! ...

Lange Zeit verbrachte ich in der Nähe von Amalfi in der Villa Cimbrone, wohin der Dichter Edward James mich eingeladen hatte, einen Steinwurf von dem Garten, in dem offensichtlich Wagner einst die Eingebung für seinen *Parsifal* fand. Genau zu der Zeit entwarf ich mein durch und durch wa-

»Verrückter Tristan« – Nie ausgeführte Masken- und Kostümentwürfe – sie waren »zu verrückt«

gnerianisches Schauspiel *Tristan Fou*. Später richtete ich mein Atelier bei Lord Berners am Forum Romanum ein, wo ich zwei Monate verbrachte und die *Afrikanischen Impressionen* malte, die Folge eines kurzen Ausfluges nach Sizilien, wo ich vermischte Anklänge an Katalonien und Afrika fand. Mit dem gesellschaftlichen Leben von Rom kam ich nicht in Berührung. Meine Einsamkeit mit Gala war fast vollkommen. Ich sah nur einige sehr wenige englische Freunde.

Eine berühmte Schauspielerin bereiste damals in Begleitung eines weithin bekannten Musikers Italien, und eines Abends traf ich sie ganz allein im Museum für Etruskischen Schmuck in der Villa Giulia. Ich war über ihre unelegante Erscheinung und ihren schäbigen Mantel überrascht. Allerdings hatte man am Vortag bei Berners darüber gesprochen, daß ihr Stil fehle. Ich kannte sie nicht persönlich und grüßte sie nicht. Trotzdem ergriff sie die Initiative, mich mit einem so charmanten Lächeln zu grüßen, daß ich mich höflich verbeugte, bevor ich den Rundgang fortsetzte. Als ich das Museum verließ, wurde mir unmißverständlich klar, daß sie mir folgte. Absichtlich bog ich in ein paar Nebenstraßen ein, um meinen Eindruck zu überprüfen, und stellte fest, daß sie tatsächlich immer noch sechs oder sieben Meter hinter mir war. Diese unglaubliche Situation kam mir immer lächerlicher vor. Sollte ich mich umdrehen und ihr entgegentreten – oder weiterhin fortlaufen?

Eine große Menschenmenge strömte zur Piazza Venezia hin, wo Mussolini eine Rede hielt, und augenblicklich waren wir in diesem Gewoge gefangen, das uns umspülte und den Abstand zwischen uns vergrößerte. Als wir die Piazza Venezia erreicht hatten, konnten wir nicht mehr vor und nicht mehr zurück. Mussolini kam zum Ende seiner Rede, und wenn ihm applaudiert wurde, sah ich erschrocken, wie begeistert sie den Arm zum faschistischen Gruß hob. Fast ununterbrochen stierte sie mich an, schien mir mit ihrem Blick vorzuwerfen, daß ich nicht das tat, was jedermann tat. So ein Wichtigtuer, schien sie zu sagen, was macht es schon für einen Unterschied, ob man so oder so grüßt? Plötzlich gab sie ihren anfänglichen Unmut auf, ihre eben noch zusammengezogenen, für sie so charakteristischen äußerst beweglichen Augenbrauen entspannten sich, sie schaute mich mit einer unwiderstehlichen Freundlichkeit an, brach in schallendes Gelächter aus und begann, sich energisch einen Weg durch die dichte Menge zu mir zu bahnen, bis sie nur noch einen Meter von mir entfernt war. Dort wurde sie erneut eingekeilt, umgeben von einer Phalanx dickbäuchiger Römer, die eine undurchdringliche Barriere bildeten. Trotzdem sah ich sehr deutlich die Handbewegungen, die sie mir machte. Offensichtlich wollte sie meine Aufmerksamkeit auf einen Stoß Ansichtskarten mit römischen Motiven lenken, die sie hochhielt, damit ich sie zwischen all den erhobenen Armen sehen konnte. Das Ganze kam mir immer seltsamer und beängstigender vor. Wie blöd starrte ich auf diese Ansichten von Rom, die sie da langsam vor mir auffächerte, und plötzlich schauderte ich. Zwischen den Ansichten der Ewigen Stadt hatte ich flüchtig ein erotisches Bild gesehen, dann ein zweites. Mit einer scheuen Geste versteckte sie diese beiden Bilder dann aber wieder schnell zwischen den anderen, normalen Ansichtskarten und betonte diese Gebärde frühreifer Unzüchtigkeit mit einer Pose geheuchelter Unschuld, mit der sie den plötzlichen und unverständlichen exhibitionistischen Akt ins komische ziehen wollte.

Dann blickte ich ihr direkt ins Gesicht, prüfte es genau, und der Schleier des Irrtums wich von meinen Augen. Sie war überhaupt nicht die berühmte Schauspielerin, außer in meiner blühenden Phantasie. Ich erkannte dann sofort, daß ihre physische Ähnlichkeit mit dem Filmstar tatsächlich nur sehr gering war. Sie war einfach ein Künstlermodell, eine Freundin einer der Modelle, die ich bei meiner Arbeit benutzt hatte. Ihre Freundin hatte mich ihr auf der Straße gezeigt und erzählt, ich sammele obszöne Photos. Das bezog sich auf eine Sammlung sehr schöner Aktaufnahmen, die ich in Taormina gekauft hatte und die nun an den Wänden meines Ateliers hingen. Als sie mich im Museum für Etruskischen Schmuck in der Villa Giulia getroffen hatte, war ihr der Gedanke gekommen, mir ihre Sammlung zum Verkauf anzubieten, und deshalb hatte sie mich in der Hoffnung verfolgt, meine Aufmerksamkeit zu gewinnen und mir heimlich ihre verbotene Ware zeigen zu können.

Dali – Garbo.
Villa Giulia

Dieses glatte Mißverständnis, zu dem ich mich da hatte verleiten lassen, beunruhigte mich mehrere Tage lang, es schien mir das Symptom einer geistigen Störung zu sein. In den letzten Monaten war ich in der Tat Opfer einer regelrechten Epidemie zunehmend alarmierender Irrtümer und Verwechslungen gewesen. Ich fühlte mich überlastet, und so brachte mich Gala in die Berge nahe der österreichischen Grenze. Wir ließen uns in Tre Croci bei Cortina in einem einsamen Hotel nieder. Gala mußte für zwölf Tage nach Paris, und so blieb ich dort ganz allein.

Genau zu jener Zeit erreichten mich tragische Nachrichten aus Cadaqués. Die Anarchisten hatten ungefähr dreißig Leute erschossen, die alle Freunde von mir gewesen waren, darunter drei Fischer von Port Lligat, die uns sehr nahe standen. Mußte ich mich letztlich doch dazu entschließen, nach Spanien zurückzukehren, und das Schicksal derer teilen, die mir nahe standen?

Ich blieb ständig auf meinem Zimmer, hatte richtige Angst, mich zu erkälten und dort oben ganz allein ohne Gala krank zu werden. Darüber hinaus konnte ich die Hochgebirgslandschaft nie leiden, eine wachsende Verstimmung den draußen befindlichen Alpen gegenüber stellte sich ein: zu viele Gipfel um mich her! Vielleicht mußte ich nach Spanien zurückkehren. In diesem Fall müßte ich auf mich aufpassen! Denn falls dies geschähe, wollte ich den Opfergang in Höchstform antreten. Ich machte mich daran, meine Gesundheit mit verrückter Penibilität zu beobachten. Sobald ich eine noch so geringe, unnatürliche Schleimabsonderung in meinen Atemwegen bemerkte, rannte ich zum Electargol und nahm Nasentropfen. Nach jedem Essen gurgelte ich mit Antiseptika. Das leiseste Anzeichen einer Hautreizung versetzte mich in Angst und Schrecken, und andauernd schmierte ich Salben auf fast unsichtbare Pickel, da ich fürchtete, sie könnten sich über Nacht bösartig entwickeln.

In meiner wieder aufkommenden Schlaflosigkeit lauschte ich auf die nicht existierenden Schmerzen, die ich erwartete, die Krankheiten, die mich in Kürze befallen müßten. Ich betastete die Gegend um den Blinddarm nach dem kleinsten Symptom einer Empfindlichkeit. Ich untersuchte gewissenhaft meinen Stuhlgang, und während ich auf ihn wartete, schlug mir das Herz bis zum Halse. Tatsächlich funktionierte mein Darm so regelmäßig wie eine Uhr.

Seit etwa fünf oder sechs Tagen hatte ich, wenn ich auf der sehr sauberen Toilette war, dicht neben dem Platz, wo ich saß, an der weißen Majolikawand ein Stück Nasenschleim bemerkt. Es war mir äußerst widerlich, obwohl ich versuchte, dem Anblick auszuweichen und anderswohin zu sehen. Aber es wurde Tag für Tag unmöglicher, die Persönlichkeit dieses Stückes Schleim zu ignorieren. Es war an die weiße Majolika mit solchem Exhibitionismus, fast möchte man sagen, mit solcher Sprödigkeit geklebt, daß es unmöglich war, es nicht zu sehen, ja, es nicht permanent anzuschauen. Es schien ein ziemlich reines Stück Schleim zu sein, von einem sehr hübschen,

FROM HESSE, "TIERBÄU UND TIERLEBEN" (TUEBNER)

DRAWINGS SHOWING THE MOVEMENTS OF A LEECH

leicht grünlichen Perlgrau, der Mitte zu brauner. Dieser Schleim endete in einer ziemlich scharfen Spitze, und er stand mit einer Geste von der Wand ab, die schrill und mit dem Trompetensignal ihrer Unbedeutsamkeit nach einem Akt der Intervention rief. Er schien mir zu sagen: »Du brauchst mich nur anzurühren, und ich werde abgehen und zu Boden fallen: Das wird deinem Ekel ein Ende bereiten.«

Doch mit Geduld gewappnet stand ich stets ungeduldig von der Toilette auf, ohne die intakte Jungfräulichkeit des Schleims zu berühren, und knallte die Tür in einem Anfall von Bosheit und Haß zu.

Eines Tages konnte ich es nicht länger aushalten, und ich beschloß, ein für allemal, der quälenden Präsenz dieses anonymen Stückes Schleim ein Ende zu bereiten, das in wachsendem Maße durch seine abscheuliche Gegenwart die Befriedigung zerstörte, die ich aus meinem Stuhlgang zog. Ich nahm allen Mut zusammen und entschloß mich endgültig und unwiderruflich, den Schleim von der Wand zu wischen. Zu diesem Zweck umwickelte ich den Zeigefinger meiner rechten Hand mit Toilettenpapier, schloß die Augen, biß mir wild auf die Unterlippe, und mit einer Gebärde wilder Heftigkeit, in die ich die ganze Kraft meiner von Ekel erbitterten Seele steckte, riß ich den Schleim von der Wand.

Doch wider Erwarten war dieser Schleim so hart wie eine gestählte Nadel; und einer Nadel gleich drang er zwischen Nagel und Fleisch meines Zeigefingers bis zum Knochen durch! Meine Hand war fast augenblicklich blutdurchtränkt, und ein heftiger, brennender Schmerz trieb mir unwillkürlich Tränen in die Augen. Ich ging auf mein Zimmer zurück, um meinen verwundeten Finger mit Wasserstoffsuperoxyd zu desinfizieren, aber das Schlimmste war, daß das spitze Ende des Schleims so tief unter meinem Nagel steckengeblieben war, daß ich keine Möglichkeit sah, ihn herauszuziehen. Der heftige Schmerz ließ nach, doch wurde er bald durch das sub-sub-sub-rhythmische Pochen ersetzt, das ich als die typische, heimtückische Musik der Infektion erkannte! Sobald das Bluten aufgehört hatte, ging ich, bleich wie ein Geist, in den Eßsaal hinunter und erklärte den Fall dem Oberkellner, der immer versuchte, mich in ein Gespräch zu verwickeln – **451** was ich für gewöhnlich durch einen trockenen und nicht sehr liebenswürdigen Tonfall verhinderte, der keine andere Reaktion als Schweigen zuließ. An dem Tag allerdings machte mich meine Feigheit so menschlich und aufgeschlossen, daß er die Situation nutzte, um sich mit all seiner aufgestauten Überschwenglichkeit auszuschütten. Er untersuchte meinen Finger genau.

»Nicht berühren!« rief ich »Sehen Sie sich ihn an, ohne ihn zu berühren. Was meinen Sie? Ist es ernst?«

»Es scheint ziemlich tief eingedrungen zu sein, aber es hängt ganz davon ab, was es ist – ein Splitter, eine Nadel, was ist es?« Ich antwortete nicht. Ich konnte ihm nicht die schreckliche Wahrheit sagen. Ich konnte ihm nicht sagen: »Dies schwarze Ding, das in den Zeigefinger meiner rechten Hand eingedrungen ist, ist ein Rotzpopel!«

Nein, keiner hätte das geglaubt. Derartiges passiert nur einem Dali. Was sollte das Erklären, wenn die Wirklichkeit wahrlich eine purpurrote Hand war, die eindeutig zu schwellen anfing? Die ganze Hand des Malers Salvador Dali, die man würde abschlagen müssen, durch ein Stück Schleim infiziert – wenn es mich nicht sogar gänzlich hinwegraffte nach vorheriger Zerstörung durch spasmodische, abscheuliche Tetanuskrämpfe.

Ich ging auf mein Zimmer und legte mich zu jedem Martyrium bereit aufs Bett. Ich verbrachte eine der schwärzesten und düstersten Stunden meines Lebens. Keine der Torturen des Bürgerkriegs konnte an Intensität mit der eingebildeten Marter verglichen werden, die ich während jenes schrecklichen frühen Nachmittages in den Alpen durchmachte. Ich fühlte den Tod in meiner Hand liegen wie zwei schmähliche Kilo wild sich windender Würmer. Ich stellte mir vor, meine Hand sei schon vom Arm getrennt, ein Raub der ersten bleichen Symptome des Zerfalls. Was würde man mit meiner abgefallenen Hand machen? Würde man sie begraben? Gibt es für eine Hand Särge? Man müßte sie begraben, denn sie hatte schon jenes »faulige Aussehen« von Leichen im fortgeschrittenen Verwesungsstadium, auf die man zu oft zum »letzten Mal« geblickt hat, so daß selbst diejenigen, die den Verstorbenen am meisten geliebt und ihm am nächsten gestanden hatten, keinen anderen Gedanken haben als den, ihn mit Grausen zu verbergen – denn es ist nicht mehr er! Er wird erschreckend. Er droht, sich erneut zu bewegen! Man hält es nicht mehr aus, ihn zu sehen! Er ist der majestätische, unbegrabene Kadaver, der einen alle Augenblicke mit seiner zäh geschwollenen Erscheinung bedroht, die schlimmer ist als alles, was man sich vorstellen kann!

Doch obwohl sie vielleicht verfaulte, wollte ich mich nicht von meiner Hand trennen! Ich konnte mich nicht mit der Vorstellung abfinden, sie, wenn es Nacht geworden wäre, fern von mir schließlich in einem Behältnis eingeschlossen zu wissen, in welchem den fortschreitenden Stadien der Verwesung entsprechende, stinkende Gase einander bekämpfen würden. Ich führte die Hand zum Mund, und dies war schlimmer, als wenn an derselben Stelle jemand den Körper einer ungeheuer schweren, kopflosen Heuschrecke zerdrückt hätte!

Rasend vor innerem Leiden und im Schweiß des Todeskampfs gebadet, stand ich auf und stürzte zur Toilette, wo ich mich hinkniete, um den Rest des Schleims zu untersuchen, der dort noch auf dem Boden liegen mußte. Ich fand ihn und untersuchte ihn ganz genau. Nein! Es war kein Stück Schleim! Es war einfach ein Tropfen Leim, der an die Majolikawand gekleckst sein mußte, als die Maler die Decke der Toilette frisch gestrichen hatten. Als dies aufgeklärt war, verschwand mein Entsetzen. Ich holte den Stachel gehärteten Leims, der unter meinem Fingernagel steckengeblieben war, mit jenem merkwürdig aufmerksamen und sinnlichen Schwindelgefühl wieder ans Tageslicht, das so meisterhaft in der berühmten Skulptur des *Dornausziehers* verewigt worden ist. Sobald ich das Überbleibsel des »falschen Schleims« aus meinem Finger entfernt hatte, sank ich sofort in seligen, schweren Schlummer.

Als ich erwachte, wußte ich, daß ich nicht nach Spanien fahren würde.

Ich war schon dort gewesen. Und genau so, wie Des Esseintes, der Held von Huysmans *A Rebours*, die Strapaze und die Wirklichkeit seiner Reise nach London schon erlebt hatte, bevor er sie überhaupt erst antrat, ohne sich aus dem Bahnhofsbistro fortzubewegen, wo er sich all die Erlebnisse der Reise und seines Aufenthaltes in London so wirksam vorgestellt hatte, daß er mit dem Eindruck nach Hause zurückkehren konnte, die ganze Reise gemacht zu haben, genau so hatte ich gerade einen »Bürgerkrieg« in meinem eigenen Körper erlebt, von dem ich einen sehr wesentlichen Teil, meine rechte Hand, abgetrennt hatte.

Phantasielose Geschöpfe unternehmen unermüdlich Weltreisen; sie werden alle einen ganzen europäischen Krieg benötigen, um eine sehr vage Vorstellung von Hölle zu bekommen. Alles, was ich gebraucht hatte, um in die »Hölle« hinabzusteigen, war ein Nasenpopel, und dazu noch nicht einmal ein echter Nasenpopel – nein, ein falscher! Abgesehen davon weiß Spanien, das mich kannte und mich kennt: Sollte ich sterben, ganz gleich wie ich stürbe, selbst wenn ich an einem Stück Schleim oder falschem Schleim stürbe, immer würde ich für Spanien sterben, für seinen Ruhm. Denn im Gegensatz zu Attila, unter dessen Schritt und Tritt kein Gras mehr wuchs, ist jedes Stückchen Erde, auf das ich meine Füße setze, ein Feld der Ehre.

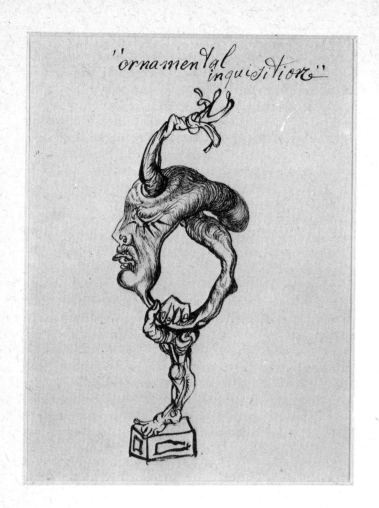

»Ornamentale In
stion«

Paul Eluard hatte den Wappenspruch »Von Irrtümern und Parfums leben« formuliert. Nach meinem »Irrtum« mit der falschen Schauspielerin und dem Irrtum mit dem falschen Schleim schnupperte ich das unwägbare Parfum des Hellsehens. Es war so, als ob ich, einem merkwürdigen Gesetz psychischer Kompensation folgend, je mehr ich in der unmittelbaren Lebens- und Alltagswelt irrte, desto besser über Entfernungen hin und sogar in die Zukunft »sah«.

Gerade hatten wir eine von Zypressen umgebene Villa in der Nähe von Florenz gemietet, wo ich eine relative Ruhe wiedergewonnen hatte. Mademoiselle Chanel, die meine beste Freundin war, befand sich damals auf einer Sizilienreise. Eines Abends hatte ich aus heiterem Himmel die Vorstellung, Chanel habe Fieber. Ich schrieb ihr sofort: »Ich habe schreckliche Angst, daß Du an Typhus leidest.« Am nächsten Tag erhielt ich von Misia Sert ein Telegramm des Inhalts, Chanel sei in Venedig ernstlich erkrankt. Ich eilte zu ihr! Es war tatsächlich eine paratyphoide Geschlechtskrankheit mit ständigem hohem Fieber, das sich hartnäckig der Behandlung widersetzte. Die Erinnerung an Diaghilews Tod in Venedig erschreckte uns unter diesen Umständen alle.

Auf ihrem Nachttisch lag eine große bemalte Muschel, die man ihr auf Capri geschenkt hatte. Stets hatte ich die Insel Capri mit »starkem Fieber« in Verbindung gebracht. Ich hatte oft gesagt: »In Capri hat die Landschaft immer ›Pferdefieber‹. Capri sollte von seinen Grotten geheilt werden.« Ich veranlaßte, daß man die Capri-Muschel sofort aus dem Zimmer entfernte, und machte dann das Experiment, Chanels Temperatur zu messen. Sie war fast wieder normal. Seitdem quält mich die Frage: Lag auf dem Nachttisch eine Capri-Muschel, als Diaghilew starb?

Ich glaube an Magie und bin davon überzeugt, daß in Kosmogonie und selbst der Metaphysik alle neuen Anstrengungen auf Magie basieren und wir mit ihr die Geisteshaltung zurückgewinnen sollten, die einst Köpfe wie

455

Bacchanale ... Äquinoktium ... die Nachricht von der allgemeinen Mobilmachung ... schlechtes Wetter

Paracelsus und Raimundus Lullus auszeichnete. Die paranoisch kritische Interpretation der Bilder, die ungewollt meinen Wahrnehmungsapparat treffen, der zufälligen Ereignisse, die sich im Laufe meiner Tage zutragen, der so häufigen und heftigen Phänomene »objektiven Zufalls«, die rätselhafte Lichtstrahlen auf die unbedeutendste meiner Handlungen werfen – die Interpretation all dessen, wiederhole ich, ist nichts anderes als das interpretierende Auffassen, das fähig ist, zwischen den Zeichen, Omen, Auspizien, Ahnungen, Vorgefühlen und abergläubischen Gewißheiten, die die eigentliche Nahrung aller »persönlichen Magie« bilden, einen objektiven Zusammenhang zu stiften.

Bin ich selber immerhin während kurzer Zeiträume imstande, den genauen Ausgang gewisser in naher Zukunft liegender Ereignisse ziemlich genau vorherzusagen, so ist Gala ein wahres Medium in des Wortes wissenschaftlichem Sinne. Gala hat nie, nie, nie unrecht. Sie liest mit einer paralysierenden Sicherheit Karten. Sie sagte meinem Vater den exakten Verlauf meines Lebens bis zum jetzigen Zeitpunkt voraus. Sie sagte die Krankheit und den Selbstmord von René Crevel voraus und den genauen Tag der Kriegserklärung an Deutschland.

Sie glaubt an mein Holz – ein Stück Holz, das ich zu Beginn unserer Bekanntschaft zwischen den Felsen von Kap Creus unter außergewöhnlichen Umständen fand. Seitdem lebten wir nie ohne diesen »echt Dalischen Fetisch«, obwohl wir ihn bei verschiedenen Gelegenheiten verloren. Einmal verloren wir es in London in Covent Garden und fanden es am nächsten Tag wieder. Ein andermal war es mit den Bettlaken herausgegangen. Wir mußten die gesamte Wäsche des St.-Moritz-Hotels durchgehen, doch am Ende fanden wir es. Dies Stück Holz hat in meinem Kopf die Form einer manischen Zwangsneurose angenommen. Wenn mir der Einfall kommt, ich müsse es berühren, kann ich nicht widerstehen. In eben diesem Moment bin ich gezwungen, aufzustehen und es zu berühren...

Da! Ich habe es berührt, und damit ist meine Angst, die sonst nur quälend angewachsen wäre, beruhigt. Bevor ich diese manische Zwangsneurose hatte, die sich jetzt ausschließlich in Verbindung mit meinem Stück Holz geltend macht, steckte ich voller Manien, Ticks und neurotischer Rituale, die äußerst lästig waren. Zum Beispiel war mein Zubettgeh-Ritual sehr lang und minutiös. Alles in meinem Zimmer mußte auf eine besondere, vorbestimmte Art angeordnet sein – die Tür in einem genau bestimmten Winkel geöffnet, meine Socken symmetrisch auf eine exakte Stelle des Sessels gelegt, immer in der gleichen Weise. Die kleinste Abweichung von diesen Ritualen zwang mich, aus dem Bett aufzustehen und sie zu korrigieren, selbst wenn es mir sehr schwer fiel und ich mehrere Male aufstehen mußte. Seit ich 1931 mein Stück Holz fand, bin ich von allen Manien und Ritualen befreit. Ich kann alles tun, was ich wünsche, solange nur mein Holzfetisch[*] jederzeit, wenn ich an ihn denke, bei mir ist. Jedenfalls ist mein Holzstück da, da und da! Es ist mein Gebet...

Das Septemberäquinoktium sollte uns die Münchner Krise bringen. Obwohl Galas Karten vorhergesagt hatten, dieses Mal werde der Krieg »noch nicht« kommen, verließen wir Italien vorsichtshalber und verbrachten die Münchner Krise in La Posa in den Bergen von Monte Carlo bei Mademoiselle Chanel, die ständig am Radio hing. Diese »Tagundnachtgleiche« sollte vier Monate dauern, in denen ich bei Chanel die Gesellschaft des großen französischen Dichters Pierre Reverdy genoß, dessen schrecklich elementarer, lebensstarker Katholizismus tiefen Eindruck auf mich machte. Reverdy ist der Poet der Kubistengeneration. Er ist die Seele, die die kräftigsten und schönsten Zähne besitzt, die ich je gesehen habe, und kann, was man so selten findet, einen leidenschaftlichen religiösen Zorn entfalten. Er

---

[*] Fetisch: eine greifbare, gegenständliche und symbolische Materialisierung eines Verlangens; sublimiert ist es ein Wunsch, ein »Gebet«.

war »massiv«, anti-intellektuell, in allem das Gegenteil von mir selbst und bot mir eine ausgezeichnete Gelegenheit, meine Ideen zu kräftigen. Wir kämpften dialektisch wie zwei katholische Hähne und nannten dies »das Problem untersuchen«.

In dieser Zeit bereitete ich gerade meine nächste Ausstellung in New York vor, verfaßte den Übersichtsplan für mein »geheimes Leben« und malte *Das Rätsel Hitlers*, ein sehr schwer zu interpretierendes Gemälde, dessen Bedeutung mir immer noch nicht klar ist. Es verdichtete eine Reihe offensichtlich durch die Münchner Ereignisse verursachter Träume. Dies Bild schien mir von prophetischem Wert, insofern es das neue Mittelalter ankündigte, das seinen Schatten über Europa zu werfen begann. Chamberlains Regenschirm tauchte auf diesem Bild in unheimlicher Weise in Verbindung mit einer Fledermaus auf und peinigte mich, als ich ihn malte, ganz außerordentlich...

Als ich in New York eintraf, war ich über die Schaufensterauslagen der Fifth Avenue überrascht, die alle mehr oder minder Dali nachzuäffen versuchten. Von Bonwit-Teller erhielt ich sofort wieder ein Angebot, zwei ihrer Fenster zu dekorieren. Ich akzeptierte es, da ich mir die öffentliche Vorführung des Unterschiedes zwischen echtem und falschem Dali ganz interessant vorstellte. Ich hatte nur eine Bedingung: daß ich exakt das tun dürfe, was mir in den Sinn käme. Die Bedingung wurde angenommen, und man stellte mir den für die Schaufenstergestaltung verantwortlichen Angestellten vor, einen Mr. Lee, der stets äußerst zuvorkommend war.

Ich verabscheute moderne Schaufensterpuppen, jene scheußlichen, harten, ungenießbaren Kreaturen mit ihren idiotischen Himmelfahrtsnasen. Diesmal wollte ich Fleisch, und zwar künstliches, möglichst »anachronistisches« Fleisch. Wir zogen los und gruben in der Dachkammer eines alten Ladens ein paar furchteinflößende Wachspuppen mit langem, echtem Haar Verstorbener aus. Diese Puppen aus der Zeit um 1900 waren wunderbar mit dem Staub und den Spinnweben mehrerer Jahre bedeckt. Ich sagte zu Lee: »Stellen Sie sicher, daß niemand diesen Staub anrührt, er ist ihre ganze Schönheit. Ich werde diese Puppen dem Publikum der Fifth Avenue wie eine alte Flasche Armagnac servieren, die man gerade mit unendlicher Vorsicht aus dem Keller geholt hat.« Unseren behutsamen Transport überstanden sie in fast dem Zustand, in dem wir sie gefunden hatten. Ich wußte, ihr Zustand würde einen eindrucksvollen Kontrast zu dem Rahmen aus gepolstertem Satin und Spiegeln bilden, den ich mir ausgedacht hatte.

Das Thema der Auslage war absichtlich banal. Ein Fenster symbolisierte den Tag, das andere die Nacht. In der »Tag«-Auslage stieg eine dieser Puppen in eine mit Astrachan ausgeschlagene »haarige Badewanne«, die bis zum Rand mit Wasser gefüllt war. Zwei wunderschöne, einen Spiegel hochhaltende Wachsarme ließen an den Narziß-Mythos denken; direkt aus dem Boden des Schlafzimmers und aus dem Mobiliar wuchsen richtige

Narzissen. Die »Nacht« wurde durch ein Bett symbolisiert, dessen Baldachin aus dem schläfrigen schwarzen Kopf eines Büffels, der eine blutige Taube im Maul hielt, bestand; die Füße des Bettes waren die Hufe des Büffels. Die schwarzen Satin-Bettlaken wiesen Brandlöcher auf, durch die man künstliche brennende Kohlen sehen konnte. Das Kissen, auf dem die Puppe ihren verträumten Kopf ruhen ließ, bestand vollständig aus heißen Kohlen. Neben dem Bett saß das Phantom des Schlafes, im metaphysischen Stil de Chiricos gestaltet. Es prangte im blitzenden Geschmeide der Begierde, von dem die schlafende Wachsfrau träumte. Angesichts dieses Straßen-Manifestes elementarer surrealistischer Poesie würden die Passanten unausweichlich geängstigt und mit offenen Mündern stehenbleiben, sobald sich am nächsten Morgen, inmitten solcher Mengen dekorativen Surrealismusabklatsches, der Vorhang vor einer echt Dalischen Vision gehoben hätte.

Nach dem Besuch einer Aufführung des *Lohengrin* in der Metropolitan Opera gingen Gala und ich noch bei Bonwit-Teller vorbei, wo meine beiden Auslagen gerade aufgebaut wurden. Vor Ort improvisierte ich eine ganze Reihe weiterer lyrischer Erfindungen, und wir blieben bis sechs Uhr morgens, um letzte Hand anzulegen. Gala hatte sich im Eifer des Nagelns und des Anbringens tausend falscher Juwelen ihr ganzes Kleid zerrissen. Todmüde gingen wir zu Bett.

Am folgenden Tag mußten wir an einem großen Lunch teilnehmen, und erst gegen fünf Uhr entschlossen wir uns zum Aufbruch, um die Wirkung meiner Auslagen zu begutachten. Man stelle sich meine Wut vor, als wir entdeckten, daß man alles, aber auch alles geändert hatte, und das, ohne mich zu informieren! Die Wachspuppen waren durch die normalen Puppen des Hauses ersetzt, das Bett und seine Schläferin entfernt worden! Von meiner Idee waren nur die satingepolsterten Wände übriggeblieben – anders ausgedrückt, das, was ich als Witz hinzugesetzt hatte! An meiner Blässe und dem Ernst meiner Reaktion sah Gala, daß ich plötzlich gefährlich geworden war.

»Geh und sprich mit ihnen«, bat sie mich, »aber bleib vernünftig; sie sollen das Zeug wegräumen, und wir vergessen die Sache!«

Gala kehrte ins Hotel zurück, denn sie spürte, daß jeder Ratschlag mich jetzt nur noch mehr reizen würde. Ich begab mich zur Geschäftsleitung von Bonwit-Teller nach oben; dort ließ man mich eine gute Viertelstunde auf dem Flur warten, bis ich von einem Herrn empfangen wurde, der seine Freude zum Ausdruck brachte, einen solch bedeutenden Künstler wie mich kennenzulernen. Ich sagte ihm dann durch einen Übersetzer und mit der größten Höflichkeit, beim Vorbeigehen hätte ich bemerkt, daß mein Werk abgeändert worden sei, ohne daß man mich hiervon in Kenntnis gesetzt habe, ich wünsche deshalb, daß mein Name von diesen Schaufenstern entfernt und die Auslage völlig geändert werde, da die Verfälschung meines

459 Werkes meinem Ruf nur schaden könne. Der Herr antwortete, sie hätten

das Recht, von meinen Ideen das zu behalten, »was ihnen gefallen habe«, und es wäre ihnen peinlich, am hellichten Tage die Rouleaus herunterzulassen, um die Änderungen vorzunehmen, um die ich ersuchte. Diese Änderungen hätten in Wirklichkeit nicht mehr als zehn Minuten erfordert, und ich war im Begriff, praktisch vorzuführen, daß die ganze Sache in Windeseile über die Bühne gehen könne. Die unverschämte Art, mit der mein vernünftiges und legitimes Anliegen beantwortet wurde, brachte mich sofort dazu, ein Ultimatum zu stellen, und ich gab dem Herrn bekannt, daß ich die Entfernung meines Namens und aller Teile meiner Auslage, die noch im Fenster seien, v e r l a n g e . »Wenn dies nicht innerhalb von zehn Minuten geschehen ist«, sagte ich, »werde ich drastische Maßnahmen ergreifen. «

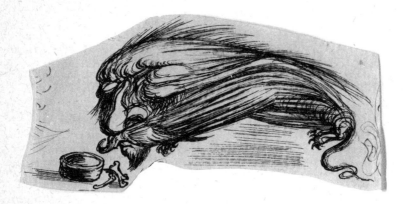

Soeben hatte ich genau entschieden, was ich tun würde. Ich würde hinuntergehen, die Auslage betreten und die mit Wasser gefüllte Badewanne umkippen. Bei einer solchen Überschwemmung wären sie sicherlich gezwungen, die Rouleaus herunterzulassen und alles herauszunehmen. Dies schien mir die einzige Lösung, denn der Gedanke, einen Prozeß gegen Bonwit-Teller anzustrengen, kam mir kindisch vor.

Der Herr erklärte mir, man habe meine Dekorationen geändert, weil sie zu erfolgreich gewesen seien; dauernd habe sich eine den Verkehr behindernde Menschentraube vor ihnen gebildet; jetzt seien sie genau richtig, und nach allen entstandenen Unkosten werde er sie um nichts in der Welt entfernen.

Ich verbeugte mich mit äußerster Korrektheit und spazierte hinaus, die beiden Herren mit einem Lächeln, das größte Skepsis ausdrückte, zurücklassend, ging hinunter ins Erdgeschoß und strebte seelenruhig der Auslage zu, in der die Badewanne stand, und trat hinein. Ich hielt einen Moment inne, um mein Vorhaben auszukosten, und schaute durch das Fenster auf den bizarren Passantenstrom, der um diese Zeit die Bürgersteige der Fifth Avenue buchstäblich überschwemmte. Mein Auftauchen im Fenster muß irgendwie sehr ungewöhnlich gewirkt haben, denn es sammelte sich sofort eine große Menschenmenge, um mich zu beobachten.

Ich packte die Badewanne mit beiden Händen an ihrem Ende und versuchte, sie hochzuheben und umzukippen. Ich fühlte mich wie der biblische Samson zwischen den Säulen des Tempels. Die Badewanne war viel schwerer als angenommen, und bevor ich sie hochheben konnte, rutschte sie direkt bis zum Fenster, so daß sie in dem Moment, als ich es schließlich mit äußerster Anstrengung schaffte, sie auszuleeren, in die Scheibe krachte, die in tausend Stücke zerbarst. Die Menschenmenge wich sofort mit einer Bewegung instinktiven Schreckens in weitem Halbkreis vor den Glassplittern und dem Badewannenwasser, das sich nun auf den Bürgersteig ergoß, zurück. In kühler Einschätzung der Lage kam ich dann zu dem Schluß, es sei viel vernünftiger, das Geschäft durch das von den Stalaktiten und Stalagmiten meiner Wut starrende Fenster zu verlassen, als durch die Tür im hinteren Teil der Auslage zurückzugehen. Kaum war ich durch den Rahmen gesprungen und auf dem Bürgersteig gelandet, als ein großes Glasstück, das durch ein Wunder obengehalten worden sein muß, sich löste und den Raum durchschnitt, den ich gerade durchquert hatte, und es war ein weiteres Wunder, daß ich von ihm nicht guillotiniert wurde, denn seinen Ausmaßen und seinem Gewicht nach hätte es sehr leicht meinen Kopf aufspalten können.

Auf dem Bürgersteig schlüpfte ich in meinen Mantel, den ich über den Arm gelegt bei mir getragen hatte, denn es wehte ein scharfer, kühler Wind, und ich fürchtete, mich zu erkälten. Langsamen Schrittes steuerte ich auf mein Hotel zu. Ich war kaum zehn Schritte gegangen, da legte mir ein ausgesprochen höflicher Detektiv taktvoll die Hand auf die Schulter und erklärte entschuldigend, er müsse mich verhaften.

Gala und meine Freunde kamen sofort auf die Revierwache, in die man mich gebracht hatte, und mein Anwalt legte mir zwei Alternativen dar: Ich könne entweder sofort auf Kaution freigelassen werden, das Verfahren würde dann sehr viel später stattfinden; oder ich könne, wenn ich es vorzöge, für kurze Zeit mit den anderen Festgenommenen im Gefängnis bleiben, dann würde mein Fall innerhalb weniger Stunden verhandelt werden. Da ich die Angelegenheit unbedingt so schnell wie möglich hinter mich bringen wollte, entschloß ich mich für die zweite Möglichkeit.

Die aufgezwungene Gemeinschaft mit den anderen Gefangenen terrorisierte mich. Die meisten von ihnen waren Betrunkene und Berufsstrolche, die sich dauernd erbrachen und mit bewundernswertem Optimismus untereinander kämpften. Ich lief ständig von einer Ecke in die andere, um dieser ganzen wimmelnden, geifernden Schmach zu entfliehen, und ein kleiner Herr, der mit Ringen und ostentativ aus sämtlichen Taschen hängenden goldenen Ketten beladen war und der trotz seiner schmächtigen Statur und seinem verweichlichten Aussehen von all diesen stämmigen

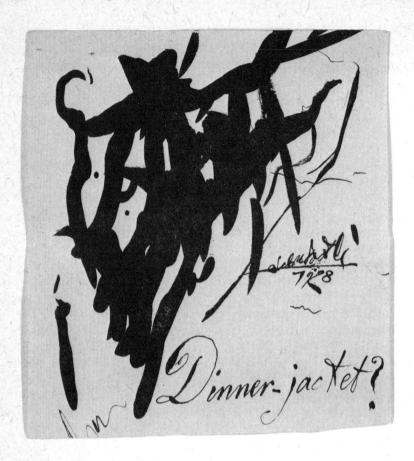

und robusten Kerlen respektiert zu werden schien, muß meine Verzweiflung bemerkt haben.

»Du bist Spanier«, sagte er zu mir, »das sehe ich sofort. Ich bin Puertorikaner. Warum bist du hier?«

»Ich habe ein Fenster zerschlagen«, antwortete ich.

»Das ist eine Kleinigkeit. Du wirst ein paar Dollars Geldstrafe bekommen, und damit hat sich's. Es war wohl eine Kneipe? In welchem Teil der Stadt hast du das Fenster eingeschlagen?«

»Es war keine Kneipe, es war ein Geschäft an der Fifth Avenue.«

»Fifth Avenue!« rief der kleine Herr aus Puerto Rico in einer Weise, die seinen plötzlich gestiegenen Respekt bezeugte. Er nahm mich sofort unter seine Fittiche und fügte hinzu: »Du kannst mir alles später erzählen. Jetzt bleib in meiner Nähe und mach dir keine Sorgen. Es wird dich keiner anrühren, solange du hier bist.«

Er war in diesen Kreisen sicherlich eine wichtige Figur.

462

XV. Letzte Tage des Glücks in Europa

Gala im Matrosenkostüm in Cadaqués an dem Morgen, als sie fünfzehn Hummer fing.

Die homerischen Gelage in Palamos. Von links nach rechts: Charlie Bestegui, Roussy Sert, Bettina Bergery, Salvador Dali, Contessa Madina Visconti, José-Maria Sert, Gala Dali, Baronin von Thyssen, Fürst Alexis Mdivani

René Crevel in Betrachtung einer Schnecke; in seinem Freitod warf das Leid, das über Europa kommen sollte, seine Schatten voraus.

Meine beste Freundin, Mademoiselle Chanel, in Roquebrune.

Das Haus von Salvador und Gala Dali in Port Lligat.

Roussy Sert und Dali in Palamos.

Gala: Die Olive.

Dali, Princesse Nathalie Paley und Gala in Palamos.

XVI. Mein unstetes Leben in Amerika

Ich zeichne Harpo Marx in Hollywood.

Im St. Regis Hotel in New York erfinde ich beim Frühstück im Bett eine halluzinatorische Maske.

Bei Caresse Crosby in Virginia: ein schwarzer Flügel, schwarze Hunde und schwarze Schweine im Schnee, und während ich arbeite, singen Schwarze. Caresse sitz am Flügel. (Mit freundlicher Genehmigung von Eric Schaal-Pix.)

»Der Traum der Venus« wird nach meinen Entwürfen im Vergnügungspark der Weltausstellung in New York aufgebaut. (Mit freundlicher Genehmigung von Eric Schaal-Pix.)

Der Richter, der meinen Fall verhandelte, konnte trotz seiner gestrengen Miene nicht verheimlichen, daß meine Geschichte ihn amüsierte. Er entschied, ich hätte »unangemessen heftig« agiert und würde für das zerschlagene Fenster aufkommen müssen, doch fügte er ausdrücklich hinzu, jeder Künstler habe das Recht, sein »Werk« bis zum Äußersten zu verteidigen.

Am nächsten Tag reagierte die Presse mit einem herzlichen, bewegenden Sympathiebeweis für mich, und ich erhielt eine Flut von Telegrammen aus allen Teilen des Landes von Künstlern und Privatleuten, die mir sagten, durch meine Handlungsweise hätte ich nicht nur meinen »eigenen Fall«, sondern auch die Unabhängigkeit der amerikanischen Kunst verteidigt, die allzuoft von der Inkompetenz industriell und kommerziell orientierter Vermittler bedroht sei. So hatte ich unabsichtlich einen wunden Punkt des Landes berührt.

Unmittelbar nachdem ich Bonwit-Tellers Fenster zertrümmert hatte, erhielt ich das Angebot, auf der New Yorker Weltausstellung, die in anderthalb Monaten eröffnet werden sollte, »noch eines« zu machen, ein monumentales, eines ganz nach meinem Geschmack, das nicht zerschlagen werden müßte, und ich unterschrieb mit einer Aktiengesellschaft* einen Vertrag, der mir unzweideutig »völlige schöpferische Freiheit« zu garantieren schien.

Dieser Pavillon sollte *Der Traum der Venus* heißen, doch in Wirklichkeit war es ein schrecklicher Alptraum, denn nach einiger Zeit wurde mir klar, daß die fragliche Gesellschaft den *Traum der Venus* nach ihren eigenen Vorstellungen machen wollte und von mir lediglich den mittlerweile so glänzend werbewirksamen Namen brauchte. Ich sprach immer noch kein Wort Englisch, und mein Sekretär, der meine kleinste Idee durchkämpfen mußte, schwitzte Blut! Jeden Tag gab es eine neue Explosion. Für meine schwimmenden Mädchen hatte ich Badeanzüge nach Ideen von Leonardo da Vinci entworfen, stattdessen brachten sie mir dauernd Nixen-Anzüge mit Gummifischschwänzen! Ich begriff, daß alles auf einen Fischschwanz hinauslaufen würde – das heißt, auf ein Desaster! Hundertmal erklärte ich klar und deutlich, ich wolle von diesen Nixenschwänzen nichts hören, die die Gesellschaft mir um jeden Preis aufzwingen wollte, wobei sie behauptete, ich kenne die Psychologie der amerikanischen Öffentlichkeit nicht. Ich brüllte, ich verlor die Nerven – alles über meinen Sekretär. Die Nixenschwänze verschwanden eine Zeitlang, aber plötzlich tauchten sie wieder auf, wie der bittere Nachgeschmack fettiger und unverdaulicher Speisen.

Als ich sah, daß die Erklärungen und Protestbriefe, die mein Sekretär jeden Abend bis zur Erschöpfung tippte, immer wirkungsloser wurden, sagte ich ihm, er solle damit aufhören und mir eine große Schere kaufen. Am nächsten Morgen erschien ich in der Werkstatt, wo *Der Traum der Venus* aufgebaut wurde. Mein Vertrag gab mir das Recht der Oberaufsicht, und

* Im Französischen *société anonyme*, dies erklärt im folgenden Dalis Wortspiel mit »anonym«. (Anmerkung von H. M. Chevalier)

Furniture.

dieses Recht gedachte ich mit der herausfordernden Kraft meiner Schere zu beanspruchen. Zuerst schnitt ich der Reihe nach das Dutzend Nixenschwänze auf, die für die schwimmenden Mädchen vorgesehen waren, so daß sie völlig unbrauchbar wurden. Danach attackierte ich die fluoreszierenden goldenen und silbernen Perücken, um die ich auch nicht gebeten hatte – ein ganz unnötiges und anonymes Hirngespinst der Gesellschaft. Ich zerschnitt sie in einzelne Flechten, die ich in Teer tunkte, damit man sie an von der Pavillondecke hängende umgestülpte Regenschirme pappen konnte. Die Regenschirme schienen auf diese Weise wie mit trauerndem spanischem Moos bedeckt. Nachdem ich die Perücken der Nixen in spanisches Moos verwandelt hatte, benutzte ich meine Schere, die nur das Schneidesymbol der Rache meiner Persönlichkeit war, dazu, alles zu zerschneiden, zu zerschnipseln, zu zerstechen und zu vernichten, bis ich sie schließlich mitten ins Herz dieser »anonymen« Gesellschaft stieß, die am Ende »Oh weh!« schrie und kapitulierend die Arme hochreckte.

Resigniert erklärten sie sich mit allem einverstanden, was mein königlicher Wille ihnen befahl. Doch waren meine Kämpfe nicht überstanden, denn nun begann Sabotage. Sie taten »ungefähr«, was ich anordnete, aber so schlecht und arglistig, daß der Pavillon eine jämmerliche Karikatur meiner Ideen und Entwürfe wurde. Ich veröffentlichte aus diesem Anlaß ein Manifest: *Unabhängigkeitserklärung der Phantasie und des Menschenrechts auf Verrücktheit* (New York, 1939), um mich der moralischen Verantwortung für eine derartig verfälschte Arbeit zu entledigen, denn Fenster konnte ich nicht mehr zertrümmern (obwohl dies angesichs der Abmessungen des Beckens, in dem das Ensemble schwamm, reizvoll gewesen wäre – die Überflutung des ganzen Pavillons hätte sich gut gemacht).

Vom *Traum der Venus* angeekelt, lange bevor er fertiggestellt war, fuhr ich wieder nach Europa – so daß ich mein Werk nie vollendet sah. Ich erfuhr später, daß die Gesellschaft, kaum war ich fort, meine Abwesenheit nutzte, den *Alptraum der Venus* mit anonymen Schwänzen anonymer Nixen auszustatten, so das wenige, was von Dali geblieben war, vollständig anonymisierend.

Auf der *Champlain*, die mich nach Europa zurückbrachte, hatte ich Zeit, meine Bewunderung für die elementare und biologisch intakte Kraft der »amerikanischen Demokratie« zu überprüfen und philosophisch besser einzuordnen, eine Bewunderung, die in diesem Buch oft leidenschaftlichen und lyrischen Ausdruck findet und die durch die unglücklichen Umstände meiner jüngsten Reise in keiner Weise gelitten hatte. Im Gegenteil, denn wo man sich mit einer offenen Schere in der Hand unterhalten kann, da ist auch genug gesundes Fleisch zum Schneiden und für jede Art Hunger Freiheit. Leider war das Europa, das ich nun antraf, schon durch onanistische, sterile Selbstverfeinerung ausgelaugt; und da man die ideologischen Widersprüche, zu dessen spekulativer Spielwiese es geworden war, nicht aufheben konnte, zeichnete sich die einzige Lösung bereits ab: Krieg und Niederlage.

Während ich mich auf der *Champlain* wieder Frankreich näherte, hatte ich außerdem Zeit, über jenes andere, verborgenere Amerika nachzudenken – das Amerika einzelner klarer Köpfe, die uns Europäern schon wiederholte Lektionen in »überragender Didaktik« gegeben hatten. Das Urteilsvermögen, das bestimmte Museen und Privatsammlungen an den Tag legten, bewies in der Tat, daß in Amerika, wie in keinem anderen Land und weit entfernt vom skeptischen Eklektizismus Europas, schon die ersten Winde von These und Synthese aufkommen. James Thrall Soby – ich hatte soeben die auf meiner ersten Reise nach Amerika geknüpften geistigen Bande zu ihm gefestigt – war der erste gewesen, der eine ideologische Ordnung ästhetischer Werte im Sinne Picassos unter dem deutlichen Zeichen eines schonungslosen Ausschlusses abstrakter und ungegenständlicher Kunst vorgenommen hatte, wobei er die im ultra-gegenständlichen Sektor des paranoischen Surrealismus und der Neo-Romantik latent vorhandene Sehnsucht nach einer »Renaissance« in den Wunsch nach Integration und interpretativer Synthese einschmolz. Es war offensichtlich, doch mußte erst noch «klassifiziert« werden. Die Achse Bérard-Dali war vom Geistigen her unendlich viel »wirklicher«, als es die oberflächlichen surrealistischen Ähnlichkeiten waren, die einzelne Surrealisten untereinander durch die konventionellen Bande der Sekte verbanden. Und Eugene Behrmans »durch Klassizismus romantische«* Gemälde gewannen authentisch mysteriöse Qualität, bezeugten eine Phantasie, die der Phantasie der mir dem Buchstaben nach Folgenden, der »offiziellen Surrealisten«, unendlich weit überle-

* Oder »romantisch klassische«

gen war. Sobys intellektuelles Programm glich stark demjenigen, das Julien Levy auf parallelem Wege, ausgerüstet mit den Waffen der Praxis, so entschlossen angenommen hatte: die geistige Richtung, in die er die Aktivitäten seiner Galerie von Anfang an lenkte, wurde von den Prinzipien der Hierarchie und der Synthese bestimmt. Soby war auch einer der ersten, der glaubte, die »paranoisch-kritische Aktivität« werde die Aufgeregtheiten der automatistischen Experimente ablösen, die sich in langweiliger Wiederholung und entnervendem, nicht enden wollendem Auf-der-Stelle-Treten selbst erschöpften.

Eine traurige Bestätigung für dieses Nicht-vom-Fleck-Kommen erhielt ich, als ich nach meiner Ankunft in Paris erfahren mußte, daß die Surrealistengruppe während meiner Abwesenheit nichts Besseres zu tun gehabt hatte, als unermüdlich weiter die kleinen Bohnen des reinen Automatismus in die Luft zu werfen – gegen meine neue Suche nach ästhetischer Hierarchisierung irrationaler Vorstellungsinhalte. Die Reaktion auf meine Rangordnungen bestand in einer surrealistischen Ausstellung, in der die Exponate nach dem vollkommen kollektiven Kriterium der alphabetischen Ordnung plaziert waren. Man hätte wirklich nicht erst alles revolutionieren und auf den Kopf stellen müssen, um schließlich zu einer solchen Regelung zu gelangen. Ich habe es nie geschafft, das Alphabet auswendig zu lernen; wenn ich etwas im Lexikon nachsehen muß, brauche ich es nur aufs Geratewohl aufzuschlagen, so finde ich das Gesuchte immer. Die alphabetische Ordnung ist nicht meine Spezialität, ich hatte auch das Talent, mich stets da herauszuhalten. Ich würde mich also aus dem Alphabet des Surrealismus heraushalten, denn »ich war der Surrealismus«, ob ich wollte oder nicht.

Mein *Verrückter Tristan*, mein bestes Bühnenwerk, war, wie üblich, »nicht aufführbar«, wurde dann zum *Venusberg* umgestaltet und schließlich vom *Venusberg* ins *Bacchanal*, die endgültige Fassung. Es war ein Ballett, das ich mir für das Ballet Russe in Monte Carlo ausgedacht hatte. Ich kam sehr gut mit Leonid Massine aus, der seit langem ein hundertprozentiger Dalianer war – er genau war dazu ausersehen, die Choreographie des *Krückentanzes* zu übernehmen. Fürst Scherwaschidse, zusammen mit dem Vicomte de Noailles der reinste Vertreter der echten Aristokratie Europas, führte meine Bühnenbilder mit einer professionellen Gewissenhaftigkeit aus, die unsere kleingeistige, moderne Epoche, wo alles schnell gehen muß, wo es an Exaktheit fehlt, wo alles halb und also schlecht gemacht wird, kaum verdient hat. Ich hatte auch das große Glück, daß Chanel die Kostüme entwarf. Chanel arbeitete mit rückhaltloser Begeisterung an meiner Aufführung und schuf die luxuriösesten Kostüme, die je für ein Theater ersonnen wurden. Sie verwendete echten Hermelin, echte Juwelen, und die Handschuhe Ludwigs II. von Bayern waren so schwer bestickt, daß wir einige Bedenken hatten, ob der Tänzer mit ihnen überhaupt würde tanzen können.

468

Bacchanale – Font-Romeu. Kurz vor Ausbruch des Krieges

   Doch wieder sollte die Arbeit scheitern. Als der Krieg ausbrach, reiste die Ballettruppe eilig nach Amerika ab, bevor Chanel und ich unsere Arbeit beendet hatten. Trotz der Telegramme, die wir schickten, um die Aufführung zu verzögern, kam das *Bacchanal* an der Metropolitan Opera mit improvisierten Kostümen heraus – ohne daß ich auch nur eine einzige Probe gesehen hätte! Trotzdem scheint es ein riesiger Erfolg gewesen zu sein.
   Der europäische Krieg rückte näher. Die entnervenden Abenteuer unserer jüngsten Reise nach Amerika hatten Gala und mich erschöpft, und wir beschlossen, uns in den Pyrenäen nahe der spanischen Grenze zu erholen, wo wir im Grand Hotel von Font-Romeu Quartier nahmen. »Erholung« hieß für mich, sofort damit anzufangen, zwölf Stunden am Tag zu malen, statt mich zu erholen. Das Apartment, das ich reserviert hatte und wo ich mein Atelier einrichten wollte, war, da es das beste im Hotel war, gerade von dem unerwarteterweise zu einer Inspektionstour der Grenzbefestigungsanlagen eingetroffenen Stabschef der französischen Armee, Général

Das einzige, was von diesem Entwurf übrigblieb, ist der kleine Berg im Hintergrund!
Erster Entwurf der Ausstattung für »Venusberg« – nie ausgeführt wegen zu hoher Kosten, später für die Ausstattung des »Bacchanale« verwendet.

Gamelin, belegt worden. Wir mußten deshalb ungeduldig der Abfahrt Gamelins harren, bevor wir sein Zimmer beziehen konnte, was wir dann auch unverzüglich taten. Als ich am Abend mit Gala in Général Gamelins Bett stieg, las sie vor dem Einschlafen die Karten und sah den genauen Tag der Kriegserklärung voraus. Die Kleider, die wir unordentlich auf dem Sessel hatten liegen lassen, warfen eine eindrucksvolle Schattensilhouette auf die Wand, genau das Profil des Général Gamelin. Ein schlechtes Omen!

Die Mobilmachung kam, das Grand Hotel wurde geschlossen.

Zurück in Paris nahm ich mir die Karte von Frankreich vor und plante meinen Winterfeldzug, wobei ich versuchte, die Möglichkeit einer Nazi-Invasion mit gastronomischen Möglichkeiten zu kombinieren, denn in Font-Romeu war das Essen ziemlich schlecht gewesen und ich war ganz verrückt nach schmackhaften Gerichten. Schließlich legte ich meinen Finger so nah wie möglich an die spanische Grenze und gleichzeitig auf einen neuralgischen Punkt der französischen Küche: Bordeaux. Das müßte einer der letzten Orte sein, den die Deutschen erreichen würden, falls sie, was mir äußerst unwahrscheinlich vorkam, gewinnen sollten. Und zweitens bedeutete Bordeaux natürlich Bordeaux-Wein, Hasenpfeffer, Entenstopfleber mit Rosinen, Ente à l'orange, Claire-Austern aus Arcachon... Arcachon! Das ist es! Ein paar Kilometer von Bordeaux. Das ist genau der richtige Flecken, die Kriegstage zu verbringen.

Drei Tage nach unserer Ankunft in Arcachon wurde der Krieg erklärt. In einer großen Villa im Kolonialstil mit Blick auf den berühmten, ornamentalen See von Arcachon, die wir von Monsieur Colbet gemietet hatten, richtete ich mein Atelier ein.

Monsieur Colbet hatte wahrscheinlich der Welt größtes Redevermögen. Den Beweis dafür erhielt ich, als Mademoiselle Chanel uns besuchen kam, denn bis dahin hatte ich gedacht, daß Chanel am unermüdlichsten rede. Bei gebratenen Sardinen und einem Glas Médoc brachte ich eines Abends die kleine »Coco« (so wird Mademoiselle Chanel von engen Freunden genannt) und Monsieur Colbet zusammen, um zu sehen, wer den anderen ausstechen könne. Der Kampf blieb über drei Stunden lang unentschieden, doch gegen Ende der vierten Stunde begann Monsieur Colbet die Überhand zu gewinnen und siegte schließlich. Seinen Sieg verdankte er hauptsächlich seiner Atemtechnik. Seine Art, während des Redens zu atmen, war einfach erstaunlich, denn selbst in den hitzigsten Momenten gab er keine Sekunde jenen gleichmäßigen, unveränderlichen Rhythmus des Ein- und Ausatmens auf, wie er für all die charakteristisch ist, die entschlossen sind, einen langen Weg zu gehen. Coco hingegen ließ sich ab und zu von ihrer eigenen Eloquenz fangen und mußte für ein, zwei Sekunden innehalten, um tief Atem zu holen – aaahhh!

In dem Augenblick heimste Monsieur Colbet verräterisch seinen Vorteil ein und setzte unerschütterlich den (mittlerweile schon etwas ausgeleierten) Faden seiner Geschichte fort; zugleich aber lenkte er das Gespräch in eine Richtung von Themen und Fragen, bei denen, wie er spürte, Mademoiselle Chanel in wachsendem Maße auf schwankenden Boden geriet. Wenn es zum Beispiel plötzlich um Termiten ging, verlor Chanel den festen Grund unter den Füßen, da sie keine ausreichend genaue Meinung über das Thema hatte. Dann konnte Monsieur Colbet kühn vorstoßen und Tonnen von Anekdoten ablassen, die er aus den Erfahrungen seiner Afrikareisen speiste. Man hatte den Eindruck, er war in der Lage, dieses Thema die ganze restliche Nacht weiterzuführen.

Währenddessen eröffneten die deutschen Truppen eine Front nach der anderen. Coco war wie ein Schwan, und mit ihrer nachdenklichen, leicht gesenkten Stirn glitt sie mit der einzigartigen Eleganz und Grazie des französischen Geistes auf dem Wasser der Geschichte einher, das nun alles zu überfluten begann. Das Beste, was Frankreich an »Rasse« besitzt, kann man in Coco finden. Sie konnte wie kein anderer von Frankreich sprechen; sie liebte es mit Körper und Seele, und ich wußte, was immer ihrem Land widerführe, sie würde es nie verlassen. Coco war wie ich eine der lebenden Inkarnationen des Europas der Nachkriegszeit, die Entwicklung unserer beiden Geister war sehr ähnlich verlaufen. Während der vierzehn Tage, die Mademoisele Chanel bei uns in Arcachon verbrachte, wurden wieder Gott und die Welt in unseren endlosen Gesprächen abgehandelt; der Krieg hatte ihnen eine neue Strenge und Originalität gegeben, Form mußte man jetzt in einer ganz anderen Weise betrachten.

Cocos Originalität stand jedoch im Gegensatz zu meiner. Ich habe meine Ideen immer entweder schamlos »exhibiert« oder sie mit raffinierter jesuitischer Heuchelei versteckt. Nicht sie: Sie stellt sie weder zur Schau, noch versteckt sie sie. Sie zieht sie an. Der Sinn für Kleidung hatte bei ihr die biologische Bedeutung lebensgefährlicher Selbstbescheidung. Was Ludwig II. von Bayern anzog, muß sie für offizielle Gelegenheiten und als Straßenkleidung entworfen haben, um die junge und rauhe Herbheit ihrer uneingestandenen Gefühle anzuziehen! Ihr Sinn für Mode und Kleidung war »tragisch« – so wie er bei anderen »zynisch« ist! Vor allem war Chanel das »an Körper und Seele« bestangezogene Wesen auf Erden.

Nach Coco besuchte uns Marcel Duchamp. Er war durch das Bombardement von Paris terrorisiert, das bis jetzt gar nicht stattgefunden hatte. Duchamp ist ein noch anti-historischeres Wesen als ich; er überließ sich weiterhin seinem wunderbaren hermetischen Leben – der Kontakt mit seiner Trägheit verursachte mir einen Arbeitskrampf. Nie habe ich so hart oder mit so brennender intellektueller Verantwortung gearbeitet wie in Arcachon während dieses Krieges. Mit Körper und Seele ergab ich mich dem Kampf um Techniken und Material. Es wurde zur Alchemie. Ich suchte nach dem Unfindbaren, dem Malmedium, der genauen Mischung von Bernsteinöl, Harz und Firnis, der unwägbaren Plastizität und hochsensitiven Stofflichkeit, durch die die Sensibilität meines Geistes sich endlich ma-

cal Infantry , as against horizontal infantry; means of battle by the unexpected use of Stilts of the Landes country

Salvador Dali
1940

✗ TORNE◊.

consecutice ½ off

50

53

Vertikal-Infanterie gegen Horizontal-Infanterie; durch den unerwarteten Einsatz von Stelzen aus den »Landes« eine Schlacht entscheiden.

terialisieren ließe. Wie oft verbrachte ich eine schlaflose Nacht, weil ich irrtümlich zwei Tropfen zuviel in das Bindemittel gegossen hatte! Gala allein war Zeuge meiner Wutausbüche, meiner Verzweiflung, meiner kurzen Ekstasen und der Rückfälle in den bittersten Pessimismus. Sie allein weiß, bis zu welchem Punkt das Malen mir damals zum grimmigen Lebensgrund wurde, während es zugleich ein noch grimmiger unbefriedigterer Grund wurde, sie, Gala zu lieben, denn sie, nur sie allein war Wirklichkeit; und meine Augen sahen nur sie, und es war ihr Bild, das meine Arbeit, mein Gedanke, meine Wirklichkeit war.

Doch um dies Bild meiner Galarina, wie ich sie nannte, zu malen, müßte ich vielleicht wie ein richtiger katholischer Esel an Erschöpfung sterben, halb verwest – wie ich es schon war – wie ein Esel, der auf dem letzten Loch pfeift, weil er auf seinem wunden- und fliegenübersäten Rücken allein das ganze Gewicht der Unzulänglichkeiten, Nichtigkeiten und Revolutionen unserer skeptischen, formlosen und traditionslosen Epoche trägt.

Und von den Problemen der physikalischen Küche der Technik fiel ich in das »Ganze« zurück, das der Geist Leonardos war – das Ganze, alles, das Ganze, Kosmogonie, Kosmogonie, Kosmogonie! Die Eroberung des Ganzen, die systematische Interpretation der ganzen Metaphysik, der ganzen Philosophie und der ganzen Wissenschaft in Einklang mit dem Fundus der katholischen Tradition, die allein durch die Strenge der paranoisch-kritischen Methode würde wiederbelebt werden können. Alles mußte vereinigt, architektonisch gestaltet und morphologisiert werden. Es war tödlich! Und Gala allein hielt mich am Leben. Sie lagerte Bordeaux-Weine; sie führte mich in Gesellschaft der Malerin Leonor Fini, deren ästhetische Leiden mir etwas Erleichterung verschafften, zum Abendessen ins Château Trompette zu Bordeaux oder in den Chapon Fin aus. Sie legte mir einen nach Knoblauch duftenden Champignon *à la Bordelaise* auf die Zungenspitze und sagte: »Iß!« – »Köstlich!« rief ich, während es in meinem Gehirn ununterbrochen weiterhämmerte: Kosmogonie, Kosmogonie, Kosmogonie! Und manchmal quoll mir eine Träne in die Augen, die genau die richtige Mischung aus Kosmogonie und Knoblauch besaß.

Im übrigen erschien mir der Krieg in Europa wie ein episodischer Kinderkampf an der Straßenecke. Eines Tages machte dieser Kampf allerdings zu viel Lärm und nahm wegen der großen, glücklichen und schweigsamen Kinder der deutschen Truppen, die schon sehr nah waren und in mit kindischen Zeichnungen bedeckten und mit Zweigen getarnten gepanzerten Märchenwagen herankamen, zu reale Züge an. Ich sagte mir, das wird zu historisch für dich; und wütend unterbrach ich die Arbeit an dem Gemälde, an dem ich gerade war, und wir fuhren ab.

In Bordeaux verbrachten wir einen düsteren Tag, den des ersten Bombardements, und Spanien erreichten wir zwei Tage bevor die Deutschen die internationale Brücke von Hendaye besetzten. Gala fuhr sofort nach Lissabon weiter, wo ich sie treffen wollte, sobald meine Papiere in Ordnung wären, um unsere Reise nach Amerika zu organisieren, die von einem übermenschlich ausgetüftelten Bürokratismus zu strotzen schien. Von Irún fuhr ich nach Figueras – das heißt, ich durchquerte ganz Spanien. Ich fand mein Land mit Ruinen bedeckt, würdevoll verarmt, mit neuerwecktem Glauben an sein Schicksal und in Trauer, die in jedes Herz mit einem Diamanten eingeritzt war.

»Klopf, klopf!«

»Wer ist da? Wer klopft?«

»Ich bin es.«

»Wer?«

»Ich, Salvador Dali, dein Sohn.«

So klopfte ich eines Morgens um zwei Uhr an meines Vaters Tür in Cadaqués. Ich umarmte meine Familie – meinen Vater, meine Tante und meine Schwester. Sie bereiteten mir Sardellen, Würstchen und Tomaten in Öl. Verblüfft und erschrocken kaute ich mein Essen: denn ich sah keine Spuren der Revolution.

»Nichts hatte sich verändert« in elf Jahren, alles war trotz der drei Jahre Bürgerkrieg und Revolution gleich geblieben! Oh das Beständige, die Kraft, die Unzerstörbarkeit des realen Objekts! Die unergründliche antihistorische Gewalt greifbarer und formaler Dinge; die terrorisierende, andauernde Macht des »Materiell-Konkreten« über das Vergeblich-Vergängliche ideologischen Revolutionismus!

In der Nacht, die ich in Figueras verbrachte, glaubte ich mit offenen Augen zu träumen. Bevor ich mich schlafen legte, ging ich lange in meinem Zimmer auf und ab, in dem ich gelebt hatte, bevor ich aus meinem Elternhaus verbannt worden war. Hier hatte ich als Kind gelebt. Und auch hier war alles genau so wie früher. Zu Tränen gerührt ging ich zu einem kleinen Sekretärschrank aus Kirschbaumholz hinüber, den ich auswendig kannte. Ich berührte sein Herz. Sein Herz, das muß ich erklären, war eine kleine Fächereinheit, die wahrscheinlich für Schreibpapier und Briefumschläge gedacht war, doch da dieser Schrank nie zum Schreiben benutzt wurde, blieben die Fächer immer leer bis auf ein unteres Fach, wo man gerade noch mit den Fingerspitzen hineinlangen konnte. Dort konnte man immer die gleiche Sorte von Gegenständen finden – ein oder zwei unbestimmte Schlüssel, Knöpfe, ein Fünf-*céntimo*-Stück, das gekerbt war, als hätte es einen Schlag abbekommen (diese Höhlung hatte auf der anderen Seite einen Höcker erzeugt, der spitz und glänzend wie ein beginnender Metallfurunkel war), Sicherheitsnadeln, leicht purpurfarbene Staubbäusche und vielleicht ein Häschen aus Elfenbein oder ein anderes kleines geschnitztes Objekt, vorzugsweise aus Elfenbein und immer zerbrochen, mit Klebstoff, der zur Reparatur benutzt worden war und nun über den Bruchrand hinausging, borstig von winzigen, sehr schwarzen und glänzenden Härchen, die alle klebrig waren und dem Stück Elfenbein ein abschreckend schmutziges, unüberwindlich widerwärtiges Aussehen gaben. Ich wußte aus Erfahrung, daß, sogar wenn meine Mutter, die eine Leidenschaft für Sauberkeit hatte, es schaffte, den Boden dieses kleinen, vergitterten Balkons auch vom letzten Staubkorn zu befreien, sofort wieder andere Gegenstände, aber immer solche der gleichen Art, und die gleichen purpurfarbenen Staubbäusche dort aufzutauchen pflegten. So ließ ich mit klopfendem Herzen meine Hand in die Tiefe des geheimnisvollen Herzens dieses Schreibschranks hineingleiten, und mit meinen Fingerspitzen fühlte ich sogleich exakt das, was ich erwartete. Alles war da: die zwei oder drei Schlüssel, einer davon rostig, die anderen kleiner und sehr blank; die Sicherheitsnadeln. Es gelang mir, mit den Fingerspitzen die Knöpfe zu liebkosen, die kleine konische Wulst der Fünf-*céntimo*-Münze und die zerbrochene Elfenbeinschnitzerei, an der ich die ordnungsgemäße klebrige Narbe mit den schmutzigen schwarzen und glänzenden Härchen ertastete. Ich drückte mehrere jener kleinen, tief purpurfarbenen Staubbäusche zwischen meinen Fingern und untersuchte sie aufmerksam, indem ich sie nah ans Licht hielt, das mit der gleichen Blässe auf sie schien wie während der Genesungszeiten meiner Kindheit. Dieser Staubbausch war stärker als alles andere, denn er lag außerhalb der Geschichte; er war das Dynamit der Zeit, fähig, die Geschichte in die Luft zu sprengen, es war die violette Blume der Tradition!

Ich drehte mich um. Ich wußte, daß hinter mir über dem Bett eine Reproduktion in einem runden Rahmen einen runden Feuchtigkeitsfleck verdeckte. Als ich klein war, habe ich dieses Bild manchmal angehoben, und fast immer kam eine kleine Spinne hervorgerannt. Jetzt versuchte ich es wieder. Der Fleck war verschwunden, doch eine kleine Spinne huschte hervor, genau so wie damals, als ich ein kleiner Junge gewesen war.

Es stimmt, daß die C. I. M.* meine Schwester gefoltert und in den Wahnsinn getrieben hatte, aber sie war schon wieder vollständig geheilt. Es stimmt, daß eine Bombe einen Balkon von unserem Haus gerissen hatte, doch niemand hatte diesen Balkon vorher je so recht wahrgenommen. Es stimmt, daß der Kachelboden in unserem Eßzimmer ganz schwarz war von dem Feuer, das die Anarchisten entzündet hatten, als sie mitten im Zimmer ihre Mahlzeiten kochten, aber genau an dieser Stelle stand der große Eßtisch, und um den Schaden zu sehen, mußte man den Tisch wegrücken, der zwar zwei Monate verschwunden gewesen, dann aber zwanzig Kilometer von Figueras entfernt bei einem Zahnarzt wiedergefunden worden war. Als liefe ein Film über eine zerstörerische Katastrophe rückwärts, so kehrte nach der revolutionären Explosion alles wie durch Zauberhand an seinen ursprünglichen und traditionellen Platz zurück. Das Klavier, das für immer verschwunden zu sein schien, »existierte«. Nach und nach kehrte es an seinen ursprünglichen Platz zurück. Eines Morgens war es wieder dort, wo es hingehörte. Alles wurde wieder so, wie es gewesen war! Der Prozeß des »Werdens« schien den physikalischen Gesetzen der ruhigen, traditionellen

* Ein militärischer Nachrichtendienst, der während des Terrors in Barcelona tätig war.

Oberflächen der metaphysischen Seen der Geschichte zu gehorchen, die – im Widerspruch zu den Prinzipien der Hegelschen Dialektik – nach jeder Umwälzung ihre Identität wiedererlangten, während die konzentrischen Kreise der illusionären Wellen des menschlichen Fortschritts, auch wenn sie anzuwachsen schienen, in Wirklichkeit nur an den weiten Stränden des menschlichen Schicksals ausplätscherten und das territoriale und mechanische Auge das spurlose Trauma des Steins der unsichtbaren und schon vergessenen Revolution vergessen ließen, der, als er geworfen wurde, noch fähig schien, den Himmel selbst mit seiner heterogenen Agitation zu bespritzen. Und wenn Heraklit mit der Behauptung recht hatte, man könne nicht zweimal in denselben Fluß steigen, so hat Dali ebenso recht, wenn er behauptet, daß das stehende Gewässer der Seen der Tradition im Gegensatz zu einem Fluß nicht das geringste Bedürfnis hat, sich aufwühlen zu lassen oder irgendwohin zu laufen, um die ewige Ursprünglichkeit des Himmels zu reflektieren oder mit Würde zu verfaulen, notfalls auch ohne Himmel…

Fig. 1. — La crevette-siphon.

Bevor ich Paris verlassen hatte, hatte ich einen Freund aus Kindertagen getroffen, der sein ganzes Leben ein Revolutionär gewesen war. Über Jahre hinaus hatte er als glühender Terrorist unerbittlich für die Errichtung der spanischen Republik gekämpft. Im Bürgerkrieg kämpfte er in der antifaschistischen Miliz unermüdlich bis zum letzten Moment wie ein Löwe. Als Flüchtling in Paris, ohne Geld, kränklich, gab er nun seinen nonkonformistischen Grundsatz auf. Aber er hatte noch Hoffnung für Spanien. Mit leiser, vertraulicher Stimme, wie unter dem schmerzvollen Zwang einer Beichte, die ihm teuer zu stehen kam und für die er mit fremdem Blut bezahlt hatte, sagte er zu mir:

»Unser Land sollte mit Franco Schluß machen, es braucht wieder eine konstitutionelle Monarchie! – Einen König!« Das sagte dieser Mann, der sein ganzes Leben lang ein aufrichtiger Revolutionär gewesen war.

Ich kannte auch einige Maler, die schrecklich revolutionär gewesen waren, alle Gipsabgüsse der akademischen Tradition zerschlagen hatten und die jetzt im nachdenklichen Alter, da ihr Haar grau wurde, – zu spät – sich schamhaft und heimlich daranmachten, so akademisch wie möglich nach den Gipsformen zu zeichnen, die sie im unverantwortlichen Bildersturm ihrer Jugend zerstört hatten.

Aber auch zu denen gehört Dali nicht. Dali kehrt zu nichts zurück, er verleugnet nichts; statt jene revolutionäre Nachkriegszeit, die er anprangert, die er haßt und bekämpft, zu verleugnen, möchte er sie affirmieren und »sublimieren«, denn sie war Wirklichkeit, und eben ihr Mangel an Tradition ist selber wieder eine Tradition, die in die darauffolgende Epoche eingefügt werden muß. Denn Kosmogonie ist ein »ausschließliches Ganzes«. Kosmogonie ist weder Reaktion noch Revolution – Kosmogonie ist Renaissance, hierarchisches und exklusives Wissen um das Ganze.

Einen Tag nach meiner Rückkehr nach Cadaqués umarmte ich die heroische Lydia, »La Ben Plantada«, die alles überlebt hatte. In ihrem hohen Alter war sie immer noch gut »verwurzelt«. Mit ihr zusammen stattete ich unserem Haus in Port Lligat einen Besuch ab. Ramon de Hermosa war während des Bürgerkriegs in einem Altenheim in Gerona gestorben. Die örtliche Abteilung des Geheimdienstes hatte ihn dort eingewiesen. Ramon war ein »Mal Plantado«, und der Baum seiner Trägheit konnte das Schicksal der Verpflanzung nicht überstehen. Lydia sagte mir:

»Während der Revolution liebte mich jeder. Wenn man kurz vor dem Sterben ist, sieht man deutlich, wo das Geistige ist.«

»Aber wie konntest du ohne deine Söhne, ohne die Hilfe von Männern, in deinem Alter leben?« fragte ich sie.

Sie lächelte ob meiner Unschuld.

»Ich habe nie besser gelebt; ich hatte alles und mehr als ich wollte; meine Geistigkeit, verstehst du?«

»Aber woraus besteht diese Geistigkeit, wenn der Zeitpunkt kommt, da man essen muß?«

»Genau, genau – siehst du, meine Geistigkeit funktionierte genau zur Essenszeit. Diese Milizsoldaten des Glaubens kamen auf Lastwagen. Es war heiß und sie kampierten am Strand. Sie diskutierten und stritten dauernd untereinander. Ich sagte kein Wort. Ich suchte den besten Platz aus und ging in aller Ruhe daran, eins dieser guten Feuer zu machen, die eine lange Glut versprechen und die nur ›La Ben Plantada‹ zu machen versteht. Allmählich nahte die Essenszeit und nach einer Weile hörte ich dann einen der Soldaten rufen: ›Wer ist die Frau da drüben?‹ – ›Weiß ich nicht‹, sagte ein anderer, ›sie ist schon lange dabei, ein Feuer anzulegen!‹ Und sie setzten ihre endlosen Diskussionen fort – ob sie alle Leute im Dorf töten sollten, weil es alles Hurensöhne seien; ob sie endgültig bis zum Ende der Woche die Macht ergreifen sollten; ob sie die Kirche und den Vikar an diesem Nachmittag verbrennen sollten.

Währenddessen unterhielt ich weiterhin mein Feuer mit frischem Weinstockreisig, das wie Engelshaar knisterte. Und bald kam todsicher ein Soldat und dann noch einer zu meinem Feuer herüber. Schließlich sagte einer von ihnen: ›Wir müssen uns über das Essen Gedanken machen.‹ Ich sagte nichts und warf noch eine Handvoll Holz ins Feuer, dessen Geruch wie eine balsamische Brise für die abgeblätterten Seelen dieser Handvoll Verbrecher war. ›Komm‹, sagte ein anderer, ›wir müssen etwas zu essen holen.‹ Und nach und nach kamen ein Kotelett, ein Kaninchenschenkel, eine Taube zum Vorschein und fingen an zu brutzeln, zu zischen, goldbraun und glasig zu werden. Beim Essen wurden die Soldaten friedlich wie die Lämmer, und sie bestanden darauf, daß ich alles mit ihnen teilte. Durch ihre Freundlichkeit mir gegenüber versuchten sie alles Schlechte, was sie getan hatten, wettzumachen. Nichts war gut genug für Lydia, sie begannen mir richtig den Hof zu machen. Wenn ich unter ihnen einen entdeckte, der in der Lage war, mich zu verstehen, erzählte ich ihnen die Geschichte des Geheimnisses des Meisters, das Geheimnis von ›La Ben Plantada‹. Es war ein Leben im Schlaraffenland. Aus den herrschaftlichen Häusern holten sie immer neues Porzellan, weil sie nie abwuschen; sobald sie ein Essen beendet hatten, warfen sie alles – Teller, Tassen, Löffel – ins Meer.

Aber all das dauerte nicht sehr lange, denn die Gegenseite sollte früher oder später die Oberhand gewinnen. Während wir aßen, kam einer der Anarchisten angerannt – sein Gesicht sah aus wie das einer exhumierten Leiche – und brachte schlechte Nachrichten. Die linken Republikaner hatten die anarchistische Bewegung unterdrückt, und von Cadaqués aus waren schon mit Stoßtrupps und Maschinengewehren beladene Lastwagen unterwegs. Jedermann stand auf, warf sein erst halb verzehrtes Kotelett in die Luft und machte sich zum Aufbruch fertig. Einer ließ mir ein Paar Schuhe, ein anderer eine Wolldecke, der nächste ein gestohlenes Grammophon, der übernächste ein Daunenkissen zurück. ›Los! Aufbruch! Das gute Leben ist vorbei. Alles aufstehen! Es ist Zeit abzuhauen. Ay, Ay, sie kommen schon! Ay, Ay, Ay! Wir müssen sterben!‹

Und der Strand war wieder verlassen, keine Menschenseele zu sehen. Doch nachmittags kamen die Stoßtrupps der Separatisten. Sie brüllten, beleidigten sich gegenseitig und fluchten wie die anderen, und wie die anderen dachte noch keiner ans Abendessen oder ans Sterben. Doch ich hatte schon ein bißchen frisches Holz geholt und begann das Feuer anzuzünden. Jemand sagte: ›Wer ist die Schwarzgekleidete da drüben?‹ – ›Weiß ich nicht. Sie macht Feuer.‹ Einer kam vorbei, dann noch einer. Schweigend sahen sie mir zu. Und ich sagte kein Wort und warf eine Handvoll frischen Weinstockreisigs auf, der schön knisterte und angenehm in den Ohren klang. Jemand rief: ›Wir müssen ans Abendessen denken.‹ Andere stimmten ihm bei: ›Laßt uns etwas zu essen suchen.‹

Dann kamen wieder andere Soldaten und verjagten sie. Kurz gesagt, auf diese Art bekam ich alles, was ich brauchte, und schließlich kamen der ›Tercio de Santiago‹ und sogar die Araber. Die Araber waren sehr anhänglich.

Sie kamen und setzten sich im Kreis um mein Feuer, und sie liebten mich wie eine Mutter. Denn ob Freund oder Feind, wenn die Essenszeit kommt, muß man etwas essen, am besten etwas Warmes, und ich selber konnte ja auch nicht verhungern. Auf dem Friedhof hätten sie noch genug Zeit für kaltes Buffet, denn ich war ziemlich sicher, die meisten von ihnen würden umkommen, so jung sie auch waren! Und was mich betrifft – wie kurze Zeit habe ich nur noch zu leben... *Que odiosea**, *Señor Dios!* Man kann es nicht mit Worten sagen!«

Ich fand die braven Fischer von Port Lligat wieder. Alle hatten alptraumhafte Erinnerungen an die anarchistische Zeit. »Nein, nein, nie wieder. Es war das Schlimmste überhaupt: nichts als Raub und Mord. Jetzt sind die Dinge wieder so, wie sie immer waren: Man geht nach Hause und ist sein eigener Herr!«

Ich öffnete die Tür meines Hauses. Alles war verschwunden. Von meiner Bibliothek war nichts mehr übrig, kein Stück; die Wände waren mit obszönen Zeichnungen und sich widersprechenden politischen Emblemen bedeckt. Unter diesen ganzen meist mit Bleistift gekritzelten Zeichen, die den aufeinanderfolgenden Durchzug von Anarchisten, Kommunisten, Separatisten, Republikanern, Trotzkisten u.s.w. bezeugten, war in großen Buchstaben mit Teer gemalt: »Viva la Anarquia! F. A. I.! Tercio de Santiago – Arriba España!«

Ich verbrachte eine Woche in Madrid und flog dann nach Lissabon, wo Gala auf mich wartete, damit wir nach Amerika abreisen könnten. In Madrid stieß ich zufällig auf den Bildhauer Aladreu, eines der jüngsten Mitglieder der Gruppe meiner Jugendzeit in Madrid. Im Hause des Dichters Marquina fand ich eins meiner Gemälde aus der ersten klassischen Periode von Cadaqués. Ich nahm mit den Intellektuellen Kontakt auf, unter ihnen war Eugenio Montes, mit dem mich zwölf Jahre zuvor eine sehr enge geistige Verwandtschaft verbunden hatte und der der strengste und lyrischste unserer heutigen Philosophen ist. Überschwenglich umarmte ich den Meister, den »Petronius des Barock« und Erfinder der mittelmeerischen »Ben Plantada« und brachte ihm Botschaften von der immer noch gut verwurzelten Lydia aus Cadaqués. Die ungewöhnlich langen und buschigen, vom Alter silbrigen Augenbrauen von Eugenio d'Ors hatten schon eine bemerkenswerte Ähnlichkeit mit Platos. Ich traf Dyonisio Ruidejo; er ist der jüngste Dichter mit dem glühendsten, kraftvollsten lyrischen Stil. Und was den Anti-Gongoristen Raphael Sanchez Moros betrifft, so erkannte ich an seiner katholischen Atemmorphologie und dem Machiavellismus seines Blickes auf Anhieb, daß er in alle Geheimnisse der italienischen Renaissance und sogar noch etwas mehr in die der kommenden Renaissance der westlichen Welt eingeweiht war.

Doch bevor ich diese Kosmogonie gebären konnte, die ich seit neun Jahren tief in meinem logischen Innern drücken, wachsen und strampeln fühl-

* Unfreiwilliger Neologismus, aus *odio* (Haß) und *Odisea* (Odyssee) gebildet.

te, mußte ich auf der Straße meines Lebens, die der Krieg in Europa wenn auch vielleicht ganz ungewollt zu versperren drohte, weiter voranschreiten, um weiterhin auf meine moralischen, materiellen und launenhaften »Bedürfnisse« achten zu können wie eine schwangere Frau – die ich war und die ich zur Ehre und zum Ruhme jedermanns bleiben werde. Ich mußte mich einfach sofort von den blinden, turbulenten Kollektiv-Rempeleien der Geschichte entfernen, sonst hätte der klassische, halb-göttliche Embryo meiner Originalität Schaden nehmen und unter den erniedrigenden Umständen einer philosophischen Fehlgeburt auf dem Bürgersteig der Anekdote sterben können. Nein, ich gehöre nicht zu denen, die Kinder aus Hälften schaffen. Zuallererst kommt das Ritual! Ich mache mir schon um seine Zukunft Gedanken, um die Laken und Kissen in seiner Wiege. Ich mußte nach Amerika zurück, um neues Geld für Gala, ihn und mich zu machen…

So traf ich in Lissabon ein. Lissabon war zum wahnsinnigen Gesang der Grillen in jenen sengend heißen Hundstagen eine Art riesiger Bratpfanne, die vom kochenden Öl der Verhältnisse überspritzte, worin die Zukunft von Tausenden auswandernder und fliehender Fische gebraten wurde, zu denen die Tausende von Flüchtlingen aller Art, jeder Nationalität und Rasse geworden waren. Auf jener historischen Place del Rossio, über der einst der Brandgeruch des Fleisches der Inquisitionsopfer gelegen hatte, stieg jetzt der heiße Rauch der neuen Märtyrer gen Himmel, die mit Hilfe der rotglühenden Eisenzangen von Visen und Pässen geopfert wurden; der Gestank raubte einem den Atem, es war genau der Gestank des ekelhaften gebratenen Fisches des Schicksals. Vom Fisch jenes Schicksals mußte ich ein Stück des Schwanzes kosten, den der Zustand Europas mir mit Gewalt in den Mund schob. Ich kaute und kaute, aber schluckte es nicht, und sobald ich meine beiden Füße fest auf dem Deck der *Excambion* verankert fühlte, die mich nach Amerika bringen sollte, spuckte ich es wütend und widerwillig aus, spuckte es in die Hand, die ich nun verließ. An jener durch den gewaltigen Sack atavistischer und sinnloser Melancholie der wunderbaren Stadt Lissabon niedergedrückten rechten Schulter der iberischen Halbinsel wurde das eigentliche und mitleidlos traurigste Drama des europäischen Krieges aufgeführt (in einem Theater ohne Zuschauer, ohne Ruhm und ohne Vergnügen). Es war ein einsames Drama ohne Gefühlsergüsse, das in den Sickergruben jener Hotelzimmer gespielt wurde, in denen die Flüchtlinge wie verfaulende Sardinen zusammengepfercht schliefen, in die sie nach einem Tag vergeblicher Bemühungen jeden Abend zurückkehrten, nicht länger entmutigt, vor Haß lächelnd, während der Wundbrand hoffnungsloser bürokratischer Prozeduren schon das vom Tod blau getränkte Gewebe ihrer Eselsgeduld zersetzte! Es war das Drama derer, die den geringen und einzigen Komfort eines schmachvoll bespritzten Klosetts, für das sie auch noch Schlange stehen mußten, dazu benutzten, um schließlich auf erbärmliche Weise die Venen ihrer einzigen und letzten Freiheit mit einer Rasierklinge zu öffnen!

Mein Lissabon-Aufenthalt erscheint mir immer noch als etwas vollkommen Unwirkliches. Stets hatte man den Eindruck, auf der Straße vertrauten Gesichtern zu begegnen. Man drehte sich um, und da waren sie. »Sag mal, sieht sie nicht wie die Schiaparelli aus?« Und sie war es. »Der ist René Clair wie aus dem Gesicht geschnitten!« Es w a r René Clair! Der Maler Sert verließ in der Straßenbahn den zoologischen Park, gerade als der Duke of Windsor die Straße überquerte und Paderewskij sich gegenüber auf eine Bank setzte, um die Sonne zu genießen. Am Rand des Bürgersteigs saß auf einer Zeitung der berühmte Banker, der König der Banker, und lauschte dem Gesang einer in einem goldenen Käfig gefangenen, soeben gekauften Grille. Daneben, ihn beobachtend, ein Beinamputierter – man hätte schwören können, es sei Napoleon Bonaparte höchstpersönlich, so sehr glichen seine bittere Stirn und die dreieckige Nase denen des Kaisers. Und der, den man von hinten am anderen Ende des Platzes vor den Büros der Schiffahrtsgesellschaft in einem braunen Anzug Schlange stehen sieht, sieht aus wie Salvador Dali…

In Amerika angekommen, begab ich mich fast unverzüglich nach Hampton Manor zum Haus von Caresse Crosby, unserer Freundin aus der Zeit des Moulin du Soleil. Alle zusammen wollten wir versuchen, die Sonne Frankreichs ein wenig wiederzubeleben, die gerade weit weg hinter Ermenonville untergegangen war. Ich ging fünf Monate in Arbeitsklausur, schrieb an meinem Buch und malte, versteckt mitten im idyllischen Virginia, das mich dauernd an die Touraine erinnert, obwohl ich die noch nie gesehen habe. Gala las mir wieder Balzac vor, und so manche Nacht kam Edgar Allan Poes Geist in einem sehr hüschen, ganz mit Tinte bespritzten Cabriolet von Richmond aus herüber, um mich zu besuchen. In einer schwarzen Nacht schenkte er mir ein mit schwarzen Stücken schwarzer Schnauzen schwarzer Hunde getrüffeltes schwarzes Telephon, in welchem er mit schwarzen Schnüren eine tote schwarze Ratte und einen schwarzen Socken, die beide mit chinesischer Tusche vollgesogen waren, angebracht hatte. Es schneite. Ich stellte das Telephon in den Schnee, und der Effekt war einfach und vor allem der von Schwarz auf Weiß.

Mehr und mehr begann ich an dieses wunderbare Ding, das Auge zu glauben! Im Vorschlaf betrachtete ich bei geschlossenen Augen mit meinem Auge, aus der Tiefe meines Auges, mein Auge, und nach und nach »sah« ich mein Auge und betrachtete es als einen richtigen weichen Photoapparat – zur Abbildung nicht der objektiven Welt, sondern meines harten Denkens und des Denkens im allgemeinen. Ich gelangte sofort zu Schlußfolgerungen, die mir die Behauptung ermöglichten, man könne das Denken photographieren, und legte die theoretischen Fundamente für meine Erfindung. Diese Erfindung ist heute eine vollendete Tatsache, und sobald sie technisch ausgereift ist, werde ich sie den Vereinigten Staaten zur wissenschaftlichen Begutachtung unterbreiten.

Was bisher immer ein Wunder schien, wird in den Bereich des Möglichen rücken: die objektive Vergegenwärtigung der virtuellen Denk- und Vorstellungsbilder jedes Menschen. Hier liegt die Zukunft des Films, hier ist das Unbekannte, lang Gesuchte, das jeder schon bei der Geburt latent in seinen Gehirnwindungen trägt und das die Menschheit von Anbeginn an und in allen Epochen mit den Näherungswerten der künstlerischen Tätigkeit hat dingfest machen wollen, einer Tätigkeit, die immer das Privileg einer äußerst begrenzten Zahl von Sterblichen gewesen ist.

Mein ganzes verbleibendes Leben will ich nun der Verwirklichung und Vervollkommnung dieser Erfindung widmen, wobei ich natürlich auf die Mitarbeit von Wissenschaftlern angewiesen bin. Der plötzliche Einfall meiner Entdeckung ereignete sich genau in der Nacht des 8. Mai in New York in meinem Zimmer im Hotel St. Regis, als ich zwischen sechs und halb sieben Uhr morgens für eine halbe Stunde aufwachte. Als ich aufgewacht war, schrieb ich die sensationellen Konsequenzen dieser Idee, an die ich kaum zu glauben wagte, sofort nieder. Mein langes Nachdenken über den in Angst, etwas zu vergessen, hastig hingeworfenen ursprünglichen Entwurf hat sich nichtsdestoweniger immer systematischer verfestigt, so daß ich gegenwärtig sicher bin, daß meine Erfindung keine Phantasterei ist, ja, daß die Verwirklichung des ersten Apparates dieses Typs eine greifbar nahe Möglichkeit darstellt, wenn es mir gelingt, schnell die Techniker und Spezialisten um mich herum zu sammeln, die ich natürlich brauche, um der Realität meiner Entdeckung eine konkrete Form geben zu können...

Dies Buch nähert sich seinem Ende.

Normalerweise beginnt man seine Memoiren gegen Ende des Lebens, im Alter zu schreiben, dann, »wenn das Leben schon vorbei ist«. Doch bei meiner Angewohnheit, alles anders als die anderen zu tun, das Gegenteil von dem zu tun, was die anderen tun, dachte ich, es sei intelligenter, meine Memoiren zuerst zu schreiben und sie danach zu leben. Leben! Die eine Hälfte des Lebens liquidieren, um die andere Hälfte befreit von den Ketten der Vergangenheit und an Erfahrung reicher zu leben. Deshalb mußte ich meine Vergangenheit mitleid- und skrupellos töten, ich mußte mich von meiner eigenen Haut trennen, jener ersten Haut meines formlosen und revolutionären Lebens in der Nachkriegszeit. Um jeden Preis mußte ich mich häuten, jene abgenutzte Epidermis, mit der ich mich eingekleidet, versteckt, gezeigt, in der ich gerungen, gekämpft und triumphiert hatte, gegen jene andere, neue Haut austauschen, gegen das Fleisch meines Verlangens, meiner bevorstehenden Renaissance, die von dem Morgen datieren wird, der auf den Erscheinungstag dieses Buches folgt. Da ich diese Zeilen schreibe, mache ich gerade die letzten Zuckungen durch, die in Wirklichkeit das Ende dieses Kapitels sind und die es mir erlauben werden, das Gefängnis meiner alten Haut abzustreifen und mich völlig davon zu lösen, genau so wie Schlangen es tun und wie jene von Dali erdachten biegsamen Klaviere es auch tun, wenn sie gegen Ende gewisser durchsichtiger Oktobertage die zerrissenen Fetzen ihrer alten lyrischen Epidermis an den Felsen des Strandes von Monterey hängen lassen, Fetzen, welche die Seehunde – die ihrerseits so sehr weichen Klavieren ähneln –, wenn sie sie trocknen sehen, für die heiligen Überreste ihrer polaren Vorfahren halten, so groß ist der Respekt, den ihnen die überlegene Gleichmäßigkeit der Elfenbeinzähne weicher Klaviere einflößt, wenn sie sie mit ihren eigenen glücklosen See-Elephantenzähnen vergleichen.

Eine neue Haut, ein neues Land! Und ein Land der Freiheit, wenn es das gibt! Ich wählte die Geologie eines Landes, das für mich neu und das jung, jungfräulich und undramatisch war: Amerika. Ich reiste durch Amerika, doch anstatt die Schlangenhaut meines Körpers romantisch direkt am rauhen Boden zu reiben, zog ich es vor, mich geschützt im Panzer des glänzenden schwarzen Krustentieres eines Cadillacs zu häuten, den ich Gala geschenkt hatte. Doch alle Männer, die meine alte Haut bewundern, und alle Frauen, die in sie verliebt sind, können ihre Überreste leicht in Form zerfetzter, vom Winde verwehter Stücke unterschiedlicher Größe längs der Straße von New York über Pittsburgh nach Kalifornien finden. Ich habe mich mit jedem Wind gehäutet; Teile meiner Haut blieben hier und dort auf meinem Weg hängen, verstreut über das »gelobte Land«, das Amerika ist; einige Hautfetzen verfingen sich in der dornigen Vegetation der Wüste von Arizona längs der Pfade, wo ich zu Pferde galoppierte, wo ich all meine alten aristotelischen »planetarischen Begriffe« loswurde. Andere blieben wie Tischdecken ohne Essen auf den Gipfeln der Felsmassen ausgebreitet liegen, über die man den Salt Lake erreicht, wo die strenge Leidenschaft der Mormonen in mir den europäischen Geist Apollinaires begrüßte! Wieder andere blieben an der »vorsintflutlichen« Brücke von San Francisco hängen, wo ich beim Hinüberfahren die zehntausend schönsten Jungfrauen Amerikas sah, wie sie, völlig nackt, rechts und links von mir Aufstellung genommen hatten, zwei Reihen Orgelpfeifen aus engelhaftem Fleisch mit Kaurimuschelvulven. Und wieder andere sind noch in den Falten jener Nacht der Zukunft verloren, die von fünfzehn Sternen erleuchtet wird, die so groß sind wie Fäuste, die den Samen der Freiheit umschließen und die der patriotische Wind bewegt, der von den fünfzehn Staaten herweht und der die aufrechte, befruchtende und unbewegliche Gelassenheit der Banner noch ruhmreicher macht…

Meine Metamorphose ist die Tradition, denn Tradition heißt ja nichts anderes als: Wechseln der Haut, Wiedererfinden einer neuen, ursprünglichen Haut, die eben die unausweichliche Folge der ihr vorausgegangenen biologischen Form ist. Sie ist weder Chirurgie noch Verstümmelung, noch Revolution – sie ist Renaissance. Ich gebe nichts auf; ich setze fort. Und ich fahre mit dem Anfang fort, da ich beim Ende begonnen hatte, damit mein Ende wieder ein Anfang sein könne, eine Renaissance.

Werde ich nun endlich altern? Immer habe ich beim Tod begonnen, um den Tod zu vermeiden. Tod und Auferstehung, Revolution und Renaissance – dies sind die Dalischen Mythen meiner Tradition. Ich begann mein Idyll mit Gala mit der Absicht, sie zu töten. Heute, am Ende meiner »Biographie«, nachdem ich sieben Jahre mit ihr gelebt habe und im Moment meiner Metamorphose in den Dali von morgen, entschließe ich mich, noch einmal zu heiraten und somit den romantischen Teil meines Buches mit einer richtigen Heirat abzuschließen. Doch statt auf »revolutionäre« Art eine andere zu heiraten, will ich noch einmal dieselbe heiraten, Gala, meine Frau, und diesmal soll die katholische Kirche es bestätigen und heiligen.

Als ich in Paris ankam, wollte auch ich, zusammen mit Miró, die Malerei umbringen. Heute bringt die Malerei mich um, denn ich möchte sie nur retten, und keine Technik der Welt scheint mir gut genug, sie wieder zum Leben zu erwecken! Damit ist erwiesen, daß Dali gleich Dali ist, daß ich immer derselbe bin, daß meine paradoxe Tradition die wirkliche Kraft meiner Originalität ist.

Ich mache weiter…

Europa auch…

Vom tausendgesichtigen Leuchtturm der Freiheit blicke ich auf Europa. Die ganze chaotische Erfahrung meines Lebens, meine surrealistische Revolution in Paris, meine asketischen und selbstquälerischen Rückzüge nach Spanien, meine ästhetischen Reisen nach Italien, all das gewinnt klare Konturen und nimmt die objektive Deutlichkeit an, welche Abstand und die Gefühlsweisheit tragischer Perspektiven mit sich bringen. Nicht nur verstehe ich, was passiert ist, sondern ich sehe auch die Zukunft.

Nach der Erfahrung all jener vergeblichen Revolutionen und unter der Inquisition und dem Elend, in das der Krieg sie gestürzt hat, häutet sich schmerzhaft auch die alte griechisch-römische Kultur, findet dramatisch ihre neue Haut, die Haut ihrer Tradition, die noch unter Chaos und Hölle begraben liegt. Das Europa nach dem Ersten Weltkrieg ging an seinen politischen, ästhetischen und moralischen revolutionären Experimenten zugrunde, die es nach und nach verzehrt, geschwächt und erniedrigt haben. Es starb aus Mangel an Strenge, Mangel an Form; es starb, weil es vom materialistischen Skeptizismus negativistischer, nihilistischer Theorien, aller möglichen »Ismen« erstickt wurde. Es starb an Willkür, Trägheit, Beliebigkeit, psychischer Orgie, moralischer Verantwortungslosigkeit und Promiskuität, an der Auflösung der Hierarchien, an einebnenden, vergesellschaftenden Tendenzen. Es starb an dem furchtbaren Irrtum von Spezialisierung und Analyse, dem Mangel an Synthese, dem Mangel an Kosmogonie, dem Mangel an Glauben.

Europa erwachte aus den Leiden des letzten Krieges mit der messianischen und trügerischen Fata Morgana der »Revolution«, die alles in der Welt ändern würde. Diese Hoffnungen sind erneut zu Krieg geworden. Aus dem Alptraum der fürchterlichen Qualen des gegenwärtigen Krieges wird Europa desillusioniert von der »Güte« der Revolutionäre erwachen, für welche es einen allzu gewaltigen Preis entrichtet haben wird. Es wird, wiederhole ich, aufwachen, und seine nach der letzten Träne trockenen Augen werden sich endlich auf die Wirklichkeit der heiligen, wiederbelebten Kontinuität seiner Tradition öffnen. Vor allem anderen bestätigt der gegenwärtige Krieg den Bankrott der Revolutionen. In der Tat werden die kollektivistischen, atheistischen oder neuheidnischen Utopien von Kommunismus oder Nationalsozialismus, ob sie sich nun gegenseitig helfen oder verschlingen, letztlich beide durch die individuelle Wiederbelebung der katholischen, europäischen, mittelmeerischen Tradition aufgerieben und vernichtet werden. Ich glaube vor allem an die reale und unergründliche Kraft des philosophischen Katholizismus Frankreichs und an die des militanten Katholizismus Spaniens. Nach dem gegenwärtigen Desaster der post-maschinellen und materialistischen Zivilisation der Nachkriegszeit wird Europa in eine mittelalterliche Phase sinken, in der es wieder dahin kommen wird, sich auf die ewigen Fundamente der religiösen und moralischen Werte und Kräfte der Geisteskultur seiner Vergangenheit zu stützen. Aus der bevorstehenden geistigen Krise jenes kurzlebigen Mittelalters werden die Individuen der kommenden Renaissance hervorgehen.

Ich will der erste Vorbote jener Renaissance sein! Keine Einheit Europas könnte fester, zäher und bedrohlicher sein als die seines gemeinsamen Elends, und selbst wenn der russische Atheismus vom Neuheidentum des Nazi-Ideologen Rosenberg vernichtet würde, so kann man schon vorhersehen, daß dieses Neuheidentum seinerseits durch eben jene »Einheit Europas« aufgesogen und vernichtet werden wird, die ja Konsequenz und Ziel des Eroberers ist, aber paradoxerweise zwangsläufig die Vernichtung der neuheidnischen und pan-germanischen Ideologie* des Eroberers voraussetzt. Denn die Einheit Europas kann und wird nur unter dem Triumphzeichen des Katholizismus geschehen. Und wenn man mich heute fragt, wo die wirkliche Kraft Europas zu finden sei, werde ich antworten, daß sie trotz allen unmittelbaren Anscheins mehr als je zuvor in der Unteilbarkeit seines Geistes liegt, in jener Unteilbarkeit, die in Berninis beiden Kolonnaden** Gestalt angenommen hat, den offenen Armen des Abendlands, den Armen des Petersdoms in Rom, der Kuppel der Menschheit, des Vatikans.

Als am Anfang der Kulturgeschichte die Menschen, die die ewigen Grundlagen der westlichen Ästhetik legen sollten, sich aus der formlosen Vielfalt vorhandenen Laubwerks den einmaligen, leuchtenden Umriß des Akanthusblattes wählten, schufen sie damit das unsterbliche morphologi-

---

* Tristan Bernard soll am Tage der Besetzung von Paris geistreich bemerkt haben: »Während des ganzen Krieges haben wir über die Deutschen gesagt: ›Wir kriegen sie! Wir kriegen sie!‹ Jetzt haben wir sie!«

** Es hat sich gezeigt, daß man ein Land nicht mit auf falschem Material und falscher Politik beruhenden und von der Revolution unterminierten Maginotlinien verteidigt. Aber der französische Soldat, der aus dem Konzentrationslager kommt und weint, wird wieder zu einem »katholischen Stein«, einem Stein der Kathedrale von Chartres, einer Tradition, einer Macht.

sche Symbol, das nichts Geringeres als die kosmogonische Konstante der griechisch-römischen Kultur werden sollte, im Gegensatz zu derjenigen Asiens und des Orients, der Lotusblüte. Der »Pflanzentraumwirbel« des Akanthusblattes verfestigte sich in der lichtvollen Prägnanz der ersten korinthischen Kapitelle und hat seitdem nicht aufgehört, die Tradition ästhetischer Intelligenz zu repräsentieren, die fortdauernde Macht Minervens im Auf und Ab der blinden und dunklen Mächte der Geschichte. Das durch die machtvolle Konzeption seiner ersten ornamentalen Versteinerungen göttlich gewordene Akanthusblatt sollte nicht sterben. Es sollte in allen zukünftigen Architekturen des Geistes leben, und während es die Haut seiner Wachstumsträume wechselte, sollte es sich durch die Zuckungen der westlichen Geschichte hindurch einrollen, kräuseln, sollte schwer werden, sich entrollen, leben und noch einmal leben, sprießen und noch einmal sprießen. Oft verschwand es in revolutionären Stürmen, aber nur, um in der heiteren Ruhe der Renaissancen ästhetisch noch perfekter als zuvor wiederzuerscheinen...

Menschen bringen einander um; Völker kriechen unter dem Joch der Sieger im Staube; andere blähen sich wie Elephantenläuse mit dem Blut ihrer Gebietseroberungen auf. Revolution und Mittelalter scheinen das antihistorische »kleine Leben« des Akanthusblattes zerstört zu haben, an das niemand mehr dachte. Doch siehe da, eben als keiner mehr an es dachte, wurde dieses Blatt grün, zart und glänzend, zwischen den Ritzen einer brandneuen Ruine wiedergeboren. Und es ist, als dienten alle historischen Katastrophen, alles menschliche Leid, alle Umwälzungen, Hagelstürme, Sintfluten und chaotischen Wirbel der abendländischen Seele mit ihrem vorübergehenden, stürmischen Auftauchen und Verschwinden stets nur dazu, der Ewigkeit des Akanthusblattes Nahrung zu geben, nur dazu, die sich ewig erneuernde Unsterblichkeit der Tradition immer grün, neu, jungfräulich und ursprünglich zu halten...

Das Ende eines Krieges, der Zerfall eines Reiches und hundert unruhige Jahre haben die Neigung, den Umriß, die ornamentale Gestalt des Akanthusblattes nur leicht verändert, und sofort erschien es wieder in den ersten, noch weichen Gußformen des neu werdenden Fleisches der Zivilisation. Das Akanthusblatt besteht fort. Welch traditionsreiches Leben hat das Akanthusblatt, das bei den korinthischen Kapitellen beginnt, unter Christus stirbt, schwer und fruchtbar in Palladios Klassizismus wiedergeboren wird, in Rom hochzeitlich ist, vergötternd unter Ludwig XIV., hysterisch unter Ludwig XV., orgiastisch und aphrodisisch im Barock, von der Französischen Revolution guillotiniert wird, bescheiden und hochmütig im Napoleonischen Kaiserreich, neurotisch und verrückt im Jugendstil, in der Nachkriegszeit ins Irrenhaus gesperrt und im jetzigen Krieg von allen vergessen ist!

Aber es ist nicht tot! Denn irgendwo lebt es, denn es entrollt seine neue Blüte dorniger Schönheit im Schutz der Stacheldrähte der täglichen Ereig-

Während der »Träumereien« auf meinen langen Spaziergängen durch Rom sah ich seine Ge-schichte wieder lebendig werden.

nisse und zwar, um es noch genauer zu sagen, im Kopf von Salvador Dalí. Ja! Ich verkünde sein Leben, ich verkünde die zukünftige Geburt eines Stils…

Alle diejenigen, die mich weiterhin nachahmen, indem sie den »Ur-Sur-realismus« wieder aufwärmen, sind zur Vorhölle des Stilmangels verdammt, denn um einen Stil zu schaffen, muß man Ganzheit stiften statt weiter zu zersetzen, und statt stur zu versuchen, den Surrealismus zu subversiven Zwecken zu benutzen, muß man versuchen, aus dem Surrealismus etwas ebenso Stabiles, Vollständiges und Klassisches zu machen, wie die Werke in den Museen es sind.

Vorbei, vorbei, vorbei, vorbei, vorbei, vorbei, vorbei – was vorbei ist, ist vorbei!

An dem Tag, da ich Sigmund Freud kurz vor seinem Tod im Londoner Exil besuchte, begriff ich durch seine Alterslektion in klassischer Tradition, wie viele Dinge mit dem bevorstehenden Ende seines Lebens nun in Europa schließlich zu Ende gingen. Er sagte mir:

»In klassischen Bildern suche ich das Unterbewußte, in einem surrealistischen Bild das Bewußte.«

Damit war das Todesurteil über den Surrealismus als Doktrin, Sekte und »Ismus« gesprochen – aber die Realität seiner Tradition als »Geisteszustand« bestätigt; es war das gleiche wie bei Leonardo – ein »Drama des Stils«, ein tragisches Lebensgefühl, eine tragische Ästhetik. Damals beschäftigte sich Freud hauptsächlich mit »religiösen Phänomenen und Moses«. Und ich erinnere mich, wie leidenschaftlich er bei mehreren Gelegenheiten das Wort »Sublimation« aussprach. »Moses ist das Fleisch der Sublimation.« Die Einzelwissenschaften unserer Zeit haben sich auf diese drei ewigen Lebenskonstanten spezialisiert – Sexualtrieb, Todesgefühl und

Raum-Zeit-Terror. Nach Analyse und experimenteller Spekulation müssen sie wieder sublimiert werden. Der Sexualtrieb muß zur Ästhetik sublimiert werden; das Todesgefühl zur Liebe; und der Raum-Zeit-Terror zu Metaphysik und Religion. Genug geleugnet – es gilt, zu bejahen. Genug der Heilversuche; es gilt, zu sublimieren! Genug der Zersetzung; es gilt das Ganze, das Ganze, das Ganze. Statt Automatismus Stil; statt Nihilismus Technik; statt Skeptizismus Glaube; statt Wahllosigkeit Strenge; statt Kollektivismus und Einebnung – Individualismus, Unterscheidung und Hierarchisierung; statt Experimenten Tradition. Statt Reaktion oder Revolution RENAISSANCE.

Epilog Ich bin siebenunddreißig Jahre alt. Es ist der 30. Juli 1941, der Tag, an dem ich meinem Verleger versprochen habe, dies Manuskript abzuschließen.

Ich bin vollkommen nackt und allein in meinem Zimmer in Hampton Manor. Ich gehe zum Schrankspiegel und betrachte mich; mein Haar ist noch schwarz wie Ebenholz, meine Füße sind noch ohne das entwürdigende Stigma auch nur eines Hühnerauges; mein Körper sieht genau so aus wie in meiner Jugend, nur mein Bauch ist größer geworden. Weder reise ich

493

morgen nach China, noch werde ich demnächst geschieden; noch denke ich an Selbstmord oder daran, an der warmen Plazenta eines seidenen Fallschirms von einer Klippe zu springen, um eine Wiedergeburt zu versuchen; ich verspüre nicht den Wunsch, mich mit irgend jemandem um irgend etwas zu duellieren; ich möchte nur zwei Dinge: erstens, Gala, meine Frau, lieben; und zweitens jenes Unabwendbare, so Schwierige und so wenig Ersehnte – alt werden.

Auch dich, Europa, werde ich bei meiner Rückkehr durch all »das« etwas gealtert vorfinden. Als Kind war ich schlimm, ich wuchs im Schatten des Bösen auf, und noch immer verursache ich Leiden. Aber seit einem Jahr weiß ich, daß ich begonnen habe, das Wesen zu lieben, das seit sieben Jahren mit mir verheiratet ist; und ich fange an, sie so zu lieben, wie die Heilige Römisch-Katholische Kirche es in ihrer Auffassung von Liebe verlangt. Katholische Liebe heißt, sagte Unamuno: »Wenn Deine Frau Schmerzen in ihrem linken Bein hat, sollst Du den gleichen Schmerz in Deinem linken Bein spüren.«

Ich habe gerade dieses lange Buch über die Geheimnisse meines Lebens beendet, denn dies Leben, das ich gelebt habe, es allein rechtfertigt meinen Anspruch, gehört zu werden. Und ich will gehört werden. Ich bin die repräsentativste Verkörperung Europas nach dem Kriege; ich habe all seine Abenteuer, Experimente und Dramen durchlebt. Ich habe als Vorkämpfer der surrealistischen Revolution Tag für Tag die geringsten intellektuellen Vorfälle und Rückwirkungen in der praktischen Entwicklung des dialektischen Materialismus und der pseudo-philosophischen Doktrinen der nationalsozialistischen Blut- und Boden-Mythologie miterlebt; ich habe lange Theologie studiert. Und jede der ideologischen Abkürzungen, die mein Kopf einschlagen mußte, um immer der erste zu sein, mußte ich teuer mit der schwarzen Münze von Schweiß und Leidenschaft bezahlen. Aber nahm ich auch mit dem lichten Fanatismus des Spaniers an allen Spekulationen, selbst den widersprüchlichsten, teil, so war ich doch nie in meinem Leben bereit, irgendeiner politischen Partei anzugehören. Und wieso sollte ich heute dazu bereit sein, wo die Politik schon beginnt, von der Religion aufgesogen zu werden?

Seit 1929 habe ich ununterbrochen die Entwicklungen und Entdeckungen der Einzelwissenschaften in den letzten hundert Jahren studiert. Konnte ich wegen der ungeheuren Spezialisierung hier auch nicht jeden Winkel erforschen, so habe ich ihre Bedeutung doch so gut wie der Beste verstanden! Eins ist sicher: Nichts, aber auch rein gar nichts an den philosophischen, ästhetischen, morphologischen, biologischen oder moralischen Entdeckungen unserer Zeit ist ein Argument gegen die Religion. Im Gegenteil, die Architektur des Tempels der Einzelwissenschaften hat all ihre Fenster zum Himmel hin offen.

Den Himmel habe ich die ganze Zeit durch die Dichte des verwirrten und dämonischen Fleisches meines Lebens hindurch gesucht – den Himmel!

Beklagenswert, wer dies noch nicht verstanden hat! Als ich zum ersten Mal die enthaarte Achselhöhle einer Frau sah, suchte ich den Himmel. Als ich mit meiner Krücke die verfaulte, wurmzerfressene Masse meines toten Igels bewegte, suchte ich den Himmel. Als ich von der Zinne des Mulí de la Torre tief hinab in die schwarze Leere blickte, da suchte ich auch und immer noch den Himmel:

Gala, du bist Wirklichkeit!

Und was ist der Himmel? Wo ist er? »Der Himmel ist weder oben noch unten, weder rechts noch links, der Himmel ist exakt mitten im Herzen des Menschen, der glaubt!«

ENDE

Bis zu diesem Augenblick habe ich noch keinen Glauben gefunden, und ich fürchte, daß ich ohne Himmel sterben werde.

Hampton Manor
Zwölf Uhr mittags.

Ein ästhetisches Prinzip

Man muß bis zu Benvenuto Cellinis *Lebensbeschreibung* ins Cinquecento zurückgehen, um in der Weltliteratur eine ähnlich ausführliche, plastische und selbstbewußte Autobiographie eines bildenden Künstlers zu finden, wie es diejenige ist, welche Salvador Dali 1941 im »raffaelischen« Alter von siebenunddreißig Jahren vollendet hat.

Kommt es schon selten vor, daß ein Maler auf dem im allgemeinen Schriftstellern und des Wortes mächtigen Politikern vorbehaltenen Terrain der Memoiren mit derart großer sprachlicher Meisterschaft dilettiert, so bekräftigt er seinen Anspruch auf Einzigartigkeit weiter, wenn er sein umfassendes Selbstporträt bereits nach der ersten Hälfte des Lebens in Angriff nimmt und bewältigt. Aber wie Cellini, wie Casanova, Bismarck oder Kissinger ihre Erinnerungen mit Grund erst in vorgerücktem Alter, als kontemplativen Rückblick auf ein aktives Leben verfaßten, so folgte auch Dalis Zeitwahl der strengen Notwendigkeit eines konstruktiven Prinzips. Denn das *geheime Leben des Salvador Dali*, eine Vivisektion, sollte den Höhepunkt seiner Lebensbahn, einer aufsteigenden Parabel, bilden, von dem aus der erste, dann objektivierte, »getötete« und seiner Geheimnisse mehr oder weniger entkleidete Teil zu überblicken und der zweite, von der Last der Vergangenheit befreit nun wirklich zu »lebende«, mehr oder minder »öffentliche«, gewissermaßen spiegelsymmetrisch zu erschließen wäre.

So daß wir heute die (von den äußeren Daten abgesehen) vollständige Vita des Achzigjährigen vor uns haben, die er als Siebenunddreißigjähriger schrieb.

Ihr brisanter, für die Kunst unserer Zeit und ihre Beurteilung außerordentlich bedeutsamer Inhalt mußte eine Zeitlang im verborgenen, untergründig wirken, die Außenwelt erst den darin eingeschlossenen Prophetien nachkommen. Die Verzögerung, mit der die deutsche Übersetzung nun wirkungsgeschichtlich in einem rechten Moment erscheint, entspricht dem Ideal der Langsamkeit, zu dem der Maler fand, dessen Entwicklung längs eines aufs Äußerste gespannten Bogens vom blasphemischsten, die Surrealisten selbst schockierenden Surrealismus bis zur »affirmativsten« (und schon wieder blasphemischen) Apotheose der ewigen Werte der Tradition, der Renaissance und des Katholizismus verlief und verläuft.

»Die seltenen Weine der Tradition sollte man an sehr ruhigen Tagen mit den rhythmischen Schlägen träger und ironischer Ruder transportieren, damit sie unter der Reise so wenig wie möglich leiden, sei sie auch noch so lang.«

»Rudere, Dali, rudere!« ruft der Verkünder der Postmoderne, der »Anti-Moderne«, wie er sagt, sich zu, wenn er sich auf den Weg zwischen den so geliebten Extremen begibt, von den armen Fischern von Cadaqués mit ihrem homerischen Geist zur Pariser »Gesellschaft«, ultra-zivilisierten Wesen einer mit Ausbruch des Zweiten Weltkriegs unwiederbringlich versunkenen Epoche, die so ätherisch sind wie ihre Namen – Prince und Princesse de Faucigny-Lucinge ... – und denen er in ihrer Stützungsbedürftigkeit mit einer Menge Krücken zu Hilfe eilt – von Paris nach New York und zurück nach Cadaqués, dem einzigen Fleck auf Erden, der, im Dali-zentrischen Weltbild, eine »Landschaft« hervorgebracht hat.

1941 geißelt dieser Künstler, der die Vorstellung nicht aufgegeben hat, sich der neuesten Erkenntnisse einzelner Wissenschaften zu bedienen, ohne doch, ihrer Spezialisierung verfallend, sein »kosmogonisches« Vordenkertum zu gefährden, den auf Phantasiemangel beruhenden Schnelligkeitswahn der Moderne, die verblödende Langweiligkeit einer raumfahrerischen Erdumrundung in wenigen Stunden oder Minuten. Er behielt recht, denn gibt es heute dümmere Platitüden, albernere Banalitäten als die weltanschaulichen Mitteilungen aus dem All zur Erde heimgekehrter Astronauten?

»Falls ein Esel plötzlich anfinge zu fliegen oder einer Feige Flügel wüchsen und sie sich zum Himmel emporschwänge – das könnte uns wohl einen Augenblick lang erstaunen und irritieren. Aber warum soll man sich über eine fliegende Maschine wundern? Fliegen ist für ein Bügeleisen verdienstvoller als für ein Flugzeug, obwohl auch ein Bügeleisen, in die Luft geworfen, solange es oben ist, wie ein Flugzeug fliegt. Was bedeutet es schon für eine Maschine zu fliegen? Und was bedeutet das Gleiche für einen Menschen, der doch eine Seele hat?«

1941: Der »Endkampf« treibt seinem Höhepunkt entgegen. In der Del Monte Lodge at Pebble Beach am kalifornischen 17-Mile-Drive hält Salvador Dali den Knochen des Lebens in der »Endzerstörungsumklammerung« seiner Backenzähne, als Herr der Lage im Begriff, zum Mark der Wahrheit vorzudringen. Sein Übersetzer, Haakon M. Chevalier, eine hervorragend ausgewiesene Kapazität, erhält letzte Hinweise, die ihn in den Stand setzen, das nahezu unleserliche Manuskriptchaos der Vita des Katalanen, der französisch schrieb – ein sehr originelles Französisch –, in der Weise zu bearbeiten, daß The Secret Life of Salvador Dali auf amerikanisch veröffentlicht werden kann (New York 1942). Es fügt sich in die Reihe der Besonderheiten dieses vom Autor zu Recht als sensationell bezeichneten Werkes, daß seine französische Adaptation (1954) weit hinter der vermutbaren, heute verlorenen Vorlage für Chevaliers ausgezeichnete Übertragung zurückbleibt.

Unter der Überschrift »Mein Kampf« listet Dali dreißig für ihn programmatische Gegensatzpaare auf: »Gegen Gleichmacherei – für Rangordnungen, gegen das Kollektive – für das Individuum, gegen Politik – für Metaphysik, gegen Spinat – für Schnecken« usw. Die beharrliche Langsamkeit des ästhetischen Fanatismus eines in Form und Grenze verliebten, »hyperindividualistischen« Künstlers erwies sich als zukunftsträchtiger denn der technikgläubige, grenzüberschreitende Raumeroberungswahn des Diktators, der in Dalis wie in Chaplins (aus sicherer Entfernung blickenden) Augen eine komische Figur war, die mit dem Globus Luftballon spielt.

Noch an einem anderen Punkt seiner Autobiographie hat der Spanier sich offenbar von Charlie Chaplin inspirieren lassen. Als Schüler gerät er, zufällig wie der Protagonist in *Moderne Zeiten* (1936), an den Schauplatz einer revolutionären Demonstration und erscheint eben infolge zahlreicher Koinzidenzen als ihr Anführer, ohne mit der Sache selbst zu tun zu haben. Er profitiert gerne von diesem Prestige, wie er ja überhaupt von Kindheit an halb ironisch, halb zur Bekräftigung seiner Visionen von Größe in historische Rollen und Gewänder schlüpft. Mit sieben will er »Napoleon sein«, trägt häufig ein aus Hermelinumhang, Krone und Zepter (einem Matratzenschläger) bestehendes Königskostüm; seine Ankunft in Paris 1929 gestaltet sich als caesarischer Eroberungszug, das Stakkato der ratternden Metro schwillt zu einem triumphalen vielfachen »veni, vidi, vici« an; die erste Überfahrt nach Amerika (1934) erlebt er – trotz panischer Platzangst auf dem endlosen Meer und ständig umgeschnalltem Rettungsgürtel – als Kolumbus.

Der Neunjährige täuscht die schlauen katalanischen Bauern mit der Mimese des Wandelnden Blattes und mit lebensecht gemalten Kirschen wie einst Apelles die Vögel mit den Trauben. Den Wettstreit zwischen den Künsten entscheidet der Schüler durch das Zertrampeln einer Geige. Der Student der Akademie führt in einem Madrider Nachtlokal seinen »Parsival« auf, eine erotische Phantasie mit sieben Teilnehmern, die ganz dem Muster des in der Antike erfundenen und von der Kunsttheorie der Renaissance aufgegriffenen »elektiven Verfahrens« nachgebildet ist, von dem Raffael in einem Brief an den Grafen Castiglione folgendermaßen Zeugnis ablegt: »Um eine schöne Frau zu malen, müßte ich mehr schöne Frauen sehen, und zwar unter der Bedingung, daß Ihr mir bei der Auswahl behilflich wäret ...« – mit dem Unterschied, daß Dali statt der Schönheit die Eleganz sucht. Und wie Cimabue bei Vasari bringt er Licht in mittelalterliche Finsternis, errettet (»Salvador«) die Kunst aus ihrer modernen Leere.

Solche Verkleidungen – Einkleidungen der eigenen Geschichte in bedeutende geschichtliche Beispiele – unterstehen einem ästhetischen Prinzip: dem des Mehrfachbildes. Es ist dies die Weiterentwicklung des Umschlageffektes, wie man ihn für die Figur-Grund-Beziehung kennt. »In« ein und derselben materiellen Beschaffenheit einer Fläche können nacheinander (zwei oder u. U. sogar mehrere) verschiedene Gestalten gesehen werden. Was eben noch ein Schlachtengetümmel schien, verwandelt sich plötzlich in das Bild eines Frauenkopfes. Diese von Dali bereits seit etwa 1930 sowohl in seinen Schriften als auch seinen Gemälden theoretisch dargestellte und praktisch angewandte Kunst der Überlagerung geht in der Zeit der Arbeit am *geheimen Leben* ihrem Höhepunkt entgegen.

499   Nicht weniger als sechs jeweils die ganze Leinwand umfassende Szene-

rien entsteigen wechselweise der Ölfarbschicht des *Endlosen Rätsels* (1938). Das Werk läßt aber auch deutlich erkennen, daß bei wachsender Zahl der Überlagerungen jede von ihnen notwendig abstrakter wird. Am Ende laufen die Gestalten ins Unendliche, stehen wir vor den »fliegenden kleinen Bohnen des Automatismus« – bei Jackson Pollock.

In seinen Kindheitserinnerungen enthüllt uns Salvador Dali den Ursprung der Mehrfachbilder, dessen, was er als den Schlußstein seiner Ästhetik begreift. Am Deckengewölbe des Klassenzimmers befanden sich große Feuchtigkeitsflecken, schimmelige Silhouetten, Linien, Figurationen, Schattierungen, »Formvorwände«, und auf sie projizierte der träumende Schüler sein bewegtes Innenleben so plastisch, als sähe er einen Film. – Fast unnötig zu sagen, daß diese Idee ihrerseits auf kunstgeschichtliche Vorbilder zurückgeht, Leonardo da Vinci zum Beispiel.

Genie läßt sich nicht lange verheimlichen. Es ahnt voraus, erfüllt und sprengt durch Übererfüllung. Also ist nur zu gut verständlich, daß das Kind im Königskostüm auf der hoch über Figueras gelegenen Dachterrasse des elterlichen Hauses bereits eine »Turmspitzenrhetorik« entwickelt, die den von André Breton erst runde zehn Jahre später propagierten unkontrollierten Denkstrom-Ausdruck vorwegnimmt und karikiert. Die Grundsätze surrealistischer Malerei repräsentiert der Fünfundzwanzigjährige aus dem Stand und als einziger auf vollkommene Weise. Daß dem Gruppenchef schließlich der Kragen platzt und der Katalane verstoßen wird, erklärt sich ebenfalls leicht mit dessen provokativer, die Fesseln des Kollektivs notwendig sprengender Intelligenz.

Genüßlich baut Dali an den Triumphbögen seiner Überlegenheit. Erinnerungen eignen sich für »Abrechnungen«. Für einen Künstler bedeutet das vor allem, den Erfindungen, Erstgeburtsrechten, dem Einfluß und der Ausstrahlung der eigenen Person die Erbärmlichkeit der Nachäffer gegenüberzustellen. Dali bewältigt die Aufgabe auf eine so geistreiche und liebenswürdige Weise, daß es schwer scheint, dem Glanz und der Transparenz seiner Dichtung und Wahrheit auf der höheren Ebene poetischer Realität kunstvoll aufhebenden Selbstdarstellung etwa eine »historische Wahrheit« entgegenzusetzen.

Unbestreitbar wird seine antizipatorische Kraft in den Fällen, da er – manchmal ganz beiläufig – Ideen und Bemerkungen fallen läßt, die erst in der Zeit nach der Veröffentlichung des Buches, also seit 1942, in die Kunstpraxis umgesetzt wurden.

Als fünfzehnjähriger Zeichenschüler, der immer exakt das Gegenteil dessen tut, was der Lehrer sagt, geht er »so leidenschaftlich zu Werke, daß sich alle Mitschüler um mich sammelten, um mich bei der Arbeit zu beobachten ... ich war noch unzufrieden und schwärzte meine Zeichnung weiter ein, und bald war sie nur noch eine inkohärente Masse schwärzlicher Flecken, die immer gleichförmiger wurden und zuletzt das ganze Papier mit einer einheitlichen dunklen Farbschicht überzogen« (A. Rainer). Den ihn umringenden Damen der Pariser Aristokratie entwickelt Anfang der dreißiger Jahre der Charmeur seinen Plan zur Gründung einer geheimen Gesellschaft, deren Aufgabe es wäre, ein fünfzehn (später auch fünfundvierzig) Meter langes Baguette-Brot zu backen und es unvermutet auf öffentlichen Plätzen der Hauptstadt auftauchen zu lassen; das Brot werde »von mit Stricken vertäuten Zeitungen umwickelt« auf einem Sattelschlepper antransportiert werden (Christo, Oldenburg). An anderer Stelle gibt es einen »verpackten Strand« …

Als surrealistisches Objekt kreiert er den »atmosphärischen Stuhl«, einen schiefen, »fürchterlich unbequemen Stuhl, der in allen, die ihn sahen, tiefes Unbehagen hervorrief« (Wewerka). Dann »für die geheimsten physischen und psychischen Genüsse bestimmte Objekte«, von denen einige »zur Gänze aus harten Spitzen bestanden, sie sollten durch ihr gezacktes Aussehen Gefühle der Erbitterung, des Zähneknirschens usw. hervorrufen, wie man sie unwillkürlich beim Geräusch einer hart über eine Marmorplatte geschrammten Gabel verspürt« (G. Uecker). Gegen derartige Aufreizungen empfehlen sich Abreaktionsobjekte (Nitsch). Den Vorgriff auf die Spachteltechnik eines de Stael überläßt Dali einem deutschen Maler namens Siegfried Burman – denn abstrakt und formlos ist Salvador Dali nicht einmal in seinen Exkrementen –, der während des Ersten Weltkriegs in Cadaqués den Damen Tangounterricht erteilt und »ausschließlich mit Messern malte und dabei gewaltige Farbmassen verschmierte«. Schließlich begegnen wir einem »atmenden Stuhl« (Tinguely), einem mit Coco Chanel in ein Gefecht eintretenden Monsieur Colbet, der »wahrscheinlich der Welt größtes Redevermögen hatte« (B. Brock), wir stoßen auf »private Liturgien«, »persönliche Magie«, Rituale, Inszenierungen, Zeremonien, die Vorstellung der Kunstwürdigkeit von Abfallstoffen und auch auf den Beuysschen Begriff des plastischen Denkens, wie es sich für Dali in den Felsen vom Kap Creus materialisiert, den granitenen und doch bei der leisesten Standortveränderung im Raum des Geistes sich wandelnden. – Eine ganze Pop-Generation nagt an den Knochen, die Dali ihr hinwarf.

Salvador Dali wußte nur zu gut, daß auch der abstrakteste Gedankengang in unseren Köpfen immer in Bildern abläuft. Wenn aber dem so ist, so scheint er sich in charakteristischer Radikalität gesagt zu haben, dann führe ich dies auch bewußt durch. Folglich gibt er sich niemals zufrieden, gibt sein inquisitorischer Geist nicht eher Ruhe, bevor nicht selbst der wissenschaftlichste und philosophischste Gedanke sichtbare, eßbare, greifbare, hörbare Formen angenommen hat. Und hier liegt der genaue Grund dafür, daß sein ästhetisches Prinzip des Mehrfachbildes nicht auf Gemälde und Zeichnungen beschränkt bleibt, sondern alle seine Schriften beherrscht, seiner Sprache eine unnachahmliche Plastizität verleiht. Das Doppelbild entspricht im Wortsprachlichen der rhetorischen Figur des »explikativen Genitivs«, der Genitivmetapher. Beispiele: Der »rötliche, dicke, nach Wein riechende Bodensatz der untergehenden Sonne« (– »Sonnenuntergang –

Zeit zum Küchengarten hinauszulaufen! Die rechte Zeit, die schuldvollen Säfte der irdischen Gärten zu pressen, durch die die Abendbrisen der Erbsünden streichen«). »Der Kessel Paris« – die Stadt Paris wird verglichen, ja identifiziert mit einem Kessel voller Kaldaunen, welche, um die rechte Konsistenz zu erreichen, mehrere Tage vor sich hinköcheln müssen – oder auch ein paar Monate, nämlich die, während derer Dali, nachdem er bei Surrealisten, Kubisten, Päderasten, Kommunisten, Drogensüchtigen und Leuten der Gesellschaft in der Hauptstadt seine »zähen« Parolen aufgesetzt hat, mit Gala sich nach Cadaqués zurückzieht.

Die nicht bloß doppelte, sondern mehrfache Überlagerung in Worten ist genau so schwierig wie die malerische, dem Künstler aber gelingt auch dies. Ein starkes Durstgefühl beschreibt er so: »Wenn ich die Augen schloß, um zu lauschen, was in mir vorging, war es, als könne ich in der brennenden Wüste meiner Haut das Plätschern der ganzen Alhambra zu Granada fühlen, wie es genau im Zentrum des von Zypressen überschatteten Patios meines Magens erklang, der mit der Tünche und dem Wismut der Arzneien übergipst war, mit denen ich seine Wände und Zwischenwände ummanteln mußte.« (Zu der Zeit hatte der Arzt ihm ein die Magenschleimhaut beruhigendes Medikament verordnet.) Das dreifache Bild geht hier zudem mit einer Synästhesie einher.

Ein scharfes Auge ist Berufsbedingung für Maler. Bei Dali jedoch tritt nicht nur das Phänomen der Übersichtigkeit auf, halluzinatorisches, vergrößerndes Sehen, er verfügt auch über ein außerordentliches Geruchs-, Geschmacks- und Tastwahrnehmungsvermögen und, was das Wichtigere ist, die Fähigkeit, diese Empfänglichkeit gestalterisch umzusetzen. Kein anderer Künstler des 20. Jahrhunderts – ja es fällt schwer, überhaupt einen zu nennen – kann ihm an die Seite gestellt werden in seiner wahrhaft göttlich zu nennenden Sensibilität für alle Varianten des Viskos-Viszeralen. Was Sokrates im *Parmenides* wegen der Gefahr, in »Albernheiten« zu verfallen, von der dialektischen Erörterung ausgeschlossen wissen will, dem wandte Salvador Dali sich wie kein zweiter mit philosophischen und ästhetischen Mitteln zu, mit einer ganz erstaunlichen Mischung aus krassestem Realismus und vollendeter Sublimation. Es gelang ihm, Kants Satz zu widerlegen, der Ekel könne nicht dargestellt werden, ohne daß die Kunstschönheit zuschanden geht. (Zur Veranschaulichung dessen lese man allein die Beschreibung seiner Heuschreckenphobie.)

Verdichtende Mehrschichtigkeit, Angst vor leeren Zwischenräumen – im Kontrast zu den offenen Strukturen Cézannes – kennzeichnen Dalis literarischen wie seinen malerischen Stil (was natürlich nicht ausschließt, daß er in diesem Stil die Leere darstellt, Moores Negativformen zweidimensional). Der Stil ist frei von Katachresen (Bildbrüchen), im Gegenteil, auf geradezu wundersame Weise paßt und fließt alles zusammen. Tritt unter oder über derart abgestimmten Bildern noch die Symbolebene hervor – was der Autor begünstigt, indem er z.B. Freudsche Terminologie anspielungsreich verwendet –, öffnet sich vor dem Leser/Betrachter ein schwindelerregender Interpretationsstrudel.

Salvador Dalis Leben selber ist eine Abfolge von Wiederverkörperungen des ewig Gleichen. Dessen erste Inkarnation lag im Mutterleib. Die Geburt bildet nicht den Anfang, sondern das dritte, wiewohl ein heroisches Kapitel der Vita. »Seht! Salvador Dali ist soeben geboren worden! Es weht kein Wind, der Maihimmel ist wolkenlos. Still liegt das Mittelmeer, und auf seinem Rücken, der so glatt wie der eines Fisches ist, kann man bei sorgfältigem Zählen die silbrigen Schuppen von höchstens sieben oder acht Sonnenstrahlen glänzen sehen.« In einer Zeit, da Leute ernsthaft darüber streiten, ob das pränatale Leben vor Ablauf einer bestimmten Frist überhaupt Leben sei, und da erste Lehrstühle für vorgeburtliche Psychologie geschaffen werden, muß doppelt prophetisch erscheinen, wer 1941 sagte: Das intrauterine Dasein ist sogar mehr als Leben, es ist das Leben im Paradies – und die Geburt die Vertreibung aus diesem. Dali übernimmt hier eine Idee des Psychoanalytikers Otto Rank (*Das Trauma der Geburt*, Wien 1924).

Das Leben nach diesem Schock (der durch die Seidenplazenta eines Geburtsfallschirms gemildert werden kann) ist ein ständiger Versuch, das verlorene Paradies zumindest symbolisch wiederzuerlangen. Der Mensch leistet damit eine Erinnerungsarbeit, die derjenigen, welche Plato in bezug auf die Ideen postulierte, gleicht.

Seit seiner Kindheit, von der ihm »falsche« und »wahre« Erinnerungen geblieben sind, die unter dem Hochdruck der Verdichtung oft zu einer unterscheidbaren, homogenen Masse verschmolzen, repräsentieren für Dali eine Person, ein Ort und ein Gegenstand drei wesentliche Merkmale des intrauterinen Zustandes: Der »doppelte«, symmetrische Charakter der vorgeburtlichen Welt findet seine Erfüllung in Galuschka, einem kleinen Mädchen, das, über zwei neuerliche Inkarnationen – Dullita und eine weitere »Galuschka Rediviva« – seine zukünftige Frau ankündigt, Gala, die den »Erretter« Salvador erlöst, ihn »heilt« und seine einzige Realität wird. Der im pränatalen Paradies sich bildende Gleichgewichtssinn und die Angst vor dem Fall (der Geburt) leben in zwei mannigfach variierten Motiven weiter: der Krücke und dem Turm. Ob sie in psychologischen, erotischen, soziologischen, physikalischen oder morphologischen Funktionszusammenhängen erscheint, diese berühmte Krücke dient der Aufrechterhaltung der Balance. Während Türme, Dachterrassen den kleinen Dali die Lust des Schwindelgefühls (wieder)entdecken lassen, den Rausch der Gipfel, die einsamen Genüsse herrscherlicher Imagination. Am besten fühlt er sich natürlich, wenn jene drei geliebten Wesen und Dinge zusammenkommen, wie im *Mulí de la Torre*, der Turmmühle, dem Landgut von Freunden, wo er als Kind eine magisch-märchenhafte Ferienzeit verbringt. Und zur Hälfte des Lebens hat er ein raffaelisch-anmutiges Gleichgewicht erreicht, mit Gala auf dem Schlußstein einer dem Himmelsgewölbe nachgebildeten hierarchischen Renaissance-Kuppel des Geistes.   R.S.

SCHIRMER/MOSEL
BROSCHUR

Schirmer/Mosel Broschur bringt sorgfältig edierte Themen aus Photographie, Kunst, Film und Geschichte. Im Mittelpunkt dieser Reihe steht die Vermittlung und die Kommentierung der kostbaren und aufregenden Bilder unserer Zeit. Allen Bänden sind besondere Herstellungsmerkmale gemeinsam: hervorragender Druck (meist Duotone oder Farbe), haltbare Bindung für längeren Gebrauch (Faden-Heftung), hochwertiges Papier und der überaus günstige Preis.

Bisher sind in dieser Ausstattung die folgenden Bände erschienen:

Louise Brooks
Lulu in Berlin und Hollywood
ISBN 116-8, LP 34,–

Alex Colville
Gemälde und Zeichnungen
ISBN 120-6, LP 49,80

Rainer Werner Fassbinder / Roger Fritz
Querelle Filmbuch
ISBN 107-9, LP 39,–

Jacques Lowe
Kennedy – Ein Lebenslauf
ISBN 131-1, LP 39,–

Felix H. Man
Photographien aus siebzig Jahren
ISBN 122-2, LP 49,80

Cindy Sherman
ISBN 139-7, LP 49,80

Man Ray
Photographien Paris 1920-1934
ISBN 051-X, LP 24,80

Man Ray
Selbstporträt
ISBN 114-1, LP 39,–

A. Paszkowska / U. Amagatsu
Butô Tanz
ISBN 124-9, LP 39,–

August Sander / Alfred Döblin
Antlitz der Zeit
ISBN 125-7, LP 29,80

Bert Stern
Marilyn's Last Sitting
ISBN 104-4, LP 39,–

Weegee, Täter und Opfer
ISBN 136-2, LP 29,80

Die derzeit geltenden Preise sind hier ausgedruckt – sie können sich natürlich ändern. Sollten Sie an einem Gesamtprogramm aller Schirmer/Mosel Bücher interessiert sein, so schreiben Sie bitte an:

SCHIRMER/MOSEL VERLAG Postfach 40 17 23, 8000 München 40

Bestellen Sie bitte unter der ISB-Nummer über Ihre Buchhandlung.